北京乡村振兴研究报告

（2022）

张光连　主编

中国言实出版社

图书在版编目（CIP）数据

北京乡村振兴研究报告 . 2022 / 张光连主编 . -- 北
京 : 中国言实出版社 , 2023.11
ISBN 978-7-5171-4652-0

Ⅰ . ①北… Ⅱ . ①张… Ⅲ . ①农村—社会主义建设—
研究报告—北京— 2022 Ⅳ . ① F327.1

中国国家版本馆 CIP 数据核字（2023）第 208454 号

北京乡村振兴研究报告（2022）

责任编辑：张　朕
责任校对：佟贵兆

出版发行：中国言实出版社
　　　　　地　　址：北京市朝阳区北苑路180号加利大厦5号楼105室
　　　　　邮　　编：100101
　　　　　编辑部：北京市海淀区花园路6号院B座6层
　　　　　邮　　编：100088
　　　　　电　　话：010-64924853（总编室）　 010-64924716（发行部）
　　　　　网　　址：www.zgyscbs.cn　 电子邮箱：zgyscbs@263.net

经　　销：新华书店
印　　刷：北京九州迅驰传媒文化有限公司
版　　次：2023年12月第1版　 2023年12月第1次印刷
规　　格：710毫米×1000毫米　 1/16　 34印张
字　　数：744千字

定　　价：148.00元
书　　号：ISBN 978-7-5171-4652-0

编辑委员会

前言 ◄◄

北京市农村经济研究中心自 1990 年 7 月正式成立以来，始终围绕北京郊区农村改革与发展的一系列重大问题开展调查研究，发挥农村研究智库作用。为提高农研智库的社会影响力，自 2010 年起，北京市农村经济研究中心开始公开出版年度研究报告，主要收录上一年度的重要研究成果。2010 年出版的调研成果名为《北京城乡一体化发展的研究与思考 2009》，2011 年出版的调研成果名为《城与乡：在博弈中共享繁荣——北京市农村经济研究中心 2010 年研究报告》，2012 年出版的调研成果名为《城乡统筹发展的改革思维——北京市农村经济研究中心 2011 年研究报告》，2013 年出版的调研成果名为《城乡发展一体化：探索与创新——北京市农村经济研究中心 2012 年研究报告》。为进一步规范年度调研成果的出版，提高调研成果质量和水平，自 2014 年起，我们将年度研究报告统一定名为《北京农村研究报告》，收录上一年度的主要调研报告成果，并标明年度。

为适应全面实施乡村振兴战略的需要，加强决策咨询研究，提高智库研究水平，自 2021 年起，我们将北京市农村经济研究中心年度出版的研究报告更名为《北京乡村振兴研究报告》。这本《北京乡村振兴研究报告（2022）》是北京市农村经济研究中心 2022 年完成的、可以公开发表的主要调查研究成果。全书共分 6 篇，第一篇为"乡村振兴总论"，第二篇为"推进城乡融合"，第三篇为"壮大乡村产业"，第四篇为"新型农村集体经济转型"，第五篇为

"发展农村金融服务"，第六篇为"他山之石"。

今年党中央把大兴调查研究之风作为学习贯彻习近平新时代中国特色社会主义思想主题教育的重要内容，希望本调研成果能为农村工作的决策者、实践者、研究者提供一些参考与启示。

由于水平有限，本调研成果如有不足之处，恳请读者批评指正。

编　者

2023 年 7 月

目录

第三篇　壮大乡村产业

第六篇　他山之石

第一篇

乡村振兴总论

全国乡村振兴路径政策比较研究

——以上海、浙江、重庆为例

一、乡村振兴战略的主要内容

党的十九大提出实施乡村振兴战略以来，各地区各部门深入贯彻习近平总书记关于"三农"工作重要论述和实施乡村振兴战略系列重要指示批示，出台了一系列政策文件，加快构建乡村振兴战略的制度体系。

（一）乡村振兴的相关政策

2018 年 1 月，中共中央、国务院印发《关于实施乡村振兴战略的意见》（即 2018 年中央一号文件），对实施乡村振兴战略进行了全面部署。这是我国实施乡村振兴战略的纲领性文件，文件全面阐述了新时代实施乡村振兴战略的重大意义、目标要求、重点任务及保障措施。强调指出，实施乡村振兴战略，是党的十九大作出的重大决策部署，是决胜全面建成小康社会、全面建设社会主义现代化国家的重大历史任务，是新时代"三农"工作的总抓手。明确要求，到 2020 年，乡村振兴取得重要进展，制度框架和政策体系基本形成；到 2035 年，乡村振兴取得决定性进展，农业农村现代化基本实现；到 2050 年，乡村全面振兴，农业强、农村美、农民富全面实现。

2018 年 9 月，中共中央、国务院印发《乡村振兴战略规划（2018—2022 年）》，对实施乡村振兴战略第一个五年工作作出了阶段性谋划和具体部署。这是我国出台的第一个推进乡村振兴战略的五年规划，是统筹谋划和科学推进乡村振兴战略这篇大文章的行动纲领。规划围绕"产业兴旺、生态宜居、乡风文明、治理有效、生活富裕"的乡村振兴总要求，提出了 22 个预期性和约束性主要指标，细化实化了工作重点和政策措施，部署了一系列重大工程、重大计划、重大行动，并对到 2035 年和 2050 年乡村振兴目标进行了远景谋划。围绕乡村振兴"人、地、钱"等要素供给，规划部署了加快转移人口市民化、强化乡村振兴人才支撑、加强乡村振兴用地保障、健全多元投入保障机制、加大金融支农力度等方面的具体任务。根据发展现状、区位条件、资源禀赋等，规划将村庄划分为集聚提升类村庄、城郊融合类村庄、特色保护类村庄和搬迁撤并类村庄 4 种不同类型，并明确要分类推进，不搞"一刀切"。

2019 年 4 月，中共中央、国务院印发《关于建立健全城乡融合发展体制机制和政策体系的意见》，强调要重塑新型城乡关系，走城乡融合发展之路，从更高层次为推进实施乡村振兴战略提供了体制机制和政策基础。总体思路是，以协调推进乡村振兴战略和新型城镇化战略为抓手，以缩小城乡发展差距和居民生活水平差距为目标，以完善产权制度和要素市场化配置为重点，促进城乡要素自由流动、平等交换和公共资源合理配置，加快形成工农互促、城乡互补、全面融合、共同繁荣的新型工农城乡关系，加快推进农业农村现代化。

2019 年 9 月，中共中央印发《中国共产党农村工作条例》（以下简称《条例》），把党领导农村工作的传统、要求、政策等以党内法规形式确定下来，是新时代党管农村工作的总依据。这是党的历史上首次专门制定关于农村工作的党内法规，充分体现了以习近平同志为核心的党中央对农村工作的高度重视。《条例》要求以实施乡村振兴战略为总抓手，加强党对农村经济建设、社会主义民主政治建设、社会主义精神文明建设、社会建设、生态文明建设的领导，健全党领导农村工作的组织体系、制度体系和工作机制，加快推进乡村治理体系和治理能力现代化，加快推进农业农村现代化，让广大农民过上更加美好的生活。

2021 年 4 月，全国人大常委会会议通过《中华人民共和国乡村振兴促进法》，为全面实施乡村振兴战略提供了有力法治保障。乡村振兴促进法是第一部以乡村振兴命名的基础性、综合性法律，强调全面实施乡村振兴战略，应当坚持中国共产党的领导，贯彻创新、协调、绿色、开放、共享的新发展理念，走中国特色社会主义乡村振兴道路，促进共同富裕。

2022 年 10 月，党的二十大报告明确提出，全面建设社会主义现代化国家，最艰巨最繁重的任务仍然在农村。坚持农业农村优先发展，坚持城乡融合发展，畅通城乡要素流动。扎实推动乡村产业、人才、文化、生态、组织振兴，全面推进乡村振兴。

（二）乡村振兴的理论要义

党的十八大以来，以习近平同志为核心的党中央坚持把解决好"三农"问题作为全党工作重中之重，完整准确全面贯彻创新、协调、绿色、开放、共享的新发展理念，不断推动"三农"工作理论创新、实践创新、制度创新。实施乡村振兴战略是最大的理论创新。习近平总书记关于乡村振兴战略的系列重要论述，科学回答了为什么要振兴乡村、怎样振兴乡村等一系列重大理论问题和实际问题，既是对我国农业农村发展取得历史性成就、发生历史性变革的实践经验总结，也是全面实施乡村振兴战略、做好新时代"三农"工作的行动指南，为我们研究和构建乡村振兴进展监测评估指标体系提供了根本遵循。

1. 民族要复兴，乡村必振兴

乡村振兴战略是习近平总书记在党的十九大报告中首次提出的。与"科教兴国战略、人才强国战略、创新驱动发展战略、区域协调发展战略、可持续发展战略、军民融合发展战略"一起成为新时代中国的七大战略。这是党中央从党和国家事业全局出发、着眼于实现"两个一百年"奋斗目标、顺应亿万农民对美好生活的向往作出的重大决策；是决胜全面建成小康社会、全面建设社会主义现代化国家的重大历史任务。进入实现第二个百年奋斗目标新征程，"三农"工作重心已历史性转向全面推进乡村振兴。

2. 农业农村现代化是实施乡村振兴战略的总目标

习近平总书记在2017年中央农村经济工作会议上提出，"到2035年，乡村振兴取得决定性进展，农业农村现代化基本实现；到2050年乡村全面振兴，农业强、农村美、农民富全面实现"。2018年习近平总书记指出，"农业强不强、农村美不美、农民富不富，决定着全面小康社会的成色和社会主义现代化的质量"。2020年，党的十九届五中全会强调要优先发展农业农村，全面推进乡村振兴，加快农业农村现代化；在中央农村工作会议上，习近平总书记强调，要"举全党全社会之力推动乡村振兴，促进农业高质高效、乡村宜居宜业、农民富裕富足"。

3. 坚持农业农村优先发展是实施乡村振兴战略的总方针

坚持农业农村优先发展的总方针，就是要始终把解决好"三农"问题作为全党工作重中之重。习近平总书记说，虽然一直强调对"三农"要多予少取放活，但实际工作中"三农"工作"说起来重要、干起来次要、忙起来不要"的问题还比较突出。因此，要扭转这种倾向，在资金投入、要素配置、公共服务、干部配备等方面采取有力举措，加快补齐农业农村发展短板，不断缩小城乡差距，让农业成为有奔头的产业，让农民成为有吸引力的职业，让农村成为安居乐业的家园。

4. 建立健全城乡融合发展体制机制和政策体系是乡村振兴的制度保障

同快速推进的工业化、城镇化相比，我国农业农村发展步伐还跟不上，"一条腿长、一条腿短"问题比较突出。我国发展最大的不平衡是城乡发展不平衡，最大的不充分是农村发展不充分。党的十八大以来，我们下决心调整工农关系、城乡关系，采取了一系列举措推动"工业反哺农业、城市支持农村"。党的十九大提出实施乡村振兴战略，就是为了从全局和战略高度来把握和处理工农关系、城乡关系。我们应该通过振兴乡村，开启城乡融合发展和现代化建设新局面。在资金投入、要素配置、公共服务、干部配备等方面采取有力举措，加快补齐农业农村发展短板，不断缩小城乡差距，让农业成为有奔头的产业，让农民成为有吸引力的职业，让农村成为安居乐业的家园。

5. 坚持走中国特色社会主义乡村振兴道路

实施乡村振兴战略，要以习近平新时代中国特色社会主义思想为指导，走中国特色社会主义乡村振兴道路。一是必须重塑城乡关系，走城乡融合发展之路；二是必须巩固和完善农村基本经营制度，走共同富裕之路；三是必须深化农业供给侧结构性改革，走质量兴农之路；四是必须坚持人与自然和谐共生，走乡村绿色发展之路；五是必须传承发展提升农耕文明，走乡村文化兴盛之路；六是必须创新乡村治理体系，走乡村善治之路；七是必须打好精准脱贫攻坚战，走中国特色减贫之路。

6. 实施乡村振兴战略要注意处理好几大关系

一是长期目标和短期目标的关系。要遵循乡村建设规律，着眼长远谋定而后动，坚持科学规划、注重质量、从容建设，聚焦阶段任务，找准突破口，排出优先序，一件事情接着一件事情办，一年接着一年干，久久为功，积小胜为大胜。

二是顶层设计和基层探索的关系。党中央明确乡村振兴的顶层设计，各地解决好落地问题，制定出符合自身实际的实施方案。编制村庄规划不能简单照搬城镇规划，更不能搞一个模子套到底。要科学把握乡村的差异性，因村制宜，精准施策，打造各具特色的现代版"富春山居图"。

三是充分发挥市场决定性作用和更好发挥政府作用的关系。以市场需求为导向，深化农业供给侧结构性改革，不断提高农业综合效益和竞争力。要优化农村创新创业环境，放开搞活农村经济，培育乡村发展新动能。要发挥政府在规划引导、政策支持、市场监管、法治保障等方面的积极作用。

四是增强群众获得感和适应发展阶段的关系。要围绕农民群众最关心最直接最现实的利益问题，加快补齐农村发展和民生短板，让亿万农民有更多实实在在的获得感、幸福感、安全感。要科学评估财政收支状况、集体经济实力和群众承受能力，合理确定投资规模、筹资渠道、负债水平，合理设定阶段性目标任务和工作重点，形成可持续发展的长效机制。

二、大都市推进乡村振兴的路径选择——上海市

上海市是我国国际经济、金融、贸易、航运、科技创新中心，被赋予了重要的国际性城市功能。近年来，上海市强化城乡整体统筹，深入推进乡村振兴和新型城镇化战略，促进城乡要素平等交换、双向流动，推动形成城乡融合发展新格局。受新冠疫情影响，课题组无法开展实地调研，特邀请华东理工大学相关专家作了专题讲座，重点介绍了上海市乡村振兴战略的实施情况，此外还通过电话、通信等调查方式，从相关部门获取了资料和数据，全面了解上海市乡村振兴路径和政策。

（一）上海市乡村振兴发展历程

上海市 16 个区共有 107 个街道、106 个镇和 2 个乡，其中和乡村有关的崇明、宝山、嘉定、青浦、松江、闵行、金山、奉贤和浦东这 9 个区的镇有 101 个，镇辖区面积平均为 55.7 平方公里，面积较大，有几个镇是由原来 2 个、3 个、4 个镇合并而来的，其中有 1562 个村委会和 4563 个居委会，农村居民点约 3 万个，相当分散（截至 2020 年底）。改革开放以来，上海市郊区乡村地区也伴随大都市城市化历程，逐步从农村工业化、城乡一体化、城乡统筹迈向城乡融合发展新阶段。

第一阶段：20 世纪 80 年代农产品贡献阶段。这一时期，上海市郊区主要作为城市腹地的空间载体，扮演着城区"米袋子"和"菜篮子"的作用，同时开启城乡一体化发展历程。1984 年，上海市委、市政府在制定全国第一个城市经济发展战略规划时，提出了"城乡通开"和"城乡一体"的发展理念，城乡封闭的体制进一步被打破。1986 年，上海市农村工作会议确立了上海市农村工作的"一二三四"工作方针，也就是城乡一体化、两个立足点（郊区农民口粮立足自给、城市农副产品供应立足郊区）、三业（第一、二、三产业）协调发展，建立四个基地（农副产品基地、工业扩散基地、科研中试基地、外贸出口

基地），城乡封闭的体制逐渐被打破，农村地区得到了快速发展。

第二阶段：20世纪90年代农业要素贡献阶段。上海市郊区迎来新一轮大发展高潮，进一步加强工业向郊区转移。期间，上海市提出"三个集中"和"三个重心转移"，即农业向规模经营集中、工业向园区集中、农民向城镇集中，工业发展重心由中心城区向郊区转移、基础设施建设重心由中心城区向郊区转移、经济建设重心由中心城区向郊区转移，提出"繁荣繁华看市区、实力水平看郊区"。在该阶段，城乡之间要素流动逐步加速，城乡居民收入差距较小且保持相对稳定，城乡居民人均可支配收入比基本维持在1.3∶1左右，低于全国平均水平。

第三阶段：进入21世纪，"三农"减负阶段。上海市率先开展农村税费改革、农村综合改革、农村经营体制改革、农村集体产权制度改革等一系列改革。基础设施投资布局开始向郊区农村倾斜，中心城区和郊区基础设施投资强度比从"十五"的2.5∶1降低至"十一五"的1.6∶1。财政支农资金的投入力度大幅提高，占全市财政支出比重从2006年的5.1%提高到2009年的7.3%，"三农"资金中用于改善民生的比重从2006年的27.5%提高到2009年的32.5%。农业发展由城郊型转变为都市型，休闲农业成为市民假日出游的新选择，为后续的城乡融合发展奠定了坚实基础。

第四阶段：党的十八大以来，加快构建新型工农城乡关系阶段。上海市政府努力推动以工促农、以城带乡、工农互惠、城乡一体化，对郊区公共事业的投入力度加大，农村户口"非农化"进程加快，与离土农民相适应的小城镇保障制度依次建立，城乡一体的劳动就业服务体系初步形成。同时，以路桥为重点的农村基础设施建设缩短了城乡时空距离。"153060"高速公路网基本建成，行政村公交通达率在95%以上，4G网络基本实现全覆盖、村村通。

第五阶段：党的十九大之后，推进形成城乡融合新格局阶段。根据国家实施乡村振兴战略的重大战略部署，上海市城乡关系定位进入新阶段，农村角色定位发生根本改变，农村不再是城市附属物，而是未来提升城市能级和核心竞争力的战略空间。城市核心的研发功能、科创功能不断转向郊区，城镇规划在具备风格特色、功能特点之外，统筹兼顾人口、产业、规模等要素。农村自身特色逐渐凸显，城区差距逐渐缩小，农村风貌呈现出新气象。《上海市乡村振兴"十四五"规划》提出上海市乡村具有城郊融合型特点，在形态上要保留乡村风貌，在治理上要体现城市精细化管理水平，在发展方向上要强化服务城市发展、承接城市功能外溢，凸显乡村地区的经济价值、生态价值和美学价值。

上海市政府对乡村支持力度非常大。2020年上海市财政支出中的农林水支出达到473亿元，而农业总产值只有272亿元，远远低于财政支出。转移性净收入在农村居民人均可支配收入中的占比，上海市远高于其他地区。上海市农民享受高福利，农民养老保障金超过1000元/月，嘉兴等地区不到500元。同时，上海市村干部职业化程度也遥遥领先。此外，上海市镇村一体化程度较高，具有比较发达的镇域经济。这是因为，上海市是市区镇三级政府，政策研究、制定和执行能够上下联动，成效显著。

表 1　2012—2021 年上海市财政支农支出　　　　单位：亿元

年份	农林牧渔增加值	一般预算支出	地方财政农林水支出	所占比重	地方财政城乡社区事务支出	所占比重
2021	108	8431	456	5.4	1431	17.0
2020	117	8102	474	5.8	1420	17.5
2019	113	8179	523	6.4	1635	20.0
2018	112	8352	470	5.6	2091	25.0
2017	115	7548	457	6.0	1531	20.3
2016	118	6919	327	4.7	1588	23.0
2015	130	6192	267	4.3	1174	19.0
2014	136	4923	202	4.1	801	16.3
2013	136	4529	187	4.1	713	15.7
2012	133	4184	218	5.2	627	15.0

（二）上海市推进乡村振兴的做法与经验

2017 年中央农村工作会议对实施乡村振兴战略作出总体部署后，2018 年 3 月，上海市委、市政府印发《关于贯彻〈中共中央、国务院关于实施乡村振兴战略的意见〉的实施意见》，明确了上海市实施乡村振兴战略的思路、目标、步骤、措施，全面推进乡村振兴工作。2018 年 12 月，《上海市乡村振兴战略规划（2018—2022 年）》制定出台，同步出台《上海市乡村振兴战略实施方案（2018—2022 年）》，以项目化方式，提出乡村振兴工作推进的时间表和路线图，落实各项关键举措。

一是注入生产新要素，提升产业发展能级。以数字技术与乡村振兴深度融合为主攻方向，以数据为关键生产要素，着力建设基础数据资源体系，加强数字生产能力建设，构建农业农村生产经营、管理服务数字化改造标准，强化关键技术装备创新和重大工程设施建设。通过信息化建设，在农产品网格化监管、涉农补贴数据对接、蔬菜生产档案对接、绿色农产品认证对接、农机指挥调度、智慧乡村管理等多个领域得到应用，实现农业农村空间资源"一张图"管理。加强农业区块链研究，推动区块链技术在农业资源监测、质量安全溯源、农村金融保险、透明供应链等方面的创新应用，强化产学研协同攻关，构筑支撑高端引领的先发优势。

构建全要素、全链条、多层次的现代农业全产业链标准体系。分行业、分品种、分链条构建结构合理、协调配套的标准体系，以生态种养、产品加工、餐饮服务、冷链物流、电子商务、文化旅游等全要素、全过程、全链条、全业态的标准化，并强化标准实施，全产业链推进乡村振兴体系构建，打造上海市乡村振兴高质量发展的新格局。

以培育农商产业联盟、农业产业化联合体等新型产业链主体为重点，统筹推动农产品初加工、精深加工、综合利用和产加销一体的全产业链示范。以推动农业内部融合、延伸农业产业链、拓展农业多种功能、发展农业新型业态等为重点的观光农业、体验农业、创意农业、休闲农业等示范，重点在乡村民宿、乡村旅游基础设施建设等方面形成体系。

二是构建生态宜居标准体系，打造宜居环境。建立统筹区域风貌建设的工作机制，对区域风貌实施整体规划与设计，构建生态宜居标准体系。提升农民建房风貌设计水平，突出乡土特色和地域特点，推动乡村建筑风貌和谐统一。整治公共空间和庭院环境，引导农户自主打理宅前屋后零星隙地，打造小菜园、小果园、小花园，消除宅前屋后私搭乱建、乱堆乱放。基于农村道路建设标准，加快推进通村组道路、入户道路达标建设，实施保留村主要道路黑化、量化工程，慢行道路乡土化改造，体现与自然肌理的融合。开展公路沿线环境整治和风貌提升工作，打造美丽交通走廊，实现串"珠"成链，加快交通与乡村产业融合发展。

建立健全符合农村实际、方式多样的垃圾收运处置体系，推动农业生产废弃物、湿垃圾资源化利用。加大城镇污水管网向周边村庄延伸覆盖力度，实施保留村农村生活污水纳管工程，推动全域乡村生活污水达标排放。持续推进农村公共厕所达标建设，聚焦乡村旅游地区，打造最美厕所。打造一批旅游路、生态路、景观路、文化路和产业路，全面落实"路长制"，建立农村公路管养机制。

城乡规划建设一体化、农村产权制度改革、城乡要素市场化配置、行政审批制度改革、基本公共服务均等化、生态建设保护、社会治理创新等城乡体制一体化改革八大重点领域，组织制定涉及城乡规划建设、经济发展、基本公共服务、社会管理、生态环境保护等方面的一批重点标准，制定上海市城乡一体发展标准体系，促进生态宜居。

三是加强乡风文明体系建设，繁荣发展乡村文化。建立一套由乡村宣传教育标准、乡村道德建设标准、乡村生态文明标准、乡村文化惠民标准、乡村民生服务标准和乡村德治评价标准六方面组成的乡风文明建设标准化体系。加强培育良好的家风、淳朴的民风、文明的乡风，推动农村"三治融合"发展，提升村民道德素养，提升农村文明程度，形成更多"上海样板"。

将乡村文化建设的各项内容进行细化分解，与农村经济社会建设各项任务相结合，全面纳入乡村振兴战略实施方案。充分结合地区特色，挖掘乡愁元素，发挥本地优势，融合城乡发展规划，因地制宜开展工作。特别关注农村基层的情况，针对不同村情提出乡风文明建设的共性指标和个性指标，并建立有效的评估体系，增强实效性。

通过身边人、身边事、身边腔、身边活动，以老百姓喜闻乐见的形式，充分调动群众参与到文明实践中来，变被动为主动。策划如"我们的节日""我们的榜样我们的邻里我们的志愿""我们的家风""我们的课堂""我们的运动会"等主题活动，实现人人都是文明实践活动的组织员、宣传员和参与者。把"身边的"作为组织策划活动的落脚点，围绕群众喜闻乐见的形式开展各类活动，让活动更接地气，丰富群众业余文化生活，带动乡风文明的提升。

四是推进乡村精细化管理，加强乡村治理体系和治理能力现代化。借鉴城市治理精细化理念，结合乡村振兴示范村和美丽乡村示范村建设，探索建立上海市乡村治理指标评价体系，提升乡村治理的科学化、精细化水平。开展乡村治理规范化建设，实现市级乡村振兴示范村和美丽乡村示范村乡村治理规范化建设全部达标，引导各区推动提升村镇乡村治理规范化建设达标水平。组织开展全国乡村治理示范村镇创建工作。

建立覆盖全域的农村基层网格化管理体系推进网格化服务管理建设。进一步整合区域内资源，进一步细化治理单元，将力量下沉到网格、资源汇聚到网格，服务融入到网格，提升乡村治理精细化水平，提高服务群众精准度，构建"组织全覆盖、管理精细化、服务全方位"的农村基层网格化管理体系。健全乡村矛盾纠纷调处化解机制，实现人民调解矛盾处置机制全覆盖，力争调解成功率达到98%以上，实现小事不出村、大事不出镇、服务不缺位。

主要围绕农村基层党建工作、农村集体资产经营管理与服务、休闲农业与乡村旅游服务、农村公共文化服务、村级事务等领域开展标准研制，构建一系列标准体系。通过标准化建设，着力完善农村基层治理制度建设，解决农村基础设施落后、公共服务薄弱等问题，逐步实现"基层党建全域提升、生态经济加快发展、生态环境普遍改善、公共文化日益繁荣"的乡村振兴目标。

推进乡村综合服务中心建设。完善党建服务、事项受理、文化服务、联勤联动、医疗卫生综合服务功能，推进"一门式办理一站式服务"。实施政务服务"一网通办"和城市运行"一网统管"向乡村延伸，提升科学化、精细化、智能化管理水平。

五是构建乡村生活富裕标准体系，提升农村居民生活质量和水平。对农民衣食住行厕、健养游购娱等物质文化生活建立有效管用的评估标准，确保全面建成小康社会在农村如期实现。围绕新征程全面建设社会主义现代化国家，在社会保障、医疗卫生服务、居住条件、生活生态环境、精神文化生活等方面构建标准，建设与新时期农村居民生活需求相匹配的标准体系。

对农用物资、农产品、供应农村消费品、农村市场管理、乡村旅游等消费产品进行标准化管理，对农村交通物流、水利、信息化等基础设施建设，城乡就业均等、农村劳动力转移、乡村就业服务、农村就业质量等保障体系加强全面标准化研究，建立乡村振兴高质量发展标准体系。以标准的实施提升农村消费理念和质量水平，补齐基础设施和公共服务短板，解决就业和收入保障弱项，为农业农村农民的生活富裕奠定坚实的标准基础。

六是以乡村振兴示范村建设为抓手推动乡村振兴战略全面实施。"三园"（美丽家园、绿色田园、幸福乐园）工程是上海市实施乡村振兴战略的主要抓手。上海市乡村振兴战略提出"美丽家园"的目标，到2022年建设90个乡村振兴示范村，建设200个美丽乡村示范村，实现1577个行政村人居环境整治全覆盖，形成一批可推广、可示范的乡村建设和发展模式。美丽乡村示范村于2014年开始打造，具备一定基础和经验，乡村振兴示范村是创新举措，旨在探索大都市郊区农村实现"美在生态，富在产业，根在文化"目标的模式和路径。

2019年上海市在完成农业规划、村庄规划的基础上，启动乡村振兴示范村试点申报和遴选工作，最终28个村列入该年度乡村振兴示范村建设计划。编制示范村建设标准指南，对每个村给予千万元以上补助资金，用于村级基础设施建设、生态环境整治、公共服务配套、乡村风貌提升等。2020年乡村振兴示范村创建也是28个，推进1.27万户农民相对集中居住，完成涉及 6 万户的村庄改造和 3.5 万户农村生活污水处理设施改造，实现农村人居环境整治全覆盖。2021 年完成 32 个乡村振兴示范村建设，打造乡村振兴示范片区。实施 500 公里农村公路提档升级改造项目；推进 406 公里村内破损道路、309 座沿线破损桥梁达标改建；启动实施 3.6 万户农户村庄改造；深化农村垃圾治理，95% 以上行政村实现生活垃圾分类达标；实施 2 万户农户的农村生活污水处理设施建设，农村生活污水处理率达到 90% 以上。2022 年将新建 19 个乡村振兴示范村，并推进示范村片区化联动发展。

（三）上海市乡村振兴的主要成效

上海市制定的各类乡村振兴政策支撑体系通过产业与乡村的相互渗透，促进产业兴旺、生态宜居、乡风文明、治理有效、生活富裕，有效构建了城乡统筹、现代农业与乡村治理一体化的新格局，全面促进了上海的乡村振兴。

一是生态高效农业发展成效显著。近年来，上海市农业提质增效，绿色农业发展取得显著成效，地产农产品质量和安全水平继续保持稳中向好态势，至 2019 年底全市绿色食品认证率达到 20%，超额完成 15% 的年度目标，市级地产农产品抽检合格率为 99.9%，抽样检测农药、兽药样品合格率为 97.4%。国家绿色发展先行区创建初显成效，崇明区入选中国农业绿色发展十大范例，农业绿色发展指数位列中国农业绿色发展先行区第一位，2020 年 11 月农业农村部选定在崇明区召开全国农业绿色发展现场会；松江区成功入选第二批国家农业绿色发展先行区。进一步完善标准体系，推动以绿色生产操作规程、生产管理等为重点的标准体系建设。通过推进本市地产农产品质量安全追溯体系建设和网格化监管系统应用，上海实现监管手段信息化。进一步加强农作物秸秆综合利用、蔬菜废弃物处理及畜禽养殖污染综合治理，上海市主要农作物秸秆综合利用率达到 95%，畜禽养殖废弃物资源化利用率近 98%，规模化畜禽养殖场粪污处理设施装备配套率 100%，建成 10 个园艺场蔬菜废弃物综合利用示范点，示范点区域范围内实现蔬菜废弃物综合利用率 100%。

二是产业融合发展能级提升。上海市休闲农业、创意农业、农业康养产业以及农旅综合体等农业新业态蓬勃发展，推动信息技术在乡村振兴各领域各链条方面的应用，促进农业产业链价值链、利益链的延伸，推动一二三产业融合发展，取得了明显成效。如闵行区革新村在推进乡村振兴过程中注重打造文化旅游、时尚消费、都市农业、古镇民居等古镇功能体系，通过引入社会资本运营闲置民房，打造文创、民宿、休闲与养老为一体的创意空间，促进乡村产业的延伸与提升。宝山塘湾村积极发展中高端康养产业，依托"母婴康养"概念，以萱草"母亲花"园和萤火虫亲子游作为延伸产业，撬动农村一二三产业融合发展。

三是乡村治理水平显著提升。上海在乡村振兴推进过程中，注重并建立健全自治、法治、德治相结合的乡村治理体系，重视并推广以村民小组为基本单元的村民自治模式，村庄治理井然有序。如松江区泖港镇黄桥村通过推动网格化党建工作，建立精细化的党建服务网络，制定《黄桥村村规民约实施细则》并有效落实，规范村民在生态环境、乡风文明、邻里和睦、环境整治等方面的行为，提升农村基层社会治理能力；金山区水库村完善村民自治章程，实施村务公开，通过数字电视、手机 APP 等信息化方式搭建村民协商议事平台，通过民主管理制度形成基层协商新格局。在调查样本中，农户对乡村治理的满意度较高，超过 90% 的农户对"村务／财务公开""选举公平正义""村两委团结战斗情况"表示满意。

四是农民生活条件明显改善。上海市在推进乡村振兴过程中，基础设施得到了较大改善，包括农业基础设施、公共服务设施建设、农村环境治理等均取得较大进展。如浦东新区大团镇的赵桥村建设了村民文化广场、村文化墙、农村广播、小微景观等一批文化设施项目，为村里营造了文化氛围；"美丽庭院"建设以及村宅环境综合整治、道路及河岸绿化、生活垃圾分类处置、公共厕所、砖瓦围墙及竹木篱笆等，改善了村里的生态环境。调研发现，农户对基础设施、村庄卫生状况、文体活动、村级医疗服务等方面的满意度总体较高，超过 95% 的农户认为，上海市自推进乡村振兴启动以来，基础设施建设、环境治理和村庄卫生状况明显改善；超过 80% 的农户对当前的文体活动、村级医疗服务非常满意。

（四）上海市乡村振兴需要关注的几个问题

一是乡村发展空间相对较小。上海 6600 平方公里，2015 年建成区 3033 平方公里，上海城市发展空间高度紧张，同时也是国家改革重大项目落地的地方，如国家推进的临港新城和上海自行推进的五大新城。乡村郊野单元规划和指标落地等需要上海市级决定，乡村建设和发展难以自己做主。农村居民点占地 513 平方公里（2015 年），规划到 2035 年减少到小于 190 平方公里，也是计划将百分之六七十的农村居民点拆掉；耕地面积规划到 2035 年减少到 180 万亩，减少近三分之一。上海居民建房被严格控制，呈下降趋势。上海农民自主性相对全国来说，非常弱。2022 年，上海市委全会决议提出，放眼世界，当代中国正进行着人类历史上最伟大的现代化，在这当中，上海依然肩负着当好排头兵和先行者的光荣使命。第一条思路是以落实国家重大战略任务为牵引，推动改革开放向纵深发展。国家战略牵引是上海改革发展的重要动力源泉。要坚持走解放思想、深化改革之路，面向世界、扩大开放之路，打破常规、创新突破之路，打好浦东社会主义现代化建设引领区这张"王牌"，为经济社会发展注入强大动力。因此，落实国家重大战略任务、发展经济是上海的主要战略任务。农业农村的发展空间相对较小。

二是农业资源相对贫乏。上海市计划生育政策的执行和教育水平的发展，使得城市化非常坚决。上海 2020 年镇常住人口 233 万，乡村常住人口 266 万，其中户在人在 110 万。户籍人口中 2020 年第一产业从业人员 27 万；第三次农业普查数是 52.6 万人。城镇化率 90%。2002 年到 2011 年，上海外来劳动力呈上升趋势，2011 年人口调结构后，人数不再增加且不断下降，因此外来受雇从事农业生产的劳动力也在减少。上海农业生产经营主体问题比较突出，本地农民老龄化，外部支撑不足，缺乏新型规模经营主体，村集体高度行政化，内在动力和发展活力欠缺。上海劳动力非常依赖于外地人，但社会治理要求减少外地人。怎么把外来劳动力和本地优越的农业资源和优厚的农业政策相结合，是上海未来实现农业现代化的关键问题。上海耕地面积为 285 万亩（2015 年），这是按用地性质统计，即按照法律规定进行的统计，实际上可能已经建了房子或者种了树，实际可能不到 200

万。可用耕地规范流转率超过 90%，承包制下的小农家庭经济在上海已经基本瓦解。

三是土地资源需求大，发展与保护的矛盾突出。发展休闲观光、民宿康养等"农业+"产业需要停车场、卫生间等配套设施，属于建设用地指标，难以满足。一些示范村处于生态保护区内，原本建设用地的增量空间就较少，加上近年来集体建设用地减量化、规划空间偏少等原因，土地资源非常紧缺。农业旅游、休闲农业等产业升级，农村新产业、新业态、新模式的有序发展，与土地资源供给匹配的矛盾非常突出。

四是建设方式城市化，乡村肌理和传统文脉不够鲜明。上海乡村建设在理念认知和规划设计上存在"城市社区再造"的倾向，对乡村民风民俗的保护和传承不够重视，甚至有些地方在推进农民相对集中居住过程中，简单地照搬城市规划建设的思路，在乡村建筑风貌设计中采用"去农村化"的"兵营式"风格，导致乡村肌理的弱化和文化记忆的丧失。一些示范村对延续农耕文化、营造体验文化、实现"商旅文"一体化的规划定位不够清晰、缺乏特色。

五是建设标准高，可持续维护利用难度大。一些乡村建设存在短期见效、急于求成的现象，只注意外部表面景观，没有考虑到维护成本、投资回报等可持续性问题。一些示范村建设谋划系统性、前瞻性不够，一些基础设施仍按照农村的传统标准建设，道路桥梁、通信网络、停车场地等设施的建设难以满足新时期大都市乡村产业的休闲、科普、观光、康养等共性需求，后续的产业能级提升、服务拓展等面临瓶颈制约。

（五）启示思考

上海推进乡村振兴政策有力，成效显著，同时也暴露出一些问题，为全国提供了经验和启示。乡村振兴任重道远，在今后的工作中要特别注意处理好几个关系。

一是处理好乡村产业发展与乡村建设的关系。乡村振兴实施过程中，由于建设项目周期短，成效易显现，所以容易出现重视建设项目的情况，特别在经济发达地区。但是，乡村振兴首先是产业振兴，产业发展壮大了，农户和村集体拥有稳定充足的收入来源，乡村才能实现可持续发展。因此，乡村建设要为产业振兴服务。做好土地资源利用规划，合理确定乡村建设规模。在保护基本农田的前提下，对农村产业升级改造、乡村建设所需的土地资源要提前谋划，切实落实农业产业用地指标，保障乡村振兴项目的有效落地，科学制定村集体用房、闲置农房、闲置集体建设用地等的登记条件。要将乡村建设与乡村产业发展紧密结合，充分发挥服务产业，带动产业发展的作用。

二是乡村建设要处理好短期和长期、现代与传统的关系。在乡村建设规划和落地过程中，要科学客观估计可使用的资金规模，合理规划硬件建设项目，控制硬件建设预算，同时提前预估长效管护的工作机制和资金来源，防止出现大投入、大建设，轻管理、不维护，从而导致"烂摊子"的不利局面，实现乡村建设的可持续利用。同时，还要充分尊重本土的自然肌理和生态脉络，增强示范村规划设计的乡土气息，切实保护乡村的生态、生产和生活的空间功能，延续乡村文脉，因地制宜融入海派元素。深入挖掘乡村深厚的历史人文底蕴，打通乡村文脉的创新性传承和转化路径，繁荣新时代乡村文化。持续提升乡村优秀传统文化的社会影响力，促进乡土文化价值的商业化变现。

三是处理好典型示范与全面振兴的关系。乡村振兴要实现的是乡村全面振兴，要促进的是广大农民共同富裕。政策实施中要避免人为加大村庄差距的现象。选择示范村不能只是"锦上添花"，挑选那些基础条件好、治理有效、容易出成果的村庄，更应该"雪中送炭"，让相对落后的村庄也能获得重视和支持，实现快速发展，最终实现乡村的全面振兴。典型示范项目和村庄要充分发挥示范引领的重要作用。差别实施、择优创建并给予政策、资金支持和相关奖励，在于极大激发基层干部群众的参与积极性，引导他们全面参与乡村振兴。乡村振兴涉及土地、人才、资金等多种要素，涉及产业、环境、治理等多个方面，需要创新工作机制，整合配套相关政策。典型示范可以打造为政策创设的试验田，整合积聚多种资源，吸引企业社会资本参与建设，形成"政府＋企业＋农民"多元投入模式。

四是处理好统一部署与差异化发展的关系。通过乡村产业、人才、文化、生态、组织等"五大振兴"、实施"产业兴旺、生态宜居、乡风文明、治理有效、生活富裕"的乡村全面振兴。这涉及农业农村发展的关键方面，需要全面实施。同时，也要充分尊重资源禀赋、发挥区位优势和城乡关系，制定差异化发展战略。上海充分发挥国际大都市的特点，在闵行、宝山、嘉定、松江等通勤圈内部乡村，户在人在的比例高，人气比较旺盛，通过举办文创等城乡联动亲子活动吸引城市人过去，助力乡村振兴。奉贤等地距离核心城区较远，人气比较弱，空房子多，乡村振兴集中于产权制度改革，集体土地入市，则利用宅基地发展总部经济。不同地区立足资源特色，实施差异化、有重点的政策措施，推动乡村全面振兴。

三、沿海地区推进乡村振兴的做法成效——浙江省

浙江是革命红船的起航地，改革开放的先行地，习近平新时代中国特色社会主义思想的重要萌发地，也是首个部省共建乡村振兴示范省。浙江省在乡村振兴战略实施和推进实践中，围绕乡村振兴的二十字总要求，高水平推进乡村振兴战略的实施，推动农业全面升级、农村全面进步、农民全面发展，为实现乡村全面振兴和农业农村现代化提供浙江经验、浙江智慧。根据课题要求，农村经济研究中心组成调研组，于2022年8月30日至9月3日赴浙江省嘉兴、9月26日至29日赴浙江省丽水市开展专题调研，深入了解浙江乡村振兴实践。期间，调研组先后召开8场座谈会，与农业农村、发展改革等近20个职能部门同志进行了深入交流，赴嘉兴市王店镇庄安村、油车港镇胜丰村、王江泾镇古塘村、新塍镇火炬村、新城街道殷秀社区等5个村，丽水市遂昌县妙高街道、云峰街道、新路湾镇、三仁乡、湖山乡、王村口镇等6个镇进行实地走访，随机对10余位村民进行了深入访谈。在此基础上，归纳与总结浙江省乡村振兴实践与发展经验。

（一）浙江省乡村振兴发展历程

浙江乡村振兴的成就非一日之功，是"忠实践行八八战略、奋力打造重要窗口"的结果，是21世纪初开始先行先试乡村建设和乡村改革的结果。整体来看，乡村振兴可划分为以下几个阶段。

第一阶段：乡村基础环境整治阶段（2003—2009年）。2002年党的十六大提出统筹城

乡经济社会协调发展战略，将"三农"问题作为全党工作的重中之重。为更好地推进新时期的农村建设工作，在时任浙江省委书记习近平同志的领导下，2003年7月，浙江省委、省政府提出引领浙江现代化发展的总纲领和推进浙江各项工作的总方略，即"八八战略"。同时，习近平亲自主持制定了《浙江省统筹城乡发展推进城乡一体化纲要》等重要文件，并亲自调研、亲自部署、亲自推动了改善农村人居环境"千村示范，万村整治"的乡村建设工程。这一具有时代意义的高瞻远瞩战略决策，拉开了浙江省乡村建设美丽蜕变的序幕。之后，浙江省先后制定了《乡村建设分类整治方案》《关于建设生态省的决定》《"农村环境五整治一提高"工程农村垃圾集中处理政策》《关于加强农村住房改造建设的若干意见》等。在乡村建设工程实施初期阶段，浙江省以解决农村环境污染问题为主要目标，通过分类整治、环境建设、部门协同、资金补助等措施，有力地推进了新农村建设的各项工作，为后续的各类乡村建设奠定了重要基础。

第二阶段：美丽乡村建设探索阶段（2010—2017年）。基于乡村建设"千村示范、万村整治"工程所取得的巨大建设成效，2010年浙江省委颁布了《浙江省美丽乡村建设行动计划（2011—2015）》，在全省范围内正式拉开了美丽乡村建设的序幕。在此基础上，相继印发《浙江省深化美丽乡村建设行动计划（2016—2020年）》《关于加强历史文化村落保护利用的若干意见》《农业专项资金补助政策》《关于开展浙江省休闲农业与乡村旅游示范县创建工作的通知》等政策文件。该时期乡村建设坚持以人为本，以"四美三宜[①]"美丽乡村的生态文明建设为主要目标，以提升农民生活品质为根本，以展现农村生态魅力为特色，着力推进农村人口集聚工程、人居环境提升工程、农民创业增收工程、文明乡风培育工程、农村综合配套改革工程等五大工程建设，努力实现"产村人"融合、"居业游"共进，让美丽乡村发展更有活力。

第三阶段：美丽乡村建设的深化阶段（2018—2020年）。党的十九大以来，浙江开启了新时代美丽乡村建设的新征程。浙江省先后出台《浙江省乡村振兴战略规划2018—2022》《浙江省高水平推进农村人居环境提升三年行动方案（2018—2020年）》《新时代美丽乡村建设规范（2019年）》等，以全域美丽乡村大花园建设为目标，持续推进乡村建设升级。与此同时，浙江省以农业现代化先行省建设为目标，坚持以高效生态农业为导向，先后出台《全面实施乡村振兴战略高水平推进农业农村现代化行动计划（2018—2022年）》《关于再创体制机制新优势高水平推进农业绿色发展的实施意见》《关于浙江省农业绿色发展试点先行区三年行动计划（2018—2020年）的通知》等文件，加快构建现代农业产业体系、生产体系、经营体系，推进农业高质量发展。该时期乡村建设坚持实现生态环境和经济效益的统一，通过政府主导、政策驱动，科学规划、分步实施，统筹协调，加快实现从局部美到全域美，一时美到持久美，外在美到内在美，真正实现从建设美丽乡村向经营美丽乡村和共享美丽乡村转变。

---

① "四美三宜"生态文明：科学规划布局美、村容整洁环境美、创业增收生活美、乡风文明身心美，宜居、宜业、宜游，生态人居、生态环境、生态经济、生态文化。

第四阶段：推进农民富裕富足新阶段（2021—至今）。进入"十四五"新时期，浙江被赋予高质量发展建设共同富裕示范区的新使命，中共中央已出台《中共中央 国务院关于支持浙江高质量发展建设共同富裕示范区的意见》，支持浙江创造性贯彻"八八战略"，在高质量发展中扎实推动共同富裕。浙江省正在全面部署推进共同富裕示范区的建设，先后出台《中共浙江省委浙江省人民政府关于落实农业农村优先发展总方针推动"三农"高质量发展的若干意见》《关于鼓励和支持农创客发展的意见》《浙江省人民政府办公厅关于实施"两进两回"行动的意见》《关于高质量推进乡村振兴争创农业农村现代化先行省的意见》《高质量创建乡村振兴示范省推进共同富裕示范区建设行动方案（2021—2025 年）》，积极推进农民富裕富足，走共同富裕之路。该阶段浙江省着力在完善收入分配制度、统筹城乡区域发展、发展社会主义先进文化、促进人与自然和谐共生、创新社会治理等方面先行示范，构建推动共同富裕的体制机制，不断增强人民群众的获得感、幸福感、安全感和认同感，为实现共同富裕提供浙江示范。

（二）浙江省推进乡村振兴的做法与经验

围绕乡村振兴的二十字总要求，按照习近平总书记"秉持浙江精神、干在实处、走在前列、勇立潮头"殷殷嘱托，推动农业全面升级、农村全面进步、农民全面发展，为实现乡村全面振兴和农业农村现代化提供浙江经验。本部分从农村、农业、农民以及城乡融合四方面对浙江乡村振兴实践进行梳理和总结。

1. 高质量推进美丽乡村建设。一是科学规划引领。顶层设计谋划并构建新时代美丽乡村大花园"五朵金花、百线风景、千颗明珠、万村达标"空间布局，打造现代版"富春山居图"。二是开展美丽乡村体系化创建。持续开展万村景区化、美丽河湖、美丽示范乡镇、美丽村庄和美丽庭院等系列建设。在此基础上，大力发展农家乐、民宿、乡村研学、乡村康养等新经济业态，挖掘和转化乡村的生态价值、文化价值、社会价值、经济价值等。三是持续深入实施"三大革命"。持续深入推进污水、垃圾、厕所"三大革命"，同时推行县级政府为责任主体、乡镇政府为管理主体、村级组织为落实主体、农户为受益主体、第三方专业服务机构为服务主体的"五位一体"长效管护制度；连续出台了《浙江省农村公厕建设改造和管理服务规范》《浙江省农村公厕改造工作实施方案》政策文件，让"厕所革命"有法可依、有标准可循。四是加大历史文化乡村建设和探索未来乡村建设。明确每年开展 250 个重点村、一般村项目建设，对重点村给予每村 500 万—700 万元补助；明确提出严格规范村庄撤并，不搞大拆大建，要更多采用"微改造"的"绣花"功夫，全力保留村庄原有纹理和浙派风貌，科学植入现代功能，推动乡村生态化有机更新；积极规划建设一批未来村庄，重点聚焦人本化、生态化、数字化、融合化、共享化，围绕未来邻里、文化、健康、低碳、生产、建筑、交通、智慧、治理、党建"十场景"探索未来乡村建设。五是领先领跑推进数字乡村建设。加快县城及重点乡镇 5G 信号实现全覆盖，推动乡村水利、公路、电力等生产生活基础设施数字化改造，加快自动感知终端广泛应用；实施电子商务进农村工程和"互联网 +"农产品出村进城工程，做大"网上农博"，壮大跨境电商、直播带货等新业态。推进乡村山水林田湖草等资源、农村住房、人居环境等领域数字化管理，建立农村生活垃圾分类、公厕管理智能化、数字化监管系统。

2.高质量构建现代农业三大体系。一是大力推进农业绿色化、品质化。坚持"绿水青山就是金山银山"绿色发展新理念，以建设国家农业可持续发展试验示范区暨农业绿色发展试点先行区为抓手，推动粮食产业绿色增产增效、推动农业主导产业绿色发展、大力推行绿色生产方式，在此基础上加快绿色农业品牌培育，积极拓展品牌产品市场，增强品牌辐射带动力。二是大力培育农业新型经营主体。浙江省把大力培育新型农业经营主体和新农人、农创客作为强农的核心任务，实施万家新型农业主体提升工程，优化农业从业者结构，加快建设知识型、技能型、创新型农业经营者队伍，鼓励农业龙头企业、农民合作社、专业化市场化服务组织等加强对小农户的带动，着力构建适度规模化家庭经营、产业化合作经营和公司化企业经营相结合的新型农业经营体系。三是大力加强农业生产设施科技平台新支撑。积极开展高标准农田和千万亩标准农田质量提升工程；推进现代种业强省建设，健全种质资源保护机制，完善国家级农作物、畜禽、水产种质资源保护体系，深入实施现代种业提升工程；大力推进农业机械化、设施化、智能化应用，扎实推进农业"机器换人"示范省；积极创建国家级、省级现代农业园区和特色农业强镇等平台。

3.高质量推进农民富裕富足。一是多渠道促进农民增收。大力发展农村旅游经济、生态经济、电商经济、文创经济、养生经济等美丽经济业态，发展农产品精深加工、商贸物流、文化旅游等产业，实施高素质农民和农村实用人才培育工程，增加农民创业收入。大力开展技能培训、再就业培训工程，确保零就业家庭动态清零，提高工资性收入。引导农户自愿以土地经营权、水权等入股企业，盘活农民闲置宅基地、房屋等资产资源，提高财产性收入增长水平。加快推进农村公共服务扩大人群覆盖和社会保障水平，增加农民转移性收入。二是加快推动保障低收入农户。积极部署低收入农户高水平全面小康行动计划，出台《关于做好新一轮扶贫结对帮扶工作的通知》《低收入农户高水平全面小康计划（2018—2022年）》。健全低收入农户兜底保障机制，动态提高最低生活保障标准，同步更新低边、特困标准，实施医疗、教育、住房等专项救助。加快健全动态监测预警响应机制，实现低收入群众救助"一件事"集成服务。实行分层分类帮扶，完善"一户一策一干部"结对帮扶制度。三是持续发展壮大集体经济。浙江先后多次实施了壮大集体经济行动，2017年出台《中共浙江省委关于实施消除集体经济薄弱村三年行动计划的意见》，通过科学开发资源转化、发展物业经济培育、规范管理增效、发展服务型经济推动、推进政策支持增收、深化结对帮扶助推等手段路径，巩固提升村级集体经济，进而助力农民增收。

4.高质量推动城乡融合发展。一是推进城乡资源要素大融合。实施科技进乡村行动、资金进乡村行动、青年回农村行动、乡贤回农村行动等四大行动，促进发展要素回流乡村；二是推进城乡基础设施和城乡公共服务大融合。通过城乡一体的基础设施规划、建设、运营管理，推动城乡交通设施、城乡供水供电供气、城乡通信邮电物流等一体化建设，提高乡村基础设施建设运营管理水平，全面提升城乡基础设施一体化水平。大力推进城乡基本公共服务均等化、普惠化、便捷化，优化配置公共教育、医疗卫生、社会保障、文化体育等基本公共服务资源，基本形成农村30分钟公共服务圈、20分钟医疗卫生服务圈。三是推进城乡居民发展大融合。加快农业转移人口市民化，放宽城市落户政策，促进有能力在城镇稳定就业生活的新生代农民工、在城镇就业居住 5 年以上和举家迁徙的农业转移人口在城市举家落户。加快推进"三权"到人（户）、权跟人（户）走，维护进城落户农民土地承包权、宅基地使用权、集体收益权，不得以退出"三权"作为农民进城落户的条件，探索建立进城落户农民集体经济组织成员备案证制度。建成以居住证为载体、与居住年限等条件相挂钩的基本公共服务和便利提供机制。逐步将居住证持有人纳入城镇住房保障体系，推进公办学校普遍向随迁子女开放。四是创新实施新时代乡村集成改革。"十四五"期间，将围绕现代农业、农村经济、人居环境、乡村治理、农民发展、综合配套服务等农业农村重点领域，每年确定 11 个以上县（市、区）作为省级新时代乡村集成改革试点，分批推进；条件成熟的地方，整市域推进集成改革试点。通过乡村集成改革，形成区域改革的联动效应、整体效应、组合效应和示范效应。

（三）浙江省乡村振兴的主要成效

浙江通过产业转型、乡村改造、设施配套、生态治理、文化传承等一系列努力，在产业兴旺、生态宜居、乡风文明、治理有效、生活富裕和城乡融合发展体制机制与政策体系的建构等方面取得明显改善，乡村振兴走在全国前列。

1. 农业经济实力持续增强。一是农业产业结构持续优化。2021 年，浙江农林牧渔业总产值（现价，下同）3579 亿元，农林牧渔业增加值 2270.07 亿元，比 2017 年增长 15.7% 和 15.1%，年均增长 3.7% 和 3.6%。二是粮食生产稳定发展。2021 年，粮食播种面积 1510 万亩、总产量 621 万吨，均创近 5 年新高，比上年分别增长 1.3% 和 2.5%，比 2017 年分别增长 3.0% 和 7.0%。三是农产品稳产保供。2021 年，浙江省蔬菜及食用菌产量 1934 万吨，比 2017 年增长 1.2%，油料产量 32 万吨，比 2017 年增长 17.9%，茶叶产量 18 万吨，比 2017 年增长 1.5%，水产品产量 626 万吨，比 2017 年增长 5.3%，大型生猪养殖场（户）共有 756 家，比 2017 年末增加 334 家，大型养殖企业生产总体平稳，存栏占比总体维持在 70%—75% 左右。四是现代农业蓬勃发展。2021 年，浙江省 810 万亩粮食生产功能区得到严格保护，累计创建省级现代农业园区 79 个，建成验收特色农业强镇 109 个。统筹推进百条十亿级农业全产业链创建、十万农创客培育和乡村产业"一县一平台"建设。特色精品农业彰显现代农业新优势，认定国家级特色农产品优势区 10 个，省级特色农产品优势区 114 个。同时，数字赋能农业，从物联网应用于农业生产，到电子商务带动农产品热销，再到直播带货，农业数字经济"一号工程"全面推进，移动支付、数字工厂等一批数字产业、数字技术加速布局。

2. 美丽乡村迭代升级。一是宜居乡村持续涌现。截至 2021 年底，共创成国家森林城市 18 个，省森林城镇 703 个，建成"一村万树"示范村 1482 个；创建美丽乡村示范县 11 个、美丽乡村示范乡镇 110 个、特色精品村 315 个；新时代美丽乡村达标村 5512 个，全省 50% 以上行政村建成新时代美丽乡村。二是人居环境持续改善。2021 年，实现生活垃圾集中收集处理行政村全覆盖，农村生活垃圾分类处理行政村覆盖率达 96%，生活垃圾"零填埋"，实现规划保留村生活污水治理全覆盖，全省无害化卫生厕所普及率 99.5%，建有公共厕所的行政村比例达 99.9%。三是乡风文明持续提振。2021 年，全省新建农村文化礼堂 2026 家，乡镇（街道）综合文化站等级站比例 97%，完成送戏下乡 21722 场、送书下乡 418 万册、送讲座送展览下乡 23877 场，组织文化走亲活动 2354 次。全国、省级文明村镇分别达 270 个、1352 个，新时代文明实践中心全覆盖，建成实践所、站、点 5 万余个，实践所、站覆盖率 80%。

3. 人民生活幸福美好。一是农村居民收入水平不断提高。2021 年，全省农村居民人均可支配收入达 35247 元，农民收入增速在疫情冲击下仍实现逆势增长，比上年名义增长 10.4%，较 2017 年增长 41.2%，年均增长 9%。二是城乡居民收入差距逐年缩小。2021 年，城乡居民收入比为 1.94，位居第三，比全国城乡居民收入比低 0.56，连续 9 年呈缩小态势，成为农民生活最优、城乡融合度最高的省份之一。三是低收入农户高水平全面小康攻坚圆满收官。高质量实现"两不愁三保障"突出问题、年家庭人均收入 8000 元以下情况、集体经济薄弱村"三个清零"，2021 年全省低收入农户年人均可支配收入增长 14.8%，高出全省农民收入增速 4.4 个百分点。四村集体经济蓬勃发展。据全省涉农村（居）委会数据分析，村集体经济中位数从 2016 年的 31.5 万元提高到 2020 年的 93 万元，增长近 2 倍。2020 年村集体经营收入中位数达 26 万元，比 2016 年增长约 20 倍。2020 年，村集体经济收入超过 50 万元的村占比高达 70%，而 10 万—20 万元的村只有 5%，20 万—50 万元的村占 25%。

表 2 2021 年全国城乡居民收入差距

地区	2021 年（城）（元）	2021 年（乡）（元）	城乡收入比值
北京市	81518	33303	2.45
天津市	51486	27955	1.84
河北省	39791	18179	2.19
山西省	37433	15308	2.45
内蒙古自治区	44377	18337	2.42
辽宁省	43051	19217	2.24
吉林省	35646	17642	2.02
黑龙江省	33646	17889	1.88
上海市	82429	38521	2.14
江苏省	57744	26791	2.16
浙江省	68487	35247	1.94
安徽省	43009	18372	2.34
福建省	51141	23229	2.20

续表

地区	2021年（城）（元）	2021年（乡）（元）	城乡收入比值
江西省	41684	18684	2.23
山东省	47066	20794	2.26
河南省	37095	17533	2.12
湖北省	40278	18259	2.21
湖南省	44866	18295	2.45
广东省	54854	22306	2.46
广西壮族自治区	38530	16363	2.35
海南省	40213	18076	2.22
重庆市	43503	18100	2.40
四川省	41444	17575	2.36
贵州省	39211	12856	3.05
云南省	40905	14197	2.88
西藏自治区	46503	16932	2.75
陕西省	40713	14745	2.76
甘肃省	36187	11433	3.17
青海省	37745	13604	2.77
宁夏回族自治区	38291	15337	2.50
新疆维吾尔自治区	37642	15575	2.42

4.公共服务普惠均衡。一是基础设施提档升级。行政村实现4G和光纤全覆盖，重点乡镇实现5G全覆盖，农村地区宽带网络与城市基本实现"同网同速"；通公路的村占比超99.9%，具备条件200人以上自然村公路通达率达到100%，农村公路优良中等路比例超85%，村内主要道路为水泥和柏油路面的比重为99.0%，行政村通客车实现全覆盖。农村饮用水达标人口覆盖率超95%，水质达标92%以上，基本实现城乡居民同质饮水。二是教育资源进一步优化。新建和改扩建农村普惠性幼儿园，实现一乡镇一公办中心园全覆盖；义务教育入学率99.99%，义务教育标准化学校比例98.6%。开展"互联网＋义务教育"中小学校结对帮扶民生实事工作，实现乡村小规模学校受援全覆盖。三是医疗服务质量进一步提升。2021年末，全省拥有村卫生室11218个，村卫生室规范化率78.3%。四是社会保障体系进一步健全。2021年，全省参加城乡居民基本养老保险人数4423万人，城乡居民养老保险基础养老金最低标准提高到180元／月；全省基本医疗保险参保人数5655

万人，户籍人口基本医疗保险参保率99%以上。符合社会救助条件的农村困难群众全部纳入社会救助范围，居家养老服务中心实现乡镇全覆盖。

（四）浙江省乡村振兴需要关注的几个问题

浙江省在全面推进乡村振兴进行了积极探索，实现了一定突破，但仍存在一些问题和短板。

一是城乡公共服务质量仍有较大差距。比如，城乡居民基本养老保险早已实现制度并轨，并实现全区全覆盖，但与城镇职工保障水平比还有较大差距，2021年城镇职工基本养老保险待遇水平3415.21元/月，城乡居民基本养老保险待遇水平377.61元/月，两者差距高达3037.6元/月。同时，城乡之间的教育质量、医疗保险报销目录等存在显著性差异。事实上，地区发展依赖人力，有效将外来人口与本地人口、城镇居民和农村居民密切地融合到一起，享受到同等公平的社会公共服务是留住人和吸引人的关键。

二是促进农民增收、缩小城乡差距仍需继续努力。不同地理位置和资源禀赋，因其生产和生活条件的不同，往往会历史地形成不同的经济条件和经济结构，继而形成区域经济发展的差异性。例如，2021年，浙江省已经是农民生活最优、城乡融合度相对较高的省份，但省内各地市之间存在发展不平衡现象。一方面，浙江省农村人均可支配收入最高的嘉兴市（43598元/年）与最低的丽水市（26386元/年）相差17212元/年；另一方面，城乡居民收入比最大的丽水市（2.02）与最小的嘉兴市（1.60）相差0.42，未来浙西南或将成为发展的难点、重点。

表3　2021年浙江各地级市人均可支配收入情况

地市	城镇居民人均可支配收入（元）	农村居民人均可支配收入（元）	城乡居民收入比值
杭州市	74700	42692	1.75
宁波市	73869	42946	1.72
温州市	69678	35844	1.94
嘉兴市	69839	43598	1.60
湖州市	67983	41303	1.65
绍兴市	73101	42636	1.71
金华市	67374	33709	2.00
衢州市	54577	29266	1.86
舟山市	69103	42945	1.61
台州市	68053	35419	1.92
丽水市	53259	26386	2.02

三是传统村落和乡村风貌保护面临一定压力。浙江省全域土地整治涉及范围较大，有的涉及多个村庄，例如走访调研的嘉兴市秀洲区新塍镇全域土地综合整治试点项目区总面积12万亩，涉及15个行政村，搬迁农房3300户。通过全域土地整治，一方面提高了农村土地要素资源的利用率，另一方面也对传统村落和乡村风貌的保护带来了一定压力。秀

洲区在推进全域土地整治中特别规划了传统村落保留点，对历史性古村落和一些有文化底蕴的村庄进行重点保护，但是，与大范围全域土地整治和一些村庄宅基地腾退后实行社区集中安置比，对传统村落和乡村风貌的保护力度尚需进一步加强。

（五）启示思考

浙江省是改革开放的先行地，习近平新时代中国特色社会主义思想的重要萌发地，也是首个部省共建乡村振兴示范省。作为试点地区，如何把浙江省的实践经验推广到北京甚至其他省份，也引发我们深入思考，以下几点需要在全面推进乡村振兴过程中着力加以把握。

一是正确理念的引领是乡村振兴的重要前提。2003 年，习近平总书记提出的"千村示范、万村整治"的乡村建设工程、"绿水青山就是金山银山"的发展理念是指导浙江乡村发展的关键。浙江的新农村建设和城乡统筹工作推进相对较早，在城乡空间、产业、公共服务统筹和一体化发展上有较好的基础，为生态统筹、生态融合奠定了较好的基础。生产、生活、生态"三生融合"的发展架构是浙江践行"绿水青山就是金山银山"理念，推进浙江绿色发展的具体体现。在"十四五"全面推进乡村振兴的新时期，应该要认真学习、深刻领会把握习近平总书记关于"三农"工作重要论述的丰富内涵、核心要义和精神实质，要切实从广大民众对于美好生活的向往与需要出发，从解决经济社会发展不平衡和不充分的问题入手，加快推进农业高质高效、乡村宜居宜业、农民富裕富足、城乡融合发展。

二是坚持政府、市场、民众之间的良性互动。在浙江，政府主导的生态治理、环境治理、基础设施建设等，为乡村发展提供了良好的硬件环境；规划布局、业务指导、财政支持等，为乡村发展提供了理念和方向上的具体引导；政府审批制度的创新和改革不断推进，为乡村发展提供了制度保障。浙江相对成熟与高效的市场体系，尤其是民营经济的活力，为乡村领域的建设、服务和发展提供了优质的市场资源。浙江的村级自治、协商民主等自治领域，则发挥了在基层动员、农民引导、矛盾调处等方面的作用，使得乡村社区的政治优势和社会优势得到展现，乡村集体的一致性行动得以实现。在新时期，应坚持政府、市场、民众之间的良性互动，在继承发扬改革发展逻辑的基础上不断推陈出新，全面推进乡村振兴。

三是做好产业谋划布局，构建一二三全产业体系。浙江结合当地特色资源、群众意愿和政府相关政策等，宜农则农、宜工则工、宜商则商、宜游则游，把发展特色产业作为突破口，突出特色化、差异化，培育龙头企业，打造核心竞争力。在规划中要注重三产融合，围绕主导产业、优势产业，突出拓展延伸产业链，促进农旅结合、"互联网＋"、一二三产业融合，构建链式联动的产业经济，充分激发各类资源要素的价值转化。

四是发挥地区传统文化优势，助力乡村振兴。浙江农民和社会精英既有较强的市场意识，同时，也有比较浓重的乡土情结和乡土意识。这种由乡土情结和乡土意识所呈现的乡村文化在吸引外部资源、协调关系和形成发展合力等方面起到了重要作用。在浙江，企业家、成功人士等，到村里担任村干部和顾问，参与乡村经济发展，或者返乡创业，是较为普遍的现象。他们不仅把新理念、新思路、新资源带入乡村，而且还把许多社会资本、人力资源导入乡村，形成了乡村振兴中不可或缺的中坚力量，为浙江乡村的发展作出了重要贡献。

四、内陆地区推进乡村振兴的难点突破——重庆市

进入新世纪以来，重庆市深入学习贯彻习近平总书记关于"三农"工作重要论述和对重庆提出的系列重要指示要求，把乡村振兴作为重庆发展的最大潜力，把城乡融合作为重庆发展的最高境界，抓重点、补短板、强弱项，促进农业高质高效、乡村宜居宜业、农民富裕富足。经过多年发展，重庆市乡村振兴取得显著成效，正在向全面推动乡村振兴发展目标迈进，是西部地区乡村振兴发展的典型案例。根据课题要求，农业农村部农村经济研究中心改革试验与政策评价处调研组于2022年7月初赴重庆市荣昌区和永川去开展专题调研，深入了解重庆市乡村振兴发展实践探索。调研组先后召开10场座谈会，与农业农村、发展改革等近20个职能部门同志进行了深入交流，赴南大街道黄瓜山村、板桥镇通明村、何埂镇科名村、清江镇河中村、安福镇通安村等8个村实地调研，并随机对18位村民进行了深入访谈。现将有关情况报告如下。

（一）重庆市乡村振兴发展历程

重庆市是中西部地区唯一的直辖市，位于中国内陆西南部、长江上游，下辖38个区县，1031个乡镇（含街道），7954个行政村，现有农村常住人口953.3万人，约占总人口的29.7%。重庆市集大城市、大农村、大山区、大库区于一体，曾是全国脱贫攻坚的重要战场，贫困人口多、贫困范围广、贫困程度深、扶贫任务重。2013年习近平总书记首次提出"精准扶贫"的重要思想，重庆市认真贯彻落实，坚持以精准扶贫、精准脱贫为突破点，久久为功，持续推进脱贫攻坚与乡村振兴有效衔接，乡村振兴发展取得了明显成效。

第一阶段：精准扶贫阶段（2013—2017年）。重庆市在精准扶贫战略思想指引下，出台《建立精准扶贫工作机制实施方案》《"十三五"脱贫攻坚规划》《关于集中力量开展扶贫攻坚的意见》以及13个方面的配套方案，形成了"上下一体、多方联动"的扶贫规划体系。结合工作实际，配套出台了金融扶贫、健康扶贫、产业扶贫等一系列政策。2016年，习近平总书记在重庆考察时提出，"扶贫开发成败系于精准，要找准'穷根'、明确靶向，量身定做、对症下药，真正扶到点上、扶到根上"，这进一步为重庆市精准扶贫提供了思路和动力。这一阶段，重庆市创新"四看四访四算四审"[①]等工作方法，细化贫困人口识别标准，健全精准扶贫识别机制；重点抓实"六个一批"，推动产业带动扶贫、高山生态扶贫搬迁、转移就业脱贫、医疗救助脱贫、教育资助脱贫和低保兜底脱贫，加大财政资金支持力度；构建精准扶贫管理机制，强化日常工作中贫困档案管理、贫困项目与资金管理和扶贫廉洁管理；建立精准扶贫工作考核机制。

---

① 所谓"四看"，包括察看住房、粮食、劳动能力、在读学子情况；所谓"四访"，包括走访干部、亲友、邻居、现场，从而确定争议情况、家庭信息和财产状况；所谓"四算"，即计算清楚务工、生产、生活和补贴收支账；所谓"四审"，即由贫困户本人、村支部书记、第一书记和乡镇党委成员审核签字确认。

第二阶段：推动脱贫攻坚与乡村振兴有机衔接阶段（2017—2020年）。2017年，党的十九大作出实施乡村振兴战略重大决策部署，把脱贫攻坚战统筹到乡村振兴战略中并作了具体部署。重庆市严格贯彻党的十九大精神，印发《中共重庆市委 重庆市人民政府关于打赢打好脱贫攻坚战三年行动的实施意见》《重庆市精准脱贫攻坚战实施方案》《重庆市实施乡村振兴战略行动计划》《重庆市实施乡村振兴战略规划（2018—2022年）》等文件，为脱贫攻坚与乡村振兴发展提供了制度保障，描绘了蓝图，指明了方向。重庆市以做好"两不愁三保障"为切入点，围绕解决"两不愁三保障"突出问题、聚焦深度贫困地区精准发力、建立脱贫长效机制等，稳定粮食生产，补齐基础设施短板，推进产业结构调整，分层分类开展乡村振兴试验示范。在示范区开展过程中，重庆市抓两头、带中间，将全市分为先行示范类、重点帮扶类、积极推进类，分别明确目标任务和政策举措。在这一阶段，重庆市重点深化完善脱贫攻坚与乡村振兴有机衔接机制改革，创新脱贫机制，建立健全乡村振兴发展机制，为重庆市全面推动乡村振兴发展增添新动能，创造新优势。

第三阶段：全面推动乡村振兴发展阶段（2020年至今）。2020年，《中共中央 国务院关于实现巩固拓展脱贫攻坚成果同乡村振兴有效衔接的意见》指出，打赢脱贫攻坚战后，要巩固拓展脱贫攻坚成果，接续推动脱贫地区发展和乡村全面振兴。在此背景下，重庆市立足脱贫攻坚和农业农村发展基础，紧扣巩固拓展脱贫攻坚成果同乡村振兴有效衔接核心导向，提出推进"一个确保、一个提升、一个同步"[①]，整体实现巩固拓展脱贫攻坚成果同乡村振兴有效衔接的目标。设立5年过渡区，抓好体制衔接、政策衔接、工作衔接、帮扶衔接4个方面，合理把握调整节奏，逐步实现政策平稳过渡；精准对接乡村振兴战略规划，编制"十四五"巩固脱贫成果规划，完善多规合一的实用性村规划；探索基础较差、经济薄弱的非贫困村振兴路子，实施收入"临界户"帮扶政策；重点探索将现行脱贫攻坚政策转化为解决相对贫困政策和乡村振兴政策的条件；从统筹推进农村基础设施建设、统筹推进乡村产业发展、统筹推进公共服务改善和提升、统筹推进农村人居环境整治和统筹推进乡村人才建设5个方面，推动脱贫攻坚与乡村振兴有效衔接。在这一阶段，重庆市定位打造成城乡均衡发展的西部典范，以巩固拓展脱贫攻坚成果同乡村振兴有效衔接为目标，全方位推进重庆市乡村振兴高质量发展。

（二）重庆市推进乡村振兴的做法与经验

近年来，重庆市深入贯彻落实党中央关于实施乡村振兴战略的重大决策部署，把乡村振兴作为重庆发展的最大潜力，抓重点、补短板、强弱项，全市各级各部门齐抓共管，有力推动全市乡村振兴迈出了坚实步伐。

1. 聚焦责任落实，强化组织保障。一是强化"五级书记抓乡村振兴"的制度保障。成立由市委书记任组长，主要领导参与的乡村振兴战略领导小组，组建由市委副书记统筹、5位市领导任组长的"五大振兴"工作专班。各区县党委均成立相应规格的领导小组，区

---

① 即坚决确保不发生规模性返贫；脱贫地区经济社会发展能力显著增强，综合水平得到明显提升；在"一个确保"和"一个提升"的基础上，脱贫地区全面进入乡村振兴发展轨道，与全市其他地区同步向农业农村现代化迈进，在全面推进乡村振兴的新征程中不掉队。

县党政主要负责同志为第一责任人，明确党委副书记分管"三农"工作。二是完善工作帮扶机制。建立市领导联系乡村振兴工作机制，20位市领导定点联系17个乡村振兴重点帮扶乡镇及所在区县。各乡镇街道落实专职党（工）委副书记或常务副镇长（主任）担任分管领导，配备2—3名业务骨干，各村（社区）落实一名专职干部，选派市级、区县级机关优秀年轻干部到148个重点帮扶乡镇挂职。三是构建乡村振兴规划政策体系。重庆市委、市政府对标对表中央精神，先后研究制定以《重庆市贯彻实施〈中国共产党农村工作条例〉办法》《重庆市乡村振兴促进条例（草案）》《重庆市实施乡村振兴战略行动计划》《重庆市乡村振兴战略规划（2018—2022年）》《关于聚焦乡村发展难题精准落实"五个振兴"的意见》为重点的政策制度框架体系。

2. 以产业融合发展为抓手，夯实乡村振兴发展基础。一是科学编制乡村规划，强化顶层设计。重庆市在市级层面划定"三区三线"，统筹布局生态空间、农业空间、城镇空间，根据地形差异及资源禀赋特征，因地制宜划定都市农业发展区、平行岭谷农业发展区和盆周山地农业发展区。在区县层面构建镇村融合发展单元，促进资源要素有效整合，优化乡村产业格局，落实重点项目布局，推动乡村特色发展，有序配置用地指标。在村庄层面，以村庄的发展层次和需求为脉络，灵活选择、按需编制，明确编制重点，细分为底线管控类、完善提升类、综合发展类。二是以做大做强涉农特色产业为突破口，推动产业"接二连三"。重庆市立足实际，按"一区两群"实际情况，推进产业差异化发展，主城都市区突出发展现代都市农业，大力发展农产品精深加工业、乡村休闲旅游业和农村电商服务业等；渝东北三峡库区城镇群做强"三峡农家"山地特色高效农业；渝东南武陵山区城镇群推动"文旅+"赋能山地效益农业。同时，重点做好脱贫地区乡村产业发展，以脱贫区县为单位规划发展乡村特色产业，每个脱贫区县选择1—2个主导产业作为支持重点，推进脱贫地区"三品一标"建设，将宜机化改造同高标准农田建设相结合，用科技创新为品种提质赋能，推进品种培优、品质提升、品牌打造和标准化生产。目前，重庆市第一产业增加值年均增长4%，农产品加工业产值与农业总产值比为2.5：1左右。三是继续稳定并加强产业扶持政策。继续加大财政投入，重点支持培育和壮大农村地区特别是脱贫地区特色优势产业。创新金融服务，调整完善针对脱贫人口的小额信贷政策，鼓励符合贷款条件的对象申请创业担保贷款发展特色产业；完善用地政策，统筹安排用地规模和计划指标，优先保障脱贫区县特色产业用地需要等；通过主城都市区与"两群"区县结对，建立产业协作横向转移支付，实现资源、市场、资本等对接。

3. 创新工作机制，整合资源力量助力乡村振兴。一是建立"分类、分层、分区"推进乡村振兴机制。立足重庆特殊市情，建立抓两头、带中间"分类"统筹机制，依据区位条件、资源禀赋、产业基础、发展水平等实际，将全市涉农区县分为"三类"。一是先行示范类，加快提升其农业现代化水平；二是重点帮扶类，重在巩固拓展脱贫攻坚成果；三是积极推进类，重在协同推进"五个振兴"，主要目标是力争到2025年，农村居民人均可支配收入增速高于全国平均水平。建立"一区两群"协同发展机制，"一区"21个区帮扶"两群"17个区县。二是创设"基金+产业+人才"鲁渝协作发展机制。在全国率先设立东西部协作产业发展基金和人才发展基金，以产业带动乡村发展，以人才激发乡村活力。共同设立鲁渝协作企业合作投资基金，聚焦协作区县优势产业发展，累计投放项目 10 个；共同设立鲁渝协作乡村振兴人才发展基金，资助项目 12 个。三是创新乡村人才工作体制机制。印发《加快推进乡村人才振兴的重点措施》，通过实行创新人才培育、引进、使用、管理等方面的 26 条措施，加快促进乡村人才队伍建设。积极搭建社会参与平台，加强组织动员，构建政府、市场、社会协同推进的乡村振兴参与机制，让各类人才在乡村大施所能、大展才华、大显身手。探索建立"智慧乡村人才超市"，提供信息化服务，探索智能化人才匹配，为城乡人才资源流动建好平台。

4. 以治理现代化为抓手，全面赋能乡村振兴。一是深化推广"积分制"，调动村民群众参与。印发《关于在乡村治理深化推广运用"积分制"的通知》，将乡村治理各项事务转化为量化指标，对农民群众日常行为进行评价并形成积分，并规划 2024 年底所有行政村全面推行"积分制"。二是深化运用"清单制"，规范村级组织运行。印发《关于在乡村治理深化推广运用"清单制"的通知》，建立权力清单、自治清单、协助清单、证明清单、服务清单、负面清单"六张清单"，减轻村级组织负担，推进基层干群关系持续改善和乡村治理效能持续提升。三是探索推行"院落制"，推动治理单元下沉。按照"地域相连、民风相近、群众自愿、规模适度、能力匹配"的原则，以自然村落为基点设立院落，主要负责收集民情民意、发展庭院经济、维护环境卫生等工作。如江津区根据人口密度、院落分布等现状，以 30 户左右作为一个"大院"，推选新乡贤能人任"院长"，依托闲置乡村小学校创办"书院"，因地制宜发展经济搞好"庭院"，充分讨论制定"院规"，有效实现乡村善治。四是积极推进乡村治理"数字化"，技术赋能乡村治理。推动乡村治理数字化建设，推行乡村治理数字化试点。荣昌区围绕村民"愿用、好用、管用"，开发"小院家"小程序，融入"积分制""清单制""院落制"，设置"爱环境""找活干""帮我卖""换积分"等群众参与性强、得实惠的板块，有效调动群众参与乡村治理的积极性。

5. 以制度创新为突破口，推动乡村振兴高质量发展。一是深化农村土地制度改革。探索农户"三权"自愿有偿退出机制，激活农村土地市场。开展全域土地综合整治试点，打造农村生态样板工程，实现"一本蓝图、多规合一"。统筹推进农业空间内高标准农田建设、农村建设用地复垦、粮食生产功能区建设等项目，累计建成高标准农田 1696 万亩，开展高标准农田新增耕地指标交易，成交所得收益全部用于农田建设。探索农业项目财政补助资金股权化改革，对于之前直接补助给农业企业的财政补助项目，变为由项目所在地村级集体经济组织按财政补助资金 30%—50% 持股，村级集体经济组织按持股资金 5%—10% 每年的标准固定分红。二是深化财政金融支农体制改革。财政优先投入农业农村，近5 年来，全市农林水实际支出年均增长 4.5%，计划"十四五"期末调整土地出让金收益用于农业农村的比例达到 50% 以上。深化农村信用体系建设，重庆涉农贷保持稳定增长，单个农户授信额度最高 30 万元，涉农经营主体单户授信额度最高 300 万元。实施差异化的财政体制，"两群"区县所有地方级收入实行全留制度，市级不参与收入分成，在基本公共服务支出方面，财政向贫困地区倾斜，财政分担达到 80%。三是助推城乡基础设施与公共服务均等化。统筹资源、资产、资金，结合财政事权与支出责任划分改革、转移支付改革，引导和撬动各方投入，推动城乡基础设施的一体化。强化医疗保险保障功能，全力推动"重庆渝快保"商业补充医疗保险参保，提升医疗保障水平。完善特大疾病医疗保险和救助制度，对特困人员给予倾斜救助。建立城乡居民基本养老保险个人缴费档次和政府补贴标准机制，个人缴费档次由原来的 12 个档次调整为 13 个档次，最低缴费档次调整仍为每人每年 100 元，最高档次调整为每人每年 3000 元。

（三）重庆市乡村振兴的主要成效

多年来，重庆市委、市政府全面贯彻习近平新时代中国特色社会主义思想，严格落实党中央决策部署，坚持促进脱贫攻坚与乡村振兴有效发展，持续推进产业发展、农民增收、城乡融合发展，取得显著成效。

1. 脱贫攻坚成果进一步巩固拓展。一是"两不愁三保障"及饮水安全成果持续巩固。建立了较完善的覆盖全面、分层分类的社会救助体系，重点聚焦农村饮水安全、义务教育、基本医疗、住房安全等问题，全力补齐民生短板，"两不愁三保障"全面实现。当前重庆市基本养老保险参保率 95% 以上，基本医疗保险参保率保持 95% 以上，特殊人群参保率 100%；农村饮水安全问题实现"动态清零"，实现农村义务教育巩固率达到 96%，农村人口基本医保参保率保持 95% 以上，农村自来水普及率达到 85%。二是健全防止返贫动态监测和帮扶机制。建立"点线片面"立体防止返贫监测体系，打造"重庆防止返贫大数据平台"，精准识别脱贫不稳定户、边缘易致贫户和突发生活严重困难户 22774 户、68864 人，全覆盖落实监测帮扶责任人和精准帮扶措施。三是多举措促进脱贫人口稳定增收。实施脱贫地区特色种养业提升行动，产业覆盖 90% 以上的脱贫户，实现脱贫人口务工 77.66 万人。加大资金投入力度，推动脱贫地区持续发展，中央财政衔接资金用于产业发展的比例达到 57.5%，较上年增加 12 个百分点，脱贫地区农村居民生产经营性收入同比增长 9.2%，新增发放小额信贷 5.9 亿元、13140 户（次）。四是接续推进脱贫地区乡村振兴。编制《重庆市"十四五"时期巩固拓展脱贫攻坚成果同乡村振兴有效衔接规划》。对 4 个国家乡村振兴重点帮扶县实行"一县一策"，建立全市"一区两群"区县对口协同发展机制，累计选派驻乡驻村干部 6394 名开展定点帮扶。完善鲁渝对口帮扶机制，落实山东财政援助资金 7.2 亿元，9 家中央单位投入和引进帮扶资金 2 亿多元。

2. 粮食等重要农产品保障有力有效。一是粮食生产稳定。全面落实粮食安全责任，稳政策、稳面积、稳产量。累计建成高标准农田 1462 万亩，近三年全市粮食产量连创新高，2021 年达到 1092.8 万吨，创近 13 年以来的新高。油菜种植面积 392.3 万亩，同比增长 4.9 万亩，单产 133.8 公斤，同比增加 1.2 公斤，油菜生产实现面积、单产、总产"十四连增"。二是其他重要农产品供给充足。严格落实"菜篮子"区县长负责制，围绕"稳生猪、扩牛羊"和"攻池塘、拓稻渔"持续发力。2021 年全市生猪出栏 1806.9 万头，比上年增长 26.0%，家禽和牛羊出栏稳步增加；蔬菜产量 2184 万吨，比 2017 年增加 321 万吨。三是农业科技创新成果丰硕。创建国家生猪技术创新中心、长江上游种质创制科学设施等创新平台，实施丘陵山区农田宜机化改造技术和现代种业提升工程。2021 年末，全市农业科技进步贡献率提高到 61%、主要农作物耕种收综合机械化率提高到 53.6%，主要农作物良种覆盖率超过 96.5%。

3. "五大振兴"深入推进。一是乡村产业振兴扎实推进。大力发展现代山地特色高效农业，柑橘、榨菜等特色产业面积稳定在 3800 多万亩，全产业链综合产值达到 4800 亿元。加快推动农业"接二连三"，全市农产品加工业总产值、农产品网络零售额同比分别增长 12%、15%。认证有效期内"三品一标"农产品 7071 个。二是乡村人才振兴取得新成效。实施在乡、返乡、入乡"三乡"人才工程，开展农村致富带头人培养行动，引导农民工返乡就业创业 31.2 万人次，累计培育高素质农民 22.2 万名、家庭农场 3.26 万个、农民合作社 3.77 万个，回引本土人才 1.6 万多名。三是乡村文化振兴繁荣发展。大力弘扬社会主义核心价值观，推进移风易俗，累计完成 1030 个乡镇（街道）、1.1 万个村（社区）综合文化服务中心建设和提升。四是乡村生态振兴有序开展。落实长江"十年禁渔令"，江河水面基本实现"四清四无"。化肥农药使用总量连续 5 年"双递减"，畜禽粪污、秸秆综合利用率稳定在 80% 以上，生活污水治理率达 28.6%。五是乡村组织振兴有序推进。开展农村带头人队伍优化提升行动，通过换届，村"两委"年龄、学历实现"一降一升"，推进村书记、主任"一肩挑"，占比达 98%。动态保持每村 1 名本土人才、储备 2 名及以上后备力量，选派 6648 名优秀干部担任驻村第一书记。

4. 乡村建设行动扎实起步。一是农村人居环境整治扎实有效。新（改）建农村卫生户厕 4.45 万户（座），农村卫生厕所普及率达到 82.3%。行政村生活垃圾有效治理率达到 99.9%。改造危房 5097 户，创建美丽庭院 10513 个。二是乡村基础设施和公共服务进一步优化。新建"四好农村路"3230 公里，实施 119 座小型水库除险加固工程，新开工农村供水保障工程 449 处农村电网供电可靠率达 99.8%，乡镇、农村社区液化石油气配送覆盖率达 100%，农村地区实现无差别化光纤和 4G 网络全覆盖。所有区县实现义务教育基本均衡发展，"三通"紧密型医共体区县全覆盖，城乡居民医保参保率稳定在 95% 以上，城乡低保标准差距缩小到 1∶0.8。

5. 农村改革蹄疾步稳。一是农村产权赋能改革稳步推进。全市承包地集体所有权确权颁证率达 99%，土地流转率提高到 44.1%。有序推进宅基地制度改革试点，稳慎推进集体经营性建设用地入市改革。巩固提升农村集体产权制度改革成果，9049 个村完成集体资产股份合作制改革。二是农村资源有效盘活。农村"三变"改革试点扩大到 2234 个村，累计盘活利用集体经营性资产 13.4 亿元，355 万农民成为股东。三是农村集体经济逐步搞活。推进农村集体经济有效发展路径，基本消除"空壳村"，全市村级集体经济组织村均经营性收入 19.6 万元，其中 50.5% 的村经营性收入超过 5 万元，29.8% 的村经营性收入超过 10 万元。

6. 乡村治理成效日益显现。一是村民自治能力有效提升。创建国家级乡村治理示范区 3 个、示范乡镇 4 个、示范村 40 个。创新"民情茶室"等村民协商议事形式，推广"积分制""清单制"等有效做法。渝北区"四级清单"、奉节县"'四访'工作规范"入选全国乡村治理典型案例，铜梁区"积分制"入选全国在乡村治理中推广运用积分制典型案例。二是乡村法治建设有效加强。深化"枫桥经验"重庆实践，实施平安创建"十百千"工程，新增"全国民主法治示范村（社区）"22个，打造平安示范村（社区、企事业单位）1000个。三是农村德治水平有效提高。开展移风易俗"十抵制十提倡"行动，革除人情攀比、厚葬薄养、铺张浪费等陈规陋习，反对迷信活动，推动形成文明乡风、良好家风、淳朴民风。

（四）重庆市推进乡村振兴需要关注的几个问题

乡村振兴的关键在"城"，难点在"村"，在城市虹吸作用下，农村发展普遍缺钱缺人缺产业。重庆市在推进乡村振兴发展过程中也存在一些难点问题。

1. 经济基础薄弱，产业发展水平仍然较低。一是经济发展水平不高。受城乡发展底子薄、基础条件差、历史欠账多等因素的制约，重庆市多数区县经济总量都比较小、综合实力弱，经济社会相对落后的面貌仍未得到根本扭转。落后地区的第一产业占比较大，产业结构层次偏低，具有典型的初级化、资源型特征。多数落后地区未形成具有核心市场竞争力的产业或产业集群，产业链条不完整。二是区域发展不平衡。重庆市不同区域之间，以及区域内不平衡现象依然较严重。2020年渝北区GDP 2009.52亿元，是城口县55.2亿元的36倍多；人均GDP最高的渝中区是巫溪县7倍。三是农村基础设施依然薄弱。基础建设的历史欠账多，尽管近年有了较大改观，但路不通、水不便、电不稳等问题依然存在。四是相对、多维贫困人口异地迁移未达预期。如易地扶贫搬迁中，搬迁户甄别、建房或购房标准、补助标准、安置方式、基本农田占用审批等缺乏统一口径，加上部分地区搬迁后支撑产业培育关注度不足，农户生计重构困难，导致一些地方出现"只见新房，不见新村"。此外，缺乏必要的就业技能和初始不动产购置资金、社交圈层能量不足，同样抑制了农业转移人口留居城镇意愿。

2. 社会发展滞后，公共服务供给不足。一是投入不足，公共服务水平较低。由于经济发展水平限制，仅靠上级转移支付难以实现公共服务的跨越式提升。在养老、救助等基本社会服务方面，社会服务提供主体相对单一化，仍以政府配置为主。二是人才匮乏，难引入留不住。乡镇社区卫生、教育等专业人员缺额较大，专业水平相对偏低，山区医生、农村教师等技能人才流失问题屡见不鲜。三是二元化突出，城乡空间配置不均衡。医疗和教育等基础设施多数集中在城市，农村地区极度匮乏。不少偏远农村距离县城较远，加上交通设施不完善、居民点分散化，进一步拉低了基本公共医疗和教育服务的可及性。

3. 治理创新乏力，基层政策体系不全。一是项目减免配套资金规定落实不到位。重庆市全面推进乡村振兴战略后进地区与民族地区在很大程度上是重合的。有关部门在民族地区安排建设项目投资计划时，较多项目要求当地财政配套，边远民族地区很多因财力薄弱而无力争取。二是人才政策惠而不实现象存在。在各类文件中基层人才培养使用上有些原则性规定，但在现实的公开选拔、竞争上岗、公务员招考、事业单位招录时，对少数民族干部和基层干部的优惠政策规定并不明确，在一定程度上影响了这些干部的培养成长。三是创新链条传导不畅致使基层治理低效。不少地区依然采用传统基层治理思路开展工作，管理意识多、服务思想少，忽视了与群众深入沟通交流平台的建设，缺乏有效引导教育群众的方式方法，解决实际难题的能力明显不足。

（五）启示思考

重庆市在推进乡村振兴发展方面积累了丰富经验，探索了创新做法，但如何高质量推进西部地区特别是贫困地区乡村振兴发展，也引发我们深入思考，以下几点需要在推进乡村振兴发展过程中着力加以把握。

一是县域是实施乡村振兴战略的"主战场"。农业农村在我国县域经济社会结构中占据较大比重，县域经济在带动农业农村长期发展方面具有重要作用。以县域为切入点推进乡村振兴发展，既有利于发挥县城连接城市、服务乡村作用，增强对乡村的辐射带动能力，推进产业发展、基础设施、公共服务等县域统筹，一体设计、一并推进；又有利于引导农业转移人口实现就地就近就便城镇化，推动乡村要素的合理聚集，优化城乡空间格局，推动城乡协调发展。

二是乡村振兴要以产业振兴为首要。产业振兴是整个乡村振兴的基础和前提。无数的乡村振兴实践告诉我们，凡是乡村振兴搞得好的地方，都是因为有产业振兴的支撑。有了产业振兴，农业发展才有方向，农村改造才有支撑，农民收入才有保证。而没有产业振兴，那些用财政资金聚集起来的乡村振兴"盆景"，就是无源之水，无本之木，难以持续。而解决好产业振兴问题，也是解决好欠发达地区、易返贫地区常常遇到的"输血与造血矛盾"的关键，只有发挥自身优势，实现产业振兴，恢复造血机能，才是乡村振兴发展的万全之道。

三是乡村振兴要以普惠性、基础性、兜底性民生建设为重点。乡村建设一个基本的目标，就是改善农村生产生活条件，努力让农民就地逐步过上现代文明生活。乡村振兴发展模式和发展路径应与区域经济发展水平相辅相成，否则可能违背经济规律，不可持续。在发展乡村振兴过程中，要立足实际、因地制宜，在目标和标准上调门不要定得太高，重点是解决农村短板问题，解决农民迫切需要解决的难题，不盲目"现代化"，不依赖"虚假空"博眼球。要加强农村水电路气房讯等重点领域基础设施建设，持续整治提升农村人居环境。特别是对于那些既有利于生产，又有利于生活的设施，比如农村道路、仓储冷链和物流设施等要加快建设。

四是乡村振兴要尊重农民意愿。习近平总书记多次强调，"必须坚持发展为了人民、发展依靠人民、发展成果由人民共享"。推进乡村建设要充分尊重农民意愿，妥善处理好政府推动与农民选择之间的关系。依法保障农民的农村土地承包权、宅基地使用权、集体收益分配权，畅通相关权益退出渠道。对于不愿意退出相关权益的农户，应充分尊重农民意愿。乡村建设还要符合农村实际，立足村庄基础搞建设，保护传统村落，保留村庄风貌、形态、肌理，留得住青山绿水，记得住乡愁，不搞千篇一律，不盲目拆旧村、建新村。

五、不同地区推进乡村振兴的路径和经验比较

乡村振兴战略提出之后，不同地区结合自身发展情况，积极落实乡村振兴战略并取得明显进展。但是，受限资源禀赋、经济发展水平等客观因素的影响，各地区乡村振兴的路

径选择、政策措施以及实施效果存在区域性差异。

（一）路径比较

一是不同区域推进乡村振兴的路径大体相同。2018年中央出台《乡村振兴战略规划（2018—2022年）》，之后全国人大常委会通过的《中华人民共和国乡村振兴促进法》，近年来中央一号文件都围绕乡村振兴，部署具体的目标任务。不同地区都按照中央的部署和要求，制定了促进乡村振兴战略实施的政策措施，因此方向和框架一脉相承。按照产业兴旺、生态宜居、乡风文明、治理有效、生活富裕的总要求，统筹推进农村经济建设、政治建设、文化建设、社会建设、生态文明建设和党的建设。具体任务和项目的安排上结合当地的基本情况，并分解到各相关部门，形成全社会共同推进乡村振兴的良好局面。

二是大都市乡村建设较为突出。上海市凭借雄厚的经济发展水平和财政收入实力，对乡村振兴给予较大资金支持。每个乡村振兴示范村的财政支持力度上千万，而且整合其他社会资源共同参与。行政推动的成效非常显著，但是也存在一些问题。为了短期见效，往往重视乡村硬件建设，忽视农业产业发展和农民的精神需求。在乡村建设中，只注意外部表面景观，没有考虑到维护成本、投资回报等可持续性问题，并且系统性、前瞻性科学谋划不够，后续的产业能级提升、服务拓展等面临瓶颈制约。

三是发达地区乡村振兴较为全面。浙江乡村振兴全面推进，成效显著。一是经济效益高的特色农业产业具有良好的区域消费市场，在坚实的发展基础上得到进一步发展；二是依托周围高收入高素质消费人群，农村人居环境整治等乡村建设带来乡村文旅产业的形成得以实现，农业多种功能和乡村多元价值得到实现；三是农村劳动力就地就近就业，保持了乡村活力，进一步支撑产业发展和乡村治理的提升。

四是内陆欠发达地区乡村振兴任务艰巨。重庆是内陆地区的发达城市，经济发展水平高于周边地区，乡村发展和振兴的外部条件相对较好。但是，由于自身农业资源条件的制约和农村劳动力外流的现状，乡村振兴全面推进依然有难度。目前，一方面，要巩固拓展脱贫攻坚的成果，防止发生规模性返贫；另一方面，要改革和创新农村体制机制，盘活、激活和整合农村各种资源，积极争取本地财政、金融等各种支持以及东部发达地区的各种援助，培育新型经营主体和集体经济，促进产业发展，推进乡村振兴。

（二）经验比较

1. 注重产业发展，方式方法呈现差异化。乡村振兴，产业是基础。上海市推进数字技术应用，全方位赋能产业发展。围绕产业价值链提升、技术链升级和组织链变革，加快数字乡村建设，充分发挥农业多功能性，构建全要素、全链条、多层次的现代农业产业体系。浙江省壮大新产业新业态，拓展农业产业链价值链。通过加快建立现代农业产业体系，延伸农业产业链、价值链，促进一二三产业交叉融合。充分发挥乡村各类物质与非物质资源富集的独特优势，利用"旅游+""生态+"等模式，推进农业、林业与旅游、教育、文化、康养等产业深度融合。重庆市深挖资源禀赋优势，打造特色农产品品牌。因地制宜建立发展区域性公共农产品特色品牌，充分发挥自身资源禀赋优势，强化产业扶持政策，以特色农产品为突破口推动三产融合发展，更好满足居民对食物消费升级的需要。

2. 夯实人才根基，因地制宜实施人才政策。乡村振兴，人才是关键。上海市创新乡土人才管理体制机制，激发人才创新创造活力。引进有志于农村发展的大学生和高端人才，聚焦长期扎根农村、有技术有经验的本土能工巧匠，给予乡土人才政策、资金、技术支持，激发乡土人才干事创业的热情，将他们培养成家庭农场、科创企业等农村带头人。浙江省重点实施人才振兴十大工程，夯实农业强国人才根基。围绕农创客培育、新乡贤带富、科技特派员驻点、驻村镇规划师下乡、农村建筑工匠培训、乡村文旅能人培育、乡村卫生人才扩源、乡村振兴带头人"青牛奖"、共同富裕"巾帼创"、金融服务"三下乡"等重点工程，打造乡村人才振兴"浙江样板"，持续壮大知识型、技能型、创新型兼具的农业生产经营队伍。重庆市搭建"人才＋资源＋N"平台，形成人才振兴良性互动、协同发展。优先创设"基金＋产业＋人才"发展机制，将人才与基金、产业密切联系，在乡村人才振兴引、育、留、用各个环节下足功夫，不断强化乡村人才支撑保障。

3. 厚植乡村文化，做法经验各具特色。中华文明根植于农耕文化，推动乡村文化振兴是对中华优秀传统文化的继承和发展。上海市强化家风民风乡风建设，挖掘传承创新优秀乡村文化。注重良好家风、淳朴民风、文明乡风"三风"建设，细化乡村文化各项内容，构建乡风文明建设标准化体系，广泛开展多种形式的乡村文化活动，营造良好乡村文化氛围。浙江省注重乡村建设规划，加强历史文化保护传承。通过推进历史文化乡村建设，严格规范规划乡村建设，在发展理念上将传统与现代相结合，最大程度上保留具有地方鲜明特色的浙派乡村风貌，践行了"望得见山、看得见水、记得住乡愁"的乡村发展理念。重庆市推动文旅深度融合，创设特色"文旅方案"。立足独特资源禀赋，打好"山城"牌，推动乡村游从观光模式向深度体验模式转变，打造高品质乡村文化旅游，形成了参与性、互动性、体验性强的文旅聚集地。

4. 坚持生态发展，实施举措"殊途同归"。推动乡村生态振兴，要以绿色发展为引领。上海、浙江、重庆3省（市）在生态振兴方面实施了一系列举措，促进了农民生产生活环境的改善，取得了良好成效。上海市统筹乡村整体规划设计，建设宜居宜业和美乡村。实施乡村道路建设，规范整治公共空间和庭院环境，持续推进乡村公共厕所标准化配置，提高乡村废弃物资源化利用率，从农民实际需求、乡村发展实际需要方面打造生态宜居环境。浙江省积极打造"五美乡村"，创新农业农村新业态。以建立美丽乡村为目标，重点打造产业壮美乡村、环境秀美乡村、风尚纯美乡村、治理和美乡村、生活甜美乡村，依托"一村一品"提升美丽乡村附加值，促进乡村生态、文化、社会和经济价值的多元融合发展。重庆市加快基础设施建设，配强乡村发展硬条件。通过加大城乡基础设施与公共服务均等化建设投入力度，促进城乡基础设施互联互通、公共服务均等化，激发城市要素不断流向农村，形成城乡融合发展内在持续动能，不断优化农民生产生活环境。

5. 建强基层组织，拓宽乡村振兴"新路径"。建强基层党组织是夯实推进乡村振兴的重要基础。上海、浙江、重庆3省（市）注重基层组织建设，围绕各方面各领域强化基层组织建设的经验做法具有一定代表性。上海市推进基层网格化管理，引领基层治理精准度。围绕农村基层党建、集体资产经营管理、村级事务等领域，积极推进农村基层网格化管理，打造乡村综合服务中心，构建乡村基层管理标准体系，实现基层管理网格化、标准化、精细化。浙江省创新帮扶方式，强化组织保障能力。浙江省以壮大集体经济发展为重要抓手，创新农民帮扶手段，完善"一户一策一干部"结对帮扶制度，保障了农民在乡村振兴进程中增收不掉队。重庆市发挥基层组织"头雁效应"，激发基层组织"组织能力"。通过强化"五级书记抓乡村振兴"，发挥组织优势，释放组织动能，加强组织引领乡村振兴的作用，形成了领导有力、功能完善、运转有序的乡村基层组织体系。

六、北京市推进乡村振兴的现实基础与路径选择

"十四五"时期，是北京落实首都城市战略定位、建设国际一流的和谐宜居之都的关键时期。在深入剖析北京乡村振兴面临的挑战的基础上，借鉴上海、浙江以及重庆实践经验，为北京市推进乡村振兴提供政策建议。

（一）面临挑战

近年来，北京市紧扣"大城市小农业""大京郊小城区"市情农情，全面推进乡村产业、人才、文化、生态、组织振兴，加快形成工农互促、城乡互补、协调发展、共同繁荣的新型工农城乡关系，促进了农业高质高效、乡村宜居宜业、农民富裕富足。但是，北京市全面推进乡村振兴战略仍面临诸多挑战，既有上海、浙江、重庆乡村振兴发展过程存在的部分共性问题，也有一些个性问题。

第一，乡村全面振兴存在洼地。北京市生态涵养区（5区）城镇化率约为70%，低于全市平均水平，乡村振兴压力大。一方面，城区发展质量不高，带动力不强，优质教育、医疗等资源相对缺乏，产业发展链条及环境仍然不够成熟，不仅对优质市场主体、优秀人才的吸引力不足，而且难以对乡村发展提供强大支撑。另一方面，乡村发展基础薄弱，乡村面积大、发展底子薄、人口文化水平低。2020年，全市98.5%的集体经济薄弱村位于生态涵养区，生态涵养区集体经济资产仅占全市的7%左右，集体经济经营活力低，乡村全面振兴推进难度较大。

第二，农村公共服务保障能力有待提高。对标"七有""五性"要求，农村基础设施和公共服务水平与城市相比存在不小差距。其中，近一半的村庄没有配套农村污水处理设施，处理能力不足，农村基础设施存在重建设、轻管理的问题。例如，当前农村生活污水处理设施覆盖率还不高，约为50%；厨余垃圾、厕所粪污与农林废弃物未实现就地就近协同资源化处理，村容村貌、村庄绿化美化与村庄规划有一定差距，街巷宽度普遍较窄、消防或专业救援车辆普遍难以进入，农房抗震强度不高、节能效果不好、外观样式与村庄风貌不协调，村庄长效管护机制落实不好，村民参与度还较低，院内卫生状况普遍不高。578个行政村没有卫生机构，140个村卫生室没有医务人员。教育、养老、文化等公共服务在便利性、多样性等方面也存在较大差距。

第三，乡村治理人才和手段不足。农村党员队伍老化、年轻人才缺失、后备力量不足，农民群众参与村务管理的作用有待加强。具体来看，一是农村党员队伍老化。基层党组织后继乏人，农村党员中60岁以上占46.2%，具有大专及以上学历的仅21.9%。二是年

轻人才缺失。第三次农业普查数据显示，北京市农业生产经营人员53万人中，年龄55岁及以上占40.6%，年龄35岁及下的仅占10%。据调查，北京市农村劳动力中，具有高中或中专教育程度的农民比重为不到15%，难以满足农业产业化、现代化以及农村一二三产业融合发展需求。三是乡村治理信息化、数字化和精细化水平不高，服务方式和管理机制创新不够，"三务公开"监督实效需要增强。农村领域12345市民服务热线诉求较多，解决率、满意率有待进一步提升。此外，基层治理精细化和智能化水平还不高。

（二）路径选择

北京市农区涉及海淀区、朝阳区、昌平区等13个行政区，从自然地理条件、经济发展水平来看，地区之间差异较大。未来，北京市应立足市情农情，转变思想观念，强化"三农"工作部署，因地制宜，分类指导施策，全面扎实推进乡村振兴战略。

第一，分类施策，强化乡村振兴内生动力。一是对重点区域和群体分类施策。中心城区应坚持农村城市化方向，以培育发展集体产业、壮大集体经济为抓手；平原发展区应大力推进乡村经济多元化，重点挖掘经营性收入增长潜力，稳工资性收入增收势头；生态涵养区应在政策倾斜的基础上，拓宽增收渠道。二是挖掘农村资源要素价值增加农民财产性收入。完善农村土地管理制度，运用市场机制盘活乡村存量土地和低效用地，积极探索乡村产业用地市场化配置方式；健全农民农村财产权能，探索农村承包土地的经营权、集体经营性建设用地使用权等抵押质押创新担保模式，释放农村资产金融效益。三是盘活集体经营性资产增强"造血"功能。鼓励开展村企联建行动，以产业项目合作为主要载体，形成"一企联多村"和"多企联一村"多种模式；支持村集体以出租、合营、入股等多种经营模式与企业、创客等主体结成利益共同体。

第二，大力发展都市型现代农业。北京、上海作为特大型城市，决定了农业发展不能囿于传统模式，应该选择符合城市特点和需要的发展模式，要重点做好"生态"文章，在科技支撑、品牌建设、新业态培育等方面打好组合拳。一是继续发挥可持续发展的都市农业特色。都市型现代农业有着多重的优点，过程中把农业可持续发展摆在突出的位置上，并打造生态环境友好的农业产业生产和经营体系。二是积极发展休闲旅游农业。围绕服务都市人群休闲、娱乐、保健等需求，以自然生态、田园文化、农耕文明、民俗传统和乡土特色为基础，深入挖掘产业资源和文化内涵，打造田园秀美、生态宜居、功能多样的京津休闲农业空间。三是利用京津冀协同发展的战略契机，推进首都农业高质量发展。将产业链布局延伸扩大，通过多角度互补等方式，将丰富的科技创新要素与天津、河北的农业生产相融合，开展农业科技创新项目，促进农业领域科学技术成果转化与发展，推动农业领域自主创新和农业现代化。

第三，加快促进城乡公共服务均等化。加快推进城市交通、供水、垃圾处理等基础设施向农村延伸，行政服务、旅游服务、教育、医疗、互联网等公共服务产品向农村覆盖，补齐农村公共设施和公共服务短板，高质量推进城乡基础设施和城乡公共服务大融合。推动北京建成城乡统一、覆盖全民的社会保障体系，争取教育、医疗、文化、养老等公共服务水平全国领先。借鉴上海乡村振兴示范村的经验，加快推进北京乡村振兴示范村建设。

乡村振兴涉及土地、人才、资金等多种要素，涉及产业、环境、治理等多个方面，需要创新工作机制，整合配套相关政策，示范村可以成为政策创设的试验田。

第四，推进乡村治理体系和治理能力现代化。加强乡村治理体系建设是实现乡村全面振兴、巩固党在农村执政基础、满足农民群众美好生活需要的必然要求。一是紧跟新时代要求，形成以村党支部为核心，由村"两委"协调关系，村民经济组织、村务监督组织等健全的乡村治理机制。二是要完善农村矛盾纠纷排查调处化解机制，持续推进平安乡村、法治乡村建设，强化法律在维护农村居民权益、规范市场运行、生态环境治理、化解农村社会矛盾等方面的权威地位。三是搭建数字化管理服务平台，积极稳妥推进党务、村务、财务网上公开，探索"线上＋线下"党员联系群众、服务群众新方式，将使乡村治理更切合实际、更富有实效。

第五，聚焦薄弱地区发展，健全生态收益机制。结合生态涵养区发展实际，加大支持力度，壮大集体经济，大力推动薄弱地区乡村振兴。一是完善生态涵养区综合性生态保护补偿机制，提高对产业发展受限较大的重点生态功能区的资金分配权重，推动补偿资金向生态保护红线区、自然保护地核心区、密云水库一级区等倾斜。二是推动平原区与生态涵养区结对协作机制走深走实，鼓励平原区优质高校、企业、科研机构、社会公益组织与生态涵养区集体经济薄弱村建立结对帮扶机制，发挥平原区资金、人才、产业优势，支持生态涵养区壮大集体经济。三是探索优化社会公益性岗位设置，统筹社会公益性岗位补贴资金，整合岗位职责，适度提高岗位补贴标准，助力农民就业增收。

北京市农村经济研究中心、农业农村部农村经济研究中心联合课题组

新时代北京市乡村演变趋势研究

一、北京农业发展历程

（一）城郊型农业发展阶段（1979—1994 年）

1979 年，北京市委工作会议传达党的十一届三中全会精神，明确把全市工作重点从"以阶级斗争为纲"转移到社会主义现代化建设上来。全市改革从农村开始，集中解决农村经济体制单一、管理过分集中、分配平均主义等问题。1979 年起，北京市农业生产开始从计划走向市场，家庭联产承包制逐步推开，农业产业结构调整步伐加快，在粮食生产发展的基础上，畜牧养殖也得到快速发展，种植业内部也开始向蔬菜、瓜果等经济作物调整，郊区农业的"菜篮子"功能越来越重要，农业成为城市副食品基地的功能越来越突出，进入了城郊型农业发展阶段。这一时期，实施了"菜篮子""米袋子"工程，建设粮、菜商品生产基地，养殖业重点发展工厂化饲养和池塘养殖，缓解了"吃肉难、吃奶难、吃蛋难、吃鱼难"等问题。1990 年开始，京郊农业着重延长农业产业链条，发展农产品生产、加工、销售一体化。这一阶段京郊农业的主要功能是"服务首都市民对农副产品的需求"。这一阶段农业发展表现有：

一是农业生产力得到充分释放。1994 年北京市一产增加值达到 66.8 亿元，是 1979 年的 12.8 倍，占北京市 GDP 的 5.8%。1994 年上海市一产增加值达到 48.59 亿元，是 1979 年的 26 倍，占上海市 GDP 的 2.5%。同期，全国一产增加值达到 9471.8 亿元，是 1979 年的 7.5 倍，占全国 GDP 的 19.5%。

二是农业生产经营走向规模化。20 世纪 80 年代中后期，北京郊区出现了农业适度规模经营发展的趋势，很多平原地区的农村通过土地承包关系的调整，加快了土地集中和规模化经营的进程。如，当时顺义县的农业规模经营走在前列。

三是畜牧业大发展。农业与林牧渔业产值占比从 1978 年的 8∶2 演变为 1994 年的 5∶5。畜牧业产值从 1978 年的 2.4 亿元增加到 64 亿元。北京畜产品供求矛盾基本得到了缓和。

四是蔬菜生产规模不断扩大。北京市蔬菜播种面积从 1979 年的 84 万亩增加到 1994 年的 136.5 万亩，占种植业播种面积的 16.5%。蔬菜产量达到 350 万吨，比 1979 年增加了 93%。为了保障亚运会特菜供给，让不同国家、不同地区的运动员能够吃到"家乡菜"，北京从南方和国外引进蔬菜新品种，极大地丰富了市民的"菜篮子"。

（二）城郊型农业向都市型农业转型过渡阶段（1994—2003年）

进入20世纪90年代中期，京郊农业发展面临新的机遇和挑战。第一，农产品供求矛盾逆转，由供给短缺变为供大于求，农产品市场竞争趋势加剧；第二，农产品流通体制深化改革，区域型批发市场和各类农贸市场加快发展，北京市城区农副产品供给对郊区的依赖性减弱；第三，乡镇企业大发展，大量农业劳动力转移。这些因素迫使郊区农业弱化生产型功能，不断调整粮经比例，探索观光休闲农业等新业态，寻找适应城市市场需求的多元化农业发展新方向。这一阶段京郊农业初步呈现出供给型、多样型、集约型、生态型、观赏休闲型、科技型、外向型等特点。这一阶段农业发展表现有：

一是农业产业化发展的步伐不断加快。1997年，北京市委、北京市政府提出发展"六种农业"。在首都农产品市场全面放开以后，主动避开"大路货"市场，发挥北京农业的比较优势，郊区大力发展设施农业、籽种农业、精品农业、加工农业、创汇农业、观光农业。这六种农业涵盖了这个时期农业结构调整的主要内容。1999年全市"六种农业"创造产值93亿元，占农业总产值的34.5%，在当年遭受严重旱灾的情况下，农业增加值增幅提高到2.5%，打破了20世纪90年代以来农业徘徊不前的局面。平谷大桃、大兴西瓜、延庆蔬菜、昌平苹果、密云和怀柔板栗等形成一定的种植规模。农产品加工产值以年均27%以上的速度增长，一些大型企业、名牌产品成为带动产业发展的龙头，三元奶业占据北京牛奶市场的70%，华邦饮料、鲲鹏肉食、怀柔西洋参等都在北京乃至全国市场占有一席之地。

二是引入都市型现代农业理念。1994年，北京市农研中心、北京市城郊经济研究会在京台农业交流活动中，最早从台湾引入了都市型现代农业的概念。北京市朝阳、海淀等区率先发展了以多功能为特点的都市型现代农业，一批以朝阳区蟹岛、顺义三高、海淀锦绣大地、昌平小汤山为代表的农业科技园区纷纷兴起。

三是观光农业在全国率先发展。北京市在全国率先开展观光休闲农业理论储备与制度安排。1993年编制《北京市永定河流域大兴—房山沙地观光农业项目规划》；1995年北京市农研中心正式出版了全国第一部关于观光农业的理论研究著作——《观光农业》；1998年北京市计划委员会、市政府农村办公室、市农业资源区划委员会联合印发了《关于印发〈北京市观光农业发展规划〉的通知》，同年首次召开全市观光休闲农业工作会议。在理论支撑与政策引领下，观光休闲农业与乡村旅游健康发展。1999年底，北京市观光农业景点已达871处，年总收入5.3亿元，占全市农业总产值的3%。

（三）都市型农业发展阶段（2003—2015年）

进入21世纪，随着房地产行业的兴起、城市化步伐的加快，郊区土地的级差地租越来越高，受周边农业低成本的挤压，首都农业全面转向都市型农业发展阶段。2003年，都市型现代农业正式写入市政府工作报告。2004年北京市政府出台了《关于实施"221行动计划"推进北京农业现代化的意见》，提出了都市型现代农业发展的目标。2006年北京市下发了《关于发展都市型现代农业政策的意见》。这一阶段，坚持市场化为主导，围绕首都市场对于农业农村的产品需求、生态需求、休闲需求、文化需求等，市场自发进行了大规模的农业供给侧结构性改革。这一阶段农业发展表现有：

一是设施农业发展进入黄金期。这一时期，设施农业在平原区县获得较大发展。2006年4月，北京市农委、市发改委、市科委等8家单位联合下发了《关于发展设施农业的意见》，提出了"十一五"时期各类设施农业发展的目标是20万亩以上，主要发展的区县是大兴、通州、房山、顺义、昌平、密云和平谷，并明确了扶持的条件、内容和标准。2015年设施农业占地面积为27万亩，播种面积61.3万亩，设施农业收入达到55.5亿元，占都市农业产值的50%左右，比2005年增加了36.8亿元，设施农业收入在这10年间翻了1.5番。

二是观光休闲农业快速发展。2004年，北京观光休闲农业行业协会正式成立，为观光休闲农业行业发展注入了新的活力，这期间陆续举办了"凤凰乡村游 体验新农村""红螺杯乡村旅游商品设计大奖赛"等产业促进活动，在政策研究引领下制定了产业发展规划、行业标准，加强培训，开展星级园评定，不断规范和引导北京观光休闲农业产业升级发展。2005年，农业观光园、民俗旅游等新兴农业业态首次进入《北京统计年鉴》统计范畴。农业观光园的个数从2005年的1012个增加到2015年的1328个，接待人数从2005年的892.5万人次增加到2015年的1903.3万人次，经营总收入从2005年的7.9亿元增加到2015年的26.3亿元。

三是山区沟域经济快速发展。带动乡村旅游业蓬勃发展，民俗户从2005年的7268户增加到2015年的8941户，其中2010年达到10323户。民俗旅游业收入从2005年的3.14亿元增加到2015年的12.8亿元，翻了两番。这一时期，乡村旅游业的蓬勃发展为今后观光休闲农业和乡村旅游业成为都市农业支柱型产业奠定了扎实的基础。

四是京郊现代种业得到较快发展。北京市加快建设北京国家现代农业科技城和"种业之都"，2009年，北京市农委、市农业局等6家单位联合编制了《北京市种业发展规划（2010—2015）》，推动现代籽种农业的快速发展，每年育成各类粮、菜新品种400余个，每年选育主要农作物新品种数量约占全国的10%。而养殖业方面的畜禽良种、水产种苗，以企业为主体，生产、研发以本地为主，面向全国销售。培育了"中蔬""京研""一特""奥瑞金""中育""京粉""京红"等一批在国内外具有较大影响力的种业品牌。2015年北京市籽种农业产值达到12.6亿元，比2005年增加了6.73亿元，增加了1.1倍。其中，2011年籽种农业产值达到18.2亿元，达到近10年来籽种农业产值的峰值。

五是初步建立了农产品质量安全认证体系。2004年，全市共有876家企业通过了"北京市安全食用农产品"认证。同时，370家企业的698个产品获得农业部无公害农产品证书。2016年底，全市"菜篮子"产品"三品"认证覆盖率达到45%以上。

（四）农业产业调整提质阶段（2015年至今）

这一阶段，北京农业产业进入了服务首都发展大局的快速调整期，着眼于加强"四个中心"功能建设，提高"四个服务"水平，更好服务党和国家工作大局，更好满足人民群众对美好生活需要，围绕推动京津冀协同发展、疏解非首都核心功能，加强生态文明建设等要求，北京市农业开始进行调转节（2014年9月，北京市委、市政府印发了《关于调结构转方式、发展高效节水农业的意见》），大规模开展造林工程，加强对生态涵养区的生态保护，实施畜禽养殖禁养区政策，开展"大棚房"清理，开展非洲猪瘟等重大动植物疫情防控，加强耕地保护，强调农业的稳产保供要求，推动落实粮食、蔬菜、生猪的生产指标。2015—2022 年，农林牧渔业总产值下降 27.2%，绿色发展水平稳步提升，化肥利用率从 2015 年的 29.8% 提高到 40.7%，化学农药利用率从 39.8% 提高到 44.2%，农田灌溉水利用系数达到 0.735，农产品"三品一标"覆盖率达到 81.7%。蔬菜实现良种全覆盖，农业科技进步贡献率达到 75%。

二、北京农村发展历程

（一）包产到户后，经济社会发生剧烈变革的北京农村（1979—2002 年）

1978 年党的十一届三中全会以后，京郊农村土地家庭联产承包责任制改革激活了农村要素活力，京郊农村进入了包产到户后的改革开放时期。农村土地家庭联产承包责任制改革大幅提升了农业生产力，北京农村非农产业迅速发展，农村经济社会结构发生了根本性的转变。这一阶段京郊农村表现有：

一是农村土地制度改革推动了农村社会管理体制改革。1983 年中共中央、国务院决定改变政社合一的体制，废除人民公社，建立乡（镇）政府作为农村基层政权。随后，存在了 20 多年的人民公社先后撤销。到 1984 年底，郊区农村原有的 263 个人民公社实行政社分设，建立了 350 个乡政府、4 个区公所、1 个新设镇，建立村民委员会 4423 个，彻底改变了人民公社政社合一的体制。政社分设之后，村级管理也按照行政村范围建立了村民委员会，同时把生产大队改成单纯的合作经济组织。

二是京郊农村工业化快速发展。京郊农村社队企业快速发展，成为农村经济的主要支柱，推动北京郊区农村工业化快速发展。1979 年，国务院颁发了《关于发展社队企业若干问题的规定（试行草案）》，国家首次用法规的形式颁发了关于社队企业发展的指导性文件。党的十一届四中全会通过了《关于加快农业发展若干问题的决定》，指出"社队企业要有一个大的发展"。北京市委、市政府对社队企业发展作出了一系列部署，鼓励社队企业发展。根据首都工业发展规划，推动工业向农村扩散，下放了产品和零部件生产。开展"厂社挂钩、定点支农"的工厂，把工作重点转向帮助社队企业。郊区农村工业产业结构和企业结构日趋合理，形成了 40 多个行业分类，城乡工业联合发展，为郊区县的工业发展奠定了基础。北京汽车制造厂在怀柔、密云、昌平建立了配件基地，摩托车把组装厂下放到顺义，北京第二汽车厂也在顺义建了分厂，仅汽车工业就在郊区建立了 280 个协作点，工业产值达到 10 亿元。农村建筑业也快速发展，韩建集团就是当时发展起来的，1992 年韩建集团产值过亿元，1994 年被国家建设部评为一级企业。2002 年农村劳动力有 113.6 万人在乡镇企业就业，占农村劳动力总数的 68%，乡镇企业产值达到 1408 亿元。

三是乡镇企业（社队企业）的异军突起促进了农村小城镇建设。1987 年，市委提出抓好乡镇企业布局，以小城镇为载体，统一规划，实行集中和分散相结合，以适当集中为主，加快小城镇建设。农村城市化开始起步并逐步加速。农村开始出现了一般集镇、中心镇、新村三个层面的建设。一般集镇是 1984 年开始集中规划，1991 年，北京郊区一般集镇达到 183 个，其中建制镇 75 个、乡政府所在地集镇 108 个。中心镇快速发展，从 1985 年的 9 个发展到 1990 年的 28 个。1992 年《北京市城市总体规划（1991—2010 年）》提出了扩大市区范围，城乡布局进入大规模调整阶段。市区从原来的 750 平方公里扩大到 1040 平方公里；建设 14 个卫星城，发展中心镇和一般建制镇，全市形成市区、卫星城、中心镇和一般建制镇的四级城镇体系布局。1994 年，郊区城镇体系设立为 14 个卫星城、28 个中心集镇、92 个建制镇、134 个一般乡镇，同时确定了昌平小汤山镇、大兴榆垡镇等 11 个小城镇试点单位。2001 年，小城镇试点单位扩大到 36 个镇。随着郊区城市化的快速推进，农村行政建制也发生了较大的调整，1992—2002 年，乡政府从 209 个减少到 51 个，镇政府从 77 个调整为 141 个，村民委员会从 4229 个减少到 4005 个，减少了 224 个村。这一时期，北京市城镇化率达到 78.2%，比 1979 年提高了近 20 个百分点。

四是新村建设掀起了建房热。1982 年昌平县踩河村、马连店村新村建设经验在全市推广，1985 年全市新村发展到 225 个。新村建设掀起了建房热潮，农民居住条件和环境明显改善。20 世纪 90 年代，新村建设比较典型的有以村集体经济投资为主建设的韩村河模式，房地产开发与旧村改造相结合的郑各庄模式，发展乡村旅游与旧村改造相结合的官地村、玻璃台村模式，山区险村搬迁与新村建设相结合的白河湾模式。

（二）统筹城乡发展与社会主义新农村建设阶段（2003—2012 年）

2002 年底，党的十六大提出了"统筹城乡经济社会发展"的指导思想。北京市委、市政府明确将统筹城乡发展作为农村工作的总体方针。2003 年北京市级财政投资开始调整城乡投资比例，城市与郊区投资比例由 8∶2 调整为 6∶4，建立了市委、市政府主管领导主持、各涉农部门领导参加的农村工作联席会制度，加强新农村建设和城乡统筹力度，京郊农村进入了统筹城乡发展的新时期。这一阶段京郊农村发展的主要特点：

一是构建城乡一体化的制度环境。注重从体制机制上破除二元结构，推动城乡基本公共服务均等化。2004 年全市制定了与城乡统筹有关的文件 71 个，其中北京市委、市政府职能部门单独或联合制定的政策性文件有 58 个。2006 年北京市委、市政府出台了《关于统筹城乡经济社会发展推进社会主义新农村建设的意见》《北京市农村社会养老保险制度建设指导意见》，2008 年北京市委、市政府出台了《关于率先形成城乡经济社会发展一体化新格局的意见》，提出了"进一步加快农村改革发展，破除城乡二元结构，率先形成城乡经济社会发展一体化新格局"。

二是以城乡结合部为抓手，加快城乡一体化发展。2009 年，北京市在朝阳区大望京村和海淀区北坞村进行城乡结合部改革试点。大望京村的城乡结合部改造取得了突出成效。2009 年，通过土地储备、资金平衡、合理补偿、充分就业、城市社保等改革措施，大望京村农民实现了"无一人上访、无一户强拆"，只用了一个月就实现了全体农户搬迁。2010 年，北京市启动了城乡结合部 50 个重点村改造试点，涉及 9 个区、33 个乡镇（街道）、52 个行政村，108 个自然村，涉及户籍人口 17.7 万人、流动人口 93.3 万人，其中农业户籍人口 85697 人，涉及土地面积 85.3 平方公里（12.8 万亩）。50 个重点村改造试点于 2012 年基本完成，共拆除面积 2530 万平方米，其中拆除住宅产权院 3.76 万个，拆除非住宅单位 4337 个。

三是社会主义新农村建设取得显著成效。2006 年，北京市委、市政府出台了《关于统筹城乡经济社会发展推进社会主义新农村建设的意见》，确定了 80 个新农村建设试点村。2006 年 8 月，北京市新农村建设领导小组作出了在新农村建设实施"亮起来、暖起来、循环起来"的"三起来"工程，并试点推动村庄道路硬化、安全饮水、垃圾处理、污水处理、改厕等五项基础设施建设。"十一五"时期，北京市累计投资 170 余亿元，硬化村庄街坊路 7520 万平方米，街坊路绿化面积 3983 万平方米，为 145 万农民实施了安全饮水工程，改造老化供水管网 32365.5 公里，为农户安装计量水表 98.67 万块，农村安全饮水全面解决，污水处理 630 余处，户厕改造 73 万余座，建设公厕 6464 座，基本为所有行政村配备了垃圾储运设施和装备，建立了户分类、村收集、镇运输、区处理的垃圾处理模式，基本完成了农村五项基础设施建设。

（三）以"新三起来"为标志的农村生产关系深化调整阶段（2012—2017 年）

2012 年，北京市提出推进土地流转起来、资产经营起来、农民组织起来的"新三起来"。2014 年 4 月，北京市委成立新型城镇化体制改革专项小组，统筹推进农村改革和城乡发展一体化工作，围绕"新三起来"，明确了 34 项改革任务，包括一道绿隔地区城市化建设、乡镇统筹利用集体经营性建设用地、怀柔区盘活农村闲置房屋发展乡村休闲养老社区、通州区黄厂铺家庭农场等重点试点工作推进成效明显。"新三起来"通过进一步调整生产关系，激发"三农"活力，进一步提高农村的土地产出率、资产收益率、劳动生产率，有力推动了城乡发展一体化。这一阶段京郊农村发展表现有：

一是推动农村土地流转起来。2016 年全市共有 135 个乡镇 2712 个村开展了确权登记颁证工作，分别占全市应确权乡镇、村数的 93.1% 和 84.8%，涉及确权面积 277 万亩，占全市拟确权土地总面积的 78%。全市有 53.2 万户农民签订了 59.7 万亩土地流转合同，农村家庭承包经营耕地流转总面积达到 239.2 万亩。大兴区西红门镇开展了全国首批农村集体经营性建设用地改革试点，2016 年北京市首宗集体建设用地入市交易，西红门镇 2.6 万平方米的集体建设地块以 8.05 亿元成交。农村闲置农宅盘活利用试点初见成效，怀柔区渤海镇田仙峪村积极探索盘活农村闲置房屋发展乡村休闲养老社区，目前累计租金收入已达 1700 多万元。

二是推动集体资产经营起来。2016 年，北京市村级产权制度改革已基本完成，乡镇集体产权制度改革试点启动。2016 年制定《北京市乡镇级集体产权制度改革试点工作方案》，确定朝阳区来广营乡为乡镇级改革试点，来广营乡对资产、人员等情况的摸底已基本完成。这一阶段，北京市海淀区成立全国首家"农资委"，履行资产审计、合同清理、土地监管等职责，让海淀农村集体资产在阳光下运营。2016 年全市有 1373 个村集体经济组织实现股份分红，占改制村集体经济组织的 35.2%。股份分红总金额 47.3 亿元，比上年增加 2.3 亿元，增长 5.1%。2016 年在改制村中有 137 万农民股东获得红利，人均分红 3466.8 元，比上年增加 98.8 元，增长 2.9%。

三是推动农民组织起来。大力推动发展农民合作社，2014 年 3 月成立北京市农民专业合作社联合会。全市农民专业合作社 6641 家，合作社成员 34.3 万个，辐射带动农户占全市从事一产农户的 75.0% 以上。京郊农民专业合作组织发展质量不断提升，全市国家级、市级、区级示范社 594 家，占农民专业合作社总体的比重为 8.9%。

四是北京农村城镇化进程加快。2015 年，北京市常住人口城市化率达到 86.5%。北京农村城市化分为近郊农村、远郊新城、重点镇和一般农村四个层次。在近郊农村基本实现城市化；在远郊新城进入规划范围的农村，城市化进程不断加快；在重点镇和一般建制镇城市化进程相对缓慢，主要任务是产业集聚和旧村改造；在一般农村地区开展新型农村社区试点建设，推动就地城市化。在近郊地区以被动城镇化为主，比如奥运村街道洼里乡的农村城镇化就是在奥运会大项目带动下的城镇化；也有产业和经济集聚效应强的地区形成的主动城镇化，如昌平区郑各庄村。远郊区和山区农村出现了集体经济组织弱化、人口和劳动力大量外流，村庄空心化，甚至逐渐消失；还有一些生态环境好、历史文化悠久的村庄发展成为市民休闲度假的乡村旅游型村庄。

（四）乡村振兴阶段（2018 年至今）

2018 年 2 月 4 日，北京市委、市政府印发《实施乡村振兴战略扎实推进美丽乡村建设专项行动计划（2018—2020 年）》；2018 年 5 月 5 日，北京市委、市政府印发《关于实施乡村振兴战略的措施》，提出到 2025 年乡村振兴取得决定性进展，城乡融合发展的体制机制全面完善，农业现代化、农村现代化、乡村治理体系和治理能力现代化基本实现；2018 年 12 月 30 日，北京市委、市政府印发《北京市乡村振兴战略规划（2018—2022 年）》；2021 年 7 月 31 日，北京市政府印发《北京市"十四五"时期乡村振兴战略实施规划》，提出到 2025 年，乡村振兴取得重要阶段性成果，制度框架和政策体系基本健全，城乡融合发展取得突破性进展。

这一阶段中，针对农村发展，主要开展了美丽乡村建设与人居环境整治，"百村示范、千村整治"工程深入实施，村庄规划实现"应编尽编"，行政村生活垃圾处理基本实现全覆盖，农村生活污水处理设施覆盖率达到 50% 以上，无害化卫生户厕覆盖率达到 99.3%。城乡供水一体化加快推进，"四好农村路"建设成果丰硕，农村地区"煤改清洁能源"工作成效显著，平原地区农村基本实现"无煤化"。

三、北京农民的发展历程

农民既是一种身份，也是一种职业。随着京郊农村生产关系调整和生产力发展，北京农民的组织形态、身份特征、从业状态、收入和生活水平都有较大的变化。

（一）家庭承包农户（1979—2002 年）

1979—1981 年京郊农村开展了专业承包、联产计酬的土地经营，1982—1983 年，郊区农村普遍开展了"承包到户、包干分配"责任制，农民称为"大包干"或者叫"包干到户"。到 1983 年底郊区县实行包产到户或到劳的生产队占生产队总数的 93%，实行包干责任制后，农村迅速出现了生产热潮。1983 年以后，实行了统分结合、双层经营，北京农村集体经济高度集中制转变为统分结合、双层经营的家庭联产承包责任制，农村土地制度改革确立了统分结合的家庭联产承包责任制，京郊农民成为承包农户。这一时期的京郊农民主要有以下四个特点：

一是集体所有权与农户承包经营权分离。土地的所有权归集体，承包经营权归农户，承包农户可以自主选择生产什么、生产多少，分配机制是"交够国家的，留足集体的，剩下都是自己的"。这一制度安排调动了农民的生产积极性，提高了农业劳动生产率，解放了生产力，大批劳动力从农业中解放出来。1983年，已包产到户的生产队有11771个，占京郊农业生产队的93%；承包到专业队、组的有822个，占7%。

二是农民开始了离土不离乡的兼业或转移到二三产业。这一阶段，乡镇企业异军突起，为郊区乡村劳动力带来更多的就业机会，农民开始从纯农业生产农民变成了乡镇企业的工人。同时，郊区农村人民公社和农产品统购统销等基础性制度改革，使农民获得了择业和流动的自主权。1985年农业劳动力人数开始下降，1985年京郊农业劳动力为90.2万人，比1984年减少了10.9万人。社队企业的从业人数从1985年的87万人增加到1994年的130万人，达到这一阶段峰值。

三是农民内部结构开始分化。第一，北京进行了农村集体产权制度改革，开始农村股份合作制试点，一部分农民从社员变成了股东。2002年，全市有1个乡合作经济组织和20个村级合作经济组织完成了股份合作制改造，农民从集体经济组织的成员变成了股东。第二，为适应农村经济结构调整对土地经营方式、经营规模提出的新要求，北京土地流转机制初步建立，农民从承包土地劳动者变成了土地承包权的收益人。2002年，北京市农户土地流转面积达到53.2万亩。第三，伴随工业化的进一步发展，更多的农民从农业转移到二三产业，变成了产业工人、兼业农民。第四，郊区农民专业合作经济组织开始发展，农民从专业户、重点户变成了合作经济组织的社员。2002年，全市各类农民专业合作经济组织达到2030个，入社农户达到34.2万户，占全市农户的28%，资产总额达到38.7亿元。

四是农民的收入水平高速增长。2002年农民人均可支配收入达到5880元，是1979年250元的23.5倍。农民收入和生活水平大幅增长，农民的收入来源也从以农业收入为主向工资性收入为主转变。2002年，农民人均可支配收入中，工资性收入达到3672元，占人均可支配收入的比重达到62.4%。农民内部收入差距快速增加，农民家庭基尼系数增加为0.35。

（二）拥有集体资产的新市民（2003年至今）

2003年以后，北京市进入统筹城乡发展的关键时期，城市化进程进一步加快，农民成为拥有集体资产的新市民，农民各项福祉大幅提升，农民内部结构进一步分化。

一是越来越多农民带着集体资产进城。2004年北京市委农工委、市农委出台了《关于积极推进乡村集体经济产权制度改革的意见》，明确指出，集体经济产权制度改革的中心是按"资产变股权、农民当股东"的方向，培育股份合作经济，建立起与市场经济接轨的产权清晰、责权明确、政企分开、管理科学的新型集体经济组织。改革试点最早在城市化和工业化进程较快、集体经济实力较强、集体资产数额较大、农民群众要求强烈的乡村进行。2016 年，北京市 98% 的村完成了农村集体产权制度改革，全市 331 万农民成为集体资产的股东。

二是京郊农民的各项福祉大幅提升。2003 年以来，北京市进入城乡发展一体化新格局，农业税取消，农民负担进一步减轻，农村基础设施大幅提升，农村基本公共服务制度逐步建立，农民所享受的基本公共服务水平不断提升。

三是农民收入大幅增长。2003—2022 年，农民收入水平实现了从 6496 元增加到 34754 元，增长了 435%。农民工资性收入和财产性收入逐步成为农民收入的主要来源。

四、北京"三农"演变的总体趋势

回顾改革开放以来北京"三农"发展历程，我们可以清晰地看到，大都市的农业发展与城市的关联性、依附度非常高，从农业阶段性特征来看，北京农业从一产为主到自发形成的三产融合，每一阶段转型都是城市发展、城市需求、首都要求倒逼的结果。北京农村经济直接受到工业化、城市化、信息化等现代要素的驱动，曾经深度参与过全市产业分工，与城市产业形成过联动机制和互补格局，农村经济的繁荣发展由此带动了大规模的郊区城镇化与新农村建设，加速了城乡格局的调整。因此，京郊市场化与城镇化加速推进，城镇化与逆城镇化并行发展，构成了北京"三农"发展和功能演变的主要时代背景图。在这张背景图下，当前北京"三农"发展呈现出鲜明的时代特征和趋势变化。

（一）乡村形态分化趋势

一是京郊农村分化明显。北京的村庄分化几乎呈现出了我国村庄分化的各种基本类型。据市农研中心 2018 年调查，北京 3983 个村已经分化为"三无"村、拆迁村、倒挂村、空心村、传统村等类型。"三无"村是指无农业、无农村、无农民，但有集体经济组织的村庄。这类村庄尚有 56 个，丰台区卢沟桥乡三路居村、顺义区南法信镇卸甲营村等是典型。拆迁村是指因城镇化建设征地或居住环境改善等因素拆迁或搬迁上楼的村庄。这类村庄有 720 个，海淀区上庄镇西马坊村、昌平区北七家镇郑各庄村、朝阳区高碑店乡高碑店村等是典型。倒挂村是指外来人口多于本村户籍人口的村庄。这类村庄有 173 个，主要分布在城乡结合部地区，在远郊区也有部分村庄，比如延庆区张山营镇龙聚山庄村属于人口倒挂村。空心村是指在城镇化进程中大量中青年人口流出村庄进城务工经商或在城镇安家置业，人口稀少、闲置农宅较多的村庄。这类村庄有 48 个，主要分布在远郊地区。传统村是指保持和延续传统乡村风貌、村庄形态基本稳定的村庄，这是京郊农村的主体形态，也是实施乡村振兴战略的重点地区。这类村庄有 2986 个。

二是村庄衰败与乡村复兴并存。城镇化导致不少村庄呈现衰败景象，边远山区村人口大量外流后形成了空心村、老人村，一些村庄也在消失。从统计数据上来看，1990—2021 年，北京的行政村数量从 4481 个减少到 3784 个，平均每年减少 22 个村。与此同时，一部分生态环境优美、具有传统历史文化的乡村却日益走向复兴。

三是农民进城与市民下乡并存。北京的城镇化与逆城镇化发展趋势同时存在。一方面，农业户籍人口向二三产业和城镇转移，不少农民在城镇就业、居住、购房。2020 年，北京市一产就业人数为41.3万人，比2006年减少了24.36万人；另一方面，部分市民选择到乡镇定居或到农村租住闲置农宅，很多市民在周末和小长假期间乐于到京郊乡村体验民宿、农事和传统乡村文化。2020年乡村常住人口273万人，比2006年增加了22万人。

四是传统人治思维与现代法治方式并存。一方面，长期以来，不少乡村干部形成了以人治思维控制人、管理人的行为定式，乡村干部的权力约束和监督机制不完善，乡村干部的权力没有关进制度的笼子里。另一方面，党的十八大以来提出的全面从严治党和全面依法治国深入人心，越来越多的基层干部有了现代法治意识，广大村民也越来越多地懂得运用法律法规维护自身权益。一些基层干部的传统维稳思维与村民的依法维权行动存在较大博弈。

（二）乡村经济演变趋势

一是乡村之间的集体经济发展不均衡情况加剧。一方面，农村集体资产地区分布极不均衡。截至2017年底，城市功能拓展区（朝阳、海淀、丰台、石景山）农村集体资产总额共计4600.2亿元，占全市农村集体资产总额的66.9%；城市发展新区（房山、顺义、通州、昌平、大兴）农村集体资产总额共计1830.8亿元，占全市农村集体资产总额的26.6%；生态涵养区（门头沟、平谷、怀柔、密云、延庆）农村集体资产总额共计448.5亿元，占全市农村集体资产总额的6.5%。朝阳（1393.4亿元）、海淀（1509.0亿元）、丰台（1560.6亿元）三个区的集体资产均在千亿元以上，而平谷（80亿元）、怀柔（83.9亿元）、密云（62.2亿元）三个区的集体资产都不足百亿元。2017年，丰台区卢沟桥乡三路居村集体资产总额160亿元，接近平谷（80亿元）、怀柔（83.9亿元）两个区集体资产总和，是密云区集体资产62.2亿元的2.6倍。另一方面，集体经济发展不平衡。2017年，全市农村集体资产总额6879.6亿元，集体经济经营总收入724亿元、利润总额43亿元。在3945个村级集体经济组织中，效益较好、能够按股分红的村1356个，占比34%；收不抵支的村1983个，占比50.3%；经营收入在100万—500万元的1644个，占41.7%。市农研中心对2007—2017年北京郊区3885个村庄的数据（主营业务收入、村庄集体资产、村庄负债、村庄集体净资产、人均所得、劳动力总数、分配人口数）进行统计分析表明，北京市村庄集体经济发展不均衡情况不断加剧，村庄两极分化明显，村庄发展水平固化问题严重。如果维持当前发展环境，低经济水平村庄10年后绝大多数仍为低水平村庄，高经济水平村庄10年后绝大多数仍为高水平村庄。

二是城乡收入绝对差值依然呈现增长变化趋势。2012—2022年，除2017年以外，农村居民人均可支配收入增长率均大于城镇居民，城乡收入差距变化速度有所放缓，但总体城乡收入绝对差值在增加，城乡收入绝对差值呈扩大趋势。2022年，北京城乡居民可支配收入分别为84023元、34754元，分别排在全国各省区第2位、第3位；城乡收入绝对值差为49269元，全国最大，是2012年的1.98倍；城乡收入比为2.42∶1、比2012年缩小了0.2，居全国第22位。

三是农业产值下降与农业地位上升并存。随着国内外形势变化，中央对于粮食主产区、主销区、产销平衡区提出了同样保面积、保产量的要求。北京作为首都，将着眼国家重大粮食安全战略需要，把稳住农业基本盘作为重大政治任务，近几年采取加大农业支持保护政策力度、加强耕地保护力度等综合措施，粮食蔬菜面积、产量实现连续三年较快增长，创五年来新高。尽管农业在全市经济中的比重仍处于下降趋势，但是农业的基础性、战略性地位明显上升。综合当前和未来形势判断，北京市将始终扛牢稳产保供政治责任，切实增强农业综合生产能力。

四是农业多功能性持续凸显。北京的农业是都市型现代农业，立足于"四个中心"功能建设、提高"四个服务"水平，更加需要都市型现代农业在食品保障稳中加固、生态涵养加快转化、休闲体验高端拓展、文化传承有效延伸上发挥重要作用。都市型现代农业以满足城市发展和人民生活多样化、多层次需求为目标。随着收入水平提高，市民对于优质农产品以及依托良好生态环境的休闲农业消费需求呈现多元趋势。2021年休闲农业和乡村旅游接待游客2520.2万人次，收入32.6亿元，带动农产品销售10.1亿元。预计到2025年，休闲农业和乡村旅游年接待量达到4000万人次，年经营收入达到50亿。从日韩和台湾地区等农业六次产业发展经验来看，从北京农业资源禀赋和成本收益情况看，立足乡村产业振兴要求，拓展农业多种功能、挖掘乡村多元价值依然是首都农业发展的主要方向。

（三）乡村人口变化趋势

一是乡村人口户籍结构呈现多样化。一方面，乡村外来人口数量不断增加。城市发展新区中的部分乡镇、街道聚集了大量长期居住的外来人口。外来人口多于本村户籍人口的村庄数量在提高，大量外来人口居住生活在农村地区，成为一些村庄人口的重要组成部分。据北京市三农普数据，2016年，全市普查区域（包含行政村的乡镇、街道）共有常住人口1001.6万人，其中北京户籍常住人口621.7万人、非京籍常住人口379.8万人。另一方面，乡村本地户籍人口中有2/3已经不是农业户籍。据市三农普数据，2016年，农业户籍人口中仍在本乡镇范围内居住的有201.9万人，占包含行政村的乡镇、街道内北京户籍常住人口的32.5%。

二是乡村就业结构变化显著。一二三产业就业人数比例从1996年的39∶31∶30、2006年的20.7∶27.8∶51.5，演变为2016年的8.4∶19.3∶72.3。第三产业就业比例超过三分之二。没有一产从业人员和一产从业人员占25%以下的村庄已占全部村庄的54.3%，这些村庄人口的职业结构发生了趋于非农化的变化。乡村居住人口已经形成了"原住的农业工作者＋原住的非农业工作者＋非原住的农业工作者＋非原住的工作者"等多种职业共同居住的聚居区。

三是京郊农民的身份和结构呈现多元化。一方面，京郊农民身份多元化。在工业化和城市化的进程中，京郊一部分农民成为离土又离乡的转移到二三产业就业的新产业工人，还有职业农民，一部分农民变成了出租房屋的房东业主，还有农民成为自主创业的企业家，只有少部分农民继续从事农业生产。另一方面，京郊农民构成多元化。北京户籍农业劳动力大幅减少，与此相对应的是，外来务农人员逐渐成为京郊农业重要补充力量，2012年北京市登记的来京务农流动人口达到12万人，约占全市农业从业人员近三成。新农人返乡创业，成为首都农业的"新生力"。

四是农村劳动力大规模转移就业阶段已经完成。当前，北京市农村劳动力大都已经实现转移就业。据调查，北京市农业户籍一产从业人员中，60岁以上的占22.8%，50岁以上占65.5%，40岁及以上的占90.7%。按照这一比例，北京市40岁以下的一产从业劳动力不足4万人，且剩余的"40""50"农村劳动力的转移就业能力与意愿普遍不高。

五是农村老龄化问题严重。随着劳动力向二三产业和城镇转移，农村青年流出逐渐增加，农村社区老龄化程度逐步提高。2016年北京农村居民超过60岁以上的人口占总居住人口的30%，超出国际老龄化标准20个百分点。

五、尊重趋势规律，推进具有首都特点乡村振兴的路径选择

面对"大城市带动大京郊、大京郊服务大城市"的城乡融合发展要求，围绕北京市的"国家首都、超大城市、发达地区、首善之区"四个首都特点，顺应首都农业农村发展趋势规律，首都要以城乡融合发展为根本路径，以乡村产业振兴为核心抓手，以企业、项目为带动引领，通过建立完善配套政策加以引导规范，推动全面乡村振兴。

（一）围绕"四个中心"定位，实现乡村高质量发展

北京城市战略定位是全国政治中心、文化中心、国际交往中心、国际科技创新中心。实施北京乡村振兴战略，必须坚持和体现"四个中心"的城市战略定位，实现乡村高质量发展。

一是在政治中心建设上，将乡村地区纳入支撑国家政务活动的重要空间进行规划布局，使京郊乡村成为国家政务活动的重要场所。政治中心不应只局限在北京中心城区，而应当放眼广阔的郊区乡村，有针对性地选择合适的乡村地区，将其规划建设成为承载国家政务活动的重要场所。从大国首都政治发展出发，加强特色小城镇、美丽乡村、家庭农场、合作农场、农业公园等高质量建设，使之成为国家政务活动的重要备选场所和大国外交主场活动重要选择区域。适应乡村建设政务活动与外交活动的需要，着力践行绿色发展理念，进一步加强乡村特别是生态涵养区的生态文明建设和公共服务建设，将乡村建设成为和谐宜居的后花园、会客厅、度假村、休闲地。从保障国家政务活动的高度，推动京郊农业农村高质量发展，深化农业供给侧结构性改革，明确提出和大力发展京郊全域生态有机农业和优质农产品加工业，提高休闲农业和乡村旅游发展的质量和水平，为国内外友人以及广大市民提供安全优质的农产品供应和绿色生态服务产品。

二是在文化中心建设上，第一，将北京市推进"一核一城三带两区"（一核：社会主义核心价值观为引领建设社会主义先进文化之都；一城：北京老城区；三带：大运河文化带、长城文化带、西山永定河文化带；两区：公共文化体系示范区、文化产业发展引领区）为重点的全国文化建设总体框架和布局与乡村文化振兴有机结合起来，以"一核一城三带两区"引领乡村文化建设，以乡村文化充实"一核一城三带两区"建设。第二，要在乡村文化建设中突出北京古都文化、红色文化、京味文化、创新文化基本格局的特点和要求，在传承和创新京郊乡村文化中体现古都文化、红色文化、京味文化、创新文化的底蕴

和魅力。第三，要将国家文化中心建设的相关重大项目向京郊乡村地区进行系统规划布局，使乡村发展成为承载和展示国家文化中心的重要场所和窗口，从而彰显中华农耕文明的独特魅力。可以选择若干体现国家文化中心建设水准的文化小镇、艺术小镇、电影之都、音乐之都、创新之都，以及各具特色的乡村文化馆、乡村博物馆、乡村艺术馆等，增强乡村美学观念，推进京郊乡村艺术化，建设百花齐放的京郊艺术乡村。第四，要在乡村地区规划建设体现中华优秀传统文化、革命文化、社会主义先进文化的文化产业和文化事业。充分挖掘和利用京郊乡村农耕文化的宝贵资源，推动优秀乡村文化实现创新性发展、创造性转换，使源远流长的中华乡村文化成为首都文化中心建设的重要组成部分。第五，要着力加强京郊传统古镇、传统古村落以及历史文化名镇、名村的保护，杜绝对乡村的建设性破坏。大力推动数字乡村文化建设，实现"文化＋农业""文化＋乡村"的有机融合，使京郊都市农业、乡村田园风光充满中华文化特色。第六，要将高等院校、科研院所、卫生体育、健康养老等机构和产业向郊区乡村进行规划布局，高标准规划建设一批位于京郊乡村青山绿水间的大学城、蓝天白云下的体育城和体育小镇、鸟语花香中的智库小镇和康养小镇等，不断提高乡村教育文化水准，全面提升乡村居民的总体文化素养和现代文明素质。

三是在国际交往中心建设上，围绕助力北京国际消费中心建设，打造北京特色乡土产品，丰富乡村休闲产品供给，创新乡村消费场景，如以通州区张家湾设计小镇、台湖演艺小镇、宋庄艺术小镇为重点，布局城市副中心乡村消费场景；以平谷区金海湖小镇为重点，打造远郊乡村购物小镇、旅游小镇；以怀柔区杨宋镇中影拍摄基地等核心区域为主体，规划引导周边有条件的乡村以影视 IP 为线索发展差异化、规模化的主题民宿、主题餐厅、主题小吃、主题咖啡馆、主题酒吧、主题文创、主题剧本杀等"影视文化＋乡村环境＋现代生活"片区，满足消费者来影都过周末的"吃、住、行、游、购、娱"需求。以怀柔科学城周边乡镇为重点，配套建设乡村减压中心、乡村身心调节中心、乡村失眠理疗中心、乡村绿色治愈中心等优质特色服务，让乡村地区成为北京国际消费中心独具特色的承载地。发挥京郊乡村所具有的自然田园风光和悠久传统文化的独特魅力，将京郊乡村规划建设成为可承担重大国际交往活动的重要舞台，实现官方与民间国际交往活动的互促互补、相得益彰。重点是要在京郊乡村合理选址，高标准规划建设国家外交外事活动区、国际会议会展区、国际体育文化交流区、国际科技文化交流区、国际乡村旅游区、国际组织集聚区等国际交往活动场所。进一步扩大乡村对外开放力度和体制改革力度，使京郊乡村成为中国向世界展示大国首都改革开放与农业农村现代化建设成就的重要窗口。

四是在国际科技创新中心建设上，第一，要将乡村规划建设成为科技研发基地以及科技应用示范区，特别是在"三城一区"建设上，要切实改变大型科技项目建设与乡村建设两张皮现象，真正实现大型科技项目建设与乡村振兴战略实施有机结合起来，通过大型科技项目建设带动乡村的建设和振兴。第二，要以中国平谷"农业中关村"建设为标杆，大力发展农业科技，强化农业科技的研发与利用转化。推动"农业＋科技""乡村＋科技"的融合发展，建设智慧生态农业和智慧乡村，为北京率先基本实现农业农村现代化插上科技的翅膀。农业中关村在规划建设中既要突出自身的农业科技攻关发展，也要以农业科技发展为牵引力带动周边乡村的建设与振兴。第三，要加快数字乡村建设，打造数字乡村先行区。加强数字农业新基建，全面部署和大力投入数字化农业装备建设，规划建设北京数字农业展示推介中心，集全国农业优质信息化企业资源优势，打造世界数字农业总部。第五，要适应京郊科技创新中心建设的需要，规划建设科学小镇、科学家小区等，培育乡村的科学精神，推进科技发展与乡村振兴相结合，为广大科技工作者提供宜居宜业的优良生活环境，带动和提升京郊乡村建设的科学含量和科技品位。

（二）立足发达地区、超大城市规模，率先实现城乡融合发展

北京与全国一样，最大的发展不平衡是城乡发展不平衡，最大的发展不充分是农村发展不充分。北京与全国不一样的地方在于，作为2000多万人口的超大城市，完全具备以城带乡的经济实力，充分具备率先实现城乡发展一体化的各种有利条件。北京应当围绕全面实现城乡规划一体化、城乡资源配置一体化、城乡基础设施一体化、城乡产业一体化、城乡公共服务一体化、城乡社会治理一体化等方面，全面深化改革，加快构建城乡融合发展的体制机制和政策体系。北京作为超大城市，具备率先实现城乡融合发展的基本条件和责任担当。

一要率先实现城乡基本公共服务均等化。围绕北京"四个中心"的城市战略定位向乡村拓展和延伸的战略需要，加快实现城乡基本公共服务均等化。着力优化财政支出结构，切实提高土地出让收入用于农业农村的比例，进一步加大公共财政对乡村基础设施、公共服务设施以及教育、就业、医疗、养老等基本公共服务的投入力度，加快缩小城乡基本公共服务差距，补齐乡村基本公共服务短板，尽快全面实现城乡基本公共服务一体化和公共服务的城乡顺利接转。高度重视乡村人口老龄化问题，着力推行免费教育、免费医疗以及高水平的养老服务等普惠性公共政策，全面提升乡村社会福利和民生保障水平，促进城乡共同富裕。

二要率先实现城乡要素平等交换与双向流动。破除城乡二元结构，深化农村集体产权制度改革、农村土地制度改革、农村宅基地制度改革，加强城乡一体的制度建设，使城市的人才、资金、知识、技术、管理、信息等要素顺利进入乡村，广泛而有序地参与乡村建设和乡村振兴；同时要使乡村的土地、劳动力等要素平等融入城市建设，公平参与城市化进程，加快形成城乡一体、功能互补的新型工农城乡关系。

三要构建新型集体经济发展的政策体系和新型集体经济组织的治理机制。加快构建适应市场化、法治化、城镇化和城乡一体化发展的新型集体经济发展的政策体系，发展壮大新型集体经济。根据特别法人的要求，加强新型农村集体经济组织的地方立法与建设。重视集体经济组织建设，重视集体企业的改革发展，保障集体经济组织和集体企业员工权益。建立健全新型集体经济组织的治理机制，强化对集体资产的监督管理，维护、发展农村集体和农民的财产权益。

（三）紧扣疏解非首都功能，谋划乡村承接疏解功能

推动京津冀协同发展，疏解北京非首都功能，是首都北京发展的重要特点，也是北京实施乡村振兴战略面临的独特的时代背景与重大的发展机遇。

一要充分认识乡村振兴面临的重要挑战与历史机遇。疏解北京非首都功能，既对乡村发展提出了严重的挑战，也给乡村带来了宝贵的发展机遇。京郊乡村应当在疏解北京非首都功能的战略机遇中率先实现全面振兴。如果说通州的北京城市副中心、河北雄安新区是北京非首都功能的集中承载地，那么京郊乡村就是北京非首都功能的广阔而重要承载地。按照《北京城市总体规划（2016年—2035年）》构建的"一核一主一副、两轴多点一区"的城市空间布局要求，要主动谋划京郊乡村承接中心城区功能的对外疏解工作，在主动承接中心城区功能中实现乡村的振兴。

二要有序规划与落实郊区承接中心城区功能疏解的重点任务与发展定位。根据《北京城市总体规划（2016年—2035年）》，中心城区是疏解北京非首都功能的主要地区；顺义、大兴、亦庄、昌平、房山的新城及地区，是承接中心城区适宜功能、服务保障首都的重点地区；门头沟、平谷、怀柔、密云、延庆、昌平和房山的山区作为生态涵养区，是首都重要的生态屏障和水源保护地，主要任务是保障首都生态安全，建设宜居宜业宜游的生态发展示范区。在京郊地区承接中心城区疏解功能中，要正确处理中心城区的减量发展与郊区乡村高质量增量发展的关系，改变一刀切的思维方式和工作方式，实事求是地细化各项具体工作。比如，怀柔可以承接更多的国际会议和交流功能，成为辅助中心城区的国际会议之都和国际交往重要场所；密云可以承接国际组织以及科研院所功能，成为支撑国家发展的重要智库基地。延庆可以承接文化体育功能，成为文化体育活动中心和旅游休闲区；昌平可以承接高等院校等教育培训功能，成为大学城；等等。

三要顺应逆城镇化发展趋势，助推乡村振兴。城镇化发展到一定阶段后，会出现中心城区人口向外迁移的逆城镇化现象。北京是较早出现逆城镇化趋势的超大城市。2018年3月，习近平总书记在参加十三届全国人大一次会议广东代表团审议时提出，城镇化、逆城镇化两个方面都要致力推动。疏解北京非首都功能，是逆城镇化趋势的重要体现。北京的逆城镇化为乡村振兴提供了新的巨大能量和发展机会，应当加强逆城镇化的调查研究，加快破除城乡二元结构，实现城乡一体化，使逆城镇化与小城镇建设、美丽乡村建设有效结合起来，从而借力助推乡村的振兴。特别是要顺应疏解北京非首都功能和逆城镇化趋势，大力加强京郊特色小城镇建设，深化体制改革，在京郊规划建设企业总部小镇、国际组织小镇、科研大学小镇、文化体育小镇等特色各异的小城镇，改革小城镇管理体制，加强有利于小城镇建设的政策制度建设，使特色小城镇既有力承担首都中心城区的疏解功能，又助推京郊乡村的全面振兴。

（四）针对村庄形态分化，分类制定和实施乡村振兴政策

改革以来，随着市场化、城镇化的发展，村庄分化已经非常明显。《乡村振兴战略规划（2018—2022年）》将村庄分为集聚提升类村庄、城郊融合类村庄、特色保护类村庄、搬迁撤并类村庄。北京市规划和国土资源管理委员会将全市行政村划分为城镇化村庄、局部或整体迁建村庄、特色保留村庄、提升改造村庄。市农研中心根据调研，将北京村庄分为"三无"村、拆迁村、倒挂村、空心村、传统村等类型。根据村庄分化的实际与特点，针对不同类别的乡村发展矛盾与诉求，分类施策。

一是针对"三无"村的施政重点是，要确保集体资产的公平合理处置，保障农民带着集体资产参与城市化，维护村集体和村民的集体资产权益；将此类村庄全面纳入城市街道和社区管理轨道，由政府公共财政提供各类基础设施和公共服务，减轻或剥离集体经济组织承担的社区公共治理和服务的成本，保障原村民有序参与社区公共治理；发展壮大集体经济，强化对集体经济组织的监督管理服务，维护其作为特别法人的市场主体地位，保障村民股东对集体资产的所有权、经营管理权、收益分配权等各项权益。

二是针对拆迁村的施政重点是，要切实保护拆迁村民的财产权益，妥善处置集体资产，合理管理和有效使用征地补偿费用；对于纳入城市规划区内拆迁上楼村，一般应当实行撤村设居，撤销村委会设置，建立居委会，统一纳入城市社区管理和服务；在完成集体产权改革的基础上，实行政社分离，保留和发展集体经济组织及其所属的企业，维护集体经济组织成员权益。

三是针对倒挂村的施政重点是，必须以更加公平包容的心态和政策对待外来人口，保障外来人口平等享有基本公共服务；村庄的社区治理要对外来人口开放，保障外来人口平等参与社区公共事务的治理；在城乡结合部地区的倒挂村，在进行集中上楼的城市更新改造时，要预留村集体产业用地，同时在实现村民上楼改善居住环境和条件中，要着力推行集体建设用地建设租赁住房，让外来人口同样改善居住环境并成为新市民。

四是针对空心村的施政重点是，有条件实现活化与重生的空心村，鼓励和引导农民建立住房合作社，与外来资本合作共同开发、盘活利用闲置农宅，发展乡村旅游、特色民宿、健康养老等产业；对于缺乏开发利用条件的空心村，可以在尊重村民意愿的前提下适当进行村庄合并；深化农村宅基地制度改革，创新宅基地"三权分置"具体实现形式；严禁外来资本与地方权力相勾结通过驱赶原居民而进行资本圈村式强占开发行为。

五是针对传统村的施政重点是，强化传统村庄的保护，尽量在保留原有村容村貌的基础上实现改造提升，改善人居环境，禁止大拆大建；允许、鼓励和规范社会力量参与乡村活化与再生工作，充分发挥村民在乡村振兴中的自主性、积极性、创造性，探索多种形式实现乡村振兴。大力发展都市型现代农业，学习外地复合化、叠加化农业生产经营经验，拓展农业多种功能、挖掘乡村多元价值，允许在一产粮田菜田周边配套融合性产业用地，在一产基础上叠加三产要素，既保障粮田菜田的面积、产量，也充分利用和变现粮田菜田的田园风光价值，全面提高农田利用的综合效益，提升农业劳动生产率，提高农民经营性收入，用市场化手段解决农地撂荒问题。

（五）强化首善之区特点，率先实现首都乡村善治

首善之区应该是治理水平最高的地区。推进北京的乡村治理现代化，就是要坚持首善标准，率先实现乡村善治。

一要加强乡村组织建设，以组织振兴引领全面振兴。构建以党组织为核心，村民自治组织、集体经济组织、其他经济组织、各类社会文化组织共同发展的组织振兴格局。首先要加强党组织建设，使基层党组织成为乡村治理坚强的领导核心。其次要加强村民自治组织建设，推进村民自治的制度化、规范化、精细化，保障村民群众依法当家作主。再次要加强农村集体经济组织建设，发挥集体经济组织在乡村振兴中的积极作用和乡村治理中的独特功能，特别是要重点加强乡镇联社建设，将乡镇联社建设成为乡镇区域的为民服务中心，为发展新型集体经济、实现共同富裕提供坚实的保障。农民专业合作社和其他经济社会文化组织，要与时俱进加快发展。要进一步赋予农民更多的组织资源，使农民有序参与到经济、政治、社会、文化和生态文明建设等各类组织中来，保障和发挥农民群众在乡村振兴和乡村治理中的主体作用。

二要健全党组织领导下的自治、法治、德治相结合的乡村治理体系。坚持党建引领，创新基层治理体制机制，深化"接诉即办"工作机制和办法，强化"未诉先办"服务能力建设，提高维护社会公平正义和群众切身利益的能力与水平，着力建设服务乡村和公正乡村；不断创新村民自治的有效实现形式，推进村民自治的规范化建设，保障村民民主权利，切实建设村民当家作主的自治乡村；贯彻落实《乡村振兴促进法》等法律法规，切实将各项涉农工作纳入法治轨道，加强党员领导干部和村民群众的法治教育，增强法治意识，着力建设有效维护乡村社会和谐与活力的法治乡村；加强乡村道德文化建设，彰显首都乡村文化的优势和特点，促进传统文化与现代文明交相辉映。

三要加强数字乡村建设，实现乡村智治。发挥信息化在乡村治理体系和治理能力现代化中的基础支撑作用，培育一批适应北京"三农"特点的技术、产品、应用和服务，对乡村产业进行数字化改造；统筹推进乡村信息化基础设施和网络安全防护工作，弥合城乡数字鸿沟；深化政务和惠民服务，推进农产品质量安全追溯平台、开展人居环境智能监测、建立基于空间的农村统计信息系统、引导外部资源通过信息化延伸到村。顺应农民对美好生活的向往，大力提升农民数字化生活水平，在郊区普遍建立网上服务点，开展智慧党建、在线办事、三务公开等，提供"互联网＋"教育提升农民数字化应用能力，让广大基层农民分享数字化发展成果。

四要坚持惩恶扬善，营造风清气正的乡村社会政治生态。不断将全面从严治党和全面依法治国向乡村基层延伸，加强对农村干部队伍和集体资产的监督管理，严肃查处侵犯农民权益的"微腐败"，严厉打击侵害农民切身利益的违法犯罪活动，全面建设维护社会公平正义、保障农民基本权利的平安乡村、良善乡村、和谐乡村。

推进具有首都特点的乡村振兴，必须紧扣首都的特点，在农业发展上，要拓展农业的多功能性，坚持质量兴农，实现京郊农业的全面升级；在农村发展上，要实施乡村建设行动，坚持绿色兴农，实现京郊农村的全面进步；在农民发展上，要尊重农民的主体地位，坚持权利兴农，实现京郊农民的全面发展。

执笔人：张英洪、刘军萍、刘雯、王丽红

关于"促进农民增收，推动共同富裕"的调研报告

序言

党的十九大和党的十九届五中全会对推动共同富裕作出了重大战略部署，党的二十大报告又进一步提出"中国式现代化是全体人民共同富裕的现代化"。为促进京郊农民增收，推动城乡共同富裕，在市农业农村局的领导下，市农研中心组织各涉农区农业农村局、抽样乡镇、抽样村等共计340余人，通过进村入户的方式开展了为期一个多月的"促进农民增收，推动共同富裕"大调研。

大调研抽样村的选择避开了城市近郊较为发达的村庄，各涉农区按照平原、浅山和深山区兼顾的原则，随机报送了在"促进农民增收，推动共同富裕"问题上有代表性和针对性的村庄，大调研共涉及11个涉农区、29个乡镇、115个抽样村和1125个抽样户。在门头沟区、怀柔区、平谷区、延庆区和密云区5个纯生态涵养区中，每区各选取3个乡镇，共15个乡镇，每乡镇各选取5个抽样村，共76个抽样村（密云增加1个村）；在昌平区和房山区的生态涵养区部分选取了6个乡镇，15个抽样村；生态涵养区共选取了21个乡镇的91个抽样村884抽样户。在城市功能拓展区的海淀区则选取了2个镇，每个镇各3个抽样村，共6个抽样村，60个抽样户；朝阳区、丰台区只做工作总结和典型案例的报送，不做进村入户调研。在城市发展新区的通州区、大兴区、顺义区每区各选取了2个乡镇，每个乡镇各3个村，共计6个抽样镇，18个抽样村，181抽样户。

习近平主席在2022年世界经济论坛会议上指出："中国要实现共同富裕，但不是搞平均主义，而是要先把'蛋糕'做大，然后通过合理的制度安排把'蛋糕'分好。"本次大调研采用问卷调查、调研座谈、典型案例分析、与外省市经验对比等研究方法，以"如何找到'蛋糕'、做大'蛋糕'和分好'蛋糕'"作为大调研的基本思路，探索"促进农民增收，推动共同富裕"的关键路径。

一、基本情况

（一）全市总体情况

党的十八大以来，北京始终坚持"稳中求进"工作总基调，将"三农"问题作为工作

的重中之重，加大城乡统筹发展力度，大力实施乡村振兴战略，农村居民收入持续较快增长。十年来，农村居民收入年均增长 9.0%，快于城镇居民 0.9 个百分点，城乡居民收入比由 2012 年的 2.62 缩小至 2021 年的 2.45，其中 2021 年较上年缩小幅度达 0.06，为近年来最大值。2021 年，农村居民人均可支配收入为 33303 元，同比增长 10.5%，快于城镇居民 2.7 个百分点。在农村居民收入水平实现显著增长的同时我们也看到，目前，我市 2.45 的城乡居民收入比与世界上大多数发达国家 1.5 左右的城乡居民收入比相比明显偏大，与上海市、浙江省 2.14、1.94 相比也仍有差距。从收入差距绝对值来看，从 2012 年到 2021 年，城乡收入差距绝对值从 19993 元扩大至 48215 元，收入差距绝对值呈现持续性扩大趋势。

（单位：元）

图 1 2012—2021 年北京城镇居民及农村居民人均可支配收入情况

从我市农村居民收入构成来看，2021 年，工资性收入 23434 元，同比增长 10.7%；经营性收入 1874 元，同比增长 16.2%；财产行收入 3443 元，同比增长 11%；转移性收入 4552 元，同比增长 7.5%。其中，工资性收入在我市农村居民收入中占比最大，为 70.3%；经营性收入则占比最低，仅为 5.6%，且近年来持续走低，从 2016 年的 2062 元下降为 2021 年的 1874 元，是农民增收中的突出短板；转移性收入仅次于工资性收入，成为农民收入中的第二大来源，占比 13.7%，在可支配收入中扮演着越来越重要的角色；财产性收入近年来始终保持较快增长，对农民收入贡献度稳步提升。从城乡居民收入差距来看，工资性收入是导致城乡差距的关键因素，贡献率达 53.3%，其次是转移性收入 27.3%，财产性收入 21.6%，经营性收入 −2.2%。

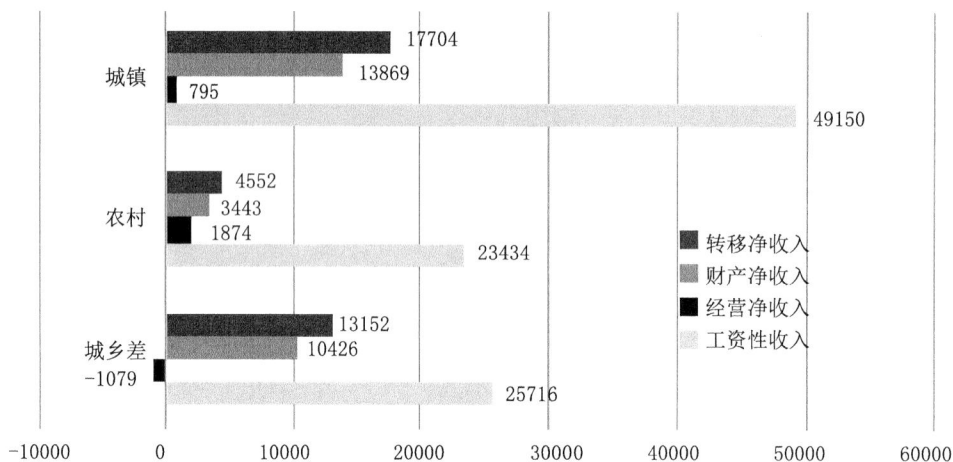

图2　2021年北京城镇、农村居民收入来源

（二）抽样村现状

总体情况：2021年，在115个抽样村中，村集体资产总计25.4亿元，村均集体资产2204.8万元，是全市平均值的七分之一；实现收入2.6亿元，村均224.8万元，其中经营性收入7064.4万元，村均61.5万元；集体经济薄弱村55个，占比45.2%，2022年底虽已全部消薄，但消除标准太低，大多为帮扶输血式消薄，可持续的消薄方式不多；77个抽样村集体有负债，负债村占比66.9%，负债合计10.2亿元，村均负债1319.1万元；抽样村农村居民人均可支配收入21761.7元，比全市农村居民人均可支配收入低11541.3元。呈现出城乡居民收入差距大，农民增收乏力的现象，有其深层次的思想和政策机制问题，要引起高度重视。

1. 抽样村庄现状

在115个抽样村中，属于平原区的34个，占比29.6%；属于浅山区的45个，占比39.1%，属于深山区的36个，占比31.3%。平原区村庄、浅山区村庄和深山区村庄的抽样数量大体相当，具有较强的代表性。

北京的乡村，相当一部分有着悠久的历史文化和良好的生态环境，但乡村的发展在一定程度上受到生态保护、水源保护、文化遗产和重点文物保护等政策的制约，在本次抽样村中有42个村庄（占调研村的36.5%）属于此类情况，其中16个村属于自然保护区，占比13.9%；10个村属于一级饮用水水源保护区，占比8.7%；9个村属于二级饮用水水源保护区，占比7.8%；10个村属于风景名胜区，占比8.7%；16个村属于文化遗产和重点文物保护控制区，占比13.9%。其余73个抽样村属于普通村庄，占比63.5%。

表 1　抽样村类型

项目	自然保护区	一级饮用水水源保护区	二级饮用水水源保护区	风景名胜区	文化遗产、重点文物保护控制区	普通村庄
数量（个）	16	10	9	10	16	73
占比（%）	13.9	8.7	7.8	8.7	13.9	63.5

【现状点评】京郊农村自身或周边不难发掘良好的自然景观和历史人文资源。在115个抽样村中，88个村庄的附近有可以引流并能借势发展的景区，占比76.5%，这些景区中的65.9%是属于有等级的，京郊的乡村大多都具有较高的综合开发的价值。

2. 乡村核心资源情况

（1）闲置宅基地情况。

在115个抽样村中，20个村拥有开发价值较高的闲置宅基地资源，占比17.4%，共有可供开发的宅基地961处，按平均一户一宅计算，占20村宅基地总数的15.4%，占抽样村宅基地总数的2.3%。其中部分闲置宅基地266处（指闲置面积50%以上的），整体闲置宅基地695处。

闲置原因：在115个抽样村中，961处开发价值较高的宅基地中仍处于未利用状态的933处，占比97.1%。宅基地未利用的原因：排名第一的是缺少扶持项目支撑，有762处宅基地，占比81.7%；排在第二的是缺少资金投入，有699处宅基地，占比74.9%；排在第三的是缺少政策支持，有404处宅基地，占比43.3%；排在第四的是缺少技术，有191处宅基地，占比20.5%；151处宅基地存在缺少人才支撑的情况，占比16.2%；82处宅基地存在权属问题，占比8.8%。

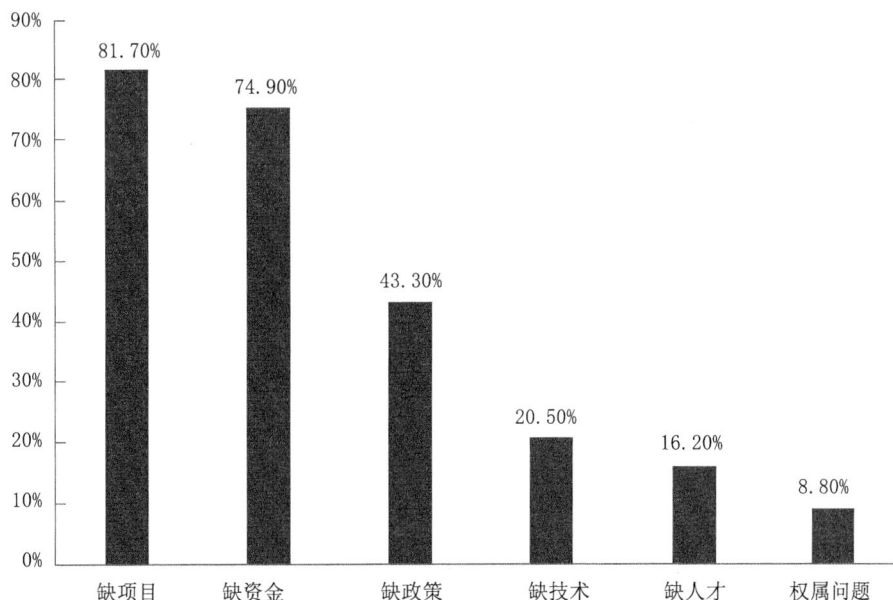

图 3　抽样村宅基地闲置原因（%）

【现状点评】京郊乡村的空心化，导致农宅闲置数量增加。近年来，京郊精品休闲旅游升温，加之闲置宅基地的开发利用政策相对较好，农村居民改建闲置宅基地开发精品民宿的意愿高涨，也吸引了一定社会资本的投入。在充分考虑村民的自住需求和生产经营的发展意愿后，有的整建制改造村（如延庆区四海镇的大吉祥村）的部分村民将宅基地由一院改造成两套居住单元，一套用于村民自住，一套用于经营、出租，这种模式既增加了村庄的人气，也为原住居民创造更多的就业和创业机会，提高农户的财产性收入、工资性收入和经营性收入。

闲置宅基地意向盘活的方式：抽样村的 961 处宅基地，按意向盘活方式分：474 处意向以合作开发的方式盘活，占比 49.3%；419 处意向以流转的方式盘活，占比 43.6%；290 处意向以入股的方式盘活，占比 30.2%；253 处意向以租赁的方式盘活，占比 26.3%。

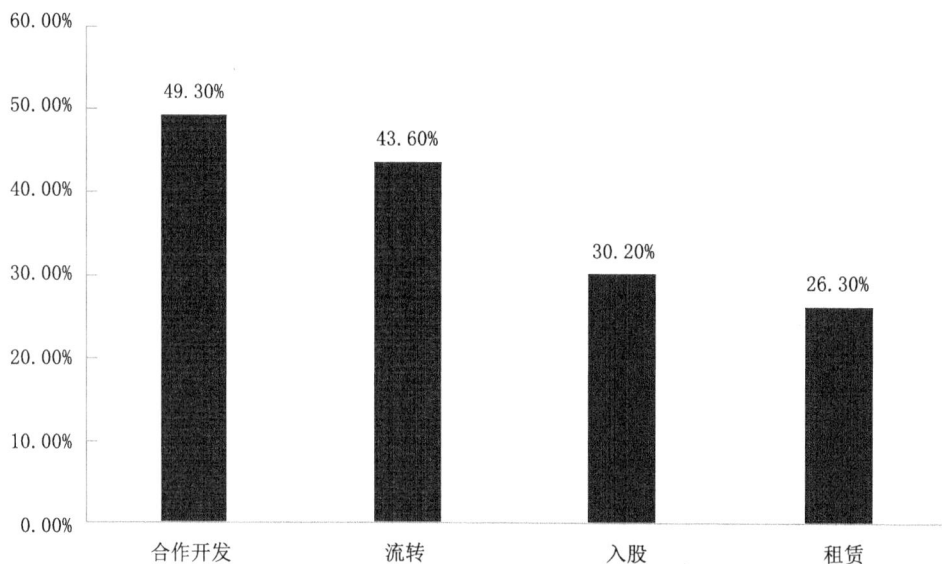

图 4　抽样村闲置宅基地意向盘活的方式

【现状点评】当乡村产业发展到一定程度，村民能够看到发展的收益，参与发展的思想与行为会有明显的变化，比如昌平区兴寿镇下苑村在闲置宅基地利用中，村民通过思想上的两个转变带来了更高更可持续的收益：一是转变出租形式，与通州区宋庄一样，下苑村是艺术家聚集的村庄，最初为了提高租金，村民通常会先改造宅院再出租给艺术家，但改造后的宅院并不能满足艺术家的要求，村民前期高成本的改造，并没有带来更多的租金收益，因此，村民及时转变思路，直接出租宅院，不仅给艺术家结合自身需求进行改造提供了便利，村民也节约了一大笔改造费用。二是变单纯出租为合作，当看到了艺术产业发展的效益后，越来越多的村民由单纯的收取房屋租金转变为以房入股的合作关系，投资者省去了一笔前期的租金投入，村民也能从后续经营中获取持续的分红收入。

意向发展乡村产业的形式：771 处意向发展精品民宿，占比 80.2%；370 处意向发展乡村旅游配套设施、乡村酒店等，占比 38.5%；74 处意向发展家庭工坊、手工作坊，占比 7.7%；50 处有意向发展特色主题农场，占比 5.2%；23 处有意向发展合作社、家庭农场，占比 2.4%；12 处意向开发成革命旧址展览馆，占比 1.2%；1 处意向发展亲子、劳动、运动、自然教育基地，占比 0.1%；1 处意向发展中央厨房，占比 0.1%。

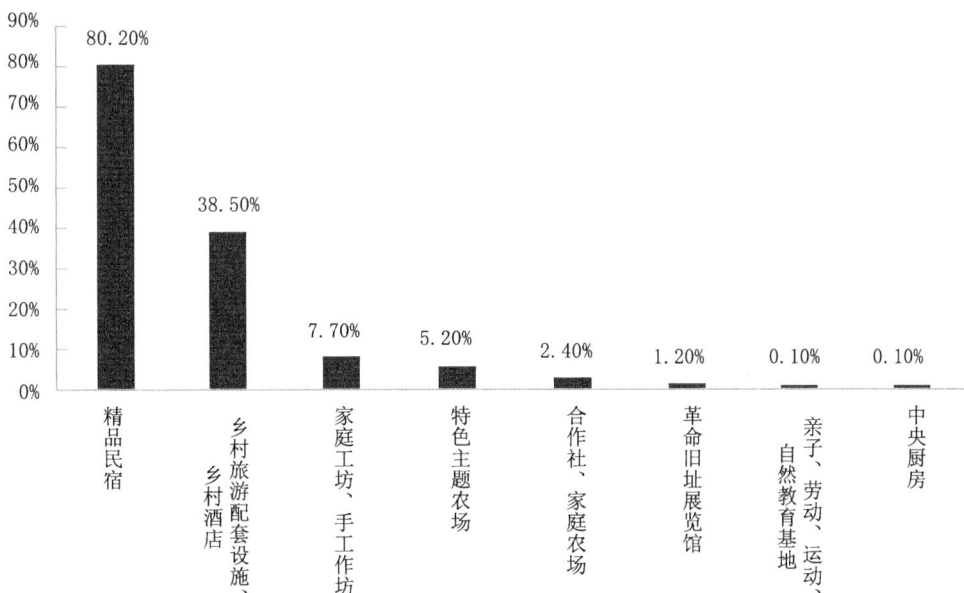

图 5 抽样村宅基地意向发展乡村产业的形式

【现状点评】调研数据显示，80.2% 的抽样村依然选择精品民宿作为未来宅基地开发利用的形式。近几年京郊民宿火爆，新建民宿遍地开花，但民宿为市场提供的消费功能单一，在市场规模一定的条件下，由于同质化严重，数量的激增反而会加剧竞争，分流消费群体，民宿会面临更大的盈利压力，前期高昂的投入势必会造成资源的浪费，农民增收受阻。考虑到乡村旅游生态的多样化和完整性，相关部门可以引导发展休闲与娱乐并存的共富工坊、主题农场、亲子活动基地、中央厨房等，进一步丰富乡村新业态。

（2）其他核心土地资源情况（不含宅基地）。

在 115 个抽样村中，85 个村拥有开发价值较高的各类土地资源，占比 73.9%，共有各类土地资源 157 块。

资源类型，按土地性质分：其中林地 42 块，占比 26.8%；耕地 31 块，占比 19.7%；老旧厂房、场院、学校 21 块，占比 13.4%；园地 14 块，占比 8.9%；自然景观 13 块，占比 8.3%；设施农用地 13 块，占比 8.3%；村集体建设用地（裸地）9 块，占比 5.7%；坑塘水面 8 块，占比 5.1%；其他土地资源 6 块，占比 3.8%。

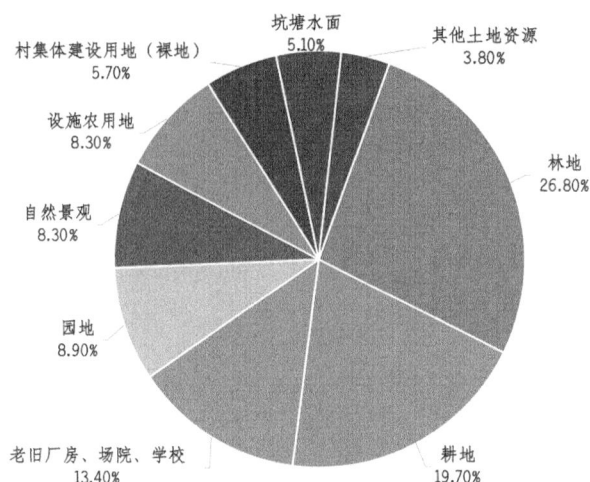

图 6　抽样村其他土地资源分布情况

按经营权归属分：111 块各类土地资源经营权在村集体手中，占比 70.7%，28 块各类土地资源由个人承包，占比 17.8%；10 块各类土地资源由公司承包，占比 6.4%；8 块各类土地资源归属于供销社、教委等其他主体，占比 5.1%。

闲置原因：在 115 个抽样村中，78 块开发价值较高的各类土地资源中仍处于闲置状态的，占比 49.7%。土地资源的闲置原因（含多种因素）：因缺少资金而闲置的土地资源 63 块，占比 79.5%；因缺少项目而闲置的土地资源 61 块，占比 78.2%；因缺少政策而闲置的土地资源 47 块，占比 60.3%；因缺少技术支撑而闲置的土地资源 21 块，占比 26.9%；因缺少人才支撑而闲置的土地资源 18 块，占比 23.1%；因存在权属问题而闲置的土地资源 4块，占比 5.1%。

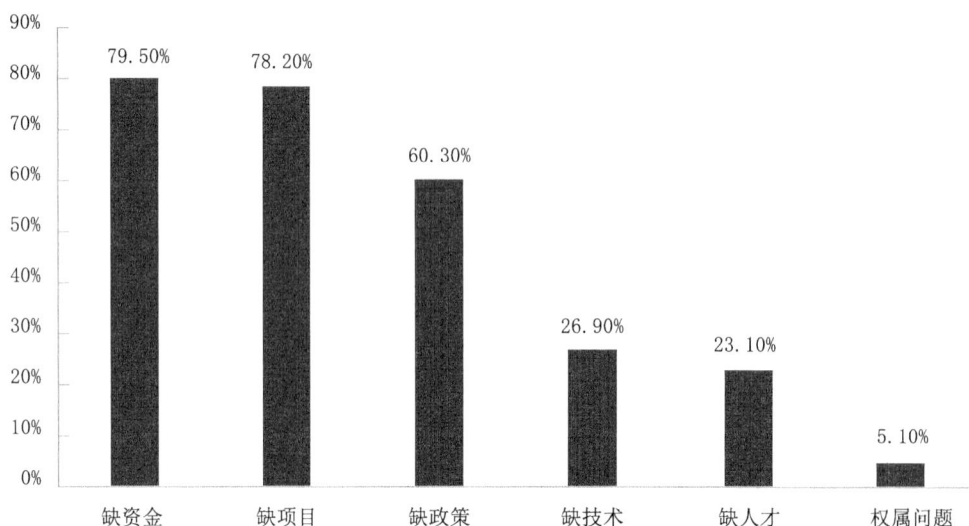

图 7　抽样村其他土地资源闲置原因

【现状点评】抽样村中有 73.9% 的村都拥有开发价值较高的各类土地资源，但近一半的土地资源仍处于闲置状态，闲置比例较高。近七成土地资源的经营权归村集体所有，为后续发展以村集体为主导的新型集体经济提供了良好的资源条件。这些土地资源中老旧厂房、场院、学校占比 13.4%，这部分合法合规的建筑和建设用地，一旦盘活，效益是巨大的，但目前因权属一般都在教委、供销社、粮库、乡镇政府等部门手里，村集体没有经营权，盘活利用率不高。

各类土地资源意向盘活方式，在抽样村的 157 块土地资源中，按意向盘活方式分（含多种因素）：84 块土地资源意向以合作开发的方式盘活，占比 53.5%；62 块土地资源意向以租赁的方式盘活，占比 39.5%；38 块土地资源意向以流转的方式盘活，占比 24.2%；30 块土地资源意向以入股的方式盘活，占比 19.1%。

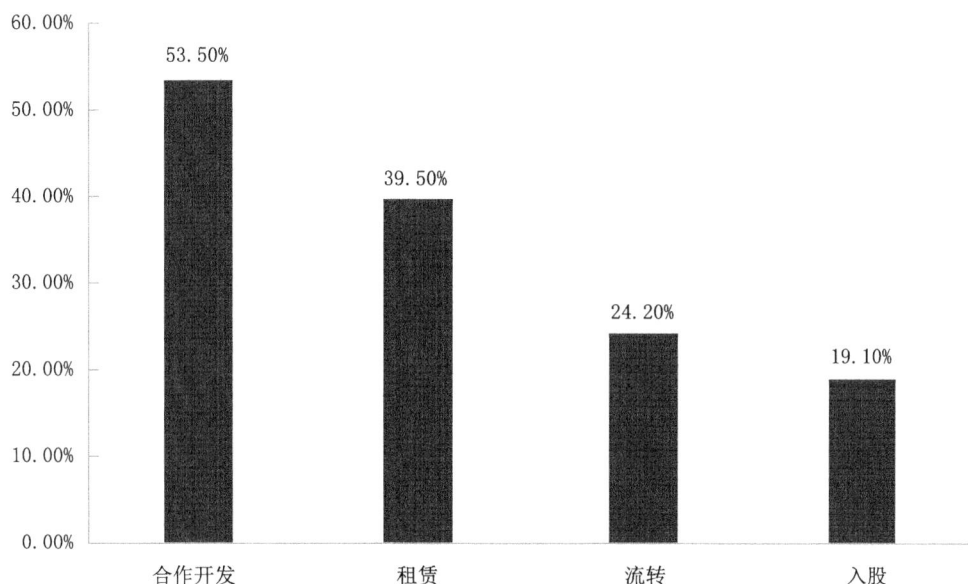

图 8　抽样村其他土地资源意向盘活的方式

【现状点评】乡村产业在没有形成效益之前，如何给予村集体或农户最大程度的保护？一些典型村的发展经验和模式值得我们借鉴，比如成都郫都区战旗村除了明确村集体资产在项目中获得固定租金收益以外，还按项目营业额3%收取生态分红收益[①]，比如上述下苑村村民思想的转变，都是在减少风险的情况下使村集体和村民获得更多的利益，值得借鉴。

按意向发展乡村产业的形式分（含多种因素）：31 块土地资源意向发展亲子、劳动、运动、自然教育基地，占比 19.7%；27 块土地资源意向发展乡村旅游配套设施、乡村酒店，占比 17.2%；26 块土地资源意向发展特色主题农场，占比 16.6%；22 块土地资源意向发展农业园区，占比 14.0%；20 块土地资源意向发展合作社、家庭农场，占比 12.7%；19

[①] 来源：《融合共享的内生型乡村振兴之路——来自郫都区的探索》，魏后凯、苑鹏等著。

块土地资源意向发展精品民宿，占比 12.1%；17 块土地资源意向发展精品登山路线、骑行路线，占比 10.8%；16 块土地资源意向发展林下经济，占比 10.2%；16 块土地资源意向发展宿营地，占比 10.2%；14 块土地资源意向发展田园综合体，占比 8.9%；9 块土地资源意向发展星空观测基地，占比 5.7%；3 块土地资源意向发展农产品加工，占比 1.9%；1 块土地资源意向发展家庭工坊、手工作坊，占比 0.6%；1 块土地资源意向发展中央厨房，占比 0.6%；24 块土地资源意向发展其他乡村产业，占比 14.6%。

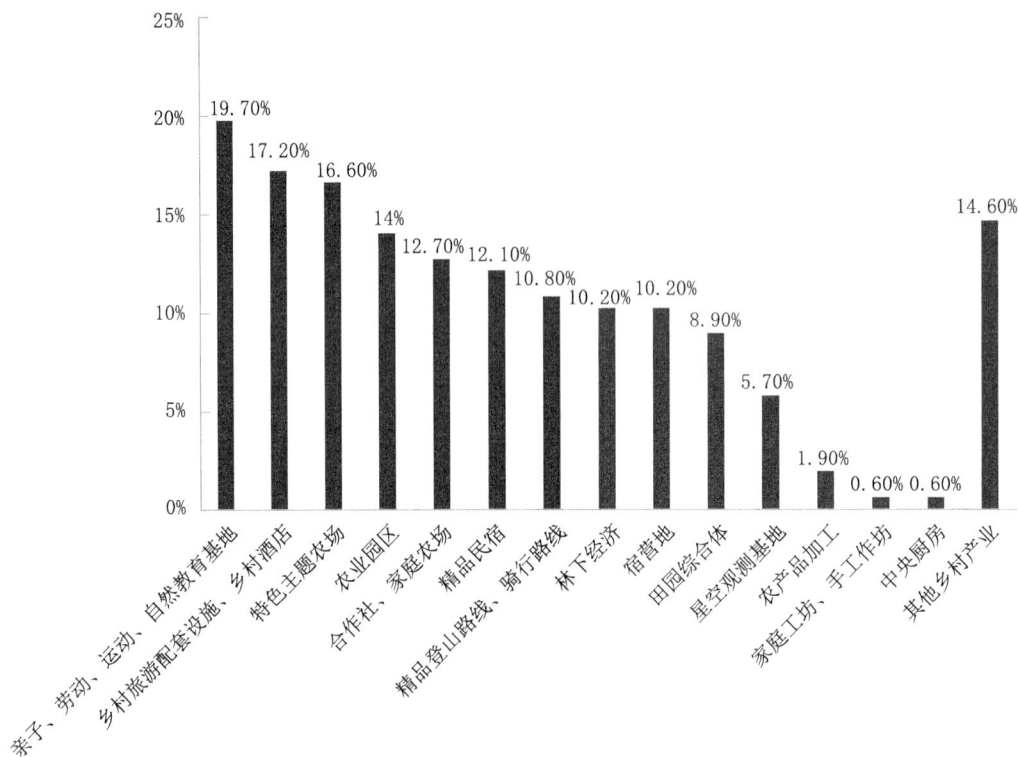

图 9　抽样村意向发展乡村产业的形式

【现状点评】核心土地资源的开发利用同样要避免同质化问题，要各具特色，差异化发展，并互为补充，融合发展。

（3）特色资源情况。

在 115 个抽样村中，36 个村有可利用的红色教育旅游资源，占比 31.3%，其中已开发的 9 个，占比 25%；26 个村有特色美食资源，占比 22.6%，共计 41 种，其中 24 个村的美食资源已开发，共计 36 种；11 个村村域内有非遗传承资源，占比 9.6%，共计 14 种，其中，8 个村的非遗资源已开发，共计 10 种；11 个村有手工文创资源，占比 9.6%，共计 37 种，其中，5 个村的文创资源已开发，共计 10 种。

36.5% 的村养殖政策为限养，5.2% 的村养殖政策为允许养殖，村域内共有特色牲畜 2 种（车厂村山羊 100 只，元阳水村梅花鹿 30 只）；特色家禽 2 种（南独乐河村油鸡，车厂村、象房村芦花鸡），目前存栏 1000 只。

【现状点评】北京古老的历史文化传承，形成了各具特色的特有资源，除以上调查的类型外，还有许多地方戏、庙会、赶大集、威风锣鼓、太平鼓等活态资源，这些都可成为发展乡村产业、文化振兴乡村、艺术振兴乡村的宝贵元素。

（4）交通情况。

在 115 个抽样村中，距离当地乡镇政府 10 公里以内的村庄占比 80.9%；距离最近的高速路口 30 公里以内的村庄占比 76.5%；距离最近的地铁站 30 公里以内的村庄占比 47.8%；距离最近的加油站 10 公里以内的村庄占比 79.1%；村域内有公交线路总计 199 条，已实现村村通公交；村域内有电动汽车公共充电桩的占比 20.9%，共有充电桩 136 个；若村内无充电桩，村外 5 公里以内有公共充电场的占 72.5%，共有充电桩 552 个。

【现状点评】北京的乡村经历了"三起来"建设、新农村建设、美丽乡村建设等多轮的乡建，农村基础设施相比外埠更完善，具备发展新型城镇化的基础条件。但城乡基础设施和公共服务仍有较大差距，这主要是因为由集市、中心村、中心镇，再到中心区的新型城镇化体系没有建立起来，没有形成产业聚集，各个节点也没有因产业带来人口聚集，这需要进一步推进乡村产业的发展，随着人口的聚集同步完善农村地区的基础设施和公共服务，逐步缩小城乡差距。

【乡村核心资源点评】通过对核心资源的调查可以看出，京郊农村可供乡村产业发展的资源并不少：村集体建设用地、老旧厂房、场院、学校、闲置的宅基地等固定资产存量庞大，耕地、林地、园地、设施农用地、坑塘水面、自然景观、生态环境、历史文化资源、活态资源、特有资源等优势资源丰富，但受乡村产业政策的制约，依然存在人才、土地、资金、技术、信息等要素在城乡之间不能自由流动和平等交换的问题，乡村发展有资源、缺要素的矛盾尤为突出，守望着"绿水青山"，却变不了"金山银山"，资源难以盘活，农民增收乏力。

（5）镇集体林场情况。

在本次抽样的 29 个乡镇中，14 个乡镇成立了乡镇集体林场，林场面积总计 13.2 万亩，从业人员 2436 人，其中 2167 人来自本乡镇，占比 89.0%。2021 年，林场财政投入合计 1.7 亿元，自身创收 1384.5 万元。其中十三陵林场创收 747 万元、潞城镇林场创收 600 万元、其它林场创收合计仅 37.5 万元。

【现状点评】乡镇集体林场的发展与运营具有北京财政政策的典型特点，其设立的目的大多是为了解决就业，产业发展倒成了次要的，这种财政的投入方式只是简单地解决了部分农民就业问题，消耗了大量的财力。

林下经济，以及与林业相关的林业产业经济的发展由于受到政策的制约，不能做到生态产业化。集体林场不仅需要政府的补贴支持，更多的是需要政策上的支持以提高自身的造血机能，逐步改变主要靠财政的投入才能运转的现状，实现可持续发展。

（6）"三品一标"农产品认证情况。

在 115 个抽样村中，16 个村获得了"三品一标"认证，占比 13.9%，认证面积总计 1.56 万亩。其中获得绿色食品认证的村 3 个，占比 2.6%，认证面积 354 亩；获得有机农产品认证的村10个，占比8.7%，认证面积4540.3亩；获得农产品地理标志的村3个，占比2.6%，认证面积1.07万亩。

【现状点评】由于京郊土地资源有限，大力发展绿色、生态、有机农业，提高有限农产品的品质，加强"三品一标"农产品的认证工作，培育具有北京特色的农产品品牌、区域公用品牌和企业品牌，加快特色农产品优势区建设，培育一批特色产业村和"一村一品"示范村镇，是提高农产品价值，同时走融合发展的道路，是促进农民增收的有效手段。

（三）抽样村社会经济发展情况

1. 人口与就业情况

户籍人口情况：115个抽样村共有41957户，户籍人口92265人，其中农业户籍56292人。户籍人口按性别年龄结构分：16岁以下11588人，占比12.6%；16—55岁女性22246人，占比24.1%；55岁以上女性17599人，占比19.1%；16—60岁男性27419人，占比29.7%；60岁以上男性13413人，占比14.5%。60岁女性按13000人计算。

表2　抽样村人口及年龄结构

项目	单位	绝对值	占比
本村总户数	户	41957	
户籍人口	人	92265	
其中：农业户籍	人	56292	61.0%
按年龄分			
16岁以下	人	11588	12.6%
16—55岁（女）	人	22246	24.1%
55岁以上（女）	人	17599	19.1%
16—60岁（男）	人	27419	29.7%
60岁以上（男）	人	13413	14.5%

就业情况：在115个抽样村的户籍人口中，就业50683人，占全部户籍人口的54.9%。

第一产业从业人员15660人，占全部从业人员的30.9%，其中：60岁以上男性4590人，占一产从业人员的29.3%，55岁以上女性4030人，占一产从业人员的25.7%。

第二产业从业人员10159人，占全部从业人员的20.0%，其中：在乡村就业3452人，占二产从业人员的34.0%；60岁以上男性1021人，占二产从业人员的10.1%；55岁以上女性591人，占二产从业人员的5.8%。

第三产业从业人员24864人，占全部从业人员的49.1%，其中：在乡村就业7943人，占三产从业人员的31.9%；60岁以上男性2219人，占三产从业人员的8.9%；55岁以上女性2148人，占三产从业人员的8.6%。

表 3　抽样村人口就业情况

项目	单位	绝对值	占比
就业人员	人	50683	54.9%
第一产业从业人员	人	15660	30.9%
其中：（男）60 岁以上	人	4590	29.3%
（女）55 岁以上	人	4030	25.7%
第二产业从业人员	人	10159	20.0%
其中：在乡村就业	人	3452	34.0%
（男）60 岁以上	人	1021	10.1%
（女）55 岁以上	人	591	5.8%
第三产业从业人员	人	24864	49.1%
其中：在乡村就业	人	7943	31.9%
（男）60 岁以上	人	2219	8.9%
（女）55 岁以上	人	2148	8.6%

【现状点评】在 115 个抽样村中，人口老龄化程度偏高，60 岁以上老人的占比为 28.6%，远远高于 2021 年全国第七次人口普查的数据 18.7%。此外，女性满 55 岁，男性满 60 岁，到了退休年龄依然从业的人员达到 14599 人，占比 28.8%，老年人从业现象普遍。

劳动人口受教育情况：115 个抽样村共有劳动年龄人口（男 16—60 岁，女 16—55 岁）49665 人，占全部户籍人口的 53.8%。按受教育程度分：初中及以下学历 26412 人，占比 53.2%；高中及同等学力 16649 人，占比 33.5%；专科及以上学历 6604 人，占比 13.3%；其中 77 个村存在失业人口，总计 2065 人，占劳动年龄人口 4.2%，对于失业原因：68.8% 的村选择有老人和孩子需要照顾，46.8% 的村选择自身劳动技能偏低，40.3% 的村选择身体健康原因，37.7% 的村选择本村及周边产业较少，33.8% 的村选择经济大环境不好岗位需求减少，13% 的村选择无就业意愿，11.7% 的村选择岗位被机器设备替代。

【现状点评】劳动力是京郊农村相对困难家庭拥有的主要依靠，如何引导剩余劳动力的再就业，是实现农民增收的重要途径。要实现劳动力的高质量就业，就要提高劳动力素质，加强对劳动力的技能培训，同时加强幼儿托养、老年托养、卫生服务、教育服务以及水、电、燃气等公共服务设施的建设，减少劳动力人口的后顾之忧。

外来人口情况：抽样村外来人口共 33080 人，其中：村外就业本村居住的 25348 人，占比 76.6%；在本村产业务工本村居住的 2755 人，占比 8.3%；在本村租房养老的 1863 人，占比 5.6%；来本村投资、创业的 678 人（不含传统"七小门店"经营者），占比 2.0%，村均约 6 人；返乡参与乡村建设、治理及运营的能人 29 人，占比 0.1%。

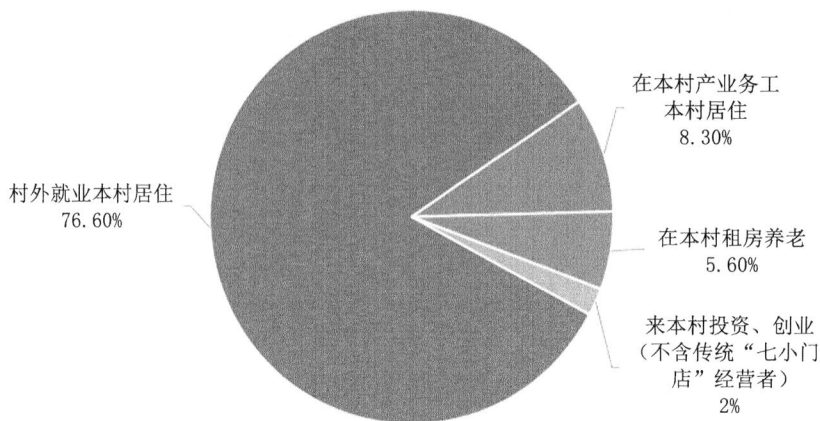

图 10 抽样村外来人口情况

【现状点评】城乡人口已经形成了双向流动，但以产业为纽带的新型城镇化没有建立起来，农民大多进城务工，缺少就近创业和就业的条件。相反，逆城市化人群中到乡村创业就业的少，大多以居住、养老为目的，但这种需求也是巨大的，需要我们去正视、引导，使之成为乡村振兴的新力量。

村两委班子情况：115 个抽样村的村书记，年龄在 45 岁以下的 24 人，占比 20.9%；男性 99 人，占比 86.1%；初中及以下 11 人，占比 9.6%；高中、中专学历 25 人，占比 21.7%；大专学历 57 人，占比 49.6%；本科学历 21 人，占比 18.3%；硕士研究生及以上学历 1 人，占比 0.9%。从事该职务年限 10 年以上 33 人，占比 28.7%。在担任本村书记前，从事的职业是村两委成员占比 50.4%，建筑业占比 15.7%，种养殖业占比 9.6%，住宿餐饮业占比 8.7%，加工制造业占比 7.8%，军人占比 6.1%，批发零售业占比 5.2%，其他占比 20%。81.7% 的村书记具有乡村建设、社会治理、乡村运营经验；任职后主要业绩有主持完成三农项目的占比 51.3%，完成招商引资项目占比 34.8%，运营管理企业、合作社占比 32.2%，创建企业、合作社等占比 31.3%，其他占比 19.1%。

村"两委"成员 612 人，大专及以上学历 282 人，占比 46.1%；45 岁以下成员 202 人，占比 33%；因村集体欠债而被法院执行限制高消费的有 2 人。

【现状点评】115 个抽样村的村干部年龄结构偏大，文化程度适中。长期以来，"等靠要"的思想较为严重，如何改变他们传统思想和行为方式是关键，要有针对性地开展专业培训、乡村振兴典型经验的现场学习与考察交流，特别是培训他们如何培育新型农村集体经济、如何融入市场经济的发展、如何培育乡村产业、如何策划招商引资项目、如何与外来投资者建立合理的利益联结机制等，把他们培养成为乡村振兴的行家里手。

2. 村集体经济发展

在 115 个抽样村中，2021 年，村集体资产总计 25.4 亿元，平均每村资产合计 2204.8 万元；实现收入 2.6 亿元，平均每村实现收入 224.8 万元；经营性收入 7064.4 万元，平均每村实现经营性收入 61.5 万元。集体经济薄弱村 55 个，占比 45.2%（2022 年底已消薄）。

77 个村集体有负债，负债合计 10.2 亿元，平均每个村负债 1319.1 万元；对于负债原因，53.2% 的村存在日常开支大、负担重的情况，49.4% 存在因历次新农村建设产生负债的情况，39.0% 的村存在因防疫安保支出大产生负债的情况，35.1% 的村存在各类专项应付款较多的情况，6.5% 的村存在因自身经营不善产生负债的情况。

村民参与村集体经济的方式：54.8% 的村村民享受村集体分配的福利；34.8% 的村村民通过在村集体经营的产业就业，领取报酬；23.5% 的村村民通过土地入股，享受分红；9.6% 的村村民通过资金入股，享受分红；7.0% 的村村民通过宅基地使用权流转参与村集体经济；18.3% 的村村民表示没有参与村集体经济。

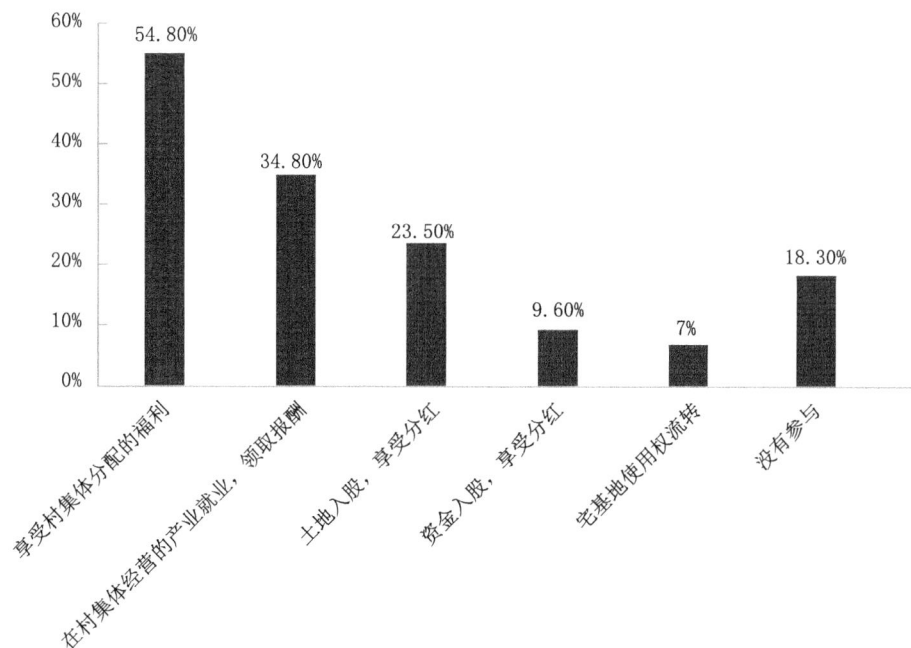

图 11　村民参与村集体经济的方式

抽样村中，90.4% 的村设置了公益性岗位，岗位人员固定的占 75%。

2021 年，抽样村农村居民人均可支配收入 21761.7 元，农村居民人均从集体所获得的收入为 1968.4 元。

【现状点评】在 115 个抽样村中，村集体经济总体偏弱，负债较为严重；农村居民年人均从集体所获得的收入 1968 元，这个数据因含有土地入股分红、土地流转、宅基地流转以及参与村集体产业就业的收益等，相比全国的平均数要高得多，但村集体经济不足以支撑农民的就业和增收。

3. 乡村产业发展现状

（1）个体经营户（家庭）情况。

经营情况：在 115 个抽样村中，村域内有个体经营户 4944 户，平均每村 43 户。按产业分：第一产业（种养业）1034 户，占比 20.9%；第二产业 279 户，占比 5.6%；第三产业 3622 户，占比 73.3%。

其中：民俗旅游 1039 户，占比 21.0%；采摘园 471 户，占比 9.5%；小卖部（超市）304 户，占比 6.1%；小餐饮 240 户，占比 4.9%；农家乐 101 户，占比 2.0%；小旅店 11 户，占比 0.2%；小网吧 2 户，占比 0.04%。

【现状点评】在 115 个抽样村中的个体经营户，以一、三产业居多，二产占比小，这是导致农产品附加值不能有效提升的原因；同时个体户占比偏小，只有 11.7%，跟浙江安吉"家家创业"的标准相比还有很大的差距。

个体经营户金融保险需求

贷款情况：在本次抽样的 4944 户个体经营中，有贷款需求的样本数量为 18 村 231 户，有贷款需求的村占比为 15.7%，有贷款需求的个体经营户占比为 4.7%，资金需求总计 1.17 亿元，户均约 50 万元。

个体经营户无贷款需求的主要原因是自有资金充足，占比为 32.7%，其次为可向亲朋好友借和怕有风险占比均为 15.8%，再次为贷款利率高，占比为 14.6%，其后依次是不了解金融政策和产品，贷款期限短，贷款额度低，无营业执照、无需求等其他原因，占比依次是 9.7%、4.8%、4.2%、2.4%。

2021 年，有 8 个抽样村的个体经营户发生过总计 32 笔贷款，贷款总额 1675 万元。有 22 个抽样村的个体经营户出现过申请贷款未获批的情况，主要原因是缺乏抵押质押物，占比 36.1%；其次是贷款材料要求多且难以提供齐全，占比 30.6%；其余依次是无项目等其他原因，无匹配金融产品，经营户信用评价未达到银行风控要求，分别占比 13.9%、11.1% 和 8.3%。

农业保险情况：抽样村中共有 32 个村 1578 户个体经营户有农业保险需求，有农业保险需求的村占比为 27.8%，有农业保险需求的个体经营户占比为 31.9%。

2021 年共有 27 个抽样村的 776 户个体经营户投保农业保险。未投保的原因，最主要的是无农业保险需求，占比 29.6%；其次是经营户思想不重视、投保意识不强，占比 16.5%；再次是不了解农业保险政策和产品，占比 12.5%；其后是保障水平低、无法覆盖风险，理赔难、理赔慢、理赔额度少，二者占比均为 11.8%；最后产品种类与需求不匹配，投保标的小而分散、缺乏组织者，未达到投保条件，因缺乏承包合同无法投保等原因，依次占比 7.2%、5.3%、2.6%、2.6%。

【现状点评】北京乡村金融始终没有破题，关键在于：一是乡村产业政策的不延续性，造成投资风险大，投资者不敢轻易贷款；二是金融机构对乡村产业的研究偏少，过多地依靠政府，而不是研究市场，涉及乡村产业的金融产品偏少，且获得贷款的限制条件偏多。

（2）乡村产业情况。

非民宿乡村产业情况（包括：合作社、特色农场、农业园区、观光景区、农产品加工厂、工坊等）：

在抽样村中，有非民宿乡村产业的村 45 个，占比 39.1%，共有乡村产业 58 家，其中属于一产的 32 家，占比 55.2%；属于二产的 4 家，占比 6.9%；属于三产的 22 家，占比

37.9%。

非民宿产业利用当地农用地的占 50.0%，利用村集体建设用地（裸地）的占 15.5%，利用村内荒山、荒滩、闲置农宅等其他资源的占 15.5%，利用老旧厂房、场院、学校的占 12.1%，利用当地山场的占 6.9%。

非民宿产业中，总投资额 2.9 亿元，平均每个产业投资额 515.8 万元。其中 25 家有村民个人投资，总计 2991.8 万元，占比 10.5%；14 家有村集体投资，总计 5833.2 万元，占比 20.4%；13 家有外来资本投资，总计 1.5 亿元，占比 53.6%；7 家有政府投资，总计 1762 万元，占比 6.2%；政府所投入的资金：2 家折算成村集体资产，1 家补贴给社会资本，4 家无明确界定；3 家有其他投资 2700 万元，占比 9.4%。2021 年营业额总计 7.3 亿元，利润总额 1.8 亿元，从业人员合计 892 人，其中本村从业人员 593 人，占比 66.5%，带动农产品销售 858.7 万元。

58 家乡村产业中与村集体建立起利益联结的有 31 家，占比 53.4%，26 家乡村产业仅有一种利益联结形式，5 家乡村产业为多种方式混合；建立利益联结的乡村产业中，27 家乡村产业向村集体缴纳年租金，占比 87.1%；2 家乡村产业按营业额的比例向村集体分红，占比 6.5%；3 家乡村产业按利润的百分比向村集体分红，占比 9.7%；6 家乡村产业向村集体缴纳年管理费，占比 19.4%；2 家乡村产业向村集体缴纳固定保底收益，占比 6.4%。

【现状点评】抽样村中有一定规模的区别于个体工商户的非民宿乡村产业 58 家，产业结构上仍然以一、三产业为主，二产 4 家，占比 6.9%，这也是农产品附加值不能提升、农业产能不能平衡的主要原因；总投资额 2.9 亿元，平均每个产业投资额 515.8 万元，乡村产业投资规模偏低，13 家有外来资本投资，总计 1.5 亿元，占比 53.6%，依然以社会资本的投入为主；7 家有政府投资，政府投入乡村产业资金的归属问题值得关注；乡村产业在解决农民就业和当地农产品销售上发挥了较大的作用；与村集体相关的乡村产业，利益联结还是以简单的租金方式为主，占比 87.1%，能够按营业额分红、按利润分红和缴纳固定保底收益的乡村产业数量不多。可见，现有乡村产业对壮大集体经济、促进农民增收的贡献有限。

民宿产业情况。

在 115 个抽样村中，有民宿产业的村 50 个，占比 43.5%，共有民宿 455 家，建成民宿院落 631 个，共有床位 9309 个。民宿建设利用个人闲置宅基地的占 79.6%，利用村集体建设用地的占 18.9%，利用其他资源的占 1.5%。

按经营主体分：由村集体经营的占 2.4%，由农户个人经营的占 85.7%，由专业运营公司经营的占 6.2%，由外来人员经营的占 5.7%。

455 家民宿产业的投资情况：总投资额 5 亿元，平均每家民宿投资 110 万元。其中 364 家有村民个人投资，总计 2.7 亿元，占比 54.5%；5 家有村集体投资，总计 230 万元，占比 0.5%；79 家有外来资本投资，总计 1.7 亿元，占比 34.5%；7 家有政府投资，总计 3061 万元，占比 6.1%；政府所投入的资金：4 家折算成村集体资产，1 家补贴给社会资本，

2 家无明确界定；2 家有金融资本，总计 1600 万元，占比 3.2%；12 家有其他投资 633 万元，占比 1.3%。

2021 年营业额总计 1.1 亿元，利润总额 5102.8 万元，从业人员合计 1142 人，其中本村从业人员 713 人，占比 62.4%，带动农产品销售 262.6 万元。

455 家民宿中与村集体建立利益联结的有 93 家，占比 20.4%，77 家仅有一种利益联结形式，16 家为多种方式混合；在建立利益联结的民宿中，59 家民宿向村集体缴纳年租金，占比 63.4%；5 家按营业额的比例向村集体分红，占比 5.4%；5 家按利润的百分比向村集体分红，占比 5.4%；40 家向村集体缴纳年管理费，占比 43%；2 家向村集体缴纳固定保底收益，占比 2.2%。

【现状点评】民宿产业的现状与问题跟非民宿产业有相近之处，不同之处是由于民宿产业受政策的支持，如雨后春笋，发展迅速，但同质化严重，竞争激烈，有的区虽提出了"民宿 +"的概念，但具体到每个民宿，受客观条件和投资人认知的限制，真正能实现"民宿 +"的并不多，各产业融合发展不够。

村集体及乡村产业对金融保险的需求。

在 115 个抽样村中，共有 24 个村，因占地补偿等原因，村集体账上资金盈余，有投资理财的需求，占全部调研村的 20.9%，其中 18 个村偏好为保本存款，1 个村偏好为保本存款和非保本理财产品，5 个村偏好为其他（主要是修路、旅游业等实体经济）。

在 115 个抽样村，513 家乡村产业（58 家非民宿乡村产业 +455 家民宿产业）中，共有 8 个抽样村的 86 家乡村产业有贷款需求，有贷款需求的村占抽样村的 7.0%，有贷款需求的乡村产业占乡村产业总数的 16.8%，资金总需求 7250 万元，平均每个产业资金需求约 84 万元。

【现状点评】部分村集体由于占地补偿和拆迁补偿等，账面积累了大量资金，如何盘活这类资金，市农研中心曾经做过有益的尝试，通过信托的方式为部分村集体获得了较大的收益，但由于经济形势的变化，信托的风险逐渐增大，收益率也越来越低。如何利用好这类资金，让它取得较好的收益，值得关注。

由于京郊乡村产业发展缓慢，致使对金融资金的需求偏低。

【乡村产业发展点评】由于政府的涉农部门政策、项目实施程序、资金及乡村金融等统筹使用力度不够，政策的延续性差。使得政府资金效率低下，存在重复投资、用途死板和时间上的延误，致使撬动社会资本投入乡村产业乏力。在抽样村中，乡村产业（含非民宿产业 58 家、民宿产业 455 家）总投资 7.9 亿元，其中社会资本投入为 3.2 亿元，不如浙江安吉 1 个村的社会资本投资（安吉平均每个村吸引社会资本投资 6 亿元）[1]。乡村振兴产业关键，乡村产业发展不起来，促进农民增收、推动共同富裕成了一句空话。

投资乡村的社会资本与村集体能够建立起合理的利益联结机制的不多，大多数为简单

---

[1] 来源：《探路乡村振兴——解读美丽乡村"安吉模式"》，任强军著。

的租金关系，农民不能享受到全产业链上的增值，没有为农民带来更多的收益。

北京是最先完成农村集体资产改革的省份，是最早提出"新三起来"概念的省市，但没有深化和落实"新三起来"的理念，醒得早，起得迟，相反在一些省市却很好地落实到了"三变"改革上，即："资源变资本、资金变股金、农民变股民"，形成了很好的典型并进行了推广，新型农村集体经济遍地开花。

（3）社会保障情况。

在抽样村中，参加城镇职工基本养老保险 25286 人，参加城乡居民基本养老保险 33188 人，领取老年保障福利养老金 13915 人，以 16 岁以上户籍人口作为应参保人数，参保率分别为 31.3%、41.1%、17.2%，养老保障覆盖率达 89.7%。参加城镇职工基本医疗保险 26195 人，参保率 28.4%；参加城乡居民基本医疗保险 49226 人，参保率 53.4%；医疗保险覆盖率达 81.7%。

【现状点评】在抽样村中，城乡居民养老保险参保率接近 90%，城乡居民医疗保险参保率也超过了 80%，但是其中大部分都是不够工资标准免费参保的，且退休后的养老金和看病报销比例相比城镇职工保险要低很多，村民投保意愿和投保金额也相对偏低。

乡村的发展意愿、困难与影响发展的政策因素。

抽样村中，80.0% 的村对于本村产业发展、促进农民增收、推动共同富裕意愿非常强烈，9.6% 的村一般，8.7% 的村表示心有余而力不足，1.7% 的村希望维持现状。

对于本村产业发展、促进农民增收遇到的困难（含多种因素），91.3% 的村认为缺资金；82.6% 的村认为缺少好的项目；72.2% 的村认为缺人才；48.7% 的村认为缺销售渠道。

对于影响本村产业发展、促进农民增收、推动共同富裕工作的开展的政策因素：80.0% 的村选择受土地政策的影响；66.1% 的村选择受各部门政策、资金不能统筹使用的影响，52.2% 的村选择受生态保护政策的影响，38.3% 的村选择受养殖政策的影响，29.6% 的村选择受政策的不延续性的影响，27.0% 的村选择受农产品加工政策的影响，22.6% 的村选择受能源政策的影响。

57.4% 的村认为发展乡村产业的主体应该是村集体，38.3% 的村认为应该通过村企合作发展乡村产业，11.3% 的村认为应该由农户来发展乡村产业，11.3% 的村认为应该由外来资本发展乡村产业。

对于通过市场招商导入乡村产业，38.3% 的村持肯定态度，60.9% 的村认为有条件可以引进，0.9% 的村持反对态度。

对于村集体与外来企业关系，65.2% 的村认为应该建立合理的利益联结关系；25.2% 的村认为应该建立保底加分红的分配关系，22.6% 的村认为应该村集体为主外来企业为辅，9.6% 的村认为应该建立租赁关系。

40.9% 的村认为本村适合独立发展，44.3% 的村认为本村适合与邻村抱团联合发展，14.8% 对于本村与邻村的关系不确定。

【现状点评】对于部分资源匮乏的村庄，为了有效地落实相关产业扶持政策和社会的帮扶与投资，可以采取更为灵活的"飞地抱团"模式，通过项目实施、联合发展，把政府扶持资金和社会捐助资金股权量化到各个村集体和农户，实现促进农民增收的目的。

（五）抽样村特点分析

1. 有资源，缺要素，做不成"蛋糕"

（1）有资源。

首都的乡村，大部分承载着厚重的历史文化和美丽的绿水青山，在本次抽样的115个村庄中，16个村属于自然保护区，10个村属于风景名胜区，16个村属于文化遗产、重点文物保护控制区。88个村庄的附近有可以引流并能借势发展的景区，这些景区中65.9%的有A级质量等级，京郊的乡村大多都具有极高的综合开发价值。核心资源丰富，115个村中，20个村拥有开发价值较高的宅基地961处，其中仍处于闲置状态的933处，占比97.1%。85个村拥有开发价值较高的各类土地资源157块。其中78块仍处于完全闲置的状态，占比49.7%。此外，还有大量的红色旅游、非遗传承、特色美食、特色手工、地方戏、地方乐、庙会等特色资源处于待开发状态。交通设施资源较为完善，115个村交通便利，村村通公交，交通配套设施（加油站、充电桩等）较为完善，高速路、国道、县乡路网系统较为完备，但由于乡村空心化、老龄化和乡村产业欠发展，设施的利用率并不高。

（2）缺要素。

人才要素：对于乡村产业发展所遇到的困难，72.2%的村认为缺人才。乡村的人口老龄化程度偏高，在本次抽样的115个村中，60岁以上老人的占比为28.6%，远远高于2021年全国第七次人口普查的数据18.7%。劳动力素质偏低，115个抽样村共有劳动年龄人口49665人，初中及以下学历占53.2%，高中及同等学力占33.5%，专科及以上学历占13.3%。外来人口在乡村以居住和养老为目的的偏多，返乡创业少，调研村外来人口33080人，其中：村外就业本村居住的25348人，占比76.6%；在本村租房养老的1863人，占比5.6%；在本村产业务工本村居住的2755人，占比8.3%；返乡参与乡村建设、治理及运营的能人29人，占比0.1%。115个抽样村的村书记，年龄偏大，45岁以上占比约80%；大专学历及以上学历，占比68.8%，文化程度较高，但缺乏驾驭新型农村集体经济的能力。

资金要素：对于本村产业发展所遇到的困难，91.3%的村认为缺资金。115个抽样村中有民宿产业的村有50个，共有民宿455家，总投资额5亿元。非民宿产业58家，总投资额2.9亿元；115个抽样村乡村产业总投资7.9亿元，其中社会资本投入3.2亿元，不如浙江安吉1个村的社会资本投入（村均6亿元）。金融方面：由于乡村产业发展缓慢，资金的需求量偏少，金融部门的涉农金融产品偏少，贷款获批占比少。在115个抽样村中，513家乡村产业，有贷款需求的乡村产业占乡村产业总数的16.8%；4944户个体经营户，其中有贷款需求的231户，占比为4.7%，2021年，有8个抽样村的个体经营户发生过总计32笔贷款，贷款总额1675万元，有22个抽样村的个体经营户有贷款申请但未获批。

技术要素：由于农业科技成果下乡转化推广机制没有建立，农业技术市场及研发合作机制不健全，在抽样的 1125 户中，对于家庭增收面临的主要问题，49.0% 的农户选择了缺乏致富技术。

2. 有"蛋糕"，缺利益联结机制，分不到"蛋糕"

现有乡村产业与村集体的利益联结松散，58 家非民宿乡村产业与村集体建立起利益联结的有 31 家，占比 53.4%，其中 27 家乡村产业为简单的租金方式；455 家民宿中与村集体建立利益联结的有 93 家，占比 20.4%，其中 59 家民宿为简单的租金方式；乡村产业能够按营业额、按利润分红和缴纳固定保底收益的非民宿产业只有 7 家，民宿产业只有 12 家，村集体分不到合理的"蛋糕"。

另一种情况：部分村集体经济的发展与集体经济组织成员的分配机制不匹配，村集体收入的分配成了难题，有"蛋糕"分不好。

3. 有资源、也有资金，缺政策，做不大"蛋糕"

涉林政策缺乏，包括林下经济、林木经济以及与林业相关产业的发展政策。此次抽样的 29 个乡镇，有 14 个成立了乡镇集体林场，2021 年林场全年的财政投入合计 1.7 亿元，自身创收 1384.5 万元，其中十三陵林场创收 747 万元、潞城镇林场创收 600 万元、其他林场创收合计仅 37.5 万元。

农产品加工政策缺乏，第二产业的发展受到制约，产业链无法延长，农产品附加值不能提高，在此次抽样的 115 个村的 4944 户个体经营户中，涉及第二产业的只有 5.6%；在 58 家非民宿乡村产业中，涉及第二产业的只有 4 家。

养殖政策缺乏，种养结合的生态循环农业的发展受到制约，在 115 个抽样村中，58.3% 的村为禁养，36.5% 的村为限养，只有 5.2% 的村为允许养殖。

二、存在问题及成因分析

"促进农民增收，推动共同富裕"是一项复杂的系统工程，涉及政府、社会、乡村的方方面面，不是简单几个措施就能解决的，由于在思想认识、政策机制和组织实施上存在着某些障碍和不足，北京市在"促进农民增收，推动共同富裕"中还存在一些问题。

（一）北京乡村产业的发展存在政策性障碍，政策的制定缺乏科学性、政策的执行缺乏延续性

北京现行乡村产业政策的制定缺乏科学性，比如养殖政策、农产品加工政策、农业废弃物处理政策等，政策的执行缺乏延续性，有的存在"一刀切"过度执法的情况，在一定程度上不利于"三农"的发展。土地政策：由于在思想上没有认识到乡村的价值，政府主管部门"重城市、轻乡村"的房地产思维没有改变，更多的土地指标留在了城市，对欠发展的乡村同样进行减量发展，乡村产业缺少必要的产业用地。能源政策：使用清洁能源使农业的成本加大，尤其是设施农业的取暖成本增加了约两倍，新型节能技术与能源替代技

术没有很好地利用和推广。养殖、加工与生态环保政策：一产养殖业受限、二产加工业受限、农业废弃物的处理受限、一二三产的产业用地均受限，导致了生态循环农业产业链断裂，农业产能不能平衡，农产品附加值不能提高，三产融合度不高。

（二）"重乡建、轻产业"，美丽乡村建设与乡村产业没有同步发展，乡村产业的发展缺乏有机的承载体系

北京的乡村经历了"三起来"、新农村建设、美丽乡村建设等多轮乡建，有的村实施了整体搬迁，有的村实施了整建制改造，政府在乡村基础设施等乡村建设中投入了大量资金，有的村甚至因此欠下了巨额债务，在 115 个抽样村中，77 个村集体有负债，村均负债 1319.1 万元，其中约 49.4% 村是因为历次新农村建设造成的负债。然而投入乡村产业的资金或引导乡村产业发展的资金并不多，乡村变美了，乡村产业却得不到同步发展，大多数乡村只能做到"宜居"，做不到"宜业"，有的乡村既是美丽乡村，又曾是集体经济薄弱村。

由于缺乏乡村产业政策，特别是产业用地政策，能够承载乡村产业发展的新型城镇化体系没有建立起来，现有乡村产业存在体量小、投资规模少、产业结构不合理等问题。

北京乡村产业发展还是以简单的资源出让和资源租赁为主，新型农村集体经济没有完全建立起来。

长期以来，北京乡村"等靠要"思想蔓延，"内生动力"与"造血功能"不足，乡村产业发展模式以简单的资源出让和资源租赁为主，现有乡村产业与村集体能够建立起合理的利益联结机制的不多，村集体不能以乡村产业主体的身份参与市场竞争，不能享受到相关产业链上的增值，现有乡村产业对促进农民增收的贡献度不大。

北京早在 2013 年 9 月就提出了"新三起来"理念（土地流转起来、农民组织起来、资产经营起来），但受产业政策的影响，新型农村集体经济的建立只有少量典型村，没有普遍建立起来，农民收入的持续增长机制没有形成。

此外，部分村集体经济的发展与集体经济组织成员的分配机制不匹配，农民从村集体获得的分配收益不顺畅。

（三）政府各部门涉农政策、资金和项目统筹力度不够；政策资金的投入导向以"输血型"为主

通过调研，66.1% 的抽样村认为影响本村产业发展的政策因素有：政府各部门涉农政策统筹力度不够，涉农资金和项目效率低下。

政府部门各自为政，所掌握的政策、资金和项目统筹力度不够，不能形成合力。调查发现：项目的实施和资金的使用存在前期费用高、实施程序烦琐、实施内容与需求偏差大、资金用途死板和到位不及时等问题，使得政府资金效率低下，起不到杠杆的作用，撬动社会资本投入乡村产业乏力。调查组在延庆大庄科乡调研香草产业时，该产业负责人曾直言："我们宁可用银行的钱，也不用政府的钱，银行的钱一元能当一元用，政府的钱一元只能当五毛用，因为在我们需要的时候得不到，等资金批复下来，要办的事已经解决，而其用途又不能轻易改变。"

此外，政府的政策资金投入导向以"输血型"为主，这种投入方式简单地解决了部分农民的就业问题，消耗了大量的财力，本应通过发展乡村产业来带动就业，结果产业发展倒成其次，乡村的"造血"机能不足，农民增收不持续，财政压力增大。

北京社会资本投资乡村产业力度不大，利益联结机制不够紧密，准入和退出机制没有系统地建立起来。

受北京乡村产业政策的限制，以及政策不延续性的影响，社会资本投资乡村积极性不高，投资力度不大，投资方向单一，整体规模偏小，导致社会资本的优势不能充分发挥，城乡之间要素不能互通，所投资乡村产业融合度不高，带动农民就业和创业的能力不强，现有乡村产业的利益联结不够紧密，没有成为农民增收的重要力量。大调研涉及的115个抽样村的社会资本投入总计仅3.2亿元。

社会资本投入乡村产业的准入和退出机制尚未系统地建立起来，社会资本具有逐利性，良莠不齐，投资目的也各有不同，而乡镇的招商引资工作还处于初级阶段，甄别能力不强。有的社会资本（包括某些帮扶的央企和国企）不具备乡村产业开发及运营能力，盲目跟进，无序占有优质资源；有的资本纯粹就是为了跑马占地、建私人会所等。没有完善的准入和退出机制，就不能规范地处理这些问题，影响乡村产业的发展，甚至造成不稳定的因素。

（四）北京城乡社会保障体系存在养老金水平和医保报销比例偏低的问题

北京农村大多数农民依靠城乡居民养老保险和福利养老金制度实现老有所养。北京基础养老金和福利养老金总体水平依然偏低。2022年城乡居民基础养老金为每人每月887元，老年保障福利养老金为每人每月802元，与城镇职工养老金最低每人每月1714元，平均领取金额4561元相比，相差甚远。农民参保的积极性受到影响，在调查中我们发现绝大多数参保农民仅按照1000元的最低缴费标准进行参保。

北京2018年起实施统一的城乡居民医疗保险制度，在115个抽样村中，医疗保险覆盖率达80%以上。但城乡居民医保待遇与城镇职工医保待遇相比仍有较大差距，城镇职工医疗保险门诊、住院最高支付标准分别可达为70%、85%以上，且2023年以后不再设置门诊报销封顶线，住院报销封顶线为50万元；而城乡居民医疗保险门诊、住院最高支付标准仅为55%、80%，报销封顶线为4500元、25万元，这种差距增加了"因病致贫，因病返贫"的风险。

三、实现路径及政策建议

（一）北京市"促进农民增收，推动共同富裕"路径

"促进农民增收，推动共同富裕"是一项复杂的系统工程，需要各级党委、政府的各个部门齐心协力，需要全社会的共同参与。要建立新型城镇化体系，逐步消除城乡二元结构，加大城乡融合发展，以承载乡村产业和人口的聚集，畅通城乡要素流动；培育新型农村集体经济，村集体作为产业主体参与市场竞争；统筹政府的相关政策、项目和资金，利用市场规律，引导和撬动社会资本盘活乡村核心资源，增加农民的财产性收入，大力发展乡村产业，做大"蛋糕"；乡村产业、村集体和农户要建立起合理的利益联结机制，建立与新型农村集体经济相匹配的分配机制，通过合理的制度安排分好"蛋糕"；在新型城镇化体系中，增加农民创业与就业的选择机会，以增加农民的经营性收入和工资性收入；进一步加大农村社会保障力度和福利待遇，建立合理的生态补偿机制，以增加农民的转移性收入，建立起一整套系统的内生动力型的可持续发展体系，以达到"促进农民增收，推动共同富裕"的目的。

（二）北京市"促进农民增收，推动共同富裕"政策建议

1. 解放思想，正确认识首都乡村的价值，科学发展，逐步放开放活涉农政策，确立首都农业的地位

习近平总书记强调"产业兴旺，是解决农村一切问题的前提"。要因地制宜，实事求是，科学发展，不搞"一刀切"，涉农相关产业政策要逐步放开放活，特别是对于能够达到节能环保、绿色低碳、达标排放、甚至于零排放的现代农业加工技术、养殖技术、可再生能源技术和农业废弃物处理技术，要逐步放开放活；要转变房地产思维，为新型城镇化和乡村产业的发展配备适量的产业用地，加大产业振兴的力度，使农民获得持续增收。

要重新确立首都农业的地位，农业是基础、是保障，不是低端产业，一个现代化的大都市农业的极端弱势是不完美的，要依托北京在农业技术、人才、信息以及市场的优势，充分发挥农业功能，确立首都农业的地位，走高质量绿色的发展道路，把农业农村及涉农相关产业培育成为首都新的经济增长点，写好"农业强国"的北京篇章。

2. 乡村建设与产业发展要协调一致，建设"和美乡村"既要"宜居"又要"宜业"；加快构建新型城镇化体系，有序承载乡村产业，促进城乡融合发展

党的二十大提出建设"宜居宜业和美乡村"的新目标，就是要协调发展，内外兼修，让农民就地创业与就业的同时，就地过上现代生活。一是要建立一套完整的"宜居宜业和美乡村"建设标准体系，产业振兴要排在各指标的首位；二是要在做好"宜居宜业和美乡村"建设规划的同时，加强对乡村产业规划的编制，在规划时期导入乡村产业并整合统筹政府各方涉农政策、项目与资金，建设"和美乡村"既要"宜居"又要"宜业"，避免出现美丽的经济薄弱村。

新型城镇化是三产融合发展的主要载体，是承载乡村产业和人口聚集的理想场所，能够就近解决农民就业和创业问题。加快新型城镇化进程，健全城乡融合发展体制机制和政策体系，畅通城乡要素流动，建立起以城乡统筹、产业互动、节约集约、宜居宜业、和谐发展的新型城镇化体系。

3. 大力发展新型农村集体经济，建立起与新型农村集体经济发展相匹配的分配机制

党的二十大报告指出："巩固和完善农村基本经营制度，发展新型农村集体经济。"首先，巩固提升和运用农村集体产权制度改革成果，加强农村集体经济的"三变"改革（资源变资本、资金变股金、农民变股民），激活乡村要素资源，促进城乡要素互通、平等交换和双向自由流动，大力发展新型农村集体经济，更为顺畅的对接社会资本的投入；其

次，要加大对村集体经济组织带头人有关新型农村集体经济、农村经济管理和乡村运营等内容的培训，以及加大对典型村的学习考察力度；最后，针对新型农村集体经济，建立起合理的、可操作的、能够用于指导村集体收益分配的分配机制。

4.加强政府涉农政策、资金和项目的统筹力度，提高使用效率；转变涉农政策资金的投入导向

市、区、乡镇各级政府的主管部门要统筹能够调动的行政资源、资金资源和土地资源，在制定规划、确定项目的初期与乡镇产业的发展规划协调一致，避免重复投资造成的浪费，提高政府的资金和政策的使用效率，撬动更多的社会资本投入乡村产业。

制定涉农政策资金的投入导向要有利于发展或引导发展乡村产业，激发乡村的内生动力，由"输血型"向"造血型"转变，乡村产业要融入市场，从市场中获得收益，逐步转变主要靠财政的投入才能运转的状况，实现可持续发展，实现农民的可持续增收，农民增收是辛勤劳动获得的，是市场交易获得的，不是财政资金养懒人的结果。

5.加大引导社会资本投资乡村产业的力度，研究制定《北京市关于引导社会资本投资农业农村的意见》，完善社会资本投资乡村产业的准入和退出机制

2023年中央一号文件指出："完善社会资本投资农业农村指引，加强资本下乡引入、使用、退出的全过程监管。"

社会资本是全面推进乡村振兴的重要支撑力量，在逐步放开相关乡村产业政策的基础上，研究制定《北京市关于引导社会资本投资农业农村的意见》，引导各区农业农村部门结合本地实际，充分发挥财政政策和产业政策的引导撬动作用，营造良好的营商环境，规范社会资本的投资行为，发挥好社会资本投资农业农村的积极性、主动性，扩大对京郊农业农村的有效投资，壮大乡村产业，并与村集体和村民建立起合理的利益联结机制。具体做法：一是要摸清乡村核心资源，建立乡村核心资源信息库；二是依据乡镇的功能定位和资源情况策划产业项目，建立起乡村产业发展项目库；三是定期召开项目招商推介会。

完善社会资本的准入和退出机制，资本具有逐利性，要严格规范社会资本的准入和退出，支持和引导社会资本规范健康发展。第一，对以跑马占地、建私人会所为目的，不能带动乡村产业发展的要禁止入场；第二，对占据了优质资源而又不开发不运营，或经营不善而又无法逆转的，要劝其退出，将其投入按市场价格由第三方投资咨询公司进行核算作价，扣除折旧，核心资源按原始租赁价格返还给出租方，不得坐地起价，退出方案要在前期签订的合同中事先约定。

6.进一步加大农村社会保障力度，持续改善民生，分阶段逐步实现城乡社会保障同等化

社会保障体系是人民生活的安全网和社会运行的稳定器。要稳步提高城乡居民保障水平，逐年提高城乡居民基础养老金和福利养老金标准，以及城乡居民医疗保险报销比例和报销上限，分阶段逐步实现城乡社会保障同等化。可借鉴外省市经验，研究制定加发年限基础养老金制度，如上海对于缴费满15年以上的人员，每超过1年，每月再增加

年限基础养老金20元。统筹推进促进农村劳动力就业参保工作，通过扩大和规范乡村公益性岗位就业参保、促进农村劳动力第一产业就业参保、支持创业带动就业等参保措施，确保到2025年基本实现将本市就业农村劳动力纳入城镇职工保险体系的目标。进一步提高社会救助兜底水平，特别要重视困难群体、农村老年人等参保困难问题，适当提高补助标准。

7.开展"利用市场规律，统筹政府资源，引导社会资本投资乡村产业，促进农民增收，推动共同富裕"的试点示范工作

试点条件：为了取得更具推广意义的经验，选取涉农区有代表性的普通乡镇，无须特殊资金扶持，但可以有特殊政策（比方说乡村产业用地政策、绿色生态养殖政策等），通过试点，这些特殊政策后期可以转化为普惠政策。

试点目的：获得京郊普通乡镇乡村振兴、"促进农民增收，推动共同富裕"的经验和做法，以利于进行全市推广。

试点内容：

（1）统筹政府涉农政策，发展乡村产业，促进农民增收

第一，建立以乡镇为主体的市、区、乡镇、村四级乡村产业发展工作体系，市、区、乡镇政府各主管部门要统筹能够调动的政策、资金和项目，与乡镇产业发展规划协调一致，与乡村产业项目一一对应，加强政府涉农政策的统筹力度；第二，试点乡镇所在区政府成立乡村产业统筹发展办公室，并制定《××乡镇乡村产业发展考核指标与验收办法》；第三，乡村产业发展统筹办公室依据《××乡镇乡村产业发展考核指标与验收办法》严格对各级主管部门涉农政策、资金和项目的统筹情况进行监督考核，对乡镇、村的乡村产业发展情况包括吸引社会资本的投资情况进行监督、考核和评估。

（2）利用市场规律，引导社会资本投资乡村产业，促进农民增收

在以上各涉农部门政策、资金和项目统筹的基础之上，利用市场规律，建立一套行之有效的乡村产业招商引资实施程序和办法，建立社会资本的投入规则和合理的利益分配机制，引导更多的社会资本投资乡村产业。一是要摸清乡村核心资源，以乡镇为单位建立乡村核心资源信息库，内容包括资源类型、规模、经营权属、经营现状、闲置原因等；二是依据乡镇的功能定位和资源情况策划项目，项目策划要因地制宜，符合绿色生态、低碳环保、高质量发展的要求，建立起乡村产业发展项目库；三是召开项目招商推介会，可以按同一类型的项目，也可以按多个类型的项目来开展招商引资工作，以单村、多村、单乡镇、多乡镇为单位来组织召开项目招商推介会，并定期向社会发布招商信息，尽量把社会优质资本招引到乡村产业中来；四是将引导社会资本投资乡村产业的各项指标记入以上考核办法，进行监督、考核和评估。

（3）建立共同富裕高质量综合发展乡镇试验区，推动共同富裕

在以上试点内容的基础之上，将试点乡镇上升到"建立共同富裕高质量综合发展乡镇试验区"的层面上来，制定试验区共同富裕规划，监测试验区的各项社会指标、经济指标、环境指标、农民收入指标和城乡居民收入差距指标等，规划在一定的时期内，

试验区内分配机制合理，各项指标明显提升，基本实现农业农村现代化，基本达到"产业兴旺、生态宜居、乡风文明、治理有效、生活富裕"的要求，农村居民养老金和医疗保险标准大幅提高，农村居民收入大幅增加，城乡居民的收入比基本达到共同富裕的标准。

课题负责人：于雷庆、张光连
领导工作组：于雷庆、张光连、刘军萍、吴志强、曹晓兰
课题组成员：杜力军、林子果、吴新生、陈艺曦、陈雯卿、黄丽、余君军、刘冉
课题执笔人：杜力军、陈雯卿、余君军

北京市促进农民多渠道增收，缩小城乡收入差距研究

共同富裕包括两层含义，一个是富裕，一个是共享。实现共同富裕要扩大中等收入群体规模，提高低收入人群收入，而提高低收入群体收入的关键还是提高农民收入。促进农民增收是我国解决"三农"的关键。党的十九大首次明确提出实施乡村振兴战略，并将这一战略作为决胜全面建成小康社会七大战略之一写入党章。2021年在中央财经委员会第十次会议上，习近平总书记强调"促进共同富裕，最艰巨最繁重的任务仍然在农村"，提出要"促进农民农村共同富裕"的任务要求。党的二十大报告中再次提出，全面推进乡村振兴。坚持农业农村优先发展，坚持城乡融合发展，畅通城乡要素流动。完善按要素分配政策制度，探索多种渠道增加中低收入群众要素收入，多渠道增加城乡居民财产性收入。这意味着，多渠道促进农民增收，缩小城乡收入差距是实现共同富裕的应有之义。

近年来，北京市积极响应中央促进农村居民增收的政策，并在2021年出台了《关于促进本市农民增收若干措施》，要求"'十四五'期间，本市农村居民人均可支配收入同比增速快于城镇居民"，"到2025年，城乡居民收入比缩小到2.4左右"，从就业支持、乡村产业和社会保障等提出20条工作措施来推动北京市农村居民收入增长。从结果来看，2021年北京市农村居民人均可支配收入为33303元，位列全国第三，同比增长10.5%，比北京市城镇居民人均可支配收入增长率高2.7个百分点，城乡收入比进一步下降到2.45，低于全国平均。

然而，也应该看到，由于北京市乡村产业发展和经营活动受到一定的约束，农民的工资性收入增速有限，集体经济发展面临着诸多制度和政策的约束，因此北京市农民收入增长潜力是有限的，农村居民收入增长面临较大的不确定性。特别是，近年来北京市居民收入增速下降、农民收入渠道仍然较为狭窄、城乡收入差距高位运行等问题持续存在，这不利于北京市经济结构的调整，不利于社会稳定的维护，也不利于改革发展目标的实现。因此，探究北京市如何促进农民多渠道增收和缩小城乡差距的问题，不仅可以为缩小北京市收入差距和稳定经济增长提供出路，而且对于经济社会"调结构、稳增长、促发展、保稳定"和促进乡村振兴具有重要战略意义，也对北京市扎实推动农民农村共同富裕的实现具有重要的现实意义。

一、北京市农村居民增收的政策背景回顾

（一）政策梳理与背景回顾

农民是"三农"问题的核心，促进农民增收是解决我国"三农"问题的关键。改革开放以来，促进农民增收一直是改革的主要目标。自 1982 年始，我国已先后发布了 24 个聚焦"三农"问题的一号文件，一些一号文件直接强调农民增收，如 2004 年中共中央、国务院时隔 18 年后再次出台一号文件，颁布《关于促进农民增加收入若干政策的意见》，着重指出"当前农业和农村发展中还存在着许多矛盾和问题，突出的是农民增收困难"，2008 年出台《关于切实加强农业基础建设，进一步促进农业发展农民增收的若干意见》，2009 年又出台《关于 2009 年促进农业稳定发展，农民持续增收的若干意见》。其他一号文件虽然没有直接以农民"增收"为题，但也都强调了促进农民增收的政策。

党的十八大以来，中共中央国务院进一步加大了对"三农"问题的重视，加快了农业农村现代化建设步伐，在 2018 年颁布了一号文件《实施乡村振兴战略的意见》，紧接着颁布了《乡村振兴战略规划（2018—2022 年）》，出台了更详细的振兴措施。在党的十九大提出实现"两个一百年"奋斗目标和分阶段实现共同富裕的时间表后，2021 年在中央财经委员会第十次会议上，习近平总书记强调"促进共同富裕，最艰巨最繁重的任务仍然在农村"，提出要"促进农民农村共同富裕"的任务要求。然而，随着经济下行压力加大，国际环境不确定性增加，我国农村居民的收入增速放缓，促进农民农村共同富裕将面临较大挑战，迫切需要新的制度和政策创新，保障农村居民收入的持续稳定增长，从而实现农民农村共同富裕。

近年来，北京市积极响应中央促进农村居民增收的政策，并在 2021 年出台了《关于促进本市农民增收若干措施》，要求"'十四五'期间，本市农村居民人均可支配收入同比增速快于城镇居民"，"到 2025 年，城乡居民收入比缩小到 2.4 左右"，从就业支持、乡村产业和社会保障等提出 20 条工作措施来推动北京市农村居民收入增长。从数据来看，2021 年北京市农村居民人均可支配收入为 33303 元，位列全国第三，同比增长 10.5%，比北京市城镇居民人均可支配收入增长率高 2.7%，城乡收入比已下降到 2.45，低于全国平均。

行百里者半九十。2021 年北京市常住人口率已为 87.55%，农村常住居民 272 万人，只为全国农村人口的 0.5%，城镇化程度已较高，但相比于发达的城市，北京农村发展仍然面临一些亟待解决的问题。和一些发达省市相比，北京市乡村产业发展和经营活动不够活跃，农村居民收入增速波动较大，使得北京市农村居民收入增长面临较大的不确定性，城乡收入比相对较高。以浙江为例，2021 年浙江农村居民收入为 35247 元，高于北京市农村居民，城乡收入比只有 1.94，明显低于北京市。如何促进北京市农村居民多渠道增收，缩小北京市城乡收入差距，是北京市扎实推进农民农村共同富裕急需解决的难题。

（二）农民概念与统计方式

关注农村、农民的第一步首先需要明确农民的概念。1958 年，全国人民代表大会常

务委员会通过《中华人民共和国户口登记条例》，将我国居民划分为农业户口和非农业户口，我国农民自此有了农业户口的这个户籍身份。在户籍身份的制约下，农民的升学、就业、居住等生活的方方面面受到了很大影响。随着我国实施改革开放，户籍制度在经济体制转型的大潮之下开始逐步放松，2014年国务院印发《关于进一步推进户籍制度改革的意见》明确要求取消农业户口和非农户口划分，统一登记为居民户口，由此长期以来形成的城乡二元户籍制度逐步成为历史。

然而，在社会发展的过程中，长期实行的户籍制度使农民日益成为一个复杂概念，诞生出了一些新的社会形态。例如，以户口划分农民是一种身份概念，以城乡划分农民是一种区域概念，以从事生产经营活动性质划分农民是一种职业概念，等等。尤其是，在城镇从事非农经营的"农民工"，以及在农村从事企业活动的"农民企业家"，使得农民的识别变得更加困难。在户籍制度改革的过程中，农民的身份概念逐渐淡出，但农民的区域概念和职业概念仍然存在。为此，分析农村居民尤其需要在区域层面和职业层面进行比较，但不可否认的是，虽然身份概念在政策上退出，但长期的户籍制度形成的身份标签可能带来的是长远影响，这意味着无论是否从事农业，是否在农村居住，比较农业户口和非农户口个体的经济发展状况也是有必要的。

在实际操作中，农村居民的定义主要分为两种，一种是以常住人口居住的区域划分，例如统计局的住户调查；另一种是以早期户口登记簿上的农业户口和非农户口划分。以职业概念划分农民的统计方式相对较少。2013年以后，统计局调整了住户调查方式，对外发布的农村居民人均可支配收入均是按照农村常住人口统计计算。这样计算的问题主要在于农村居民中有一部分从事非农经营的城镇人口，城镇居民中有一大部分从事非农经营的农民工。为了解决这个问题，需要同时根据户口类型和居住地来识别农民，由于官方公布的数据并没有同时区分，这就需要微观调查数据来分析。为此，本报告结合统计局官方发布的宏观收入数据与中国家庭收入调查项目的微观数据（CHIP），区分不同定义比较分析如何促进北京农村居民多渠道增收。

二、北京市农民收入较高，但增长潜力有限

（一）北京市农村居民的收入增长情况

自改革开放以来，北京市农村居民收入持续以较高速度增长。1978年，北京市农村居民人均可支配收入只有225元，2000年迅速增长为4533元，2012年增长为15365元，截至2020年已增长为30126元（见图1）。与全国农村居民人均可支配收入相比，北京市农村居民收入一直高于全国平均，但近年来这种差距在逐渐缩小，2000年北京市农村居民收入是全国平均的2倍，2012年降至1.83倍，2020年这个比值已经下降到1.76倍。这和近年来北京市农村居民收入增速放缓有关。从历史数据来看，21世纪的第一个10年，北京市农村居民的收入增速几乎年年升高，最高值在2005年，增速为16.7%，2010年也高达10%，21世纪的第二个10年，北京市农村居民的收入增速逐渐放缓，在新冠疫情前的2019年增速为6.7%，受新冠疫情的影响，2020年增速只有2.4%。全国农村居民的

收入增速也呈现类似趋势，但近年来北京市农村居民收入增速多低于全国农村居民收入增速，见附图 1。

从不同来源的收入增速来看，近年来北京市农村居民的工资性收入和经营性净收入增速较低，大多低于全国平均，财产净收入和转移性收入增速较高，大多高于全国平均。尤其是从 2020 年来看，北京市农村居民的工资性增速为-0.9%，这可能是因为疫情严重影响了北京市的人口流动，减少了农村居民进城区工作的机会，使得工资增速为负；另外，疫情也限制了农业经营活动，使得经营性净收入下降高达-28.7%。值得注意的是，财产净收入增速在 2020 年高达 45.9%，转移性收入增速高达 33.9%，为近年来最高（见附表 1）。虽然不同来源收入的增速有升有降，但北京市农村居民的收入以工资性收入为主，工资性收入占比超过 70%，所以近年来工资性收入增速下降是北京市农村居民收入增速放缓的主要原因。

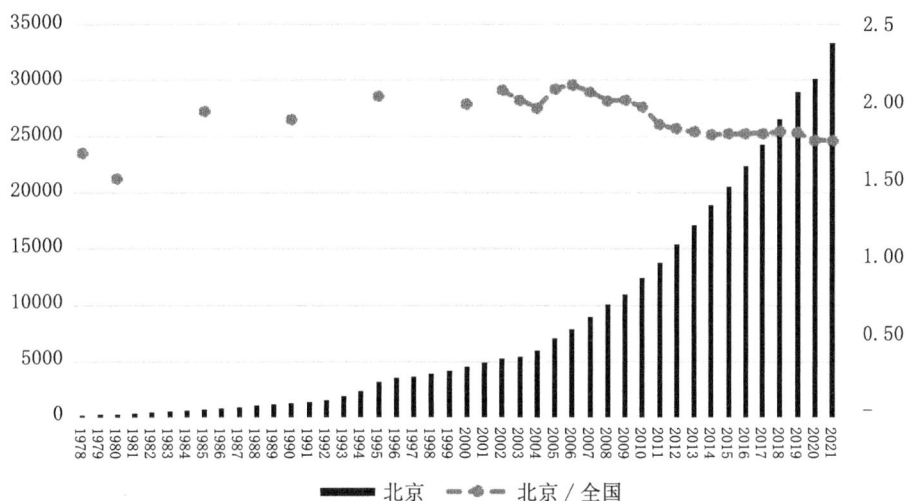

图 1　北京市农村居民人均可支配收入（1978—2021）

注：数据来源于《中国住户调查主要数据 2022》和《北京统计年鉴 2022》，黑色柱状是历年北京市农村居民人均可支配收入，数据位于坐标轴左侧，单位：元；虚线是北京和全国农村居民人均可支配收入比值，数据位于坐标轴右侧。

（二）北京市农村居民的收入结构特征

根据最新《2021 年中国住户调查年鉴》数据显示，2020 年北京市农村居民人均可支配收入为 30126 元，同期全国农村居民人均可支配收入为 17132 元，北京市农村居民收入是全国平均的 1.76 倍[①]。从收入结构来看，北京市农村居民工资性收入为 21174 元，是全国平均的 3 倍，财产净收入为 3103 元，是全国平均的 7.4 倍，转移性净收入为 4236 元，是全国平均的 1.1 倍，然而北京市农村居民的人均经营性净收入只有 1613 元，只是全国平均的 27%。显而易见，虽然北京市农村居民收入高于全国平均，但不同类型的收入存在

---

① 统计局公布了 2021 年北京市农村居民人均可支配收入，但没有公布收入构成，因此比较收入结构时使用 2020 年的数据。

很大差异，北京市农村居民的收入结构和全国存在明显不同。

2020年北京市农村居民工资性收入占比为70%，转移净收入占比为14%，财产净收入占比为10%，经营净收入占比只有5%。和全国相比，2020年我国农村居民工资收入占比只有42%，财产收入只有2%，经营性收入占比高达35%。这种收入来源结构上的差异，既源自于北京市城镇化程度高，农村居民更多进入劳动力市场务工获得劳动报酬，也依靠北京市农村居民从集体组织获得了更多财产收益，而其他地区仍然有大部分劳动力没有从家庭经营中解放出来，因此仍然以经营性收入为主。对比北京与其他各省市的农村居民的收入结构，可以更好呈现北京市农村居民的收入结构特征。

1. 工资性收入较高

工资性收入是北京市农村居民的主要收入来源。从31个省市对比来看，无论是工资性收入的绝对值，还是工资性收入占总收入的相对比值，北京市农村居民的工资性收入都是最高的（见图2）。从其他省市来看，工资性收入绝对值偏低的省份往往工资性收入占比也偏低，绝对值偏高的省份往往工资性收入占比也偏高。而且，工资性收入偏高的省份主要是我国东部沿海发达地区，工资性收入偏低的省份主要是我国西部欠发达地区。这一规律说明，发达地区更加旺盛的劳动力需求，推动了当地农村居民的工资性收入增长。

由于北京市常住人口已超过2000万，在全球范围内都属于超大城市，已经形成了一个较为成熟的劳动力市场，劳动力需求大，劳动力市场的工资水平也要高于其他地区，因此相比于其他省市，北京市的农村居民更容易在城区就业来获得工资性收入。这也是北京市农村居民工资性收入在全国位居前列的主要原因。

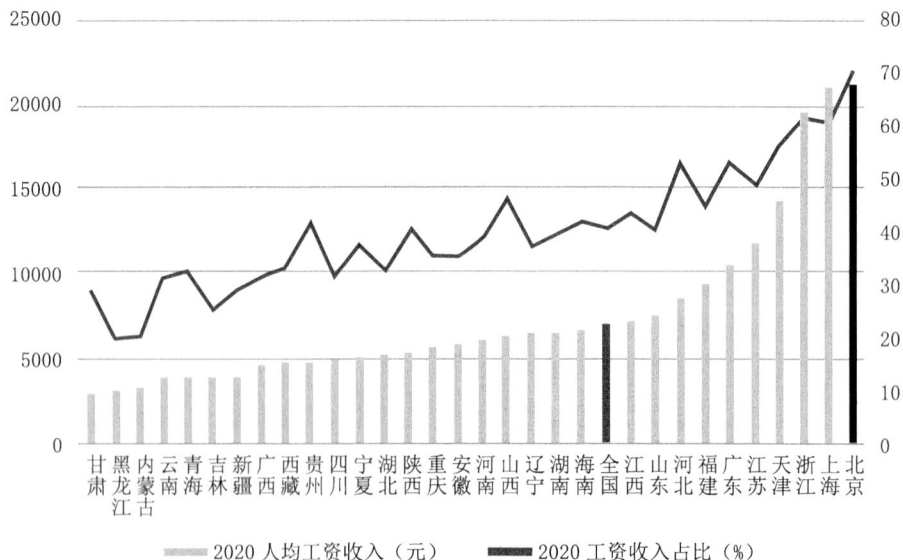

图2　北京市农村居民与其他省市工资性收入对比（2020）

2. 财产净收入较高

我国农村居民的财产收入向来较低，但北京市农村居民的财产收入却相对可观。从31个省市对比来看，北京市农村居民财产收入远高于其他地区，2020年北京市农村居民人均财产收入超过3000元，是全国平均的7倍多，更是欠发达地区的10倍多，无论是绝对值还是相对值都位于全国第一（见图3）。这也使得北京市财产收入占总收入比值超过10%，而同期全国平均只有2.4%，一些地区的这个比值还不到2%。北京市农村居民近年来财产收入的增长速度确实较为突出，统计数据显示，2016年以来，北京市农村居民人均财产净收入增速一直高于全国平均，且超过10%，远高于其他来源收入的增长速度。

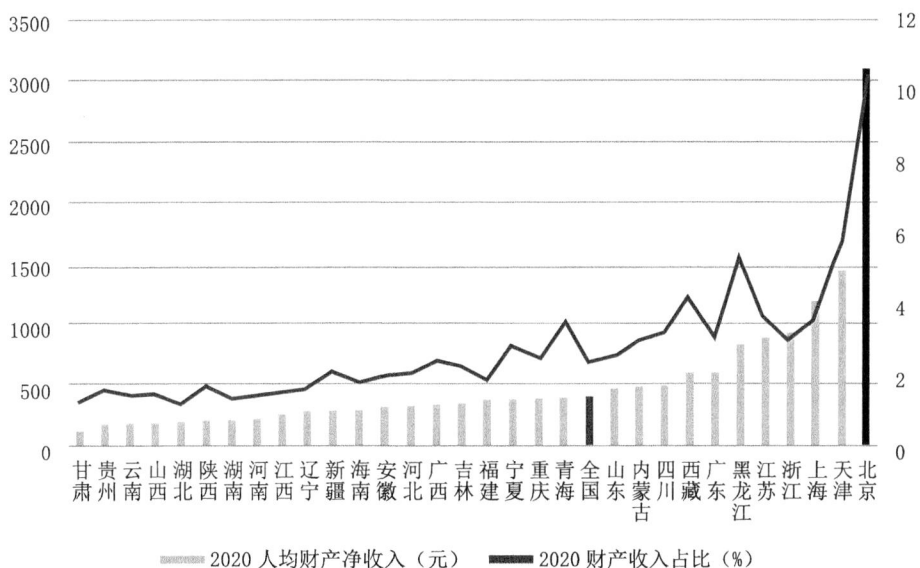

图例：
▓ 2020 人均财产净收入（元）　　■ 2020 财产收入占比（%）

图 3　北京市农村居民与其他省市财产收入对比（2020）

北京市农村居民财产收入较高有多个方面的原因。第一，土地流转过后的分红收入。北京市农村居民，尤其是近郊农村居民的土地大多实现了流转。根据课题组2022年8月份调研了解到的信息，××区农村居民近年来将土地流转给集体后，能够获得人均5000元的收入。由于土地流转的收入标准高，因此土地流转促进了农民财产收入的提高。第二，集体经济组织的分红。相比于其他省市，北京市农村的集体经济组织资产规模庞大，北京市农村居民每年可以从集体经济组织也能获得一定的分红收入。第三，宅基地、闲置房屋的租金收入。北京市一些地区允许农村居民开展民宿项目，包括农民自营，也包括公司托管的，这些民宿项目也给农村居民带来了一笔客观的房租收入，也是一项财产性收入来源。

总之，北京市农村居民财产性收入高，主要源自于盘活了农民的土地资源，无论是土地流转出去，还是承包给公司做民宿项目，最后都通过土地交易，激发了土地价值，给农村居民带来了真实可感的收益。

3. 经营性收入偏低

北京市农村居民的经营性收入占比较低。从 31 个省市对比来看，2020 年北京市农村居民的人均经营净收入最低，只有 1613 元，经营性收入占比也是全国最低的，只有 5%，而全国农村居民的平均经营净收入为 6077 元，经营性收入占比高达 35%（见图 4）。可见北京市农村居民的经营性收入无论从绝对值还是相对值来看，都是偏低的。

北京市农村居民的经营性收入偏低是多种因素共同作用的结果。第一，北京市农村居民的土地大多实现了流转，因此农村居民减少了农业经营活动，经营性收入相比其他省市自然就大幅下降了。第二，北京市农村居民的经营活动，尤其是土地经营活动，因为生态环境保护或者其他政策原因，能够从事的经营活动很少，所以相比其他省市的农村居民，北京市农村居民的经营性收入低。第三，北京市农村劳动力外出务工的多，收入来源主要以工资性收入为主，所以间接降低了经营性收入的地位，而其他省市外出务工的少，经营性收入仍然是家庭收入的主要来源。

应该看到，北京市农村居民经营性收入低是一个十分突出的现象，虽然有多方面的原因，但是政策上的经营限制是一个主要原因，这也是未来政策调整促进北京市农村居民增收的增长潜力所在。

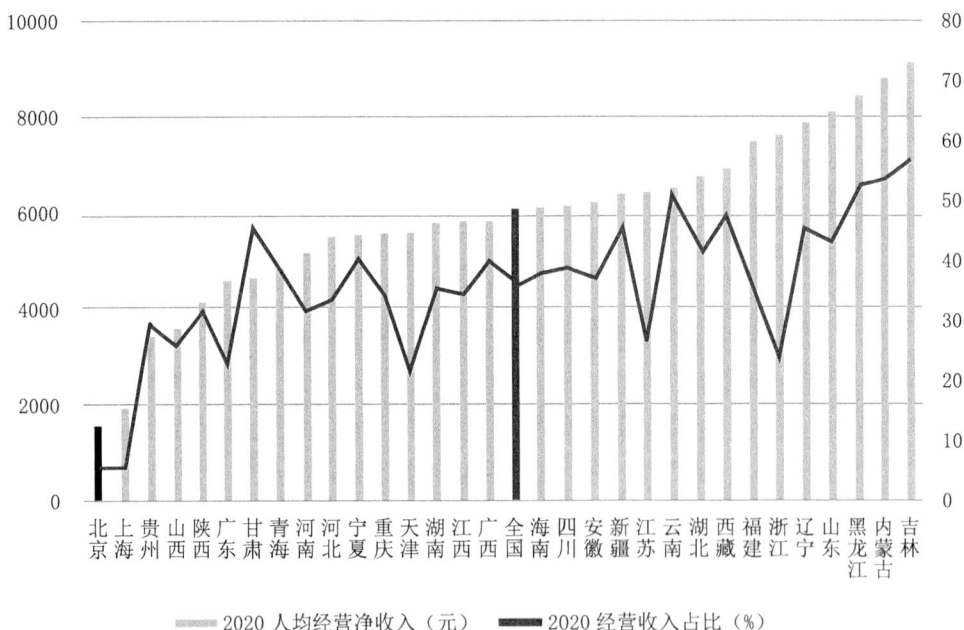

图 4　北京市农村居民与其他省市经营收入对比（2020）

4. 转移性收入略低

北京市农村居民的转移性收入在 31 个省市中相对较高，2020 年为 4236 元，略高于全国平均 3661 元。不过从相对占比来看，北京市农村居民的转移性收入占比相对较低，2020年为 14%，与其他 31 个省市相比较低，比北京低的只有河北、浙江和山东三个省份（见图

5）。在 31 个省市中，除了北京，浙江、江苏两个省份也都有转移性收入绝对值较高，但相对占比低的现象，说明这几个省份农村居民的转移性收入不是不高，而是这几个省份农村居民的主要收入来源不依赖于转移性收入，因为工资性或经营性收入很高，间接降低了转移性收入在总收入中的比重。从图中还能发现，上海的转移性收入明显高于其他省市。

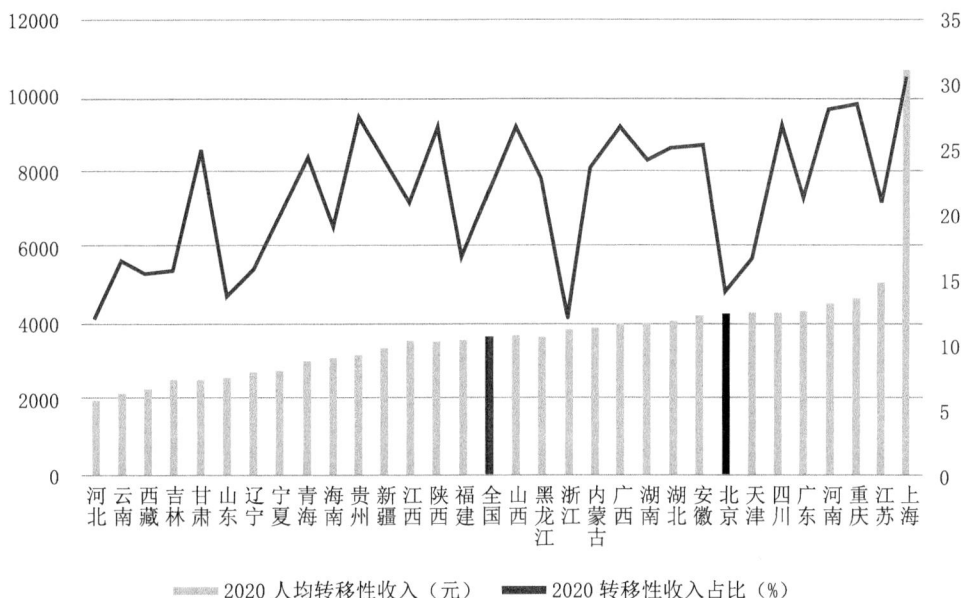

图例：
▬ 2020 人均转移性收入（元）　　▬ 2020 转移性收入占比（%）

图 5　北京市农村居民与其他省市转移性收入对比（2020）

5. 收入结构的讨论

北京市农村居民主要以工资性收入和财产收入为主要来源，而其他省市农村居民收入主要以工资性收入和经营性收入为主要来源，这和北京市农村的土地政策有很大关系。因为土地使用规范限制了土地经营活动，并且土地流转之后增加了农村居民的财产收入，所以北京市农村居民的财产收入上升弥补了经营收入的下降。从《北京市统计年鉴》来看，2015 年到 2020 年，北京市农村居民的经营性收入占比从 10% 下降到了 5%，而财产收入占比则从 6% 上升到了 10%，两者几乎完全互补。

北京市农村居民的财产收入上升是否替代了经营收入的下降？应该如何看待这个问题？促进农村居民增收并没有严格要求说每种收入必须都同步增长，不同地区存在不同的禀赋和优势，收入来源的倚重自然不同。例如，2020 年 31 个省市中，只有上海和浙江的农村居民人均收入高于北京，如果对比北京、上海和浙江省的农村居民收入结构，能够发现三个省市农村居民收入结构存在明显差异：从收入结构看，上海转移性收入高，2020 年转移净收入为 10693 元，北京只有 3661 元；浙江经营净收入高，2020 年为 7600 元，北京只有 1612 元；对比之下，北京财产收入高，2020 年为 3103 元，远高于浙江和上海（见图 6）。

北京、上海和浙江三个省市的农村居民总收入相差不多，但收入内部结构存在很大差异，非工资性收入分别以财产收入、转移收入和经营收入为主。这和当地的农村政策和经济环境有很大关系。上海的转移性收入高和当地的社会保障待遇高有关，根据估算，上海 65 岁以上人口比例高达 16%，由于离退休、养老金的发放范围广、标准高，人口老龄化使得上海转移性收入增幅明显；浙江的经营性收入高和浙江活跃的乡镇企业和集体经济有关，根据《2021 年浙江统计年鉴》，浙江农村居民经营收入一直保持在较高水平，而且主要是非农经营，2020 年占比为 68%。北京由于土地政策规范，农业经营活动受到限制，因此农民经营收入不高，但北京农村土地流转规模大，所以财产收入更高。

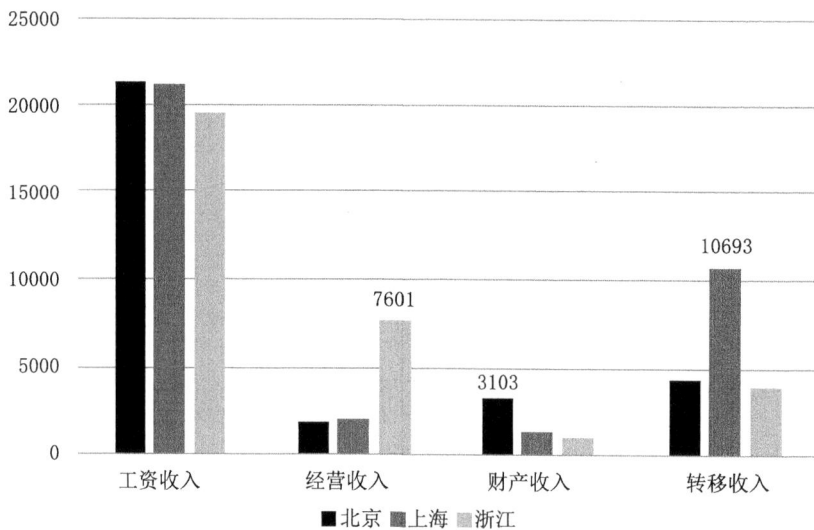

图 6   北京、上海和浙江农村居民收入结构比较（2020）

从促进农村居民增收的角度看，经营收入和财产收入没有高贵之分，这背后应该思考的问题是，如何结合当地的经济环境，更大程度地充分利用已有政策，从而进一步促进农民增收。例如，如何更好发挥北京农村集体经济组织的作用，使农民能够从土地流转中得到更多的财产收入？以及如何调整相关政策，在北京是农村推行产业融合政策，从而提高农业增加值，促进当地农村居民的经营收入。

尽管不强调每一类收入都能得到同步增长，但也不能放弃任何一种增收渠道，应该思考在已有的政策和环境约束下，如何更大程度地发挥优势，更大程度地减少劣势。虽然农民财产收入提高弥补了经营性收入下降，但是北京完全有潜力在农村开发产业经营活动，体现自己的经营增收能力，政策上不能放弃这一增收渠道，目前这是北京农村居民增收的短板，但未来将是北京市农村居民增收的突破口。

（三）北京市农村居民收入较高，但高收入的优势不断减弱

近十年来，北京市农村居民收入与经济增长基本同步，农村居民收入水平实现跨越式增长，增收动能也日益多元。2021 年，北京市农村居民可支配收入为 33303 元，稳居全国第三位，仅次于上海市和浙江省。然而，近年来北京市农村居民收入增速逐渐放缓，在新冠疫情前的 2019 年增速为 6.7%，受疫情的影响，2020 年增速只有 2.4%，低于全国农村居民收入增速。

近三年来，在疫情影响下，农村居民收入波动明显。特别是 2022 年，疫情对农村经济产生了剧烈冲击，严重影响了农村居民工资收入和经营收入的增长，北京市农村居民收入有所下降。国家统计局的数据显示，整体上来看，受到疫情冲击，2020 年第一季度北京市农村居民人均可支配收入仅为 8477 元，之后农村居民可支配收入在波动中有所上升，2021 年第四季度农村居民累计人均可支配收入达到最高值（33303 元）。2022 年初始，尽管受到新冠疫情的不利影响，但 2022 年第一季度北京市农民人均可支配收入仍达到 10016 元，2022 年第三季度的数据显示，北京市农村居民累计人均可支配收入增长到 27322 元（见图 7）。应该看到，新冠疫情对农村和城镇居民收入的影响程度是不同的，从居民实际生活来看，对农村的影响要比城市相对大一些。

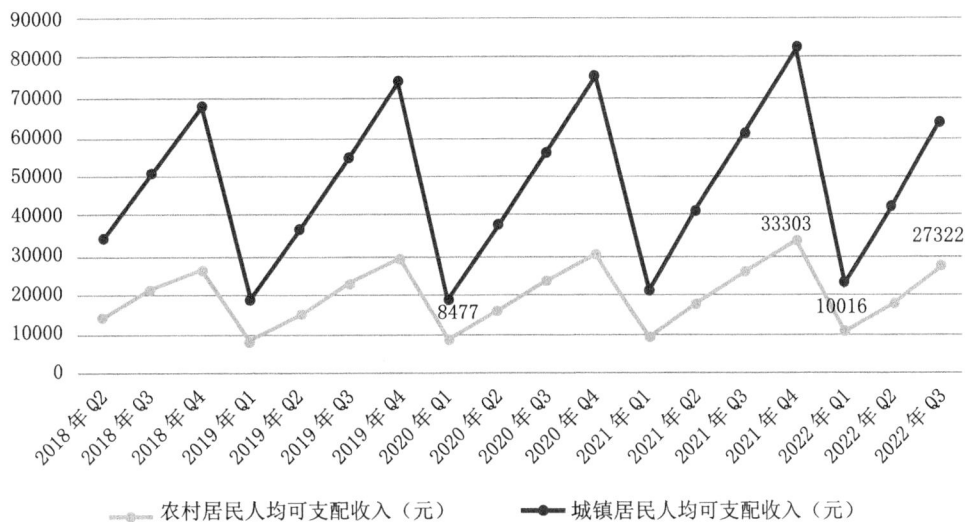

图 7　北京市居民收入的季度波动（2018—2022）

数据来源：国家统计年鉴。

（四）工资性收入是北京市农民收入的主要来源，经营性收入偏低，农民收入渠道较为狭窄

从收入结构来看，收入来源渠道不断拓宽，才能使得收入真正实现有质量可持续的增长。从 2015 年到 2020 年，北京市农村居民收入中工资性收入占总收入的比重高达 70%，是农民主要的收入来源。其次是转移性净收入，占比在这一时期增长到的 14%，再次是财产净收入（10%）。所占比重最低的是经营净收入，仅为 5%（见图 8）。可见，工资性收入是当前北京居民收入的最大来源，而经营性收入无论从绝对值还是相对值来看，都是偏低的。这一方面是由于北京市规范性的土地政策，导致农业经营活动受到限制，因此经营收入不高。另一方面则主要由于政策和产业结构发展的制度限制，农民创业动力不足。需要指出的是，北京的农村土地大多实现了流转，由于土地流转或集体组织的分红，所以北京市农村居民的财产收入较高。从收入结构来看，北京市农村居民对工资性收入的依赖程度较高，农民收入渠道还是较为狭窄的。

从横向全国各省市比较来看，北京市农村居民的工资性收入的绝对值处于全国31个省市的最高水平；不同于其他省市农民较低的财产性收入，北京市农村居民的财产收入也远高于其他地区；然而，北京市农村居民的经营性收入无论从绝对值还是相对值都是偏低的，转移性收入的绝对值相对较高但转移性收入的占比相对是较低的。

从收入来源的增速来看，北京市农民的工资性收入增速有限且较低，低于全国大多省份的平均增速；经营性净收入的绝对值和占比都比较低；财产净收入和转移性收入增速较高，要远高于全国大多数省份的平均增速。

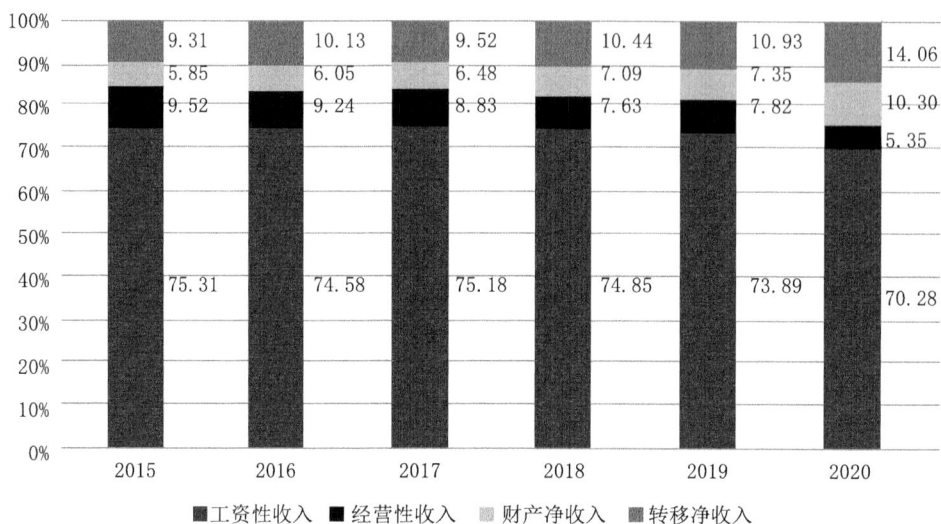

图 8　北京市农村居民收入构成

数据来源：北京市统计年鉴。

（五）低收入群体占比较高，提高低收入人群收入是促进农民增收的关键

利用 2019 年中国家庭金融调查数据可知，从整体的收入分布上看，北京市农村地区超过三分之二的个体家庭人均可支配收入在 3 万元以下，且大部分家庭人均可支配收入都在 5 万元以下，只有少部分家庭人均可支配收入大于 5 万元（见表 1）。这意味着，要提高北京农村居民收入、缩小收入差距的目标，瞄准和提高较低收入人群的收入是关键所在。

表 1　北京市农村家庭可支配收入均值和分布情况

家庭人均可支配收入均值（元）	22927
家庭人均可支配收入分布（元）	%
1 万以下	19.24
1 万—3 万	53.78
3 万—5 万	20.37
5 万—8 万	5.02
8 万—10 万	1.3
10 万—15 万	0.03
30 万以上	0

数据来源：根据 2019 年中国家庭金融调查数据（CHFS2019）计算。

（六）北京市农民收入增长潜力有限

首先，工资性收入是农民家庭收入的主要来源。北京市常住人口超过 2000 万，劳动力需求大，为北京市农村居民进城就业提供了很好的机会。现有研究也发现，进城就业明显地促进了农村居民的工资性收入，进而促使北京市农村居民增收。然而，进城就业的个体大都从事低技术岗位，临时工的比例高达 69%，工资性收入较不稳定且增长有限。

其次，北京农民的经营性收入的绝对值和占比都处于较低水平。一方面，由于首都的定位，北京市农村居民的经营活动受到政策上的限制较多，明显减少了北京市农村居民的经营性增收渠道。且近年来第三产业增长乏力，北京市农民创业不足，也制约了经营性收入的增长。另一方面，与浙江省蓬勃发展的小微企业不同的是，北京市乡村经济的发展面临诸多制度和政策的制约，特别是北京市农村的农产品无法加工，农民不得直接对外零售，且用于农产品加工和发展观光休闲的二三产业面临层层审批，加大了产业发展难度，因此农民的经营性收入普遍较低。

再次，北京市农村"三块地"的土地用途受到了严格的规范和限制，集体建设用地的比例很低，且北京市农村集体建设用地从事经营活动的限制条件也在逐渐增多。另一方面，北京市农民宅基地面临更多限制，比如禁止农房在本村农民以外的买卖、农村居民宅基地上的建房、修房限制条件和审批事项也在增多。此外，北京市农村的集体经济组织数量多、资产规模大，但由于政社不分，产权制度改革滞后，农村集体经济组织营利少，分红比例低。虽然北京农民以工资性收入和财产收入为主要来源，但由于面临一些制度和土地政策的约束和限制问题，农村闲置的土地和房屋资源不能得到充分合理地利用，也无法为发展乡村产业提供土地支持，因此，北京市农村居民财产性收入增长潜力不足。

总的来看，北京市农民收入较高但增长潜力有限，近年来受到疫情和各项政策制度的制约，农村居民增收速度逐步放缓。因此，北京市乡村振兴和促进农民收入增长的任务仍较为艰巨。

三、北京市促进农村居民增收的政策效果

（一）进城就业

1.进城务工能够明显提高工资性收入

北京市常住人口超过2000万，是全球范围内的大城市，劳动力需求大，为北京市农村居民进城就业提供了很好的机会。使用中国家庭收入调查项目2018年的北京市微观样本，下文分析了进城就业对北京市农村居民增收效果。根据问卷中的信息，将北京市本地户籍的农村居民分为两组人群：2018年曾经外出从业的为"进城务工户"，否则为"留守户"，表2比较了北京市农村居民"进城务工户"与"留守户"的收入水平和结构，能够看到"进城务工户"的人均收入更高，为29790元，而"留守户"只有25242元，前者比后者高4548元；从收入种类看，"进城务工户"主要是工资性收入更高，为26092元，而"留守户"的工资性收入只有19714元，前者比后者高8630元。"留守户"的转移性收入较高，为3769元，而"进城务工户"只有515元。通过简单对比能够看到，进城就业明显地促进了农村居民的工资性收入，进而促使北京市农村居民增收。

在进城就业的人群中，只有31%的工作类型属于拥有长期合同或编制的"固定工"，更多的是没有长期固定合同，只有临时或者短期合同的"临时工"，这个比例占到69%，这两类工作类型人群的收入也存在较大差异。从表3能够看到，固定工的个体收入平均为64010元，而临时工只有49209元，前者比后者高出21494元，同样能够发现主要是固定工的工资性收入拉开了差距，固定工的工资性收入为66865元，而临时工的工资性收入只有49020元，前者比后者高25915元。从转移性收入能够看到，固定工的转移性收入为-6438，而临时工的转移性收入为-1713元，说明固定工在城市里"挣的多"，向家里也"寄的多"。通过对比能发现，进城就业的工作类型越正式，收入也就越高，再次说明北京市农村居民进城工作，尤其是正式工作，能明显提高他们收入。

表2　是否进城就业和家庭人均收入　　　　　单位：元

外出与否	人均收入	工资性收入	经营性收入	财产性收入	转移性收入
进城户	29790	26092	1454	1729	515
留守户	25242	17462	2159	1851	3769
总体	26428	19714	1975	1819	2920

注：数据来源于中国家庭收入调查项目2018，样本限定为北京市本地户籍的农村居民，包括农业户口和非农户口居民，其中农业户口占73%，非农户口占26%。表中收入为家庭人均可支配收入。

表3 进城就业的工作类型与个人收入 单位：元

兼职与否	个体收入	工资性收入	经营性收入	财产性收入	转移性收入
固定工	64010	66865	434	3149	-6438
临时工	42516	40950	1367	1912	-1713
总体	49209	49020	1076	2297	-3184

注：仅包含进城就业个体。表中收入为个人可支配收入。

2.家庭人口结构影响进城务工的选择

进城就业工作可以获得更高的收入，但仍然有一定比例农村居民（26.1%）留守在农村。留守户的家庭特征和进城户存在明显差异，留守个体女性偏多，占54%，而进城女性只有29%；留守个体老人偏多，占27%，而进城户只有1.1%；留守户12岁以下儿童比例偏高，占15%，而进城户在样本中的占比为0，这可能是进城户家庭结构年轻，直接将子女随迁带入了城市的原因。另外，留守个体的健康程度也要明显差于进城个体，留守个体健康比例只有66%，而进城个体为84%。由此可见，留守户家庭的年龄、人口结构和自身健康情况，一定程度限制了他们进城务工的机会，而进城家庭结构更为年轻，劳动力多，健康程度也更好，两类家庭是否进城务工主要是家庭人力资本差异导致的。

3.进城个体从事低技术岗位，以临时工为主

进城个体从事行业分布也有特点，进城个体主要从事制造业（17.3%），交通和运输服务业（21.2%）以及居民服务业（11.2%），主要以第三产业为主。进城个体主要从事的职业则以非技术岗位为主，例如办事人员（20%）、商业服务人员（44%）和生产操作人员（14.6%）。从工作形式看，进城个体临时工的比例为69%，有失业保险的比例只有70%，可见进城个体在城市里的工作仍然缺乏足够保障。

（二）土地流转

1.土地流转显著提高农民财产性收入

北京市农村居民离北京城市距离近，因此很多劳动力都选择了进城务工，承包经营的土地也大多选择流转出去，由于离大城市近，转包土地的红利和租金收入也成为一笔不小的财产收入。表4仍然使用中国家庭收入调查项目2018年的微观数据，比较了流转土地和没有流转土地的"流转户"和"非流转户"的收入水平和结构。近郊和远郊土地存在很大差异，因此区分近郊区和远郊讨论很有必要。从表3能够看到，近郊区的人均可支配收入比远郊区的人均可支配高，主要是近郊区的工资性收入、财产性收入和转移性收入更高，不过经营性收入明显更低。说明近郊区农村与城市中心距离更近，农村居民更可能进城务工或者从事其他非农经营活动，有广泛收入来源，而远郊区更多从事农业经营获得收入。

2.土地流转带动提高农民工资性收入

表4主要对比了土地流转的增收效果。先看近郊区的土地流转效果，流转户的人均可支配收入为24344元，比非流转户高4857元，其中主要是因为土地流转户将土地转包出去，更多选择了进城务工，获得了更高的工资性收入，因此近郊区流转户的工资性

收入为18625元，将近非流转户的2倍；这也使得流转户的经营性收入更低，近郊区流转户的经营性收入只有497元，而非流转户比他多7407元。除了工资和经营性收入，近郊区流转户的财产性收入比非流转户高，主要来自承包经营权的转租收入，近郊区流转户的转移性收入也更高，主要来自流转户更高的养老和退休金。和近郊区一样，远郊区的流转户收入也比非流转户更高，也是流转户的工资性收入和转移性收入更高，经营性收入更低，但需要特别注意的是，近郊区非流转户经营性收入高，并不来自农业经营，而主要来自第三产业经营，这和远郊区不同，远郊区非流转户经营性收入高，主要来自第一产业。

表4　土地流转与农村居民增收　　　　　　　　单位：元

类别	近郊区			远郊区		
	非流转户	流转户	总计	非流转户	流转户	总计
人均可支配收入	19487	24344	23814	22248	23764	22881
人均工资性收入	9847	18625	17668	14241	18323	15945
人均经营性收入	7904	497	1305	5279	1020	3501
第一产业	195	-627	-537	4260	211	2570
第二产业	0	6	5	0	6	2
第三产业	7709	1118	1837	1013	790	920
人均财产性收入	657	933	903	971	421	741
红利收入	68	283	260	328	494	397
承包经营权转租收入	0	1806	1609	214	23	134
房屋出租收入	596	89	144	0	0	0
人均转移性收入	1078	4288	3938	1757	4000	2693
养老或退休金	1512	4218	3922	2044	2740	2334

注：样本限定在有承包经营权的北京市本地农村居民。近郊区包括门头沟区、房山区、通州区、顺义区、昌平区和大兴区，远郊区包括怀柔区、平谷区、密云区和延庆区。

3.财产性收入"弥补"经营性收入下降

在前文的省份对比中，我们发现北京市经营性收入更低，但是财产性收入更高，据此猜测因为北京市的土地流转，使得农村居民减少了农业经营活动，从而获得转包土地的分红收入，表4利用微观数据证明了这一点。而且，通过对比总收入和收入结构，能够发现土地流转虽然使农户经营收入下降，但是进城务工增加的工资性收入，转包土地增加的财产收入总的来说超过了经营性收入的下降幅度。以近郊区为例，比较流转户和非流转户，土地流转使得工资性收入增加了8000元，财产收入增加了300元，经营性收入下降了7000元，远郊区流转户的工资性收入增加也几乎完全覆盖经营性收入的下降。总的来说，土地流转减少了农户的经营性收入，但农村劳动力得以从事回报更高的工资性就业，以及获得一定的土地转包红利收入，改变了农户的收入结构，最后还是促进了农村居民增收。需要注意，这也需要分近郊和远郊，近郊土地流转增收明显，远郊土地流转增收效果有限。

（三）惠农与社保政策

党的十八大以来，各级政府加大了对农村低收入、弱势群体的帮扶力度，这些转移支付政策的增收效果如何呢？根 2016 年北京市委、市政府印发《关于进一步推进低收入农户增收及低收入村发展的意见》（京发〔2016〕11 号）[①]，明确以家庭年人均可支配收入低于 11160 元为基本标准，综合考虑家庭财产及消费支出等情况，将符合条件的农户家庭认定为低收入农户。由于不清楚除收入以外的其他标准条件，因此下文主要以年收入低于 11160 元作为识别低收入户的标准，在此基础上，还使用问卷中的"低保户"信息将低保户统一识别为低收入户。表 5 考察了政府的惠农和社保救助政策对北京市不同收入水平农户的增收效果。

1. 政策对低保户的再分配支持力度很大

从表 5 可以看到，低收入农户和其他农户的收入水平和结构存在较大差异。和其他农户相比，低收入农户人均可支配收入只有 7868 元，约为其他农户的 1/4。这其中有很多原因，首先，工资性收入远低于其他农户；其次，经营性收入为负，这主要是因为从事第一产业的农业经营支出超过了经营收入，最后使得经营性净收入为负，而其他农户主要从第三产业的经营活动盈利；再次，财产性收入不到其他农户的一半，能够看到低收入农户通过土地流转获得了一笔不小的转租收入，但是其他农户通过出租房屋也获得了较多的租金收入；最后，低收入农户的转移性收入略高于其他农户，但其养老金收入低于其他农户，低收入农户获得了更多的政策性生活补贴，但报销医疗费用更少。通过对比北京市农村低收入户和高收入户的收入来源和结构，可以发现一些政策性收入的确更偏向低收入农户，但也存在个别政策偏向其他农户，例如养老退休金，医疗报销费用等。

以当年收入识别的低收入农户，在长期来看可能并不是真正的"低收入户"，所以在表 5 中发现了政策性收入的增收效果较为有限。因此，表 5 的最后一列还对比了操作层面上识别更为精准的低保户收入情况。能够看到，低保户收入并不低，高达 24510 元，这已经和 2018 年北京市农村居民的人均可支配收入相当。进一步地，低保户的人均转移性净收入高达 9682 元，其中社会救济和补助收入占 2201 元，最低生活保障人均为 1549 元，政策性生活补贴高达 3028 元，还有从政府得到实物产品价值高达 4000 元。将这些惠农、社会救助政策收入加起来，它们占总收入 38%，这意味着如果没有来自政府的这些转移支付，低保户收入将会下降 38%，政策性收入对低保户的帮扶力度可见一斑。

[①] http://www.bjrd.gov.cn/rdzl/rdcwhgb/sswjrdcwhgb202006/202101/t20210115_2220881.html.

表5　惠农、社会救助政策与农村居民增收　　　单位：元

指标	其他农户	低收入农户	低保户
人均可支配收入	28515	7868	24510
人均工资性收入	21394	5555	13810
人均经营性收入	2405	−1582	79
第一产业	844	−1545	79
第二产业	3	0	0
第三产业	1557	−37	0
人均财产性收入	1942	861	939
红利收入	550	200	300
承包经营权转租收入	686	1850	0
房屋出租收入	1042	213	0
人均转移性收入	2773	3034	9682
养老或退休金	3308	2723	1009
社会救济和补助	95	8	2201
最低生活保障	0	0	1549
政策性生活补贴	763	1084	3028
报销医疗费	631	152	98
从政府得到的实物产品	155	34	4000
现金政策惠农补贴	25	35	42

注：样本限定在北京市本地农村居民。

2.惠农政策的精准度和灵活性仍需提高

在操作层面上，低收入农户识别和救助的匹配程度如何？表6列出了低收入户和低保户是否获得了社会救助的分布情况。能够看到11.5%是低收入户，1.8%是低保户，9.2%获得了社会救助。在总样本中，大多数不是低收入户，也没有获得社会救助，这个比例占82%，8.8%的农户是低收入户，但是没有获得救助，6.4%的农户不是低收入户，但获得了救助，只有2.8%的农户是低收入户，获得了社会救助。相对于低收入户，低保户的精准程度明显更高，1.8%的农户是低收入户，并且全部获得了社会救助，但也存在7.4%的农户不是低保户，获得了社会救助。总之，低保户的政策识别更为精准，基本印证了前文发现政策对低保户收入更明显的增收效果。

表6　低收入农户的识别和救助效果　　　　　　单位：%

是否获得社会救助	是否低收入		是否低保户		总计
	否	是	否	是	
否	82.1	8.8	90.8	0	90.8
是	6.4	2.8	7.4	1.8	9.2
总计	88.5	11.5	98.3	1.8	100

注：样本限定在北京市本地农村居民。

（四）乡村产业发展

产业政策对促进农村居民增收，尤其是经营性收入增收具有重要作用。农村居民增收的难点在于"持续性"，只要在农村培育可持续发展的产业，农村民的增收就能够具有持续性。北京市促进农村居民增收的产业政策有很多，一些产业政策促进农村居民增收的效果十分明显。

昌平区的草莓产业就是一个典型的成功案例。据了解，昌平草莓种植开始于20世纪80年代初，2001年昌平区政府到河南省漯河市考察当地草莓产业，引进日光温室生产草莓。在以传统农业种植为主要经济来源的农村，激发了农民种植草莓的热情。2002年，昌平区政府拿出300万元作为扶持资金，鼓励农民种植草莓，当年建设日光温室220栋，实现产量27.5千克，单栋收入在1万元以上。随着草莓产业的迅猛发展，昌平草莓已成为昌平区农业经营的一个主打产品，目前昌平区种植草莓5000余栋，平均年产量621万千克，昌平区草莓种植覆盖全区70多个村，1500余户种植户，农民1000余户，种植规模占全市1/3，有效促进了昌平区的农村居民经营性收入可持续增收。[1]

打造农村休闲旅游业也是壮大乡村产业的一个主要政策。2018年10月，北京市政府印发《关于推动生态涵养区生态保护和绿色发展的实施意见》，生态涵养区休闲旅游业的发展进一步加快。经过多年的建设，北京先后建设了35条沟域，巩固北京的生态屏障，培育了一大批观光景点、特色产业、精品民宿，促进了农民可持续增收。例如，位于密云水库南侧的金叵罗村，以农民合作社为载体，吸引城市创客融入村庄，建立了"金樱谷"生态农场、"飞鸟与鸣虫"体验式农场，以及"老友记"精品民宿等，将农民组织起来，通过就业带动、保底分红、股份合作等多种形式，让农民合理分享全产业链增值收益。2019年，金叵罗村实现农民人均纯收入2.4万元，村庄因此先后被评为"全国美丽休闲村""全国乡村旅游重点村"。

（五）盘活闲置资产

农村集体闲置资产和农户闲置资产是农村居民财产性收益的两大主要途径。北京市农村集体和农村居民个体大力发展农村民宿产业，盘活农村闲置资产，有效拓宽了农村居民

① 于静湜，齐长红，陈加和，陈明远，祝宁，雷伟伟，麻宏蕊.昌平区草莓产业发展现状及对策建议[J].蔬菜，2021（S1）:100—105.

95

的财产性收入来源。例如，房山区黄山店村利用集体资产，统一规划了"姥姥家""云上石屋""桃叶谷""黄栌花开"等精品民宿小院，和专业公司合作，按照"保底＋分红"的模式，在集体资产所有权不变的前提下，实现了集体资产增值，推动了当地农村居民有效增收。

还有盘活农户闲置资产获得收益的。例如，"隐居乡里"山楂小院和"合宿·延庆姚冠岭"就是利用农户闲置房屋资产，提升居民财产性收入的典型案例。在"隐居乡里"山楂小院的案例中，在"农户＋集体＋企业"模式下，下虎叫村将农户的6个闲置宅院流转到村集体，村集体再与企业签订合作协议，租期10年。由远方网全额投资，对院落进行改造和运营。在收益分配上，农户房屋租金9000元/年，上缴村集体管理费5000元/年。在"农户＋企业"模式下，由农户作为投资主体，按照统一标准对2处自家院落改造，然后交由远方网运营。销售收入分配采取"三七"分成，即远方网占30%，农户占70%。

在"合宿·延庆姚冠岭"民宿集群案例中，民宿提供宅基地的农户可以从两种收益方案自由选择，一是签订租赁协议，以一个院子3万元/年的价格按年取得固定的租金收益；二是签订入股协议，以宅基地使用权入股，获得分红。提供土地的农户可以获得每亩地最低1000元分红的收益。农户通过房屋租赁实现了长期受益。[①]

这些案例深刻反映出，北京市农村集体、个人资产被充分利用后所能释放的潜力。北京市最大的特点是土地贵，土地作为农村居民最重要的财产，可以充分利用它来促进农村居民的可持续增收。

四、北京市农村居民增收困难的主要原因

（一）农村的经营活动受到政策限制

北京市农村居民的经营活动受到政策上的限制比其他省市多，这是导致北京市农民经营性收入在全国最低的原因。北京市自2014年始，出台《北京市新增产业的禁止和限制目录》，2022年出台了最新的禁限目录，从农村经营活动的管理措施看，第一产业中的农业园艺作物种植、畜牧、水产养殖，第二产业的农副食品加工、食品制造等，第三产业的批发、零售和商务服务业等，都存在新建和扩建的禁止或限制管理措施，农民的经营活动受到影响。农村农副产品的加工和销售，以及休闲观光产业的发展受到制约，明显减少了北京市农村居民的经营性增收渠道。

北京市农村的农产品无法加工是目前农业经营增收的主要制约因素。农产品从生产、加工到销售，附加值主要集中在加工和销售阶段，但因为政策规定不能加工，农村居民也不得直接对外零售，北京市农村居民只能低价卖给市场，农村居民的经营性收入因此偏低。

（二）农村的土地使用受到严格规范

近年来，"减量发展"是北京市的一个重要目标，农村"三块地"的土地用途受到了严格规范和限制。《北京城市总体规划（2016年—2035年）》要求耕地保有量不低于166万亩，基本农田保护面积150万亩，以支持重要农产品稳产保供。耕地红线划定之后，除

---

① 张光连.北京市农村经济发展报告2020[M].北京：中国农业出版社，2020.

去山地、耕地和林地，集体建设用地的比例就较低了，又因为城市集体建设用地占大头，留给农村集体建设用地的空间就更小了。北京市农村集体建设用地从事经营活动的限制条件也在逐渐增多。例如，近几年，北京市"大棚整治"在整改违规设施的同时，还拆除了很多农业经营的大棚房，对从事农业经营活动的农户造成了一定打击，这些集体建设用地因此闲置。北京市农村集体建设用地的使用范围十分有限，用于农产品加工和发展观光休闲的二三产业面临层层审批，加大了产业发展难度。缺乏土地资源的支持，北京市农村发展乡村产业十分艰难。

北京市农村居民宅基地面临更多限制。首先，农村居民的宅基地限制了农民的处置权和收益权，禁止农房在本村农民以外的买卖。北京市出台了《关于落实户有所居加强农村宅基地及房屋建设管理的指导意见》，明确要求严禁城镇居民到农村购买宅基地和宅基地上房屋。相比于一些东部发达地区省份已经推行集体建设用地和宅基地入市，北京市农村的宅基地使用和流转效率偏低。其次，北京市农村居民宅基地上的建房、修房限制条件和审批事项也在增多。从课题组调研情况看，北京市农村居民的宅基地房屋仍然以平房、水泥或砖房为主，使用面积狭窄，装修条件较差，相比其他发达省市略显简陋。

如果能进一步改革北京市农村集体建设用地制度，放宽宅基地的交易限制，那么北京市农村就能更好盘活农村闲置的土地和房屋资源，为发展乡村产业提供土地支持，解决北京市农村居民收入偏低的短板。

（三）城乡间要素资源缺乏双向流动

北京城乡间要素资源主要从农村向城市单向流动，造成农村人口结构的老龄化，产业的空心化。根据2020年人口普查数据显示，2020年北京市乡村人口中65岁以上的老人比例超过15%。劳动力都进入了城市务工，农村既缺人，又缺人才，农村发展滞后。这种现象背后的制度设计存在问题，良禽择木而栖，农村落后需要青年劳动力，青年劳动力的发展也需要制度保证，例如在就业上提供补贴，或者在创业上提供贷款支持，等等。培育一个良性的工作和发展环境，才能源源不断地吸引青年劳动力和乡村人才从城市流向农村，这样才能实现城乡间劳动力和人才的双向流动。

除缺乏劳动力，北京市农村的资本投入也不够，既包括社会资本，也包括政府资本，以北京的城市体量来看，两类资本的投入都是相对匮乏的。社会资本方面，北京市"资本下乡"存在困难。如前所述，因为经营活动和土地使用规范的限制，社会资本运作空间有限，投资风险大，社会资本缺乏动机进入北京市农村发展产业。政府资本方面，2020年北京市财政支农支出占一般预算6.9%，占北京市GDP的1.2%，而全国财政支农占总支出8.9%，占全国GDP的1.9%，因此北京市可以进一步提高对农村的财政支持力度。尤其是，在农村产业发展方面，提供更多的财政补贴，或者税费减免政策，投入更多政府资本，引领农村产业发展。

最后，北京市农村发展的症结还体现在城市的带动能力不足。作为首都、超大城市和发达地区，北京市有充足的资金和人力资源，来带动城市周边和农村产业发展，然而相比于浙江和上海，北京市的经济辐射带动能力略显薄弱。过去，主要是北京市的城市吸纳农村的资源，要想改变北京市农村发展的大环境，需要北京市的城市在支持农村发展上做更多，发挥大城市的功能作用，激活城乡间要素资源的双向流动，从而更好促进城乡融合发展。

（四）集体经济组织产权模糊，效益低

北京市农村的集体经济组织数量多、资产规模大，但集体经济组织营利少，分红比例低。"十三五"期间，北京市农村集体经济主营业务收入从 532 亿元下降到了 375 亿元，年均下降 8.4%。2020 年北京收不抵支村为 1738 个，占总村数 44%。全市农村集体资产利润率仅为 0.4%。[①] 北京市农村的集体经济组织没有发挥出预期效益，主要因为集体经济组织缺乏法人地位，集体经济组织无法独立行使经济权利，承接投资项目。课题组在调研时了解到，北京市农村集体经济组织因为无法清晰定位自己的"上级"部门，缺乏"上级"部门的公章，经常卡在工商部门的审批过程中。

政社不分，产权制度改革滞后也是农村集体经济组织效益偏低的一个重要原因。农村集体经济组织在村级层面存在政社不分的现象，集体经济组织的负责人往往也是村民委员会的领导人。集体经济组织往往还承担着社会责任。例如，课题组在调研时了解到，2020年村民委员会为了疫情防控，在村里布置了卡口，为这些卡口支付的劳动力工资主要来自村集体经济组织收入，一些村集体形成了几百万的欠账。北京集体经济组织需要进一步加快产权制度改革，政社分开，对集体经济组织成员充分赋权，调动集体经济组织成员的积极性，才能更好发挥集体经济组织的效益。

五、北京市城乡居民收入差距高位徘徊

实现共同富裕要求继续保持经济高速增长的同时伴随着收入差距的不断缩小。特别是，城乡间收入差距作为全国收入差距的重要组成部分，其变化显著影响收入差距的走势。中国社会经济发展长期存在较为严重的城乡不平衡，农村居民收入水平总体较低。2021 年北京市城镇居民可支配收入约为 8.1 万元，同时期农村居民的可支配收入仅为 3.3万元。且在 2013—2021 年间，北京市城乡间居民收入差距变化不大，二者之比一直保持在 2.5 左右，远高于同时期浙江省等其他经济发达的省份和地区。2021 年，北京市城乡居民收入差距下降至 2.44，但仍远高于全国大部分省份和地区，城乡收入差距高位运行等问题持续存在。

（一）北京市城乡收入差距有所缩小，但仍处高位

2021 年北京市城镇居民可支配收入约为 81518 元，同年农村居民的可支配收入仅为33303 元，城乡居民可支配收入比为 2.45∶1。北京市城乡收入差距从 2016 年的 2.57 下降到 2021 年的 2.45（如表 7 所示），年均下降速度为 0.84%。同期，全国城乡收入比值则从 2016 年的 2.72 下降到 2021 年的 2.5，年均下降速度为 1.34%，这意味着北京市缩小城乡收入差距的速度仍然有待进一步提升。2021 年，虽然北京市城乡居民收入差距下降至

---

① 张光连. 北京市农村经济发展报告 2020[M]. 北京：中国农业出版社，2020.

2.45，但仍远高于全国大部分省份和地区。比如，作为共同富裕示范区的浙江，农村人口占比（27.3%）要远高于北京（12.5%），但浙江城乡间居民收入差距不仅低于北京，而且近些年呈缩小趋势，2021年浙江城乡居民收入比仅为1.94。这意味着，北京市城乡收入差距高位运行等问题持续存在。

表7　北京市城乡居民收入比变化情况（2016—2021年）

	2016年	2017年	2018年	2019年	2020年	2021年
城乡居民收入比值	2.57	2.57	2.57	2.55	2.51	2.45

注：数据来源于《北京统计年鉴2021》。

（二）工资性收入、财产性净收入与转移性净收入是影响北京市城乡居民收入差距的重要原因

北京城乡收入差距大的主要原因是城镇居民的收入更高而农村的收入更低。从收入结构看，工资性收入是农村居民收入的主要来源，且占比远高于城镇居民，但绝对值要远低于城镇居民（见表8）；相比于城镇居民，北京市对农村居民转移支付力度较低，农村居民获得的转移支付较为不足；同期农村居民财产净收入增长显著，但仍与城镇居民财产净收入存在较大差距；农村居民经营净收入高于城市居民，但是缺乏增长且受到疫情影响严重。

从分项收入的城乡比值可以看出，财产性净收入、转移性净收入、工资性收入和经营净收入的城乡收入比依次降低并分为：6.04、4.92、2.09、0.53。根据城乡收入差距的定义，尽管城乡工资差距的比值仅排在第三位，但是由于工资收入占到农村居民工资收入的70%，因此是决定北京市城乡收入差距的决定性因素。同时，财产净收入和转移净收入的城乡比超过了人均可支配收入的比值，且两项收入也占到了农村居民人均可支配收入的10%以上，也是影响北京市城乡收入差距的重要因素。

表8　北京市城乡居民收入来源（2016—2020年）

		2016年	2017年	2018年	2019年	2020年
	城市					
人均可支配收入	绝对值（元）	57275	62406	67990	73849	75602
工资性收入	绝对值（元）	35701	37883	40489	44327	44620
	占比（%）	62.33	60.70	59.55	60.02	59.02
经营净收入	绝对值（元）	1292	1293	1073	1034	685
	占比（%）	2.26	2.07	1.58	1.40	0.91
财产净收入	绝对值（元）	9310	10520	11983	12690	13152
	占比（%）	16.25	16.86	17.62	17.18	17.40
转移净收入	绝对值（元）	10972	12710	14445	15798	17145
	占比（%）	19.16	20.37	21.25	21.39	22.68

		2016 年	2017 年	2018 年	2019 年	2020 年
		农村				
人均可支配收入	绝对值（元）	22310	24240	26490	28928	30126
工资性收入	绝对值（元）	16637	18223	19827	21376	21174
	占比（%）	74.57	75.18	74.85	73.89	70.28
经营净收入	绝对值（元）	2062	2140	2021	2262	1613
	占比（%）	9.24	8.83	7.63	7.82	5.35
财产净收入	绝对值（元）	1350	1570	1877	2127	3103
	占比（%）	6.05	6.48	7.09	7.35	10.30
转移净收入	绝对值（元）	2260	2307	2765	3163	4236
	占比（%）	10.13	9.52	10.44	10.93	14.06

注：数据来源于《北京统计年鉴》。

应该看到，相比于城镇居民，近年来北京市农村居民收入增速维持在较高水平。需要指出的是，农村居民可支配收入在 2016—2021 年间平均增速不仅快于北京市整体的经济增速，也远高于城镇居民可支配收入增速。尤其是在疫情冲击之下的 2020 年，北京市农村居民可支配收入增速还保持在 2.4% 的相对较高水平。2021 年，北京市农村居民人均可支配收入增速更是高达 10.5%。北京市农村居民收入增速维持在较高水平这一经济特征为北京市进一步缩小城乡收入差距奠定了良好的经济基础。

表 9　北京市经济发展与城乡居民收入变动情况（2016—2021 年）

	2016 年	2017 年	2018 年	2019 年	2020 年	2021 年
人均生产总值（元）	123391	136172	150962	161776	164889	184000
经济增速（%）	6.3	6.7	6.8	6.2	1.2	8.5
城镇居民人均可支配收入（元）	57275	62406	67990	73849	75602	81518
城镇居民人均可支配收入增速（%）	6.9	7	6.2	6.2	0.7	7.8
农村居民人均可支配收入（元）	22310	24240	26490	28928	30126	33303
农村居民人均可支配收入增速（%）	7.0	6.7	6.6	6.7	2.4	10.5

注：数据来源于北京市 2021 年国民经济和社会发展统计公报和《北京统计年鉴2021》，其中居民人均可支配收入增速是比上年实际增长值。

（三）农村内部收入差距缩小明显

促进农村居民增收，尤其需要关注农村内部低收入人群的收入增长问题。近年来，北京市农村居民内部收入差距明显缩小。究其原因，是由于低收入组农村居民收入的迅速增长。从 2001 年到 2014 年，北京市农村居民最低 20% 收入组的人均可支配收入增长了 5 倍，同期北京市农村居民人均收入只增长了 3.8 倍（见图 9）。同期，北京农村居民内部的高低收入比值（最高 20%/ 最低 20%）从 2001 年的 6.0 下降到 2014 年 3.8。这表明，北京市农村居民的低收入户收入增长相对更快，农村内部收入差距明显缩小。

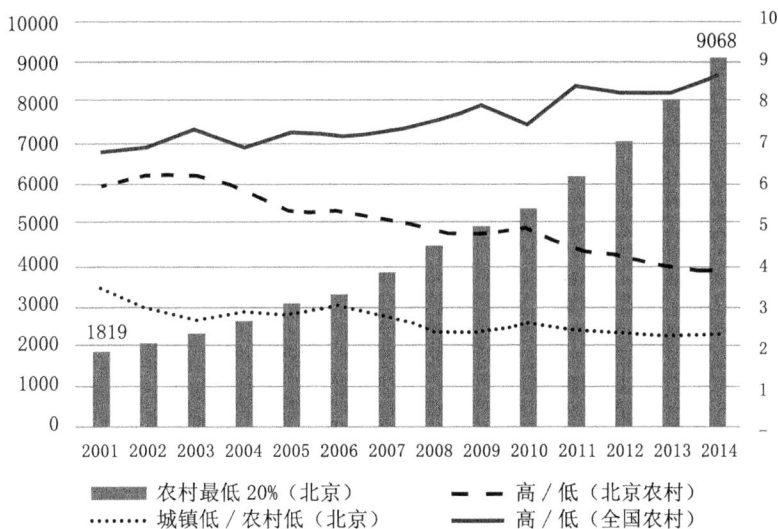

图 9　北京市农村居民 5 等份收入组收入变化（2001—2014 年）

注：《北京统计年鉴》2014 年后只公布全市居民的 5 等分收入信息，农村居民 5 等分收入信息不再公布。图中黑色柱状为北京市最低 20% 收入组的人均可支配收入，单位：元，数据位于坐标轴左侧，图中折线为各收入组比值，数据位于坐标轴右侧。

另一方面，这一时期较多的农村居民流动到了城镇地区，而农村居民在城市里大多属于中低收入人群。换言之，随着更多农村居民进入城镇中低收入组，城镇低收入者人均收入增速将会继续减慢。其结果是，统计上来看，北京市农村居民内部的收入差距小于全国平均值，近年来缩小趋势明显。

应该看到，北京市农村内部仍然存在明显的收入差距。虽然近年来农村低收入户的收入增长较快，使得高低收入组的收入差距有所缩小，但绝对值仍然将近 4 倍，农村居民内部收入差距高居不下。

（四）北京市近郊区经济条件较优越，农村居民收入高于远郊区的农村居民

北京市各个区域不同的功能定位对不同区域的经济发展目标形成了不同要求。按照城市分区的功能定位，门头沟区、平谷区、怀柔区、密云区、延庆区、房山区和昌平区的山区属于生态涵养区，主要是北京的生态屏障和资源保护地，而通州、顺义、大兴、昌平、房山新城和亦庄开发区属于城市发展新区，是北京市疏散城市中心区产业和人口的重要区域，是未来北京的经济重心所在。由于北京市近郊区经济发展基础好条件优越，农村居民收入提升更快，因此近郊区农村居民收入大多高于远郊区的农村居民收入。2017 年的数据显示，近郊区的顺义区农村居民人均收入最高，为 27000 元左右，而远郊区的延庆区为 21000 元，前者比后者多 6000 元 / 年。从近些年的收入增长来看，远郊大兴区、房山区和门头沟区收入增速低于全市，而通州区和顺义区收入增速高于其他区。

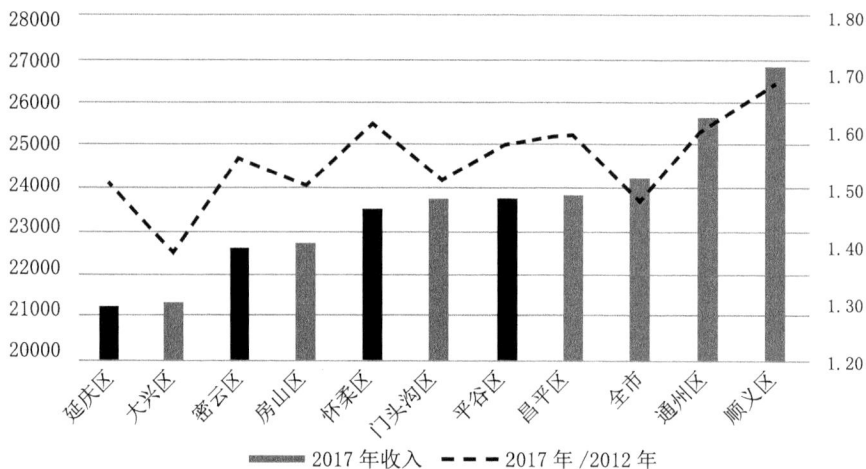

图 10　北京市近郊区和远郊区农村居民收入差异（2017）

　　注：数据来源于《北京市区域统计年鉴》，2017 年后不再公布各区的农村居民收入信息；黑色柱为远郊区 2017 年的人均可支配收入，灰色柱为近郊区人均可支配收入，数据位于坐标轴左侧，单位：元；虚线为各区 2017 年和 2012 年人均可支配收入比值，反映收入增长的变化倍数，数据位于坐标轴右侧。

六、城乡收入差距影响因素与政策关注重点

（一）北京市产业发展路径与农村地区人力资本情况制约了城乡工资收入差距缩小的潜力

　　服务业在北京的经济发展中占据主导地位，并且北京在"十四五"规划中明确提出"坚持推动先进制造业和现代服务业深度融合"，这意味着北京未来的经济发展要更多地依靠资本与高素质劳动力。

　　基于 CHIP2013 与 2018 年的数据分析可以发现：无论是农村地区还是城市地区，第一产业和第二产业劳动就业占比都稳步下降，尤其是农村地区第一产业就业比重下降显著。服务业占比稳步提升，其中城市地区主要是生产服务业占比提升明显。此外，无论是农村地区还是城市地区，超过 70% 的就业集中在服务业。因此第三产业就业的劳动者特征以及其中行业的特征对于城乡劳动者工资收入有着明显地影响。

表 10　北京市城市与农村地区不同产业劳动者就业占比及变动情况

年份	地区	第一产业	第二产业	生产服务业	其他服务业
2013	城市	2.22%	16.41%	26.39%	54.98%
2013	农村	10.68%	23.67%	21.53%	44.13%
2018	城市	1.67%	15.76%	28.36%	54.22%
2018	农村	3.06%	21.94%	26.67%	48.33%

　　注：根据 CHIP2013 与 2018 年北京地区就业劳动者数据统计得到。

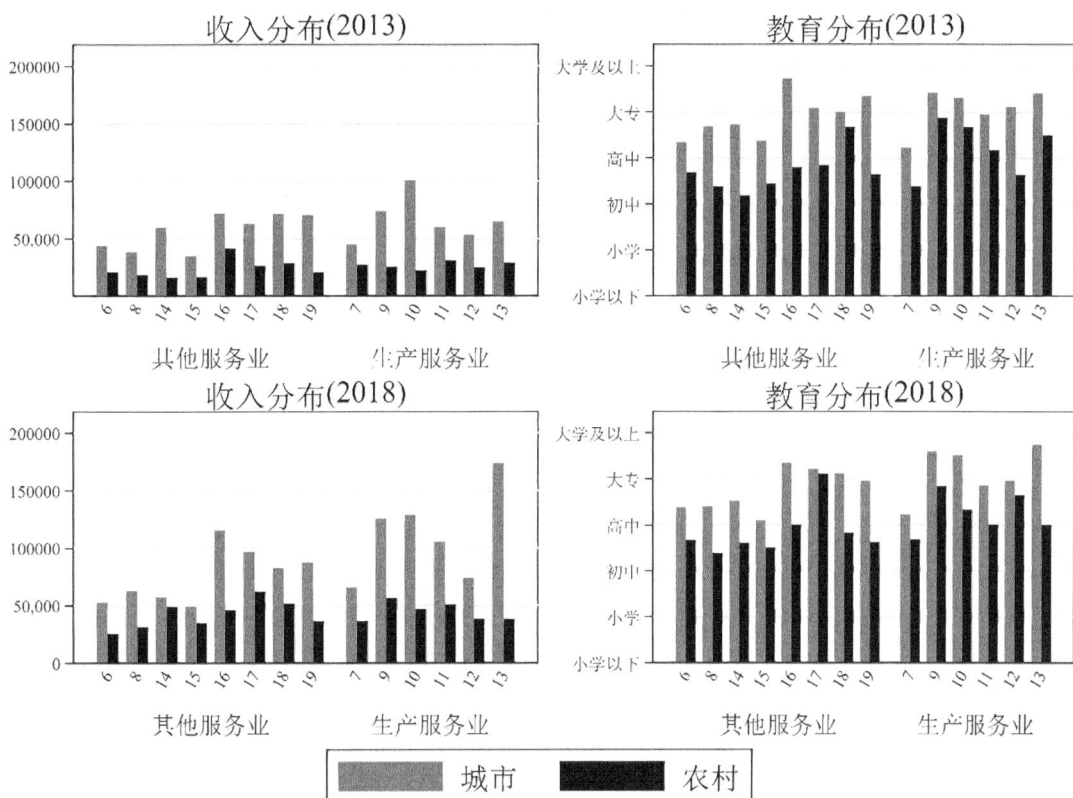

图 11　生产服务业、其他服务业劳动者工资收入与受教育程度情况

注：根据 CHIP2013 年和 2018 年数据统计得到。上图横轴的数字为行业代码：6. 批发和零售，7. 交通运输、仓储和邮政，8. 住宿和餐饮，9. 信息传输、软件和技术服务，10. 金融，11. 房地产，12. 租赁和商务服务，13. 科学研究和技术服务，14. 水利、环境和公共设施管理，15. 居民服务、修理和其他，16. 教育，17. 卫生和社会工作，18. 文化、体育和娱乐，19. 公共管理、社会保障和社会组织。

如图 11 所示，本报告给出了北京市城市与农村生产服务业和其他服务业中细分行业在 2013 年与 2018 年平均收入与平均受教育水平的分布情况。首先，从受教育情况来看，除了行业 17（卫生和社会工作）这个行业，无论是 2013 年还是 2018 年，农村劳动者受教育水平均系统性地低于城市劳动者，但是也要注意到，在 2018 年受教育水平的差异相较于 2013 年有所减低。其次，从收入情况来看，在生活服务业各个行业中，除了 16（教育行业）以外，其他行业城乡劳动者收入差距有所减少，但是在生产服务业，尽管城乡劳动者教育差异总体上呈现缩小的趋势，其收入差距缩小情况则并不显著。

结合各产业就业占比、教育程度分布、工资收入以及前文对于各区农村地区劳动力年龄情况的分析可知：农村地区劳动者受教育水平限制了其参与现代服务业并提升其劳动收入，而其他服务业由于劳动生产率增长缓慢也限制了劳动者收入的增长，此外农村地区劳动者年龄普遍偏高，这也限制了他们通过培训从而大规模参与到现代服务业或者高技术制造业之中，因此北京市产业发展路径与农村地区人力资本情况制约了城乡工资收入差距缩小的潜力。

（二）为有劳动意愿的家务劳动妇女提供就业机会对于缩小城乡工资收入差距仍有一定积极意义

在统计实践中，就业率是就业人口除以就业人口加上正在找工作的失业人口，而退出劳动力市场的劳动年龄人口并不在统计当中，根据 CHIP 2013 年和 2018 年北京农村地区数据计算标准的就业率均为 96%，然而在 16—65 岁的劳动年龄人口中，排除产假、长病假、在校学生和退休人群后，仍然有一定数量的家务劳动者，如果将这些人也算为隐性失业人口，那么两年的就业率则分别为 83% 和 78%，这意味着进一步提升这部分劳动者的就业对于缩小城乡工资收入差距仍有一定积极意义。

通过分析可以得知，这部分家务劳动者 80% 以上都是女性，而对这些劳动者的家庭情况进行分析可得，有不到 1% 的家务劳动者是因为家中有残疾或重病家人需要照顾，有约 25% 是因为有退休金的退休人群，有 30% 是因为家中有老人或者未成年儿童需要照料，余下的可能有未被识别的原因选择家务劳动或者是自愿退出劳动力市场的人群。那么通过增加农村地区公共托幼和养老服务的供给，至少能够解决 30% 家务劳动妇女的家庭劳动负担，从而为其中仍有劳动意愿的个体提供就业可能性，从而对缩小城乡工资收入差距作出贡献。

（三）经营门槛和经营风险是制约农村地区经营净收入与城市缩小差距的关键因素

如表 11 所示，本报告给出了 2013 年与 2018 年北京城市与农村经营性收入的情况及其收入来源。首先，无论是城市地区还是农村地区，来自第一产业和第二产业的经营收入都大幅下降了，这与北京地区产业结构变化趋势是一致的。但是农村地区第一产业经营收入没有显著提升。其次，城市地区来自第三产业的经营收入有较为明显的增长，但是农村地区则出现了下降，这可能是由于样本偏误造成的，但是这至少表明了农村地区第三产业生产经营增长偏弱。

表 11　经营净收入与收入来源情况

年份	地区	经营净收入（元）	来自第一产业（元）	来自第二产业（元）	来自第三产业（元）
2013	城市	21008	638	6614	13755
2013	农村	6700	2040	726	3932
2018	城市	21255	528	988	19737
2018	农村	3974	1582	6	2386

注：这里是按照所有进行经营的家庭进行平均，由于样本数量有限可能造成一定的偏误，这里仅讨论变化的趋势，绝对数量仅供参考。

考虑到北京市产业发展和农村地区资源禀赋，农村经营收入应该主要依靠第一产业和第三产业，其中第三产业主要依靠与乡村旅游相关的服务业。然而"经营门槛"和"经营风险"却是制约农村居民进一步提升经营收入的重要制约因素。对于第一产业的农产品经营，北京地区对家畜饲养和种植业农产品尤其是蔬菜有着较高的市场准入认证门槛，个人难以达到规模化经营的门槛，个人也难以实现产品认证进入市场流通的门槛，考虑到农村地区的老龄化、教育水平相对较低、管理能力和抗风险能力较差等因素，农村居民难以利用所拥有的资源发展农业经营进而增收。对于第三产业的经营，其面临的困难与第一产业经营类似。无论是围绕旅游业经营"农家乐"还是经营民宿，考虑到北京地区旅游产品消费者的消费需求，这些经营者的服务硬件水平还是软件水平所需的资金投入都有较高的资金投入门槛，此外个人还要处理好食品安全、消防安全等经营门槛。综上，当前经营门槛和经营风险是制约农村地区经营净收入与城市缩小差距的关键因素。因此，依靠农户自身的力量是难以跨越上述门槛的，而引入外部资本与人才，采取合作的方式才是实现各方收益最大化的解决方案。

（四）土地收益和集体资产收益是影响农村财产净收入与城市缩小差距的关键因素

如表 12 所示，本报告汇报了 2013 年与 2018 年北京市城市地区和农村地区家庭财产收入及其对应分项收入情况。需要特别说明的是，由于样本数量有限以及很多住户分项收入的缺失，因此分项收入的数据仅能讨论变化趋势。

表 12　财产收入情况

年份	地区	财产净收入（元）	利息收入（元）	红利收入（元）	房租收入（元）
2013	城市	15331	263	60	585
2013	农村	5483	76	817	1203
2018	城市	27683	168	812	4181
2018	农村	5754	33	1634	3038

注：财产分项收入存在统计缺失，这里仅讨论变化的趋势，绝对数量仅供参考。2018 农村土地承包收入 666 元。

我们可以发现，相较于城市地区，农村地区财产收入增长较少，其增长主要来自红利收入、房租收入和土地承包收入，金融收入与增长有限。这意味着，农村居民的财产收入并不依赖金融市场与金融产品的发展，而更加依赖所持有的土地收益和所在集体持有的资产收益，那么本地产业发展情况与效率就直接决定了能够分配给这些物质资产的配额，因此提高集体资产的经营效率，依靠土地流转吸引外部资本投资，是未来进一步提高农村居民财产性收入，缩小城乡财产收入差距的重要手段。因此，加快农村土地流转，进一步发展集体经济是未来政策的重要关注方向。

（五）转移支出和转移收入的差距是影响农村转移净收入与城市缩小差距的关键因素

如表 13 所示，本报告汇报了 2013 年与 2018 年北京市城市地区和农村地区转移净收入及其对应分项收支情况。需要特别说明的是，由于样本数量有限以及部分住户分项收入的缺失，因此分项收入的数据仅能讨论变化趋势。

表 13 转移收入情况

	2013 年 城市	2013 年 农村	2018 年 城市	2018 年 农村
转移净收入	9383.61	1154.38	13551.2	2865.67
转移性收入	11681	1862.46	18160.5	5164.23
养老金或离退休金	11264.4	1727.87	16401.3	3207.35
报销医疗费	415.06	5.73	1179.19	574.37
转移性支出	2297.39	708.08	4609.27	2298.56
个人所得税	462.51	16.52	1030.68	123.31
社会保障支出	1829.47	691.56	3022.8	2001.07
个人缴纳的养老保险	1287.95	492.43	2222.17	1372.71
个人缴纳的医疗保险	475.33	153.77	673.02	532.15
个人缴纳的失业保险	36.53	8.03	62.14	32.51
其他社会保障支出	29.67	37.33	65.47	63.71

注：由于样本数量有限以及部分分项收入（支出）存在统计缺失，这里仅讨论变化的趋势，绝对数量仅供参考。

我们可以发现，对农村地区转移支付比重的增加（尤其是养老金和医疗保障）对于缩小城乡转移净收入差距起到了显著的效果。然而从转移性收入与转移性支出的比值可以发现，2013 年城市转移性收入和支出之比为 5.08，农村为 2.63，而 2018 年城市转移性收入和支出之比为 3.94，农村为 2.26，即城乡之间的差距仍然有进一步缩小的空间，尤其是考虑到农村地区有更多的老人与低收入者的情况下。

七、促进乡村振兴，切实增加农民收入

实现共同富裕，最艰巨最繁重的任务在于提高低收入人群的收入，低收入人群大都聚集在农村，因此实现共同富裕和促进乡村振兴的关键是增加农民收入。

（一）强产业，促增收

"产业兴旺"是乡村振兴和农民持续增收的经济基础。扎实推动乡村产业，对促进农村居民增收，尤其是经营性收入增收具有重要作用。

一方面，北京市促进农村居民增收的产业政策有很多，一些产业政策也显著促进了农村居民增收；另一方面，当前北京市农村居民的非农经营受到诸多政策的限制，农村的二三产业发展明显滞后于其他发达省市，导致农民的经营净收入绝对值和占比都较低。如果农业经营只停留在第一产业，农业增加值相对有限，并且农业经营面临着自然灾害和市场变化等风险冲击，这是北京市农村居民经营性收入偏低的主要原因。

引导非农经营活动，融合发展乡村产业。北京市农村居民的非农经营受到政策限制，农村的二三产业发展明显滞后于其他发达省市。农业经营只停留在第一产业，增加值相对有限，而且农业经营还面临自然灾害和市场变化等风险冲击，这是北京市农村居民经营性收入偏低的难题。应该调整修订北京市农村的新增产业禁止和限制目录，优化管理措施，因地制宜推进农产品加工业发展，适度规模的发展农副食品加工业、生态养殖业和休闲观光业等，推动北京市农村的一二三产融合发展，拓宽农村居民的增收渠道。

要通过推动乡村产业高质量发展促进农民增收，特别是要向高质量农产品要收入，向产业链要收入。换言之，农村的发展不应仅局限于第一产业农业的发展，要着眼于一二三产业的融合、促进产业多样化发展。同时，高新技术产业应该适当向农村地区倾斜，发展质量取胜的现代农业产业，并注重现代农业产业链延长、价值链提升和利益链完善。要突出农村产业发展的绿色化、优质化、特色化和品牌化，统筹兼顾培育新型农业经营主体和扶持小农户，实现小农户和现代农业发展的有机衔接。只有这样，才能改变传统意义上的以农业生产和农业工作者为主的"农村"，盘活农村集体闲置资产，逐渐建立和发展具有宜居、休闲、生态和产业多样化的多功能的新乡村，吸引人才，共促农民增收。

（二）优化营商环境，鼓励农民就地创业

鼓励农村居民就地创业，是促进农民增收、带动农村经济发展、缩小城乡差距的重要举措。随着互联网技术的不断进步，电商平台等数字经济的不断崛起，新兴就业形式的不断出现，为促进农民创业就业提供了良好环境。农民创业积极性离不开良好的营商环境。与长三角地区一流的营商环境相比，仍需进一步优化北京及周边地区的营商环境，最大限度减少政府对市场资源的直接配置和干预，充分激活农村地区的市场活力和创造力。特别是，营商环境的优化可以在一定程度上解决农村人口结构不合理、农村人才流失严重的问题，培养造就一支懂农业、爱农村、爱农民的"三农"工作队伍。只有吸引人才，才能调动农民群众的积极性、主动性、创造性，造就大批懂农业、爱农村、促产业的职业农民，使之成为振兴乡村的生力军。

（三）深化推进土地制度改革，激活各类主体的活力

党的二十大报告提出，深化农村土地制度改革，赋予农民更加充分的财产权益。保障进城落户农民合法土地权益，鼓励依法自愿有偿转让。众所周知，现在农村特别是北京市农村地区还有大量的"沉睡"资源，这是增加财产性收入的潜力所在，要通过改革来激活。

现阶段，北京农村的土地使用受到严格的限制，土地并没有给农民带来应有的收益。一方面，小农户从事农业生产的收益率普遍偏低，农村家庭负担较重；另一方面，城镇化发展吸引了大量农村劳动力，劳动力结构失衡使得农村土地闲置严重。与此同时，由于农村和农业土地不能交易，不能合理定价，因而不能转化为资本，这就导致农民虽然实际拥有土地，但毫无资本可言，农民也就无法获得与土地相关的财产性收入。且政府对土地配置的干预程度较高，配置的市场化程度较低，这就导致资本要素不能流入农业和农村，农民无法获得以地为本进行创业的收入和土地财产性收入，从而导致农民收入增长缓慢且后劲不足。因此，要进一步放活土地经营权。规范土地流转合同管理，允许土地经营权入股开展农业产业化经营，提高农民组织化和适度规模经营水平；要进一步引导承包土地的有序流转，提高土地流转价格和农村居民的分红收入；以发展特色产业、盘活土地资源等为抓手，拓宽集体经济发展路径，为发展乡村产业提供土地支持，推动集体产业转型升级，增强集体经济组织服务成员能力。

（四）加快产权制度改革，提高集体经济效益

北京市农村集体经济规模庞大，但经营效益低。在发展壮大农村集体经济的同时，更关键的是要明晰产权制度。需要明确村集体经济组织和村委会的责任权限，避免职责不清造成决策失误，最后影响集体经济组织效益，形成欠账。要加快集体经济组织的股份合作制改革，明确赋权，调动成员积极性。最后，还需要加强农村集体经济的监督管理，规范财务支出事项，完善村级治理机制，提高民主管理水平。

（五）提高政策精准度和保障水平，推进城乡间基本公共服务均等化

社会保障是政府实现再分配的重要手段，也是公共转移支付的重要方面，对保障低收入群体生活水平、缩小收入差距具有重要意义。然而。中国的城乡二元结构普遍具有社会保障和公共服务双层二元的特性。前已述及，转移性净收入是造成北京城乡居民收入差距较大的重要原因之一。而北京农民与上海城乡居民收入相比，最大的差异体现在农村居民转移性收入上。

要破解城乡二元结构，建立城乡一体、城乡融合、城乡互促共进的体制机制，应成为乡村振兴和促进农民增收的必要条件。要通过机制体制的改革创新，探索公共服务和产权制度等进行深化改革和优化配置，实现新型城镇化与乡村振兴的深度融合。具体而言，结合北京市政府的财政能力情况，可以进一步提高北京城乡居民基本养老保险、医疗保险以及最低生活保障的标准，切实保障农村脆弱群体的基本生活水平。与此同时，也要进一步统筹城乡之间养老、医疗保险的统一，减少基本社会保障收入的城乡差异，并且继续加大惠农政策力度，调节城乡收入差距。

加大财政支农力度，提高社会救助水平。北京市对农村的财政投入还可以进一步提高。财政支出应该加大乡村产业的补贴和税费减免力度，支出结构应该向农村基本公共服务等民生方面倾斜。还需要提高对生态涵养区农村居民的财政补贴、加大对生态有机农作物农户的支持力度。最后，需要稳步提升城乡居民保障水平，逐年适当提高养老金，拓宽低收入家庭的救助范围，动态监测收入变化情况，调整最低生活保障家庭的救助标准，提高兜底保障水平。

八、城乡融合发展，缩小收入差距

（一）以城带乡，城乡融合，共促发展

无论是乡村振兴还是农民持续增收，主要的方向还在于城市。要促进农村产业发展和乡村整体振兴，需要借助城市和全国的力量，从城乡融合发展视角来撬动农业发展、带动乡村振兴。现阶段，北京市主要是农村的资源、劳动力向城市单向流动，缺乏城市的资源、人才、技术资金向农村流动。

加强制度设计，促进城乡要素双向流动。农村劳动力可以进城务工获得工资性收入，城市的人才、劳动力也可以进入农村创业、投资，带动农村的产业发展。北京当前主要是农村的资源、劳动力向城市单向流动，缺乏城市的资源、人才、技术资金向农村流动。因此，应该破除城乡要素自由流动的限制，加强制度设计，例如为返乡人才提供就业补贴和创业支持，为下乡资金提供税费减免等，促进城乡要素资源的双向流动。引导北京的城市资源合理有序进入农村发展产业，逐步培育出农村的可持续发展能力。要进一步形成并不断完善城乡融合的体制机制和政策体系，改变过去主要由农村向城市单向流动的局面，创造城乡要素双向流动、相互融通的新格局。具体而言，要鼓励城市资金进入农村发展产业，政府审批项目可以优先考虑落地于北京市农村地区，放松农村土地管制，为城市资本下乡提供税费减免。

（二）提升产业生产效率，促进三产业融合发展

农业发展和农民增收是促进城乡一体化进程的关键所在。现阶段"三农"问题仍是困扰北京市经济社会进一步发展的瓶颈之一。比如，北京市农业现代化建设面临老龄化加剧、农用地非农化、人地关系复杂等挑战，农业生产各环节割据且分散，农村生产方式传统且生产率徘徊不前等都是横亘在实现共同富裕目标前的难题。

短期内通过提升农村工资性收入和经营性收入从而缩小城乡收入差距的潜力有限，政策层面应该关注如何打造本地区比较优势产业并围绕比较优势提高第一产业与第三产业的生产效率，从而为长期内提升农村工资性收入和经营性收入提供经济基础。农村地区劳动者呈现出受教育程度相对较低和高龄化趋势，难以短时间内融入高端制造业和现代制造业的产业发展路径中实现工资收入的快速增长，而围绕第一产业和第三产业的经营则面临众多经营门槛和资金门槛，因此短期内提升农村工资性收入和经营性收入的潜力有限。宏观政策应该从长期着手，围绕本地经济发展比较优势打造高利润的产业，从而在长期带动其他产业的发展，最终惠及农村劳动人群。

北京市农村地区拥有大量农业生产资源，充分发挥这些资源的生产效率将有利于农民的工资收入与经营收入的增长。首先，要大力转变农业生产方式，充分利用先进的农业技术，强化政策导向，加大互联网、大数据等新兴技术在农业产业融合领域的研发和应用，使得传统农业生产向绿色农业和现代农业生产转型。其次，推进农村一二三产业融合发展，激活农村要素资源，通过产业联动等方式，使得农业生产与农产品加工、休闲旅游、餐饮等方式有机结合，扩展农业产业价值链，促进农业增效、农民增收和农村繁荣稳定。与此同时，通过城乡市场融合带动农业产业发展，促进城乡协同发展。再次，寻找北京市农村实施三产融合的切入点，在土地规范允许情况下，促进北京市农村居民经营性收入增加。最后，鉴于北京市各地区的不同定位，各地区农村产业的发展要积极与城市地区重点产业发展方向相互协调，构成积极的"以城带乡"发展局面。

（三）从制度层面打破城乡界限，促进城乡一体化

中国城乡问题的根本还是在于二元经济体制。因此，要缩小城乡收入差距，有必要从源头打破二元经济制度，促进城乡一体化。这不仅表现在建立一体化的社会保障制度，改革现有差异性、碎片化的社会保障体系，也需要大力发展城乡均等的公共服务体系，从教育、医疗等问题的根源促进城乡和谐统一发展，进而缩小城乡差距。

与此同时，要充分发挥北京市政府优势，通过建立健全城乡融合发展的体制机制和政策体系，逐步缩小城乡发展差距，加快推进城乡基本公共服务均等化，使农民能够分享经济社会发展的成果。要进一步破除城乡分割的制度藩篱，尤其是要通过推进农村土地制度改革和户籍制度改革等，切实促进城乡一体化发展。

第一，各地区农村产业的发展要积极与城市地区重点产业发展方向相互协调，构成积极的"以城带乡"发展局面。通州、顺义、大兴、昌平、房山作为承接中心城区适宜功能和人口疏解的重点地区，其农村人口基数较大并且老年抚养比处于全市最低水平，人力资源相对丰富，仍然有较大发展潜力，因此可以在承接产业转移的同时解决农村地区劳动者就业与增收。门头沟区、平谷区、怀柔区、密云区、延庆区农村人口较少并且老年抚养比处于全市较高水平，人力资源相对匮乏，但是生态资源丰富，应该进一步探索生态资源开发与利用，实现农民增收。

第二，依托村政府机构为老年人和未成年人提供就餐照料等服务。提供定点餐饮、自助型餐饮配送或集中看护场所，为失能、高龄、独居老年人提供紧急救援服务。从而为仍有劳动意愿但必须居家照顾"一老一小"的妇女提供外出就业的可能，提高家庭收入来源。

第三，适度放宽农宅基地新建翻建房审批，吸引外部资本投资建设民宿、工作室等，增加居民财产性收入。农村地区，尤其是北京市生态涵养区的农村，有着优良的自然环境资源，这些地区严格限制养殖业、制造业的发展，因此居民的收入来源有限，因此通过放宽宅基地新建、翻建的限制，吸引外部资本投资建设民宿、工作室等场所，既能够保障土地所有权不变，从根本上保障了农民、集体和国家的根本权利不受损害，还能够增加农民的财产性收入。

第四，建立面向农村地区的政府投资引导基金，重点发展绿色农业和开发生态资源。通过政府引导资金，一方面能够加大政府资金的使用效率，另一方面能够实现风险分担，提高引资效率。尤其是生态涵养区，通过政府引导资金吸引外部资金、人才在本地探索出一条合理开发利用生态资源的绿色发展路径，进一步盘活土地资源从而拓宽集体经济发展路径，推动集体产业转型升级，切实提升农民的财产、集体的财产带来的收益，最终实现农民财产性收入的增加。

第五，加强对农村地区的转移支付。在宏观层面，继续加大对农村地区基础设施建设的投入，尤其是教育与医疗等关系人民基本生活需求的投入，进一步缩小城乡差距，为吸引人才返乡创造条件。在微观层面，进一步统筹城乡之间养老、医疗保险的统一，减少基本社会保障收入的城乡差异，并且继续加大惠农政策力度，调节城乡收入差距。

附录

附表 1　北京市农村居民不同来源收入增速（2014—2020 年）

年份 ＼ 收入来源	工资性收入		经营净收入		财产净收入		转移性收入	
	全国	北京	全国	北京	全国	北京	全国	北京
2014	3.2	18.5	11.7	122.5	-24.2	-59.6	139.3	-43.8
2015	10.8	8.6	6.3	5.6	13.2	47.2	10.1	-1.0
2016	9.2	7.4	5.3	5.3	8.2	12.2	12.7	18.0
2017	9.5	9.5	6.0	3.8	11.4	16.3	11.8	2.1
2018	9.1	8.8	6.6	-5.5	12.9	19.5	12.2	19.9
2019	9.8	7.8	7.5	11.9	10.3	13.4	12.9	14.4

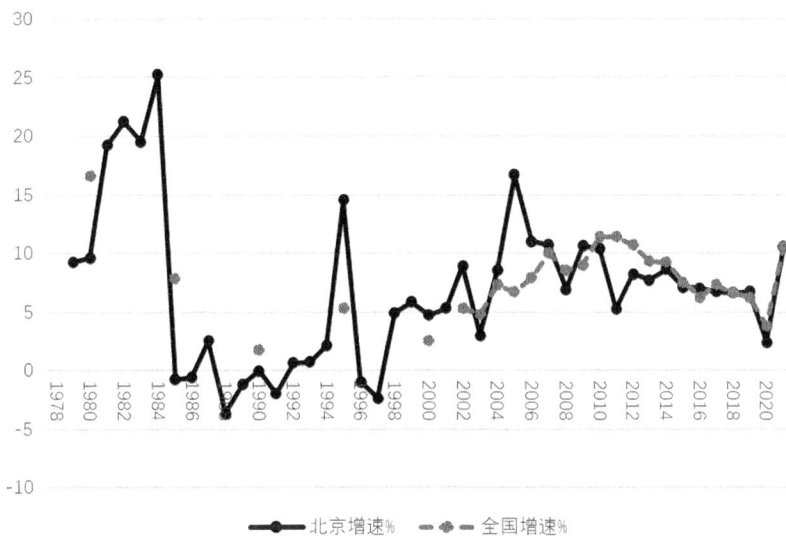

附图 1　北京市农村居民人均可支配收入实际增速（1978—2020 年）

注：实线是历年北京市农村居民人均可支配收入实际增速百分比，虚线是历年全国实际增速。

北京市农村经济研究中心、北京师范大学收入分配研究院联合课题组

认真贯彻落实中央农村工作会议精神
开创首都乡村振兴决策咨询研究工作新局面

一、理解把握建设农业强国背景下首都"三农"工作的重点任务

作为首善之区，北京市在贯彻落实中央农村工作会议精神中，既要准确领会加快建设农业强国的战略部署，服务于国家农业强国建设大局，也要立足首都城市战略定位和"以大城市带动大京郊、大京郊服务大城市"的发展方略，找准北京都市型现代农业的着眼点与发力点，以实际行动、过硬成果展现首都担当作为。

（一）以探索践行"大食物观"为抓手，引领保障粮食和重要农产品稳定安全供给新途径

立足农业机会成本较高、比较收益相对较低的首都基本市情农情，北京市要实施好稳产保供提升工程，严格落实耕地保护党政同责，做强现代种业。同时，可借助首都智力优势、资源优势，进一步丰富"大食物观"的精神内涵，探索践行"大食物观"的具体路径，将农业供给侧结构性改革与践行"大食物观"紧密结合，将各类乡村资源的开发利用与践行"大食物观"紧密结合，将解决食品安全问题与践行"大食物观"紧密结合，将生态可持续性与践行"大食物观"紧密结合，为全国树立"大食物观"、构建多元化食物供给体系、多途径开发食物来源提供北京方案。

（二）以补齐产业链供应链为抓手，以促产业振兴全面推进乡村振兴

北京本地农产品种植分散、规模小、产量低且价格高，造成北京御食园食品股份有限公司、北京红螺食品有限公司、北京富亿农食品有限公司等在京规模较大的农产品加工企业从本地采购的原材料很少，加之联农带农机制不健全，乡村劳动力外流严重，总体来说，北京农业产业组织化程度低，缺乏比较完整、能够形成高附加值的以本地产业构成为主的农业产业链和供应链，这已经成为阻碍北京农业现代化和乡村产业振兴的重要桎梏。下一步，补链延链强链是北京市农业农村产业领域的重点工作，要从政策、土地、资金、人才、信息等方面全方位服务推动农业产业链、供应链建设，实施百亿级农业产业链建设工程，带动乡村产业振兴，提升产业价值，促进农民增收致富。

（三）以科技和改革为双抓手，示范性走出内涵式农业强国之路

历史实践表明，科技与改革向来是北京"三农"工作前进的最大动力和主要经验。"十三五"时期末，北京市农业科技贡献率已达到75%，创制了世界首个水稻全基因组芯片，建成世界最大的玉米标准DNA指纹库，获得育种专利数量和植物新品种权申请量均居全国首位。1992年，北京市委农村工作委员会委托北京市农村经济研究中心，举办农村股份合作制讲习班，并在丰台区南苑乡果园村进行村级股份合作制试点，实行"资产变股权，社员当股东"的办法，拉开了北京市农村集体经济产权制度改革的序幕，比2016年全国正式启动农村集体产权制度改革整整提前了24年。农村集体产权制度改革为农村集体经济发展壮大奠定了较为清晰的产权制度安排，在快速城市化进程中有效保护了农民的集体财产权益。北京市应继承与利用好科技和改革双轮驱动农业农村现代化的"基因"，依托首都优势，率先发挥新型举国体制优势，推进农业中关村建设，打造"种业之都"，整合各级各类科研资源，努力构建能够代表中国农业科技水平和管理水准的首都农业科技创新生态体系。围绕破解农村土地和集体资产融入市场等重点难点问题，加强体制机制创新，深化农村"三块地"改革和农村集体产权制度改革，激发农村要素活力。继续探索农村承包地"三权分置"的有效实现形式，推动农业适度规模经营。推动集体经营性建设用地集约利用，深入推进农村集体经营性建设用地入市工作，完善集体经营性建设用地入市增值收益分配机制，提高农村集体土地的财产收益以及农民在集体土地增值收益中的比重，增加农民的财产性收入。推动农村宅基地制度改革，探索农村宅基地有偿退出机制，赋予农户更加完整的宅基地用益物权。深化农村集体产权制度改革，加大乡镇集体产权制度改革力度，进一步明确乡镇集体资产管理主体，理顺乡镇和村两级集体资产产权关系，赋予农民更充分的财产权利。

（四）以"两见两有"为抓手，建设宜居宜业和美乡村

乡村是城市的重要组成部分，首都的农业是都市型现代农业，是城乡要素双向流动的天然纽带，是以大城市需求为导向的融生产性、生活性、生态性于一体的特殊业态，是依托并与城市需求和功能有效互补、相互依存的产业，因此建设宜居宜业和美乡村与实现农业现代化、建设农业强国本是"一体两面"。北京市应建设以"开门见景、出门见人""眼里有笑、事业有成"为特征的宜居宜业和美乡村，扎实有序、一体推进乡村发展、乡村建设、乡村治理，为农业现代化提供物质与精神双丰收的发展载体与消费场景。

（五）以组织建设与带头人培养为抓手，为"三农"工作提供坚强保障

健全党组织领导的村级组织体系，加强农村基层党组织建设，发展壮大新型农村集体经济组织，为党全面领导"三农"工作提供组织保障。加强高素质农民培训，聚焦农业创业致富带头人培训，实施乡村产业振兴带头人培育"头雁"项目，对专业大户、家庭农场成员、农民合作社带头人、农业企业骨干、涉农创业者，以及有志返乡创业的青年与农民工等，开展专业技能、经营管理和创新创业等方面的系统培训和跟踪服务，强化培养农业创业致富带头人。聚焦乡村干部依法治理能力培训，结合实案处置，集中开展乡村干部提升依法治理能力培训，实现乡镇领导干部、科室负责人、村干部全覆盖，着力增强乡村干

部熟悉法规、依法依规处理现实问题的能力，深入解决目前农村地区经济活动中因法律意识不强、规章制度执行随意性较大等影响乡村有效治理的问题。充分发挥首都人才辐射带动作用，健全城市人才服务乡村机制，尽可能为在乡村创新创业、生活服务的外来人员提供城乡等值的生活工作条件与体验。

二、持续推动新阶段首都乡村振兴决策咨询研究工作高质量转型发展

作为北京市农业农村部门的政策研究机构和决策服务部门，2022年以来，北京市农村经济研究中心立足实施乡村振兴战略方面的政策研究，为充分发挥推进农业农村现代化提供智力支撑的核心职能，主动求变，锐意改革，提出了改革有新举措、调研有新突破、作风有新气象的"三新"举措，以及打造高效、务实、学习"三型"中心的目标，朝着服务于首都"三农"决策咨询研究方向探索转型。为进一步全面学习把握落实党的二十大精神，贯彻落实中央农村工作会议对于全面推进乡村振兴、加快建设农业强国的战略部署，北京市农村经济研究中心将突出研究领域优势，持续聚焦重点工作，精准发力，为推进首都乡村振兴与率先实现农业农村现代化提供智力支撑。

（一）农业研究方面

加强乡村资源开发利用与保护研究。深化耕地保护机制研究，基于北京城市化发展背景下耕地面积变化的阶段性政策评估，综合国家粮食安全战略要求和北京市农业资源开发利用的成本效益，为当前和下一阶段北京耕地数量底线与质量结构提供科学的价值取向和政策建议。加强北京践行"大食物观"路径研究，探索利用好北京大量的林业资源，构建多元化食物供给体系。

深化乡村特色产业研究。充分利用好北京都市型现代农业理论与实践的先行优势，结合近年来"两山理论"的新研究新实践，重点从补齐产业链、构建供应链、提升价值链角度贯通发力，加强首都乡村特色产业发展规律与产业政策研究，做好产业谋划布局，构建一二三全产业体系，夯实乡村振兴的经济基础。

（二）农村研究方面

深入进行城乡融合发展研究。在中心以往开展的城乡统筹发展、城乡一体化和新型城市化政策研究基础上，适应城乡中国的时代特征，深化城乡融合发展的体制机制和政策体系创新研究。以涉农区为单位，开展涉农区全域城乡融合发展试点研究，完善城乡空间差异化利用机制，建立健全城乡功能互补、互为供求、有序互动的融合发展机制，推动城乡要素自由流动、平等交换，实现城乡公共服务与基础设施均等化，为北京率先形成新型城乡关系提供政策参考与决策支撑。

深化农村经济体制创新研究。尊重基层首创精神，总结基层发展经验，以平谷区镇罗营镇国家乡村振兴示范区建设为契机，从农村经济体制创新视角，关注总结镇罗营镇以"镇统筹、村重构"为路径，探索创新农村金融、产业升级、村庄更新、镇联社体制等做法经验，并适时将典型经验转化为可复制、可推广的制度安排。

深化乡村治理研究。以"解剖麻雀"方式，对城乡结合部、平原农村地区、远郊农村

地区分类开展乡村治理的典型案例研究，解析不同类型村庄成功治理密码，推动本市更多村庄以组织振兴、治理有效带动产业振兴、生态振兴和文化振兴。

（三）工作机制方面

充分发挥智库作用，增强政治判断力、政治领悟力和政治执行力，迅速形成学习宣传贯彻党的二十大精神、中央农村工作会议精神的热潮。结合 2023 年调查研究工作的谋划，开展内部大讨论、大学习，组织撰写理论文章和学习体会，进一步统一思想、明确思路、指明方向。

乘时借势，做好中心学习宣传贯彻党的二十大精神、中央农村工作会议精神的政策解读、成果发布与工作谋划。结合党中央对"三农"工作的决策部署，尽快发布转化中心已有相关调研成果，上报相关部门作为决策参考，不断扩大中心的影响力和话语权。围绕党的二十大提出的相关新思想、新论断、新要求，结合中央农村工作会议精神，做好 2023 年中心调研课题和北京市乡村振兴专家咨询委员会专家课题的选题和立项工作，突出决策咨询研究导向，注重调研成果转化，切实把党的二十大精神、中央农村工作会议精神贯穿到调研工作中去。

充分发挥北京市乡村振兴专家咨询委员会作用。组织专家围绕学习贯彻中央农村工作会议精神，就推动首都乡村振兴提出落实意见与建议，为北京市农村工作会议提前做好决策服务。

执笔人：刘军萍

乡村振兴，法治同行

——北京市农村公共法律服务研究

公共法律服务是政府公共职能的重要组成部分，是保障和改善民生的重要举措，是全面依法治国的基础性、服务性和保障性工作。党的十八大以来，随着全面依法治国深入推进和中国特色社会主义法治体系日益完善，我国公共法律服务体系建设持续深入推进。党的二十大报告指出，要建设覆盖城乡的现代公共法律服务体系。中国式现代化离不开农业农村现代化，推进农村公共法律服务体系建设，对于推动具有首都特点的乡村振兴、率先基本实现农业农村现代化和推进我市法治乡村建设工作、提升乡村治理法治化水平具有重要意义。

一、北京市农村公共法律服务工作主要做法及成效

近年来，北京市持续推进乡村法治建设，在强化乡村司法保障、加强乡村法治宣传教育、加强乡村公共法律服务、健全乡村矛盾纠纷化解、深化乡村依法治理等方面持续发力，已经显现出实实在在的成效。2021年北京市农村居民对乡村法治的满意度达96.8%，在市统计局发布的2021年北京农村居民对乡村治理各项满意度调查中居于首位。其中，公共法律服务坚持以人民为中心，实现了新发展，取得了新突破。

（一）顶层设计日趋完善

以完善顶层设计为引领，持续推进全市公共法律服务体系建设，形成了以《北京市加快推进公共法律服务体系建设的若干措施》为总纲，以43个配套文件为分项任务的公共法律服务制度体系。法律咨询纳入市委、市政府"七有""五性"民生监测指标体系，公共法律服务网络平台、实体平台连续两年纳入市政府为民办实事项目，"法律援助、村（居）法律顾问"纳入《北京市基本公共服务项目清单》，公共法律服务体系建设纳入国民经济和社会发展"十四五"规划，实现与北京市整体发展规划深度融合。

（二）公共法律服务网络全面建成

贯彻"覆盖城乡、便捷高效、均等普惠"的总方针，完善覆盖全业务全时空的公共法律服务网络，建成推动公共法律服务"实体、热线、网络"三大平台。夯实实体平台基础，全面建成国内面积最大、功能最全的市级公共法律服务中心，16家区公共法律服务

中心和 331 个街道（乡镇）公共法律服务站全部建成运营，6869 个社区（村）公共法律服务依托村（居）法律顾问和人民调解委员会实现全覆盖；做实热线平台服务，建成市、区两级"12348"一体化呼叫系统，配备座席 142 个，提供全年 7×24 小时服务，实现跨越式增长；建成"1+3"网络平台，通过实体、热线平台工单数据化的方式实现群众需求两级响应、三级流转，一端发起、三台响应的"三台融合"发展模式日渐成熟。5 年来，四级实体平台提供公共法律服务 46 万人次，网络平台提供法律服务 346 万余次，"12348"热线解答群众法律咨询 248 万余人次，满意率 95% 以上。

（三）加强普法和基层依法治理

强化"谁执法谁普法"普法责任制，制定《北京市普法责任制实施办法》和 4 批普法责任制清单，全面建立法官、检察官、律师、行政执法人员"以案释法"制度，在全国率先开展"法律十进"活动，开创"订单式"普法新模式；成立北京普法联盟，整合全市 69 支队伍 24978 人的普法资源，形成大普法格局。5 年来，围绕中心工作和民法典宣传等重点任务，累计组织开展普法活动 5 万余场；深化基层依法治理，加快推进法治乡村建设三年行动计划，首次开展市级民主法治示范村复核评价活动，北京市"全国民主法治示范村（社区）"已达 74 个，"北京市民主法治示范村（社区）"已达 982 个。推动深化司法所改革，制发《关于落实部分行政执法权下放实行综合执法 加强司法所建设的指导意见》《关于进一步规范司法所工作职责 加强新时代司法所建设的指导意见》等系列制度文件，做实做强基层法治建设最小单元。5 年来，北京市司法所建设受到司法部多次表彰，获评全国模范司法所 9 个、全国先进司法所 9 个、先进个人 21 名。

二、北京市农村公共法律服务工作存在问题及不足

我国迈进全面建设社会主义现代化国家新征程，要求在法治轨道上推进国家治理体系和治理能力现代化，贯彻新发展理念、推动高质量发展，运用法治思维和法治方式应对风险挑战。建设社会主义法治国家要将一切国家和社会事务都纳入法治调整的范畴，全面推进乡村振兴就要将乡村的方方面面纳入法治调整的范畴，这对农村公共法律服务工作提出了新的更高要求。

（一）与乡村振兴战略结合不够紧密

中共中央办公厅、国务院办公厅 2019 年印发的《关于加快推进公共法律服务体系建设的意见》指出，要促进公共法律服务多元化专业化，积极为促进经济高质量发展提供法律服务。实施乡村振兴战略是党作出的重大决策部署，是新时代"三农"工作的总抓手。农村公共法律服务体系建设应紧密结合乡村振兴战略同步推进，为推动具有首都特点的乡村振兴和率先基本实现农业农村现代化保驾护航。在近年的工作中，司法行政部门特别注重将普法宣传融入基层依法治理，通过巩固基层法治宣传文化阵地助力提升乡村基层依法治理整体效能。但对照乡村振兴战略"产业兴旺、生态宜居、乡风文明、治理有效、生活富裕"的总要求，农村公共法律服务体系建设主要着力点在"乡风文明"和"治理有效"上，与其他方面结合不够紧密，促进作用不甚明显。

（二）城乡法律资源配置仍需进一步均衡

我市优质的公共法律服务主要聚集在城区，一些远郊区特别是偏远山区的公共法律服务相对滞后。一是农村法律资源匮乏情况仍然存在，城乡公共资源配置不均。主要表现在实体平台的数量、热线平台运行时间以及网络平台的建设方面，远郊区的平台建设明显落后于中心城区。二是资源调配手段机制单一，农村公共法律服务供给质量不高。当前，我市有效调配法律服务资源的方法措施还不够丰富，推动法律服务力量下沉、均衡法律服务发展的手段需要进一步加强。三是农村基层公共法律服务人才资源不足，法律服务行业人员数量偏少。农村公共法律服务的关键在人，受市场、地域等因素影响，城乡法律服务队伍配置失衡，部分偏远乡镇、农村法律服务人员资源相当匮乏，服务质量参差不齐。

（三）各方主体的参与度仍需进一步加强

一是部分基层政府认识有待提升。农村公共法律服务工作主要依靠司法行政部门推进落实，部分区级特别是乡镇政府对法律顾问服务、法律明白人培养等工作的认识、参与程度不够，财政资金投入不足、队伍力量薄弱的情况有待提升和改善。二是部分村干部受制于年龄、思维观念和环境影响，思想观念有待改变，面对复杂、疑难、专业化问题习惯以"老规矩"解决，运用法治思维和法治方式解决问题的认识和能力有待进一步加强。三是个别法律服务人员能力有待提升。如部分法律顾问虽然法学素养较强，但是深入一线、服务群众的基层工作经验较少，需要以律所等主体进一步转变选拔和培养方式。

三、进一步加强北京市农村公共法律服务工作的意见建议

随着我市全面推进乡村振兴迈出新步伐，各项农村改革不断深化，农民增收速度显著加快，农村群众对公共法律服务的需求也呈现出多层次、多领域、多样化、高品质的特点，应继续坚持以人民为中心的发展思想，加快推进农村公共法律服务体系建设，促进基本公共法律服务均衡发展，为全面推进乡村振兴战略提供助力。

（一）坚持党建引领，营造良好法治环境

一是各级党委、政府应坚持以习近平新时代中国特色社会主义思想为指导，深入学习贯彻习近平法治思想，深入学习贯彻党的二十大精神，增强"四个意识"、坚定"四个自信"、做到"两个维护"，层层压实党委、政府主体责任，将农村公共法律服务工作纳入法治建设考核和乡村振兴考核范畴。二是着力发挥党建工作职能，强化法治教育，使每个基层党组织都成为依法治国的坚强堡垒。强化村"两委"、农民和其他主体的法治素养和法治意识，奠定法治促进乡村振兴的社会基础。三是以党建为引领，深入实施"乡村振兴法治同行"专项活动，以民主法治示范村（社区）创建为抓手，推动形成自治、法治、德治相结合的乡村治理体系，为实施乡村振兴战略营造良好法治环境。

（二）加强协调联动，保障乡村振兴全过程

北京市委、市政府《关于做好2022年全面推进乡村振兴重点工作的实施方案》指出，要从"国之大者"的高度认识"三农"工作的极端重要性，把"三农"工作作为全市工作

的重中之重，走好具有首都特点的乡村振兴之路。作为农村公共法律服务的重要方面，司法行政部门在制定农村公共法律服务体系建设规划和实施意见时，要与农业农村、发改、财政、民政等部门加强协调联动，围绕"产业兴旺、生态宜居、乡风文明、治理有效、生活富裕"的总要求细化具体措施，做到用法治思维护航"产业兴旺"，用法治手段保障"生态宜居"，用法治文化滋养"乡风文明"，用法治方式实现"治理有效"，用法律准绳巩固"生活富裕"，使农村公共法律服务更好地服务集体经济发展和农民群众共同富裕，将法治理念和体系建设贯穿乡村振兴全过程。

（三）优化资源配置，提高乡村法律服务供给能力

进一步均衡城乡法律资源配置，提高乡村法律服务供给能力，充分发挥村（居）法律顾问面对面服务优势，开展法律顾问团队化服务，着力打通法律服务群众的"最后一公里"。一是推动市内区域合作深度，推动本市中心城区、平原新城、生态涵养区律师资源布局一体化发展，推动律师事务所向平原新城、生态涵养区布局，通过税收优惠、奖励补贴、简政放权等政策吸引律师事务所开办新所。二是通过政府采购或者政府购买服务等手段，引导律师等服务力量跨区参与村（居）法律顾问工作。三是发挥律师行业税收优惠政策作用，通过税收杠杆引导、鼓励律师更多参与公益法律服务。

（四）强化问题导向，培养多元服务人才

要以农村治理和发展为导向，将人才队伍建设作为提高公共法律服务供给能力的重要方面。一是充实基层治理力量，指导驻村第一书记、驻村干部等围绕乡村发展主要任务开展公共法律服务工作，重点关注困难群体需求，进一步健全矛盾纠纷预防化解制度机制，使法律服务在乡村治理中发挥积极作用。二是聚合各类人才资源，引导农村致富能手、外出务工经商人员、高校毕业生、退役军人等成为学法、用法、守法的先进典型，推进实施乡村"法律明白人"培养工程，引导带动群众积极参与乡村发展和法律顾问工作。三是进一步加强律师行业党组织建设，提高律所服务乡村振兴的意识和能力，引导党员律师群体积极参与乡村治理和服务集体经济发展，培养懂政策、通法律、接地气的高素质乡村法律顾问队伍。

（五）贴合乡村实际，打造"家门口"的宣传阵地

要强化宣传，提升知晓率，让农民群众会用、愿用，让公共法律服务真正成为"随时随地随身"的服务。司法行政部门应深入乡村实际，贴近基层农民，适应农村老龄化、农民受教育程度低的习惯和要求，在媒体平台的基础上，充分利用村内广播、宣传大屏、村口宣传海报等在地渠道进行宣传，多渠道、多形式介绍公共法律服务平台建设，打造群众"家门口"的宣传阵地，做到"抬头能见、举手能及、扫码可得"，让农民群众感受到公共法律服务方便、快捷、无障碍，让农民群众真切感受到公共法律服务管用、好用，从而培养出爱用的习惯，使公共法律服务体系建设的成果更多更公平惠及京郊大地。

（六）推进信息化建设，创新公共服务提供方式

一是推动公共法律服务热线、网络平台优化升级。针对农村法律服务资源不均衡问题，推动"12348"公共法律服务热线与"12345"政务服务热线归并整合，提高在线咨

询服务质量和效率，完善法律服务网在线办事功能，实现"一网通办"，提高农村公共法律服务标准化和一致性。二是加强公共法律服务大数据应用分析，健全平安中国建设社会协同机制，加强与人民法院、公安、民政等部门衔接联动，聚焦乡村治理方面的重点、难点和堵点，加大信息共享力度，切实为有效防控和化解农村社会风险发挥积极作用。

执笔人：李婷婷、刘宁、严笑宇

怀柔区服务首都城市战略
加快推进具有首都特点的乡村振兴的政策建议

思考和谋划怀柔区推进具有首都特点的乡村振兴，应着眼于怀柔区生态立区的根本方向，牢牢把握怀柔科学城的战略定位，凝聚市区两级力量共同推进怀柔区城乡融合发展，在更好承担首都"四个中心"建设、提高"四个服务"水平中探索怀柔区具有首都特点的乡村振兴路径。

一、加强顶层设计与政策支持

（一）有序规划与落实乡村的首都功能承载区

将"四个中心"的首都城市战略定位承载区域从城市视野扩展到乡村区域，破除首都城市战略定位的"唯城市论"，充分利用乡村的独特价值与资源禀赋，扩大乡村对外开放力度，让乡村地区能够依法依规承担更多的首都"四个中心"建设，探索符合农村发展要求的农村空间规划管理体系，确保乡村规划能够服务于乡村振兴。建议率先在怀柔区开辟国家政务活动乡村示范区，将怀柔乡村地区纳入支撑国家政务活动的重要空间进行规划布局，使得乡村成为国家政务活动的重要场所。在怀柔区建立国际重大外交外事活动乡村示范区，重点在乡村规划建设外交外事活动区、国际会议会展区、国际乡村旅游区等国际交往活动场所，使怀柔乡村成为向世界展示首都改革开放与乡村振兴建设成就的重要窗口。在怀柔区建立科技研发应用乡村示范区，促进怀柔科学城与乡村振兴战略有机结合。

（二）开展怀柔区生态产品价值实现机制试点工作

将服务 2030 年前碳达峰、2060 年前碳中和的"双碳"目标与激活农村自然资源资产、促进乡村振兴结合起来，根据《北京市生态涵养区生态保护和绿色发展条例》，探索自然资源资产有偿使用、生态产品价值实现的具体路径，学习借鉴浙江（丽水）经验做法，率先在怀柔区开展生态产品价值实现机制试点工作，建立生态价值核算评估应用机制，科学核算生态产品价值，建立绿色发展财政奖补机制，探索建立生态产品价值考核体系和干部离任审计制度；健全生态产品市场交易体系，推进自然资源资产产权制度改革，健全自然资源资产产权制度，健全生态产品市场交易机制，鼓励林业碳汇交易，建立生态信用制度体系，完善促进生态产品价值实现的金融体系；健全综合性、多元化生态保护补偿机制，以生态环境保护绩效为基础，逐步推动生态保护补偿与财力转移支付联动挂钩，提升生态涵养区综合发展效益。

（三）健全完善城乡融合发展体制机制和政策体系

围绕落实《中共北京市委 北京市人民政府关于建立健全城乡融合发展体制机制和政策体系的若干措施》，着力健全完善全市城乡融合发展体制机制和政策体系，加强统筹协调、补齐制度短板，通过试点改革方式加快推进重要政策性突破，将怀柔区全域作为北京城乡融合发展与乡村振兴示范区，在农村集体产权制度、要素市场化配置、城乡空间规划管理、农村基础设施与基本公共服务、涉农资金使用等重点难点领域先行先试，支持制度改革和政策安排率先落地，观照全局，及时总结提炼可复制的典型经验并加以宣传推广。重点建议以调整完善土地出让收入使用范围优先支持乡村振兴工作为重要抓手，在怀柔区率先开展相关工作，将增加的投入重点用于补齐怀柔区农村供水管网、污水管网、垃圾收运处理网、乡村路网、互联网等农村生活公共设施短板和农业生产流通基础设施短板，加快实现城乡就业、教育、医疗、养老、文化等基本公共服务的城乡一体化。高度重视乡村老龄化、空心化问题，推行免费教育、免费医疗以及高水平的社会养老等普惠性的公共政策，全面提升农村社会福利和民生保障水平，使广大农民享受到与城市居民等值的生活水准。特别是进一步增强完善怀柔 14 个乡镇的基础设施和公共服务功能，把乡镇建成服务农民的区域中心、带动农村发展的产业中心，增强乡村的资源资金吸附力。

二、突出政策集成与实践创新

（一）坚持规划引领，优化城乡产业布局

怀柔区应抢抓科学城建设的重大历史机遇，将乡村地区作为重要的科学城发展腹地纳入全区"1+3"发展格局，破除城乡分割的重大项目引领机制，加强政策集成应用，优化城乡产业规划布局。

一是高标准在怀柔科学城、国际会都、中国影都等周边建设若干特色小镇和功能微中心。怀北镇建设集人才培养、应用研究和创新孵化为核心功能的生态型"科学小镇"；雁栖镇打造以国际会都为龙头的会议会展小镇和国家政务活动名镇；北房镇打造科学城南区创新型产业示范区、科技成果转化聚集区；怀柔镇建设绿色创新产业高质量发展的京郊名镇；庙城镇建设绿色与智能制造产业基地；杨宋镇打造国际一流的中国影都；桥梓镇构建怀柔科学城科技成果转化的重要承载地。围绕核心功能拓展配套升级产业链和产业设施，率先实现"一城两都"所覆盖的乡镇在交通、市政、民生等基础设施和公共服务上的均等化、便利化，加快推动公租房、社区服务、人居环境、基础教育、金融社保等升级，提升治理能力与治理水平，建设一批国际化的特色农场、特色民宿、特色休闲文化场所。针对产业融合发展需求，落实一定比例的建设用地指标，允许弹性调整镇村建设用地规划，试点一批点状供地项目。

二是在交通区位较好的浅山区乡镇打造以长城文化、生态文化、民俗文化为特色的文化旅游景观产业带，重点发展民宿产业和乡村休闲旅游产业。九渡河镇打造怀柔科学城西部产业融合发展腹地、商务会议休闲旅游承载区；渤海镇打造长城国际旅游休闲度假目的地、高端人才商务活动目的地；琉璃庙镇打造传统与现代、生态与人文融合的休闲旅游特色镇。突出怀柔民宿产业优势，拓展民宿产业链条，裙带四方景色，激活全域旅游。通过一二三产业深度融合发展，构建"三产联动、多业融合"民宿经济业态，拓展城乡民宿产业链。一方面从生态农业、乡村旅游方面着手，加强民宿业与周边生态农业、乡村旅游资源的整合，联动农副产品深加工、旅游景区开发等项目，变出售资源为资源融合创新。另一方面，通过旅游经济新业态赋能民宿产业，构建"民宿＋文创""民宿＋亲子""民宿＋研学"渠道，拓展民宿与文旅、商务、会议等产业融合，构建多业联动、多业融合的"民宿＋"产业链，打造扩大内需"新引擎"。

三是在土地条件较好、规模较大的传统村做强现代农业，加强农业生产体系、经营体系、产业体系建设，支持有机农业、设施农业、创意农业发展，通过"公司＋农户""公司＋合作社＋农户""党支部＋合作社＋农户"等方式，提升农业设施、农业服务、农业旅游、农业电商，培养农业领军企业，促进新业态与农业融合发展，建立健全农业产业链、供应链、价值链，提高农产品附加值。明确规划发展怀柔全域生态有机农业，可学习借鉴遵义市凤冈县"双有机"经验，以某乡镇或村庄为单位先开展"双有机"试点工作，在试点范围内打造全域有机，并逐步实现全产业链有机，从产品的选种育苗——生产／饲养——加工运输整个产业链实现有机管理，打造"北京第一、华北一流、全国知名"的全域有机产业区。

四是优化深山地区村庄生产生活布局。偏远乡镇要整合聚集乡村资源，适度发展特色文化旅游和林下经济；围绕"双碳"目标，率先打造零碳美丽乡村，探索形成绿色、零碳、循环的经济社会发展模式；引导偏远山区农村、空心村搬入融入有产业功能新建镇区，同时加强农业政策支持，发挥集体经济和龙头企业组织作用，引导土地集中规模化经营。

（二）引导资本入乡，提升乡村产业能力

一是建立工商资本入乡促进机制。深化"放管服"改革，强化法律规划政策指导和诚信建设，打造法治化便利化基层营商环境，稳定市场主体预期，引导工商资本为城乡融合发展提供资金、产业、技术等支持。通过土地、政策、投资、服务一体化运营加大资本资源导入力度，加快产业落地。二是允许在乡镇建设用地范围内进行土地成本综合评估。借鉴经开区经验，把住宅类土地部分政府收益转化为引进优质高精尖项目的政策投入，切实降低产业用地成本，发挥市场机制吸引产业落户。三是扩宽乡村产业融资渠道。引入政策性金融、保险资金、海外资金，建立特色生态产业基金和乡村振兴基金，培育一二三产融合型农业龙头企业，推动绿色生态产业发展。四是对乡村振兴领域市场化投资项目实行差别化支持政策。对实施二三产融合、乡村经营性项目、郊区功能性设施平台建设的企业，给予区级经济贡献奖励，提升产业项目比较优势。

（三）做强镇村经济，优化服务人才能力

改变单向的等人下乡思维，建立逆向的筑巢引凤思路，优化乡村人力资源。一是精准

搭建镇村产业发展平台。着力培育镇村集体经济和优质民营企业，引导国有企业和优质民营经济与镇村联动搭建产业平台，使镇村集体经济在本区域城市保障、园区运营、配套产品、生活服务、文化开发、农业综合体、专业合作社等领域占有一席之地，将村镇集体经济组织打造成乡村振兴的主力军和承接城镇产业链的连接器。二是完善新型集体经济政策支持体系。研究出台区级政府对新型集体经济的支持政策，加大对人才回乡、资本下乡、渠道连乡的支持力度，对具体项目在政策指标、资金补贴、政府采购等方面给予倾斜。三是为下乡入村人才提供必要生活配套。依据规划人口情况，支持重点镇加快提升幼儿园、中小学、医疗、养老等公共服务保障水平，建设适合年轻人的公寓租赁住宅和社区商业。四是扩大乡村富余劳动力就业。加大对失地农民、青年农民、乡镇大龄劳动力进行就业培训和职业技能提升，依托社保机构建立乡村振兴岗位对接平台。

执笔人：刘雯、张英洪

突破"限制"激发创新，做有"根"的乡村教育

——怀柔区九渡河小学乡村教育振兴案例研究

乡村振兴，教育不能缺席。习近平总书记强调乡村振兴最终要靠人才，而人才的培养要靠教育。乡村教育事业的发展，无疑是乡村振兴战略的重要支点，对接和服务好乡村振兴战略，是教育部门和教育工作者义不容辞的责任与担当。"十四五"时期北京提出要在全国率先实现高水平基础教育现代化，乡村教育的现代化依然是其中的难点和短板。在进入全面推进乡村振兴、加快农业农村现代化的新发展阶段，具有首都特点的乡村基础教育应该是什么样子的？需要为乡村培养什么样的人？如何让乡村教育更好地融入乡村振兴战略？带着这些问题，近期，我们走访了罗振宇在 2021 年跨年演讲《时间的朋友》中提到的一所京郊山村小学——北京市怀柔区九渡河镇九渡河小学。

一、乡村学校的嬗变

近年来，怀柔区通过与市区中小学一体化办学，将城区优质教育资源辐射山区小学。地处怀柔区西南部九渡河镇域内的九渡河小学便是其中之一。2020 年 1 月，这所地地道道的山村学校与北京市十一学校实施一体化办学，正式更名为"北京十一学校九渡河小学"。学校现有教师 24 名，学历以中专、大专为主，6 个教学班，在校学生 144 名，生源多是附近 6 个村以及福利院的孩子。

一体化办学后，在没有换掉一个老师，也没有大量投入的情况下，从十一学校派来的执行校长于海龙，没有一味照搬都市教育的模式，而是在秉持十一学校总校"围绕学生成长，立德树人，让学习真实发生，培养学生终身学习能力"的教育理念下，结合山村学校自身的特点，着重寻求山村教育切实可行的解决方案。通过重构教育空间、教学理念、课程结构及治理体系，立足乡村，放眼世界，探索建设一所坚守"农"味、富含"乡"气、拥有"学"劲、真有"做"派的现代山村学校，致力于培养一批具有乡土情怀、中国根脉、世界眼光的现代农村少年。学校在育人的同时还时刻关注着当地乡村的发展，结合国家提出把乡村教育融入乡村建设，更好地发挥农村中小学教育中心、文化中心作用的相关要求，牵头成立了九渡河乡村振兴产业联盟，积极探索学校在恢复乡村产业、对接产业资源、推动乡村振兴中的作用，尝试让学校成为当地产业发展的促进者和引领者。

乡村学校在自我突破中实现人与乡村的相互滋养。九渡河小学地处山区，地域条件、硬件设施、师资力量、教育资源都无法与市区学校相比，但现实条件的限制不但没有成为学校发展的桎梏和阻碍，反而成为超越限制的动力。合作办学后，学校始终践行"限制"激发创新的核心价值观，以创新作为超越限制的翅膀，在一次次的突破中，最大限度地利用资源，挖掘潜力，激发动力，实现了不同于城市教育的差异化、多元化发展。

（一）突破空间"限制"，让学习和成长随时随地发生

"生活即学习。课程与生活链接，学习才更有针对性。"秉承一切空间全部留给学生，一切学习资源全部围绕学习的真实发生来布局的理念，学校在不改变乡村学校特有风貌的同时充分利用现有资源就地取材对空间进行重构，将乡村元素和学生需求充分融合，打造出一个真正属于学生自己的独特校园空间。为改善学生体育空间设施不足的问题，学校投入有限的资金将原来闲置的校园空地挖掘到"极致"，操场改造成运动场、篮球场，爬树课的大树下建起了沙坑，操场的围墙改造成攀岩设施，一间弃用的室外房屋被改造成城里学校也难得一见的壁球馆和射击馆，户外还专门为学生设置了表演空间、种养殖基地，等等。原有的一排排仓库也被改造成教学用房和特色学习工坊，给各类教学活动留足了空间，满足了以学生为中心的个性化学习、自主性学习、探究性学习、协作性学习的目的，让学习和成长能够随时随地发生。

（二）突破教学方式"限制"，让学习变得有意思、有意义、有可能

在课程体系的设置上，着眼于当地乡村实际，打破传统教学方式限制，创新性地采用项目式教学法（Project-Based Learning）。成立种植工坊、养殖工坊、手工工坊、厨艺工坊、木工工坊、豆腐工坊六大工坊，设计20多门工坊课程，以工坊中的不同项目任务为核心，将国家课程标准中各学科的教学任务穿插融合到既富有挑战性又与当地乡村发展高度相关的项目中去，实现跨学科内容的融合。让学生们在现实任务的驱动下主动搜集信息、掌握原理，找到解决问题、完成项目的方法。比如，在种植工坊中，学生们根据本地村民提出的"选择合适土壤种植"的建议，对九渡河地区的土壤进行检测。在检测土质的过程中，不仅完成了对诸如土壤成分及其化学变化的认识、数学百分数的计算等一系列国家课程标准中规定的学科知识的学习，还进一步掌握了多学科知识间的综合应用，学生们的创造力、想象力、思考能力和解决实际问题的能力得到了充分锻炼。

（三）突破师资"限制"，乡村"外援"让教育坚守"农"味富含"乡"气

面对有限的师资力量，学校在充分激发现有师资潜能的同时，创新性地提出招聘乡村教育合伙人的设想，通过在附近村庄寻找具有农业劳动、生产劳动等一技之长的当地农民，筛选出符合条件的能工巧匠，应聘教育岗位，为学生们提供涵盖农业种养殖、农产品加工、传统手工艺制作、民宿设计管理经营等多类型的专业指导，补充学校教育在乡土文化知识方面的不足。自2020年9月起，学校已从周边6个村招聘了40多位手艺人走进学校，教授学生各类技能，成为受人尊敬的老师。学校尊重每个个体的价值，让孩子、老师、手艺人都从课程中找到了自己的位置，实现了乡村各类实用技能与学校教学知识相互补充、相互渗透，既扩充了学校的师资库、壮大了师资力量，同时也带动了当地产业发展及农民收入的增加，实现了现代教育与乡村振兴的有机融合，让乡村教育接地气、带"农"味。

（四）突破思维"限制"，让乡村教育既立足山村又连接世界

育人是学校的核心使命。在乡村，就是要培育热爱乡村、将来能反哺和建设乡村的人。在老师的带领下，学生们深入山村，对豆腐制作、木工坊、非遗灯笼、板栗生产等当地乡村产业进行全面调研，绘制九渡河镇产业分布图，针对产业链中的堵点、难点问题设计课程任务。比如，针对现实中乡村产业最薄弱的营销环节，学校借鉴国外经济学、商学的课程标准，鼓励学生在完成产品制作的同时，完成销售策划、谈判洽谈、法律咨询、合同签订等多重任务，在完整的产销产业链中，让产品既做得出来也卖得出去。通过课程的具体实施，学生既能在真实任务驱动下完成学科知识的落地，又能推动乡村产业完成闭环，让课程成果实实在在地成为山村生态链的重要环节，助力产业发展。目前，学生们已将当地非物质文化遗产——浆水豆腐销售到多家餐厅、学校食堂和农家乐，帮助浆水豆腐产业打开了销路。

扎根乡村的同时，学校也不忘树立学生放眼世界的眼光和高度。在各方的努力下，学校定期邀请不同领域的"大咖"为孩子们进行演讲，通过世界冠军、商界精英、专家学者的分享，为山村的孩子们搭建起连接世界的桥梁，更为未来乡村的发展根植下新的生机和希望。

（五）突破组织方式"限制"，实现师生自我成长

在组织方式上，学校打破了层级和学科的限制。学校内部，所有人都为教学一线服务。没有分管的副校长，老师也分属于不同的项目。同一位老师在这个项目里可能是主管，在另一个项目里就是成员。有些课的项目负责人甚至是学生。以这种形式充分赋能每一位师生，激发每位师生内生动力。老师不再是单纯的知识传授者，而是学生思维的启发者和引导者，也是整个学习任务或项目的把控者。学生对知识的学习和记忆也不再单纯是因为要应付考试、取得好成绩，而是能从学习中直接找到实际意义所在。

三、走出具有首都特点的乡村教育振兴之路

与崭新的硬件条件相比，九渡河小学以教育为根的育人理念更加让人振奋。仅仅凭借让学校越来越像山村小学的信念，九渡河小学在教育回归本源的实践中，不断尝试以教育重构人与乡村的连接，实现了从应付考试向帮助孩子建立解决问题能力的真实转变，孩子们热爱乡村的获得感、乡村技能人才的自我价值实现感和乡村学校老师的荣誉感持续提升。学校在育人模式上的转变不仅让我们看到了"脚下有根、胸中有志、眼中有光、人生有为"的现代山村少年该有的模样，更带给了首都乡村教育更多的可能性。

（一）党建引领，加快培养面向未来的乡村教育引领者

乡村振兴，关键在党，核心在人。中央提出要坚持加强党对乡村人才工作的全面领导，引导各类人才向农村基层一线流动，打造一支能够担当乡村振兴使命的人才队伍。九渡河小学作为一所山区学校，在短短的两年时间里，能够在没有资金优势、政策优势、生源优势的情况下，发生如此巨大的改变，党建带头人的作用至关重要。从十一学校李希贵校长主持的未来教育家培养项目中走出的于海龙校长，凭借过硬的政治素质、创新性的育

人理念及强烈的担当意识扎根山村，不仅为学校带来城里名校的先进教学理念，更因地制宜地将这些理念与当地乡村发展实际相结合，突破现实资源条件的限制，通过思想的变革催生与唤醒乡村教育振兴的内生动力，创新性地提出项目教学法、乡村教育合伙人、乡村振兴产业联盟等做法，使一所面向未来的山村学校初具雏形。

具有首都特点的乡村教育发展之路，迫切需要我们加快教育人才队伍建设，尤其是要培育一批像于海龙校长这样政治过硬、业务精湛、担当作为、治校有方的乡村小学校长。充分发挥党的政治优势，深刻理解人才是第一资源的重要意义，把培养好、选配好乡村学校校长、书记作为乡村基础教育战线人才队伍建设的第一任务，全面优化教育人才培养生态，通过持续的、长远的规划及合理的调配，推进乡村教育领军人才办学治校。进一步完善校长选配、培养长效机制，充分利用好首都全国教育高地的资源优势，通过经费投入、政策倾斜，加大乡村中小学与市区大中小学、科研院所的合作共建、对口帮扶力度，选派更多熟悉乡村、热爱教育的人才到乡村学校担任校长、书记，帮助建强乡村学校基层领导班子、培养更多本土教育领军人才。

（二）挖掘本土师资潜力，厚植乡村教育情怀

没有与乡村振兴发展要求相匹配的师资力量，乡村教育便是无源之水，无本之木。师资力量薄弱是长期制约乡村教育发展的重要问题，特别是北京这种超大型城市，城市的虹吸效应尤为显著，乡村学校需要与城市抢人才，城里的教师"招不来、留不住"，本土的好教师则希望到城市寻求更好的发展机会。

为乡村教育固本强基，九渡河小学从利用农村内生教育力量和构建乡村教师乡土情怀两方面进行了探索。在没有借助乡村以外教育力量的情况下，通过招聘乡村教育合伙人既补充了校内师资力量的不足，又让农民提升了获得感和荣誉感，让乡风文明有了传承人；在没有换掉一位原有教师的情况下，通过鼓励教师设计各类跨学科课程，引导教师充分认识和释放自身的教育潜质，再次激发了乡村教师对乡村教育的热情。

现阶段的乡村教育，人们更多关注的是乡村教师专业能力的提升，对乡村教师乡土情怀的构建缺乏应有的重视和关注，然而乡村教师的乡土情怀是维系乡村教师教育力的关键所在，影响着乡村教师教育工作的质量和专业发展的动力，对乡村教育的良性发展有着至关重要的影响。在乡村振兴战略背景下，在健全教师管理体制及激励机制的同时，同样需要注重对富含乡土韵味的校园文化的营造，通过重构教师与乡村之间的连接，唤醒乡村教师蛰伏在内心中的乡土情感，提升教师对乡土文化的认同感，让乡村学校真正成为教师实现梦想、体现自我价值的沃土，让乡村教师的教育人生有尊严、有价值。

（三）转变乡村育人模式，为乡村振兴蓄足后劲

2021年发布的《关于加快推进乡村人才振兴的意见》提出坚持把乡村人力资本开发放在首要位置，大力培养本土人才。当前，随着乡村振兴的全面推进，不少从乡村走出的孩子有意愿回到家乡、建设家乡。但在他们以往的教育经历里，多以城市"应试教育"为导向，与乡村文化、地域性文化的联结存在缺位，乡村的孩子不了解乡村的情况非常普遍，导致这些孩子即使回到家乡也缺乏振兴乡村的相应能力和技能。这种教育培养方式显然与乡村振兴的内在要求相背离，难以满足乡村振兴对未来人才储备的需求。

九渡河小学这场变革为未来乡村新型育人模式提供可借鉴的思路，其核心在于充分遵循了教育规律和学生的成长规律，将差异化的"教"和个性化的"学"有机融合，通过任务式教学创新教育教学组织方式，立足课本知识和当地乡村产业发展实际更新教育教学内容，聘请当地手工艺人任教，丰富教育教学手段，这种"就地取材"式的人才培养方式与当地乡村资源的契合度更高。学校通过实践引导学生探索发现当前乡村发展中的优劣势，让教育成为生活本身，真正实现了学习在窗外、他人即老师、乡村是教材的教育模式，学生在获得乡土知识的同时，也通过在学校获得的广阔视野和知识储备去帮助乡村补足产业链、生态链上的短板，发现乡村更大的经济发展机会。这种育人模式不仅更加符合农村发展的实际及乡村振兴未来发展的需求，还会强化学生甚至整个学生家庭和家乡的血脉联系，让这些从乡村走出的孩子在可见的未来既有愿望也有能力回到乡村、建设乡村、反哺乡村，从根本上解决乡村振兴的问题，让乡村后继有人，充满活力。

（四）农教融合，让乡村学校成为当地产业发展的促进者和推动者

教育和乡村能碰撞出怎样的火花？九渡河小学立足当地乡村实际，以课程连接产业链，把山村资源转化为课程并通过课程成果推动乡村产业发展，让乡村学校不再是隔绝在乡村生活之外的象牙塔，而是让教育充分融入当地发展，使乡村学校和乡村形成一个有机的生态系统。九渡河小学的实践充分证明了乡村学校并不是教育的孤岛，同样可以在推动甚至引领乡村产业振兴中发挥积极作用，是乡村生态链、产业链中不可忽视的重要组成部分。

在全面推进乡村振兴的新发展阶段，乡村的发展绝不是仅仅依靠一个部门或者几个部门就可以完成的，而是需要全社会共同力量的有效参与。必须充分调动社会各方力量的积极性，从"一家干"变成"大家干"。其中，教育和农业的深度融合有利于挖掘农业发展潜力、促进一二三产业融合发展、推动农业供给侧结构性改革。《北京市"十四五"时期乡村振兴战略实施规划》提出要落实新时代大中小学劳动教育要求，建设一批青少年农耕文化实践教育基地、乡村综合体。特别是当前随着教育"双减"工作逐步落地，学校和家长对于学生学农劳动、研学实践、科普教育、亲子体验等需求在不断增加。在农村发展文化体验、教育农园、亲子体验、研学示范等业态大有可为，对于促进当地休闲农业高质量发展、带动农民增收具有重要的作用。但由于缺乏专业的教育资源，现在不少此类基地的农教融合课程仅局限在采摘、DIY制作、体能拓展等娱乐性活动，没有深入挖掘农教融合中"教"的本质，缺乏创新性、科学性。乡村学校在挖掘和创新利用当地农耕文化、丰富农业教育内涵以及课程设计上具备专业优势，恰恰可以为当地教育和农业的深度融合提供必要的支持和助力。同样，在这一过程中，也需要各级政府、主管部门在体制上、政策上、思想上再解放一点，再突破一点，给予足够的支持和条件保障，真正发挥和释放乡村学校在乡村产业振兴中的潜能和作用。

执笔人：陈雯卿、杜力军、余军君

顺义区龙湾屯镇和赵全营镇促进农民增收推动共同富裕调查报告

2022年9月6日—7日，北京市农研中心党组成员、副主任吴志强带领计财处人员，对顺义区龙湾屯镇的柳庄户村、焦庄户村、树门村和赵全营的忻州营村、前桑园村、河庄村促进农民增收、推动共同富裕情况进行实地调研，在龙湾屯镇召开了由区农业农村局、两个镇分管农业农村工作的领导和相关业务人员参加的座谈会，听取工作汇报和对增收工作的意见和看法。深入调研村，对调查问卷进行核实，与村党委书记、主任和村民代表就影响农民增收的主要因素、下一步拟采取的措施和政策需求进行了交谈。

一、基本情况

（一）人均可支配收入情况

表1　调研村人均可支配收入情况表

镇	村	全村年人均可支配收入（元）	调查户年人均可支配收入（户数）		
			1.8万元以下	1.8万—3万元	3万元以上
龙湾屯	柳庄户	29950	6	3	1
	焦庄户	28345	1	2	7
	树门	25631	3	5	2
赵全营	忻州营	29500	3	4	3
	前桑园	30000	—	8	2
	河庄	33000	4	4	2

调研的6个村中，年人均可支配收入最高的是河庄村，为33000元，最低的是树门村，为25631元。

调研的60户农户中，年人均可支配收入1.8万元以下的17户，占28.3%；1.8万—3万元的26户，占43.4%；3万元以上的17户，占28.3%。

交谈了解，年人均可支配收入在1.8万元以下的家庭中，老人和孩子居多，外出工作的人少，造成家庭总收入少。年人均可支配收入在 3 万元以上的家庭中，年轻人居多，外出打工带来的收入多，加大了收入基数。

（二）人员构成情况

表 2　调研村人员构成情况表

镇	村	总户数	户籍人口	16 岁以下	16—60 岁	60 岁以上
龙湾屯	柳庄户	168	494	76	360	58
	焦庄户	530	1320	128	1003	199
	树门	137	318	48	225	45
赵全营	忻州营	252	703	80	505	118
	前桑园	328	1293	124	975	194
	河庄	251	571	84	409	78
合计		1666	4699	540	3477	692

调研的 6 个村中，60 岁以上的老人 692 人，占户籍人口 4699 人的 14.7%，若剔除在外务工的人员，村里从事农业生产的人员都在 50 岁以上，老龄化现象比较严重。

（三）人员就业情况

表 3　调研村人员就业情况表

镇	村	户籍人口	就业人口	第一产业	第二产业	第三产业
龙湾屯	柳庄户	494	232	67	59	106
	焦庄户	1320	480	110	345	25
	树门	318	145	51	44	50
赵全营	忻州营	703	402	158	147	97
	前桑园	1293	873	83	340	450
	河庄	571	276	3	13	260
合计		4699	2408	472	948	988

调研的 6 个村中，就业人口 2408 人，占户籍人口的 51.2%，有近一半的村民没有实现就业，直接影响了家庭收入。就业人口中，从事一二三产业的分别占 20%、39% 和 41%。说明农民的家庭收入主要来源于二三产业，农业收入所占家庭收入比重较少。

二、主要做法及成效

（一）发展新型集体林场，拓宽增收渠道

2020年，两镇均成立集体林场，作为开展集体生态林建设、管理、保护和可持续利用的集体所有制新型林业经营主体。按照每50亩林地需1人管护的标准，龙湾屯镇集体林场聘用各类工作人员193人，其中本地劳动用工占比96%，月均工资3600元。赵全营镇集体林场共收回6593.4亩，现已安置本镇60人就业，月均工资3100元。进一步提高本地农民就业率，扩大了农民工资性收入。另外，集体林场还积极参与"五边"绿化、道路保洁、森林抚育等项目市场竞争，扩大业务范围，提升自身盈利能力。

（二）培育新型经营主体，促进农民增收

龙湾屯镇政府统筹各类扶持政策和奖励资金，深入探索"集体林场＋合作社＋农户"的生产经营模式发展林下经济，预计全年发展林下种植面积1000亩，带动农户150户，实现户均增收不低于4万元，达到经济效益、社会效益、生态效益有机统一。与北京瑞合丰种植专业合作社合作，在七连庄村、山里辛庄村894.8亩平原造林地发展林下种植灵芝和食用菌项目，预计亩毛利润可达3500—4000元。同时制定了《龙湾屯镇2022年农民专业合作社资金扶持奖励办法（试行）》，对辖区龙湾巧嫂、吉祥八宝火绘葫芦、中海外业兴福盛等5家有较强带动作用的农民专业合作社进行帮扶，鼓励发展适度规模经营、建设绿色生态农业等。加大对农业合作社、家庭农场等规模化经营主体奖励扶助工作力度，近两年共向依法合规、持续经营且具有明显带动作用的示范社、示范户拨付专项资金119万元，用于开展技术培训和购买农资农具，有效缓解了各经营主体发展过程中存在的资金短缺"瓶颈"问题。

（三）盘活闲置资产，激发资源资产活力

赵全营镇认真梳理镇内闲置空间资源，出台招商引资政策，引入项目盘活闲置资产，如建筑面积6700平方米承载"中关村（赵全营）中试服务基地"项目、绿友南镇承载北京众驰伟业科技发展有限公司医疗检验仪器产线项目、北京科诺德技术装备有限公司厂镇承载北京微构工厂中德合成生物学研发中心项目等，项目落地可带动全镇就业100余人，为村民寻找了就业门路，增加了收入渠道。赵全营镇多措并举，提升农业土地价值，向土地要效益，2022年上半年土地出租亩均提升300元。

（三）创新经营模式，全力促进增收

一是以焦庄户红色美丽村庄建设为依托，引入北京明禾唐文化发展有限公司、中国建筑设计研究院建筑三院等社会力量，通过村企联营模式，对村小学旧址、机务队等闲置院落进行开发利用，已起草合作运营协议，同步策划红色旅游营销方案，提升市场化运作能力，预计投入运营后第一年接待量达2万人次。

二是在柳庄户村创新村企联盟模式，以村党支部为联结点，整合周边企业，成立村企联盟，创新探索"村庄＋企业＋农户"的共建共治共享治理模式。目前，村内分享收获农场计划利用村集体闲置冷库、房屋，打造集农产品精加工、农事体验、休闲娱乐于一体的活动场所，实现一产、三产融合发展。

三、存在的主要困难和问题

（一）村集体经营性收入来源单一

龙湾屯镇和赵全营镇一直以种养殖为主导产业，工业企业发展基础条件比较落后，缺乏高精尖产业项目带动。龙湾屯镇土地租金为村集体的主要经营性收入，经营性资产规模小，经营性资产中一般只是农田水利设施（机井、喷灌设施等），可经营的厂房、农机设备不多，可开发利用的经营性资产较少。闲置土地资源大多为场院、学校，且已规划为公益用地，可盘活闲置资源较少，产业项目对接能力较差。农业生产资料价格上涨较快，经营成本高，农业项目利润空间有限。赵全营镇大部分村的收入主要来自政府补助和土地承包租赁费收入，可开发可利用的经营性资产较少，增收困难。

（二）农业产业链条延伸不够

龙湾屯镇虽然果品、蔬菜逐步规模化，但高标准种植规模小、科技设施使用率较低，农产品价格水平依然偏低。同时农业产业链条延伸不全，农产品总体仍以成品销售为主，农业"接二连三"关联配套不够，高附加值产品较少。设施农业规模相对较小，配套基础设施、生产设施不足，观光农业仍处于起步阶段。乡村民宿仅在柳庄户村初步发展，民俗旅游户主要集中于焦庄户，数量少，加之受新冠疫情影响，经营困难较多。

（三）集体企业发展缺乏后劲

龙湾屯镇集体林场经营主要依托平原造林养护及林下经济，盈利主要解决剩余劳动力就业及反哺养护费用；村企主要承接公共服务项目，经营能力不强，盈利有限。

（四）农户持续增收能力有限

当前各村农业劳动力年龄偏大，家庭经营水平不高，后劲不足，表现为不愿更新品种、购买社会化服务及技术替代率偏低，无金融贷款需求不愿扩大投入；外出就业受产业政策限制、外部经济形势及疫情影响，工资收入增长有限。农民参与村集体经济方式单一，大多为家庭承包土地流转、土地入股收益分配、公益性岗位临时就业等。财产性收入大多为房屋租金，与城乡结合部、地铁沿线相比租金标准差距极大，闲置农宅盘活利用率较低。

四、对下一步村民增收的设想

（一）加强基层党组织建设，提升管理人员能力素质

发展壮大村集体经济，基层党组织领导班子建设是关键，从文化程度高、经营大户、科技致富带头人中选配村干部，提高村级班子发展集体经济的信心和能力。坚持"实际、实用、实效"的原则，加强市场经济知识的教育和培训，转变思想观念，提升发展动能，增强领导集体经济工作的能力和经营管理服务的水平，提振发展集体经济的决心和本领。强化基层党组织建设，更好发挥在乡村振兴战略实施中的战斗堡垒作用。加强合同管理，规范产权交易，完善村集体经济法人治理机制。建立健全农村集体经济组织内部管理机构，理顺村集体经济监督管理机制。

（二）充分发挥农业资源优势，提升农业附加值

一是做实"一产"。2021年，龙湾屯镇果菜基地入选全国第一批种植业"三品一标"示范基地，明确果品、蔬菜为主导产业，发展林下经济，提高土地利用率和经济效益。围

绕镇域农业园区产业环线，打造"舞彩浅山"休闲农业旅游线路 1 条、标准化现代农业园区 2 个。加快"樱桃"农产品地理标志申请认定工作启动和推进工作。

二是做大"二产"。龙湾屯镇按照产地加工就地就近原则，建设水果、蔬菜等产品初加工、仓储设施 1 处，农产品产地初加工率达到 100%。建成保鲜、冷藏设施 3 处，产品烘干冷藏率达到 85% 以上，为农村增收提供强有力的服务保障能力。

三是做足"三产"。2021 年，龙湾屯镇获得首批全国乡村旅游重点镇称号，积极推进产业基地"景区化"建设，利用"舞彩浅山"郊野公园、登山步道、休闲农业园区精品线路等优势资源，大力发展新型博士农场、休闲采摘、乡村旅游、生态康养、科普教育、科学实验等新产业新业态，延伸产业链条，拓展农业功能，促进产业融合发展，提升农业附加值和经济效益。

（三）拓宽增收渠道，提高农民增收的积极性

一是充分发挥农民专业合作社、家庭农场等新型农业经营主体的引领带动作用，拓宽农产品销售渠道，提高市场价格。争取各方政策，积极发展设施蔬菜、樱桃，优先支持村集体。以村集体为主体盘活利用闲置农宅开发，发展乡村旅游、餐饮民宿、农耕体验；以生态农业提高"土壤碳汇"为核心、城乡互助养老为驱动、绿色产业为亮点，建立"红 + 绿"产业体系，同步打造"碳惠村 + 颐养村"。二是用好农村集体建设用地，组建服务型经济实体，提供用工服务，承接农村公益事业等公共服务事项。三是鼓励发展镇级新型集体林场，推动集体生态林资源转化为农村集体增收、农民致富的绿色资本。

（四）强化政策和资金支持，提高对农民增收的帮扶力度

一是加强各级财政反哺农业的政策支持力度、财政资金转移支付力度和对农村集体经济组织的扶持力度，加大基础设施投入，提升村级公共服务水平。二是要根据农业生产、农民需求，合理调整和完善财政资金支出安排，集中财力补短板、强弱项，把更多的财政资金投入农业生产、农业科技、农村建设等方面，提高农业投入产出率，充分调动农民积极性，更好促进农民增收，实现共同富裕的目标。三是上级主管部门要在组织建设、发展用地、规划、镇村企业、产业发展、闲置资产、招商引资、金融支持、人才引进等方面加强指导，为壮大集体经济和农民增收提供人才、技术和服务支撑。四是对村集体申报设施农业项目，财政部门在评审时要加快进度，做到项目随报随评，评审工作结束要尽快拨付剩余资金，使项目早落地、早见效。五是要抓好危房改造、乡村公路建设和农村电网升级改造、农村饮水等工程，切实保障增收工作顺利开展。

五、对促进农民增收的建议

一是把实现农民非农就业作为提高农民收入的主要途径，保证农民就业的充分性和收入的稳定性。

二是适度提高农民养老保险和医疗保险待遇，尤其是要提高农民就医报销比例，防止因医疗造成返贫。

三是成立乡（镇）联社，统筹管理全乡（镇）的集体经济，创新管理模式和经营方式，利用集体经济促进农民增收。

四是加大财政对农业转移支付力度，稳定农业生产资料价格，提高农产品市场价格，提升农产品的利润空间，让农民真正感受到从事农业的成就感和获得感。

五是加大对财政支农资金的绩效管理，跟踪监管资金使用情况，把钱花在"刀刃"上，发挥财政资金的杠杆效应，提高财政资金的使用效能。

调研组组长：吴志强
调研组成员：袁庆辉、刘瑞乾、张楠楠、曹力
执　笔　人：刘瑞乾

围绕"三个精准",为软弱涣散村强基赋能铸魂

——大兴区北臧村镇大臧村党支部狠抓软弱涣散党组织整治提升

北京市大兴区北臧村镇大臧村是市级党组织软弱涣散村,存在党组织活动少、团队凝聚力不强、人口倒挂严重、历史遗留问题棘手难办等现实情况。为深入落实大兴区委关于集中攻坚整治工作的部署要求,全面强化基层党组织战斗堡垒作用,大臧村党支部在大兴区级攻坚组、北臧村镇党委指导支持下,围绕"三个精准",狠抓软弱涣散党组织整治提升,进一步夯实乡村振兴基石。

一、主要做法

(一)精准聚焦短板弱项,依托"规范化"建设,为村庄党建"强基"

该村党支部党建工作基础较为薄弱,虽然能够按照既定时间完成党史学习、党日活动、周末大扫除等规定动作,但是活动形式单一,党员出勤率不高,缺少对党建工作的深入思考和内化升华。为强化村党支部规范化建设,该村党支部在北臧村镇党委指导下,围绕"建制度、强队伍、优活动"三个方面,着力提升软弱涣散村党组织的凝聚力。一是建制度,实现行有所依。健全"三会一课"制度,每周五下午召开支委会,谋划党支部常态化工作,开展村党支部书记、第一书记讲党课活动,宣传先进思想,提高党员素养;建立青年党员交流座谈机制,进一步统一思想认识、畅通沟通渠道,努力建设"学习型、服务型、活力型、廉洁型"党支部。二是强队伍,实现心有所信。邀请著名学者、区直部门领导围绕党的十九届六中全会精神和党史、大兴区发展史讲党课,区级攻坚组还面对面、手把手指导村党支部干部提高党务党建工作能力。为党员定制"一个本"(理论学习笔记本),配发"两本书"(《中国共产党农村工作条例》《走向乡村振兴》),并采取典型带动、积分触动、奖惩震动等方式,细化党员日常激励评价措施,持续激发党员积极性。三是优活动,实现知行合一。精选内引外联活动点位,分期分批组织全体党员到石景山区麻峪工贸公司、门头沟区炭厂村等单位,学习土地利用模式、物业管理方式和集体经济治理经验。目前,各项党员活动的参与率均达到95%以上,并提出在非宅腾退的清登、评估、签约等关键环节,由党员包干联系群众,提前入户摸排需求做好安抚工作的建议,党员政治觉悟得到有效提高。

（二）精准把控关键环节，依托"三治式"体系，为村庄治理"赋能"

区领导、相关委办局、镇级包片领导、村"两委"结成集中攻坚整治团队，针对城乡结合部的基层治理重点和难点，构建自治、德治、法治相结合的治理体系，实现"一问题一方案"，着力提升软弱涣散村村庄治理的战斗力。聚焦人居环境提升，在 2021 年第四季度全市人居环境检查中，大臧村在全市排名倒数第八。为持续改善村庄人居环境，村"两委"向全体村民和租住人员下发倡议书，并结合物业管理条例，新修订《村民自治章程》，以自治提升优质服务，使村内停靠车辆由高峰时约 1600 辆减少至约 1000 辆，停车乱象全面消除。2022 年第二季度全市人居环境检查中，大臧村获评满分，彻底打了"翻身仗"。聚焦人房动态管控，大臧村作为典型的人口倒挂村，外来人口多达 1 万余人，资源配置、安全稳定等问题日益凸显。针对这一问题，镇党委和村党支部多方引入社会资本，通过"统一收购、统一改造、统一出租"，打造村庄公寓标杆"大臧之家"，做法得到市领导充分肯定，经验得到推广。同时，为消除各种安全隐患，该村与派出所共享信息，严格筛查涉法、涉恐、涉暴人员，及时检查各种消防器材设施，规范电动车充电场所及程序，做到了未雨绸缪、主动防患。现阶段，该村租住人数已降至约 8000 人，《党建引领、多措并举，探索创新城乡结合部基层治理新模式——大兴区大臧村基层治理经验与启示》被市农村经济研究中心作为调研报告刊发。

（三）精准响应民情民愿，依托"人性化"措施，为村庄发展"铸魂"

生物医药基地南扩区是大兴区的重点任务。围绕此项工作，镇党委和村党支部始终坚持以人民为中心的发展理念，注重"问需在前"，充分将全体村民的利益诉求反映到南扩区地上物腾退补偿实施方案中，首次实施每亩 26000 元定额补偿，首次实施每亩 4000 元配合奖励，首次实施据实评估地上物实种实测，真正做到了以人为本。进入签约阶段，做到"服务在前"，将政策公开、制度上墙，对有疑虑的村民主动上门解释谈心，着力提升软弱涣散村村庄发展的向心力。7 月 2 日至 27 日，签约率达 100%，在社会面平稳有序、无恶意 12345 或信访案件的情况下，提前 3 天完成签约任务。

二、存在问题及启示

（一）加强党员队伍建设任重而道远

大臧村党员共计 59 人，其中 50 岁以上党员占 65%，35 岁至 50 岁党员占 19%，20 岁至 35 岁的党员仅占 16%。从年龄结构来看，老中青党员结构比例不均衡，创新动力不足，需要更多政治觉悟高、学历层级高，特别是富有创新精神的年轻骨干力量注入。

（二）失地农民的长远收益需要持续关注

现阶段征地拆迁后，村民"上楼"将面临身份转换、居住形态、价值观念、生活方式等各方面的变化，平稳度过"过渡期"至关重要。同时，"上楼"后的收入途径、社会保障直接关系百姓的生活质量和生活水平，着眼长久利益，拓宽保障渠道，避免产生遗留问题和隐患问题同样不容忽视。

（三）村民群众亟须从各个层次组织起来

端午节，在镇党委和村党支部指导下，该村妇联组织村民包粽子慰问一线防疫人员；建军节，该村党支部组织复退军人进行歌咏大会，召开村情畅谈会。以上活动在该村历史上均属首次，起到了很好的凝聚村魂、加深乡情的作用。聚焦乡村振兴长远目标，下一步，该村还准备把共青团、文化工作队、体育健身队等组织健全起来，使人人在组织之中，形成农村农民特有的精气神。

三、努力方向

（一）强化基层治理的党建引领

在落实村庄治理、议事协商、应急管理、为民服务的过程中，村"两委"要发挥党建引领带动作用，做好党建覆盖、党政统筹、党群联络，把党的领导贯穿基层治理全过程、各方面，不断提高基层治理体系和治理能力现代化水平。

（二）从"三治联动"到"五治融合"

大臧村的村庄治理依托自治、德治、法治相结合"三治式"体系，进一步打破了治理"阻塞障碍"、畅通了服务群众的"神经末梢"。下一步，应积极探索实践政治、自治、法治、德治、智治"五治融合"的治理模式，不断提升群众获得感、幸福感。一方面要强化"政治"，充分发挥党建工作协调委员会作用，健全镇村党建网格责任体系，打破属地与驻地单位之间的机制壁垒，横向整合各类资源，纵向延伸服务触角，凝聚起基层治理核心力量；另一方面强化"智治"，以"互联网＋"提升基层治理活力和效率，依托"学习强国""反诈中心""北京大兴"等"掌上APP"，以及人脸识别、监控探头、自助服务等科技手段，推进社会治理智能化、管理服务智能化，持续推进基层治理向纵深发展。

（三）将攻坚举措固化为长效机制

在重难点村集中攻坚整治工作中，形成"一问题一方案"、"强素养 优服务 常督促"人居环境提升九字工作秘诀、"我为村庄献一计"特色活动《村民自治章程》（新修订）、"大臧之家"模式等典型做法，要结合发展形势、工作需求，持续坚持、优化完善，为大兴全区，乃至全市的社会治理工作贡献实践经验。

执笔人：翟翠立

第二篇

推进城乡融合

北京市城乡融合发展问题研究报告

党的二十大报告提出："全面推进乡村振兴。全面建设社会主义现代化国家，最艰巨最繁重的任务仍然在农村。坚持农业农村优先发展，坚持城乡融合发展，畅通城乡要素流动。加快建设农业强国，扎实推动乡村产业、人才、文化、生态、组织振兴。"北京市总体呈现"大城市小农业，大京郊小城区"的特征。2021年，全市常住人口2188.6万人，地区生产总值40269.6亿元，总面积1.64万平方千米，其中居住在乡村的人口272.5万人（占全市常住人口的比重为12.5%），农业增加值111.3亿元（占全市地区生产总值约0.3%），郊区面积约1.53万平方千米，约占全市总面积的93%。十年来，北京城乡发展差距持续缩小，但城乡差异仍较为突出，城乡收入差距为四大直辖市最高，要想实现城乡深度融合发展，形成率先基本实现农业农村现代化的首都样板和首善示范，任务非常艰巨。加快研究解决北京城乡融合发展中的突出问题与重大短板，既可提升城乡要素流动性，促进社会和谐稳定，又可释放消费潜力，扩大内需，带动国内大循环，提升城市综合竞争力，在新形势下已是迫在眉睫。

未来，须准确把握北京"大城市小农业""大京郊小城区"市情农情，充分利用北京在全国科教资源最密集、人才资源最丰富的优势，加快城乡融合试点突破与经验推广，在全市减量发展要求下谋求乡村的高质量增量发展，走出首都特色的超大城市城乡融合发展之路。

一、城乡融合发展的内涵

（一）中国对城乡关系的认知与政策演变

城乡融合的概念最早由西方学者提出，马克思和恩格斯在批判性地吸收莫尔、傅立叶、欧文等空想社会主义者关于城乡关系的思想的基础上，在考察城乡关系变动规律时明确提出了"城乡对立""城乡融合"等概念，他们深入剖析了城市和乡村之间对立的根源，认为城乡关系在经历城乡浑然一体、城乡对立的发展阶段，生产力发展到一定高度之后，将进入城乡融合阶段，提出来城乡融合是人类社会发展的必然趋势的科学判断。

21世纪以来，我国开始着力解决城乡经济社会发展的二元结构问题，城乡发展政策从城乡统筹到城乡一体化再到城乡融合的演进过程。2002年11月，党的十六大报告最早提出"统筹城乡发展"思想，报告提出"统筹城乡经济社会发展，建设现代农业，发展农村经济，增加农民收入，是全面建设小康社会的重大任务"。2003 年 10 月，党的十六届三中通过全会《中共中央关于完善社会主义市场经济体制若干问题的决定》，将统筹城乡发展列于 5 个统筹的首位，并提出要建立有利于逐步改变城乡二元经济结构的体制。可以看出城乡统筹阶段更侧重于政府配置资源，强调政府的统筹功能。2012 年 11 月，党的十八大报告明确提出"推动城乡发展一体化"，要求"加快完善城乡发展一体化体制机制，着力在城乡规划、基础设施、公共服务等方面推进一体化，促进城乡要素平等交换和公共资源均衡配置，形成以工促农、以城带乡、工农互惠、城乡一体的新型工农、城乡关系"。这一阶段的政策重心依然侧重于城市，推动以城带乡一体化发展。2017 年 10 月，党的十九大报告中明确提出"实施乡村振兴战略。要坚持农业农村优先发展，按照产业兴旺、生态宜居、乡风文明、治理有效、生活富裕的总要求，建立健全城乡融合发展体制机制和政策体系，加快推进农业农村现代化"，并在 2018 年中央一号文件《中共中央国务院关于实施乡村振兴战略的意见》中作了进一步阐释："坚持城乡融合发展。坚决破除体制机制弊端，使市场在资源配置中起决定性作用，更好发挥政府作用，推动城乡要素自由流动、平等交换，推动新型工业化、信息化、城镇化、农业现代化同步发展，加快形成工农互促、城乡互补、全面融合、共同繁荣的新型工农城乡关系。"自此，城乡发展政策迈入了一个全新的阶段，开始把乡村作为与城市具有同等地位的有机整体，推动城乡实现经济社会文化共存共荣、融合发展。

2019 年 4 月，《中共中央 国务院关于建立健全城乡融合发展体制机制和政策体系的意见》发布，进一步指出，建立健全城乡融合发展体制机制和政策体系，是党的十九大作出的重大决策部署。城乡融合发展应以协调推进乡村振兴战略和新型城镇化战略为抓手，以缩小城乡发展差距和居民生活水平差距为目标，以完善产权制度和要素市场化配置为重点，坚决破除体制机制弊端，促进城乡要素自由流动、平等交换和公共资源合理配置，加快形成工农互促、城乡互补、全面融合、共同繁荣的新型工农城乡关系，加快推进农业农村现代化。

2022 年 10 月，党的二十大报告指出，要"全面推进乡村振兴。坚持农业农村优先发展，坚持城乡融合发展，畅通城乡要素流动"，强调"扎实推动乡村产业、人才、文化、生态、组织振兴。""建设宜居宜业和美乡村"。未来五年是全面建设社会主义现代化国家开局起步的关键时期，新时代新征程，党中央统筹国内国际两个大局、坚持以中国式现代化全面推进中华民族伟大复兴，对正确处理好工农城乡关系作出了重大战略部署。

（二）北京城乡融合发展的背景及"城""乡"界定

1. 北京城乡融合发展的背景

北京推进城乡融合发展是世界处于"百年未有之大变局"，我国着重推进国内大循环形势下的必然选择。新冠疫情使全球经济秩序遭受冲击，世界经济面临衰退的重大风险，同时贸易保护主义抬头，逆全球化趋势加剧。在此背景下，我国加快形成"以国内大循环为主体，国内国际双循环相互促进的新发展格局"尤为迫切，而城乡循环是国内大循环的重要内容。城乡融合和新发展格局的共同逻辑和关键环节是要消除城乡二元结构，在畅通生产、分配、交换、消费等经济再生产各环节的基础上，实现城乡要素科学有效配置，完善国内大市场，以需求牵引供给，以供给创造需求，努力实现更高质量经济循环。近些年，首都北京从城乡统筹发展到城乡一体化发展再到城乡融合发展，取得了巨大的成就。但在城乡要素融合、产业融合、社会融合方面仍存在许多难题，理应主动作为，建立和完善要素双向流动机制，促进城乡在循环中共同走向繁荣。

北京推进城乡融合发展，是顺应城乡关系从分割走向融合的历史潮流，实施乡村振兴国家战略的重大机遇所致。从通过价格剪刀差实现农村、农业支持城市、工业发展，到城乡统筹，再到城乡一体化、城乡融合发展，概括起来，我国城乡关系呈现出由分割到逐步融合的趋势。北京更应顺应历史潮流，将城市优先观念转变为城乡融合发展理念，将城市偏向政策转变为以城带乡政策，建立起协调、健康的城乡关系，为早日实现共同富裕打下基础。党的十八大以来，我国社会发展进入新时代，社会主要矛盾变为"人民日益增长的美好生活需要和不平衡不充分的发展之间的矛盾"，而城乡发展不平衡、农业农村发展不充分是矛盾的一个主要方面。为了适应社会发展和城乡关系的新形势，进一步加快城乡统筹发展的步伐，乡村振兴战略应运而生，而城乡融合发展是推动乡村振兴的根本路径，是推动乡村培育经济增长内生动力、实现全民振兴的重要抓手。北京作为首都，应充分把握利用好乡村振兴国家战略机遇，在全国范围内起到示范作用，率先实现共同繁荣。

北京推进城乡融合发展是进一步释放城市发展潜力、推动北京实现高质量发展的现实需要。在城市化演进的过程中，协调的城乡关系是整个地区社会协调发展的重要条件。过去五年来，北京严格落实"双控"及"两线三区"要求，实现城六区常住人口比2014年下降15%的目标，城乡建设用地减量110平方公里，北京成为全国第一个减量发展的超大城市。新形势下，北京郊区乡村大有可为，作为承载城市功能的腹地，其与城市的融合发展是优化城市结构、提升城市发展质量、强化都市圈核心竞争力的重要途径。但现如今，北京乡村在居民收入、产业发展、乡村文化提升、基础设施建设、乡村治理等方面仍存在诸多问题，城乡要素流动不顺畅、公共资源配置不合理等短板依然突出，影响城乡融合发展的体制机制障碍尚未根本消除，亟须践行新发展理念，把握自身优势，探索出一条具有首都特色的、高质量的城乡融合发展道路。

在上述大背景下，遵照中央精神，北京基于"大城市小农业，大京郊小城区"的市情，相继制定发布《北京市乡村振兴战略规划（2018—2020年）》《北京市关于建立健全城乡融合发展体制机制和政策体系的若干措施》和《北京市"十四五"时期乡村振兴战略实施规划》，明确提出，到2025年，乡村振兴取得重要阶段性成果，制度框架和政策体系基本健全，城乡融合发展取得突破性进展。到2035年，乡村振兴取得决定性进展，城乡融合发展的体制机制全面完善；率先基本实现农业现代化、农村现代化、乡村治理体系和治理能力现代化，城乡基本公共服务实现均等化，全体农民共同富裕取得更为明显的实质性进展。

2. 本报告中关于"城""乡"的界定

本报告行文中对"城"与"乡"的解读分析涉及两个维度。

一是统计上，同一城区的城镇地区与乡村地区。依据国家统计局关于统计上划分城乡的规定，城镇包括城区和镇区。其中，城区是指在市辖区和不设区的市，区、市政府驻地的实际建设连接到的居民委员会和其他区域。镇区是指在城区以外的县人民政府驻地和其他镇，政府驻地的实际建设连接到的居民委员会和其他区域。与政府驻地的实际建设不连接，且常住人口在 3000 人以上的独立的工矿区、开发区、科研单位、大专院校等特殊区域及农场、林场的场部驻地视为镇区。乡村则是指上述划定的城镇以外的区域。

在统计维度下，对诸如海淀、丰台、朝阳等中心城区的城镇与乡村地区，城市副中心与平原新城、生态涵养区等辖区的城镇与乡村地区，进行分析。

二是群众认知和政策实践上，主城和京郊。依据新版北京城市总体规划，要创新完善中心城区——北京城市副中心——新城——镇——新型农村社区的现代城乡体系。依据《北京市关于建立健全城乡融合发展体制机制和政策体系的若干措施》等文件精神，北京具有"大城市小农业，大京郊小城区"的市情，那么中心城区作为主城区，可视为"城"，其他城区可视为京郊地区，也就是"乡"。则诸如东城区与怀柔区之间的跨城通勤，虽然可能是人才在两个区的城区之间流动，但在这个意义上，却可视为是"城"与"乡"之间的人员流动。在群众认知上，远郊区的居民也往往视自己为"乡"，将去东城、西城等主城区视为"进城"。

二、北京城乡融合发展的阶段性特征

进入新时期，北京把城市和乡村作为一个整体统筹谋划，加快推动城乡在规划布局、要素配置、产业发展、公共服务、生态保护等方面相互融合、共同发展，城乡融合发展呈现出四大阶段性特征。

（一）城乡要素进入市场配置加速的新阶段

集体经营性建设用地入市试点等制度改革成果培植了市场信心，激发了农村土地资源活力，更多试点的推进和推广将推动城乡要素在市场化配置中加快融合。随着《中共中央 国务院关于建立健全城乡融合发展体制机制和政策体系的意见》（2019 年 4 月发布）、《中共中央 国务院关于构建更加完善的要素市场化配置体制机制的意见》（2020 年 3 月发布）、《北京市关于建立健全城乡融合发展体制机制和政策体系的若干措施》（2021 年 6 月发布）等文件相继出台，北京城乡融合发展进入了要素配置市场化改革的深水区，下一步将通过着力破除各种阻碍城乡融合发展的制度瓶颈，畅通要素流动渠道，创造条件让市场在资源配置中发挥决定性作用。比如，大兴区全面开展农村集体经营性建设用地入市试点，由各村联合组建镇级联营公司，作为集体经营性建设用地入市实施主体，通过按年支付集建地租金，地块上市后合理设计留地、留物业、留资产和入股经营等方式保障村民利益，鼓励盘活利用农村闲置农宅发展乡村旅游、养老、文创等新业态，形成了农民自主的低成本就地城镇化模式。

（二）城乡经济进入京郊价值彰显的新阶段

科技创新中心等城市功能建设进一步凸显了京郊和乡村地区的经济价值、人文价值和生态价值，乡村地区不再仅仅是城市的战略腹地，将成为可以与城市进行价值交换、全面融合的平等的有机体。乡村地区具有城市所不具备的自然资源、历史文化、民俗风情等资源禀赋。北京在坚持全国政治中心、文化中心、国际交往中心、科技创新中心的城市战略定位，加快建设国际一流的和谐宜居之都的背景下，完全有条件在传统农业生产的基础上，充分挖掘京郊乡村的生态价值、人文价值、美学价值，发展与乡村特质匹配、与城区供需互补的新产业新业态。例如，近年来，怀柔区喇叭沟门满族乡上台子村党支部与中科院国家空间科学中心空间科学卫星运控党支部签约共建，双方将围绕喇叭沟门满族乡"白桦林的星空"活动品牌打造，推动"京北观星"目的地建设，并开展空间科学知识宣传等。怀柔区怀北镇与落户镇域内的北京雁栖湖应用数学研究院签约，双方合作加速布局一批科学家工作室、精品民宿，为科学家打造精品旅游路线，同时，开展干部交流培养活动，联合培养复合型人才，助推科研成果转化落地，促进地区产业发展。

（三）城乡空间进入跨域功能协同的新阶段

北京城市总体规划关于空间结构的新调整，中央关于城市副中心和雄安新区作为北京两翼承载非首都功能，以及城市副中心与北三县一体化发展的顶层设计，打破了以往以北京市域进行空间功能布局的思维，将北京城乡融合的空间扩大到首都都市圈范围，城乡空间融合进入跨城区跨市域开展功能协同的新阶段。《北京城市总体规划（2016年—2035年）》在北京市域范围内形成"一核一主一副、两轴多点一区"的城市空间结构，着力改变单中心集聚的发展模式，构建北京新的城市发展格局。过去五年来，北京严格落实"双控"及"两线三区"要求，实现城六区常住人口比2014年下降15%的目标，城乡建设用地减量110平方公里，北京成为全国第一个减量发展的超大城市。2018年以来，北京市推动生态涵养区与平原区结对协作，东城区与怀柔区、西城区与门头沟区、朝阳区与密云区、海淀区与延庆区、丰台区与房山区、北京经济技术开发区与平谷区、顺义区与昌平区分别签署结对协作框架协议，各结对区在生态环境、低收入帮扶、公共服务和基础设施、绿色产业发展、干部人才交流等领域开展了多元化合作，减量发展要求下市内跨区功能协同打开了新局面。

在与市外跨域协同上，《河北雄安新区总体规划（2018—2035年）》（国函〔2018〕159号）提出要按照高质量发展的要求，推动雄安新区与北京城市副中心形成北京新的两翼，促进京津冀协同发展。《国务院关于支持北京城市副中心高质量发展的意见》（国发〔2021〕15号）提出积极推进城市副中心、通州区与河北省三河市、大厂回族自治县、香河县（以下称北三县）一体化高质量发展，探索逐步实现共同富裕的新路径，为推进京津冀协同发展作出示范。

（四）城乡社会进入基层精细治理的新阶段

人、财、物向基层持续倾斜促使城乡社区治理体制不断完善，治理能力不断提高。城乡基层社会服务供给能力增强，尤其是乡村基层社会服务供给标准的提高，为加快城乡社会融合夯实了基础。近年来，北京市委、市政府高度重视基层社会治理，强化街道（乡镇）基层社会治理主体责任，不断完善政策体系，打通基层社会治理"最后一公里"。以市委、市政府名义印发《关于加强和完善城乡治理的实施意见》，颁布全国首个社区治理地方标准《社区管理与服务规范》。全面开展城乡社区议事协商。出台《关于加强城乡社区协商的实施意见》，制定《北京市社区议事厅工作指导规程》，民政部专门通报全国。目前，城市社区议事厅实现全覆盖，农村社区超过70%。出台《北京市城乡社区服务体系建设三年行动计划（2018—2020年）》，制定《北京市社区服务中心管理办法》，试点推进街道社区服务中心社会化运营、"一站多居""全能社工"等改革模式，提升了服务质量和效率，提高了基层社会服务供给能力，实现基层社会治理创新突破，走出一条符合超大城市特点和规律的精治、共治、法治、德治的基层社会治理新路。

三、北京城乡融合发展面临的问题与挑战

近年来，北京通过实施社会主义新农村建设、城乡一体化及新型城镇化战略等，增强了城乡联系，缩小了城乡发展差距，松动了城乡二元结构，使城乡关系呈融合发展态势。但从总体看，我国并未从根本上破除城乡二元体制机制障碍，北京作为首都，城乡融合发展也仍在社会阶层流动性、公共服务保障、基础设施建设、政策传导机制等多个方面面临挑战，同时，无论是城市间还是本市内城乡融合的区域差异也非常显著，大京郊的发展活力释放仍有很大潜力。

（一）城乡融合的政策传导不畅：融合战略落地面临制度性障碍，激发乡村活力缺乏长效机制

城乡融合是城乡自然要素经济要素空间要素和人员要素的优化组合，融合的关键就在于如何实现要素的双向流动，尤其是人才要素，人才在乡村安居乐业的人数与时间是融合程度的一个重要衡量标准。从人口居住和流动数据看，实现人才在京郊的职住平衡是一个长期过程，不仅是从硬件基础设施上去弥补短板，还需要从制度层面从根本上去破解阻碍人才在京郊和乡村发展的障碍。

从人才要素流动来看，长期以来，由于二元结构下城市的就业机会与高额报酬，大量农村地区劳动力向城市转移，这也是我国在二元经济结构下实现经济增长的基本途径。统计数据显示，2012—2020 年，北京非农就业比重仍在持续增长，从 94.8% 增长至 96.7%，郊区尤其是远郊区农村的人口空心化现象日益严峻，农业农村发展内生动力严重不足。

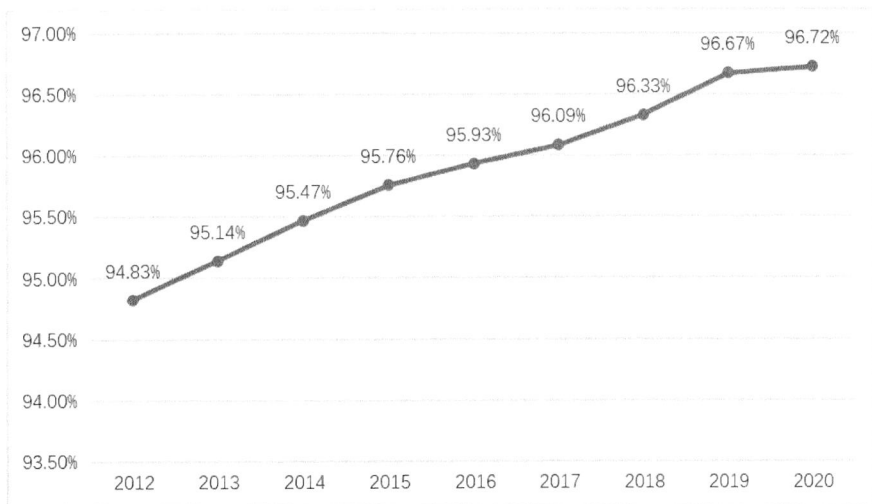

图 1 北京非农就业比重

数据来源：《北京统计年鉴》。

　　资源要素的合理流动与配置是确保城乡融合发展的关键。近年来，北京通过财政支农等举措，着力促使资本等要素向乡村流动，但返乡下乡创业就业缺乏具有针对性的扶持政策，农民职业化保障体系尚未完全建立，城乡要素流动的制度化渠道还没有完全打通，生产要素流动不顺畅现象和单向流动的趋势仍然严重，农村居民进城仍是大趋势，乡村则留下了大量老人、妇女及儿童等弱势群体，农村青壮劳动力尤其是农业农村现代化发展所需的专业化创新型人才匮乏。从各区的人口密度数据可见一斑。

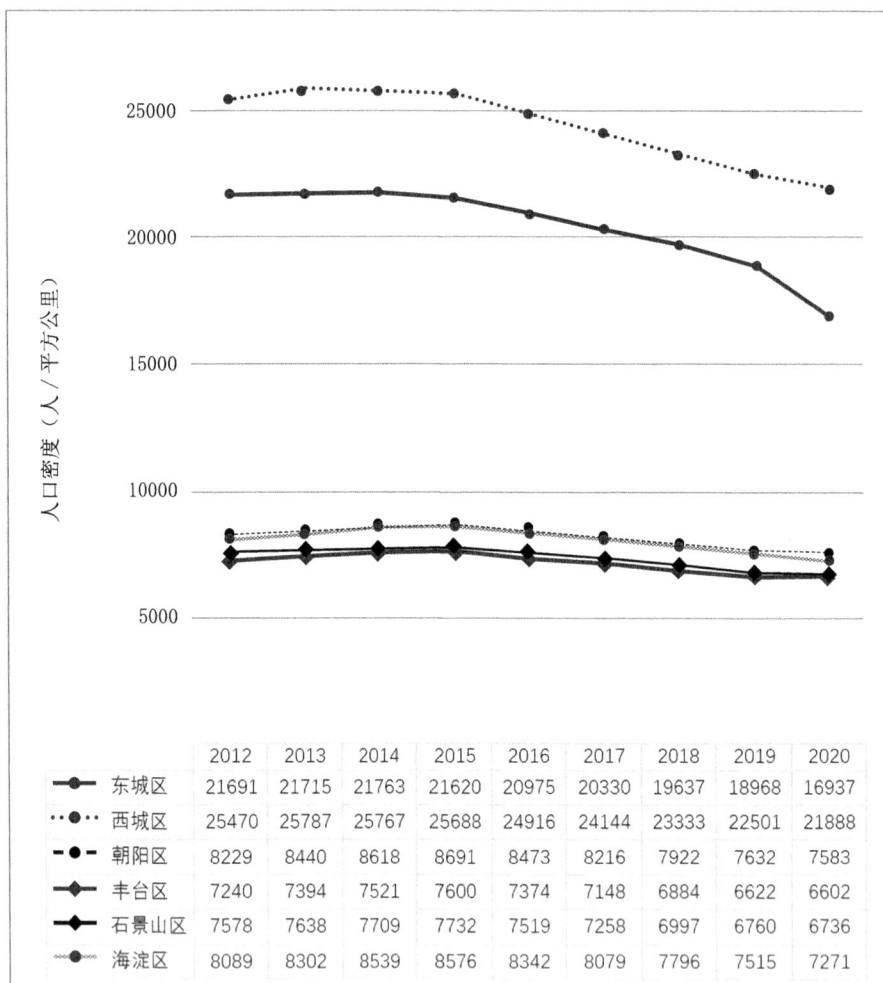

	2012	2013	2014	2015	2016	2017	2018	2019	2020
东城区	21691	21715	21763	21620	20975	20330	19637	18968	16937
西城区	25470	25787	25767	25688	24916	24144	23333	22501	21888
朝阳区	8229	8440	8618	8691	8473	8216	7922	7632	7583
丰台区	7240	7394	7521	7600	7374	7148	6884	6622	6602
石景山区	7578	7638	7709	7732	7519	7258	6997	6760	6736
海淀区	8089	8302	8539	8576	8342	8079	7796	7515	7271

图2　首都功能核心区（一核）与中心城区（一主）常住人口密度

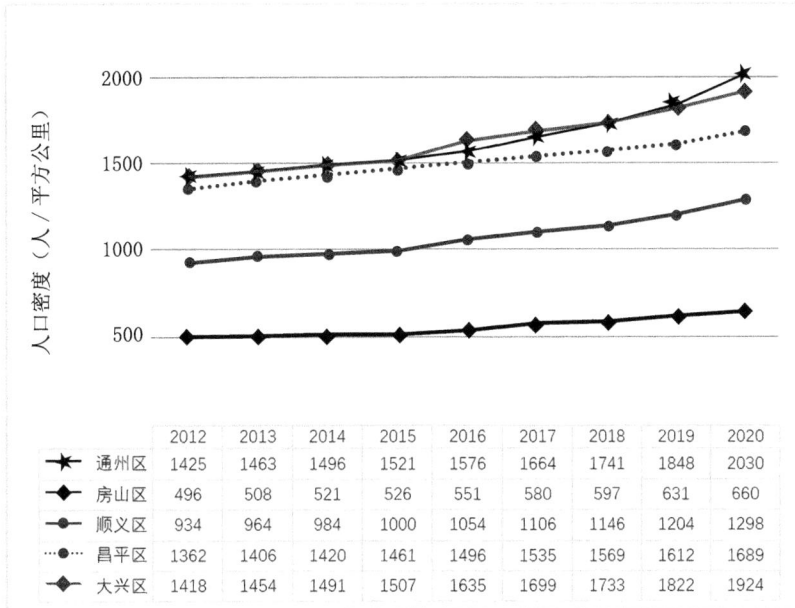

	2012	2013	2014	2015	2016	2017	2018	2019	2020
★ 通州区	1425	1463	1496	1521	1576	1664	1741	1848	2030
◆ 房山区	496	508	521	526	551	580	597	631	660
● 顺义区	934	964	984	1000	1054	1106	1146	1204	1298
⋯ 昌平区	1362	1406	1420	1461	1496	1535	1569	1612	1689
◆ 大兴区	1418	1454	1491	1507	1635	1699	1733	1822	1924

图 3　北京城市副中心（一副）与平原新城（多点）常住人口密度

注：此处平原新城的人口数据包括平原新城涉及各区的全部常住人口，而北京市新版总体规划中的平原新城仅包括顺义区、大兴区（北京经济技术开发区）以及昌平区和房山区的平原地区，范围略有差异。后图中的生态涵养区和各功能区的人口统计数据范围亦如此，凡是涉及各区的均涵盖各区全部常住人口。

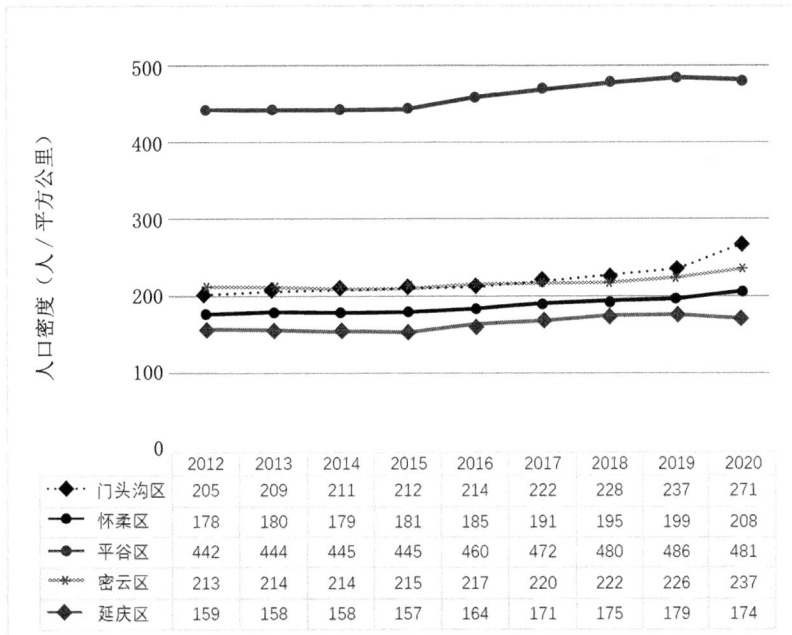

	2012	2013	2014	2015	2016	2017	2018	2019	2020
◆ 门头沟区	205	209	211	212	214	222	228	237	271
● 怀柔区	178	180	179	181	185	191	195	199	208
● 平谷区	442	444	445	445	460	472	480	486	481
※ 密云区	213	214	214	215	217	220	222	226	237
◆ 延庆区	159	158	158	157	164	171	175	179	174

图 4　生态涵养区常住人口密度

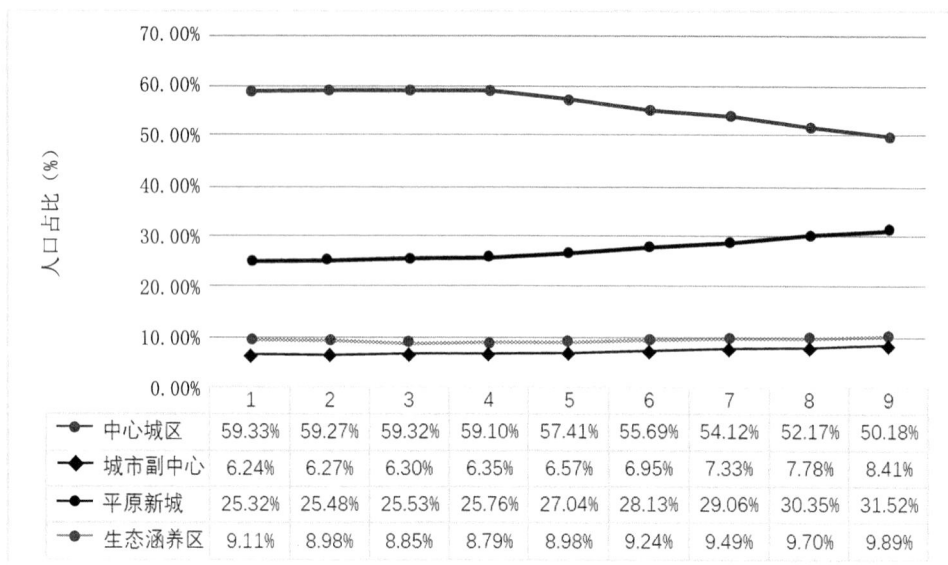

	1	2	3	4	5	6	7	8	9
中心城区	59.33%	59.27%	59.32%	59.10%	57.41%	55.69%	54.12%	52.17%	50.18%
城市副中心	6.24%	6.27%	6.30%	6.35%	6.57%	6.95%	7.33%	7.78%	8.41%
平原新城	25.32%	25.48%	25.53%	25.76%	27.04%	28.13%	29.06%	30.35%	31.52%
生态涵养区	9.11%	8.98%	8.85%	8.79%	8.98%	9.24%	9.49%	9.70%	9.89%

图 5　北京市各功能区人口增长趋势

为进一步深入细化研究人才要素流动情况，本报告采用基于手机用户的特征和地理位置信息的移动大数据分析了北京创新人才的职住平衡情况，截取的脱敏数据时间为 2016 年 10 月份。考虑到大数据研究的技术难度，此处将研究目标定位到"创新人才"中的一部分群体，结合大数据来源[①]和北京实际，我们把教育程度本科及以上，同时在信息、计算机和软件服务、科教文卫、生产制造和物流以及金融业等四个北京主要现代服务业工作的人才，同时通过"在北京移动网络中的时间一年以上"这一条件来剔除流动性较强的人才。数据提取完毕后，通过大数据进行了正向和反向验证。详见图 6。

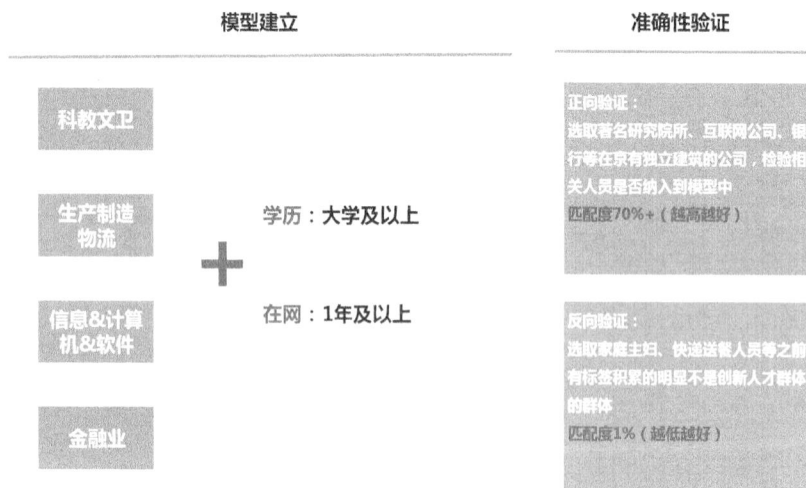

图 6　大数据分析模型

[①] 数据来自国内主要移动通信服务商。

与传统研究方法相比，移动大数据研究的优势在于：一是手机用户实名注册，相关信息较为准确；二是手机用户涵盖范围广，目前北京地区手机用户达 3000 多万人；三是移动通信提供的地理位置信息较为准确和全面；四是运营商数据可以实现实时采集实时计算，能够实现动态追踪研究。因此，使用移动大数据进行"创新人才"的研究覆盖面更广，掌握信息更多更及时，相关信息更准确。通过 320 万人的移动定位信息的大数据分析，我们发现：北京创新人才群体的"职住分离"现象较为严重，需要跨区通勤的人数为83 万人，约占总数 25.9%，超过四分之一。

表 1　创新人才职住分离情况

城区	在本区居住人数（万人）	需跨区工作人数（万人）
昌平	24.6	3.7
朝阳	57.8	16.1
大兴	23.9	6.7
东城	13.4	7.5
房山	14.0	1.9
丰台	36.2	9.5
海淀	45.2	15.3
怀柔	4.3	0.6
门头沟	4.7	0.6
密云	11.2	0.6
平谷	6.9	0.2
石景山	8.3	2.0
顺义	22.0	4.9
通州	23.2	3.0
西城	18.8	9.9
延庆	6.1	0.4
合计	320.5	83.0

在群众认知和政策实践上，北京可以分为主城和京郊，这是不同于统计维度的另一种"城""乡"划分。依据新版北京城市总体规划，要创新完善中心城区——北京城市副中心——新城——镇——新型农村社区的现代城乡体系。北京具有"大城市小农业，大京郊小城区"的市情，那么中心城区作为主城区，可视为"城"，其他城区可视为京郊地区，也就是"乡"。这一理念我们从《北京城市总体规划（2016 年—2035 年）》《北京市城乡结合部减量发展三年行动计划（2021—2023 年）》等文件中也可看出，"现状城乡结合部主要是指四环路至六环路范围规划集中建设区以外的地区，主要包括第一道绿化隔离地区、第二道绿化隔离地区，总面积约 1220 平方公里"。诸如东城区与怀柔区之间的跨城通勤，

虽然可能是人才在两个区的城区之间流动，但在这个意义上，却可视为是"城"与"乡"之间的人员流动。在群众认知上，远郊区的居民也往往视自己为"乡"，将去东城、西城等主城区视为"进城"。

从地理分布热力图来看，首都"创新人才"工作地在市中心和近郊（海淀、朝阳、东城、西城、丰台）集聚效应显著，居住地则相对分散，东城、西城等城区工作属性明显强于居住属性，昌平、通州等城区居住属性明显强于工作属性。

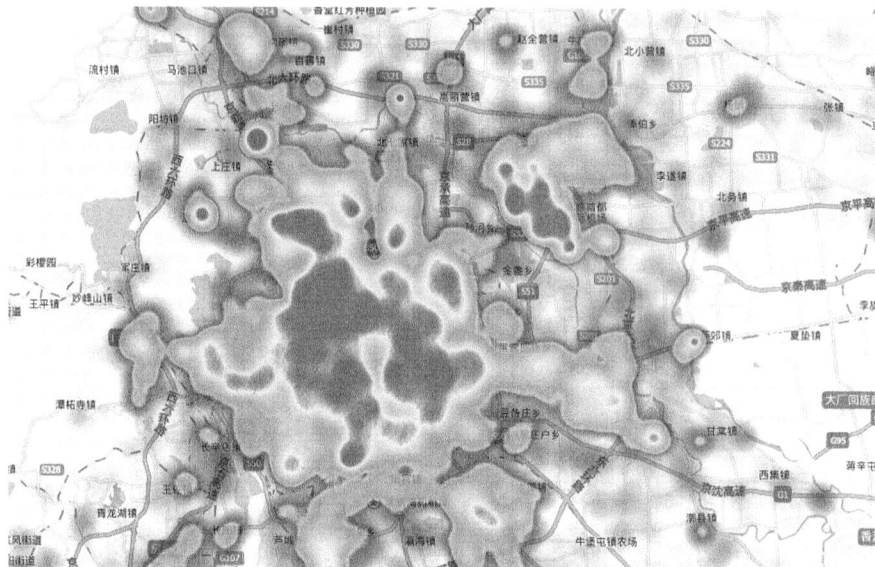

图7　首都"创新人才"工作空间分布图

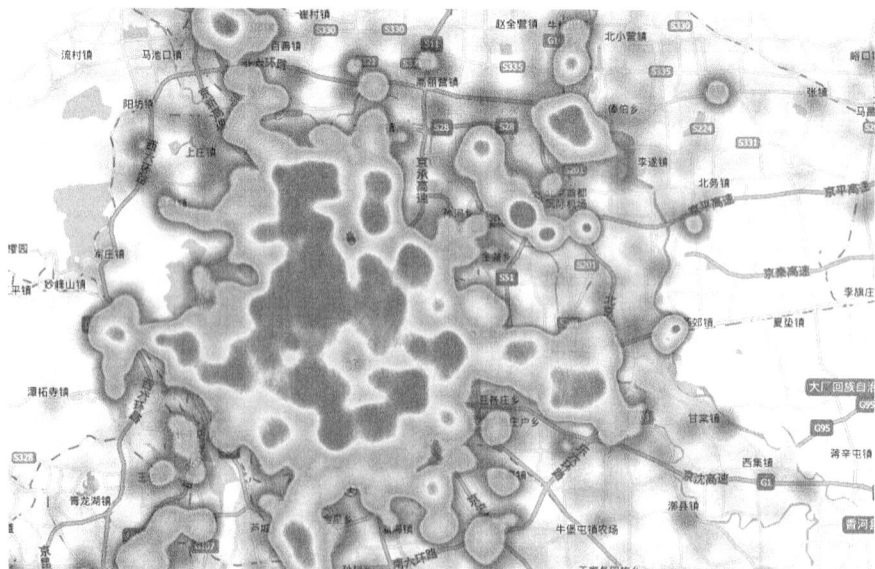

图8　首都"创新人才"居住空间分布图

从各个城区分布来看，工作主要集中在朝阳、海淀、丰台，三个城区的创新人才占全市的44.1%。大兴、西城、顺义、通州、昌平、东城等六个城区所占比例在5.5%—7.4%之间。

我们分析了海淀和朝阳两个工作集聚地的创新人才上下班通勤情况：（1）工作在海淀的创新人才中，26%居住在昌平，23%居住在朝阳，15%居住在丰台。（2）工作在朝阳的创新人才中，20%居住在海淀，15%居住在丰台，14%居住在通州。

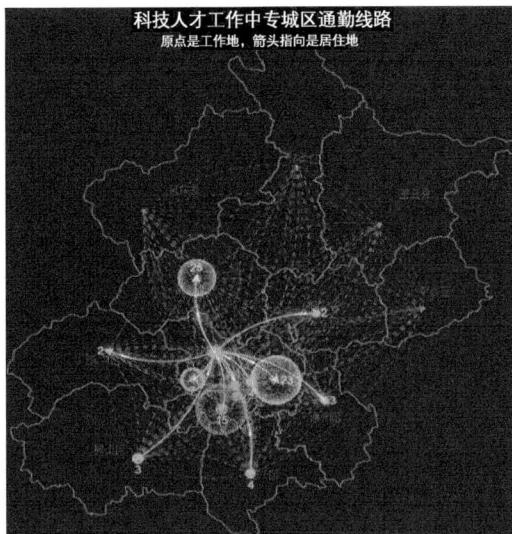

图9　工作在海淀区的首都"创新人才"通勤图

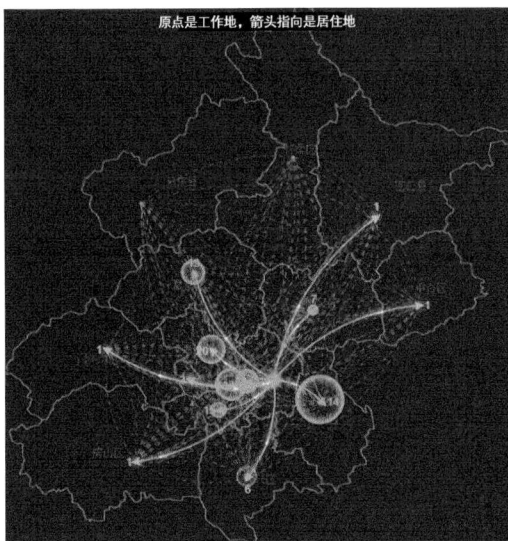

图10　工作在朝阳的首都"创新人才"通勤图

新中国成立以来，我国长期"以农哺工""以城市为中心"来保障工业发展和城市发展，包括资本、劳动力等在内的各类生产要素源源不断流入到城市和工业部门，造成城乡两极分化的二元发展态势，乡村地区生产要素的短缺制约了乡村发展和城乡融合。当人才、技术、资本、土地、数据这些支持城市繁荣兴旺的要素，能比较顺利地在乡村地区流动，城乡深度融合才有可能。深化人才、土地、资本三类要素市场的改革是实现我国城乡融合发展的关键所在。

城乡社会融合既包含本身城与乡社会的融合，也包括城市内部新移民的融入，人口规模的快速扩大和人口多样性的急剧提升对城乡治理提出了巨大挑战。《中共中央 国务院关于建立健全城乡融合发展体制机制和政策体系的意见》明确指出，要建立健全有利于城乡要素合理配置的体制机制，坚决破除妨碍城乡要素自由流动和平等交换的体制机制壁垒，促进各类要素更多向乡村流动，在乡村形成人才、土地、资金、产业、信息汇聚的良性循环，为乡村振兴注入新动能。当前，城乡要素自由流动的制度性通道尚未打通，城乡统一的建设用地市场尚未形成，农村产权保护交易制度尚未确立，金融支持农业农村发展积极性不高，城乡之间要素合理流动机制还存在制度性障碍。以"三块地"制度改革为例，虽然随着农村土地征收、集体经营性建设用地入市、农村宅基地制度改革等"三块地"制度改革的深入推进，大兴区、平谷区的集体经营性建设用地入市、农村承包土地经营权抵押试点取得初步进展，但是农村集体土地的有效供给和集约利用仍然存在很大差距，部分还处于分散、低效、闲置等状态，地权碎片化等问题依然存在，投资标的的障碍又进一步加剧了城乡金融间本就存在的严重藩篱，农村资金大量外流，工商资本下乡在政策上面临着严重束缚，形成负向反馈循环。

值得重视的是，城乡融合发展不可能完全依赖于财政投入和外部资源帮扶，财政投入和外部帮扶固然能在短期内较快显示示范效应，但如果不能有效盘活乡村自身资源，难以推动可持续的城乡深度融合。北京作为首都，应在体制机制改革上率先取得突破，下决心下大力气全面深化农村改革，围绕强化要素供给，抓住关键环节，坚决破除一切不合时宜的体制机制障碍，创新机制积极形成制度性创新成果，探索建立城乡统一的建设用地市场，拓展城乡建设投融资渠道，科学合理编制郊区镇村空间规划，优化公共基础设施和村庄布局，有效利用乡村建设用地资源，拓宽乡村产业发展空间，促进城乡人才、资本、技术、数据等生产要素双向流动、平等交换。

（二）城乡融合的硬件支撑不足：乡村基础配套不完善，传统基建与新基建均需提档升级

乡村基础配套尤其是交通、能源、信息、科技、物流等产业发展基础配套不足，已成为严重影响城乡经济融合的瓶颈。农村基础设施配套滞后既是城乡发展不平衡的重要表征，也是长期以来城乡二元结构的结果。近些年来，北京农村基础设施建设速度明显加快，人居环境显著改善，城乡差距显著缓解。但是，面对城乡融合发展的新形势和新任务，农村投资严重不足，乡村的基础设施建设仍存在较大短板，产业发展基础配套和人居环境的改善仍然面临较大挑战，不仅制约农村经济发展，而且作为投资环境的重要组成部分，也反过来影响农村投资的增加。

生产基础设施方面。以信息基础设施为例，与城市相比，起步晚，发展慢，对乡村经济发展支撑不足。北京农村地区互联网普及率为70.8%，虽然高出全国同期农村平均水平（55.9%），但低于全国同期城镇地区平均水平（79.8%），刚刚达到北京市2011年的互联网普及率水平（70.3%）。生产信息化率仅为16.5%，信息技术在农村党务、村务、财务公开中的应用率仅为47.3%，数字乡村的整体发展水平为44.9%[①]（根据全国县域数字农业农村发展水平评价工作中北京市各涉农区与农村信息化基础条件、乡村治理相关的数据综合测算获得）。信息基础设施等新型基础设施建设严重滞后，导致科技应用场景建设难以在乡村地区落地开展，北京的科技优势难以在农村发展中充分展现。

交通基础设施对城乡生产要素流动、产业布局与城镇发展有着决定性影响，是提高资源配置效率的重要先决条件。国际经验表明，主城与卫星城之间最佳通勤时间在45分钟到1小时，有利于卫星城吸引集聚人口，即"45分钟定律"。以市郊铁路为例，市郊铁路是城市中心城区联接周边城镇组团及其城镇组团之间的通勤化、快速度、大运量的轨道交通系统，但现有北京市郊铁路在时间点、发车频次、运行速度等细节上还不合理，接驳服务也沿用了传统上用公交接驳的思路，难以满足通勤要求，并未发挥出市郊铁路的优势。

生活基础设施方面。以供水和燃气为例，农村集约化供水管网设施建设滞后，供水设施建设存在标准偏低、管理不规范等问题。2020年，北京市建制镇和乡的供水普及率分别为89.63%、92.31%，集中供水的行政村比例为87.19%，而城市地区的供水普及率为98.39%，比农村地区供水普及率仍要高出约6—10个百分点。能源基础设施的城乡差距也非常明显，北京市农村地区（乡和村庄）的燃气普及率仅有39%左右，远远落后于城市地区100%的燃气普及率，也大幅落后于建制镇（燃气普及率为64.24%）。

生态环境基础设施方面。乡村污染治理欠账较多，环境设施能力不足。北京市城市污水处理厂集中处理率达到94.76%，而建制镇和乡仅为48.74%和21.84%，分别低于城市46.02个百分点和72.92个百分点，镇乡污水管网建设严重滞后。城市绿化覆盖率为48.96%，而建制镇和乡为23.27%和30.86%，分别低于城市25.69个百分点和18.1个百分点。城市生活垃圾无害化处理率已达100%，而建制镇和乡为84.74%和97.55%。

表2　2020年北京城乡基础设施情况

	供水普及率（%）	燃气普及率（%）	污水处理厂集中处理率（%）	绿化覆盖率（%）	生活垃圾无害化处理率（%）
城市	98.39	100	94.76	48.96	100
建制镇	89.63	64.24	48.74	23.27	84.74
乡	92.31	39.34	21.84	30.86	97.55
村庄	92.78	38.82	—	—	—

注：数据来源于《中国城乡建设统计年鉴2020》。

_____

[①] 数据来源于《北京市加快推进数字农业农村发展行动计划（2022—2025）》。

美丽乡村建设既是美丽中国建设的重要部分，也是城乡融合发展的重要组成部分。经过多年的农村人居环境整治，北京市农村人居环境总体质量水平已有很大提升，全市扎实推进了美丽乡村建设三年行动计划的实施，但对标市委提出的"七有""五性"要求，仍存在区域发展不平衡、基本生活设施不完善、管护机制不健全等问题，与农业农村现代化要求和人民群众对美好生活的向往还有差距。2013 年中央一号文件第一次提出建设"美丽乡村"的奋斗目标，要求进一步加强农村生态建设、环境保护和综合整治工作。2015年，首都科技发展战略研究院与北京师范大学研究团队研究编制的《中国绿色发展指数报告 2015》受到习近平总书记高度肯定，有力推动了国家发展改革委、国家统计局、环境保护部、中央组织部 2016 年制定出台了《绿色发展指标体系》和《生态文明建设考核目标体系》，作为生态文明建设评价考核的依据。2017 年，北京发布了《北京市生态文明建设目标评价考核办法》，2018 年，北京市委、市政府印发了《实施乡村振兴战略扎实推进美丽乡村建设专项行动三年行动计划》，目标在于以美丽宜居乡村建设为抓手，全面提升农村地区生态环境建设水平、基础设施建设水平、公共服务水平、社会治理水平等，创建良好的农村人居环境，满足人民群众日益增长的美好生活环境需要。农村生态问题、环境问题影响的绝不仅仅是农村居民的生产生活，改善农村人居环境直接影响到人才在乡村创新创业旅游居留的意愿，直接影响到全市乡村居民共享现代化成果，事关全民福祉健康，事关全市高质量发展。

（三）城乡融合的服务保障滞后：公共服务供给水平全面提升，但服务标准的差距依然较大

城乡基本公共服务标准统一、制度并轨是完善基本公共服务体系的重要内容，是促进城乡融合发展的重大举措。2012 年以来，北京市财政采取各项措施，注重城乡基本公共服务均等化建设，进一步加大了对农村公共服务领域的投入，有效促进了资源的合理配置。教育事业方面，加大对教育薄弱区的财政支持和政策倾斜力度，新增教育经费重点投向农村地区。医疗保障方面，推进农民工享有同等基本医疗保险待遇，提高农村医疗卫生服务保障能力，对远郊区县医疗中心设备购置给予补助。养老保障方面，保障水平稳步提升。2020 年，调整后城乡居民月平均基础养老金、城乡居民月平均福利养老金分别比"十二五"末增长 77% 和 94%。社会救助方面，实现低保和低收入家庭认定标准城乡统一，经济困难老年人城乡低保制度实现了制度和人群全覆盖。科技事业方面，2012 年至 2021 年，北京农业科技进步贡献率从 69% 上升到 75%，高于全国 14 个百分点，主要农作物耕种收机械化率从 70.5% 提高到 93.0%。科技赋能农业生产的同时，乡村治理和公共服务精细化水平也得到了明显提升。北京市持续推进乡村数字基础设施建设，平谷、密云、门头沟等 13 个区开展"智慧乡村"建设，全市所有行政村实现宽带网络基本全覆盖，通过"北京农业科技大讲堂""全国农业科教云平台"等，重点面向新型职业农民、农村实用人才、返乡创业人才等主体提供培训服务，以专家网上授课、远程坐诊答疑、进村入户指导等多种方式，帮助农村提升科技致富能力。文体事业方面，按照标准化、均等化的要求构建公共文化体育服务体系，新增财力重点向公益性、基础性、功能性文化设施和农村地区倾斜，逐步缩小城乡文化发展差距。

纵向来看，十年来，在居民的养老、医疗保障、社保、教育、科技、文化体育等方面，北京市持续加强农村地区的基本公共服务供给，公共财政支持城乡基本公共服务均等化的力度不断增强，城乡基本公共服务均等化水平不断提升。但是，城乡基本公共服务标准的差距依然较大。未来城乡基本公共服务均等化的关键是城乡间服务标准的统一。

从医疗资源配置看，近些年来城市每千人口医疗卫生机构床位数仍为农村的 2.3 倍左右，城市每千人口卫生技术人员数约为农村的 2 倍，农村在享有的医疗资源方面仍远落后于城市。

表 3　北京市城乡医疗资源对比

年份	每千人口卫生技术人员				每千人口医疗卫生机构床位数			
	合计	城市	农村	城乡比	合计	城市	农村	城乡比
2012	10.6	15.51	7.81	1.99	4.84	7.94	3.61	2.20
2013	10.9	15.88	8.14	1.95	4.92	8.15	3.47	2.35
2014	11.3	16.38	8.09	2.02	5.1	8.46	3.74	2.26
2015	11.8	17	8.6	1.98	5.14	8.43	3.68	2.29
2016	12.2	17.24	—	—	5.39	8.64	—	—
2017	12.2	17.63	—	—	5.56	8.66	—	—
2018	13.1	17.95	—	—	5.74	8.69	—	—
2019	13.8	18.46	—	—	5.93	8.72	—	—
2020	13.9	18.44	—	—	5.8	8.5	—	—

从教育资源配置看，由于近年来新增教育经费重点向农村地区倾斜，北京市义务教育阶段的农村生均一般公共预算教育事业费已经大大高于城市（例如，2020 年农村小学生均一般公共预算教育事业费为 85542 元，比城乡平均水平（58686 元高出 26856 元），农村生均专任教师数也高于相应教育阶段的城乡平均水平。但从专任教师的学历、职称看，师资力量的城乡差距仍然较大，城镇初中、小学、幼儿园专任教师的研究生学历、正高级职称比例大大高于农村地区，反映出城乡教育资源配置仍有实质性差别，城市的高水平师资符合大众认知，这也是学龄少年儿童倾向于往城区流动的重要原因之一。

表4 2020 年北京市城乡学校师资学历、职称情况

	研究生学历占比（%）		本科学历占比（%）		正高级职称占比（%）		副高级职称占比（%）	
	城镇	农村	城镇	农村	城镇	农村	城镇	农村
初中	24.80	13.52	74.54	85.26	0.06	0.00	28.25	25.40
小学	10.64	7.05	84.47	83.99	0.023	0.015	9.22	7.45
幼儿园	1.75	0.53	49.28	52.73	0.05	0.00	3.39	3.29

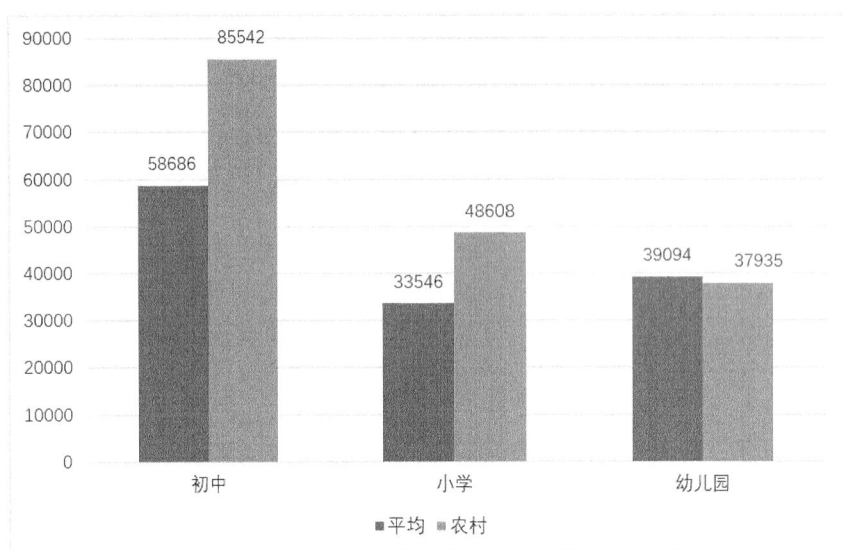

图 11 2020 年北京市生均一般公共预算教育事业费

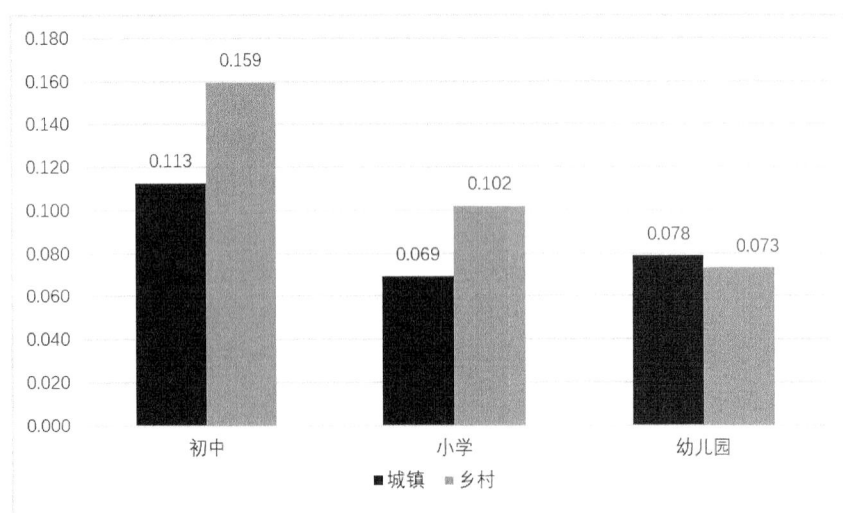

图 12 2020 年北京市城乡生均专任教师数

从生均一般公共预算教育事业费看，近些年来北京市农村地区教育投入增速上升非常明显，农村生均教育事业费已高于城市地区。教育事业费支出分为"个人部分"和"公用部分"两个部分。其中，个人部分支出指用于教职工、离退休人员、学生等个人方面的支出，约占事业费总额的 70%，包括基本工资、补助工资、其他工资、职工福利费、社会保障费及奖贷助学金。公用部分支出包括公务费、业务费、设备购置费、修缮费以及其他属于公用性质的经费支出，约占事业费的 30%。2003 年全国农村教育工作会议要求新增教育经费要往农村倾斜，2005 年出台了"农村义务教育经费保障机制"，2012 年，教育部还开始开展义务教育均衡发展督导评估，而其中的一个关键指标是评估一个地区的城乡义务教育差距。然而，这一系列农村地区倾斜政策虽然有效缩小了教育资源配置的城乡差距，但学龄儿童流动的方向和城乡义务教育经费的投向却出现了空间错配，也就是经费往农村倾斜，学龄儿童却倾向于选择去主城区就学，在此情况下，城区学校出现了大班额现象，城区又要重视解决大班额问题，义务教育均衡发展政策下的教育经费投向与城市化进程中的人口流向出现系统性背离，产生了新问题。

（四）城乡融合的人才缺口巨大：要素报酬差异显著，人才返乡入乡动力不足

要素报酬在城乡间的巨大差异是城市要素缺乏在乡村发展动力的主要原因。近年来，随着北京城乡融合和农业农村现代化进程的加快推进，农村居民收入水平显著提升。从居民可支配收入看，2012 年以来，除 2017 年外，北京市农村居民人均可支配收入增长速度均超过城镇居民人均可支配收入。2021 年，北京市农村居民人均可支配收入实际增长率为 10.5%，城镇居民人均可支配收入实际增长率为 7.8%。尽管如此，农村居民与城镇居民收入差距依然较大。2021 年农村居民人均可支配收入为 33303 元，城镇居民人均可支配收入为 81518 元，城乡收入比为 2.448。2020 年，城乡居民经营净收入比为 0.425，工资性收入比为 2.11，城镇居民的财产净收入、转移净收入分别是农村居民的 4.24 倍、4.05 倍。

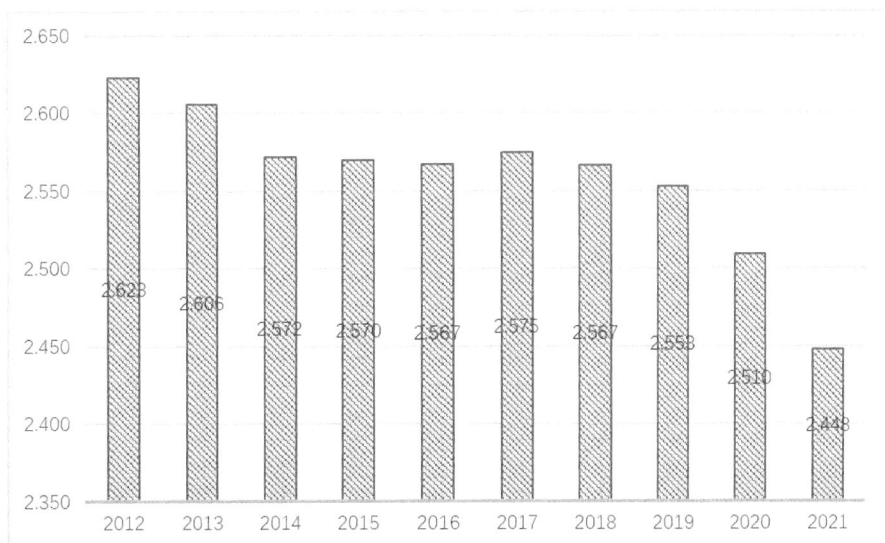

图 13　北京市城乡居民人均可支配收入比

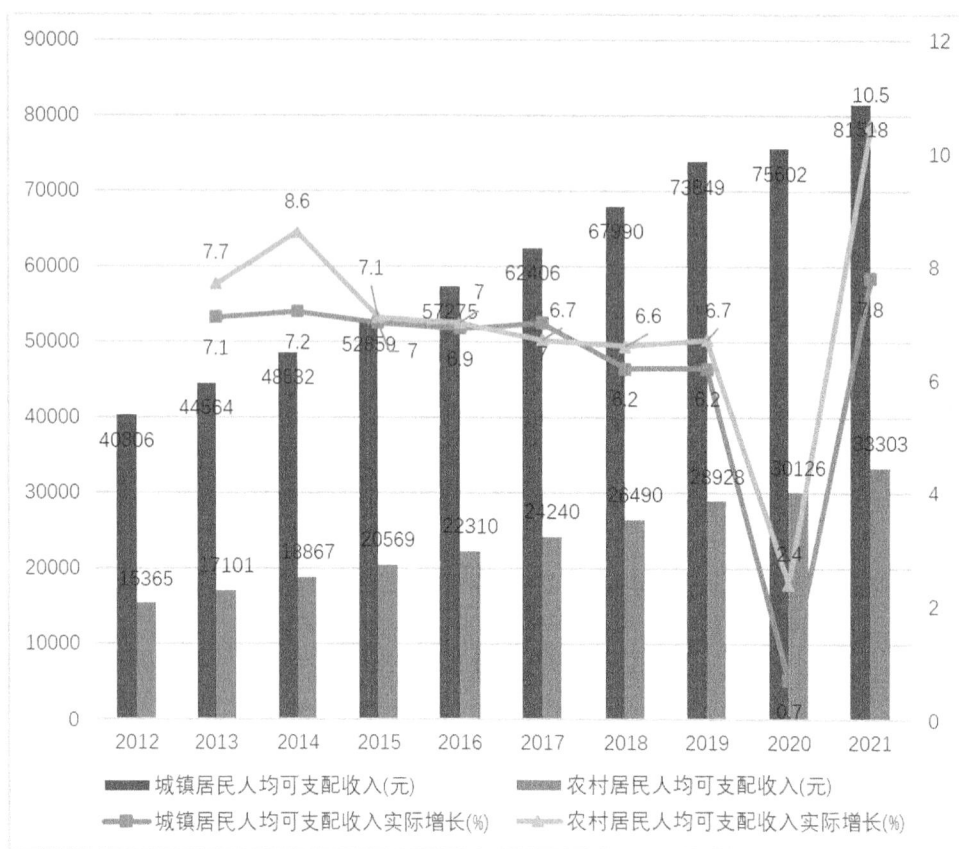

图14　北京市城乡居民人均可支配收入及实际增长率

表5　北京市居民收入构成城乡比

年份	城乡居民工资性收入比	城乡居民经营净收入比	城乡居民财产净收入比	城乡居民转移净收入比
2012	2.579	1.085	0.418	4.231
2013	2.515	1.785	0.284	3.755
2014	2.528	1.926	0.266	3.745
2015	2.102	0.682	7.053	5.463
2016	2.146	0.627	6.896	4.855
2017	2.079	0.604	6.701	5.509
2018	2.042	0.531	6.384	5.224
2019	2.074	0.457	5.966	4.995
2020	2.107	0.425	4.238	4.047

注：从 2013 年开始，国家统计局正式实施了城乡一体化住户调查，统一发布全体居民可支配收入和按常住地区分的城乡居民人均可支配收入，与过去口径存在差别。为了满足政策制定的需要，在"十二五"期间仍推算发布农村居民纯收入，但自 2016 年开始，不再推算发布农村居民纯收入。农民人均纯收入与人均可支配收入的主要区别是：从纯收入中扣减了缴纳的社保费用等转移性支出和生活贷款利息等财产性支出。北京市自 2016 年起不再推算发布农村居民纯收入，并发布了历年农村居民人均可支配收入数据。本文中城乡居民可支配收入数据来源于历年《北京市统计年鉴》和《北京市 2021 年国民经济和社会发展统计公报》。

国家推动城乡全面融合、乡村全面振兴，最终的目标是实现全体人民共同富裕，这既是社会主义的本质要求，也是中国式现代化的重要特征。在 2020 年全面建成小康社会实现第一个百年奋斗目标之后，第二个百年奋斗目标是要建设社会主义现代化强国，如何实现居民内部、城乡之间和区域之间的共同富裕是未来 30 年左右的重要议题。习近平总书记在《扎实推动共同富裕》一文中指出，"一些国家贫富分化，中产阶层塌陷，导致社会撕裂、政治极化、民粹主义泛滥，教训十分深刻！我们说的共同富裕是全体人民共同富裕，是人民群众物质生活和精神生活都富裕，不是少数人的富裕，也不是整齐划一的平均主义"。城乡居民间的收入差距不仅体现在财富水平，长期持续的收入分化导致不同收入的社会阶层还形成不同的世界观人生观，影响居民的获得感、幸福感、安全感，导致不仅是同一城区的城乡融合难，收入差距也严重影响到主城区、近郊、远郊之间的社会融合。缩小城乡收入差距，既可提升全社会城乡要素的流动性，促进社会和谐稳定，又可释放强大的消费潜力，带动实现国内国际双循环发展，提升城市综合竞争力，已成为北京城乡融合发展的首要问题。

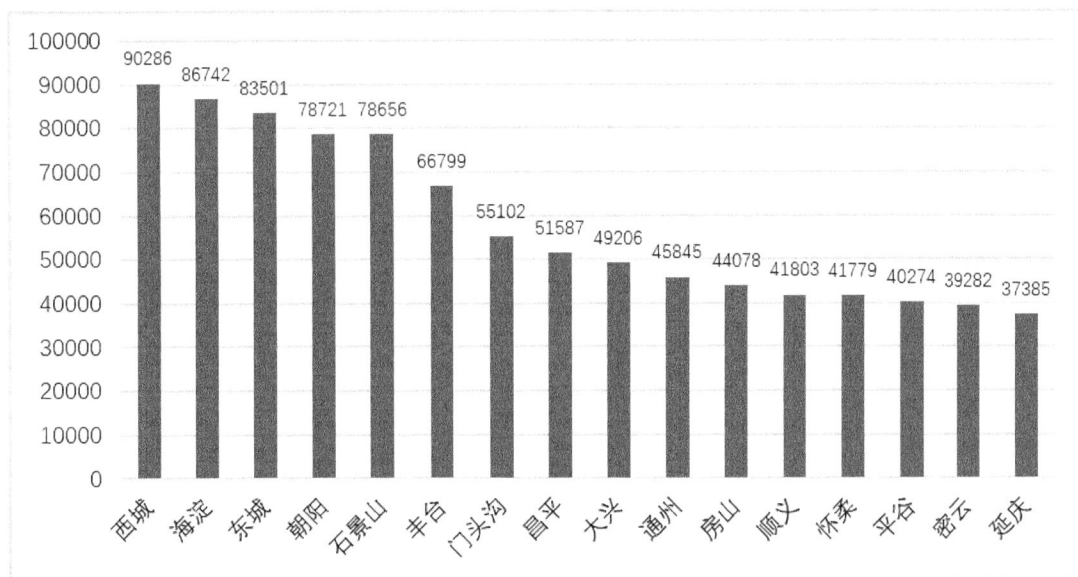

图 15　2020 年北京市各区居民人均可支配收入

（五）城乡融合的区域差异显著：同类城市比较尚无明显优势，引领全国道阻且长

2017年，《北京城市总体规划（2016年—2035年）》正式出台，提出在北京市域范围内形成"一核一主一副、两轴多点一区"的城市空间结构，明确了各区域的功能定位及城乡发展一体化的格局和目标任务。按照规划，北京中心城区（东城区、西城区、朝阳区、海淀区、丰台区、石景山区）要坚持疏解整治促提升；城市副中心及平原新城（顺义、大兴、亦庄、昌平、房山新城）等城乡结合部区域要承接中心城区适宜功能、服务保障首都功能。本报告基于中国统计年鉴数据，选取代表性指标分析北京、上海、天津、重庆四大直辖市之间的城乡收入差距、教育、医疗资源配置差距，可以看出，北京的城乡差异在直辖市中较为突出，要想实现城乡深度融合发展，形成率先基本实现农业农村现代化的首都样板和首善示范，引领全国，任务非常艰巨。

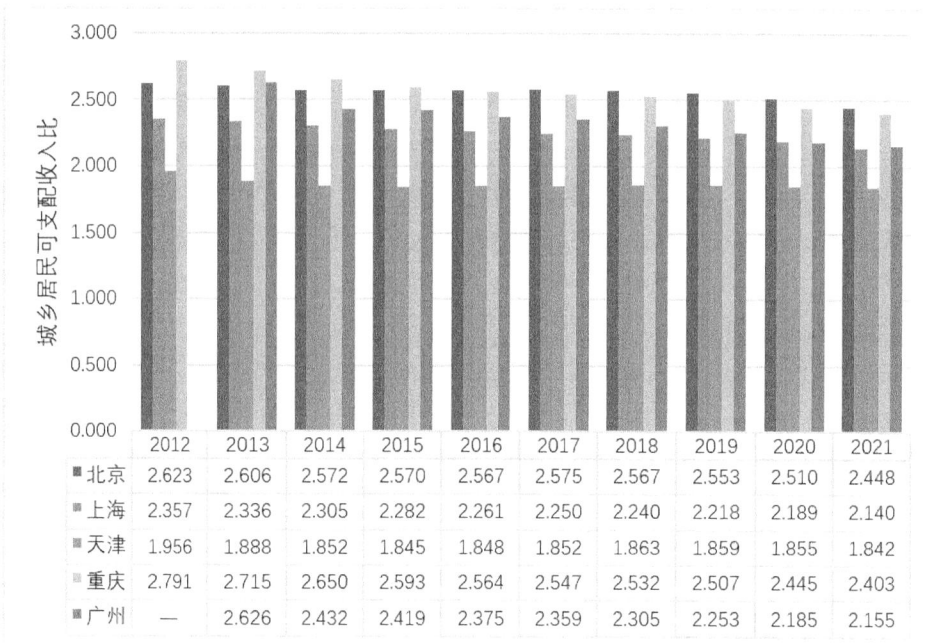

	2012	2013	2014	2015	2016	2017	2018	2019	2020	2021
北京	2.623	2.606	2.572	2.570	2.567	2.575	2.567	2.553	2.510	2.448
上海	2.357	2.336	2.305	2.282	2.261	2.250	2.240	2.218	2.189	2.140
天津	1.956	1.888	1.852	1.845	1.848	1.852	1.863	1.859	1.855	1.842
重庆	2.791	2.715	2.650	2.593	2.564	2.547	2.532	2.507	2.445	2.403
广州	—	2.626	2.432	2.419	2.375	2.359	2.305	2.253	2.185	2.155

图16 京沪津渝穗五市之城乡居民可支配收入比

从要素报酬状况看，无论是在京沪津渝四大直辖市之间，还是在京沪穗三大一线城市之间，北京城乡收入差距均为最高，达2.448倍。即便是仍拥有大量乡村、城镇化程度远低于广州和其他三个直辖市的重庆市，城乡居民收入差距也低于北京，为2.403倍，而广州、上海、天津三市则分别只有2.155倍、2.140倍和1.842倍。

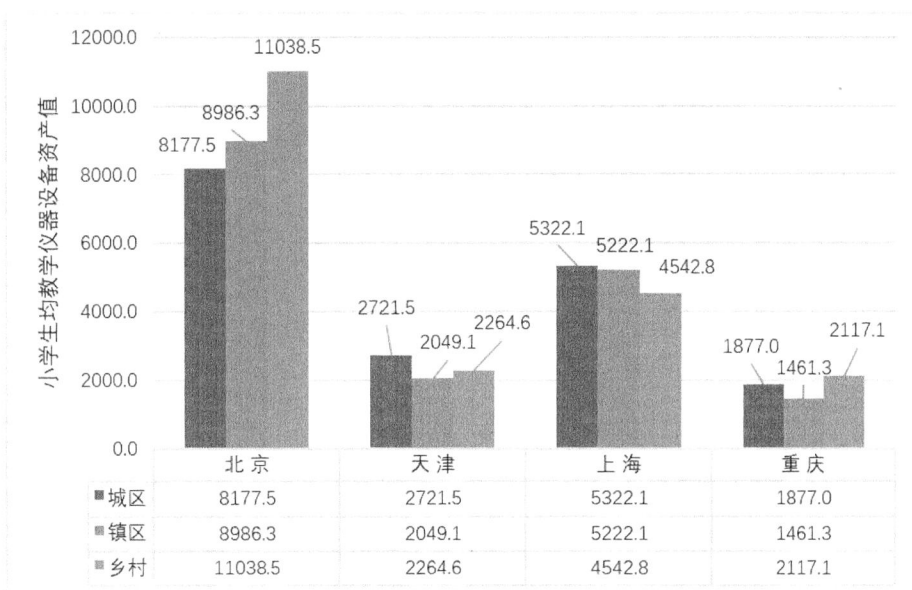

	城区	镇区	乡村
北京	8177.5	8986.3	11038.5
天津	2721.5	2049.1	2264.6
上海	5322.1	5222.1	4542.8
重庆	1877.0	1461.3	2117.1

图 17　2021 年京沪津渝城乡教育资源配置差距

从城乡教育资源配置状况看，北京教育经费向郊区和乡村地区重点倾斜的特征非常明显，以小学生均教学仪器设备资产值指标看，北京镇区和乡村的生均水平均高于城区，优于其他三个直辖市，但也呈现出典型的教育经费投向与城乡人口流向的系统性背离现象。

表 6　北京城乡医疗资源配置差距

年份	每千人口卫生技术人员				每千人口医疗卫生机构床位数			
	合计	城市	农村	城乡比	合计	城市	农村	城乡比
2012	10.6	15.51	7.81	1.99	4.84	7.94	3.61	2.20
2013	10.9	15.88	8.14	1.95	4.92	8.15	3.47	2.35
2014	11.3	16.38	8.09	2.02	5.1	8.46	3.74	2.26
2015	11.8	17	8.6	1.98	5.14	8.43	3.68	2.29
2016	12.2	17.24	—	—	5.39	8.64	—	—
2017	12.2	17.63	—	—	5.56	8.66	—	—
2018	13.1	17.95	—	—	5.74	8.69	—	—
2019	13.8	18.46	—	—	5.93	8.72	—	—
2020	13.9	18.44	—	—	5.8	8.5	—	—

从城乡医疗资源配置状况看，尽管北京每千人口卫生技术人员、每千人口医疗卫生机构床位数的城乡比分别稳定在 2.0 倍、2.3 倍左右，没有显著波动，但与其他直辖市相比，北京的城乡医疗资源配置差距却是最大。

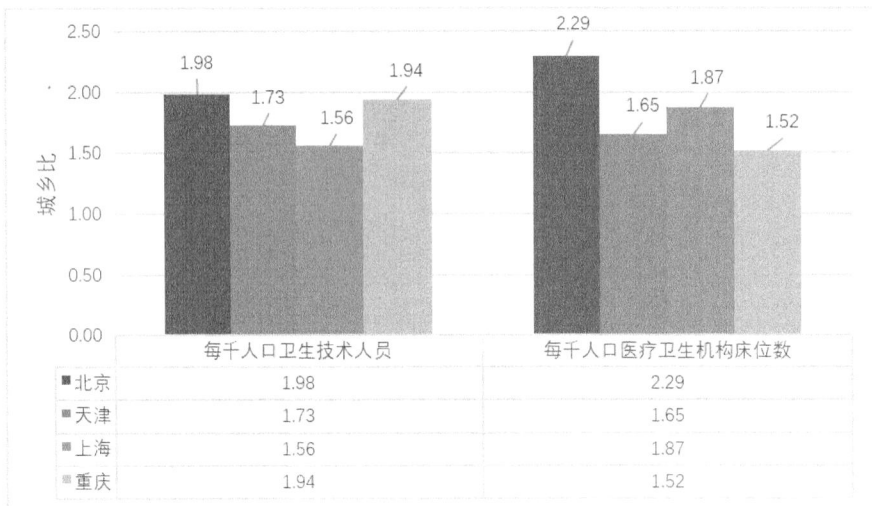

	每千人口卫生技术人员	每千人口医疗卫生机构床位数
北京	1.98	2.29
天津	1.73	1.65
上海	1.56	1.87
重庆	1.94	1.52

图 18　2015 年京沪津渝城乡医疗资源配置差距

四、北京城乡融合发展的总体思路与战略路径

国家推进城乡融合发展的指导思想是：以习近平新时代中国特色社会主义思想为指导，全面贯彻党的十九大和十九届二中、三中全会精神，紧紧围绕统筹推进"五位一体"总体布局和协调推进"四个全面"战略布局，坚持和加强党的全面领导，坚持以人民为中心的发展思想，坚持稳中求进工作总基调，坚持新发展理念，坚持推进高质量发展，坚持农业农村优先发展，以协调推进乡村振兴战略和新型城镇化战略为抓手，以缩小城乡发展差距和居民生活水平差距为目标，以完善产权制度和要素市场化配置为重点，坚决破除体制机制弊端，促进城乡要素自由流动、平等交换和公共资源合理配置，加快形成工农互促、城乡互补、全面融合、共同繁荣的新型工农城乡关系，加快推进农业农村现代化。

国家推进城乡融合发展的主要目标是：到 2022 年，城乡融合发展体制机制初步建立。城乡要素自由流动制度性通道基本打通，城市落户限制逐步消除，城乡统一建设用地市场基本建成，金融服务乡村振兴的能力明显提升，农村产权保护交易制度框架基本形成，基本公共服务均等化水平稳步提高，乡村治理体系不断健全，经济发达地区、都市圈和城市郊区在体制机制改革上率先取得突破。到 2035 年，城乡融合发展体制机制更加完善。城镇化进入成熟期，城乡发展差距和居民生活水平差距显著缩小。城乡有序流动的人口迁徙制度基本建立，城乡统一建设用地市场全面形成，城乡普惠金融服务体系全面建成，基本公共服务均等化基本实现，乡村治理体系更加完善，农业农村现代化基本实现。到本世纪中叶，城乡融合发展体制机制成熟定型。城乡全面融合，乡村全面振兴，全体人民共同富裕基本实现。[①]

①《中共中央 国务院关于建立健全城乡融合发展体制机制和政策体系的意见》，2019 年 4 月 15 日。

《北京市"十四五"时期乡村振兴战略实施规划》明确提出，到 2025 年，乡村振兴取得重要阶段性成果，制度框架和政策体系基本健全，城乡融合发展取得突破性进展。到 2035 年，乡村振兴取得决定性进展，城乡融合发展的体制机制全面完善；率先基本实现农业现代化、农村现代化、乡村治理体系和治理能力现代化，城乡基本公共服务实现均等化，全体农民共同富裕取得更为明显的实质性进展。推动城乡深度融合发展，根本目的是让城市和农村这两个聚落，发展为空间相融、功能互补、利益协调、共生演化的生态系统，从而彻底从经济上、社会上、文化上消除城乡关系的分割与对立，实现整个城乡命运共同体的高质量发展和全体人民共同富裕。

北京强化"四个中心"城市战略定位，推动高质量发展，建设国际一流的和谐宜居之都，重点和难点在农村。按照中央精神，北京制定了加快推动城乡融合、全面推进乡村振兴、率先实现农业农村现代化的路线图、时间表。未来五年，最重要的是，要在全市减量发展的要求下，处理好城市减量发展和乡村增量发展之间的关系，发挥超大城市郊区和乡村的功能和价值，增强乡村发展内生动力，积极探索充分利用好京郊乡村这一稀缺资源，使其成为北京城市战略定位功能的重要承载地和提升城市综合竞争力的战略空间。更进一步讲，在全市减量发展的要求下推进城乡融合，城市要减量，乡村要增量。

北京最大的优势在科技和人才，城乡融合的重点在于产业融合，而发展产业的最关键要素靠人才，须全面贯彻党的二十大精神，坚持和加强党的全面领导，坚持以人民为中心的发展思想，坚持新发展理念，充分发挥首都的科技和人才优势，以城乡一体规划为抓手，以科产融合创新为纽带，以完善产权制度和要素市场化配置为重点，协调推进以人为核心的新型城镇化、以农民为主体的乡村振兴，加快建设特色小（城）镇和多元化创新创业载体，以集聚促发展，以集聚促平衡，以有效市场和有为政府充分激发城乡要素双向流动的活力潜力，推动实现以创新人才为核心的城乡全面融合。

（一）以城乡融合发展试验区为突破口，形成制度创新成果，引领全市提升城乡融合内生动力

北京推动城乡融合，既具有"大城市、小农业"等超大城市的共性，也有"大京郊、小城区"的空间特点，同时作为首都，城乡融合实践还要体现首善之区的高标准。城乡融合问题的体制性根源在于城乡二元结构，而土地制度和户籍制度是城乡二元结构下最重要的制度安排。当前，依据新的城乡统一的户籍政策，不再存在农业户口与非农业户口的区分，户籍制度对城乡融合的障碍现在主要体现在实操层面。因此，城乡融合制度安排的焦点在于土地制度，鉴于国家设立城乡融合发展试验区取得的经验成效，应考虑设立市级城乡融合发展试验区，推行农村土地制度、集体产权制度等制度改革，将城乡融合发展作为激励试验区所在地方政府领导干部的重要内容，形成一批成熟定型、可复制可推广的制度成果，充分释放乡村地区的发展活力。

（二）以城乡一体规划为抓手，充分把握人才宜居宜业需求，将绿化隔离地区和平原新城作为未来五年城乡融合发展的主战场

从全市空间布局看，北京绿化隔离地区和平原新城是城乡融合发展基础条件最好的地区，新版城市总规要求"2035年实现一绿建成、全面实现城市化，二绿建好、加快城乡一体化"，应通盘考虑城乡发展规划编制，按照"多规合一"要求，实现土地利用规划、国民经济社会发展规划和各类专项规划有机融合，将经济社会发展、土地资源利用、生态环境保护等纳入城乡一体规划设计，切实解决规划上城乡脱节、重城市轻农村的问题。完善规划引领机制，全方位把握人才宜居宜业、职住平衡等需求，一体化推进基础设施建设、公共服务、产业发展、资源利用、社会治理和文化建设，推进城乡间要素融合、经济融合、社会融合、文化融合，实现城乡"科产城人"全面融合、共同繁荣。

（三）以科产融合创新为纽带，多元化打造创新创业载体品牌，发挥中关村示范区对乡村地区的科技创富带动力

充分利用美丽乡村田园生活的生态资源对创新人才的吸引力，完善乡村地区基础设施及公共服务配套，营造"近悦远来"人才生态环境，延展中关村国家自主创新示范区"一区十六园"的科技产业融合功能，大力建设各类特色化、品牌化创新创业载体，创新利益联结机制，带动人才、技术、资本等各类城市资源创新要素流入乡村，促进城乡产业链、创新链、人才链、资金链深度融合，稳定乡村一产，适度发展乡村二产，大力发展乡村三产，促进传统涉农产业提质增效，推动乡村地区新产业新业态快速发展，构建一二三产有机融合的现代产业体系，筑牢城乡融合的产业基础，促进城乡产业融合、经济融合。

（四）以特色小镇和特色小城镇培育为支点，构建特色产业生态圈，提升乡村地区整体发展能力

城乡融合发展的主线是经济融合，北京中心城区周边的乡镇或园区，是城市与乡村空间融合上的重要联结点，既是城市的一部分，也是乡村的一部分，本身就是乡村产业和主城区市场的天然链接。近年来京津冀城市群和首都都市圈的建设又使其交通愈加便利，小城镇的区位劣势不断减弱，成本优势不断凸显，乡村振兴战略的实施又使小城镇的生态资源优势和宜居宜游优势持续强化，北京推进城乡融合进程中，应特别注重以特色小镇和特色小城镇作为城乡要素融合的重要载体，吸引特色产业的上下游产业链企业，专注特色产业打造创新创业生态圈，推动特色产业集聚化、集群化发展，有效带动城乡融合发展。

五、北京城乡融合发展的对策建议

突出的城乡差异与首都发展的新特征新形势极不相称，也与北京首善标准的高质量发展要求不相适应。须准确把握北京市情，处理好"都"与"城"、"城"与"乡"、投入与产出、保护与发展、市权与区权的关系，城市发展做减法，乡村发展有条件做加法，以制度创新、试点突破、规划引领、载体提升、金融激活，充分释放乡村价值，推动城乡深度融合。

（一）健全城乡融合发展制度保障、标准建设和激励机制，进一步深化城乡融合发展工作协同推进机制

一是加强组织保障。组建北京市城乡融合发展工作领导小组，加大组织保障力度，坚持系统观念，加强全局性谋划、一体化布局，对人口、土地、财政、金融和产权等任务进行统筹协调、监测评估和跟踪督导，按需组织召开专题会议，研究推动城市融合各项工作落实落地。区级党委和政府须增强主体责任意识，结合本地实际制定细化可操作的城乡融合发展体制机制政策措施。

二是完善法律保障。增强运用法治思维和法治方式推进城乡融合发展的能力和水平，在《乡村振兴促进法》的总体框架下，制定出台《北京市乡村振兴促进条例》等相关配套法规，深化城乡融合的立法调研，注重街道及乡镇政府部门、集体经济组织、企业等多元利益主体参与，加快完善城乡融合法律制度体系，为协调推进新型城镇化和乡村振兴、实现城乡深度融合发展健全法律保障。

三是健全标准体系。设立北京市城乡融合发展战略咨询委员会，立足北京实际，加强调查研究，借鉴国内外经验，对新时代首都城乡融合标准化提出新要求，建立科学合理、行之有效、客观反映城乡融合进展的指标和统计体系，把评估考核标准体系作为检验城乡融合发展成效和领导干部政绩考核的重要尺度，为城乡融合发展提供有力的技术工具和方法路径。建设城乡融合政策实验室，借助大数据分析、决策模拟、行为实验等技术，为城乡融合发展提供科学决策参考。

（二）设立市级城乡融合发展试验区，开展制度创新改革实验，维护和发展农民权利，释放人才入乡发展动力

根据《北京市"十四五"时期绿化隔离地区建设发展规划》布局，绿化隔离地区由"一绿地区"和"二绿地区"共同组成。环首都功能核心区的一绿地区政策范围约 310 平方公里，涉及朝阳、海淀、丰台、石景山、大兴、昌平和首农食品集团的 27 个实施单元。二绿地区则是从一绿地区政策区以外延伸至六环路外的空间，以九个楔形战略性绿色空间为主，总面积约 910 平方公里，涉及包括朝阳、海淀、丰台、大兴、昌平、通州、顺义、门头沟、房山、石景山 10 区和北京经济技术开发区在内的 61 个乡镇（地区），其中，约 39% 的面积位于中心城区，约 17% 的面积位于城市副中心和平原新城。按照北京市新版城市总规，2035 年将实现"一绿建成、全面实现城市化，二绿建好、加快城乡一体化"的总体目标，当前一绿地区已经推进实施全面实现城市化，各相关区已进入收尾阶段。数据显示，随着一绿地区的人口向外疏解，二绿地区和平原新城常住人口增长趋势明显，二绿地区和平原新城本已具有较好的基础设施条件、较高的公共服务水平，势必是北京市下一阶段深入推进城乡融合发展的主战场。

根据《北京市"十四五"时期国际科技创新中心建设规划》，北京建设国际科技创新中心，包括中关村科学城、怀柔科学城、未来科学城、创新型产业集群示范区，分布在海淀、怀柔和密云、昌平、经开区和顺义等区域在内的"三城一区"是重中之重，是建设主平台，也是北京市人才、技术、资本、数据等生产要素最为集聚的区域。其中，中关村科学城、未来科学城、北京经济技术开发区、顺义创新产业集群示范区均与二绿地区、平原新城在空间范围上有重叠。环城绿带既为创新人才发展提供了宜业环境，更便于成为实现人科产城全面融合的试验区。

建议借鉴国家及部分省份设立城乡融合发展试验区的经验，在绿化隔离地区、平原新城、生态涵养区及"三城一区"选择具有一定特色的区域，开展城乡融合发展试点，着力深化改革，在农村土地征收、集体经营性建设用地入市、农村宅基地制度改革、农村集体产权制度改革、科技成果入乡转化、生态产品价值实现等领域先行先试一批有突破性的政策，给乡村活力从制度上"解锁"。城乡融合试验中，须围绕首都的科技和人才两大特色优势、紧扣"四个中心"城市功能定位，注重维护和发展农民权利，创新国土空间规划管理机制，部署推进重大规划、重大政策，建设一批有引领性的重大项目、重大平台，推动工作项目化、项目清单化、清单责任化，督导评估相关工作进展，推进城乡融合试验区城乡深度融合发展，先行示范，形成一批制度创新成果，取得经验后在全市推广。

（三）完善规划引领机制，加强规划人才队伍建设，更新规划理念，厘清部门职权，推进城乡一体规划、协同发力

一是更新规划理念。发挥规划纠偏功能，确保既推动乡村功能的全面提升，实现传统乡村向现代乡村转型，一体规划，多规合一，又要遵循乡村发展规律和个体差异进行乡村规划，实现乡村规划的差异性、规划程序的民主性、规划重点的深入性，不能用城市规划的标准来制定乡村规划，有序推进，深度融合。

二是厘清部门职权。规自部门的规划职责范围主要是负责制定总体性规划、控制性规划，区和专业部门负责制定详细规划与专业规划。应注重规划编制的问题导向，加强农口部门的规划权，对涉及城乡融合、乡村发展的规划，农业农村部门应当作为主要部门，具有相应话语权。

三是加强规划人才队伍建设。高起点、高标准、高水平的城乡融合发展规划建设管理，需要一支懂理论、重调研、通实践的高素质城乡规划人才队伍。政府部门的规划人才不光要"站得高"，还要"下得去"，才能"干得好"。

建议"引、育"并举两手抓加快高水平城乡规划人才队伍建设。一方面，探索实施乡村责任规划师制度，将专业规划人才导流到乡村地区。在市、区两级设立乡村规划专项经费，为乡村责任规划师履职提供保障，以乡镇（街道）为单位选聘乡村责任规划师。另一方面，构建规划部门专业技术人才和行政管理人才城乡轮岗机制。明确完善促进规划人才"下得去"的激励机制，将到乡村轮岗工作作为市政府相关部门规划专业技术人才和行政管理人才晋升的必备条件，推动城市规划人才下乡，破解乡村规划与乡村振兴、城乡融合的实际、目标存在偏差甚至脱节的问题。

事实上，早在2010年，四川成都就创立了乡村规划师制度，并不断完善、走向成熟。该制度以政府为主导，乡村规划师作为一个全职工作岗位，面向社会公开招募，负责协助政府实施城乡规划编制及管理。同时，在市、县两级设立乡村规划专项经费，为乡村规划师履职提供保障。2017年，浙江省有关部门印发《关于推广驻镇规划师制度的指导意见》，提出在全省范围内推广驻镇规划师制度，以乡镇（街道）为单位选聘驻镇规划师，并建立与驻镇规划师服务水平相适应的薪酬机制。目前，杭州市118个小城镇已实现驻镇规划师全覆盖，村村有规划图，镇镇有规划师，"设计下乡"为美丽乡村建设赋能。2018年，住房和城乡建设部通知要求开展引导和支持设计下乡工作。2020年，《广西乡村规划师挂点服务办法（试行）》提出，力争 2025 年实现乡村规划挂点服务制度化、常态化。2021 年，湖南省印发《关于加强村庄规划工作服务全面推进乡村振兴的通知》，选派、培训大批精干力量进村担当乡村规划师，长沙市逐步建立乡村规划师制度，由市委组织部和县市级乡村振兴主管部门共同建立人才库，直接面向乡镇提供规划师人才。2022 年，天津市首批 6 名乡村规划师上岗。青海省印发《关于开展乡村规划师志愿服务试点助力乡村振兴的通知》，在全省范围内建立乡村规划师、市州乡村规划师团队和省级乡村规划师团队的"一师两团队"乡村规划师志愿服务队伍，在 11 个县（市、区）开展乡村规划师志愿服务试点。

（四）加强干部队伍建设，健全人才子女教育保障，提升京郊人才引进服务质效

《北京市"十四五"时期乡村振兴战略实施规划》提出，到 2025 年城乡融合发展要取得突破性进展，到 2035 年城乡融合发展的体制机制全面完善，率先基本实现农业农村现代化。鉴于北京的城市战略定位，可以说北京城乡融合发展面临的根本问题在于，如何将北京的科技优势、人才优势和大京郊大农村的生态价值优势转化为城乡产业融合的新功能优势，更进一步地，核心在于如何促进创新人才在城乡间双向流动。首都人才资源总量达 766 万人，占北京常住人口的 35%，人才密度突破 60%，数量庞大的创新人才为北京推动城乡融合发展提供了巨大的"人才池"。课题组认为，当前，国内外形势错综复杂，经济下行压力持续加大，在地方财力受到严重削弱的情况下，应更加重视加快建立以创新人才为核心的城乡融合政策体系，财政政策更加注重提升引导力，保障措施更加注重以人为核心，更加重视营造宜居宜业宜创的京郊人才生态，加强人才服务保障，吸引并留住创新人才。

城乡融合，皆归于人，再好的制度，再好的规划，最终要落实到人来干，但人才队伍建设得慢工出细活，见效慢、难衡量。政府部门主要领导往往把时间精力更多放在会议论坛、招商引资、工程项目等显示度高、见效快、易评估的事情上，而一把手的战略意识、时间分配决定了整个单位的工作注意力，北京要率先基本实现社会主义现代化，城乡融合发展必须摆上优先位置，成为一把手工程，城乡融合要做的事实在太多，但应意识到当前北京城乡融合发展面临的诸多问题挑战，企业兴乡难，市民下乡短、能人回乡慢，没有系统性解决人才的激励问题是关键原因，要坚持人才引领发展的战略地位的首要性。城乡融合发展是一项需要长期努力的系统工程，要有足够的发展耐心，科学规划、从容推进，这就需要一支高素质的干部队伍，而高素质的干部队伍，首先需要具备一支高素质的领导干部队伍：一要怀有革命家的情怀。坚定不移的信念，功成不必在我，功成必定有我。二要掌握经济学家的思维。善于跨界学习，善于利用市场，周全分析决策影响。三要秉持科学家的作风。深思熟虑，科学规划，科学建设，科学管理。四要追求企业家的精神。敢闯敢试，追求卓越，做推动改革创新发展的探索者、组织者。

如何让包括党政管理人才在内的创新人才愿意来、留得住？相对于主城区高昂的房价，大京郊地区更能实现人才职住平衡的宜业状态，但创新人才始终难以释怀的是郊区的教育质量问题。前文分析可以看到，尽管教育经费重点向农村地区倾斜，但与城区的师资力量、教学水平仍有很大差距。要吸引集聚优秀人才在京郊安居乐业，一体化的城乡基础设施、良好的文体商业设施、能够承受得起的房价仅仅是生存条件。除良好的基础设施硬环境外，还需着力改善文化教育、医疗卫生等方面的软环境，补上北京郊区的共同短板。教育尤其是初等教育和中等教育办学水平，是青年优秀人才在就业和定居时最为看重的因素。同时，根据前文数据分析，由于有义务教育均衡政策的促进作用，乡村地区的公共财政教育事业费已经高于城市地区，但由于学前教育并无如此强力的均衡政策，学前教育的教育事业费投入并无倾斜，如果考虑到师资差异，那么学前教育质量的城乡差异要比义务教育和高中教育阶段更为悬殊。鉴于此，为加大京郊和乡村地区对人才的吸附力，增强人才环境的黏性，建议采取强力举措满足创新人才的子女教育质量需求。一是在学前教育、义务教育、高中教育等各教育阶段办学中通过引入名校校区或建设集团分校等多种形式加大名校引入建设力度。"三城一区"乡村地区尤其要注重利用区域内科技基础设施和优秀科技人才优势，开展特色教育、举办研学基地。二是加大学前教育财政教育事业费支持，增强学前教育师资力量和办学水平。三是大力加强郊区数字基础设施建设，提升郊区数字化教学设备质量，利用互联网、人工智能等新一代信息技术提升教育水平，建立城乡教育共同体。

（五）多元化打造创新创业载体，加快乡村科技服务体系和产业创新网络建设，推进"人科产城乡"融合

一是积极发挥国家及市级规划、政策对城乡融合的战略导向作用。在引导农村人口和产业适度集中的同时，将特色农产品优势区、现代农业产业园、农村产业融合发展示范园、农业科技园区、农村创业园区、电子商务产业园、直播电商基地等干事创业平台作为推进城乡融合的战略节点，加大创新创业政策支持力度，引导城市人才入乡创业。

二是创新资金使用方式，支持健全乡村科技服务体系和产业创新网络。灵活采取直接补助、绩效奖励、购买服务等方式，鼓励科技企业孵化器、众创空间、星创天地等科技创新创业载体的专业化、品牌化发展，支持各类创新创业特色载体提升可持续发展能力，为创新人才干事创业提供市场化、专业化、精准化的资源和服务。包括专业资本集聚型，即创业投资、产业投资资本主导的特色载体；龙头融通带动型，即行业龙头企业主导的特色载体；垂直创新支撑型，即高校、科研院所主导的特色载体；高端人才引领型，即以聚集高端人才为核心要素的特色载体。

三是支持涉农领军企业兴办细分产业孵化器，推动乡村新产业新业态培育及集群化发展，构建一二三产业有机融合的现代乡村产业体系。细分领域领军企业不但拥有先进的技术资源，更能在公司运营、创业服务、投融资、用户流量方面为细分领域初创企业提供优质资源。相对于众创空间、综合类孵化器，由领军企业举办产业垂直孵化器不仅可以提供物业空间和一般性的服务资源，更可以发挥其在细分产业领域的专业优势，基于产业痛点，提供工业设计、检测检验、模型加工、知识产权、专利标准、中试放大、生产制造、产品推广等研发、制造、供应链等一系列专业增值服务，部分优质项目还可能赢得相关孵化基金的股权风险投资。

乡村地区建设产业孵化平台可联合供销社、科技小院等三农服务载体网络开展。以"北京科技小院"为例，其是针对低收入村和对口帮扶地区，由北京市委统战部围绕脱贫攻坚工作，统筹统战资源，整合统战优势推出的科技帮扶综合平台，是科技精准帮扶新模式。2018 年 5 月，市委统战部牵头在密云区西邵渠村建立了首家"北京科技小院"，截至目前，已在京郊 10 个区复制推广 60 家科技小院。脱贫攻坚取得全面胜利后，北京科技小院应积极推动脱贫攻坚和乡村振兴、城乡融合有机衔接，围绕乡村振兴战略，聚焦"产业振兴、人才振兴、文化振兴、生态振兴、组织振兴"，不断丰富科技小院的内涵。

可结合各区特色，联合相关龙头企业，利用中国农业大学、北京林业大学、市农科院、市农学院、市农职院等涉农院校及其他驻京高校科技资源，将"北京科技小院"由科技帮扶载体拓展成为产业孵化服务平台，助推城市资源要素向乡村流动，形成产业链条完整、功能多样、业态丰富、利益联结紧密的乡村产业发展新格局。

（六）以"产业"为灵魂，因地制宜建设特色鲜明、人科产城融合的特色小镇、小城镇和新市镇

特色小镇的特色在于产业，京郊应围绕通盘考虑城镇和乡村发展，统筹谋划基础设施、产业发展、生态环境保护等布局，形成新型城镇化和美丽乡村建设双轮驱动，现代城镇与田园乡村交相辉映的城乡空间融合形态，将特色小（城）镇建设成为城乡人才、产业、文化、生态、社会融合的最佳载体。

城乡融合的本质是人才与科技、产业、城市、乡村的融合，只有充分保障人才的工作生活创新创业需求方能最大激发融合创新动力活力。

一是针对当前乡村地区传统基础设施建设存在的"低配化""碎片化"等问题，紧扣"七有"目标和"五性"需求，配置城乡均衡的公共服务，推动城乡基础设施一体化规划、建设、管护，实现交通网络"体系完善、便捷高效"，市政配套"绿色生态、安全可靠"，促进特色小（城）镇高品质生活空间建设。以交通基础设施建设为例，须加快一体化综合交通网络建设，构建"一小时交通圈"。建议加强市郊铁路规划建设，推动市郊铁路在发车时间、发车频次等方面实现公交化运营，将京郊至中心城区轨道交通时间缩短到 45 分钟以内，推动物流运输便利化、出行服务便捷化、交通运输治理现代化，构建对外高效联通，对内有机衔接的一体化综合交通网络。

二是加快推进乡村新型基础设施和科技应用场景建设，构建智慧城镇、智慧社区、智慧乡村，提升基层治理能力和社区、乡村宜居水平。以北京建设全球数字经济标杆城市为契机，加快智慧社区、智慧乡村试点建设，建立统一的信息平台，通过整体设计实现数据的统筹、整合、互认，依托信息平台建立完善的数据推送机制，并实现数据活化、持续更新，在不同层级、范围内实现数据共享，将政务数据、基层业务数据和社会第三方数据等大数据引入基层治理，实现智慧社区、智慧乡村与"人产城"一体化发展。

把握好国际一流的和谐宜居之都建设契机，推进乡村价值多元化转化，通过"政府引导＋市场投建＋专业运营"创新多元主体合作开发机制，大力发展星级民宿、文化驿站、创意办公、迷你博物馆、沉浸式体验等新产业新业态，为创新人才跨界交流创造公共空间，塑造活力迸发、宜居宜业的"乡村创新实验室"，强化国际化公共服务设施配置，建立规范化、可视化、人性化的社区标识系统，健全公共文化服务和商业服务体系，创造便捷的工作、社交、居住空间，打造生产、生活、生态"三生融合"的多功能创新社区，重塑乡村创新空间格局，激发创新创业创造活力。

三是结合科学家工作室、研发组团、智能制造组团建设，促进郊区形成"一庄一品"的特色产业组团格局。基于高端商务、休闲度假、文化艺术、创新创业聚集区等不同定位，可以发展商务型庄园集群、休闲型庄园集群、艺术型庄园集群和研发智造型庄园集群。

研发智造庄园：通过招商引进研发机构、高科技企业、金融企业和高端智造企业，发展云智能产业和服务，将区域打造成智能制造、节能环保、科技服务等研发重点领域。

商务型庄园：以打造类似于城市会客厅的乡村会客厅为核心，开发国际会议和高端企业承办、商务度假、商务活动、拓展训练等功能，打造会展产业下的田园度假梦想地。

休闲型庄园：以提升传统农业附加值为核心，种植高净值农作物，发展农产品初加工，开展农耕体验、康体养生、教育文化、医疗保健、摄影游乐、体育赛事等一系列项目活动，打造以经营性农业和高产农业相融合的休闲度假产业，聚集田园休闲养生度假客群。

艺术型庄园：一般分布在土地价值较低的区域，发展影视基地、画家村、艺术村等项目，为艺术家提供工作、会议、展示，交流、聚会的愉悦空间，也为艺术爱好者与大师构造交流互动的空间，以此绽放艺术田园的新生态。

（七）盘活农村"沉睡"资产，做强做大集体经济，健全农民收入稳定增长机制

城市在长期的发展中，已经形成了由土地升值、不动产升值构建起来的资产价值升值体系，这也是特定时代条件下城市完成财富积累的良性逻辑。乡村地区可持续发展，必须依靠包括宅基地、农业承包地等土地要素高效流动与市场化配置。只有乡村土地使用权流转、附着在土地之上的不动产流转，才能实现生产要素的价值进入资产市场、资本市场，才能形成集体经济组织融资的支持条件与资本杠杆，吸引社会资本的大规模参与，乡村才将会成为资产升值、不动产升值的重要区域。北京市国土总面积为164.06万公顷，其中集体土地面积为128.85万公顷，集体土地占北京市国土总面积比重78.54%。北京市的农村集体经济发展一直走在全国前列，截至2020年底，北京市农村集体经济资产总额达到9633亿元，占到全国总量的10%以上。一旦这些生产要素被统筹规划并得以释放，将激发出巨大的潜在价值和市场活力。

一是加强乡村地区土地统筹管理。深化农用地经营权流转。加强耕地保护，促进农业用地适度规模化、集中化。鼓励承包户将承包土地的经营权委托村集体统一流转，引进现代农业经营主体带动连片规模化经营，实现农用地标准化、规模化、特色化利用。推进"退园还耕"，实施高标准农田建设，推动土地经营权入股农业产业化经营。

加强宅基地使用管理。加强"空心村"整治和开发利用，积极推进宅基地腾退，推进拆并村庄和零星破旧的农村宅基地拆旧复垦。建立宅基地自愿有偿退出和流转机制，通过整体改造、宅基地置换、集体回购等多途径，盘活利用闲置宅基地。

大力盘活集体经营性建设用地。推进集体经营性建设用地家底摸查，探索推动集体经营性建设用地入市，探索集体土地整备利用，对规划为经营性建设用地的农村集体存量土地进行整合，进行土地战略规划和统一招商，健全留用地管理制度，探索多种留用地兑现形式。

以二绿地区为例，可借鉴推广通州区马驹桥镇统筹治理全域全类型土地的实践经验，推动二绿地区减量提质增效和城乡深度融合。所谓"马驹桥经验"就是搭建"村地区管、镇域统筹"的土地整理平台，即村里的地由区里管，镇里统筹，成立镇级联营公司，采用各村"以地入股、以人入股"、统一规模化运营的方式，改变各村各自为政、单打独斗的零散状态，规避涉地违法、涉地贪腐等现象，将集体经济做大做强，提质增效。目前，马驹桥全镇东部地区已有约85%的集体土地流转至镇级联营公司统一运营管理，为集体经济壮大发展提供了空间保证。

二是促进土地资源利用增效。发展"飞地活化"模式，例如，把甲地（没有生活和就业功能）的宅基地等集体建设用地"飞"到乙地（生活和就业功能强），由甲乙两村集体共同重新建设居住小区和产业园区，一部分房屋归两个村的村民，多余房屋或工商业地产的使用权进入市场把各个乡镇闲置的宅基地或集体建设用地"飞"到怀柔科学城附近，由各个乡镇集体共同重新建设居住小区或产业园区，各个乡镇对房屋或者产业园区根据供给多少持股，共同推动房屋或工商业地产的使用权进入市场，建设科技园区、创新小镇或者科学城创新成果产业化特区。发展"飞地"活化的积极意义在于，既能解决分散在各个乡村的闲置资源碎片化、难以经营的问题，以及乡村工作区距离远、规模小、安全隐患等问题，又能通过利用乡村闲置资源服务科学城发展，增加乡村集体财政收入，并有效避免乡村发展中的分配不均、定价不均、操作不公等问题。

集体产权在金融支撑下进行"就地活化""漂移活化"，以高水平保护、高质量发展、高品质生活、高效能治理、精细化利用为核心理念，规划建设"飞地"，结合城乡融合发展需求建设科技园区、产业特区、科学家工作室、"乡村工作室"、"远程实验室"等创新创业载体，实现土地要素市场化配置与高效利用。

三是持续深化农村集体产权制度改革，全面增强农村集体经济发展能力。加快立法调研，将农村集体产权制度改革成果上升为法律法规，制定出台《北京市农村集体资产管理条例》，为农村集体经济组织规范有序运行提供法制保障。深化集体土地使用合同清理，重视市场机制对闲置、低效的集体资产的配置作用，加强农村土地、集体林场、生态、旅游等资源整合，以村集体、合作社为载体，加大农村集体经营性资产股份合作制改革力度，探索农村集体经济组织成员资格与户籍脱钩的可行性，通过招商引资、合作开发等模式探索集体经济发展路径，壮大集体经营性资产，发展农村混合所有制经济，激活"沉睡"资源的经济价值，保持农村发展活力。

（八）创新推进农村金融改革，鼓励引导社会资本下乡，增强城乡融合金融支撑

习近平总书记曾经深刻指出："金融活，经济活；金融稳，经济稳。"金融支持是乡村振兴的重要保障，建议结合城乡融合发展试验区建设，创新推进农村金融改革，引导金融机构优化农村金融供给方式，突破农业农村融资瓶颈，多方式为乡村振兴高质量发展提供资金要素保障。

一是鼓励引导社会资本下乡。鼓励社会资本投入乡村振兴，鼓励企业投资建设乡村公益性基础设施或社会事业项目，包括学校、医疗卫生机构、道路、桥梁、村庄小公园等永久性建筑。鼓励通过政府购买服务等方式，支持社会力量进入农村生活性服务业，探索在政府引导下社会资本与村集体合作共赢模式。对政府主导、财政支持的农村公益性项目，鼓励社会参与建设、管护和运营。着力利用外资开展现代农业、产业融合、生态修复、人居环境整治和农村基础设施等建设。

二是加大金融支农惠农力度。新型农业经营主体和小农户是乡村振兴的中坚力量，须进一步完善农村金融服务体系，持续实施农村普惠金融。鼓励金融机构建立"三农"金融服务专门机制，支持金融机构扩大农村服务网点覆盖面。探索依托供销合作社开展合作金融试点，引导优质农业企业设立资金互助合作社、资金互助合作社联合社，大力培育发展服务乡村的合作金融组织；完善金融支农奖励政策，加大涉农投资奖励、补贴等政策力度，积极发展本土化中小银行并鼓励其提供在地化金融服务；创新农村金融产品，加快探索开展农村集体经营性建设用地使用权、农民房屋财产权、集体林权抵押融资，以及承包地经营权、集体资产股权等担保融资。

三是大力发展绿色金融，推动乡村地区生态产品价值实现。绿水青山就是金山银山。北京市近年来高度重视生态环境保护，生态文明建设取得显著成效，京郊尤其是生态涵养区拥有充足的生态优势，须围绕生态产品在度量、交易、变现、抵押等方面的价值实现难题，加快进行理论研究和实践探索，开展生态产品价值实现机制试点，将乡村地区的生态优势转化为经济优势。对京郊水、林地、耕地、生物、矿产等生态资源进行实地摸底采集，加强生态产品价值核算，为生态产品机制实现打好基础。通过绿色信贷，为绿色涉农产业项目增量授信投放贷款，缓解中小微企业融资难、融资贵问题。加强生态资源保护，扩大生态产品价值总量，积极开展森林碳汇开发，巩固提升生态碳汇能力，减少碳库损失，探索碳汇交易模式。探索实践多样化的横向生态补偿，发展以绿色产业培育合作、园区共建等方式的间接性横向生态补偿，鼓励补偿地金融机构根据被补偿地绿色发展的需求，研究开发绿色信贷、绿色债券、绿色股权基金、绿色保险等各类补偿产品，吸引社会资本参与被补偿地绿色产业项目的规划、建设和运营，强化乡村"造血"功能。积极探索建立用水权、用地权、林草权、矿业权等生态资源交易市场，使市场在资源配置中起决定性作用。

北京市农村经济研究中心、首都科技发展战略研究院联合课题组

挖潜资源优势　对接都市需求
以城乡融合发展推动乡村产业振兴

　　产业兴旺是乡村振兴的重要基础。习近平总书记一直高度重视发展乡村产业，强调"产业兴旺，是解决农村一切问题的前提"，要"紧紧围绕发展现代农业，围绕农村一二三产业融合发展，构建乡村产业体系，实现产业兴旺"。作为国家乡村振兴示范区，平谷区镇罗营镇在乡村产业振兴上狠下功夫，在市委、市政府"大京郊服务大城市，大城市带动大京郊"发展方略的指引下，在区委、区政府"建设高大尚平谷"战略任务中找准定位，一方面全面梳理镇域资源，一方面积极对接首都这个特殊超大城市的市场需求，创新推动乡村产业振兴。

一、全面摸清资源底牌

（一）山水资源

　　镇罗营为纯山区乡镇，平均海拔近700米，镇域内海拔超过1000米的山峰有12座。东指壶峰海拔1234米，为平谷区最高峰，大有"会当凌绝顶，一览众山小"之势，是山岳观光旅游的重要载体。域内全年平均气温为8℃左右，较北京市区低5℃—6℃，有"天然空调"之美誉，素有"晴川绿谷""京东张家界"之美称。镇罗营还是京东著名的泉乡。《平谷县地名志》载：镇罗营"虽处深山区大都有山则有泉，水埋较浅[①]"。域内有八大清泉，还有10多处季节泉和两座小型水库。镇罗营石河贯穿全境，形似一条玉带连接着西峪水库和杨家台水库。

（二）林果资源

　　镇罗营地区属于微酸和半干沙土壤，成土母质为石英砂岩和片麻岩，大于10℃的年积温为3800℃—4000℃，年降水量在700毫米以上，薄土层多。果树总面积达到4.23万亩，已经形成梨、大桃、板栗、核桃、红果五大果品基地，果品总产达到4800万斤。微酸性、半干沙壤的土壤透气性好，加上周围群山储藏着大量富钾火山岩这一独特的地理特征，这里不仅适合大桃生长，而且还为桃的生长提供了大量的微量营养元素。由于镇罗营日照充足，昼夜温差大，果品灌溉水均为4A级弱碱性水，为果品生长提供了大量的微量

[①] 平谷县地名志编辑委员会.北京市平谷县地名志[M].北京：北京出版社，1993：257.

营养物质，所以这些喝着山泉水长大的果品不但甜度高，而且营养丰富。

（三）长城资源

镇罗营为明代平谷境内9座营寨之一，被称为"北边雄镇"。境内长城全长13.4公里，城楼庙宇众多，拥有最完整的长城防御体系遗址，既有守关，又有守营，还有墙体、敌台、烽火台、仓库，甚至修筑长城的采石场等，全域展现完整的长城防御体系＋营寨城遗址，可谓是长城自然博物馆。

（四）红色资源

镇罗营作为革命老区，红色资源丰富而独特。1938年6月下旬，八路军第四纵队挺进冀东，在镇罗营建立起密（云）平（谷）蓟（县）联合县政府，镇罗营南北水峪成为冀东地区重要的敌后根据地和对日斗争主战场，军民抗战风起云涌，谱写了一曲曲英雄赞歌。解放战争时期，镇罗营成为连接华北、东北地区的军用物资中转站。1951年9月25日，中央人民政府副主席张澜带领访问团慰问镇罗营老区人民。镇罗营各界代表将69封写给毛主席的信递交访问团，表达了要以高昂的爱国主义行动报答毛主席、报答中央人民政府的愿望。目前，全镇域共整理9个革命遗址集群，34个遗址点位，征集烈士证照、纪念章、书籍等实物300余件。

（五）村庄资源

镇罗营是最美乡村的集中区，全镇20个村各具特色、各有千秋。其中果林新村东四道岭是中国森林乡村、北京市最美乡村，景中新村玻璃台是中国乡村旅游模范村，水上新村张家台是国家级生态文化村、中国最美乡村，田园新村大庙峪是北京市民主法治示范村。镇域内有闲置土地1192.019亩（指农户无能力管理的果树地、承包地），闲置宅基地62处，具备较大的后续开发建设空间。

二、挖掘资源优势，对接城市需求，引进专业团队，探索城乡共融共生的产业发展模式

（一）引入博士农场，发展农业高科技

镇罗营镇引进中国农业大学有机农业技术研究中心主任杜相革教授领衔的4名教授和2名博士团队，在下营村建设有机桃园新品种评价和绿色防控新技术试验示范博士农场，以新理念、新技术和新方法，推动平谷桃产业健康发展，同时兼具科研成果的转化与推广。

该博士农场拥有自主知识产权的化学／天然纳米农药助剂成果，示范应用《植物源农药分子-纳米载体复合体及其制备方法和应用》和天敌保护装置等专利，以有机生产方式建立桃树全生命周期的技术和管理方案，提出由"食安三品"向"食质三品"的提升，树立品种与品质协同、季节与产品协同、外观与风味协同的"三协同"中长期发展思路。针对品种老、风味差、市场价格低等制约鲜食桃产业发展的问题，引入引进"春美""风味天后"等品质好、味道独特的油桃、蟠桃和水蜜桃三品系20余种，依托镇罗营良好的生态资源、环境资源，采用生态、有机的生产方式，开展全生命周期的有机种植和管理。

目前，"博士农场"已经制定了2022—2025年建设目标和2026—2030年发展规划，2023年计划申请国家级"科技小院"，吸引多学科的研究生参与到博士农场工作，从生产、销售、品牌推广等多方面丰富和发展"博士农场"，持续推动镇罗营的农业高科技发展。

（二）文化和旅游深度融合，推动文旅大跨越

党的二十大报告明确提出，要以文促旅，以旅彰文，推动文化和旅游深入融合。镇罗营镇以水为导向，以石河为产业轴线，联动沿河村域乡村风貌建设，通过乡村基层治理、湿地生态修复及景观打造，大地艺术景观及其活动植入，乡村文旅服务配套项目建设等一系列项目串联，开启镇罗营由农业生产向生态服务产业转型的乡村产业发展体系，实现乡村产业创新提质增效。大"湖畔知音"板块涵盖上镇、大庙峪两村，业态以湖畔都市休闲项目为主，充分展示生态经济的特征，展示镇罗营生态经济的品质和形象。"千亩花果梯田"板块涵盖下营、上营两村，业态以山地农业景观提升为主，充分展示观光休闲农业的特征，展示镇罗营农业生产向生态服务转化的产业定位和观念转变。"上营十字街改造"板块涵盖下营、上营两村，体现用心服务联系民众，优美环境和谐乡风。小"湖畔知音"板块涵盖杨家台水库周边村落，业态以湖畔都市休闲项目为主，通过大小板块的联动呼应，强化石河印象的轴线导向。"南楼之光"板块展示历史遗迹保护的景观价值利用和周边农林地休闲产业引导。

习近平总书记指出，要用心用情用力保护好、管理好、运用好红色资源。镇罗营镇已经梳理出密平蓟联合县抗日民主政府旧址、上营村藏粮洞、中央人民政府老根据地访问团访问镇罗营旧址等9个革命历史遗址集群点位，筹建完成革命历史纪念展，挂牌"平谷区爱国主义教育基地"，开展了"六个一"系列党建活动。庆祝中国共产党成立100周年期间接待全国100余个团体万余人参观，成为"红谷"建设的重要组成部分，同时成为新时代青少年爱国主义教育、党员干部党性教育、党史教育基地，是社会主义核心价值观教育的有效载体。

2022年，镇罗营镇依托中国人类学民族学会博物馆文化专委会的专业力量，集中打造了"红色山河记忆主题故事汇"，作为镇罗营国家乡村振兴示范区文旅产业轴线的重点文创。聆听乡村故事、发现乡村之美、重塑乡村价值是故事汇的工作理念。建设一个具有人类学学术气质、博物馆馆藏研展功能以及艺术和美学形式表达三大讲述特色的活态乡村新文化家园，是故事汇的初心和愿望。赓续红色血脉、塑造红色品牌、弘扬红色精神，镇罗营的红色旅游插上了文创、文博的翅膀。

镇罗营传统小蜜梨，现在也得到了文创赋能。镇政府引入设计团队，为高山泉水蜜梨设计品质化特色化的包装，将游杨家台蜜梨谷与品老北京小蜜梨互为产业链接，突出宣传老北京果品和农业文化遗产名优果品称号，为梨花盛开的场景创作了《花开镇罗营》主题歌曲，发展"乡愁经济"，延长产业链，增加附加值。

（三）发展山地运动和马术产业，引领消费新时尚

长城绵延万里，在北京市境内就有600余公里，延庆八达岭、怀柔慕田峪、密云古北口已成为世界闻名的旅游胜地。守着家门口的长城，如何作出特色，实现错位崛起，是镇罗营打好"长城牌"的关键。近年来，镇罗营镇敏锐地抓住山地运动这一都市新需求，以"全域推动＋智慧支撑＋运动引领"的模式，打造了"环长城100"的山地越野线路，架构镇罗营"一环一带两极多点"全域运动休闲小镇的产业格局。2018年，镇罗营镇和国际越野跑协会中国委员、"中国越野第一人"于雷合作，创办"环长城100国际越野挑战赛"，迄今举办了三届。专业的水准、独特的主题，使得这项赛事迅速成为山地越野圈的盛事。央视网、《新京报》等各大媒体竞相报道，提高了镇罗营镇长城的知名度。选手在比赛途中既可品味原汁原味的明长城，又可欣赏丰饶果林的美景，还可以领略北京最美乡村风貌。活动期间，镇罗营镇尤其是比赛主场地玻璃台村的50余家农家乐、民宿家家爆满，生意红火，老百姓得到了实惠。

随着首都社会经济的飞速发展，马术爱好者逐渐成为重要的高端时尚消费群体。据报道，我国马术行业市场规模逐年增长，由2016年的90.9亿元增至2020年的153.5亿元，年均复合增长率达14%。镇罗营拥有良好的山地气候，特别适宜马匹饲养。近年来，盘活利用闲置牛场，与北京中欧马汇国际贸易集团合作，引入300匹矮脚设特兰、弗利斯兰、安达卢西亚等不同品类世界名马进口饲养，可满足杭州亚运会等国内高端赛事对马匹的需求。同时，马会自媒体平台有粉丝100多万，具有天然的流量优势。目前，镇罗营镇已经通过国土整治，为中欧马汇项目的扩展提供了更大的用地空间，计划投资兴建马术表演场、马术主题酒店、名马主题餐厅等高端时尚休闲项目。

三、对全面实施乡村振兴战略的启示

（一）紧扣核心优势，发展具有自身特色的产业业态

镇罗营城乡融合的产业振兴模式，是充分挖掘本地资源，紧扣核心资源优势进行发展。其概念和主线即为山水镇罗营，以山为底，以水为线，实现纵横交织、前后呼应的产业带联动。未来镇罗营围绕核心资源，要建设三大产业概念轴线。一是红色山河记忆。以第四纵队挺进冀东敌后抗战的历史遗迹夯实镇罗营革命老区本色，传续镇罗营不畏艰难、忠于职守的边关精神，聚集红色旅游、红色教育、党建阵地建设资源，寓教于业。二是环长城屏障。以"环长城100"为引爆，构架镇罗营环山全域生态休闲小镇的产业格局，引导户外运动、康养度假休闲为特色的泛旅游产业聚集。三是水润乡村生活。以"石河印象"联动镇罗营未来乡村风貌建树、乡村基层治理、乡村产业创新和乡村产业提质增效，探索农业生产向生态服务的产业转型。

（二）立足治理优势，深度挖掘潜力实现国土高效能开发

资源要素的整合、社会资本的引入、经营模式的创新、时尚业态的导入，最根本是坚持党的领导。平谷区出台农村治理"1+4"系列文件，涉及新时代党支部、微网格、农村集体经济、党组织服务经费以及村组织运行保障机制等，镇罗营镇围绕唐海龙书记关于"建强村一级党支部、加强村级党组织统筹功能、健全基层治理机制、因地制宜发展新型农村集体经济"四方面意见，进一步细化深化相关方案，形成"1+13"落实到人的责任清单和具体实施管理考核办法。以村干部集中办公为抓手，构建"村干部集中办公＋村级综

合服务中心＋互助养老"全方位多角度基层服务体系，逐步丰富娱乐活动内容，打开村委会大门，为村民提供 24 小时"能办事、能养老、能看病、能吃饭、能娱乐、能评理"的服务场所。所有产业项目的导入，是建立在村级坚强的领导班子和强烈的发展意愿基础上的，所以要将基层党组织的治理优势转化为智力优势再进一步转化为植力优势，最终转化为带动百姓共同富裕的值力优势。2022 年初，在镇党委《镇罗营镇关于促进村集体经济发展的若干政策措施》1 号文的奖励机制下，村委会将 120 户闲置多年的"废弃果园"按照每亩 1350 元价格进行流转并划入村集体资产，有效激活了上镇村闲置资源。耕读园充分发挥上镇互助养老的共赢模式，实现"养老驿站＋锦瑟上院＋湖畔耕读园"的闭环运营，每年不低于 40 万元分红给村集体，村集体将此项收入反哺到互助养老点，用于负担养老管家岗位补贴、康养设备购置及维护，从而摆脱对政府资金的过度依赖，真正实现可自身"造血"。

（三）紧抓首都文化优势，深度链接资源实现共同富裕

习近平总书记 2017 年在北京考察工作时指出："北京历史文化是中华文明源远流长的伟大见证，要更加精心保护好、凸显北京历史文化的整体价值，强化'首都风范、古都风韵、时代风貌'的城市特色。"在 2022 年致全球重要农业文化遗产大会上的贺信中指出："人类在历史长河中创造了璀璨的农耕文明，保护农业文化遗产是人类共同的责任。"所以挖掘提炼地域性历史文化，走有地方特色的深度开发道路，是产业可持续发展的深层动力。经调查表明，城市人对乡村的需求有三个方面：一是城市人在潜意识中有亲近土地的愿望；二是城市人到乡村缓解压力，寻找内心中的"桃花源"；三是城市人愿意帮助乡村的民众发家致富。依据城市人的乡土需求，结合农耕历史文化，形成长久的链接和乡土归属黏性，走镇罗营式发展道路，实现共同富裕。

镇罗营以"首善之区"的乡村基层治理为切入点，带动五大振兴（产业振兴、文化振兴、人才振兴、生态振兴、组织振兴）全面发力，聚焦"红色记忆""绿色富民"和"金色民生"三大主题，对乡村资源进行多元价值挖掘和综合高效开发利用，实现乡村建设稳步推进，乡村治理卓有成效，乡村发展蓝图明晰。以农业高科技、休闲新时尚为抓手，主动融入首都超大城市经济循环，建立完善共生共赢的城乡融合发展体系，是镇罗营产业振兴模式的核心路径。

执笔人：刘军萍、陈奕捷、张颖

发展壮大乡村产业，为走好具有首都特点的乡村振兴之路提供强力支撑

一、坚持城乡融合发展，畅通城乡要素流动

坚持城乡融合发展是走好具有首都特点乡村振兴之路的必由之路。城乡融合发展有利于改善农业劳动力和其他要素的组合，有利于提升农业产业链供应链现代化水平，有利于提升农村基础设施质量和公共服务水平，是推进农业农村现代化的重要举措，是乡村振兴的必由之路。北京作为首都，正朝着现代化迈进，离不开城市的繁荣，更需要乡村的振兴。在新时代率先基本实现农业农村现代化进程中，如何处理好具有首都特点的工农关系、城乡关系，走好"大城市带动大京郊、大京郊服务大城市"的城乡融合发展之路，是事关现代化水平高不高、实力强不强、结构优不优的关键所在。近年来，北京市立足于首都功能定位，在城乡融合发展规划布局、要素配置、产业发展、公共服务、生态保护等方面相互融合、协同发展。同时我们也看到，北京城乡发展不平衡问题依然突出，城市的"强"和乡村的"弱"对比依然明显，城乡区域发展和收入分配差距仍然较大，在城乡要素合理流动机制上还有许多"硬约束"和"软约束"上的卡点、堵点亟待破解。新时代需要站在首都高质量发展大局的高度，深刻把握和处理好都与城、城与乡的关系，通过完善城乡要素流动体制机制和保障政策体系，促进城乡功能互促、优势互补。

建立健全城乡"人、地、钱"等要素平等交换、双向流动的政策保障体系。促进城乡融合发展，重点是建立健全城乡"人、地、钱"等资源要素的平等交换、双向流动的政策体系，促进要素更多向乡村流动，为农业农村发展持续注入新活力。北京汇聚了大量国内外资金、技术、服务、人才等优质资源要素，但其进入乡村渠道尚未完全打通，主要还是从农村向城市的"单向性"流动，农村实用型人才、发展资金短缺问题不同程度存在，乡村产业空心化问题较为突出。因此，必须打破城乡间的体制阻隔和制度藩篱。要以土地、空间整治利用为载体，统筹推进人才、资金、科技等要素配置改革，让支撑产业发展的要素下得去、留得住。完善城市人才入乡激励机制，为各类返乡人员提供财政、金融和社会保障支持。强化土地增值收益"取之于农、用之于农"的保障落地。深入推进集体建设用地入市。以更加符合实际、切实可行的乡村规划体系助力城乡要素合理流动。不能用城市

规划的标准来制定乡村规划，要体现乡村规划的差异性、规划程序的民主性和规划引领要素流动助力产业发展的精准性、稳定性、权威性。更加以乡村发展问题为导向，发挥各区和专业部门的规划自主权，特别是农业管理部门在乡村发展上的规划权、话语权，加大基层包括村民在内的多元主体在乡村规划编制上的参与度。探索责任规划师"下沉乡村"制度，将更加懂乡村、爱乡村的专业规划人才导流到乡村地区，更好地服务于乡村规划从编制到落地实施的全过程。

积极推动土地综合整理工作，唤醒"沉睡"资源。土地作为农村拥有的最大资源，是乡村产业的重要载体，是实现乡村振兴的核心要素。作为全国第一个减量发展的超大城市，北京持续深入推进"疏解整治促提升"专项行动，实现城乡建设用地减量110平方公里。在减量发展背景下，建设用地指标"镇域统筹"乃至"区级统筹"调节使用情况比较突出，农业休闲旅游基础设施、公共服务配套有时呈现"无地可用"的局面。而与此同时，大量工业大院拆迁、工业生产空间腾退，除了进行"留白增绿"和土地复垦，以及部分用以补齐公共服务短板以外，还有大量的土地资源、生产空间处于"闲置待二次开发"状态，且零散化、细碎化问题也较为突出。部分闲置宅基地开发利用程度不深等情况也较为明显，农村建设用地利用率低效问题尚未得到根本性解决。可借鉴浙江省"千万工程"经验，以土地综合整治做好腾退空间再利用的文章。同时对乡村闲置集体建设用地、闲置宅基地、村庄空闲地、道路改线废弃地、已撤销邮政所等公共服务配套用地及"四荒地"等土地进行综合整治，盘活建设用地重点用于乡村新产业新业态和返乡入乡创新创业。通过农村土地综合整治，进一步对农村生态、农业、建设空间进行全域优化布局。在具备条件的地区间，鼓励"飞地抱团发展"跨区域合作模式，实现资源优势互补，提升土地等要素利用效率。

二、推进一二三产融合发展，构建乡村产业发展体系

（一）推动农业一二三产融合发展，实现产业链条的横向扩面

稳定乡村一产，促进融合发展，在优和精上做文章。城市"菜篮子""米袋子"稳供应是保障居民生活的基础环节。2020年以前，北京市农作物播种面积呈现连年下降趋势，从2012年的278.03千公顷下降到2020年的98.18千公顷，下降幅度达到64.69%。随之，粮食作物播种面积也从2012年的193.87千公顷下降到2020年的48.9千公顷，下降幅度达到74.78%。粮食作物、油料作物、蔬菜等主要农产品产量也总体呈现逐年下降趋势。受疫情防控期间粮食、蔬菜等保供需求以及2019年基数低等综合因素影响，2020年粮食、油料、蔬菜等主要作物产量有所回弹。以2020年人均粮食（原粮）消费107.2千克，而人均粮食产量仅有30.5千克比较，可以反映出粮食自给水平处于较低水平。截至"十三五"期末，蔬菜产量连续17年下降，自给率不到10%，肉类产量连续10年下降，生猪自给率仅有2%。2022年北京市政府工作报告中指出，要统筹推进现代物流基地和农产品批发市场建设。北京目前各类蔬菜等农产品年流通量约为3000万吨。2021年发布的《北京市"十四五"时期农产品流通体系发展规划》提出，为保障城市供应，建设4个一级农产品

批发市场。北京乡村第一产业发展具有市场化、组织化、现代化程度较低等特点。从国家粮食安全战略及北京市重要农产品保供等角度考虑，尤其是对应对诸如新冠疫情等突发事件要求而言，要稳住北京一产，将一产做优、做精。从第一产业的产前、产中和产后各个环节有的放矢，精准施策。重点通过提升农业生产全周期社会化服务水平，推动农业全产业链条的纵向深度融合的同时，与农产品加工、乡村旅游、电商物流、文化体验等二三产业融合，实现农业产业链条的横向扩面融合。在产前环节，主要是加强政府引导性，提高数字化应用水平，加强市场预测与供需分析研判。在产中环节，要提升专业化服务水平，建设完善涵盖种子、农机、农药等的全流程农业产业社会化服务体系，提升农业配套、装备制造现代化水平，提高农业生产整体的现代化、标准化、组织化、专业化水平。延链、补链、壮链、强链，是发展乡村产业的主攻方向。农业农村部提出，到 2025 年我国农产品加工业营业收入达到 32 万亿元，农产品加工业与农业总产值比达到 2.8∶1。在产后环节，要加大农产品加工与流通环节的投入，通过产后流通贸易拉动第一产业发展。农产品加工及流通业，一头连着工业、城市和市场，一头连着农业、农村和农民，是加强城乡产业联系和促进城乡良性互动的重要载体。要在加工、仓储、流通中心用地需求上给予一定的政策支持，在五环外选取适宜区域加快布局加工、仓储、流通中心，以农产品加工流通带动大流通。腾退的集体建设用地，在满足农村基础设施建设、公益事业等用地的前提下，重点用于保障农村一二三产业融合发展。大力发展绿色加工，推动农产品从种养到初加工、精深加工及副产物利用无害化。建立数字化物流信息平台和产业交易平台，提升生产、收购、物流、仓储、销售等流程的效率和透明度，降低交易成本。

（二）促进乡村产业协调发展，缩小城乡发展差距

国务院印发的《关于促进乡村产业振兴的指导意见》，对乡村产业概念作了阐述：乡村产业根植于县域，以农业农村资源为依托，以农民为主体，以一二三产业融合发展为路径，地域特色鲜明、创新创业活跃、业态类型丰富、利益联结紧密，是提升农业、繁荣农村、致富农民的产业。推进农村三产融合，是提高农民增收的重要手段和实现农村可持续发展的客观要求，也是加快推动农业农村现代化的重要途径。2022 年中央一号文件强调要重点通过发展农产品加工业、乡村休闲旅游、农村电商等产业，来实现农村三次产业协同发展。推进乡村产业发展，要紧紧围绕首都功能定位，结合北京城市化与逆城市化并行发展阶段特征与消费需求特点，尊重乡村产业发展客观规律，发挥农民主体地位，统筹政策集成、资金融合，协同发力，找准制度堵点、痛点，深化改革创新、纾困破题，打造涵养产业高质量发展的乡村"软环境"和"硬实力"，让乡村成为"让城市更向往、要素自由流动"的发展沃土，在为全市经济社会发展"增光""添秤"的同时，让农民更多分享乡村产业增值收益。

适度发展乡村二产，着力在特和强上做文章。减量发展要求对于传统乡村产业发展不同程度的冲击不容忽视。2017 年北京市启动实施"疏整促"专项行动以来，截至 2020 年底累计疏解退出一般制造业企业 1819 家、治理散乱污企业 7179 家、疏解提升区域性市场和物流中心 632 个，专项行动成为推进首都减量提质、高质量发展的有力支撑。但不容忽视的是，对于工业大院、一般制造业等传统制造业依赖性较大的农村居民收入增长也不同程度地受到冲击。原有支柱产业退出，新型产业尚在引入和培育阶段，传统的乡村产业受到重要影响。北京很多远郊区远没有达到后工业化阶段，北京内部发展不平衡不充分，不能全市以一个标准进行产业管理。要以资源环境承载力科学测算为依据，在减量发展背景下，对于一些地区要给予农村二产一定的发展空间。产业禁限目录修订要统筹考虑乡村二产发展需求。与此同时，农村所谓的"小散低"产业正是承载农村就业、税收的主要来源，如果在没有找到新的产业替代之前全部切断这些产业，会导致产业断档、农村失血。对待农村所谓的"小散低"二产，不能采取简单的淘汰（如产业负面清单），应该更加强调标准管理。符合生态环保等标准的允许经营，不符合标准的要进行升级改造，使得传统产业逐步符合现代产业标准要求。要适度发展农村劳动密集型产业（如农村手工业），用于就地吸纳不愿意或不具备条件出村出镇就业的农村劳动力。同时，打造北京特色产品，并促进地域品牌规模化发展通过品牌打造、附加值提升等，延长产业链，提升价值链。对于农业产业发展而言，二产是三产融合中最关键的经济支撑。发展壮大二产，既有利于提升农产品质量和保障市场竞争力，也有利于促进农业产业规模化经营和延伸价值链。要着力发展特色食品、特色手工业等乡土特色产业，打造系列"小而特、小而精、小而美、小而优"的乡土特色品牌，支持乡村手工艺产品参与遴选"北京礼物"。

大力发展乡村三产，全力在精和活上做文章。乡村旅游和农业观光休闲业逐步成为领跑北京都市农业的新兴产业。然而，分散经营的情况比较突出，规模小、档次低、雷同性强，大多数设施简陋、内容不够丰富，生态、文化内涵不高。整体发展还处于初级阶段，主要问题是规模小、布局散、链条短，品种、品质、品牌水平都还比较低，一些地方产业同质化比较严重。要适应城乡居民消费需求，顺应产业发展规律，立足当地特色资源，拓展乡村多种功能，向广度深度进军，推动乡村产业发展壮大。不少地区聚焦发展特色农业产业和乡村旅游，走出了一条"农业＋文旅"的新路子。譬如，曾经被以"地下没有挖的，地上没有抓的"来形容的山西吕梁汾阳贾家庄，如今已形成以特色农业、粮食仓储为主的第一产业，酿酒生产、玻璃制造和建材为主的第二产业，乡村旅游、教育培训为主的第三产业相互促进的农业文化旅游产业融合发展的新局面。截至2020年底，该村集体固定资产达10.2亿元，人均纯收入突破2.8万元。我们要利用"互联网＋"等新技术手段，促进现代产业要素跨界配置、交叉融合，加快培育发展乡村新产业新业态新模式。由于三产紧紧依赖于城乡要素流动与互换，所以我们要站在城乡关系的角度发展三产，瞄准农民需求加强基础设施、基本公共服务均等化进展，具体而言要缩小三个差距：一是缩小城乡基础设施差距；二是缩小城乡提供社会服务上的功能性差距；三是缩小城乡社会保障差距。

三、处理好"五种关系"，赋能乡村产业高质量发展

推动具有首都特色的乡村产业高质量发展，需要站在首都"四个中心"发展的全局高度，站在全市经济社会统筹发展的大局来推进，加大工作统筹和改革创新集成力度。要将

乡村产业发展作为首都经济社会发展的重要组成部分来谋划推动。站在都市型现代农业多功能融合发展角度上谋划农业发展，站在农村功能拓展、多元价值实现的视角上谋划乡村发展。乡村产业的高质量发展，必须以完善的农村基础设施建设和与之相配套的公共服务水平为前提。乡村的融合发展、产业的高质量发展要以改革集成创新的思路来推动，要有一系列重大改革举措、重大项目支撑、重大政策组合拳，实现城乡融合发展与乡村产业振兴协调联动推进。

处理好"城"与"乡"的关系。以北京"四个中心"功能定位为根本，在处理好"都"与"城"关系的基础上，北京如何处理好城与乡的关系，如何拓展乡村发展空间，培育新的经济增长点，拓展新的发展区域，这是农村发展重要的依托，也是实现城乡融合发展走好具有首都特色乡村振兴之路的重要任务。城乡收入水平、城乡基本公共服务标准差距依然较大，乡村人居环境和产业发展基础设施配套与发展需求相比还有不少短板和差距。落实乡村振兴为农民而兴、乡村建设为农民而建的要求，要摒弃"建而不强""村庄美而产业空"的建设理念，以"富民强村"为目标，更大力度、更有内涵地推动乡村建设。要为集聚人才、资金、科技等关键要素落户农村创造条件，在乡村建设行动中植入产业发展规划布局以及项目储备清单。要构建形成"基础设施补短板＋公共服务促提升＋产业项目储备＋专项改革集成创新"的乡村建设格局。要辅之以乡村更新行动，疏解腾退区域注重在腾退空间更新利用、土地综合整治上发力，推动土地资源高效集约利用，全面激活城乡发展要素。特色传统村落注重修缮、保护与利用，活化利用传统民居、长城、古驿道等传统文化资源，提升山区特色魅力。山区特色风貌乡村要注重立面整治、道路绿化美化，使道路沿线成为展示山区新活力的景观大道和风情走廊。

处理好保护与发展的关系。对生态涵养区的保护非常重要，但是我们的保护不同于欧美的保护模式，不能简单地将欧美等西方模式套用到北京的生态涵养保护中来，我们的保护要立足于我们的国情市情农情。可探索建立郊区特别是生态涵养区生态补偿制度，在保护中发展，在发展中保护，提高保护与发展的可持续水平。在处理好保护与发展关系的同时，促进农民增收。要把区位资源优势、生态优势转化为吸引现代要素集聚的优势，从而转化为乡村产业发展的优势。不能把保护与发展对立起来，要通过测算资源环境承载力、国土空间开发适宜性，进行科学有序发展。要在保护与发展中注重导入生态工业、农业、服务业的发展。要更大力度统筹处理好生态保护、经济高质量发展与农民可持续增收的关系。高水平生态保护从来都离不开高质量经济发展的有力支撑，对于密云等生态涵养区来讲，更是如此。要让水库周边村民为水库做贡献的同时，也能感受到生态保护助力乡村振兴带来的红火日子。比如，在水库生态环境不被破坏的前提下，在密云水库周边探索发展以绿色、高效、集约节约利用模式下的生态农业。充分利用森林资源丰富的天然优势，鼓励发展蜂养殖、林下培育中药材和食用菌等的复合种养，适度给予政策发展空间，允许发展农产品初加工产业，集成增效创新模式。将生态环境资源、历史文化底蕴和山水田园风光有机结合，打造形成完整的农业生态休闲旅游路线，成为村民致富的最大底气。让生态涵养区群众过上富足的生活，也让他们享受到保护生态环境就是保护生产力、改善生态环境就是发展生产力所带来的红利。

处理好投入与产出的关系。要弄清楚北京"三农"每年财政支农的投入总量、使用结构、投入产出比，做到"底数清"，形成一本账。要提高政策精准度，提高财政资金的使用效率，让财政投入真正体现在支持发展上，真正惠及支持农民发展、支持农民增收上来，杜绝财政资金流入一少部分社会资本手里，杜绝涉农资金腐败问题。要加大对涉农资金绩效监管工作。要加大涉农资金整合利用力度，给予基层乡镇政策统筹使用的空间，从根本上解决政策性投入结构不合理、投入产出效率低等问题。助力金融资源下沉乡村，帮助涉农经营主体解决融资难的困境，实现城乡资源的有效链接，健全农村金融服务体系。加大对乡村产业项目融资担保支持力度。要以市场化改革的思路，不断完善政策性农业保险的精准性和覆盖面，做到真正将政策红利惠及农业生产者。北京农业科技投入强度仅为全国农业科技投入强度的四分之一，要着力解决农业科技对农业生产贡献率低的问题。财政资金支农要立足于农业高效设施技术储备能力不足、设施农业机械化率低、科技成果应用不深等问题，提升财政支农的精准性和引领性。既要算好政府财政投入的账，更要算好促进乡村产业发展、促进农民增收的账；既要算好经济账，又要算好生态账，还要算好社会效益这本账。要加大数字化在乡村产业发展中的应用力度，利用大数据平台对乡村产业发展进行市场监测，收集价格、销量、市场流向等大数据，克服产业同质化发展弊端。

处理好市场与政府的关系，实现政府资金、社会资金、农民资金的联动。城乡融合发展、乡村产业的高质量发展，不能完全依靠也做不到由政府大包大揽，应当注重坚持农民的主体地位，以乡村优势特色资源为依托，激发内生活力和社会多元主体共同参与的积极性。乡村振兴需要政策资金、金融资本、社会资金、农民资金的共同参与。政府要积极发挥在乡村产业发展中的规划引领和破解制约发展的体制机制难题的重要作用，要着力在打造乡村产业发展硬实力和软环境上下功夫，要在农业全产业链发展和产业融合发展上下大力气，在"出台政策、搭建平台、聚集要素、营造环境"上发挥优势。政府尤其要做好引导，要以普惠性、基础性、兜底性民生建设为重点，下力气补齐农村基础设施和公共服务短板，为社会资金等多元惠农资金下乡提供良好环境。推进信息技术与生产、加工、流通、管理、服务和消费各环节的技术融合与集成应用，提升技术装备和数字化赋能水平，提升农户参与市场的机会与能力。要在品种、品质和品牌"三品"上做文章，发展适应北京市民生活消费需求的订单农业、重要特色农产品特供等形式的农业，提升京郊农产品的品牌竞争力优势。坚持农民主体地位，充分尊重农民意愿，切实发挥农民在乡村振兴中的主体作用，把维护好农民群众根本利益、促进共同富裕作为出发点和落脚点。要以乡村运营的理念来发展农村，以组织化创新推动多元主体有机联动，实现共赢共生。以利益共享为目标，构建多样化、多元化、多形式的农村一二三产业融合发展利益联结机制，促进小农户和现代农业发展有机衔接，鼓励和支持更多农民加入产业融合的过程之中。

处理好市、区、乡镇各级政府、专业部门之间责权关系。要立足于各乡镇、各村实际情况，以市场为导向，发展具有特色的优势产业，促使产业集聚。对不同地区和不同发展阶段的特色农业和农村特色产业，各级政府、专业部门与市场作用的侧重点也应有所差异。制定鼓励引导工商资本参与乡村振兴的指导意见，不断整合和挖掘农业、农村特色资源，充分发挥社会资本在发展导向、要素配置和利益联结中的重要作用。注重引导社会资本投向农村集体经济组织和农户干不了、干不好的领域。比如，通过产业链的合理分工带动农民发展现代种养业、农业服务业、农产品加工业等，作为引领农业全产业链和乡村产业融合升级的重要形式和重要载体。允许各乡镇联营公司以不低于51%的持股比例，与国有企业、社会资本以混合所有制、联营方式开展合作，开发利用村庄整治、宅基地整理等集约节约建设用地，发展集体租赁住房、乡村休闲旅游产业、农村三产融合项目。区分和分配好市权、区权、乡（镇）权、村权，做到权责统一，不能管得过严，统得过死，要坚持农村基本经营制度，充分调动基层人员积极性和创造性，维护基层的自主经营权。政府部门主要围绕着力于引导、协调与支持，通过设计激励相容的政策体系，促进产业链、价值链、供应链和生态链的良性运作，为乡村产业发展营造良好的成长环境。各相关部门要加大协同发力，在制定政策的时候要加大统筹协同，打好"组合拳"，形成部门之间的合力。各乡镇级政府、各专业部门要更加站在区域统筹发展、城乡融合发展的角度去谋划、制定发展政策。要着力于形成党委统一领导、党政齐抓共管，部门统筹协调、各负其责的局面，与在京涉农高校深度合作，建立乡村振兴人才库，吸引大学生、青年教师到乡村任职、创业，配强"懂经营、会管理"的领头雁队伍，为发展壮大乡村产业提供坚强组织保障。在基层治理方面，不能简单地"一刀切"搞责任下放，要给基层减负。部分集体经济组织承担了大量的社会管理成本，也承担了不该承担的很多管理职能，如拆违等，给集体经济良性发展带来了很大压力和负担。

执笔人：张光连、郭轲

完善首都农村地区生活便民设施与服务持续打造民生新高地

在农村地区提供便民设施与服务是基础性的民生工程。优化农村地区便民设施与服务，是提升农村居民幸福感的关键手段，是增强农村居民生产生活内驱动力的重要举措，是全面推进乡村振兴的有效支撑。近年来，北京市持续推进农村人居环境整治工作，美丽乡村建设取得重大进展。行政村生活垃圾处理基本实现全覆盖，农村生活污水处理设施覆盖率达到50%以上，无害化卫生厕所覆盖率达到99.3%。尽管北京市的乡村建设水平居全国前列，但农村和城镇相比仍有较大差距。为进一步了解相关现状及问题，近期我们聚焦教育、医疗、养老、卫生环境、交通设施、文体娱乐、商业、金融、治理、日常生活等10类便民设施及服务，在10个远郊区，选择27个乡镇54个行政村542个农户，开展问卷调查，并在此基础上提出持续提高北京市农村地区的便民设施与服务水平的意见建议。

一、调查基本情况

（一）总体发展水平较高，便民设施比较健全

近年来，北京市坚持以保障和改善农村民生作为优先方向，加快补齐农村基本公共服务短板，农村居民生活环境和质量显著提升。农村地区教育供给主要集中在幼儿园及小学阶段；由村卫生室、乡村医生、家庭医生构成了村庄基本医疗屏障；养老院等康养机构不断完善；公共厕所、垃圾处理站等覆盖率较高，农村人居环境得到有效改善；村庄道路全部硬化、路灯及公交线路实现全覆盖；部分村庄实施乡村治理积分制，大力推动"互联网＋政务"服务，村庄治理现代化水平不断提高；综合性文化服务中心、文体娱场馆等能够基本满足村民日益增长的精神文化需要；超市和便利店、酒楼餐馆、移动网络等日常生活配套也在不断完善。

（二）便民设施与服务统筹推进，八成以上农村居民表示满意

调查显示，农村居民对身边便民设施与服务的总体满意度达82.3%。分项看，农村治理、卫生环境、医疗三项成效突出，满意度达到95.5%、91.0%和87.2%，其中，72.6%的常住农户与家庭医生签约，96.3%的村有公共厕所，82.7%的村有生活垃圾中转站，

98.1%的村有专门聘用的环卫工人；87%的村有村居公益法律咨询和服务，86.5%的村安装了雪亮工程摄像头。交通设施、日常生活、文体娱乐、养老等服务的满意度在80%—85%之间，其中，设有养老院的村仅占9.6%，养老资源尚无法满足有效需求。商业、金融、教育等服务的满意度仅在70%—80%之间，有待进一步提升，村均有0.45个商业银行网点，且以ATM机为主要载体，最具数量优势的大兴区村均商业银行网点为1个、ATM机1.5台，金融服务网点和设施少是北京市农村地区生活类便民设施和服务的突出短板。

分区看，总体满意度由高到低排序依次为：顺义区89.04%、密云区86.10%、通州区83.37%、平谷区81.49%、门头沟区81.07%、大兴区79.30%、房山区79.02%、怀柔区76.23%、延庆区66.72%、昌平区63.04%。

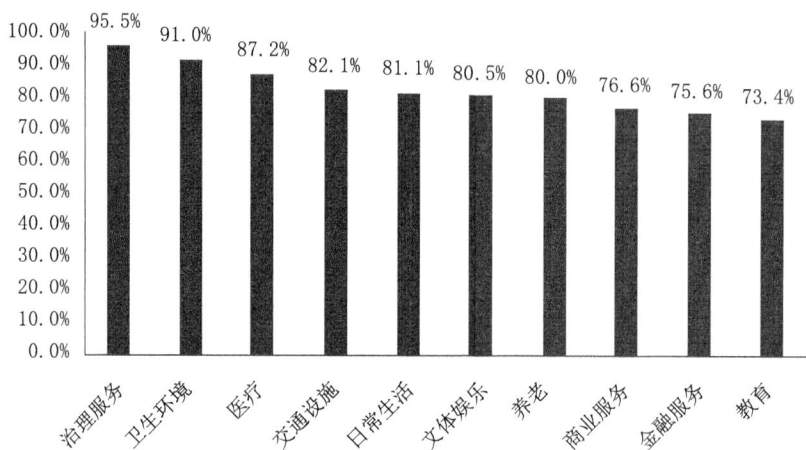

图1 北京市农村地区生活便民设施与服务满意度排序

注：数值为非常满意与比较满意统计之和，再进行平均得出。

（三）便民设施与服务整体需求依然强烈

北京市农村地区便民设施与服务建设持续发力，在各个领域均取得了长足发展，农村居民生活获得感、幸福感、安全感持续提升，但调查数据显示农村居民对生活类便民设施与服务整体需求依然强烈，需要政府持续优化完善供给，进一步提升乡村便利宜居水平，满足农村居民对美好生活的需求。农村居民需求层次分明，其中卫生环境、日常生活、交通设施等服务的需求最强，在70%以上。医疗、农村治理、养老、文体娱乐等服务的需求居中，在50%—70%之间。商业、金融、教育等服务的需求最低，均在50%以下。

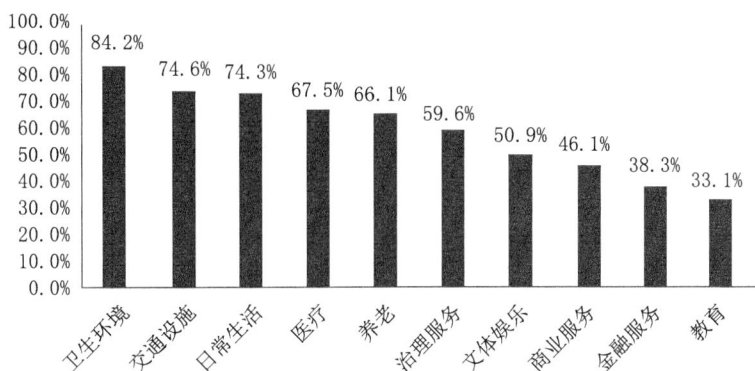

图2 北京市农村地区生活便民设施与服务需求排序

注：数值为非常需要占比，再进行平均得出。

二、存在的主要问题

（一）地区发展水平差异较大

各涉农区在政策和经济实力上的差距，区位和资源禀赋上的不同，造成区域间便民设施与服务供给不平衡。经济较为发达的镇村，生活类便民设施与服务建设相对较好，经济发展相对落后的镇村，生活类便民设施与服务建设明显不完备。如大兴区魏善庄镇半壁店村，人口数量较多、经济条件较好，设施条件明显较好，而房山区史家营镇杨林水村、平谷区镇罗营镇核桃洼村等村地处深山腹地，人口较少、经济基础薄弱，其设施条件较为落后。

（二）农村基础公共设施建设有待加强

农村公共基础设施仍然存在短板，生活污水处理率比全市平均水平低34个百分点。虽然当前各村都已建有卫生室或卫生服务站，但部分村医疗设施简陋，药品不足。在调查的样本户中，76%的样本户对电动汽车充电桩有需求，但只有36%的样本村设有充电桩。随着电动汽车越来越被大众接受，电动汽车下乡是大势所趋，未来对充电桩的需求将更加旺盛。

（三）农村公共服务水平有待提升

在基础教育方面，542个样本户中，约25%的农户所在村有小学，但超过60%的农户希望村里有小学，超过半数农户对现有小学不满意。在医疗卫生方面，村内医护人员普遍年龄大、学历低，专业医护能力和水平明显不足，能提供的医疗服务不多，大病看不了，小病看不好，部分村民宁愿跑远路去区级以上医院排队看病，也不愿意在村里就医。在养老服务方面，多数村级设施只能为健康老年人提供文化娱乐功能，村均仅有1.21个护理人员，村民养老仍以居家养老为主，所需护理人员严重不足，无法满足养老需求。

（四）农村便民服务智慧化程度有待提高

在所调查的54个村中，多数村庄在乡村治理中仍主要依靠微信工作群、意见箱、便民服务中心等，仅16个村设有电子村务平台，乡村治理数字化程度有待加强，规范化、智慧化的区域性便民服务体系尚未形成，距离"数字乡村一张图"全覆盖的要求仍有一定差距。涉及便民服务各部门的政策缺乏统筹，利用现代化、数字化手段建设智慧便民服务体系的水平还有待提高。

（五）村民缺乏表达需求的方式和途径

长期以来，农村公共服务设施的规划与配置都是采用自上而下的决策机制，村民难以参与到决策中去，多是被动接受，缺少表达需求和意愿的方式和途径，导致服务供给与需求出现偏差，村民最想要的服务容易供给不足。调查中，有的村民反映，部分便民设施基本是按照上级要求建设，全程没有征询过他们的意见，他们无法表达自己真实的需求。

三、对策建议

（一）加大财政扶持力度，补齐便民设施短板

继续增加政府财政资金投入，加强老旧设施更新维护，提升便民服务设施的安全性和便利性。根据村民需求进行评估，增加农村小学数量，优化校园布局，加强学校基础设施建设，保障就近就地入学。继续增建养老驿站、老年日间照料中心，加快村级适老化设施改造。顺应推动电动汽车下乡趋势，按需增建电动汽车充电桩设施，补齐电动汽车下乡短板，拉动农村新能源汽车消费。

（二）加强人才队伍建设，促进服务提档升级

建立农村基本公共服务多元化供给机制，通过政府引导和市场竞争提升农村教育、医疗、养老等基本公共服务的效率和质量。推广城乡教育联合体和县城医共体建设，增强乡村公共服务"软"实力，保障服务"软件"与基础设施"硬件"相互匹配。注重培养农村医护人员，优化乡村医生年龄结构，提升农村教师素质，建立乡村教师、医务人员补充机制，通过稳步提高待遇增强乡村岗位吸引力。支持养老护理人员下乡进村，完善以居家为主、集中为辅的农村养老模式。推广密云区"邻里互助点"、平谷区"医养联动"模式，破解农村养老难题。

（三）加快乡村数字建设，提升乡村治理能力

依托北京市区辐射带动力量，推动5G技术、智慧城市基础设施建设向农村地区延伸和覆盖。在经济实力较强、基础条件较好的地区，重点推进乡村治理数字化、政府管理数字化等平台建设，加快构建面向农村的综合信息服务体系，促进现代信息技术与乡村振兴深度融合。学习借鉴浙江德清的数字乡村建设经验，以数字技术赋能乡村治理，提高政务服务效率。在适当领域引入社会资本，探索市场化运作机制，填平城乡数字鸿沟。

（四）增加需求表达渠道，实现政府精准服务

建立自下而上、村民全程参与的便民服务建设机制。充分尊重村民意愿，从实际出发，开展调查摸底，通过农民热线、意见征集箱、村务微信群等渠道，广泛征求村民对生活便民服务的意见和需求，根据短板弱项和需求优先序开展项目规划建设，力求生活便民服务更有精准性、实用性，尽最大可能满足村民的公共服务需求，提升村民获得感、幸福感。

执笔人：陈雯卿、杜力军、余君军

关于北京农村宅基地制度改革的问题和政策建议

近年来，北京市农研中心城乡发展处围绕农村宅基地的制度改革和北京郊区通过农宅利用增加农民收入等方面进行了重点研究。通过调研发现，农村宅基地制度和利用中的矛盾和问题非常集中，这是在整个土地制度和管理体制大背景下所产生的，本文主要从农村宅基地管理制度的演变与特征、京郊农村宅基地管理中的几个问题以及农村宅基地制度改革的思考探讨进行阐述。

一、农宅管理制度的演变与特征

新中国成立以来，农村的宅基地经历了从农民私人所有到集体所有、农民使用的历史性变化，其管理和使用呈现出越来越收紧的态势，整个历程大致可分为四个阶段：

（一）新中国成立初期农村宅基地私有制度（1952年—1962年）

新中国成立后在土地改革中分配土地的同时，没收地主多余房屋分配给少数贫雇农，使其居住条件有所改善。1952年北京郊区完成了房地产登记发证，向农民颁发了《北京郊区土地房产所有证》，证书上明确印有"为该户全家私有产业，有耕种、居住、典当、转让、赠与等完全自由，任何人不得侵犯"。这个时期实行的是宅基地农民私人所有的政策。

（二）人民公社化中期"六十条"宣布农村宅基地集体所有（1962年—1982年）

1962年9月中共八届十中全会通过的《农村人民公社工作条例修正草案》（常称"六十条"），改变宅基地私有制，宣布宅基地归生产队集体所有，不准出租和买卖；同时承认房屋归社员私有，可以出租买卖，从此确定了宅基地与地上房屋的"一宅两制"特点。

（三）改革开放后宅基地管理逐步规范化（1982年—20世纪90年代后期）

党的十一届三中全会后，农村出现了建房高潮，同时发生了乱占滥用耕地，在承包地上盖房等问题。1981年起连续出台政策文件强化农村宅基地的管理制度，主要有1982年的《村镇建房用地管理条例》和1986年出台的《土地管理法》。这一时期的政策仍允许某些非农人口（回乡落户的离休、退休、退职职工和军人，回乡定居的华侨）无偿或有偿使用农村宅基地。

（四）20世纪90年代后期至今是宅基地政策持续收紧时期

20世纪90年代后期开始，随着市场经济发展，城乡人口流动加速，宅基地管理不断加强，其使用权流转不断收紧，形成了我国宅基地制度"集体所有，农民使用，一宅两制，一户一宅，福利分配，免费使用，无偿回收，限制流转，不得抵押，严禁开发"的基本特征。

二、京郊宅基地管理过程中存在的主要问题

从农村宅基地管理制度本身来看，我国缺乏统一、规范、全面、系统的农村宅基地法律法规，目前包括《宪法》《土地管理法》《民法典》及一些规章中都涉及农村宅基地，但所占分量很小，内容有的笼统模糊，存在不少法律空白和明显的缺位。因为时间关系，在这里不对农村宅基地权属界定、无偿使用难以为继、有偿退出机制建立、使用权流转探索等问题展开说明，仅就调研过程中遇到的基层较为关注的热点问题进行汇报。

从宅基地的管理实践来看，村民和基层干部较为关注的问题集中在局部宅基地短缺、农宅超标、搬迁后的宅院复垦和局部宅基地上违章建设泛滥等几个方面。

（一）局部农村宅基地短缺

根据国土部门的相关规定，符合条件的本集体成员可以向所在村村民委员会提出申请，由所在区政府批准使用宅基地。而现实情况是，由于受土地资源和规划控制的限制，局部宅基地短缺问题突出，有的地方最长已经有十几年不再新批宅基地。一部分青年等房结婚申请宅基地，但没有指标。有些近郊村，土地已被占光，无地可分。这两种情况是造成上访的主要原因。

（二）农村宅基地有超标现象，成因多样

根据《北京市人民政府关于加强农村村民建房用地管理若干规定》（1997年修订）的文件中规定：村民每户建房用地的标准，由各区、县人民政府根据本行政区域的情况确定，但近郊区各区和远郊区人多地少的乡村，每户宅基地最高不得超过0.25亩；其他地区最高不得超过0.3亩。1982年以前划定宅基地，多于本规定的用地标准的，可按每户最高不超过0.4亩的标准从宽认定，超过部分按照乡村建设规划逐步调整。然而在现实中宅基地使用超标情况较多，产生原因也多种多样，有历史遗留，有政策变动引起，有使用者自己开垦的，有违规占用的。超标占用的宅基地是开展宅基地确权的一大难点，需慎重处理。

（三）山区搬迁工程实施后大量农宅原址并未进行复垦

为了解决本市山区及生存条件恶劣地区农民生产生活面临的困难和危险，改善落后地区人民群众生产生活条件。自2003年开始，北京市农委共开展四轮山区农户搬迁工程，其中2012年开始的（第三轮）《北京市人民政府关于实施新一轮山区地质灾害易发区及生存条件恶劣地区农民搬迁工程的意见》中明确规定"农民搬迁后，除必须保留的古民居、古文化遗迹外，原址土地必须进行复垦或生态修复"。可是在政策执行过程中，农户搬迁后的农宅原址很少复垦，有的闲置，有的集体回收利用，有的甚至农户继续占有使用。

（四）局地违建泛滥，安全隐患巨大

随着城市的不断扩张，外来人口大量涌入，催生了城乡结合部地区的"租房繁荣"，短期利益诱惑和"多建多租多收入"的心理，使得这些地区"瓦片经济"畸形发展，也成为该地区农民生活主要经济来源。城市扩张过程中农民生计被迫无奈的理性选择与外来人

口廉价住房需求相结合，造就了违章建筑的泛滥，地区人居环境恶化，安全隐患风险增大，给乡村管理带来巨大挑战。本市这种安全隐患很大的倒挂村就有 498 个，8 月份我们专门参加市政府研究室对朝阳区十八里店乡史家营村进行了典型调查，发现这里的人口倒挂是 1:19.3，农民出租房的安全隐患巨大，存在着六大风险叠加的状况，已超出村集体的防控能力和手段，安全事故随时有可能爆发。

三、北京宅基地制度改革的政策建议

（一）进一步巩固落实集体土地所有权，有序开展农村宅基地确权登记颁证工作

一是北京市农村宅基地的管理需要明确界定所有权的界限，集体所有的土地归哪级集体经济组织所有，落实到具体的地块。二是有序开展农村宅基地确权登记颁证工作的，以 1997 年修订的《北京市人民政府关于加强农村村民建房用地管理若干规定》为依据，对全市农村宅基地所有权和使用权进行界定和规范。三是鼓励宅基地的有偿调剂，满足农户的住房需求。建议出台宅基地有偿调剂的试行办法，在有条件的村集体进行试点，鼓励宅基地在本村集体经济组织内部或者在村集体经济组织之间开展有偿调剂，使有需要的农户可以改善住房条件。

（二）保障宅基地资格权与适度放活宅基地使用权

一是对集体经济组织成员进行界定，他们依法享有使用农村宅基地的资格权。二是在宅基地置换整理节约出建设用地和依托宅基地进行开发利用时，在集体和农民之间建立合理收益分配机制，既要能够保障集体经济组织所有权的体现，也要保障农民资格权的权益，操作层面上体现在收益分配上合理设置集体和农民的股份份额。

（三）建立宅基地差别化有偿使用与有偿退出机制

实行差别化的有偿使用宅基地，主要分为三类：一是农村本集体组织成员的宅基地继续采取的无偿永久使用制度；二是集体组织成员使用宅基地超过规定面积，需缴纳超额使用费；三是非本集体经济组织成员买受农村房屋使用宅基地的，可以认作其与房屋所在的集体经济组织建立了土地租赁关系，应向集体经济组织交纳宅基地有偿使用费。建立宅基地有偿退出制度需要围绕明晰退出前后的宅基地权属关系，以宅基地登记制度为基础，制定退出主体条件，尊重农民意愿，建立起宅基地退出补偿机制等方面的配套措施。

执笔人：季虹

北京生态涵养区生态产品价值实现研究

——以密云为例

党的二十大报告指出："必须牢固树立和践行绿水青山就是金山银山的理念，站在人与自然和谐共生的高度谋划发展。建立生态产品价值实现机制，完善生态保护补偿制度。"2018年，习近平总书记在深入推动长江经济带发展座谈会上强调，要探索政府主导、企业和社会各界参与、市场化运作、可持续的生态产品价值实现路径。北京生态涵养区是坚持"绿水青山就是金山银山"发展理念、推动习近平生态文明思想在京华大地形成生动实践。在明确功能定位、政策约束等条件下，探索北京生态涵养区生态产品价值实现机制对于践行"两山"理念、推动城乡融合发展、促进乡村振兴发展具有重要的意义。本报告通过对密云探索生态产品价值实现形成的实践经验、典型案例进行分析总结，找出问题与困难，提出切合北京实际的生态产品价值实现的对策建议，为生态涵养区绿色高质量发展、践行"两山"理论推动"两山"转化，形成北京生态产品价值实现的密云经验提供助力。

密云区位于北京市东北部，是"首都最重要的水源保护地及区域生态治理协作区"，被誉为"华北明珠"的密云水库坐落在区域中央。密云地理环境优越，区位优势明显，处于首都半小时经济圈内。2021年实现地区生产总值364亿元，同比增长7%；一般公共预算收入41亿元，同比增长4.3%；居民人均可支配收入增长8%。

多年来，密云区牢固树立"绿水青山就是金山银山"的发展理念，坚持保水第一、绿色发展、生态惠民，积极探索"两山"转化的科学路径。"十三五"期间，密云区生态涵养功能全面提升。国家森林城市创建36项指标全部达标。新一轮百万亩造林、京津风沙源二期治理、森林健康经营林木和国家级公益林管护任务全面完成，森林资源蓄积量达389万立方米，排名全市第一。统筹山水林田湖草一体化保护，实行河长、林长、田长"三长"联动，率先在全市完成新型集体林场建设，生态服务价值占生态涵养区42%，占全市26%，居全市之首。

一、主要做法、取得成效及工作经验

（一）主要做法

1. 率先出台统领全局性工作文件《关于密云区建立健全生态产品价值实现机制的实施

意见（试行）》

为深入贯彻中共中央办公厅、国务院办公厅印发的《关于建立健全生态产品价值实现机制的意见》，密云区结合实际，紧抓机遇，在全市率先出台《关于密云区建立健全生态产品价值实现机制的实施意见（试行）》，力求多角度、全方位地探索生态产品价值实现的方式、"两山"理论实践转化的关键路径。《意见》提出，到2025年，实现"六个一"主要目标，包括：形成一个覆盖全域的生态产品数据平台；形成一套科学的生态产品价值核算评价体系；形成一套支撑有效的生态产品价值实现路径；形成一个闻名全国的"生态密云"公用品牌；建立一套保障有力的生态产品价值实现制度体系；形成一个"两山"转化的示范区。到2035年，生态产品价值实现政策和制度体系全面建立，政府主导、企业和社会各界参与、市场化运作、可持续的生态产品价值实现路径基本完善，"两山"转化成效显著，形成可复制可推广的生态产品价值实现机制"密云模式"。启动22项重点先行任务，开启了生态产品价值实现的密云实践。

2. 试点构建标准认证体系

密云区从加强生态保护和促进绿色发展出发，推进生态产业化、产业生态化，构建生态产品认证体系，通过强市场化运作探索"强保护、育产品、树品牌、建体系、促增值"的生态产品溢价增值路径，实现生态保护者能受益。由北京市发改委牵头，北京市园林绿化局会同清华大学专家团队作为技术支撑，形成生态产品认证体系建设总体思路：借鉴欧盟、美国和日本有机绿色产品认证经验，参照国内"三品一标"、国家森林生态产品认定及植被、土壤、水、环境等标准，研究提出北京市生态产品认证标准体系；同时，通过物联网系统，架构产地环境、生产管理、采收商品化处理、产品销售等整个产业链环节相关信息，最终以智慧化的信息向消费者展示生态产品，实现整个链条可溯源，确保生态产品绿色、优质、安全。

3. 探索生态产品价值实现产业发展路径

（1）制定生态产业发展规划、计划。

深入贯彻习近平生态文明思想，牢记习近平总书记重要回信嘱托，牢牢把握密云面临的阶段性特点和历史使命，全面落实"保水、护山、守规、兴城"总要求，大力发展生态产业，坚持以"扩规、提质、增效"为发展思路，落实"水库鱼、特色蜜、环湖粮、山区果、平原菜"总发展布局，以市场需求为导向，以培育全产业链为抓手，通过"点穴式"政策支持，大力培育密云区域特色产业，打造富民产业新增长极，构建生态农业新业态，树立密云农业新名片。制订《密云区西红柿特色产业发展三年行动计划（2023年—2025年）》，力争通过三年建设，将西红柿打造为密云区农业主导产业，形成政府引导、农户参与、企业带动、科技支撑、金融助力的良好产业业态，为全面推进乡村振兴，加快农业农村现代化发展提供有力的产业支撑。制发《密云水库"渔业净水、生物保水，净水渔业、生态富民"工作方案》，起草《密云水库鱼产业发展规划》，拟成立密云水库渔业专业捕捞公司，标准化、规模化、产业化、市场化做实做优净水渔业，形成高标准高质量的鱼产品产业链。

（2）挖掘区域特色生态产品。

打造密云水库鱼产业。近年来，密云区委、区政府以深化渔业净水研究为基础，以深化科学保水为支撑，以实现"三起来（渔民组织起来、品牌树立起来、销售渠道畅通起来）、四统一（统一管理、统一标准、统一品牌、统一销售）、五提升（有效提升保水质量、品牌价值、群众收益、集体经济、安全保障）"为目标，探索建立"渔民＋合作社＋公司＋企业"的净水渔业发展模式。挖掘"蜂盛蜜匀"品牌。依托得天独厚的生态本底，冯家峪镇将中蜂产业确定为冯家峪农业主导产业，将之纳入镇域发展规划，建立中蜂产业党总支，发挥合作社"头雁"作用。强化产业融合发展，从蜜蜂文化和养生健康角度，植入产业，打造独具特色的"悬蜂谷"，建设集农事体验、文化游览、中蜂创意产业、科普教育、亲子休闲等功能于一体的休闲农业体验目的地。形成葡萄产业集群。"邑仕庄园"以葡萄和葡萄酒文化为支点，建设酒庄，打造一二三产业融合的邑仕山谷。一产种植葡萄，做大产能；二产酿造葡萄酒，加工白兰地等，做精产品；三产发展葡萄与葡萄酒文化旅游、采摘及葡萄酒主题文化活动，做大规模，形成三产融合、业态多样的产业集群。打造精品民宿。2013年以来，密云区北庄镇干峪沟村依托长城文化资源和山水自然资源，利用农村闲置宅基地，大力发展精品民宿，将良好的自然资源和长城历史文化底蕴等生态产品价值与北京市民对高端民宿的需求紧密融合，显著助力农民增收。

4. 建立区域生态产品品牌体系

（1）建立区域公共品牌。

确立品牌标识。以北京市密云区蜂产业协会牵头，通过48家媒体面向全国征集"密云蜂业"品牌标识。该活动受到社会广泛关注，经过专家评选，选定前十名和前三名，并最终确定出"密云蜂业"品牌标识。注册商标。对确定的"密云蜂业"品牌标识，由北京市蜂产业协会牵头，向国家知识产权局申请商标注册，目前已获得国家知识产权局颁发的"密云蜂业"16类商标注册证书。加强品牌建设与推广。以西红柿为例，一是打造特色西红柿区域公用品牌，逐步建立起由区域公用品牌、企业品牌、产品品牌构建的特色西红柿产业品牌体系；二是加强"三品一标"认证，打造绿色优质特色西红柿身份；三是建立密云特色农业品牌的VI识别系统，树立统一的品牌形象；四是加大宣传推介力度，全方位、多层次地对西红柿品牌进行宣传推介，讲好品牌故事，不断提高密云区特色西红柿品牌的知名度和美誉度。

（2）大力培育市场经营主体。

计划建立生态银行。统筹构建生态产品服务中心、生态产品交易中心、生态产品商业中心，对区域内分散化自然资源及文化遗产等进行规模化收储、整合、抵押融资等，引入社会资本和专业运营商，负责集合资源的整体运营，形成规模化、专业化、产业化运营机制，变资源为资产，变资产为资金。培育联营公司。通过创新培育联营公司，将其作为公共生态产品的供给主体和政府购买生态产品、开展生态产品市场化交易主体，负责生态环境保护与修复、自然资源管理与开发等。成立绿色技术银行。提供绿色发展领域"技术＋人才＋资金"的系统性解决方案，探索绿色技术创新与发展的经验模式。建立密云绿色发展引导基金，引导社会资本融入密云生态经济发展。强化智力支撑。出台密云区人才强区战略三年行动计划，强化相关专业建设和人才培养，培育跨领域跨学科的高端智库。

5. 做好生态产品价值实现的基础性工作

一是开展生态产品价值核算示范。以密云水库为价值核算先行示范，在构建生态涵养、气候调节、水源供给、文化服务等指标体系的基础上，通过采用相应的核算方法，探索将水库保护成本纳入到核算体系中，开展密云水库生态产品价值核算，输出生态产品价值核算的"水库样板"。二是建立生态产品价值考核机制。探索将生态产品总值指标纳入区级绿色高质量发展综合绩效评价。将生态产品供给能力、环境质量提升、生态保护成效等方面指标作为重点考核内容。推动将生态产品价值核算结果作为领导干部自然资源资产离任审计的重要参考。对任期内造成生态产品总值严重下降等情况，依规依纪依法追究有关党政领导干部责任。三是完善纵向生态保护补偿制度。着力争取中央及北京市对密云的转移支付政策，积极探索产业补偿、项目补偿、技术补偿、人才补偿、实物补偿等多元化补偿方式，争取在密云区开展北京市综合性生态保护补偿试点。四是建立横向生态保护补偿机制。按照"保护者受益、使用者付费""谁受益谁补偿"原则，探索建立基于水资源战略储备价值实现的密云水库流域水源保护横向生态补偿政策，开展横向生态补偿。

（二）取得成效

1. 生态环境不断优化

一是环境质量持续提升。2021 年，构建了"5+2"保水体系，密云水库水质长期保持国家地表水 II 类标准，水资源战略储备能力全市最强，湿地面积全市最大，林木绿化率达75.3%、森林覆盖率达 68.7%，$PM_{2.5}$ 年均浓度在全市率先进入"2"时代，成功创建"绿水青山就是金山银山"实践创新基地、国家生态文明建设示范区、全国首批水生态文明城市等称号，成为名副其实的首都后花园。

二是污染防治攻坚战成效显著。2021 年，空气质量达标天数创有监测记录以来同期最好水平。完成山区 1.3 万户、城区 700 余户煤改清洁能源任务，城区清洁取暖实现全覆盖。国 III 柴油车全部淘汰，613 辆公交车全部实现纯电动替换。完成 33 家印刷企业整治提升和 36 家汽修企业环保改造，超额完成重型车和非道路移动机械执法检查任务，污染防治攻坚战综合执法排名生态涵养区首位。持续推动碧水攻坚战，潮河总氮浓度稳步下降，白河、潮河入库水质出现 I 类标准，地表水环境质量首次排名全市第一。

2. 生态修复和治理不断夯实

一是形成综合性保水治理体系。"十三五"期间，成立密云水库综合执法大队，在密云水库一级保护区范围内集中行使 131 项涉水行政处罚权，变"九龙治水"为"一龙管水"，在全国率先实现区域性综合执法。实施网格化、智能化精准管理，加强人防、物防、技防和生态防护，形成了以水库为核心的面源污染控制体系、点线结合的潮源治污体系、全覆盖节点监控网络体系、立体化应急预警防控体系"四位一体"大型水源地综合保护治理体系。二是加强生态文明建设，创建"绿水青山就是金山银山"实践创新基地。成功制定30项重点任务48项具体工程，形成可推广的创建品牌，成功获得生态环境部"绿水青山就是金山银山"实践创新基地授牌。三是以更实举措解决群众困难。实施密云区2021年汛期河道、乡村公路及桥梁水毁修复工程，解决密云水库周边河道等基础设施防洪隐患和道路通行难题。

3. 生态产业不断壮大发展

多年来，密云区依托良好生态环境，大力推动绿色高质量发展。好山好水孕育出的生态产品正在成为农民增收主力。

一是围绕生态物质供给类产品，大力发展生态主导产业。发挥蜜蜂保护生态的作用，依托丰富的蜜源植物，以密云水库周边为重点，做强做优密云蜂产业，形成集蜜蜂种业、蜜蜂养殖、蜜蜂文化和蜜蜂旅游等为一体的完整产业链。密云的崇山峻岭间生活着12.35万群蜜蜂，现已成为北京名副其实的"养蜂第一大区"，蜂产品年均产值近1.4亿元，蜂业旅游观光年接待游客达10万人次，实现旅游收入近亿元，直接促进果蔬增产效益超8.5亿元。葡萄酒产业发展壮大。邑仕山谷千亩葡萄园实现葡萄亩产量近1.3吨，年产葡萄原酒600余吨，产出成品瓶酒近150万瓶，2021年实现成酒品收入近600万元，叠加农产品销售等农文旅产业营收，总收入达2000万元。

二是优化发展"互联网＋现代农业"。打造"密云农业"品牌，发挥农业电商、科技服务等作用，助力基础农业规模化品牌化专业化发展。支持农业电商销售本地农产品，在农业电商与农产品生产者之间搭建对接平台，并根据市场需求引领种植业优化产品结构。瞄准首都市民的米袋子、菜篮子、果盘子需求，构建"山区果、环湖粮、平原菜"的农业发展大格局，加强"一村一品"和粮菜果生产基地建设，促进农业产业整体提升。推动科技兴农、品牌强农，极星智慧农业科技创新中心成为北京首个拥有世界领先水平的现代化设施农业园区，"密云农业"成为首都市民信赖的品牌。

三是融合发展文旅休闲产业。打造优美的生态环境和整洁的城乡环境，塑造"山水田园，画境密云"整体形象，让密云成为首都市民休闲度假的理想之地。促进文化、体育、农业与旅游深度融合，发挥古北水镇、云蒙山景区等大项目的带动作用，实施乡村旅游"十百千"工程，重点打造十个精品乡村旅游项目，百个精品乡村酒店，千个精品民宿院落。出台促进旅游发展的工作意见等"1+4"文件，创建国家全域旅游示范区，把旅游业打造成富民增收的战略支柱型产业。

（三）基本经验

1. 深化认识、形成理念、达成共识

对为深入贯彻习近平总书记重要回信精神，密云区上下迅速掀起了学习宣传落实重要回信精神的热潮。区委理论学习中心组举办专题学习、专题研讨，区领导带头领学、带头研讨。深化对生态产品价值实现机制体制建立的深远意义，树立保护优先、夯实本底、助力发展的工作理念，立足密云实际，制订了进一步严格保护密云水库的三年行动计划，明确了6个专项行动、30项保水措施；制定了打造践行习近平生态文明思想典范之区的实施意见，明确了"四个确保""五个样板"的目标方向。

2. 立足实际、深度调研、机制先行

2021 年 4 月，中共中央办公厅、国务院办公厅印发《关于建立健全生态产品价值实现机制的意见》，北京市颁布《生态涵养区生态保护和绿色发展条例》，出台相关配套政策，支持和鼓励各区先行先试，探索推进"绿水青山就是金山银山"的转化路径。密云区对此高度重视、紧抓机遇、迅速行动，组织调研团队远赴浙江丽水、福建南平、江西赣州等地，学习借鉴生态产品价值实现方面的全国先进经验和地区典型做法。在市发改委指导和支持下，区委区政府主要负责同志深入一线调研走访，多次专题研究，多角度、全方位探索生态产品价值实现方式、"两山"理论实践转化的关键路径。

3. 谋划布局、挖掘特色、培育主体

密云区坚持生态立区、生态强区，将生态产品价值实现与全区发展共同布局谋划，制订《密云区科技创新和生命健康战略发展带三年行动计划》，提出"保水、护山、守规、兴城"，明确"一条战略发展带、四条特色文化旅游休闲发展带、多个特色小镇和特色产业"的全域发展格局，这是密云高质量发展的路径和抓手，也是实现生态产品价值、发展生态经济的重要载体。

二、存在问题及原因分析

（一）存在问题

1. 生态产品价值实现的制度保障不充分、政策供给不全面

北京市颁布《生态涵养区生态保护和绿色发展条例》，为生态涵养区的发展指明了道路。具体政策支持方面对于生态保护类政策严格且相对健全，但是适应生态产品价值实现的政策供给少，生态补偿针对性较弱。目前已有的生态补偿政策零散在各个条块里，没有市级层面的统筹，同时生态补偿也缺乏相应的依据和法律保障，特别是调节服务价值在生态补偿的机制设计中体现得不明显。生态补偿政策覆盖面窄，对生态要素生态服务价值的系统研究不够深入，生态保护补偿转移资金分配还不能完全覆盖生态要素的补偿范围，比如山区经济生态兼用林仍未享受生态补偿。

2. 生态产品价值实现路径少、价值转化优势不明显

生态物质产品价值未充分有效挖掘。初级生态产品的加工、储存、销售存在制约因素，很难换取其更高的价值。受产业用地、禁限目录等多方面政策影响，地理标志农产品发展受到一定限制。产品溯源难，难以获得消费者对其品质和声誉的认可，无法产生高溢价。受区位影响和生态控制线的限制，绿色发展约束较大，只知道不能干什么，不知道能干什么。生态涵养区主体产业与其他区同质化发展且竞争力更弱，未能发挥其在生态上的资源禀赋优势，增收潜力和发展动能不足。

3. 生态产品价值实现的支撑条件不足

基础设施建设短板较多。农村安全供水、污水处理、山区路网、生态安全保障、互联网等发展相对滞后，生态优势尚未转化为发展优势。要素制约明显。生态产品价值实现需要借助当今先进的网络通信、云计算、大数据等技术，也需要生态文明建设领域的专业人

才。目前人、地、资金等要素短板制约明显，全区人才总量不足、素质不高、结构不优，尤其是高素质科技人才和现代经营管理人才缺乏，已经成为制约生态产品价值实现的主要瓶颈。

（二）原因分析

1. 生态产品价值实现尚处于摸索中前行

由于生态产品是一个新生事物，社会各界对生态产品认识和理解尚处于初级阶段，对于生态产品的内涵及其价值尚未形成广泛的共识。关于生态产品价值量化也缺乏广泛认同的核算方法。要实现"绿水青山"向"金山银山"的转化，当前重点是依靠政府和市场"两只手"。然而，该如何恰当处理好政府与市场的关系，政府该如何制定、调配合适的政策工具，以达到最大化地发挥有限财政资金的效用，同时合理引导、规范市场化运作、充分调动市场主体积极性的目的，市场机制又究竟能发挥多大作用以及该如何发挥作用等等，是摆在政府管理前面的现实难题。

2. 制度体系尚未完善

密云区在开展生态产品价值实现机制试点的过程中，需要提高优质生态产品生产供给"广泛性"，还需要制定和实施密云区生态产品价值实现的中长期专项规划和年度工作计划，对生态产品价值实现的目标、途径、机制、保障措施，乃至重点项目等，进行全面系统的谋划，为持续稳步推进密云区生态产品价值实现提供可操作的路线图。

三、对策建议

（一）系统规划布局，保护与发展并重

推动生态产品价值实现是践行"两山"理念的时代任务与优先行动。将生态产品价值实现机制系统全面融入密云区经济和社会发展、生态环境保护、资源利用等相关规划，发挥规划的统筹引领作用。建立健全生态产品价值实现机制，推动生态环境保护者受益、使用者付费、破坏者赔偿，让保护生态环境变得"有利可图"，推动从"要我保护"向"我要保护"转变，形成源头治理的现代化环境治理体系。

（二）大胆开放尝试，破除体制机制枷锁

生态产品价值实现是一项创新性工作，这就要求既要系统谋划、稳步推进，更要鼓励探索、支持创新。一方面，要坚持系统观念，做好顶层设计，明确尚待深化探索的方向、路径和举措；另一方面，要保护地方改革创新的积极性，允许试错，积极开展政策创新试验，因地制宜开展生态产品价值实现机制试点示范，及时总结经验教训，不断在实践中完善制度。加大对生态修复绩效优良区域和保护地生态产业发展的扶持力度，不断提高密云区生态产品价值转化的内生动力，真正实现生态产品价值提升和价值"外溢"。

（三）夯实生态本底，步步为营谋新业

牢固树立"绿水青山就是金山银山"的理念，坚持生态立区。密云是首都的生态屏障，是首都最重要的水源保护地。要注重在水源保护、生态建设、绿色发展等方面形成密云生态产品价值实现的生动实践，在严格保护生态环境前提下，探索多样化的生态产品开

发和经营模式，科学合理推动生态产品价值实现，奋力打造践行习近平生态文明思想典范之区。

（四）营造参与氛围，打造平台引主体

提升社会各界主动保护生态环境的思想自觉和行动自觉，在破解发展难题中让群众更有获得感和参与感。加大宣传力度，通过直播、短视频等新媒体方式，宣传生态产品价值实现的重要性、必要性和紧迫性，形成全社会参与生态产品价值实现的合力。建立公众参与机制，通过开展生态产品价值实现培训班、交流座谈会等，形成政府、企业、农民专业合作社、个人、金融资本和社会组织多元主体参与的价值实现体系。

课题负责人：吴志强

课题责任人：季虹

课题组成员：刘先锋、赵雪婷、赵术帆、胡梦源、李梦华、杨玉影

执　笔　人：赵术帆

北京市海淀区农村城市化基层治理研究

一、基本情况

（一）海淀区农村城市化工作目标和进展

海淀区属于首都中心城区和超大城市近郊区，共有 7 个镇（全部加挂地区办事处牌子），53 个村委会（原有 84 个行政村，2018 年以来已撤销 31 个）、73 个居委会、86 家新型农村集体经济组织，全区常住人口 313 万，经过整建制农转非，全区已基本没有农业户籍人口，农村城市化工作可以说已经进入了一个崭新的阶段。

乡村治理走上善治之路。伴随农民身份转变、生产生活方式逐渐完全融入城市，海淀区依法撤销 31 个行政村，在原有 84 个行政村中占比 37%，农村基层治理主体发生历史性转移。2021 年 11 月，海淀区人民政府出台《北京市海淀区"十四五"时期农村城市化规划》，规划指出，"十四五"期末海淀区所有非保留村将实现村庄腾退和撤村建居。也就是说，到"十四五"期末，海淀区还将继续完成 29 个村委会的撤销工作，村民并入现有居委会管理或者依法成立新的居委会，2020 年 12 月 25 日，北京市社会建设工作领导小组办公室、中共北京市委社会工作委员会、北京市民政局印发《关于开展撤村建居工作的指导意见》，针对妥善解决城市化进程中的遗留问题，对撤销村民委员会建制、建立社区居民委员会建制的有关指标进行了调整，作出了指导。依照 2016 年版北京城市总体规划，海淀区有 24 个保留村，村民身份仍然转为居民，但是村庄形态保留，到"十四五"期末，这部分村庄保留村委会建制，不需要撤销村委会，需要重点编制村庄规划，并进行相应的现代化社区管理。

优化农经工作体制。2021 年底，海淀区农村集体总资产 2107.9 亿元，净资产 753.1 亿元。预计"十四五"期末，全区农村集体总资产超过 2600 亿元，净资产超过 900 亿元。通过产权制度改革，海淀区已成立 86 家新型集体经济组织（股份经济合作社），拥有数百家集体经济实体，集体经济组织成员数 9.5 万人。依据《北京市海淀区"十四五"时期农村城市化规划》，"引导集体经济优化功能提升质量"列为"十四五"时期一项重要的涉农改革任务。一方面，着眼于农村城市化后的集体经济持续发展，前瞻性探索研究集体经济主管部门和管理职能优化及集体经济组织体制模式调整；另一方面，强化集体经济组织市场主体地位，为集体经济组织平等参与市场竞争创造有利环境，实现集体产业创新发展。

（二）海淀区承担基层治理等相关试点工作情况

海淀区作为北京市城市化进程最快的区，2021年底，户籍人口城镇化率接近100%。在农转非工作方面，四季青镇整建制农转非列入北京市委"一区一试点"重点改革项目。全区已经基本完成整建制农转非工作。在产权制度改革方面，2002年开始，海淀区就针对城乡结合部地区撤销乡镇、村开展农村集体产权制度改革试点工作，2007年海淀区扩大农村集体产权制度改革试点范围，2011年全面启动农村集体产权制度改革。2017—2018年，海淀区承担全国农村集体产权制度改革试点任务，出台集体经济组织示范章程、股权管理办法和收益分配意见，2019年获评全国农村集体产权制度改革试点示范单位。为加强集体资产管理，海淀区先后印发《关于海淀区农村集体资产管理的意见》《关于进一步加强海淀区农村集体资产管理工作的实施意见》等，逐步建立完善的农村集体资产管理制度体系，2004年海淀区获评全国农村集体"三资"管理示范区。

2019年，海淀区成为全国乡村治理体系建设首批试点单位，承担由中央农办、农业农村部、中组部、中宣部、民政部、司法部六部门联合组织开展的全国乡村治理体系建设试点示范工作，并承担试点任务。海淀区作为首都超大城市中心城区，积极探索超大城市中心城区农村城市化进程中乡村治理现代化的有效路径，探索解决村居并行多头治理难题、探索实施村庄准物业化管理，实现城市化平稳有序推进和推动公共服务均等化。

二、主要举措

（一）高标准设计整建制农转非，高效率推动城市化进程

2019年以来，海淀区逐步完成4个镇38个村整建制农转非，政策覆盖率达到100%。一是高质量构建政策体系。在深入各镇村调研的基础上，按照劳动力资金趸缴、超转资金分期缴纳的思路，形成加快整建制农转非工作报告，报区委、区政府、区人大审议。区农业农村局牵头制定全区整建制农转非实施方案，同步出台配套政策措施，构建完善的政策体系，明确整建制农转非整套工作流程和区镇村职责任务。构建区镇村三级专班联动机制，完成2.8万人农转非手续办理，较预期投入资金规模大幅压减。二是高水平推进资金落实和社会保障等后续工作。2021年3月，顺利完成整建制农转非资金统筹计划首年任务，实现从手续办理向落实资金统筹计划平稳过渡。印发了促进农村居民增收具体措施，统筹做好整建制农转非资金还款和农村居民增收，推动实现共同富裕。转非后，全区"农民"享受城镇职工同等社保待遇，达到退休年龄的农民将和退休的城镇职工一样，每月能领取到政府发放的"退休金"，并随相关政策进行动态调整。

（二）依法有序推进撤村建居，理顺城乡结合部地区基层治理体制机制

完成40个村搬迁腾退，31个村撤村建居，有效解决城乡结合部地区村居交叉、管理不顺等问题。一是高度重视农村城市化地区阶段性多头治理难题。通过前瞻性研究出台并深化落实《关于做好腾退回迁安置社区治理工作的指导意见》等配套文件，加强城市化进程中腾退回迁社区治理工作。对全区"城中村"交叉管理情况进行全面摸底。在多村合一、多头治理的腾退回迁安置社区，通过成立地区工委实行统一管理，建立"一体两翼多

领域"①组织机构格局，稳妥解决多头治理问题。二是保留村深化村委会与村集体经济组织账务分离，非保留村持续推进撤村建居。在 24 个保留村，用"清单制"界定村委会和村集体经济组织职能，推动农村公共管理服务职能主要由村委会承担，区财政每年投入专项资金保障村委会的基本运行，保障集体经济组织单一经济组织的属性的同时，也让村委会回归管理职能。在城市化程度较高、具备条件的地区，在充分尊重民意、严格履行法定程序的基础上，依法稳妥推进撤村建居，逐步消除村居交叉并存形态，实行现代化社区管理，有效解决城乡结合部地区村居交叉、管理不顺等问题，减少"多头运行"成本。

（三）强化党对集体经济组织领导

积极探索在区镇村三级强化党对集体经济领导，构建完善党领导下的"三资"监管政策体系。一是创新成立区镇两级农资委，监管农村集体资产。2013 年率先成立区镇两级农资委，明确区农资委在区委农村工作领导小组的领导下开展工作，主管区委常委兼任区农资委主任，镇党委书记兼任镇农资委主任，与镇级的党政议事机制相衔接，从制度层面为农村集体资产监管提供保障。二是推进村集体经济组织中党组织全覆盖。结合新一轮村"两委"换届和撤村建居，推动撤村单位完成股份经济合作社党组织换届。注重发展具有管理和经营能力的人员入党，逐步提高集体经济组织股东代表中的党员比例。三是加强集体资源资产管理。落实"村地区管"，建立区镇两级涉地集体经济合同联审机制，出台区级联审办法。加强合同管理，明确村级签订合同须经镇党委会或镇农资委会研究通过。

（四）探索实施村庄准物业化管理

为提升城乡基本公共服务均等化水平，海淀区创新工作机制，选取 6 个村试点准物业化管理。一是借鉴城市管理标准，实行标准化管理。由行业主管部门制定标准化的科学管护体系，选聘专业物业公司在保洁、垃圾清运、村庄绿化养护、公共安全、控违、设施管护等 12 个领域，实施准物业化管理。二是建立联合检查考核机制，严格精细化考核。区镇村和物业管理公司多级联动，建立随机检查、自查自评、考核验收"三位一体"的检查考核机制，构建评分体系。考核结果与区对镇拨付村庄准物业化管护资金比重挂钩，充分发挥考核指挥棒作用。三是村治理与物业管理融合共进，多元化治理。建立区镇村共同承担准物业化管理资金机制。强化村党组织在相关工作中的领导地位，发挥物业公司的主体作用，积极引导村民了解、参与，形成党建引领、政府协同、公司主体、村民参与的治理格局。

三、问题分析

（一）基层治理主体问题

随着农民身份上整建制农转非以及上楼安置，撤村建居工作随之而来。值得说明的

---

① "一体"指党组织一个主体，"两翼"指集体经济组织体系、社区服务管理体系，"多领域"是指各类社会组织和居民自治力量共建共享。

是，由于海淀区邻近中心城区，自新中国成立以来就是村居混住，为服务和管理占到绝大多数的城市居民，居委会陆续建立，当前已经有 584 个居委会，居委会数量上超过朝阳区。也就是说海淀区农村城市化撤村建居，主要的工作集中在撤销村委会建制，大多数农民脱离村委会之后，可以直接归入已有居委会组织进行管理。随着撤村工作的持续推进，海淀区农村地区基层治理的主体，历史性逐步由村委会转变为村集体经济组织和社区居委会。

关于撤销村委会的条件。2012 年北京市民政局、市农工委等 6 部门联合印发《关于推进城乡社区自治组织全覆盖的指导意见》规定了撤销村委会建制的四个条件。但随着城市化进程加快，村委会撤销工作进展缓慢，尤其是城乡结合部地区，村委会和居委会并存的局面长期存在，给基层治理工作带来了调整，也造成了一些行政资源的浪费。2019 年北京市委、市政府印发《关于加强新时代街道工作的意见》要求"妥善解决城市化进程中的遗留问题，按照'撤村不撤社'的原则，修订撤村条件和标准，加快推进城乡结合部撤村建居工作"。2020 年 12 月，在前期大量调研的基础上，《关于开展撤村建居工作的指导意见》正式印发，在撤村建居的具体条件上，对集体土地征占、集体资产处置、转居社会保障三个方面的核心指标条件做了调整，有利于积极推进撤村建居工作。

关于乡镇、地区办事处向街道办事处转制。在撤销村委会之前，一般是在乡镇加挂地区办事处，分别管理和指导辖区内村委会和居委会。随着撤村建居工作的推进，乡镇和地区办事处也需相应地转制为街道办事处，完成城市治理体系的彻底转型。以海淀区情况为例，"十四五"期末，温泉镇、东升镇、西北旺镇等所辖村委会完成撤销建制工作，马上要面临的应是撤销镇级建制，成立街道办事处，理顺街道与居委会的关系。已知撤村建居工作有专门的指导意见，但是乡镇一级转为街道办事处，还缺乏专门明确的政策说明和指导。

（二）集体资产的管理问题

为确保村民的财产权利得到有效维护和保障。按照撤村不撤社的原则，"上楼"后的村民仍然保留与集体经济组织的紧密联系。集体资产也成为进城后的农民安身立命、安居乐业的保障之一。在农村城市化的进程中，涉及集体经济的关键问题，我认为有三个方面。

一是撤村和转居时的集体资产处置和分配。按照《关于开展撤村建居工作的指导意见》的最新调整，按照城市规划，已经明确用途的集体土地，可以继续依据规划确定的土地性质使用，并严格管理，保留集体土地的性质，这里面包括举办公益性事业和建设公共服务的设施、无法被征用和征收的基本农田和绿地等。其他集体土地以及地上资产需要完成处置。关于集体资产的处置，由于历史上政策变更和集体经济组织避税原因，许多集体资产没有在集体经济组织名下，村委会和经济合作社持有集体资产的情况不在少数，此外，各个组织还可能积累了复杂的债务，这都给集体资产处置带来了困难，集体资产处置不了也直接影响村委会的撤销工作。关于集体资产的分配，集体资产尤其是集体土地的处置会带来大量的现金资产，如何对这部分财产进行分配也直接影响了上楼农民的经济利益。

二是集体经济组织监管。按照海淀区"十四五"时期农村城市规划，未来会形成86个集体经济组织，24个村委会，若干个居委会的局面，这86个集体经济组织管理着两千多亿的农村集体经济，将与村委会直接脱钩，面临"谁来监管"的问题。

三是集体经济组织参与市场化经营。随着农民完全上楼成为居民，村委会随之撤销，集体经济组织也将逐渐脱离第一产业，直接参与城市发展是集体经济组织长期存活的唯一出路。但是集体经济组织的市场法人地位始终没有明确规定，其参与市场经济活动的自主权未能得到有效保护和平等对待。

四、启示和政策建议

（一）必须重视适应农村城市化的基层治理制度供给

按照最新版北京城市总体规划，到2035年"一绿建成、全面实现城市化，二绿建好、加快城乡一体化"目标任务时间紧，任务重。海淀区之外绿隔地区的农村城市化任务还在不同程度的推进过程中，完善城市化建设中的治理制度体系，不仅能够进一步细化发展建设目标，避免城市化建设中遗留历史问题，而且能够前瞻性理顺治理主体和治理机制，内化城乡村居混杂、标准不一等造成的制度摩擦成本。北京市及时出台《关于开展撤村建居工作的指导意见》，对于撤村的条件和程序、新建居委会的经费和设施保障进行了明确。海淀区在高水平推进农村城市化的过程中，出台了腾退回迁安置社区治理、集体农用地经营管理、村庄准物业化管理等一系列配套措施，为确保农村城市化平稳有序作了许多制度性经验探索。

一是探索在城乡深度融合发展进程中实现基层治理体制机制动态平衡，借鉴海淀区腾退回迁安置社区治理指导文件，建立健全党组织领导下的社区治理机制，稳妥解决"村居并行"多头治理难题。二是稳妥推进撤村建居。推动在撤销村委会建制的单位，撤销村党组织并在相应的股份经济合作社设立党组织。做好原村党组织与股份经济合作社党组织、原村委会与社区居委会之间的机制、人员衔接联动。统筹考虑地域面积、人口规模、人文历史、街区功能、居民认同等因素，研究探索推动地区办事处向街道办事处转制。三是高标准谋划设计整建制农转非后的农业农村政策体系，顺应城市化社会结构转型与农业现代化要求，深化农村地区土地、人口、环境、产业、就业、规划投资建设、管理运营等领域体制机制改革创新。

（二）必须前瞻性设计集体经济组织发展和监督方式

未来，随着城市化和撤村建居的推进，村委会和农业户籍人口数量将进一步减少，而农村集体经济组织和成员数量相对稳定。从北京市来说，农村集体经济组织约4000个，总资产近万亿元，成员330万，而北京市农业户籍人口为220万，也就是说，当前集体经济组织成员中已有110万（三分之一）非农业户籍人口，未来这个比例还将继续扩大，而集体资产的总额也会只增不减。这部分集体经济组织还会产生参与城市发展建设经济活动、资产监督管理、随着人员变动组织重组甚至注销等需求，这些个性需求对深化集体产权制度改革和加强集体经济组织的监督管理都提出了更高的要求。

一是继续高质量完成集体产权制度改革。《关于开展撤村建居工作的指导意见》中明确"必须完成村集体产权制度改革，建立健全集体经济组织，由村集体经济组织负责集体资产经营管理"作为撤村的条件。扎实完成村级集体产权制度改革是集体经济持续发展的前提和保障。二是完善法人治理结构，建立健全运行机制。积极建立产权清晰、责权明确、政企分开、管理科学的现代企业制度，实行开放式用工制度，形成科学合理的薪酬制度，推行合同制，吸引人才，促进人力资源合理流动。三是加强外部监管。从全市来看，在海淀、朝阳、通州等已经成立"农资委""集资委"等议事协调机构的地方，应进一步探索推进"农资委""集资委"实体化运行，条件成熟时可在市级层面成立实体化的农村集体资产监管机构，更好履行城市化进程中万亿级别的、日益庞大的农村集体资产监管职责。

（三）必须加强党的领导对于基层治理的引领作用，推动城市化社区管理转型

基层治理不是"热心服务"，核心是"责任明晰"。在拆迁腾退过渡时期。发挥党组织引领作用，对村委会、集体经济组织、农村群团组织和社会组织的领导，合力攻坚，推动城市化发展建设，解决在转型期城乡居民适应新生活环境、新居住关系、新公共服务等面临的问题。而海淀区试点实施的村庄准物业化管理，基础设施和公共服务设施养护水平大幅提升，社会治安问题大幅下降，社会治理总体效能得到增强。

一是打造党建引领、多方参与、居民共治的基层社会治理体系。建立健全党建引领框架下的社区居民委员会、业委会、物业服务企业的协调运行机制，推动社区"两委"和业委会、物业服务企业人员有序融通，共同参与社区治理事务。二是深入实施《北京市物业管理条例》，坚持因地制宜、分类施策，推动小区组建业委会（物管会），选择合适的物业服务模式，明确物业服务标准、收费标准，逐步实现常态化物业管理服务。三是运用物联网、大数据、人工智能等现代信息技术，推动社区建设数字化、智能化。

课题负责人：吴志强
课题责任人：季虹
课题组成员：刘先锋、赵雪婷、赵术帆、胡梦源、黄政、高端阳
执　笔　人：胡梦源

建立健全促进城乡共同富裕的利益联结机制研究

一、课题研究概述

党的十八大以来，以习近平同志为核心的党中央把逐步实现全体人民共同富裕摆在更加重要的位置上，采取有力措施保障和改善民生，打赢脱贫攻坚战，全面建成小康社会，为促进共同富裕创造了良好条件。党的十九届五中全会对扎实推动共同富裕作出了重大战略部署，将共同富裕这一理念提升到国家发展阶段性目标的高度。党的二十大报告再次强调，"中国式现代化是全体人民共同富裕的现代化"，"全面建设社会主义现代化国家，最艰巨最繁重的任务仍然在农村"，明确提出"促进农民农村共同富裕"这一任务要求。促进农民共同富裕，推进乡村振兴，重在完善城乡利益联结机制，从激活农村沉睡的资产、聚集分散的资金、拓宽增收的渠道等方面寻找推进农民农村共同富裕的实践路径。

（一）促进城乡共同富裕的核心要义

从内涵看来，促进城乡共同富裕具有两重含义：一是缩小城乡居民收入差距，让农民与城市居民一样富裕；二是农村居民内部收入差距要进一步缩小，让全体农民都能过上富裕生活。从城乡角度来看，农民农村共同富裕的核心在于要提高城乡发展的均衡性、缩小城乡居民的收入变化以及促进城乡基本公共服务均等化。

1. 提高城乡发展的平衡性、协调性、包容性。共同富裕倡导机会平等的增长，让更多的人享受发展成果，让弱势群体得到保护。针对城乡二元结构下的群体性差距，实现农民共同富裕，需要注重协调发展、共同繁荣。要改变以户籍制度为标志的城乡二元体制以及社会身份的分层体制，加快农村产权制度改革，赋予农民财产权利，促进人口和家庭的自由流动以及基本公共服务的均等化，在经济增长过程中保持平衡，构建共治、共享、共融农业农村发展新格局。

2. 缩小城乡居民收入差距。要实现共同富裕、实现包容性增长，必须缩小城镇居民与农村居民的收入差距。从北京的统计数据来看，2012年到2021年，城乡收入差距绝对值从19993元扩大至48215元，收入差距绝对值呈现持续性扩大趋势。2021年城镇居民人均可支配收入85158元，农村居民人均可支配收入33303元，2.45的城乡居民收入比与上海市、浙江省2.14、1.94相比也仍有差距。当前促进农民持续增收仍面临较大压力，种养业特别是粮食种植效益偏低，农民就业制约因素较多，农村人口老龄化加快，农村精神文化缺乏，支撑农民增收的传统动能逐渐减弱、新动能亟待培育。这些都为进一步推动农民农村共同富裕带来一定影响。

3.促进城乡基本公共服务均等化。由于我国社会经济发展不平衡，城乡、区域、不同群体间的差别日渐扩大，农村义务教育、劳动就业、社会保障、收入分配、医疗和公共卫生、社会公共安全等方面问题依然很多。农村医疗资金投入不足、卫生人才匮乏、基础设施不齐全，农村道路和电网设施建设仍远低于城市平均水平，农村地区供气、供热、供水也相对缓慢。这一系列民生发展短板制约了人民群众对美好生活的向往，阻碍了农民迈向共同富裕的脚步。

（二）城乡共同富裕的历史演变

中国共产党自诞生之日起就将共同富裕作为自己的奋斗目标，在带领中国人民进行革命、建设、改革的奋斗历程中，不断深化共同富裕与社会主义关系的认识，对中国特色共同富裕发展道路进行了一代代人的接力探索。

1.制度建设，为共同富裕奠定基本保障。新中国成立之初，中国共产党实行"公私兼顾、劳资两利、城乡互助、内外交流"的经济方针。从1950年冬到1952年底，党领导广大新解放区进行了废除封建土地制度的改革，从根本上解放了农村生产力，激发了广大农民的政治热情和生产积极性，促进了农业的迅速恢复和发展，为新中国的工业化开辟了道路。随着1953年开始实行发展国民经济的第一个五年计划，中国共产党领导完成了对农业、手工业和资本主义工商业的社会主义改造，建立起社会主义制度，为逐步实现共同富裕提供了制度基础和工业化物质基础。

这一时期，党中央高度重视农业合作化在实现农民共同富裕中的重要作用。新中国成立初期，毛泽东根据当时的实际情况，决定走农业合作化的共同富裕道路，提出"全国大多数农民，为了摆脱贫困，改善生活，为了抵御灾荒，只有联合起来，向社会主义大道前进，才能达到目的"的发展思想。1957年全国掀起以兴修水利、养猪积肥和改良土壤为中心的农业生产高潮，拉开了"大跃进"的序幕，同时农村掀起人民公社化运动高潮。但受国际政治格局影响，再加上党对大规模社会主义建设经验的不足，后来发展中遭受了一些挫折。面对严重的经济困难，党中央认真调查研究，纠正错误，调整政策。在国民经济调整工作取得阶段性成就时，中国共产党适时提出了新的奋斗目标。1964年三届全国人大一次会议郑重提出了实现"四个现代化"的历史任务，为建设社会主义现代化国家描绘了宏伟蓝图。

2.改革开放，探索中国特色共同富裕之路。改革开放以来，中国共产党把马克思主义基本原理同中国具体实际相结合，探索建立了社会主义市场经济体制，创造了实现共同富裕的中国式发展道路。党的十二大以后，改革的重点由农村逐步转向城市，并全面铺开，对外开放迈出新步伐。1984年党的十二届三中全会通过《中共中央关于经济体制改革的决定》，提出我国社会主义经济是"公有制基础上的有计划的商品经济"，突破了将计划经济同商品经济对立起来的传统观念。1987年党的十三大系统阐释了社会主义初级阶段理论和"三步走"战略，提出了"一个中心、两个基本点"的基本路线，并要求建立"国家调节市场，市场引导企业"的经济运行机制。1992 年党的十四大作出了建立社会主义市场经济体制的重大决策，进一步解放和发展了生产力。到 2000 年，我国成功实现由计划经济体制向社会主义市场经济体制的转变，社会主义现代化建设第二步战略目标实现，人均国民生产总值比 1980 年翻两番的目标提前 3 年完成，城乡居民收入大幅度增加，生活质量显著提升。

进入 21 世纪后，中国共产党带领人民加快推进全面建成小康社会。2003 年党的十六届三中全会首次提出科学发展观，强调使全体人民共享改革发展成果，使全体人民朝着共同富裕的方向稳步前进。为统筹城乡协调发展，党中央把解决好农业、农村、农民问题作为全党工作的重中之重，采取了"多予、少取、放活"的方针，开启社会主义新农村建设，努力增加农民收入，改善农村发展条件，全面加强以改善民生为重点的社会建设，加快构建社会主义和谐社会。

3. 党的十八大以来，扎实推进新时代共同富裕。党的十八大以来，我们党对中国特色社会主义经济建设规律的认识进一步深化，推动实现共同富裕的思想认识和工作力度进一步增强。习近平总书记把贫困人口全部脱贫作为全面建成小康社会、实现第一个百年奋斗目标的底线任务和标志性指标，将脱贫攻坚纳入"五位一体"总体布局和"四个全面"战略布局，将精准扶贫、精准脱贫作为实现共同富裕的重要举措，始终强调"消除贫困、改善民生、实现共同富裕，是社会主义的本质要求"，"全面建成小康社会，一个不能少；共同富裕路上，一个不能掉队"。经过 8 年的持续奋斗，到 2020 年底，我们如期完成了新时代脱贫攻坚目标任务，现行标准下 9899 万农村贫困人口全部脱贫，贫困县全部摘帽，消除了绝对贫困和区域性整体贫困，近 1 亿贫困人口实现脱贫，取得了令全世界刮目相看的重大胜利。脱贫攻坚战的全面胜利，标志着我们党在团结带领人民创造美好生活、实现共同富裕的道路上迈出了坚实的一大步。

党的十九大明确提出，新时代我国社会主要矛盾是人民日益增长的美好生活需要和不平衡不充分的发展之间的矛盾，必须坚持以人民为中心的发展思想，不断促进人的全面发展、全体人民共同富裕。习近平总书记在 2021 年十九届中央政治局第二十七次集体学习时强调，"共同富裕本身就是社会主义现代化的一个重要目标。我们要始终把满足人民对美好生活的新期待作为发展的出发点和落脚点，在实现现代化过程中不断地、逐步地解决好这个问题。要自觉主动解决地区差距、城乡差距、收入差距等问题，坚持在发展中保障和改善民生，统筹做好就业、收入分配、教育、社保、医疗、住房、养老、扶幼等各方面工作，更加注重向农村、基层、欠发达地区倾斜，向困难群众倾斜，促进社会公平正义，让发展成果更多更公平惠及全体人民"。

党的二十大报告再次强调，共同富裕是中国特色社会主义的本质要求，也是一个长期的历史过程。我们坚持把实现人民对美好生活的向往作为现代化建设的出发点和落脚点，着力维护和促进社会公平正义，着力促进全体人民共同富裕，坚决防止两极分化。

（三）关于建立健全城乡利益联结的相关研究

习近平总书记高度重视农民利益联结工作，2014 年在内蒙古调研时就曾指出，要探索一些好办法，建立企业与农牧民利益联结机制，帮助农牧民更多分享产业利润效益，真正同龙头企业等经营主体形成利益共同体；2020年在中央农村工作会议上强调，要完善利益联结机制，让农民更多分享产业增值收益。在2022年4月出版的《求是》杂志中，习近平总书记发表重要文章《坚持把解决好"三农"问题作为全党工作重中之重，举全党全社会之力推动乡村振兴》，再次指出，要完善利益联结机制，通过"资源变资产、资金变股金、农民变股东"，尽可能让农民参与进来。要形成企业和农户产业链上优势互补、分工合作的格局，农户能干的尽量让农户干，企业干自己擅长的事，让农民更多分享产业增值收益。

在迈向第二个百年奋斗目标的新阶段，无论是实践研究还是基础理论研究都在积极探索，以城乡利益联结为核心，加快城乡要素互通，提高资源配置效率，减小城乡发展差距，促进实现城乡共同富裕。

1. 国外研究综述

国外对于利益联结机制的研究主要是在农业产业化的基础上阐述龙头企业与农户的关系。Barkema（1993）认为农业企业与农户的利益联结可以促使农产品供应的稳定。Rajan R（2001）认为西方国家农业企业与农场主利益分配主要有合同制、合作制、公司制。合同制是指农场主与企业签订合同形成农业共同体，从而将农业生产各环节联结起来；合作制是指分散的农场主联合成一个整体，串联起农业供产销等环节；公司制是指农业企业与农场主以共有财产的所有权为基础，联合成为集团，对农业生产各个环节进行统一管理。Edward N. Wolff（2011）认为订单农业是农业龙头企业与农户相互联结产生的结果，不同的协作组织涉及的经营范围也有所区别，在对从事生猪养殖农户的调查中发现，资金问题是农户考虑参与订单合作的很大一部分因素。Diaz-Bonilla（2012）认为农业生产中每个环节连接成一个完整的体系，逐渐形成一条完备的农业产业链，在当前的生产力水平下，保障了农业效益，产生了各种形态的利益联结。

2. 国内研究综述

农业产业化与利益联结机制的研究。相关文献梳理表明，合理的利益联结是农业产业化经营的保障。刘梦云、曾靖（2013）认为实现农业产业化经营所设定的目标，都离不开制度的保障，形成利益联结共同体，才能实现产业化经营的发展。段景田（2017）认为在农业产业化经营过程中，农企建立利益联结模式，对延长农业产业链、促进农业龙头企业的快速发展具有重要意义。李英奎、王小容（2018）围绕农业产业化中农业产业链各个市场主体的利益分配展开研究，随着产业带动能力的提高和企业规模的扩大，农业产业化的发展会推动农业企业数量型扩张转变为质量型提高，促进农业企业由重数量转为重质量发展，也推动与农户构建紧密型的利益联结模式。

利益联结模式的研究。现行利益联结多发生在小农户与企业之间。郑小妮（2016）对市场联结式、合同契约式、中介代理式、股份式等几种模式进行了评析，说明股份式成为我国未来农业产业化利益联结模式的主要类型。陆忠权、吴吉勇、岑遗海、孟凡瑶（2017）指出合作订单模式、固定资产投资模式和生物性资产模式、"公司 + 合作社 + 基地+农户"分红模式、"公司+村委会或合作社+农户"入股分红模式、"公司+基地+农户"模式、"公司+村委会+贫困户"模式是龙头企业进行产业扶贫的六种利益联结模式。陈娆、杨为民、张正河（2020）从原料产地视角分析，买断式、合同式、合作式、企业化式、股份式等常见农企利益联结模式，多种利益联结模式为企业带动农户发展提供了更多选择的途径。

合作社作为一种中介，参与农企的利益联结，借助利益枢纽调和双方的矛盾，有利于农业产业化利益联结机制的巩固。邵科、于占海（2017）将合作社参与下的农业产业化利益联结机制分为龙头企业占优型、社企平等型和合作社占优型三大类型。合作社占优型模式中合作社能获得农产品售价和经营利润的主动提升，农民成员更有可能获得利润分配和利益返还；但由于传统小农户履约意识和标准化生产能力不高，多数合作社综合实力弱，合作社占优型利益联结方式在我国农村的现实环境中相对较少。钱淼、马龙波（2018）对茶产业的农企利益联结机制的观察发现，从农企直接联结过渡为以合作社为枢纽的农企利益联结机制是有效的。

利益联结机制建立的有关研究。农户与其他主体的利益目标不统一，交易费用高、机会主义行为缺乏约束等问题，导致利益联结关系松散、分配失衡、约束和保障失效。朱满德、江东坡、邹文涛（2013）通过案例分析法和调研访谈法研究了贵州省农户与企业的利益联结模式，认为农业产业化水平的高低、双方对各种风险的认知水平的高低、政府扶持政策的多少都影响着双方的利益联结模式。陈爱荣、丰华（2019）指出呼伦贝尔市龙头企业与农牧民利益联结存在几方面的困境，龙头企业竞争力弱、辐射带动能力不足，农牧民文化水平低、对产业化发展支撑力不足，二者地位不对等、利益分配显失公平，合作组织运营不规范、利益协调功能欠缺。李明贤、刘宸璠（2019）对各种利益联结方式的可持续性进行了分析，认为以合作社为引领的产业化利益联结可以改善农民在利益分配中的不利地位，但前提是合作社自身拥有较强的实力，农民拥有较高的素质和较好的互联网运用水平。邓宏图等（2020）的研究表明，在不同的内部风险偏好和外部市场机会的影响下，龙头企业和农户议价能力产生明显差异，使得风险分布、信息分布和市场结构等要素诱发"位势租"的形成，造成了双方在利润分割上的失衡。

为了扭转农业生产利润在不同经营主体间的分配不公平，需要加强农业组织化模式创新，实现由松散型向紧密型利益联结转变。聂向一、陈娆（2020）针对北京市龙头企业与农户利益联结模式存在的问题提出以下几点对策建议：让农户享有与龙头企业平等的市场地位，最大程度发挥中介组织的协调组织作用，强化合同履行意识，完善约束利益主体体系。芦芊文、刘子涵（2020）对农户利益联结模式创新方向给出了以农民自办合作社向二三产业延伸、以股份合作或共享产权增加专用性投资、注重与农户建立互惠互信关系、多渠道创造农户参与现代农业发展的机会等建议。

二、北京市在共同富裕目标下的城乡利益联结现状

新发展阶段，在全面推进北京乡村振兴，促进共同富裕的背景下，完善农民利益联

结，强化联农带农强农富农机制，既是农民从土地和产业发展中持续稳定获益的"金腰带"又是促进城乡融合发展、缩小城乡居民收入差距的大课题。

北京作为首都，近年来，从"国之大者"和现代化全局高度来认识和把握全面推进乡村振兴，坚持走"大城市带动大京郊、大京郊服务大城市"的城乡融合发展之路，不断加快小农户、种养大户、合作社、家庭农场等多方有效合作，带动一家一户的小农户与农业现代化融合，分享更多产业增值收益，打造联合经营的新型农业经营体系，同时积极引导社会资本参与乡村振兴，通过签订订单、股份合作、服务引领、集体经济带动、产权交易平台构建等方式形成了多样化的利益联结，打通城乡要素互通、产业深度融合以及主体多层次合作壁垒，有力助推了农民增收，盘活了农村资源要素，拓展了农业经营模式，初步构建起了城乡利益联结的内在机制，进而推动农民农村共同富裕。

（一）发展特色产业，构建"订单式"利益联结

2018 年，北京市出台《关于培育农业产业化联合体的实施意见》（京政农发〔2018〕24 号），引导龙头企业发挥产业组织优势，鼓励发展以农业产业化龙头企业带动、农民合作社和家庭农场跟进、小农户参与的农业产业化联合体，培育多元融合主体，实现产加销一体化经营，促进产业融合发展。推行"公司＋合作社＋农户"模式，引导企业、合作社与农户建立紧密的契约关系，通过签订长期购销合同等形式，保障农户收益、提升生产集约化、组织化水平。龙头企业统一种植标准、统一供应农资、统一收购产品、统一产品品牌，公司负责统一生产服务与管理，让农户在降低劳动强度和经营风险的同时，提高经营收益。龙头企业通过保护价收购和利益兜底、利润返还或二次结算等方式，与农户建立"风险共担、农企双赢"的紧密利益联结机制，提高订单履约率，让农户分享稳定收益。如顺义区博特园农业发展有限公司作为一家市级龙头企业，通过"绿奥"蔬菜合作社，以订单交易方式与小农户实现有效对接，每年，企业按照蔬菜销量确定蔬菜种植生产计划，与合作社成员签订蔬菜种植订单合同。而区别于一般按照市场价格收购农产品的订单交易方式，博特园每年按照高于市场收购价格 20%—40% 的收购标准对农户的合格菜品进行收购。这一做法能够更好地在订单交易方式下增加与小农户联结的紧密性，有助于降低小农户违约风险，提高小农户生产的积极性；企业也能获得质量、批量有保证，供应也相对稳定的农产品，使公司与农户实现"双赢"。目前，通过"企业＋合作社＋农户"的模式联结的社员已达 400 余户，订单面积达 1500 亩。如房山区凯达恒业农业产业化联合体由北京凯达恒业农业技术开发有限公司与北京、河北、内蒙古等地的20 多家合作社及若干新型经营主体、农户共同组成。企业在生产前期统一制定生产规划和生产标准，以高于市场的固定价格收购农产品，负责农产品的深加工，并通过营销方式将最终产品推向市场；农民合作社上联企业，下接农户，为农户提供产前、产中、产后服务；家庭农场、种植大户等新型经营主体及小农户负责按要求进行标准化生产，向企业提供安全可靠的农产品，并获得高于市场价格的收益。目前，凯达恒业农业产业化联合体带动北京、河北、内蒙古等地 20 多家合作社，全年生产总值 3.4 亿元，拥有订单原料基地面积 10 万亩，带动种植农户 1 万余人，形成了完整的产业供应链条，使公司、合作社与农户间的利益串联，相互依存发展。

（二）盘活村级资源，构建"股份式"利益联结

"股份式"利益联结是指通过土地、资金、劳动力、技术等要素实现企业、农民合作社和小农户之间的联结。近年来，北京市积极引导企业特别是龙头企业领办或入股农村专业合作组织，支持农民、集体以土地或其他资产入股合作社或兴办农业企业，集中土地资源，推进规模化连片发展。企业通过流转农户土地、聘用农民务工、创新利益分配等方式，让农户获得股金、租金、薪金等多重收益，形成依存度高、风险共担、利益共享的股份合作关系。在实践中，"农民入股"一般遵循"农民负盈不负亏"的分配原则，即"保底收益＋按股分红"，以土地入股的，则保底收益一般不低于平均土地流转的租金，"按股分红"则取决于经营内容和经营状况。在农户与企业的"股份式"利益联结机制中，以自愿入股方式投入新型农业经营主体。这种联结机制在北京很多京郊休闲旅游产业中常常运用，如延庆区刘斌堡乡姚官岭村民俗旅游合作社于 2018 年与北京沿途旅游发展有限公司签订合作协议，成立合资项目公司，共同打造北方第一个民宿集群——"合宿·延庆姚官岭"民宿集群，实现延庆民宿六大品牌，即原乡里、左邻右舍、大隐于世、乡里乡居、石光长城和百里乡居汇聚一村，统一管理、统一营销。其中，沿途旅游公司及背后的延庆民宿联盟负责投资、设计、建设、运营；专业合作社负责提供宅基地的经营权。提供宅基地的农户可以选择签订入股协议，以宅基地使用权入股，获得分红；民宿还为本村村民提供了管家、保洁等 7 个直接就业岗位，月平均工资 3000 元左右；同时，民宿带动了村里 50 栋生态大棚建设，打造了生态种植体验园，种植无公害蔬菜、有机杂粮，提供大棚采摘和农事体验服务，供游人采摘。由此组织起来的农民，通过合作组织的利益联结机制，获得了财产性收入、工资性收入、经营性收入三方面利益保障，提高了农民收入。如平谷区大华山镇挂甲峪村依托位于平谷区 22 万亩桃花海核心地带的资源优势，把发展休闲旅游确定为支柱产业，依托集体经济成立了北京市天甲旅游开发集团有限公司，将农户承包的耕地、林地折算为股份由集体统一经营，发展富硒林果观光采摘、民俗体验、生态休闲、温泉养生等旅游业态，形成了集吃、住、游、购等于一体的旅游度假区，并深入挖掘各种优势资源潜力，带动养生养老、民俗文化、富硒农业、特色产品等一系列产业的蓬勃发展。

（三）完善社会化服务，构建"托管式"利益联结

北京市不断完善农业生产、加工、销售社会化服务体系，打造农村综合性产业服务平台，由单一环节服务向耕、种、管、收、储、加、销等多环节、全链条服务延伸。依托农村社会化综合服务主体，推广土地托管经营模式，通过土地代耕代管代种、农产品代加代销代售，形成"托管式"利益联结机制，将小农户生产引入现代农业农村发展轨道，带动农户收入持续稳定增长。如作为平谷大桃主产区的平谷区大华山镇、刘家店镇，在大桃产业发展过程中，存在劳动力老龄化、土地碎片化、土地撂荒、农民组织化程度低，农民抵御市场风险能力弱，"小而全"经营等突出等问题。为破解上述问题，两镇依托平谷区全国农业社会化服务创新试点单位优势，从提高农民组织化程度和社会化服务体系建设方面下功夫，开展大桃全产业链社会化服务体系建设试点，组建了以北京互联农业发展有限责

任公司和北京点点创意科技有限责任公司等为主体的社会化服务组织,建立了菜单式服务组织运营体系。服务组织根据服务内容成立了新技术、新品种、新产品推广,果树修剪,果实套袋,机械作业和果品产后销售等服务队,满足果农社会化服务需求,探索出一条以销售带动服务的新模式,形成了产业"农民组织化、经营规模化、服务社会化、水平专业化"的宝贵经验。

(四)发挥集体经济带动,构建"复合式"利益联结

北京市农村集体经济发展一直走在全国前列,截至2021年末,北京市农村集体经济资产总额达到9914.4亿元,占全国总量的12.1%。研究中发现北京以集体经济带动的利益联结方式形式多样,我们又将其细分为三个小类。其中,第一类为城市工商业转型模式。随着北京新型城镇化的快速推进,很多农民转为城市市民,集体经济发展也同样面临转型。近年来,北京海淀、平谷、丰台等区积极转化思维,由村级或镇级集体经济组织通过自主开发、引进社会资本联合开发等方式,利用集体经营性建设用地建设产业园区、城市商业综合体等,形成以商业、娱乐、金融、科研等城市工商业为主的产业格局。最为典型的就是海淀区东升镇的城镇化型农村集体经济发展。东升镇位于海淀区东部,全部位于北京中心城区规划范围内,区位条件优越。改革开放初期,东升镇就利用特殊的区位优势和乡(原东升乡)、村两级掌握的集体土地资源和经营性资产,兴办了一批集体企业,积累了规模可观的集体资产。2020年底,园区内共有1178家高科技企业、54家上市公司、15家独角兽企业,总产值达到1095亿元。第二类为资本创新运营模式。在农业供给侧结构性改革的背景下,北京很多地区将村集体历年积累的资金、土地补偿费以及土地资源等资产,通过农村集体经济组织成员参股经营等方式转为经营资本,获取股金、利息和资产增值等资本运营收入。如密云区溪翁庄镇为发展精品民宿,农户将闲置房屋流转至村集体获取年租金,村集体经济组织利用上级扶持资金统一规划设计、包装,按照精品民宿的标准提升传统农家院的档次,然后与社会企业以市场化的手段达成合作意向,采取村集体"持股不经营"、由专业团队负责经营管理的方式,村集体根据合同约定每年除获得保底收入外,还可以参与股份公司超额利润分红。如海淀区八家股份社围绕所在商圈的产业布局和科技创新要素集聚的特征,通过参与物业管理、园林绿化、环境卫生、科技服务、停车管理等方面经营,让村集体经济快速壮大。到2020年集体纯收入约1.8亿元。第三类为服务创收模式。主要指围绕村域产业化经营,创办多种形式的村级经营性服务实体,为农户提供生产资料、农业机械、病虫害防治、技术咨询等服务,或开展联结企业和农户的中介服务,或兴办农产品等专业批发市场,通过开展购销服务增加村集体收入。近年来北京很多地区积极对接市场需求,走服务创收型发展模式。一些区域位置较好的地区,通过引导、扶持村集体利用集体所有的非农建设用地或村留用地,兴建标准厂房、专业市场、仓储设施、职工生活服务设施等,充分利用物业租赁经营等渠道进行农村集体经济创收。如大兴区北臧村镇大臧村利用村内闲置土地资源建立村庄公寓,公寓先后入住了周边生物医药基地的企业职工,各个企业支付给村镇的租金均高于市场上散租的价格,且能保证村民获得稳定长期的收益,避免旅游淡季或房屋非租赁时期收益较少或没有收益的情况。此

外，当合约到期，不可移动的家具还会赠与村民，大大盘活了村中的闲置资源。同时，北京很多村成立村集体劳务服务公司，通过承接耕种防收等农业生产服务，提供家政环卫等劳务用工服务，开展清洗、包装等农产品初加工服务，实现村集体经济创收。如门头沟区清水镇小龙门村集体成立物业管理公司与延庆区签订光伏组件清洗、热斑组件更换辅助劳务服务合同，支持村集体发展服务经济，带动增收 10.5 万元。

（五）搭建产权交易平台，促进"市场式"利益联结

近年来，北京市积极探索农村产权交易平台建设，各区通过构建区、镇、村三级农村土地流转服务网络，建立信息顺畅、运转高效、服务规范的农村土地承包经营权流转服务体系。在此基础上，进一步引导规范各类流转交易行为，范围包括农户承包土地经营权、林权、农村集体经营性资产、农业生产设施设备等，拓宽了市场，吸引更加优质的受让方资源，竞价交易的方式有利于村集体收益最大化，为农民增收拓宽了渠道。如顺义区木林镇陈家坨村东二地 130.72 亩耕地出租项目在北京农村产权交易所发布信息，征集到 3 家意向受让方，按照交易程序，项目将以网络竞价方式确定最终受让方。项目底价为土地租金每年每亩 1200 元，加价幅度为每年每亩 20 元。经过 19 轮报价，项目最终以 1480 元 / 亩 / 年的价格成交，项目溢价率 23.3%，合同期内为陈家坨村集体经济组织增加收入 11 万元，年度租金收入增加 3.6 万元。据统计，顺义区 2021 年全区农村产权交易项目挂牌 110 宗，挂牌金额 1.55 亿元，成交 71 宗，成交金额达 9214 万元。

三、北京市健全城乡利益联结、促进城乡共同富裕面临的主要问题

现阶段，北京市在健全城乡利益联结、促进城乡共同富裕的道路上，还面临一些内部制约和外部挑战。从内部看，北京市仍然面临城乡基础设施和公共服务差距大的硬性制约，集体经济发展不均衡的区域性短板；从外部看，北京在城乡要素互通方面，仍面临制度性约束，同时社会资本的参与度和融合度不高，与农户合作的"默契度"不够。

（一）城乡基础设施和公共服务差距较大，城乡利益联结存在刚性"短板"

随着北京城乡一体化发展的推进，城乡基础设施和公共服务水平得到了明显提升。虽然北京市城市基础设施建设和公共服务供给水平在全国处于领先地位，但总体看，城乡间及乡村内部不同区域间仍存在很大差距，城乡长期合作的硬件匹配条件仍不完善。城乡之间，农村道路长度、污水和垃圾处理能力、环卫机械等公共设施的人均占有量远低于全市平均水平。乡村内部，最突出的是远郊山区建设水平远远低于平原区。此外，基础设施与公共服务设施投入与维护机制尚不健全。政府在乡村基础设施建设中投入了大量的资金，但工程建设大多分包给外来企业，村集体、村民在建设过程中参与机会不多，缺少话语权，利益联结存在短板，以致应该作为乡村振兴工作主要参与者的村民并没有真正发挥家乡建设者的主体作用，本应由农民享受的红利被工商资本收入囊中，村民只能被动选择观望。

（二）北京集体经济发展不均衡，城乡利益联结存在"洼地"

北京农村集体经济在促进城乡融合发展，构建合理城乡利益联结机制中发挥着重要的

桥梁纽带作用。近年来，北京市农村集体资产增长迅速，但是从结构来看，存在较多不均衡现象，影响了城乡利益联结的构建，一些集体资产薄弱的村在利益联结方面则更容易"掉队"。一是农村集体资产总量大，但区域分布不均衡。到 2021 年底，北京市农村集体经济组织资产规模达 9914.4 亿元，村均 15533.9 万元，是全国平均水平的 13.7 倍。但是村分布看，北京农村集体资产集中分布在城区、近郊区，而远郊区、山区集体资产薄弱。2019 年底，海淀区农村集体资产达 1872 亿元，约占全市的 22%、全国的 3%。同期，怀柔区农村集体资产仅 59.6 亿元，约占全市集体资产总量的 0.71%。这种不均衡现象直接导致一些薄弱村在产业对接或与市场主体对接时存在"先天"短板。二是农村集体经营性资产较少，且分布不均。目前看，北京经营性资产较少，且主要分布在少数村庄。据统计，2021 年北京农村集体经营性资产为 7395.2 亿元，占全部资产总额的 74.6%。三是农村集体经济收入渠道单一，增长乏力。北京市农村集体经济收入以物业经济、地租经济为主，且全市农村集体经济收入出现连续下滑，2021 年全市农村集体经济总收入较 2016 年减少44.8 亿元，年均下降 1.2%。2016—2021 年，农村集体经济利润总额由 55.84 亿元下降至 26.1 亿元，年均下降 14.1%。

（三）利益联结方式松散，各主体之间互惠共赢、风险共担关系存在"断层"

目前来看，北京市无论在农业生产经营，还是乡村资产运营及公共产品供给中，利益联结方式大多较为松散，大部分仍以直接的要素租赁、产品购销关系为主，尽管一些紧密型利益联结方式正在逐渐发展，但能够按要素入股分红、按营业额分红、按利润分红和缴纳固定保底收益等方式形成互惠共赢、风险共担的利益联结机制的乡村产业数量极为有限。一些地区把农村产业融合的利益联结机制，简单理解为在不同经营主体之间、不同利益相关者之间，甚至企业同农户之间"分蛋糕"的问题。实践中，在没有相应的激励作用下，不同经营主体之间对如何围绕农村产业融合形成的利益联结关系及其对农户利益的影响考虑不够充分。有些规模大、实力强、理念新的新型经营主体只是"自扫门前雪"，不愿发挥领军企业或产业链核心企业的作用。部分外来企业投资的农村产业融合项目占用了大量资源，却是"飞地经济"，同当地相关经营主体之间"有竞争，无合作，缺关联"，甚至挤占后者参与农村产业融合的空间。领军企业或产业链核心企业未能有效带动其他经营主体提升参与能力、增加参与机会。因此，缺乏对企业激励的利益调节机制，是企业与农民间难以建立紧密型利益联结关系的重要原因。此外，即使企业愿意与农民建立紧密的股份合作关系，但是紧密型利益联结机制是建立在收益共享、风险共担的基础上，需要农户敢于承担风险和损失，容易出现纠纷，当前农民参与意愿也并不强，这是导致利益联结机制松散的另一个重要原因。

（四）城乡要素互通渠道未完全打通，城乡利益联结存在"断档"

城乡要素自由流动是加强城乡利益联结、实现城乡融合发展的关键，只有人才、土地、资金、技术、信息等要素能在城乡之间自由流动和平等交换，才能形成有效联结、良性循环，带动乡村全面发展，实现农民农村共同富裕。目前来看，北京城乡要素自由流通是急需解决的重要内容。在劳动要素方面，对于北京市而言，人口的流动仍处于单向维度。北京经济结构以第三产业为主，农村居民进城务工具有便利性，更多拥有一定专业技能素质的农户不愿意从事与农业生产相关的活动，而更愿意到市内寻求工作机会。由此，造成了北京农村人才流失严重，无法匹配城乡利益联结中的人才需求。一方面，专业技术人才力量不足。留在农村的多为年龄偏大、文化素质、技能水平较低的劳动力，农村居民的实际技能水平与城乡利益联结的要求存在明显的错位，从而影响到经营主体吸纳农户实现增收、提升技能的效果。另一方面，农村基层干部的人才力量储备不足。由于缺乏善经营、懂管理、有号召力的乡村基层带头人，一些农村集体资产较大、资源禀赋较好的京郊村却没有得到充分的发展。在土地要素方面，土地要素市场化改革程度仍不够充分，全市统一的建设用地市场还不完善，农村建设用地入市实际操作仍不顺畅，政府与村集体、村与村之间、村集体与成员之间的收益分配机制还不健全。城乡土地不平权现象依旧存在，农村宅基地产权权能不完整，缺乏自由处分权，大部分交易为隐性或自发。京郊土地在"盘存量""找增量""促流通"方面依然需要创新机制。在资本要素方面，北京城乡金融资源配置还不够平衡，一些农村企业、农村大户或者新型农业经营主体在生产运营时，常常面临融资难、融资贵等困难；同时，由于农业生产的周期性、市场的不确定性等因素，金融产品与农民需求往往形成错位，未发挥"及时雨"作用；此外，虽然近年来北京制定了较多金融支持乡村振兴的政策，帮助农民更好地参与城乡产业合作，但是在实际发展中，往往因为风险、成本等因素控制而得不到较好地落地，金融支农机制模式需要进一步创新。在科技创新转化方面，科技成果入乡转化推广机制和利益分配共享机制急需完善，涉农技术创新市场导向机制和产学研合作机制不健全。

（五）社会资本的参与积极性不高，城乡利益联结存在"错位"

目前来看，社会资本与农村合作的长效机制还有待完善，很多企业虽然参与到了乡村振兴，但是其合作机制仍然以企业获利为主，农民在其中获得的收益有限，且对农民的带动力不强，对农民的技术提升等作用也不明显。特别是，很多企业受近年来疫情影响及北京疏解非首都核心功能、"调转节"对生产空间的限制、"大棚房"清理整治等刚性约束，自身发展尚存在问题，加之缺乏相应财政、金融支持政策，对于乡村的带动积极性和意愿有所下降。此外，资本引入、退出机制尚不健全，一些乡村由于前期招商引资定位不够准确，导致引进的企业与农户或相关农村在资源动员能力和谈判地位上差异悬殊，农村地区或农户难以形成平等话语权，使其在农村产业融合中处于弱势地位，只能被动跟随，部分项目对农户或农村发展缺乏辐射带动效应。还有一些外来企业在带动农户参与农村产业融合时，存在"有利时带动，不利时推开"的现象，影响农户参与的稳定性，加大农户面临的风险，影响带动农民增收的效果。

四、相关建议

北京市第十三次党代会明确提出，要全面推进乡村振兴，坚持走"大城市带动大京郊、大京郊服务大城市"的城乡融合发展之路，把干部配备、要素配置、资金投入、公共服务"四个优先"落到实处。新发展阶段，面对推进北京乡村全面振兴，需要构建合理的城乡利益联结机制，进而带动农民实现共同富裕。

（一）加强农村基础设施及基本公共服务设施建设中的利益联结

为实现缩小城乡差距的目标，需要继续加大对京郊地区的基础设施和公共服务投入。特别是对山区教育、医疗、交通、水利等社会事业的投入力度，改善山区发展的基础条件，从而进一步完善城乡长期合作的硬件匹配。要因地制宜，研究村集体和村民在基础设施与公共服务设施建设和管护过程中的参与方式，农户能干的尽量让农户干，调动广大农民群众参与乡村建设的积极性、主动性、创造性，完善农民参与机制，激发农民参与意愿，强化农民参与保障，广泛依靠农民、组织带动农民共建共治共享美好家园。对于户属设施项目，可由农民自主开展建设；对于村级小型公益设施项目，可由村委会和农村集体经济组织承接；对于专业设施项目则由符合资质的主体承接。基于这样的建设过程和建设类型，由不同的建设主体调动农民参与其中，加强利益联结，促进农民增收。

（二）加大财政、金融政策支持力度，优化政策环境

针对不同经营主体与农民之间的利益联结情况建立考评体系，对实际效果进行考评。对能够有效保障农产品供给、提升农村资产运营效率，增加乡村公共产品供给的经营主体，提供相应财政、金融等支持政策，在融资贷款、税收、信用评级等方面给予优惠；进一步增强财政资金的杠杆作用，财政补贴重点可放在为经营主体提供更好的社会化服务体系上；加大金融支农力度，针对经营主体贷款难问题，创新抵押担保方式，比如探索设立市级农业产业化龙头企业融资风险补偿基金，取消强抵押、强担保，风险由银行和风险补偿基金按比例分担，助力龙头企业发展。

（三）提升产业链运营效率，拓展联结空间

企业应凭借较高的管理效率和较强的市场营销能力，帮助解决农民在发展中的"短板"问题，如加工和仓储能力不足、农产品流通渠道不畅、农产品品牌影响力低等。同时，进一步增强产业融合发展理念，在带动农民进入如休闲农业、乡村旅游、农产品电商等新业态的过程中，不断创新优化联农带农机制，从产业链的各个环节上深挖增值空间，让农民更多地参与新产业新业态的发展，盘活闲置资产，提高农民自我发展能力，拓宽农民增收渠道。

（四）引导多主体联动，探索多样化的利益联结模式

积极引导农民合作社、家庭农场、龙头企业等新型经营主体与农民进一步拓展利益联结方式，通过集体资金、要素入股等方式帮助农民参与"保底收益＋按股分红"、股份合作、订单农业等利益联结机制之中。引导建立以园区为纽带的"社会资本＋合作社＋农户"利益联结机制，让农民参与农产品精深加工，促进集体经济发展和农民增收。引导建立以产业化联合体为核心的利益联结机制，继续大力推动北京市农业产业化联合体试点工作，在税收、金融服务、用地审批、产业扶持等方面给予相应的政策扶持，鼓励各经营主体根据各自比较优势在联合体内部进行专业分工，探索发展适合本地实际的各具特色的联合体发展模式。同时，通过农村集体经济组织的带动，提升农民在产业链中的增值收益。利用集体资产发展农产品加工、休闲观光、电子商务等新产业新业态，吸纳更多农民就地就近

就业，在提升农民职业技能水平的同时，促进农民收入多元化。尤其在经济下行压力加大的形势下，更应充分挖掘现代农业的潜在优势，培育发展多元化产业，为农民提供就业机会、拓展增收空间。

（五）完善社会资本下乡激励机制，提升城乡发展合力

要进一步鼓励社会资本参与乡村振兴，形成"企业＋新型经营主体＋村集体＋基地＋农户"等多元利益联结机制。要通过开展"万企兴万村"等行动，鼓励有条件的大型民营企业设立乡村振兴投资基金，更多运用市场化手段建立保本微利、可持续运行的商业模式，让社会资本放心投、敢于投，提高民营企业参与乡村振兴的积极性和主动性。要积极推动工商资本下乡，搭建政府服务农业农村领域项目平台，鼓励引导北京市工商资本、先进理念向农业农村流动。建立完善北京工商资本下乡"负面清单"制度和工商资本租赁农地监管和风险防范机制，推动社会资本加速下乡，优化项目立项及招投标流程，进一步放低社会资本准入门槛，吸引更多的社会资本进入。同时，探索设立工商资本下乡准入退出机制，加强引入、使用、退出全过程监管，对于个别工商资本"上山下乡"打擦边球，与民争地争利的要及时予以退出。

（六）加强乡村人才的引进培养，促进城乡人才互流

要根据现阶段北京农村发展需求，加大人才支持力度。一是注重京郊剩余劳动力的提质工作。一方面，通过技能培训，鼓励农村劳动力外出务工，从而提高农村地区居民收入；另一方面，发挥劳动力资源富余的优势，发展劳动密集型产业，带动当地劳动力就业，让农民在产业链中获得更多的增值收益。二是"招才引智"。加大乡村人才培养力度，加强中青年农民就业创业培训，围绕北京周边的特色产业，如休闲观光、创意农业、体验农业、生态康养、民宿经济等新产业新业态开展就业创业培训，掌握新知识；围绕新机具、新设施、新设备开展操作技能培训，掌握新技术；围绕农产品市场研判、市场营销、品牌打造、电商物流等开展市场知识培训。三是充实基层农业技术服务人员力量，鼓励涉农院校和科研教学机构扩大农学专业招生比例，采取定向招生、委托培训等方式，为农村基层培养农技人员，拓宽基层农技人员来源。统筹选派各类优秀人才深入乡村开展基层服务，搭建多渠道帮扶平台。

执笔人：杜力军、陈雯卿、余君军

北京市昌平区宅基地制度改革试点实践研究

党的二十大报告提出："深化农村土地制度改革，赋予农民更加充分的财产权益。保障进城落户农民合法土地权益，鼓励依法自愿有偿转让。"宅基地是农民的安身立命之所，宅基地制度直接涉及农民切身利益，是关系农村经济发展和社会稳定的重要制度。自新中国成立以来，我国宅基地制度经历了数次改革，已逐步演变形成一套具有中国特色的制度体系，并仍在不断完善的过程中。2020 年 9 月，中央农办、农业农村部在全国 104 个县和 3 个地级市启动新一轮的农村宅基地试点，重点关注宅基地集体所有权行使机制、宅基地农户资格权保障机制、宅基地使用权流转制度、宅基地使用权抵押制度、宅基地自愿有偿退出机制、宅基地有偿使用制度、宅基地收益分配机制、宅基地审批制度、宅基地监管机制等九个方面，北京市昌平区位列其中。

对于北京市宅基地管理与改革工作的总体思路，即以稳慎为总体基调，规范管理为主、适度放活为辅。坚持尊重历史、面对现实、兼顾未来和"增量从严、存量从稳"的原则，并遵循"调研先行、有机衔接、稳妥审慎、户有所居、依规定地、规范审批、依规建设、监督核查、分类处置、分层管理"的思路，以形成一个能实操、可落实、切实解决实际问题的政策性文件。

2021 年 6 月，《北京市昌平区农村宅基地制度改革试点实施方案》正式获市政府批复，根据该方案，昌平区承担完善宅基地集体所有权行使机制、完善宅基地审批制度、健全宅基地监管机制、探索宅基地资格权保障机制、探索宅基地使用权流转机制等五个方面的试点工作，意在通过改革试点，全面摸清全区宅基地底数，基本完成宅基地使用权确权登记颁证，筑牢改革基础；探索农村宅基地"三权分置"的有效途径；落实"村地区管"要求，探索完善宅基地分配、流转、使用、审批、监管等制度的方法路径，管理好宅基地；建立健全农村宅基地监管机制，为农村宅基地制度改革提供实践经验。

综上所述，持续关注北京市昌平区宅基地制度改革试点的工作进展，不断对其相关做法及成果进行研究总结，对北京市宅基地制度改革推进具有重要现实意义。

一、宅改试点的主要做法、成效及经验总结

（一）昌平宅基地基本情况

昌平区隶属于北京市，位于北京西北部，面积总计 1343.5 平方公里，常住人口约 227

万人，现辖 8 个街道、14 个镇，其中涉及宅基地管理为 14 个镇及 2 个街道。现有宅基地 7.3 万宗，面积 3.3 万亩。在地理环境等因素的影响下，昌平区宅基地情况较为复杂，涉及山区、平原和城乡结合部区域，宅基地现状差异性较大；同时，历史遗留等问题错综复杂，多年来未批新增宅基地、"一户多宅"等现实问题交织存在。

（二）宅基地制度改革试点的主要做法及成效

1. 已开展的工作及成效

（1）编制村庄规划。

试点工作开展以来，昌平区 215 个村庄开展规划工作，现已全部编制完成，并已取得政府批复；新农村住宅设计图集编制工作现已完成，并在市规自委网站进行了公布。同时，2022 年农村住宅质量提升试点建设开启，已选取两个试点村（十三陵镇麻峪房村、兴寿镇暴峪泉村），探索开展村庄风貌管控工作。

（2）进一步摸清农村宅基地底数。

昌平区在全市范围率先开展农村宅基地基础信息调查工作，对全区农村宅基地"人、地、房"等有关信息开展摸底调查，尝试建立数据信息库、区级信息管理平台。截至 2022 年底，昌平已完成宅基地管理信息化建设项目区级自评自验，建立了宅基地基础数据库及信息平台，收录了全区 16 个镇街及北企公司、249 个行政村、7.11 万宗宅基地信息数据。

（3）研究处理历史遗留问题。

针对宅基地面积认定、宅基地户界定、规划城镇建设区宅基地建房管理、城北街道二和六街房屋建设限制管理等带有历史性质的具体难点问题，昌平区按照一事一议原则，通过召开联席会议等方式进行调度协调和专题研究，研究相关解决途径。如十三陵镇针对辖区内北新村集体土地已被征收转为国有用地这一特殊情况，研究制定了《十三陵镇北新村社区居民住房改造审批管理临时方案》，有效地解决了村民房屋翻建的实际困难；南口镇针对辖区内直管公房、城镇私房及集体土地上历史形成的合法取得的非宅基地居民住宅（统称非宅基地居民住房）因年久失修、存在严重安全隐患等问题，专门制定了《关于对合法取得的非宅基地居民住房进行修缮加固的指导意见》，以规范非宅基地居民住房的修缮加固等管理；南口镇为解决历史已建成房屋因漏雨等原因，致村民以"维修"等为由对房屋进行违规改建的乱象，特制定《南口镇宅基地违规建房管理程序》。

（4）完善宅基地集体所有权行使机制。

一是探索宅基地集体所有权行使方法路径。昌平区 16 个涉宅基地镇街初步制定了镇级实施细则（办法），建立了"个人申请、村级审核、镇级审批"的宅基地及房屋建设管理审批工作机制，明确了镇、村两级的工作职责与程序，初步构建了宅基地集体所有权行使、管理的机制路径；在工作实践中，昌平区长水峪村探索出村集体筹资建房再租赁的方式，满足困难群众住房需求的同时，充分发挥了村集体兜底保障作用，使宅基地集体所有权的主体地位和作用得以彰显。

二是发挥村民民主决策在宅基地管理中作用。16 个镇街按照规定和要求，将宅基地相关事项纳入本镇街《村级重大决策事项清单》，将农村宅基地申请、审批、监管等重大事项纳入"十步工作法"。同时，各村将宅基地管理纳入村规民约，其他相关修订完善亦处于进行中。

（5）完善宅基地审批制度。

一是规范完善三级管理制度和联审联办机制。根据实践，逐步建立审批管理制度，制定出台《昌平区农村宅基地及房屋建设管理办法（试行）》，全区各涉宅基地镇街均已制定镇级实施细则，初步建立起"个人申请、村级审核、镇级审批"的宅基地及房屋建设管理审批工作机制。在此基础上，陆续制定联席会议制度、建房信息公示等规范性文件，逐步完善制度建设。

二是鼓励镇级基层业务机构结合实际工作大胆创新，持续探索符合区域特点和实际情况的好做法、好经验。例如崔村镇研究编制了《崔村镇农民宅基地房屋建设审批手册（试行）》；南口镇结合实际，对翻建农房实行"625"工作流程和"323"工作手续。

（6）健全宅基地监管机制。

一是健全基层宅基地管理机构。目前，在已初步建立镇级宅基地管理及监管队伍的基础上，以十三陵镇为试点，探索建立村级土地管理委员会，进一步健全完善基层管理组织架构。

二是建立健全宅基地监管执法机制。制定昌平区宅基地联合执法文件和《昌平区2022年度农村宅基地及建房专项检查工作方案》，开展宅基地及建房专项检查，当前共计出动检查人员1382人次，累计抽查14个镇、75个行政村，宅基地在施在建667宗；崔村镇、兴寿镇、马池口镇等镇街提出并实践"四到场"做法，即"申请审核到场、定桩放线到场、日常监管到场、竣工验收到场"，有效实现了宅基地建房规范申请审批管理和完善宅基地执法监管相结合。

三是创新开展宅基地建房信息公示工作。昌平区在全市范围内率先创新开展农村宅基地建房现场设置信息公示牌工作，组织镇村在施工现场设置建房信息公示牌，加强施工现场信息公开，主动接受群众监督，在一定程度上遏制了新增宅基地违法建设等行为。此外，部分镇街结合实际，在实际工作中探索出了优秀的做法和经验，如十三陵镇逐步建立完善了"一流程＋两机制"经验做法等。

（7）探索宅基地使用权流转制度。

在稳中求进和底线思维的改革思路下，昌平积极探索闲置住宅盘活利用、宅基地使用权流转，如十三陵镇康陵村挖掘利用本村春饼宴等民宿旅游优势资源和条件，将传统优势与改革试点相结合，设计了闲置宅基地和闲置住宅盘活利用的"311"模式，即3个合作方（镇属国企＋村属集体企业＋社会资本企业）、1个平台公司（三方共同设立的有限责任公司）、1个经营者（社会资本企业实际经营依托在闲置宅基地和闲置住宅上的民宿项目），当前康陵村已有20余户村民自愿通过"311"模式盘活闲置宅基地或闲置住宅；同时，昌平还研究起草了《昌平区关于规范农村宅基地上房屋流转机制的工作方案》和《昌平区关于规范农民闲置房屋盘活利用的工作方案》，力求在宅基地分配和流转相结合，保障宅基地所有权和资格权的前提下，探索依托北京市农村产权交易平台，为农村宅基地上房屋有偿流转和盘活使用提供依法、合规的流转交易渠道，制定规范的制式合同范本，有效保障流转交易双方和村集体合法权益。

2. 其他工作进程

（1）加快推进宅基地使用权确权登记颁证工作。

根据市区工作部署，昌平将按计划配合规自分局开展昌平区房地一体的宅基地权籍调查和确权登记试点工作，现研究起草了《昌平区房地一体的宅基地、集体建设用地权籍调查和确权登记试点工作方案》，计划选定4个试点村开展确权登记试点，当前方案正按程序处于审议完善过程中。

（2）进一步深入探索宅基地资格权保障机制。

一是深入探索规范宅基地申请的资格条件。对此，昌平区以十三陵镇作为试点区域，研究制定了《十三陵镇农村宅基地资格权认定管理办法（试行）》。多次组织相关职能部门开展专题研究，积极听取市农业农村局领导、专家学者意见建议，对办法进一步修订完善。

二是深入探索实现户有所居保障方式。昌平以十三陵镇为试点区域，研究制定了《十三陵镇农民纳入保障房体系工作方案》，并以此组织召开专题会议，区镇相关部门机构按要求研提意见，就村民纳入居民住房保障体系的具体需求、准入条件等进行了研究和讨论；与此同时，相关部门结合市级工作部署，持续对该方案进行修订完善。

（三）宅基地制度改革试点工作的经验总结

1. 村镇科学规划，严格规范管理

科学合理的村庄规划能够改变乡村资源利用模式，推动乡村产业发展，提高农民收入水平，改善村庄居住环境，对宅基地管理起到引领管控作用。自试点工作启动以来，昌平区初步完成了村民集中区域实行科学乡村规划的前期任务，本着节约集约利用土地原则，合理规划安排宅基地用地，对村民住宅建设布局、建筑风貌、房屋间距、层数、高度等基础原则作出规范，为村庄未来整体发展打下良好基础，其规划设计经验以及后期实践能够为北京市宅基地规划管理提供实际借鉴。

2. 优化工作方法，实践与理论学习相结合

从群众中来，到群众中去，收集并疏导群众难题，实时掌握一手信息，方能做到实事求是，有据可依；针对基层工作人员组织持续性的政策指导培训，加深对政策的理解，增强业务能力，方能推动试点工作的顺利进行。自试点工作开展以来，昌平区农业农村局设置专人负责政策咨询，设立咨询引导标识，接待来访群众，解释政策，调解纠纷，梳理问题，同时为探索宅基地制度改革政策积累一手素材。2022年上半年累计接待来访咨询58批次，电话咨询310批次；2022年累计发放宅基地政策宣传用品4.3万份，开展区级业务培训4次、培训人数715人次；2022年累计对镇街开展"一对一"政策指导研究66次；2022年6月昌平区崔村镇"四到"规范管理典型案例，入选农业农村部宅改试点典型案例。

3. 科学有序推进数字化建设

与时俱进，科学合理利用数字化管理手段，能够提高基层工作效能，为人民群众谋更

多福利。昌平区按照"标准规范统一、数据填平补齐、系统实用高效"的原则,初步搭建起昌平区农村宅基地管理信息系统框架。该信息系统包括"一库、三端、六系统",建立宅基地基础信息"一张图"、业务管理"一条链"、数字化管理"一张网"等,在正式运行中为地方宅基地的功能布局、规范管理、日常监管等工作改进和水平提升提供了数字技术平台保障,为深化农村宅基地制度改革试点各项工作提供了有力支撑。

4. 发挥村民自治的作用

村民自治是我国农民创造的农村基层治理制度,它提供了一条解决农村基层社会难点热点问题的有效途径,拓展了农民利益诉求的政治渠道,减少了农民非制度化参与的冲突,促进了农村经济和社会发展,缓解了农村社会矛盾,有力促进了农村的社会稳定。在实践中,昌平16个涉及宅基地管理的镇街按照规定和要求,将宅基地相关事项纳入本镇《村级重大决策事项清单》,将农村宅基地申请、审批、监管重大事项纳入"十步工作法";同时,各村也将宅基地管理纳入村规民约,探索发挥村民民主决策在宅基地管理中的重要作用。

5. 寻求智库支持,持续动态调整

积极寻求外部合作,征集专家指导团队意见建议,为试点工作推进提供专业力量支持,保证试点工作顺利进行。昌平区启动改革试点专家指导团队智库服务工作,组建农村宅基地制度改革试点专家指导团队,由专家团队(北京农学院)全程跟进改革试点工作,并提供相应的咨询服务、外部智库支持和决策参考。外部专家团队参与相关实地调研、专题研讨、现场会等,根据实践,汇总编辑专业资料,总结经验做法、开展个案咨询服务等工作,有效推动改革试点工作顺利进行。

二、宅改试点工作中存在的主要问题及原因分析

(一)宅改试点工作中存在的主要问题

1. 结构化矛盾突出

根据相关规定,符合条件的集体成员可以向所在村村民委员会提出申请,由所在镇政府批准使用宅基地。而现实情况是,在人口快速增长,以及受土地资源和规划控制限制的影响下,局部宅基地短缺问题突出,部分村庄最长已有十几年不再新批宅基地,无法满足新成立家庭的宅基地申请需求;农村"一户多宅"现象较多,宅基地退出路径不明,无法对闲置宅基地进行合理利用;在保障农民住房需求方面,由于当前农民实际意愿尚未掌握,以及市级有关稳定就业农民纳入居民住房保障体系工作的政策尚未出台,纳入保障体系的具体需求、准入条件等不明确,探索实现户有所居保障方式任务难度较大,推展进度堪忧。

2. 历史遗留问题错综复杂

根据《北京市人民政府关于加强农村村民建房用地管理若干规定》(1997年修订)的文件中规定,"村民每户建房用地的标准,由各区、县人民政府根据本行政区域的情况确定,但近郊区各区和远郊区人多地少的乡村,每户宅基地最高不得超过0.25亩;其他

地区最高不得超过 0.3 亩。1982 年以前划定宅基地，多于本规定的用地标准的，可按每户最高不超过 0.4 亩的标准从宽认定，超过部分按照乡村建设规划逐步调整"。然而现实中昌平各镇街宅基地使用超标情况较多，形成原因多样，特别是在历史政策变化等方面的影响下，不同时期发布不同的政策规定，使得农村宅基地登记、产权、区位、面积等均产生遗留问题，按照现行法律制度无法统一合理解决，从而造成如今宅基地管理无法遵循统一制度。

3. 宅基地基层执法困难重重

首先，对于涉及宅基地的各类违法行为基层无法及时进行处置；其次，农村宅基地需要进行动态巡查，同时面临拆除违建等大量基层工作，但基层执法队伍建设不健全，对于宅基地管理内容与程序不熟悉不明确，进而无法进行有效管理；最后，乡镇人民政府（街道办事处）负责依据《北京市城乡规划条例》《北京市禁止违法建设若干规定》对本辖区内建设情况进行巡查，依法查处本辖区内未取得《农村宅基地建房批准书》或未按照批准内容建设的村民建房违法行为，现阶段虽已明确属地政府查处职责，但由于上位法缺失等情况，镇街仍普遍存在末端宅基地执法主体不明确的情况：一方面，镇政府相关业务科室本身不具备执法资格，无法直接开展宅基地执法工作；另一方面，镇级综合执法单位开展宅基地执法工作尚无具体政策依据。

（二）宅改试点工作中存在问题的原因分析

1. "瓦片经济" 畸形发展

随着城市的不断扩张，外来人口大量涌入，催生了城乡接合部地区的 "租房繁荣"，宅基地资产价值的日益显化，短期利益诱惑和 "多建多租多收入" 的心理，使得昌平区东小口镇、北七家镇，以及沙河镇等地区 "瓦片经济" 畸形发展，租金也成为该地区农民生活的重要经济来源。城市扩张过程中，农民生计被迫无奈的理性选择与外来人口廉价住房需求相结合，造就了宅基地有序退出困难、违章建筑泛滥，地区人居环境恶化，安全隐患风险增大等现实问题，给乡村管理带来巨大挑战。

2. 宅基地使用权属模糊不清

早年间我国土地管理不规范，土地政策变迁频繁，缺乏专业人才和技术培训，工作人员业务能力不足，大量土地档案资料不完整或丢失，再加上相关法律制度的不统一，机构设置不够完善等问题，农村土地权属纠纷难以得到有效解决。据统计，昌平区上一次农村宅基地确权登记颁证工作始于 20 世纪 90 年代，距今已近 30 年。客观来看，历史上开展的确权登记颁证工作仍然存在不规范、覆盖不完全等普遍性问题（例如红本面积与实际面积不符、四至不清等等），导致当前宅基地审批管理中系列问题突出体现，矛盾纠纷日益突出。

3. 管理体系有待强化

一是管理基础薄弱，总体而言，相关部门对于宅基地数量、登记确权、区位等关键性信息没有统一掌握，缺乏专业规范的管理台账，现状不清、情况不明，管理基础较为薄弱。二是专业人员缺乏，现有宅基地管理人员专业化程度普遍不高，缺乏系统的专业知识和技能，对于宅基地合理布局、用地标准、纠纷仲裁、违法查处等工作无法作出专业性判断。三是基层执法力量存在欠缺，随着试点工作的逐步规范开展，实践中有关管理和执法的工作量骤增，在无新增编制情况下，基层审批和监管执法人员力量存在不足，进而无法对宅基地进行有效管理。

4.政策依据不清晰，相关部门职能划分不明确

宅基地制度改革和宅基地执法密不可分，目前改革尚在试点探索阶段，并未形成统一的宅基地法律法规及稳定的政策体系，这导致宅基地执法容易陷入尴尬的局面和境地，例如现行《土地管理法》《土地管理法实施条例》等法律法规对于宅基地违法行为中侵占的土地的具体类型解释模糊，造成了执法前期的认定工作困难，具体执法过程中政策文件依据不充分等困难；与此同时，机构改革后，农业农村部和自然资源部对于宅基地管理实施过程中各自职责交叉，宅基地用地建房审批管理涉及农业农村、自然资源等多个部门，工作中相关部门对土地管理法中有关执法条文存在不同理解，从而造成了实际工作中各相关部门职责界定不清，在基层执法工作对接问题上矛盾突出等问题。

三、持续推进宅改试点工作的对策建议

（一）推进宅基地确权登记颁证工作

有序开展农村宅基地确权登记颁证工作，以1997年修订的《北京市人民政府关于加强农村村民建房用地管理若干规定》为依据，从目前昌平掌握的实际情况出发，对本区农村宅基地所有权和使用权进行界定和规范，紧抓当前人居环境工程拆违的工作机遇，抓紧推进农村宅基地使用权确权登记办证工作进程，为宅基地数字化创造条件。

（二）建立宅基地自愿有偿退出、转让机制

首先，应广泛开展调研，针对当地实际情况，制定相应标准，对自愿腾退宅基地和闲置房屋的农户应给予经济补偿或在城镇地区购房的优惠政策，鼓励有条件的农民向小城镇、新城集中居住。其次，要完善宅基地在集体经济组织成员内的流转机制，让留在农村的农民通过公开、公平、透明的方式获取已腾退宅基地的使用权。然后，在不改变土地集体所有性质前提下，以村集体经济组织为主体进行复垦还绿、盘活利用，发展壮大集体经济。

（三）完善社会保障制度，保障农民切身权益

对于一个理性的农民来说，选择宅基地退出类似于一次投资行为，其追求的是个人与家庭利益的最大化。研究表明，宅基地退出的生活保障福利，以及经济发展福利对农民退出宅基地的意愿影响显著，表明当农民认为这项行为有利可图时，自然会主动选择退出宅基地。因此，一方面，应建立健全利益联结与分配机制，充分保障选择退出宅基地农民的切身利益；另一方面，要采取多种宣传方式，加大传播教育力度，提高农民对各项福利的认知度。

（四）建立宅基地差别化有偿使用机制

实行差别化的有偿使用宅基地，具体可分为三类：一是农村本集体组织成员的宅基地

继续采取的无偿永久使用制度；二是建立相关标准，集体组织成员使用宅基地超过规定面积，需按标准缴纳超额使用费；三是非本集体经济组织成员买受农村房屋使用宅基地的，可以认作其与房屋所在的集体经济组织建立了土地租赁关系，应按相关标准向集体经济组织交纳宅基地有偿使用费。

（五）组队伍，充实管理力量

一是配备专业的基层宅基地管理专职人员，建立完善农村宅基地管理人才开发培育机制，组织宅基地管理人才的专业技能体系培训，依法组建农村执法队伍。二是借助第三方管理力量，适当引入第三方管理组织、社会企业等，通过引入社会力量，对农村宅基地实行动态管理，建立健全宅基地管理监督检查评估体系，对宅基地管理绩效进行测度，并制定相应的奖惩机制。三是充分发挥村民自主治理力量，调动村集体人员自身力量，对本村宅基地进行自主管理，发挥其在基层调解矛盾、治安巡逻等方面的作用。

（六）捋顺基层监管执法体系

针对农业农村部门监管执法范围不明确，实践过程中各相关部门职责划分不清，基层执法工作对接不畅等问题，可以从区级层面出发统一进行调度协调，例如，由昌平区牵头，成立宅基地执法工作小组，纳入区农业农村局、规自分局、住建委等相关部门，定期召开区级宅基地执法工作会，对基层宅基地执法工作进行具体部署，由宅基地执法工作小组对基层宅基地监管执法工作进行统一调度，从而进一步明确属地政府宅基地执法行使具体执行机构，捋顺基层监管执法体系，保障基层执法工作顺利进行。

（七）强规划，实行分区域管理

依据不同区域宅基地功能的变化来调整管理模式与手段。宅基地制度改革政策的制定还要注重宅基地功能的演化，根据区域经济社会发展状况设置有差别的宅基地制度，以此满足发达地区和不发达地区、城郊与偏远山村等不同层次水平农民的需求。农户是宅基地的利用主体，宅基地制度改革要在尊重农民意愿的基础上，根据不同地区区位条件、资源禀赋、经济发展水平、农户自身特征等的差异，制定差异化的改革政策，选择适合的农村宅基地管理模式，以此更大程度上增加改革参与方的支持和认同，推动改革实施。

（八）大胆试错，破除体制机制枷锁

昌平作为农村宅基地制度改革的试点地区之一，在获取法律授权的基础之上，应尝试突破《土地管理法》等相关法律的部分条款限制，大胆试错，不断总结经验。与此同时，特别需要关注的是，在试点期限结束后，能否将相关经验或改进更大范围推广实施，则需要以相关法律法规的修改完善为保障，例如，深入推进宅基地"三权分置"，要按照健全"归属清晰、权能完整、流转顺畅、保护严格"的农村土地产权制度目标取向，结合宅基地产权特点深入研究确定"所有权、资格权、使用权"权能、权利边界及其相互关系的法律法规保障体系；通过调整《土地管理法》等法律以及制定农村宅基地管理的相关条例等方式，保障"土地所有者"农民集体依法依规行使集体所有权，同时监督占有和使用宅基地的主体充分、合理、规范利用土地；依法理清"土地占有者"农

户和"土地使用者"流转主体在宅基地流转期限内占有、使用并取得相应收益的权利边界及相互权利关系，平等保护不同权利主体依法行使和处分其权能，增强改革的法律保障预期等。

课题负责人：吴志强

课题组组长：季虹

课题组成员：刘先锋、赵术帆、胡梦源、李梦华

执　笔　人：李梦华

镇村协同下的社会治理结构重构

——以平谷区镇罗营镇乡村治理创新为例

乡村治理是乡村振兴的重要内容，是国家治理体系和治理能力建设的重要方面。近年来，镇罗营镇立足"三区一口岸"功能定位，紧紧围绕区委"1+3+2"中心工作以及"高大尚"平谷建设，用心用情用力不断创新基层治理方式，为加快推进乡村振兴综合体建设，打造国家乡村振兴示范片区，力争在农业农村现代化方面走在前列夯实基础保障。

镇罗营镇位于平谷区最北部，镇域面积80.9平方公里，全镇辖20个行政村，1.1万人，其中常住人口7610人。镇罗营全镇有村"两委"干部90名，党员923名。近年来，为提升基层治理能力，镇罗营镇将接诉即办、创新工作融入微网格治理、村务中心、乡风文明中，构建乡村治理和服务群众的"四梁八柱"。在落实区委"1+4"乡村治理文件精神的基础上，镇罗营镇发布了"1+13"落实到人的责任清单和具体实施管理考核办法，进一步凝聚治理共识，创新工作机制，激活内生动力，实现治理水平新提升。

一、主要做法与成效

（一）集中办公，开门办事，实现空间共享，服务便民

围绕"建设有温度的城市"和提升治理水平的要求，镇罗营镇以村干部集中办公为抓手，全面加强村务中心建设，拟构建"村干部集中办公+村民中心+互助养老"服务模式。截至目前，20个村已全部完成集中办公设置，共腾出47间1016平方米闲置空间。着力基层治理能力，集中办公实现了以下效果：

一是提升治理效能。集中办公不仅仅是人员的整合，而是通过功能整合、流程再造、服务优化，实现办公事项的集中、为民服务的集中，包括党务政务、医疗卫生、民政救助、养老服务、社保、残联等业务，是集党务、政务、村务、商务、公共文化及社会服务于一体的基层治理阵地和综合服务枢纽。"打开村委会大门"，推行集中办公，不仅拆除了干群关系的"隔心墙"，缩短了干部与群众的距离；还为群众搭建了一个有事能说、有苦能诉、有理能评的矛盾纠纷解决平台，方便群众办事只进一个门，共同协商解决急事难事，及时回应12345诉求。

二是强化群众服务功能。镇罗营镇按照"服务空间最大化"原则，对集中办公后腾出

来的办公用房，配备电视、牌桌等娱乐设施，将其改建成群众文体娱乐场所，让老百姓到村委会办事说事、休闲娱乐。同时，增加康养项目，添加老人餐桌、残老无障碍设施、老年康复按摩椅、血压仪、健康"小度"智能机器人等，定期组织举行活动，满足老年人需求。例如，上镇村将原来办公楼中调整出的 5 个房间改建成秧歌跳舞室、图书馆和文体活动室等；五里庙村把调整出的约 130 平方米办公用房改建成读书角、乒乓球室、电影放映室、电脑学习室，为村民创造了良好的休闲运动环境，实现了还空间于民、还便利于民。

三是彰显基层为民理念。按照"办公空间最小化、服务空间最大化"原则，推行村"两委"到村级服务中心集中办公和轮流坐班值班制度，实现老百姓随时能找到人、能办成事。"打开村委会大门"，为村民提供 24 小时"能办事、能养老、能看病、能吃饭、能娱乐、能评理"的服务场所，让老百姓想去村委会说事办事、愿去村委会休闲休息、能去村委会享受幸福，在村党组织与群众间建立起固定的、随时的联系沟通机制，切实提高基层服务群众、解决诉求和全面服务的能力，解决服务群众"最后一公里"的问题，走出一条党建引领基层治理现代化的"平谷路径"。

（二）接诉即办，深化"下交"工作法，协商共治贴民心

镇罗营镇积极探索"下交"工作法，充分调动群众力量，将经党委政府研判属于不合理的诉求，交给老百姓评判，特别是针对历史遗留、邻里纠纷、家庭矛盾、牟取私利以及长期纠缠难解等集中性、普遍性诉求进行重点"下交"，形成"群众事、群众议、群众定"并及时总结规律、固化制度，力求"下交"一个诉求、解决一类问题。7—10 月度，12345 月度诉求总量连续下降，同比下降 53.7%，考核成绩稳步提高，7 月度市级排名第333，8 月度市级排名第 82，9 月度市级排名第 66，到 10 月度跃升至市级排名前 10。

"下交"工作法，一是组建了一支评议队伍，培育了基层治理的重要支撑力量。依托说事评理议事普法中心设立调解处置工作组，从村"两委"干部、部分党员代表、村民代表中选择 121 名民间代表，组建一支法律观念强、守法意识强、熟悉农村情况、敢于主持公道、善于做群众工作的"说事评理"队伍，实现各村全覆盖。镇罗营镇 14 个村共 25 个事项 155 件诉求，经过组织群众"下交"、说事评理中心公议等，被评议为不合理诉求，大部分得到有效转化。二是拓宽了村民参与方式，实现了自己事自己办。在村（居）民代表大会、党员大会等公议机制评判"下交"诉求合理性基础上，采用群众喜闻乐见的方式进行"下交"，从会议室到田间地头、百姓炕头，从说事评理中心到村民微信群、百姓身边，因事因时因地制宜，把群众的问题交给群众评判，实现"下交"形式多样化，提高群众参与感。三是解决一类普遍问题，并传导一个观念。通过将集中性、普遍性诉求进行重点"下交"，及时总结规律、固化制度，创新实施"两级考核、三层派单、五员合办"（镇村干部两级考核，"包村领导＋村＋机关干部"三层绑定式派单，班子成员、村书记、包村干部、机关办单员、业务科室骨干"五员"协作办单）工作机制，充分调动全员力量，力求"下交"一个诉求、解决一批问题。同时，鲜明树立"12345 是解决合理诉求热线，不是无理取闹工具"的导向，向群众传导"合理诉求会得到快速解决，不合理诉求将触犯众怒"的思想观念，不断引导群众正确反映诉求。

（三）积分制探索、道德银行激活内生动力润民心

党员是基层治理的先锋。大庙峪村建立农村党员积分卡，对党员的政治、纪律、品德和发挥作用情况进行评分。主要内容：一是以党建为治理主线，对党员政治素养，严守政治纪律、组织纪律、廉洁纪律、群众纪律、工作纪律、生活纪律的行为奖励加分。二是以发展为治理高线，对主动整改或拆除违法用地、违法建设，带头拆迁和搬迁等行为奖励加分。三是以民生为治理实线，对文明礼貌、助人为乐、爱护公物、保护环境等行为奖励加分。根据党员行为，每月底集中对村内党员当月表现进行公开评比，连续 30 天达到标准的，给予奖励，每季度兑换积分一次。大庙峪村采用"积分制"，累计积分可以兑换相应奖品的方式，充分发挥党员带头作用，有效调动了群众主动参与村庄治理的积极性，有力改善了人居环境整治、接诉即办、疫情防控，极大提升了村庄治理水平。

上镇村探索时间银行，制定《上镇村互助养老志愿服务时间银行管理办法（试行）》，明确时间银行积分认证管理和时间银行积分明细和积分兑换物品明细，确定由上镇村党支部负责志愿服务积分的认证及管理工作，规定按照志愿服务时长、服务内容难易程度、服务质量评价等获取相应积分。时间银行，鼓励有服务能力、有助老意愿的社会群体参加志愿活动，大大激发了广大志愿者参与服务的热情，倡导了社会文明风尚，弘扬了"奉献、友爱、互助、进步"的志愿服务精神。

（四）干部下沉，"微网格"助力，搭建服务连心桥参与治理暖民心

一是开展"到村办公""下村日"活动。书记、镇长、人大主席每半月一个村，现场办公一天，广泛倾听"民声"。每周三全体包村干部入村入户，开展大调研大走访，督导重点工作落实，帮助各村发现问题、排查隐患，指导各村找特色、谋发展，引导各村增强解决问题能力。

二是深化力量下沉。围绕"共建共治共享"工作目标，打造"党建引领 +ABC 网格化服务管理"模式，推动乡镇力量下移，医疗人员、警务人员、镇机关包村干部、村干部、志愿者、下沉干部等六类人员全部入群，实现人到网中去，事在格中办。下沉干部主动解答百姓疑问，通过入村入户入群形式进行答疑解惑，达到未诉先办。同时，协助网格员解决难题，实现一格一群，全维参与，实时响应。通过信息化平台，将服务、管理、治理融入网格中，构建"微网格"工作新格局，在全镇形成"人人参与、人人尽责"的共建共享局面。

（五）创新 12345 养老体系，因地制宜，布点扩面，破解难题聚民心

镇罗营镇党委以上镇村为试点，统筹整合各种政策资源，积极探索以"三种模式 + 四支队伍 + 五种服务"为核心的"12345 养老体系"（一个核心 + 两个主体 + 三个设施 + 四支为老服务队伍 + 五种基本养老服务），构建党建引领为核心、镇村决策为主导、社会参与为补充、专业服务为支撑的乡村互助养老新模式，着力解决老人不愿离村、就近养老及老有所为问题。一个核心就是党建引领。两个主体就是村"两委"和专业养老机构互为支撑。三个设施就是村级养老驿站、村民中心、互助养老点。四支为老服务队伍就是党员巾帼敬老服务队、网格员助老服务队、夕阳红邻里互助服务队、专业养老服务队。五种基本

养老服务就是为老人提供生活照料、助餐服务、文化娱乐、医疗康复、精神慰藉。未来，将在五里庙、下营、桃园、关上等五个村建设养老驿站，通过互助点和养老管家，实现全镇养老服务全覆盖。与此同时，通过鼓励在养老驿站和互助养老点的房前屋后开辟菜园让老人们养花、种菜，挖掘村内老人传统手艺，让有手艺的老人"上台"当老师，引导低龄老人加入服务队伍等多种方式创新，变"供养式养老"为"融入式养老"，提升老人生活幸福度。

与此同时，镇罗营镇提高站位，对乡村振兴示范区内 13 个村进行村居提质，通过风貌治理美化环境来凝聚民心，助推振兴。

三、经验与启示

（一）党建引领是协同治理有效运行的关键

办好农村的事情，关键在党。镇罗营镇坚持党建引领贯穿始终，把基层党建和基层治理紧密结合，夯实基层主阵地。落实区委"1+4"文件精神，结合镇域实际，制定"1+13"文件。文件始终坚持以提升农村党的建设质量为重点，从选优配强村带头人、规范村级重大事项管理、推动各类组织发挥作用等方面全面加强基层党组织建设，规范村级组织规范化运行，抓实做好村级党组织统筹功能，切实提高基层组织的凝聚力、战斗力，把农村党组织打造成为具有政治领导力、思想引领力和群众号召力的坚强堡垒。自觉加强党组织的班子建设和制度建设，树立治理意识，寓服务于治理。

（二）"三治"融合，激活基层治理新动能

以自治、法治和德治为要义的"三治"融合不仅仅是一种治理理念，更创新了乡村治理机制，实现了从传统单一管理向多元合作治理转变。自治增活力，让"下交"工作法，形成"群众事、群众议"的基层治理新路径，不断强化乡村治理中的村民主体力量，激发内生动力。法治强保障，持续推进村级组织规范化建设，规范行为，平衡关系，保障权利有效落实。德治扬正气，通过"亮身份""树典型"，弘扬正能量，凝聚乡村向心力，增强乡村治理的软实力。此外，一是加强顶层设计，制定"1+13"文件，创新"三治"结合的有效载体，将"三治"融入镇党委政府及其部门的基层治理工作中。二是扩大社会力量的有序参与，让社会力量积极发挥作用，实现政府治理和社会调节、村民自治良性互动。三是充分利用信息技术手段，将"微网格"打造为宣传动员、联系群众、化解矛盾、议事协商的治理平台。建立人与人、人与物、人与组织的有效连接，提升基层治理网络化、智能化水平。"三治"融合，激发乡村治理的活力。

（三）制度创新，多方参与集众力

深入推进基层治理和服务创新，坚持党建引领，推动多方参与，打造共建共享的治理新格局。注重发挥多元主体在基层治理中的积极作用。一是用好从"两委"干部、党员代表、村民代表中选择的"说事评理"队伍。二是进一步压实包村责任，强化镇村配合协调，及时研究对策，督促、指导、协助各村有力有序推进工作落实，确保各项工作稳步推进。三是用好校企外脑资源。强化村企、村校对接以及与区公路分局、滨河街道、农行平

谷支行等单位党建共建，充分利用中国农业大学、中国农科院博士人才，积极申报"博士农场""博士助农小院"，扩大科研基地范围，探索高校教师包村指导制度。四是深化与国家体育总局下属华体集团、中青城投旅游集团有限公司、银行、本然农业等企业、银行合作，在镇域发展规划、农业和旅游业发展等方面拓宽市场视角，为村内人力、发展格局注入崭新资源。

调研组组长：刘军萍
调研组成员：陈雪原、袁庆辉、陈奕捷、崔爱国、刘瑞乾、王洪雨、张颖、李敏
执　笔　人：李敏

第三篇

壮大乡村产业

都市型现代农业转型发展的新阶段新空间新途径

党的二十大报告明确提出"加快建设农业强国"。北京正处于率先基本实现社会主义现代化的关键时期，也是率先基本实现农业农村现代化的重要发力期。站在新的历史方位上，主动服务好农业强国建设，体现首善之区标准，展现新时代新作为，贡献首都方案，需要我们深度挖掘都市型现代农业的新要求、新内涵与新路径，立足首都城市功能战略定位，推进都市型现代农业高质量转型发展，为促进城乡融合、加快乡村全面振兴、推进农业农村现代化、实现共同富裕提供有力支撑。

一、北京都市型现代农业进入高质高效发展新阶段

（一）北京都市型现代农业历程概览

历经数年发展，北京都市型现代农业进入到高质高效发展新阶段。从 2003 年正式提出到"十一五"时期，是北京都市型现代农业的起步发展阶段。该阶段出台了《关于加快发展都市型现代农业的指导意见》《关于发展都市型现代农业的政策意见》等政策文件，建立起推进都市型现代农业发展的工作机制，以"开发四种功能，发展四种农业"为核心，进行了创造性的探索和实践。"十二五"时期是北京都市型现代农业深入发展的重要阶段。该阶段以高端、高效、高辐射为主要标志，深入开发农业多功能，努力挖掘农业新价值，基本形成了业态丰富、功能多样、环境友好、特色鲜明的都市型现代农业产业体系和支撑保障体系。"十三五"时期是北京都市型现代农业转型升级发展的关键时期。该阶段强化农业生态、生活、生产、示范四大功能，打造生态环境友好、产业产品高端、田园乡村秀美、管理服务精细、城市郊区共融的都市型农业"升级版"。"十四五"时期，北京都市型现代农业进入到高质高效发展新阶段。该阶段重在以深化农业供给侧结构性改革为主线，以科技和市场为"两翼"，推进生产设施化、社会服务化、产业融合化，提升服务市民、富裕农民的质量与水平。

（二）北京都市型现代农业的新时代要求

首都"四个中心""四个服务"功能对都市型现代农业提出了新的更高要求。立足于"四个中心"功能建设、提高"四个服务"水平，更加需要都市型现代农业在食品保障稳中加固、生态涵养加快转化、休闲体验高端拓展、文化传承有效延伸上发挥重要作用。都市型现代农业以满足城市发展和人民生活多样化、多层次需求为目标。随着收入水平提

高，首都市民对于优质农产品以及依托良好生态环境的休闲农业等多元消费需求日趋扩张。2018 年北京市人均 GDP 超过 2 万美元，达到发达国家水平。2021 年居民人均消费支出 4.36 万元。休闲农业和乡村旅游接待游客 2520.2 万人次，收入 32.6 亿元，带动农产品销售 10.1 亿元。预计到 2025 年，休闲农业和乡村旅游年接待量达到 4000 万人次，年经营收入达到 50 亿元。

然而，都市型现代农业发展所依存的农业农村环境仍面临着一系列新老问题。如城乡区域间发展不平衡不充分问题仍然突出，农民可持续增收难，城乡收入差距与首都功能定位不相符等问题客观存在。全球经济动荡、外部环境趋于复杂，对于粮食安全特别是口粮绝对安全提出了新的更高要求。而作为粮食主销区的北京，重要农产品稳产保供能力亟待巩固和提升。2020 年之前，蔬菜产量连续 17 年下降，自给率不到 10%，肉类产量连续 10 年下降，生猪自给率仅有 2%。本地优质农产品供应严重不足，绿色有机认证覆盖率仅为 12.5%，高品质有机蔬菜和包装净菜占 8%，无法满足市民多样化、高品质消费需求。农业科技优势发挥不充分，数字技术在农业领域应用场景不多等问题客观存在。城乡收入绝对差值依然呈扩大趋势，2021 年城乡收入比为 2.45，而上海、浙江分别为 2.03 和 1.94。我们一方面需要进一步坚持城乡融合发展，畅通城乡要素流动，为推动都市型现代农业高质高效发展创造更好环境；另一方面也需要利用都市型现代农业的高质高效发展来解决发展中的城乡不平衡、农村发展不充分问题。

二、奋力拓展新时代都市型现代农业发展新空间

新时代北京都市型现代农业是立足于首都城市功能定位，贯彻新发展理念，以高新技术为支撑，以生态化、产业化、市场化为导向，以城乡要素融合为依托，贯通产供销，融合农文旅，拓展多功能，服务城市、富裕农民，实现高质量转型发展的现代化农业。

（一）服务首都功能定位，满足城市发展和城乡居民消费生活需要

在新的形势下，将都市型现代农业作为首都面对疾病、交通、能源等可能引发危机的有效缓冲空间，充分发挥都市型现代农业稳产保供重要作用，稳住首都发展的"基本盘"，保障突发事件下首都农产品安全稳定供应，保证不发生长时间、大面积脱销断档和质量安全突发事件。主动服务首都功能定位，融入首都经济发展和扩大消费大局，更好满足人民对新时代美好生活需要。北京市常住人口 2188.6 万人，中等收入群体规模达到 68.5%。随着国际消费中心城市建设，城乡居民消费规模将持续扩大，消费品质将显著提升，特别是对于高品质绿色有机产品和生态休闲产品需求将进一步增强。发挥好"大城市"市场优势和"大京郊"潜力优势，统筹城乡产业、技术、资金、信息等资源，推动向综合发挥稳产保供、生态休闲、数字农业应用场景、农耕文化传承及乡土文化创意等多种功能的都市型现代农业提质转型。同时也将带动一批从事农村生产、加工、服务业的农户，拓宽增收渠道、促进农民增收。创造多层次的农业空间，将都市农业作为首都生态系统重要组成部分，让农业走进城区、走进社区，承担更多的生态平衡、社会服务、劳动教育、限制城市无序扩张和缓解大城市病等功能，利用农业自然的田园景观构建和谐城乡绿色空间格局。

（二）服务首都城乡融合，满足城乡要素有序流动，构建首都新发展格局的战略要求

党的二十大报告指出，"坚持农业农村优先发展，坚持城乡融合发展，畅通城乡要素流动"。都市型现代农业是城乡间要素双向流动的天然纽带，是以大都市需求为导向的融生产性、生活性和生态性于一体的特殊业态，依托并与城市需求和功能良性互动、有效互补。北京汇聚了大量国内外资金、技术、服务、人才等资源要素。发展都市型现代农业，可以促进各类市场资源要素加速向农村回流，以农业全产业链建设为抓手，贯通产加销、融合农文旅，拓展农业多种功能，延展产业增值增效空间，促进农民增收，有力提升农村居民消费能力，同时扩大城市居民对乡村产品与服务的消费意愿，更好构建基于城乡要素双向流动、良性循环基础上的首都新发展格局。

（三）服务首都减量发展，倒逼提升农业科技创新在全国引领示范

作为全国第一个减量发展的超大城市，北京城乡建设用地减量 110 平方公里。建设用地指标基本优先满足城镇商住、工业、基础设施建设等。镇域、区级用地指标少的问题较为突出，农业休闲旅游基础设施、公共服务配套呈现"无地可用"的局面。而集体建设用地利用低效，闲置厂房、腾退空间、宅基地闲置情况同时存在。新时代减量发展背景下，要坚持高质量优先，在整合和高效上做足文章，提高土地利用效率，以科技空间换土地空间。加大科技赋能，走好质量兴农、科技富农之路。以信息技术、人工智能助推生物种业、高效设施农业发展。大力发展科技农业、绿色农业、品牌农业、数字农业，提升农业装备化、产业化、市场化水平。

三、实现北京都市型现代农业高质量转型发展的新路径

推动北京都市型现代农业高质量转型发展应着力构建"127"发展体系。"1"是要牢牢把握住"都"这个核心问题。把全力服务和融入首都大局作为都市型现代农业的重大任务和重要内涵，为首都功能发展提供稳产保供、优质农产品、优良生态环境和优秀农耕文化传承，进一步挖掘都市型现代农业对首都经济贡献的增长潜力。"2"是要处理好"都与城""城与乡"两方面关系。都市型现代农业高质量转型发展，其核心在于处理好"都与城""城与乡"的关系，实现农业农村现代化与城市现代化的有机衔接，打造首都重要鲜活安全农产品供给的基础保障，传承好优秀"京味儿"文化，为城乡居民提供一个和谐宜居、共享共美的生产生活家园。"7"是要重点抓好七方面工作：

（一）坚持规划引领

将都市型现代农业发展纳入城市发展整体规划。制定、调整产业禁限目录应统筹考虑农产品全产业链布局需求。做好与城市总规、土地利用、基础设施等规划的有效衔接，扎实推进主要任务与重点工程高质量完成。突破传统城市绿化理念，用都市农业来承担一部分城市绿地功能，提升城市绿化总量，建议在二道绿隔地区大力发展绿色有机蔬菜产业和生态林果产业，形成近郊果蔬生产圈，为城区做好优质农产品供给和应急保障；鼓励三产融合，在绿隔地区发展市民农园、社区农场、城市农场、社区果园等适度规模田园组团，为市民提供近距离休闲游玩的农家田园场景，让田园之风吹入城市，实现现代城市文明与

现代田园文明的交相辉映。

（二）重点区域带动

以重点节点区域为核心，形成典型引领、示范带动的发展局面。强化建设现代化农业生产基地（园区）、特色农产品优势区和专业村镇，打造一批"京郊菜园"，加大重要农产品直供、直销、直配扶持力度，提升全方位保供能力。实施重要农产品区域布局和分品种生产供给解决方案，大力发展设施农业、高科技农业，推动"优质粮食果蔬"和"精品肉蛋奶"工程建设。建立符合一定标准的分区域、分类型数据库，对典型都市型现代农业发展进行数字化动态监测。以种业园区、创新基地、创新平台为基础，装备现代种业科技，赋能现代农业发展，推动一二三产融合发展。强化区域协作，支持农业企业在环京周边地区建设农产品生产基地，健全稳定的产销合作关系和应急调配机制。

（三）重大项目牵引

充分发挥重大项目、重点园区建设带动作用，在保障农民主体地位的基础上，健全都市型现代农业联农带农激励机制。通过鼓励优化提升一批符合首都功能定位及社会经济发展需求的重大都市型现代农业项目，引领要素融合，产生外溢效应。建立"精特优"现代农业"领头雁"项目储备库，形成"提升一批、新建一批、储备一批"的滚动接续机制。围绕全面打造"种业之都"，推动建立高标准园区基地与创新型科技平台建设，培养一批在全国范围有影响力的现代种业应用企业。推进实施一批数字技术与农业生产深度融合项目。提高终端监测和数据分析能力，推进重要特色农产品品种的生产经营全链条数字化进程。

（四）多元主体参与

通过政府引导，鼓励社会多元化主体参与都市型现代农业发展，提升专业化、融合化、多元化发展水平。特别注重发挥并保障农民的主体作用。健全农业科技支撑政策机制，充分发挥首都科技资源富集优势，搭建政府、科研院校、企业等多主体创新合作模式，培育以企业为主导的农业产业技术创新战略联盟和创新创业孵化基地。积极创造条件，让市民"田间地头"寻味农耕，寄托乡愁，筑牢民族文化记忆。保障符合现代农业发展需求的多元服务主体，提升公益性农业技术推广、动植物疫病防控、农产品质量监管等服务能力。促进公益性农业技术推广和经营性服务组织融合发展，构建全产业链的现代农业生产经营服务体系，实现小农户与现代农业的有机衔接。推广生产托管、代耕代种等服务模式，适度提升与首都发展相适应的规模经营水平。分产业、分品种布局若干个农机新产品试验基地、建设区域农机综合服务中心，加快特殊农机装备推广应用。

（五）特色品牌塑造

推进符合城乡居民消费需求的农产品标准化生产和示范建设。建立健全以生态、优质、安全为核心的绿色有机农业发展引导政策，打造绿色生态有机农业示范区。推动农业区域特色主导产业打造成为重点全产业链，打造具有一定规模的标志性产业链。立足于北京独特的历史文化、农耕文化，打造系列"小而特、小而精、小而美、小而优"的农产品和农业特色品牌。实施农业品牌提升行动计划，唱响京西稻、金把黄鸭梨、燕山板栗、通州大樱桃等"京味儿粮果蔬"品牌，丰富地标品牌内涵，讲好北京故事。开发区域特色休闲旅游产品，发展高端休闲农业。分级打造休闲农业精品线路，推动向特色化、专业化、规范化转型，塑造"京味儿田园"休闲品牌。

（六）产业深度延伸

向农产品加工、生态价值实现、观光休闲、文化传承等多层次产业链延伸发展，发挥现代农业服务城市、富裕农民、美化城乡作用，打造一二三产业融合的都市型现代农业全产业链。推进"农业＋"行动，健全农业价值链拓展实现机制。依托种业创新成果，推动创新成果转化，提升北京种业价值链。建立"企业＋农户＋市场＋政府"的北京优新品种推广机制，支持经营主体进行作物品种更新与技术应用，带动现代都市农业发展。推动田园观光、农耕体验、乡村康养、科普实践、乡村民宿等新型业态发展。积极开展城乡居民喜闻乐见的农业文化体验活动，扩大乡村晚会等乡土文化活动品牌影响力和参与面。

（七）政策融合发展

切实将现有涉农政策用好用足，集成并推动政策创新，发挥政策协同融合效益。优先把都市型现代农业纳入城市发展规划中，在土地使用、政策扶持、市场培育、人才政策倾斜及金融信贷等方面给予支持。将都市型现代农业与碳汇市场结合起来，实现生态价值变现。建立涉农资金统筹整合长效机制，提高资金配置效率。健全农业保险体系，支持因地制宜、因类制宜开发区域、分品种特色险种。探索建立依托信用体系支持现代农业发展的融资担保机制，适度提高贷款额度。鼓励引导政府债券、社会资本支持都市型现代农业发展项目。北京市集体账面资产总额已达9914亿元，位列全国第一。要做好集体产权制度改革"后半篇文章"，进一步释放集体经济发展活力，为集体经济组织更好融入和服务于市场需求创造条件，充分发挥集体经济组织在都市型现代农业发展中的组织引领作用。

执笔人：吴志强、郭轲、刘雯

京郊民宿高质量发展亟待塑造"六个高"

"小民宿"承担起"大使命"。2018 年 1 月,《中共中央 国务院关于实施乡村振兴战略的意见》明确将乡村民宿发展作为乡村旅游产业发展的重点内容之一。2019 年底,北京市出台《关于促进乡村民宿发展的指导意见》,提出要充分发挥乡村民宿在建设美丽乡村,促进农民致富增收,带动乡村旅游产业提质升级的积极作用,实现乡村产业、人才、文化、生态、组织等方面的全面振兴。当前京郊大地乃至全国各地民宿遍地开花,方兴未艾,呈现出很多新特点。一是民宿承载了"三业"的担当。民宿不仅仅是一种经济产业,也是一项文化事业,而且日渐成为各级党政机关稳定社会的党政基业。二是民宿形成了"三态"的模样。民宿注重的不仅是赏心悦目的外在形态,更兼有丰富的经营业态,还有能够融入艺术、技术、文化、时尚等时代烙印的发展时态。三是民宿融合了"三力"的助推。即政府的力量、社会的力量和农民的力量。未来,京郊民宿亟待塑造"六高",推进高质量发展。

一是"高美誉度":重视生态发展,改善内外环境

在推进民宿产业高质量发展之中,首先应注重保护生态环境美和挖掘乡村生活美,注重外观美和内在美的统一,注重传统美和现代美的结合,注重古朴美和时尚美融合。用高颜值、高美誉来突围产业上升瓶颈。以密云区为例,作为首都最重要的水源保护地和生态涵养区,密云区长期坚持生态立区,打造了天蓝、地绿、水清的优美环境,水环境和空气质量一直处于全市最优水平。2019 年,习近平总书记作出了"保护好密云水库等重要水源地"的重要指示。2020 年 8 月 30 日,在密云水库建成 60 周年之际,习近平总书记又亲自给密云水库的乡亲们回信。近年来,密云区牢牢秉持"生态优先,绿色发展"的理念,依托自然资源优势,大力发展乡村休闲旅游,全力推动乡村旅游"十百千"工程建设,着力打造十个精品乡村旅游项目、百个精品乡村酒店、千个精品民宿,涌现出了一批如邑仕庄园、风林宿、老友季等精品民宿,这些小微企业在打造乡村民宿的过程中,民宿外观设计非常考究美观,而且注重与当地村庄景观的融合以及对当地生态环境的保护,既保持了乡村民宿的"乡村性",同时一定程度上改善了村容村貌,成为密云区乡村旅游的新兴品牌。

二是"高品质感":延长产业链条,丰富多种业态

乡村民宿的高品质感不仅体现在外在颜值,更加体现在因产业链延伸、多种业态融合

带给消费者丰富的乡村表达与内涵体验。以延庆区"石光长城"民宿为例，自2015年入驻石峡村以来，从做餐饮起步，到扩大民宿规模，到植入乡村文化内容，发展长城文化村、讲好长城故事，再到启动工坊，提炼乡村产业，建立咖啡馆、村史博物馆、石光书店、长城学堂、长城露天剧场、酒坊、油坊等，植入端午祈福、中秋拜月、春节过年等大型民俗活动，开展长城保护、植物认知、长城文化读书会等娱乐休闲以及亲子活动，实现了三次产业的串联和多种业态的融合，促进了乡村民宿的高品质发展。如今的"石光长城"民宿已经成为展示延庆乡村文化的展览馆，也使石峡村改变了穷村形象，促进了全村的产业振兴与文化振兴。

三是"高共生性"：带动农民增收，壮大集体经济

民宿是一种乡村生活，民宿与乡村彼此滋养、彼此给予。乡村民宿不能作为封闭个体存在，而是要与村庄环境、与乡村产业和在地文化有机联系。它的兴旺发展需要村庄生态环境、人文氛围、产业体系、社会关系、利益链接等因素来共同承载，通过民宿企业与所在村庄共建、共创、共享，形成共享型乡创生活社区，才能持久地与村庄共同繁荣下去。隐居乡里创始人陈长春总结多年民宿建设运营的经验，指出"在乡村建设中，一定要始终坚持以农民为主体，为农民而建，乡村的主人应该是当地的农民"。如延庆区就提出了以共建、共创、共享为特征的"共生社区"的理念，探索建立了以民宿空间运营为核心，村集体、合作社、社会资本、民宿主、村民、游客等良性互动的民宿运营格局，带动了当地村民就地就业，增加了农民收入，壮大了农村集体经济，展示出了乡村民宿的经济效应和社会效应。再如房山区黄山店村，2015年黄山店村引进专业的精品民宿运营机构——隐居乡里，采用"乡村建设、企业运营、利益共享、在地共生"的合作模式，陆续改造多套村里老宅，进入发展民宿产业的快车道。隐居乡里为其坡峰岭景区做营销宣传，2019年实现游客接待量40多万人次，门票收入从原先的500多万元提高到1000多万元，加上民宿项目收入，为村集体创收2000多万元。

四是"高规范性"：加强规划引导，积极有序发展

乡村民宿属于非标产业，需要政府部门做好规划布局与指导监管，积极解决民宿产业发展中的共性问题，促进民宿产业规范健康发展。如延庆区对民宿行业发展进行统一规划与指导，形成了区委、乡镇及村书记"三级书记抓民宿"的管理格局。2018年由区委书记总抓、主管文旅业务的副区长挂帅，区文旅局牵头，联合区农业农村局、园林局、公安局等18个部门正式成立延庆精品民宿联席会，研究制订了《延庆民宿产业发展三年行动计划（2019—2021）》，以联合办公的形式高效推进解决掣肘民宿发展的各项问题，特别针对公安住宿联网登记、消防应急等重要事项，建立了多方共同支持和统一监管的机制，形成全区精品民宿"一盘棋"的协同管理局面，极大地推动了延庆区民宿产业的加速规范发展，"世园人家""长城人家""山水人家""冬奥人家""延庆人家"等一系列民宿品牌陆续推出，使得延庆民宿产业很快成为全市"后起之秀"。延庆区的规范经验也为2019年北京市出台"一证两照一联网"的民宿审批制度作出了卓有成效的探索。2020年，北京市市场监督管理局印发地方标准《乡村民宿建筑消防安全规范》，进一步规范了乡村民宿的进入

门槛。一批民宿经营主体按照标准规范自身经营，又促进了乡村民宿的提档升级。

五是"高参与度"：尊重市场规律，投入多种要素

乡村民宿发展要遵循"政府引导、市场主导、多元参与"的基本原则。基于市场发展规律的、多元主体参与的乡村民宿才是高质量发展的乡村民宿，才能盘活闲置资源、改善村容村貌、激活内生动力。其中，政府参与是编规划、定规范、给政策、创环境、供服务；农村集体经济组织参与是要发挥组织引导作用，动员农民全过程参与，确保乡村民宿发展的成果能够为当地农民所共享；社会力量参与是使社会资本与集体经济形成利益共同体，投入资金、人才、管理等多种要素，弥补乡村的短板与弱项。延庆区姚官岭村因为建有大陆北方首个民宿集群——"合宿"，于 2019 年 7 月 28 日被文化和旅游部、国家发改委选为第一批全国乡村旅游重点村。该民宿集群是政府、市场、村集体以及农户合力打造的成果。延庆区有关部门对姚官岭村的人居环境整治及产业发展提供了有力支持。北京沿途旅游发展有限公司（简称"沿途旅游公司"）与姚官岭民俗旅游合作社共同成立合资项目公司，合力打造民宿集群，沿途旅游公司及背后的延庆民宿联盟负责投资、设计、建设和运营，帮助姚官岭村发展采摘菜园、果园，收购农民的农副产品，雇用本村劳动力等。合资项目公司高度重视游客对项目的深度参与，设计了多种沉浸式体验项目，让游客也能充分享受民宿和乡村的美好。这种"政府引导、市场主导、多元参与"的民宿项目是很典型的民宿高质量发展案例。

六是"高素质人"：培养民宿人才，助力产业提升

任何产业的发展如果没有合适的人、专业的人去干，很难发展得好。民宿产业亦然。民宿产业需要选好民宿主人，确定民宿主题，让民宿充满主人的味道；需要抓好民宿职业人才的培育，让民宿既有特色、更有品位；更需要用好运营管理的专门人才。以民宿运营企业隐居乡里为例，2018 年隐居乡里在延庆区文化和旅游局、延庆区刘斌堡乡政府的支持下开办了北方民宿学院，实施乡村经理人计划，全方位为乡村培养专业运营人才。期间，发起成立了中国乡村设计师联盟，推广适用于乡村的装配式建筑，并参与了雄安和成都的田园综合体开发。五年来，隐居乡里作为中国乡村文旅产业运营商，创造总收入超过1 亿元，服务于"10 万 +"中高端客群，策划过 100 多场营地活动，旗下的北方民宿学院开展了近 1000 场民宿服务培训，为民宿产业的加速提供了包括人才输送在内的重要社会化服务。未来，乡村民宿行业的高质量发展仍需大量的配套人才供给，建议北京市有关部门制定有效的人才激励措施，让城乡居民、能人乡贤、大学毕业生、产业带头人、乡村致富能手、规划建筑专业人才能在村庄留得住，参与乡村民宿建设运营。加强乡村民宿人才培训的扶持力度，将有一定意愿从事乡村民宿职业的人员与现有乡村民宿从业者的培训共同纳入高素质农民政策培训体系，扶持壮大北京乡村民宿人才培训市场。

执笔人：刘军萍

关于北京市"田长制"及
耕地保护政策的调研报告

农民的命脉在田。耕地保护是事关粮食安全、生态安全和社会安全的"国之大者"，必须"严"字当头。虽然耕地数量少，但北京作为全国政治中心，较早推出以"田长制"为核心的系列耕地保护制度创新，彰显出市委、市政府守住耕地红线和基本农田红线的决心、增强给都市型现代化农业预留下更多发展空间的信心、保持农业在全市生态文明建设中重要位置的定力恒心，对全国加强耕地保护起到了引领示范作用。课题组踏田间、走地头、搞座谈、做问卷，调研足迹涉及海淀、朝阳、大兴、通州、昌平、延庆等6个区、34个镇95个村300位种植主体，摸清了两年来各区"田长制"实施情况、存在的问题和成因，为进一步完善"田长制"明晰了方向、找出了重点、提出了建议。

一、北京耕地资源的基本情况与特点

（一）北京耕地资源的基本情况

1. 数量

根据全国第三次土地调查结果，北京市目前有140.32万亩耕地，其中，水田0.83万亩、水浇地114.96万亩、旱地24.53万亩。耕地总量距《北京市城市总体规划（2016年—2035年）》提出的要严守150万亩基本农田、不低于166万亩耕地保有量的目标仍有较大差距。同时，全国三调为落实新修订的《土地管理法实施条例》关于"严格控制耕地转为林地、草地、园地等其他农用地"的规定，调查中对二调时是耕地、三调时已不是耕地的农用地进行了"工程恢复"和"即可恢复"属性标注。全市共有167.41万亩"工程恢复"、14.40万亩"即可恢复"的农用地。以上两类农用地，可通过相应的措施恢复为耕地，是今后坚守耕地红线的储备空间。

2. 质量

根据北京统计局统计资料显示，全市耕地质量平均等级4.79，80%属于中低产田，虽然近年来全市基本农田质量状况稳步提升，依然没有根本改变基本农田地力基础较为薄弱的现状。根据北京市土肥工作站《耕地质量长期定位监测报告（2020年度）》数据，京郊耕地养分综合指数70.1，属于中等肥力水平。在永久基本农田划定成果中，尚有25.36%

未开展过高标准农田建设，耕地质量提升空间较大。

3. 生态

北京市平原区农田占基本农田总面积的 6%—8%。与一般情况田园景观中农田景观占 50%—60% 的现状差距较大。北京市平原区田园景观开阔性低，甚至不存在明显的田园景观，应该称为林地景观。在基本农田建设中片面追求"田成方、路成网、渠相通、树成行"的标准化建设，通过推土机式的力量对土地进行过度改造，轻视循环、共生理念，致使一些农田沟渠、道路过度硬化、河溪被拉直，出现"田园景观均质化"现象。根据 2019 年种植现状遥感监测估算，70.12 万亩北京市农业生产空间非耕地中林地占 91.9%[1]，且林地集中连片程度高，田园景观开阔度非常低，隔离度随着降低，火灾等风险增加。北京市平原区造林大量占用耕地，90% 的林地为单一树种，单一结构和单树种增加了植食性害虫爆发的风险。在建设占用农田时较少考虑"生态占补平衡"，导致河溪两侧缓冲带减少，氮磷进入水体负荷加大，污染风险加大，同时导致水生生物栖息地质量降低。

4. 利用

北京目前实际经营耕地面积为 157.87 万亩，超出"三调"账面耕地 140.32 万亩达 17.5 万亩，其中水塘和水库能够灌溉的耕地面积为 1.53 万亩，通过验收的高标准农田面积为 104.74 万亩。土地流转使用的面积高达 132.85 万亩，其中流转入农民专业合作社 10.41 万亩，流转入企业 51.63 万亩，流转入大户 13.01 万亩。从播种面积上来看，农作物总播种面积为 153.23 万亩，其中粮食播种面积占 47.86%，蔬菜及食用菌播种面积占 37.34%。二调以来，在非农建设占用耕地严格落实占补平衡的情况下，受国土绿化和农业结构调整影响，耕地流出 223.27 万亩，流入 22.84 万亩，净流出 200.43 万亩。其中，147.57 万亩流向林地、35.95 万亩流向园地。

（二）北京耕地资源的基本特点

1. 贫：资源本底条件不佳

北京地处华北平原最北端，历史上属于中国传统农耕区的边缘，耕地本底质量较弱，绝大多数为中低等级。据规自部门数据显示（一般把耕地自然质量等级分为 1—13 级），北京自然质量最高等级是 7，最低等级为 11，平均等级为 8.8，略高于全国平均等级 9.2。另据 2020 年京郊耕地质量长期定位监测结果显示，京郊土壤有机质含量 18.1g/kg，全氮含量 1.21g/kg，有效磷含量 71.5mg/kg，速效钾 168mg/kg，养分综合指数 70.1，属于中等肥力水平。与全国平均水平（2019 年，有机质 24.9g/kg，全氮 1.47g/kg，有效磷 30.2mg/kg，速效钾 143mg/kg）相比，有机质提升还有较大差距，磷肥和钾肥的投入需要控制。

---

[1] 数据来源于《2019 年北京市农业生产空间种植现状》课题报告。

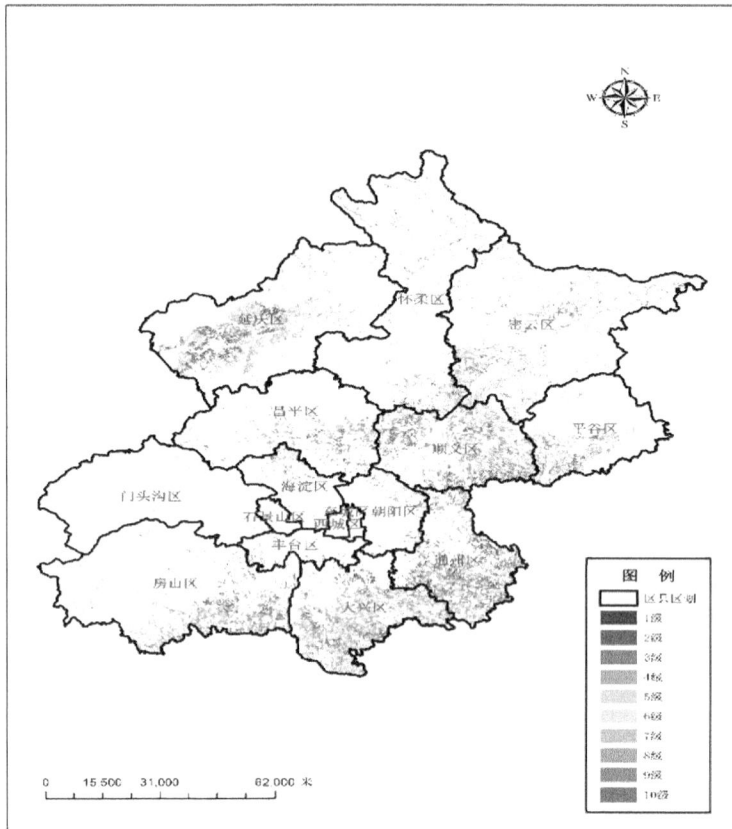

图1 北京市耕地等级分布图（2018年）

资料来源：北京市土肥工作站《耕地质量长期定位监测报告（2018年度）》。

从占用情况来看，由于城肥的巨大带动力，土壤肥力呈现出近郊高、远郊低的自然圈层分布，也就是说，肥力越高的耕地，被城市扩张占用的概率越大，城市越是扩张，耕地的整体质量越是下降。从划补情况看，2021年以来，全市新增复耕复垦耕地面积26.82万亩，大多为违法占地地块，耕层侵入体和障碍层多，土层厚度薄，基础肥力低，进一步拉低了全市耕地等级。

2.少：总量人均量少

截至2022年末，全市现状耕地面积为167.14万亩，不如外地一个产粮大县的耕地面积（如吉林省梨树县有耕地396万亩）。据国家统计局数据显示，2019年北京的人均耕地面积为0.0645亩，仅为全国的1/20，是上海的2/3，重庆的1/13，天津的1/6。耕地总量占31个省、自治区、直辖市的最后一名，人均面积在四个直辖市中位列倒数第一。全市基本农田面积仅占市域总面积的6%，不仅低于国际水平，也低于国内大中城市水平。

3.散：分布细碎零散

城市建设和造林对耕地肌理形成了破坏。根据2020年的调查数据，全市基本农田共有 49518 块[①]，面积最小的地块在大兴青云店镇，不足 0.01 亩。将北京市基本农田按照规模划片[②]，全市 5000 亩以上的基本农田共有 46 片，总面积为 55.41 万亩，占基本农田总面积的 35.9%，全市总体基本农田规模连片程度较弱。2021 年最新的变更调查数据显示，全市耕地保护空间图斑共 5.3 万个，最小面积仅 0.4 亩。

4. 贵：影子价格过高

耕地影子价格能反映耕地资源市场供求状况和稀缺程度，是使资源得到合理配置的价格。北京耕地影子价格以租金来计算，每亩在 2500—3500 元 / 亩·年，远高于北京以外全国其他地区 1000 元 / 亩·年以内的土地租金。高租金带来的直接结果是农业种植业利润空间受到巨大冲击，按照《全国农产品成本收益资料汇编 2021》，北京不考虑地租情形下，常见的设施黄瓜每亩净收益为 5476.82 元 / 亩，如果是种粮食作物，每亩小麦收益 320 元 / 亩。这意味着，如果是流转土地种植，北京每亩净收益不到 3000 元 / 亩，比北京以外的其他地区至少少挣 1500 元 / 亩，致使北京流转土地从事种植业缺乏竞争力。耕地缺乏种植主体，不利于耕地有效保护。

二、北京市耕地保护的政策演变与价值取向

（一）北京市耕地变化的历史逻辑

耕地数量和城市发展是一对天然的矛盾。北京耕地的减少，既是城市发展的结果，也折射出不同时代的主旋律。梳理耕地变化的历史脉络，有助于在制定新政策时候顺应大势，掌握主动。

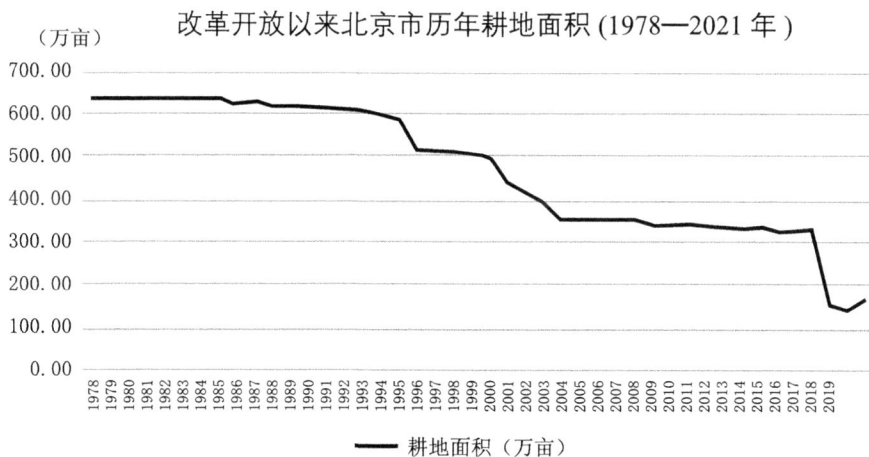

改革开放以来北京市历年耕地面积 (1978—2021 年)

图 2　改革开放以来北京市历年耕地面积变化

数据来源：北京市统计年鉴。

---

① 数据来源：二十一世纪空间技术应用股份有限公司。

② 划片规则：先将 20 米以内图斑合并，再将不大于 100 米、无河流城镇阻隔区域合并成片。

1. 快速工业化建设生产性城市的时代

1952年，全市耕地面积911.9万亩。但是，当时的北京只是一座百万人口的消费城市。党中央从巩固政权的需要出发，提出将北京从消费性城市向生产性城市转变，西郊、东郊的冶金、机械、化工、电子、纺织等工业基地在农田中拔地而起。到改革开放前夕，北京已经成为拥有870万常住人口、新中国首屈一指的工业城市。与此同时，1978年全市耕地面积减少到644万亩。这是由快速工业化的时代主旋律决定的。

2. 快速城市化"摊大饼"发展的时代

改革开放后，尤其是社会主义市场经济体制确立之后，城市建设速度进一步加快。1993年国务院批准的《北京城市总体规划》提出城市建设重点向广大郊区转移，推动郊区城市化进程的战略。北京城市发展进入"摊大饼"模式。这一模式有利于发挥大城市的核心集聚力，快速提升城市规模和城市化水平，但同时也引发了城乡接合部土地争夺和郊区建设占地过大的矛盾[①]。全市耕地面积出现第一次断崖式下降，1995年跌破600万亩，1996年全国第一次土地详查时耕地面积为515.9万亩。

1997年，北京市副市长张百发在传达贯彻《中共中央、国务院关于进一步加强土地管理切实保护耕地的通知》会议上指出，造成北京市耕地建设的原因主要有三个：一是农业内部调整占用耕地过多；二是城市建设特别是县城和小城镇建设用地急剧扩大；三是开发区、各类工矿企业等非农建设占地数量偏大，并提出要冻结非农建设项目占用耕地一年，开展非农建设用地的清查。总体而言，这一时期，北京市关注到了耕地保护，但是，耕地保护与经济发展的关系难协调，耕地保护政策的执行力度相对有限。2004年，全市耕地进一步减为354万亩。这是由快速城市化的时代主旋律决定的。

3. 开始实行最严格的土地管理制度的时代

2004年，国务院出台《关于深化改革严格土地管理的决定》（国发〔2004〕28号），明确提出中国要实行最严格的土地管理制度。该文件成为当时国务院出台的关于土地管理的最全面、最明确和规格最高的一份文件。北京市鉴于耕地数量的不断减少的情况，顺应国家"要实行最严格的土地管理制度"的大形势，从农用地转用审批控制和耕地保护目标责任体系建立等方面对耕地保护政策进行完善。

2004年，北京市出台《关于完善农用地转用和土地征收审查报批工作的意见》，严格控制农用地转用和土地征收报批条件，规范农用地转用和土地征收审查报批工作，强化农用地转用和土地征收批后监督管理。同年3月25日，北京市人民政府印发《关于进一步治理整顿土地市场秩序加强土地管理工作的意见》（京政〔2004〕10号），要求各级政府要加大对基本农田和耕地的保护，坚决遏制乱占耕地现象；要求加快推进基本农田划定工作，严格执行基本农田保护"五个不准"的规定；强调要严厉查处土地违法行为，严格执行非农建设用地的"六个不报批"，即：对土地市场秩序治理整顿验收不合格的、未按规定执行建设用地备案制度的、没有建设用地利用年度计划指标的、已批准的建设用地仍有

---

① 董光器．四十七年光辉的历程——建国以来北京城市规划的发展 [J]．北京规划建设，1996(05)．

闲置的、没有通过建设用地预审的、不符合本市产业政策和行业准入标准的建设项目，一律不能办理相关的用地手续。

2005年，国务院批复了《北京城市总体规划（2004年—2020年）》，提出"切实加强土地资源的管理，形成节约用地的发展模式，严格控制城镇建设用地规模"的要求。《北京市土地利用总体规划（2006—2020年）》提出了"到2020年末全市耕地保有量322万亩"的指标。2011年5月5日，北京市人民政府办公厅印发《北京市耕地保护责任目标考核办法》，明确各区县长对本行政区域耕地保有量和基本农田保护面积负责。此后相当一段时期，全市耕地数量趋于稳定，2009年土地二调全市耕地面积340.8万亩，2018年为325万亩。这是由国家开始实行最严格的土地管理制度的时代主旋律所决定的。

4. 迅速补齐生态资源总量短板的时代

党的十八大以后，生态文明建设被摆在突出位置。北京地区以 PM$_{2.5}$ 为代表的系列生态问题也引发了社会各界和党中央的高度关注。2012年，北京市启动了"百万亩平原造林"这一北京乃至全国历史上前所未有的重大生态工程，在征得国土资源部认可的情况下，占用了部分耕地造林。2015年，全市平原百万亩造林工程建设任务全面完成，共计造林105万亩，在平原地区初步建立了以大面积森林为基础的森林生态格局。2017年初，北京市启动新一轮百万亩造林绿化工程，工程5年造林绿化面积100.8万亩，2022年6月底前全面完工。全市平原地区森林覆盖率达到31%，平原地区有万亩以上绿色空间30处、千亩以上绿色空间260处，在短时间内补齐了生态资源总量短板。[①]

2016年6月，国土资源部下发《土地利用总体规划纲要（2006—2020年）调整方案》，北京市2020年耕地保有量目标由21.47万公顷（322万亩）减为11.07万公顷（166万亩）。这一目标也被写进了《北京城市总体规划（2016年—2035年）》[②]。2019年国土三调[③]显示，全市耕地数量仅为140.32万亩，较土二调减少200.4万亩。这是北京耕地面积第二次断崖式下降，且突破了红线。与此同时，北京形成了城市青山环抱、周边森林环绕的生态格局，五大风沙危害区实现了彻底治理。这是由迅速补齐生态功能短板的时代主旋律决定的。

5. 耕地保护国之大者党政同责的时代

2020年12月，中央农村工作会议首次提出"采取'长牙齿'的硬措施，落实最严格的耕地保护制度"。此后，中央多次强调"耕地保护党政同责"。此前，法律法规和相关文件均只强调耕地保护是政府责任。2021年4月，习近平总书记在广西考察时强调，要严格实行粮食安全党政同责，压实各级党委和政府保护耕地的责任，稳步提高粮食综合生产能力。2021年4月30日，中央政治局会议听取第三次全国国土调查主要情况汇报时强调，要压实地方各级党委和政府责任，实行党政同责，从严查处各类违法违规占用耕地或改变耕地用途行为，遏制耕地"非农化"、严格管控"非粮化"，对在耕地保护方面有令不行、有禁不止、失职渎职的，要严肃追究责任。2022年中央一号文件再次明确指出要落实"长

---

① 《北京日报》：《新一轮百万亩造林工程本月完工》，2022年6月22日第1版。

② 第48条：2020年耕地保有量不低于166万亩。

③ 以2019年12月31日为标准时点。

牙齿"的耕地保护硬措施，明确提出"三条控制线"顺序，指出要按照耕地和永久基本农田、生态保护红线、城镇开发边界的顺序，统筹划定落实三条控制线，把耕地保有量和永久基本农田保护目标任务足额带位置逐级分解下达，由中央和地方签订耕地保护目标责任书，作为刚性指标实行严格考核、一票否决、终身追责。2022年3月全国两会期间，习近平总书记再次强调："要采取'长牙齿'的硬措施，全面压实各级地方党委和政府耕地保护责任，中央要和各地签订耕地保护'军令状'，严格考核、终身追责，确保18亿亩耕地实至名归。"①措施之严、措辞之严、追责之严均前所未有，体现了耕地保护是"国之大者"的理念。

北京市认真贯彻习近平总书记关于耕地保护的系列重要指示批示精神，认真落实党中央、国务院有关要求，结合全市耕地保护形势和农业生产实际，全面加强了耕地保护工作。2021年6月，市规划和自然资源委员会、市财政局和市农业农村局联合印发《北京市耕地保护补偿资金管理暂行办法》（京规自发〔2021〕216号），提出市级财政在年度预算中安排专门用于耕地保护补偿的资金，促进具备恢复条件的土地腾退复耕。2021年8月9日，市委农村工作领导小组正式下发《北京市关于全面推行"田长制"的实施意见》（京农组发〔2021〕1号），在全市范围全面推行"田长制"。这是全国第一个层层压实省（市）、区、乡镇、村耕地保护党政同责的创新举措，也是农业农村部门和规划自然资源部门共同保护管理农田的重大制度探索。

随着田长制的实施和复耕复垦任务的推进，全市现状耕地已从140.32万亩回升到167.14万亩，实现了历史性的逆转，遏制了耕地面积大幅减少的趋势。这是由从"国之大者"战略高度深刻认识耕地保护和粮食安全的极端重要性的主旋律所决定的。

（二）新时代北京耕地保护面临的新形势

当前，中央反复强调要从"国之大者"战略高度深刻认识耕地保护和粮食安全的极端重要性。切实担负耕地保护政治责任，是践行"两个确立"、做到"两个维护"的实际行动，这是最根本的新发展语境。具体到北京，耕地保护还面临着以下三大机遇和三大挑战：

机遇之一——"藏粮于地"为耕地保护提供了新的战略方向

水资源约束强、比较效益低，是阻碍北京耕地利用和保护的极大障碍。2022年市农业农村局《关于印发2022年各涉农区粮食大豆和蔬菜生产目标的通知》下达了粮食大豆播种面积100万亩、蔬菜播种面积75万亩，产量180万吨的约束性指标。从当前的资源条件和技术条件看，"保产量"难度不大，那么北京耕地保护就要腾出手来从"保产量"转向"保产能"，从"用地"转向"养地"，以此形成投入—产出的新平衡，以"养好地"回应中央"藏粮于地"的战略要求。

机遇之二——"减量发展"为耕地数量回升创造了新的条件

国土空间规划在耕地保护中居于引领地位，国土空间规划指导思想的转化，深刻地影响着耕地保护政策的实际执行。2018年，北京在全国率先提出"减量发展"，当年实现了

---

① 习近平同志参加全国政协十三届五次会议农业界、社会福利和社会保障界委员联组会的讲话，2022年3月6日。

现状城乡建设用地净减量 34.55 平方公里。到 2022 年党的二十大召开前夕，全市城乡建设用地减量 110 平方公里，表明在国土空间规划上彻底告别了"摊大饼"的发展模式。减量发展的同时实施"疏解整治促提升"专项行动，拆除违法建设约 1.69 万公顷，并结合规划实施复耕。"减量发展"的理论与实践，历史性地颠覆了国土空间规划中城市发展与耕地保护之间必然对立的关系，为全市耕地面积止跌回升，逐步实现新总规提出的 200 万亩耕地保护空间的目标创造了新条件，提供了根本保障。

机遇之三——"绿色北京"战略为耕地保护开辟了新的战场

作为大国首都，打造"四个中心"，绿色必然是北京发展的底色，北京农业概莫能外。《北京城市总体规划（2016 年—2035 年）》提出，"调整农业结构，更加注重农业生态功能"①，"调整农业产业结构，发挥最大的生态价值"②、"强化耕地生态功能"③，可见，耕地空间必然要在固碳减碳、营造绿色空间中发挥巨大作用。因此，北京耕地保护工作抓的主要矛盾，必然将从城市扩张和扼制耕地数量减少之间的矛盾，转化为绿色发展和耕地质量不高、土壤固碳能力不足之间的矛盾。今后的工作中，要从绿色发展找短板，从生态安全升地位，通过耕地数量、质量、生态"三位一体"保护，把北京的耕地空间变成城市绿色空间的重要组成部分，变成生物多样性的重要载体，变成国际一流和谐宜居之都的有机组成部分，变成开启首都生态安全、绿色发展新格局的新战场。

挑战之一——"疏整促"行动为耕地保护带来了新的碰撞

2017 年开始，为有效治理"大城市病"，大力改善人居环境，全面提升城市品质，不断增强发展活力，促进人口均衡发展，加快建设国际一流的和谐宜居之都，北京市立足首都四个中心建设，以首都发展为统领，坚持新发展理念，构建新发展格局，坚定不移疏解非首都功能，在全市范围内组织开展"疏解整治促提升"专项行动。

2021 年北京市人民政府又出台了《关于印发〈关于"十四五"时期深化推进"疏解整治促提升"专项行动的实施意见〉的通知》，通知中重点任务有一般性产业疏解提质，包括一般制造业、区域性批发市场、区域性物流中心、传统商业服务等。实施意见中对一般性产业的疏解，也将疏解一般性产业的就业人口，进而带来对商业服务人员和产业工人的人员数量减少，进而导致对普通农产品的需求会降低，会彰显对绿色、高品质农产品的需求，对耕地的农产品产出有了更迫切的需求，对农业产业的选择和耕地的种植发展方向也提供了参考。而农民因为服务业需求的增加，会进一步加剧农村劳动人口向城市流动，从而引发无适龄人口种地的现状和困局，老年人口耕种土地很难提供科技农产品、高品质农产品，农产品需求和供给的矛盾会进一步突出。

挑战之二——"国际消费中心城市"树立了新的风向

党的十九届五中全会提出要建设国际消费中心城市，2021 年商务部批准北京为首批进行国际消费中心城市培育建设的五个城市之一，北京聚焦"国际"，广泛聚集全球优质

① 第 37 条 2. 严格控制城市开发边界，增加绿色空间，改善环境品质。
② 第 49 条 2. 建设森林城市。
③ 第 48 条 2. 划定永久基本农田保护红线。

市场主体和优质商品、服务，加快培育本土品牌，努力构建融合全球消费资源的集聚地。紧扣"消费"，高标准推进商圈建设，引领消费潮流风尚，加强市场监管服务，全力打造消费升级新高地。突出"中心"，不断强化集聚辐射和引领带动作用，形成全球消费者集聚和区域联动发展中心。北京作为国际消费中心城市，达到了双80%，即服务业占北京市GDP的80%，现代服务业增加值、税收贡献、吸纳从业人员占服务业的比重均在八成左右。而现代服务业中包括金融、科技、信息、文化创意、商务服务等服务业。现代服务业的迅速发展，带来了现代服务产业的升级，给农业产业带来了新思想、新机遇和新发展空间，所以对耕地产出和耕地功能也有了新要求，同样也对耕地保护工作提出了新方向。

挑战之三——"京津冀协同发展"迎来的新的协作

2014年2月26日，习近平总书记在京主持召开座谈会时指出，"京津冀协同发展意义重大，对这个问题的认识要上升到国家战略层面。"同时强调实现京津冀协同发展，是一个重大国家战略，要坚持优势互补、互利共赢、扎实推进，加快走出一条科学持续的协同发展路子来。2015年通过的《京津冀协同发展规划纲要》中指出，北京市的定位为全国政治中心、文化中心、国际交往中心、科技创新中心；天津市的定位为全国先进制造研发基地、北方国际航运核心区、金融创新运营示范区、改革开放先行区；河北省的定位是全国现代商贸物流重要基地、产业转型升级试验区、新型城镇化与城乡统筹示范区、京津冀生态环境支撑区。2016年，农业部、发展改革委、工业和信息化部、财政部、交通运输部、商务部、人民银行、银监会八部门近日联合印发《京津冀现代农业协同发展规划（2016—2020年）》，规划中指出完善流通体系，推进市场协同。构建集散结合、冷链物流、产销对接、信息畅通、追溯管理的现代农产品市场流通网络。加快构建环京津1小时鲜活农产品物流圈。在产业发展布局上，京津和河北省环京津的27个省市，以发展都市现代农业为主攻方向，突出服务、生态、优质、科技、增收、传承六大功能，着力推进五项重点任务：即以"调粮增菜、扩果控畜"为重点，优化农业产业结构，强化京津"菜篮子"产品供给保障能力；大力发展生态循环农业，着力打造环京津生态保育圈；积极发展主食加工业和农产品物流业，建设布局合理、快速便捷的加工物流网络；以种业、信息化为重点，打造农业科技创新高地；稳步发展休闲农业、传承农耕文明，满足居民健康生活需求。着力打造服务城市、宜居生态、优质高效、科技创新、富裕农民、传承农耕文明的农业，实现农业田园景观化、产业园区化、功能多元化、发展绿色化、环境生态化，发挥率先突破、引领带动作用。为北京市农业发展进一步指明了方向，大力发展生态农业、科技农业、休闲农业、农耕体验农业等，耕地要进一步实现生产、生活和生态相结合。

（三）北京市耕地保护政策体系现状

1. 耕地数量质量生态"三位一体"保护体系基本形成

北京市通过建立健全耕地占补平衡制度、土地整理制度、基本农田保护制度、耕地地力保护制度、耕地生态补偿制度、耕地保护责任制度等多种耕地保护制度，已基本形成数量质量生态"三位一体"耕地保护政策体系。

一是耕地数量保护。早在2002年，市政府办公厅就下发了《关于加强和改进本市耕地占补平衡工作意见的通知》(京政办发〔2002〕12号)。近年来,通过国土空间规划,北京市明确了耕地保护红线。《北京城市总体规划(2016年—2035年)》划定9个基本农田集中分布区,提出2020年耕地保有量不低于166万亩、基本农田保护面积150万亩的约束性目标。2020年4月,市委、市政府出台《关于建立国土空间规划体系并监督实施的实施意见》,提出落实空间保障,统筹划定生态保护红线、永久基本农田、城镇开发边界三条控制线,维护和保障首都生态安全。2022年2月发布的《北京市国土空间近期规划(2021年—2025年)》明确规定,严守耕地规模底线,积极推进复耕复垦工作,优先腾退、重点修复永久基本农田及其储备区,优先修复被园地等其他功能占用的耕地、未利用地中其它草地、裸土地有复垦条件的用地,优先复垦为耕地,保障耕地规模。该规划还提出要统筹开展200万亩耕地保护空间调整优化、千亩级和万亩级永久基本农田集中连片区划定工作,推进耕地集中连片布局。

二是耕地质量保护。市政府印发《2020年国家自然资源督察发现问题整改工作方案》,各区县依据各地现实状况,整改自然资源督查问题,建立各具特色的农田利用模式,在确保耕地资源可持续利用的基础之上,不断争取社会效益、经济效益、生态效益等总体利益的最大化。同时,北京大力抓土壤污染防治,2016年12月,市政府印发《北京市土壤污染防治工作方案》,健全土壤环境质量监测网络,根据土壤环境调查结果分类管理农用地。清洁、尚清洁耕地划为永久基本农田,严格保护,确保土壤环境质量不下降;轻度、中度污染耕地,采取农艺调控、替代种植等措施安全利用,降低农产品超标风险;重度污染耕地严格管控,采取种植结构调整措施,禁止种植食用农产品。同时,有序推进土壤污染治理修复,制定土壤污染治理修复规划,明确土壤污染治理修复责任主体,落实土壤污染治理修复终身责任制,并按照国家有关责任追究办法实施责任追究。《北京城市总体规划(2016年—2035年)》明确规定,到2035年农用地和建设用地土壤环境安全得到全面保障,土壤环境风险得到全面管控,受污染耕地及污染地块安全利用率均达到95%以上。[①]

三是耕地生态保护。2018年6月,市政府办公厅印发《关于健全生态保护补偿机制的实施意见》(京政办发〔2018〕16号),研究建立耕地保护生态补偿制度,推进以绿色生态为导向的农业补贴制度改革。北京市"田长制"工作方案中也明确提出要大力发展生态绿色有机农业,提升农田基础设施、高效节水、地力培肥、生态景观和维护保养等水平。各区现行的各类土地管理政策中也都强调要实施土壤生态环境保护,注重耕地土壤生态系统良性循环。《北京市国土空间近期规划(2021年—2025年)》明确提出要推进农田生态修复,建立生态高效的耕作制度,加强土壤培肥,增加土壤有机碳储量,提升农田土壤碳汇能力。2022年11月15日,市委办和市府办下发《北京市关于深化生态保护补偿制度改革的实施意见》(京办发〔2022〕32号),明确提出完善耕地生态保护补偿机制,实施耕地保护补偿制度,做好耕地轮作休耕,严守耕地保护红线,提高耕地质量,持续实施以绿色生态为导向的农业生态治理补贴制度。《北京市国土空间生态修复规划(2021—2035

---

① 第84条加强风险防控,保障土壤环境安全。

年)》对统筹农业空间生态修复作出了专章论述。《北京市生态安全格局专项规划（2021—2035年)》提出要多措并举，增加农田土壤碳汇。

2. 北京版耕地地力保护的国补、市补、区补同频共振

北京市为保护和提升耕地地力，提高农业综合生产能力，建立了以绿色生态为导向的耕地地力保护补贴机制。

表1　三级耕地地力保护补贴标准情况

补贴发放地区	补贴标准
中央	均约95元/亩
北京市	300元/亩
朝阳区	300元/亩
海淀区	300元/亩
丰台区	300元/亩
门头沟区	300元/亩
房山区	300元/亩
通州区	300元/亩
顺义区	300元/亩
昌平区	300元/亩
大兴区	300元/亩
怀柔区	400元/亩
平谷区	300元/亩
密云区	300元/亩
延庆区	300元/亩

数据来源：根据补贴政策文件整理所得。

北京市每年印发《北京市耕地地力保护补贴实施方案》，各区结合实际再细化实施，具体发放。北京市耕地地力补贴的对象为本市拥有耕地承包权的种地农民和国有农场种粮职工，补贴范围原则上为全市农业生产空间划定范围内的粮田和双河农场的部分粮田，主要补贴种植小麦、玉米、水稻、杂粮、杂豆等粮食作物以及种植具有提升耕地地力功能的生态作物和经济作物的地块。

目前，北京版耕地地力补贴国补、市补和区补三级补贴同频共振的格局基本形成（表1），补贴政策的指向性、精准性和实效性不断提高。从耕地地力保护补贴的标准来看，国家耕地地力保护补贴亩均95元；北京市耕地地力保护补贴300元/亩；各区在此基础上根据本区财力给予适当补贴。

3.村地区管、农地镇用的北京特点需要完善政策体系

因传统农业耕地种植的比较效益低，北京市农民对农业生产经营的热情和依赖程度较低，愿意和正在从事农业生产的劳动力较少，耕地大部分由镇级单位集中管护。同时，北京市针对基层涉地乱象和涉地腐败问题，印发《关于进一步加强农村集体土地管理加快建立健全"村地区管"机制的指导意见》（以下简称《意见》），建立健全"村地区管"机制，各区根据实际出台实施意见，围绕管好用好农村"五块地"，研究细化"村地区管"政策，制定农村集体土地管理利用和涉地合同管理的制度，强化区级管规划、管用途、管合同、管程序、管监督、管查处的权责。形成了"村地区管、农地镇用"的北京特色土地管理政策体系。"村地区管、农地镇用"的管理模式有助于形成齐抓共管的工作合力，能够有效提高农地生产效率，集中力量改善农地质量。但是，"村地区管、农地镇用"的管理模式存在农民主体地位被忽视，集中管护资金不足，跨区流转土地不畅等问题，需要进一步健全政府监督、激励补偿等配套制度，完善多部门支持多区县协调的机制，进一步处理好在土地集中管护中政府和市场的关系。

（四）北京市耕地保护政策价值取向

1.凝聚耕地保护力量，推动多元主体共治

耕地保护事关国家粮食安全、生态安全、社会安全。保护耕地是全体社会成员共同的责任。把耕地视为准公共物品已成为国际惯例，耕地保护不只是各级政府、相关部门以及村集体或个人的任务，而是全社会的共同责任。北京市政府在制定北京市耕地保护政策的过程中，逐渐重视耕地保护的公共属性，调动多方力量参与耕地保护。首先，为充分调动村集体及其村民参与到耕地保护的积极性，按照"谁保护、谁受益"的原则，建立耕地保护补偿资金发放动态调整机制，结合实际情况对耕地保护补助资金进行统筹，向承担耕地保护任务的乡镇（街道）、农村集体经济组织、农户或承包经营者发放耕地保护补偿资金。其次，北京市推动自然资源、农业农村、生态环境、水利、财政等部门以及公安、检察院、法院等司法机关分工合作，形成耕地保护的合力。此外，北京市力图拓展公众参与渠道，加强社会监督，将公众力量融入耕地保护，调动其参与的积极性和责任感，使公众成为耕地保护生力军。

2.细化耕地保护措施，形成多点发力格局

在耕地保护中，"严格保护"是原则、前提和底线；而"精细化"是方向，是耕地保护政策措施能够真正行之有效的保障。市政府针对耕地保护工作中新困难、新问题，实事求是、与时俱进地对待耕地保护，加强顶层设计，健全耕地保护制度体系，耕地保护实现了从单向管控到多点发力的转变的。一方面，北京市从耕地是一个生命共同体出发，按照其开发生成、保有维护、改造修复、利用转换、调整补充等全生命周期过程中不同节点的管理需要，构建系统性、综合性的管护体系，推出耕地占补平衡、耕地地力保护、农用地转用管理等一系列管护措施。另一方面，北京市不断强化耕地保护的政治责任、法律责任、经济责任和管理责任的意识，立足中国特色的价值伦理、制度体系、管理手段，逐步采取上下联动、部门协同的综合措施，落实党政同责，明确任务清单，延伸耕地保护责任

体系，加强耕地保护，推动耕地保护政策落实落细。

3.加大耕地保护激励，落实全面奖补体系

补贴是激励耕地保护主体保护耕地的重要政策手段。北京市府重视发挥好各级主体耕地保护的积极性，激发耕地最直接的使用者、管护者、受益者保护耕地的内生动力。首先，北京市不断根据经济发展水平采取措施加大惠农政策，降低种粮成本，动态调整种粮补贴、地力补贴等激励。其次，北京市优化耕地保护资金管理办法，统筹土地出让收入等资金支持耕地保护，提高土地征用过程中新增费和耕地开垦费的征收标准严格控制征占耕地的规模和速度，落实补充耕地资金。最后，北京市逐步将耕地保护的职责落实情况作为党政领导干部综合考核评价的重要参考，纳入领导干部自然资源离任审计，耕地保护成效突出的村集体经济组织、农户、各级田长等给予通报表扬和奖励。北京市将持续在建立更科学的耕地保护补偿激励标准，制定更完善耕地保护补偿办法等方面发力。

三、北京市"田长制"实施进展评价

从2021年8月市委农村工作领导小组正式发文实施"田长制"以来，从顶层设计制度安排到机构人员配置再到具体职能统筹都呈现出向好发展的基本态势。课题组就"田长制"及耕地保护工作实施情况对包括海淀、朝阳等在内的6个区开展了调研，共收集了包括镇级、村级以及经营主体参与填写的313份有效问卷。

（一）"田长制"实施的基本态势

通过对调研数据的分析，发现当前北京市"田长制"在顶层设计安排、机构设置、主要职能统筹等方面取得一定成效，呈现向好发展的基本态势。

1.顶层设计及配套制度逐步完善，支撑逐级落实落地

在《意见》的指导下，北京市各涉农区陆续出台实施方案，明确了各区"田长制"实施的基本原则、工作目标、主要任务、工作形式和组织分工等内容，逐步完善了顶层制度设计安排，并建立起了市、区、乡镇、村四级"田长制"责任体系，贯彻分级保护、逐级负责理念，相关配套制度也得到了有效落实。

顶层设计及配套制度逐渐完善。根据课题组调研情况分析，展开调研的6个区均出台了区级实施方案，设立了区总田长、副总田长和区级田长，明确了责任区域。各乡镇工作方案中明确了镇、村级田长制的组织形式、工作机制及工作职责，按照各自职责和任务分工，做好"田长制"实施工作。此外，"田长制"相关配套制度，如巡查检查制度、监督考核制度等基本完善落实。根据调研数据分析，在调研的28个镇中，知晓并落实巡查检查（每月至少开展1次巡查）、监督考核（镇"田长制"办公室对各村"田长制"执行情况、田长履职情况等进行督导检查）、信息报送机制（镇级"田长制"办公室汇总各村"田长制"落实情况后上报区级田长制办公室）的共有26个，占比为92.8%；知晓并履行落实巡查检查制度的村有81个，占调研总数的93.1%，将《意见》中田长的职责落实落地。

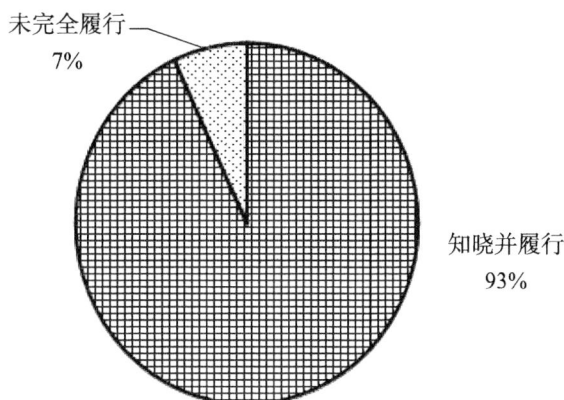

图 3 知晓并履行组织形式、工作机制及主要职责的村庄占比

四级"田长制"责任体系基本建立，责任分级、逐级落实落地。乡镇级设立田长、副田长，分别由乡镇党委、政府主要领导和有关领导担任，以行政村为单元，明确责任区域。据镇级有效问卷数据分析，28 个乡镇均设置了田长，其中有 23 个镇级田长由副镇长担任，其余乡镇田长由党委书记或副书记担任；共有行政村 748 个，设置村级田长的村有 708 个，占调研总数的 94.65%。村级设田长，由村级党组织书记担任。在村级党组织书记统筹下，本村（社区）范围内设置村田管员，由村级"两委"委员、村（居）民、农业企业负责人等担任。87 个调研村有 82 个村均设置了田管员，占总数的 94.25%，且拥有 3 人及以上的占 30%。

表 2 调研乡镇设立村级田长个数（个）及占比

调研地区	昌平区	延庆区	通州区	海淀区	朝阳区	大兴区	总数
共有行政村[①]	106	119	236	26	78	183	748
设立村级田长的村	106	119	231	20	50	182	708
占比	100%	100%	97.9%	77%	64.1%	99.5%	94.7%

数据来源：根据课题组调查问卷数据计算所得。

2."田长制"五大职能统筹建设，补短板锻长板并举

从北京市全面推行"田长制"情况来看，紧紧围绕农田调整优化、保护、建设、利用和管理等关键环节，加强统筹协调，突出工作重点，完善长效管理机制，扎实推动了"田长制"各项工作落实落地，切实守护好农业发展空间。课题组调研发现，各级田长积极履行五大职能（如表 3），将关键环节的实施与各地实际情况有效结合，实现了补短板和锻长板有机统一。

---

① 此次调研地区涉及昌平区南邵镇、流村镇、南口镇、兴寿镇、百善镇；延庆区永宁镇、沈家营镇、香营镇、旧县镇、千家店镇；通州区于家务镇、西集镇、张家湾镇、永乐店镇、漷县镇；海淀区温泉镇、苏家坨镇；朝阳区崔各庄镇、王四营乡、东坝镇、十八里店镇、金盏镇、黑庄户镇、豆各庄镇；大兴区采育镇、安定镇、庞各庄镇、长子营镇。

一是各镇、村基本明晰农田范围、优化农田布局。经座谈访谈了解到，海淀区、朝阳区、大兴区、通州区、昌平区、延庆区均进一步进行永久基本农田保护区布局调整优化，开展永久基本农田质量调查评估，建立永久基本农田保护共同责任机制，完善各项保护制度，实现永久基本农田保护管理信息化、网络化、常态化。关于农田优化这一职责，28个乡镇中有26个完成了履责，占比92.86%，87个调研村中有75个村庄履行了这一职责，占比86.2%。

表3　调研各区镇、村级田长工作职责履责情况

区域／工作职责		农田优化	农田保护	农田建设	农田利用	监督管理
昌平区	镇级	100.00%	100.00%	100.00%	100.00%	100.00%
	村级	86.67%	93.75%	93.33%	96.67%	100.00%
延庆区	镇级	100.00%	93.33%	85.71%	100.00%	100.00%
	村级	90.00%	95.24%	85.71%	100.00%	100.00%
通州区	镇级	80.00%	80.00%	80.00%	80.00%	80.00%
	村级	76.47%	82.00%	88.24%	94.44%	88.89%
海淀区	镇级	100.00%	83.33%	100.00%	100.00%	100.00%
	村级	88.89%	87.50%	87.50%	87.50%	87.50%
朝阳区	镇级	100.00%	100.00%	100.00%	100.00%	100.00%
	村级	100.00%	100.00%	100.00%	100.00%	100.00%
大兴区	镇级	75.00%	75.00%	75.00%	75.00%	75.00%
	村级	100.00%	100.00%	100.00%	100.00%	100.00%
平均	镇级	92.50%	88.61%	90.12%	92.50%	92.50%
	村级	90.34%	93.08%	92.46%	96.44%	96.06%

数据来源：根据课题组调查问卷数据计算所得。

二是用途严格管制，农田得到有效保护。25个乡镇设立并维护所辖片区内"田长制"公示牌和保护标志，所有乡镇都履行了村级农田管护，并严格耕地用途管制。就设立并维护所辖片区内"田长制"公示牌和保护标志、强化村级农田管、防止耕地用途转变这三项农田保护职责而言，从调研数据来看，昌平区乡镇田长履行完成率为100%，村级田长完成率为93.75%；延庆区镇级田长完成率为93.33%，村级为95.24%；通州这一比率为镇级80.00%，村级82.00%；海淀区镇级田长完成83.33%，村级为87.50%；朝阳区镇、村级完成率均为100.00%；大兴区镇级田长履责占比75.00%，村级田长则全部履行这一职责（具体情况见表3）。当被问及"'十三五'以来，您认为本镇耕地数量变化情况如何？"时，大多数镇级及村级田长均认为耕地数量基本没有发生变化，且呈现少量增加的情况。

表 4　镇村级田长对耕地数量变化认知情况

	问题	赋值	数量	占比
镇级	"十三五"以来，您认为本镇耕地数量变化情况如何？	增加 =A	18	62.3%
		基本稳定 =B	9	32.1%
		减少 =C	1	5.6%
		不清楚 =D	0	0
村级	"十三五"以来，您认为本村耕地数量变化情况如何？	增加 =A	32	36.78%
		基本稳定 =B	53	60.92%
		减少 =C	2	2.3%
		不清楚 =D	0	0

数据来源：根据课题组调查问卷数据计算所得。

由此可见，在耕地保护政策及"田长制"实施背景下，北京市各区耕地数量基本稳定且明显改善，一定程度上弥补了北京市耕地数量少的短板，为发展都市型农业奠定了良好基础。

三是高标准农田建设和规划大力推进，提升了农田生产能力和管护水平。从调研情况来看，各区总体能根据实际情况推进农田高标准建设，能按照《意见》做好农田的维护保养，提高永久基本农田生产能力和生产水平。当被问到"'十三五'以来，您认为本镇耕地质量变化情况如何？"时，在 28 份镇级有效问卷中，3 份显示"基本没变"，1 份显示"稍微变差"，其余均选择"变好"，其中有 5 份为"稍微变好"，选择基本没变及变好的占比 96.48%。对于同一个问题，在村级田长问卷中，有 52 份问卷显示"变好"，占比 59.77%，其余都为"基本没变"。

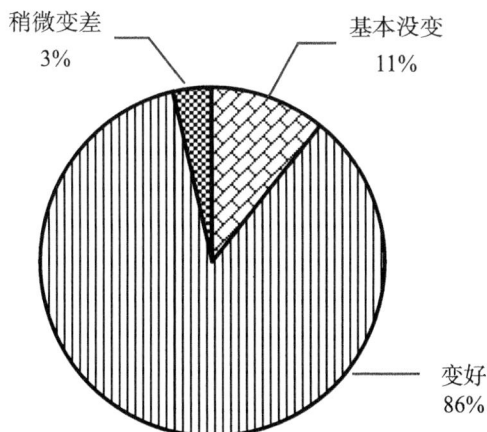

图 4　镇级田长对"十三五"以来耕地质量变化的认识情况

这说明各镇都基本能做到维护农田质量不变差，通过高标准农田建设达到弥补北京市耕地面积小的基本情况，基本做到了弥补短板。

四是农田利用率有效提高，粮菜生产任务有效落实。调研各镇、村基本能做好防止耕地撂荒，加强粮食、蔬菜种植等任务，完成撂荒地摸底整治，基本实现能种尽种、应种尽种。撂荒地集中整治为完成粮菜种植任务打下了坚实基础，有效落实了北京市粮食蔬菜生产任务。

五是农田监督管理基本推进，有效整治农田污染，生态环境得到改善。田间地头废物废料和垃圾得到有力清理，巡查队加强了农田环境巡查力度，各地生态环境得到一定程度的改善。根据调研数据分析，受访的28个镇级田长均认为"十三五"以来，本镇耕地生态环境质量得到改善，受访的87个村级田长中，有22个受访者认为生态环境基本没变，1个认为变差，1个不清楚，其余受访者均认为"十三五"以来，耕地生态环境质量逐渐变好（如表5）。

表5　镇村级田长对耕地生态环境变化认知情况

	问题	赋值	数量	占比
镇级	"十三五"以来，您认为本镇耕地生态环境变化情况如何？	变好=A	28	100%
		基本没变=B	0	0
		变差=C	0	0
		不清楚=D	0	0
村级	"十三五"以来，您认为本村耕地生态环境变化情况如何？	变好=A	63	72.41%
		基本没变=B	22	25.29%
		变差=C	1	1.15%
		不清楚=D	1	1.15%

数据来源：根据课题组调查问卷数据计算所得。

总之，根据调研情况来看，北京市实施"田长制"以来，各级田长均能兼顾实施五大职能，从农田优化、保护、建设、利用及监督管理各关键环节入手，保护耕地质量和数量，维护改善耕地生态环境，并因地制宜推进高标准农田建设，一定程度上弥补了北京市耕地数量短板，又发挥了北京市发展都市型农业的优势，将补短板和锻长板有机结合，进一步落实耕地保护和永久基本农田保护制度，保障粮食安全，为北京率先实现农业农村现代化提供有力保障。

3.临时机构设置与人员配备到位，事有人干基本达成

按照《意见》要求，北京市全面建立市、区、乡镇、村四级"田长制"责任体系，层层压实责任，形成一级抓一级、层层抓落实的工作格局，有力落实巡田任务。同时市、区、乡镇设置临时机构"田长制"办公室，田长制办公室根据工作职责，建立"田长制"组织体系和工作机制，紧紧围绕农田调整优化、保护、建设、利用和管理等关键环节，加强统筹协调，突出工作重点，建立工作台账，推动"田长制"工作取得实实在在成效，工作机制及相关配套设施基本完善。

从机构设置看，北京市加快建立"田长制"工作运行机制，设置市、区、乡镇"田长制"办公室。市、区"田长制"办公室设在同级农业农村部门，同级规划自然资源、农业

农村部门主要领导共同担任办公室主任。配套建立田长制调度、巡查、考核、信息报送等相关制度，进一步健全保护监督考核和责任追究制度，保障各项工作顺利推进。根据课题组在北京市的调研结果显示，被访的 28 个镇，其中"设立'田长制'办公室、村级田长、田管员等"的占比为 92.9%，被访的 87 个村中有 97.7% 完成"落实村级农田管护队伍"。这些充分说明，"田长制"临时机构设置健全，组织体系建立。

从人员配备上看，按照文件规定，根据北京市实际，分级设立总田长和田长，全市设立市、区两级总田长和市、区、乡镇、村四级田长及巡田员，但均未兼职。通过网格化管理进一步明确各级主体责任和工作内容，充分发挥田长和巡田员的作用。课题组对北京市海淀区、朝阳区、大兴区、通州区和昌平区一些乡镇进行访问调查，针对乡镇田长关于"设置村级田长的村在本镇行政村占比"问题进行统计，共收集有效问卷 28 份，昌平区、延庆区、通州区、海淀区、朝阳区、大兴区占比分别为 100%、100%、96.5%、76.9%、71.7%、99.5%；有 67.9% 的镇级"田长制"办公室成员超过 3 人；针对村级田长关于"您村田管员共有几人"问题进行调查，收集到的 87 份有效问卷中，其中有 18.4% 的村巡田员超过 3 人。由此可见，各地区"田长制"相关工作人员配备充足，为"田长制"工作的顺利实施提供人才保证。

表 6　调研区"田长制"机构设置和人员配备情况

情况 / 调研区	昌平区	延庆区	通州区	海淀区	朝阳区	大兴区
设置村级田长的村（个）	106	119	208	20	50	140
设立村田管员（人）	38	35	35	33	21	31
镇"田长制"办公室成员数（人）	24	20	20	7	38	40

数据来源：根据课题组调查问卷数据整理所得。

通过设立临时机构和配备兼职人员，基本实现了事有人干。各级田长义务兼任起"田长制"的相关职责。市、区、乡镇和村级田长按照北京市总体要求均由各级主要领导担任，各级办公室成员是由同级各部门分管领导组成，各村田管员也是在自己的本职工作之外兼做了耕地保护的工作。课题组就北京市"田长制"及耕地保护工作实施情况对包括海淀、朝阳等在内的 6 个区开展调研后发现，这些区统筹利用护林员、管水员、网格管理员等，通过"一员二管""一员三管"等方式，探索建立农田管护队伍。田管员处于耕地保护的第一线，积极开展巡田活动，对及时发现耕地保护过程中的问题，有着重要的作用。由此来看，北京市"田长制"实施后，耕地保护相关职责基本实现落实到人，"田长制"工作体系基本形成。

4. 常规巡田成为各级田长主要行为，物质激励呼声较高

市、区、乡镇、村四级田长巡田工作落实到位。常规巡田坚持动态巡查，采取人员地面查、摄像头空中巡的形式，横向到边、纵向到顶，对各区耕地和永久基本农田现状、粮食种植情况等进行检查核对，及时发现和制止违法行为，确保各区永久基本农田数量不减少，质量不降低，强化落实耕地和永久基本农田保护工作。按照文件要求，镇级田长每月

至少开展一次巡查，村级田长每周至少开展一次巡田。根据课题组在北京市的调研结果显示，被访的 28 个镇，其中有 78.9% 的被访者"开展耕地保护巡查的大致频率"为每月一次，甚至 10.7% 的被访者进行巡查频率为每周一次；被访的 87 个村，其中有 92.0% 的被访者"开展耕地保护巡查的大致频率"为每周一次。此外，通过座谈访谈了解到，昌平区建立昌平区农业管理地理信息系统，通州区探索建立农田数字化网格化管理系统等，在技术支持上，用数字科技手段巡田，为田长们装上"千里眼、顺风耳"，对农田全天候监控。通过高频次的巡查检查，能够及时发现问题、反映问题和解决问题，有力促进了各区农田建设项目的高质量发展，不断健全和完善耕地和永久基本农田动态巡查网络体系。

相对于巡田工作来说，设置"田长制"公示牌和推进高标准农田建设滞后。《意见》明确了各级田长及"田长制"办公室工作职责，提出了严格规划管控、坚决遏制耕地"非农化"、严格管控耕地"非粮化"、实施高标准农田建设、推进耕地质量提升等主要任务。根据课题组在对北京市海淀等 6 个区进行调研的结果显示，被访的 28 个镇中有 78.57% 镇设立并维护所辖片区内"田长制"公示牌和保护标志，推进高标准农田建设的占比为 89.29%（表 7）。课题组对村级田长关于"您是否履行下列田长的工作职责？"这一问题进行调查，收集到 87 份有效问卷，其中巡查检查、及时发现违法违规占用耕地行为的履责情况占比最高为 94.26%。其次在受访者中，落实促进农田管护队伍和防止耕地撂荒的履责行为占比为 93.10%，维护辖区内"田长制"公示牌和保护标志的履行情况最低为 85.06%，总体来看村级田长工作的履行情况在 85% 以上（表 8）。

表 7 镇级田长履责情况

选项	占比
设立"田长制"办公室、村级田长、田管员等	92.86%
每月至少开展 1 次巡查	92.86%
镇"田长制"办公室对各村"田长制"执行情况、田长履职情况等进行督导检查	92.86%
镇级"田长制"办公室汇总各村"田长制"落实情况后上报区级"田长制"办公室	92.86%
明晰农田范围、优化农田布局	92.86%
设立并维护所辖片区内"田长制"公示牌和保护标志	78.57%
强化村级农田管护	92.86%
防止耕地用途转变	92.86%
推进高标准农田建设	89.29%
防止耕地撂荒	92.86%
加强粮食、蔬菜等种植	92.86%
加大耕地保护执法力度	92.86%
加强农田污染预防和环境保护	92.86%

数据来源：根据课题组调查问卷数据计算所得。

表8 村级田长履责情况

选项	占比
落实村级农田管护队伍	93.10%
每周至少开展1次巡查	91.95%
明晰农田范围、优化农田布局	86.21%
巡查检查、及时发现违法违规占用耕地行为	94.25%
维护辖区内"田长制"公示牌和保护标志	85.06%
防止耕地用途转变	90.80%
推进高标准农田建设	87.36%
防止耕地撂荒	93.10%
督促加强粮食、蔬菜等种植情况	91.95%
加强农田污染预防和环境保护	91.95%

数据来源：根据课题组调查问卷数据计算所得。

5. 田长责权利统一探索全面铺开，耕地保护前景可期

粮食安全是国家安全的重要基础，事关国运民生，事关中国14亿多人口能否端稳饭碗。确保粮食安全，耕地是关键；确保农田实至名归，更是保障国家粮食安全的迫切任务。当前，北京市"田长制"实行党政同责、清单管理、分级保护、逐级负责、严格问责，各级田长对责任区内耕地和永久基本农田的监督管理与保护利用工作负责，通过层层压实，全面建立了责任体系；相通互促，基本形成"田长制"工作格局；平稳推进，有力落实了"田长制"重点任务。当然，在各级田长积极履责的同时，从实际工作出发，探源当前耕地保护监管面临的困境与障碍，就"如何保护好耕地"提出相关意见和建议，深入探索更有效的管理模式，为加强耕地保护，守护耕地红线提供决策参考。

课题组就北京市"田长制"及耕地保护工作实施情况对包括海淀、朝阳等在内的6个区开展调研，其中，被问到"关于本镇如何保护好耕地的意见和建议"时，被访的28个镇及87个村作出了回答（见表9和表10）。根据调查结果明确了"田长制"工作重点及难点，扎实推进"田长制"工作开展。一是要在"点"上抓创新。各区结合实际、因地制宜，提出要加强"田长制"政策宣传，其中有11.9%的被访者提出要提供"政策支持"。二是要在"面"上抓统筹。加强上下级联动，和有关部门互动，控制农业面源污染，形成系统集成效应。其中，14.3%的被访者提出要"增加有机肥使用"，强化农田环境保护；11.9%的被访者提出加强"队伍建设"，建立健全监管、执法队伍。三是要在"根"上抓关键。抓住各级田长、田管员这些关键人，深入探索更公平的管理模式，运用好奖惩手段，充分调动各级田长的工作积极性。其中，11.9%的被访者提出"定期巡查"，增加巡查次数；23.8%的被访者提出要"加大资金补贴力度"，不仅要给予田管员补贴，还要保护现有耕地补贴，提高农民收入，保护的积极性。此外，还有少数被访者建议多为农民

"开展技术培训""提升耕地资源价值""建立耕地保护绩效评价机制""农业部门农田保护职责与土地执法部门工作职责分开",等等。这些充分说明,在"田长制"工作开展过程中,各级田长及田管员在履职尽责的同时积极主动作为,坚持责权利统一,从政策、资金、队伍、环境保护等方面提出意见和建议,推进"田长制"工作走深走实,推动耕地保护向好发展。

表 9　调研区关于本镇如何保护好耕地的意见和建议

意见 / 调研区	昌平区	延庆区	通州区	海淀区	大兴区
1	政策支持	增加防控资金投入	农业部门农田保护职责与土地执法部门工作职责分开	调动农民积极性	加大补贴力度
2	资金投入	控制农药使用量	保护现有耕地补贴	建立耕地保护绩效评价机制	—
3	队伍建设	建立健全监管队伍	—	提升耕地资源价值	—
4	专人负责	—	—	—	—
5	对接农业服务企业	—	—	—	—
6	提高农民收入、积极性	—	—	—	—

表 10　调研区关于本村如何保护好耕地的意见和建议

意见 / 调研区	昌平区	延庆区	通州区	海淀区	朝阳区	大兴区
1	加强巡查与监督,完善管理机制	加大巡查力度和部门联动	加强执法力度	建立巡查制度	按照"田长制"管理好耕地	定期巡查
2	政策宣传	合理政策,法律法规,奖惩分明	增加耕地保护方面资金支持	建立耕地保护绩效评价机制	科学使用有机肥	强化农田生态建设和环境保护
3	加大农户补贴	对基本农田水利设施,田间道路进行改造	杜绝违法建设占用耕地和种植树木占用耕地行为	提升耕地资源价值	加强上下级联动,和有关部门互动	多为农民开展技术培训
4	增加有机肥使用	加大种植补贴力度	增加有机肥的投入使用	严防耕地污染	增加巡查次数	—
5	建议多出台相应的福利政策	给予田管员补贴	进行技术培训指导	—	加大宣传力度	—

（二）"田长制"及其实施过程中凸显的困境及成因

自实施"田长制"以来，北京市耕地保护工作取得了诸多成效，有利于落实好耕地保护和永久基本农田保护制度，保障粮食安全，为北京率先实现农业农村现代化提供有力保障。但是，在此过程中也存在一些问题，具体表现在以下几个方面。

1.制度共识尚未达成，政策执行上热中温下冷特征明显

为了切实落实最严格的耕地和永久基本农田保护制度，确保首都粮食安全和农产品的稳定有效供给，北京市于2021年3月出台《北京市关于全面推行"田长制"的实施意见》（以下简称《意见》），就基本原则、工作目标、主要任务、工作形式和组织分工等内容作了明确规划。随后，各区、各乡镇也按照北京市总体要求制订了具体的工作方案，但政策执行落实上效果并不明显。

具体而言，"田长制"工作需要各级田长、村内巡田员以及农民多方参与，而目前并没有发挥好田长和巡田员"管理"的作用，也没有调动起农民"参与"的积极性。从巡田管理来看，现有制度下各级田长、巡田员均是兼职兼业，不具备专业水平，特别是村级田长和巡田员义务巡田难免会消极怠工。按照文件要求，村级田长每周开展一次巡田，实际上有少数田长并没有做到，有的每月才去一次，更有甚者一个季度才巡一次，无法及时发现问题、反映问题和解决问题。同时，基层工作本就烦琐复杂，农村耕地和永久基本农田也多分散不一，然而多数农村没有安排足够的人手巡田，加大了村级田长和巡田员巡田难度。根据课题组在北京市的调研结果显示，被访问的87个村，其中有89.7%的村巡田员仅不到4名，且有超过46%的村仅设置了1名巡田员，巡田人员巡田管田的难度极大，巡田效果可想而知。

从农民参与来看，农民耕种意愿不高，耕地保护的意识也不强，"田长制"在基层的推进工作受到限制。一方面，农业种植投入成本较大，种粮收益不高，再加上北京特殊的区位情况，农民不太愿意参与种植。另外，农村劳动力大量外出，留守农民无力种田，加之农田水利设施老化，损毁严重，农民无法种田，造成部分土地出现撂荒、闲置现象。另一方面，农民实际上并不了解"田长制"，也没有很强的保护意识，参与耕地保护的动力不足。课题组就北京市"田长制"及耕地保护工作实施情况对包括海淀、朝阳等在内的6个区开展调研，针对村级经营主体共收集到198份有效问卷。其中，被问到"是否听过'田长制'"时，接近13%的受访者表示没有听过，甚至有超过12%的受访者不知道村里的田长是谁。而对于"是否愿意参加耕地保护"这一问题，虽然大多数受访者是愿意参加的，但仍有12%的受访者持中立态度或不作表态，甚至有一些经营主体明确表示"不愿意"参与耕地保护。此外，有超过41%的受访者表示自己过去从未参与过耕地保护相关工作。这些充分说明，"田长制"工作尚未在农民群体中发挥好作用，在实施过程中影响力有限。

2.部门联动不够紧密，农业部门单兵作战缺乏联动合力

"田长制"工作需要农业农村部、规划自然资源部带头，各部门合力协助，但实际情况下各部门之间联系不够紧密，缺乏联动合力，导致工作流程复杂、效果不佳。

各部门之间职能分散、工作程序烦琐。按照《意见》要求,北京市"田长制"工作主要按照"市统筹、区主责、乡镇负责、村和承包种植主体落实"的体系,层层压实责任,形成一级抓一级、层层抓落实的工作格局。从市级、区级到乡镇和村级,各级分别设置"田长制"办公室,将各级相关单位的分管领导纳入办公室成员名单,并设立田长总负责,看似结构健全、工作严密,实际上不利于各部门之间的工作交流,容易形成各顾各的局面。目前,全市共设立市、区两级总田长和市、区、乡镇、村四级田长,整个流程下来对接一个村的田长就超过9人,层层反映、层层落实的程序十分烦琐。同时,市、区和乡镇还分别设置"田长制"办公室,其中,市、区"田长制"办公室由同级农业农村部门、规划自然资源部门主要领导个担任办公室主任,同级相关单位为成员单位,其分管领导为办公室成员,各乡镇"田长制"办公室也基本上延续了这种模式。这样一来,"田长制"工作实际上被分成了若干份,由不同部门分别负责相关内容,这就加大了工作的复杂程度,还可能存在工作脱节的问题。

各部门之间共享机制不够健全。目前关于"田长制"的工作虽由不少部门分别负责,看似形成了部门协力的良好局面,但部门之间缺乏有效联系,尚未形成完善的共享机制。以农业农村部和规划自然资源部为例,市、区"田长制"办公室主任由两个部门的主要领导共同担任,其中农业农村部主要负责农田建设管护和利用等工作,主管"非粮化"问题,而规划自然资源部则负责永久基本农田划定、耕地违法监督和补偿激励等工作,主管"非农化"问题,实际上构成了"双'田长制'",容易造成责任分散、监管弱化等问题。同样地,"田长制"办公室与其他部门的联动也不够紧密,未能有效地共享资源,如自然资源部的土地矢量数据未能与"田长制"办公室形成信息共享,卫星遥感技术也未能广泛应用到各村的巡田工作,不利于实时、有效地对土地资源利用进行动态监测,也无法及时掌握土地利用的变化。除此之外,河长、林长、田长"三长联动"机制尚未形成,相关人员工作量大且联动不足。此次"田长制"制度是在参照借鉴"河长制""林长制"的经验基础上推进的,相关工作方案和意见也相差不大,特别是河长、林长和田长的责任分工大致相同。如果继续将三者区分开来,意味着市、区、乡镇和村级主要领导分别兼任河长、林长和田长三个职务,对应成立的办公室也基本上是同一批人。因此,应整合各方力量,统一规划、统一领导、统一调度,探索形成河长、林长、河长"三长联动"的机制,推动村级"三长"一巡三查,编制全区"一张图",集中整治河道、林带和耕地突出问题。

3.人员配置兼职兼业,技术支撑数字化管理水平不足

按照文件规定,市、区、乡镇和村级田长均由其他部门主管领导担任,村级巡田员也是兼职兼业,"田长制"工作并非专职人员负责。鉴于基层工作的复杂性,村级田长、巡田员巡查工作累、强度大,再加上没有足够的技术支持,相关工作人员多是心有余而力不足。

一是人员配置不足。一方面,"田长制"工作人员多处于兼职兼业状态,加之基层工作事务繁忙,村级田长和巡田员并没有太多的精力。市、区、乡镇和村级田长按照北京市

总体要求均由各级主要领导担任,各级办公室成员也是由同级各部门分管领导组成,可见"田长制"工作中的人员配置皆为兼职兼业,他们既要处理主职部门日常的工作要务,还要处理河长、林长、田长等工作,工作量极大。各村的巡田员也有自己的本职工作,这种无偿工作的方式难以激发他们的工作热情,以至于他们并不能很好地将精力投入巡田监督工作中。而且,按照课题组的调研结果来看,各村配备的巡田人员较少,被访问的村中就有近一半的村只设置了1名巡田员,基层工作强度大、难度也大。另一方面,"田长制"工作并非专职人员负责,相关工作人员不能很好地应对和处理工作中的问题。在"田长制"实施过程中,村级田长、巡田员不仅要明确"田长制"工作要求,掌握耕地和永久基本农田情况,及时发现问题、反映问题,还要具备解决问题的能力。然而,目前所设立的各级田长都是由其他部门领导兼任,并非专业人员负责,特别是村级田长和巡田员直接对接基层耕地保护工作,却不具备专业的能力,难以在"田长制"实施过程中发挥好作用。

二是技术支持不够。《意见》明确提出应建立农田数字化网格化管理系统,充分利用卫星遥感、大数据和物联网等技术,打造农田数字化网格化管理平台,提高耕地管理水平。但是,目前新技术手段的应用大多停留在市级,基层工作仍采用人工巡查、举报核实、实地踏勘等手段,村级田长和巡田员尚未享受到新技术应用所带来的便利性。鉴于这种情况,不少乡镇在制定"田长制"工作的具体方案时,普遍都忽视了市级文件中"建立农田数字化网格化管理系统"这一任务。事实上,尽管遥感技术在村级地区应用有难度,但"田长制"仍可借鉴"林长制""河长制"工作,开发利用手机 APP 等成本低、易上手的方式,改善监管条件,方便工作人员统一管理。因此,要在推进"田长制"过程中加大耕地保护技术投入,发挥好数字技术的先进作用,通过利用卫星遥感、监控网络和数据资源等处理相关工作,在永久基本农田集中区、破坏耕地行为频发区布网设点等,降低工作难度、减轻工作压力。

4. 义务巡查缺乏激励,高质量开展巡田工作需经费支撑

基层工作点多面广,资金负担重,义务巡查缺乏有效激励,难以调动村级田长和巡田员的积极性。现有的政策只是对"田长制"工作做了相对详细的规划,比如村级需安排巡田员协助田长巡田工作,却没有完善的激励制度来调动巡田员工作热情。一般情况下,村级田长由村级党组织书记担任,即便没有足够的资金激励,"田长制"工作建立的考核评价体系和奖惩机制一定程度上能够对其巡田巡查工作进行考评和奖惩,督促其工作。然而,村内巡田员都是义务巡查,没有资金补贴,也没有提升绩效、晋升评优等需求,很大程度上无法确保他们工作的认真与否、效果好坏。调研期间,课题组对北京市海淀区、朝阳区、大兴区、通州区和昌平区一些乡镇进行访问调查,对乡镇田长关于"如何调动村级田长工作积极性"这一问题进行调查,共收集有效问卷 28 份。其中,有 5 份对于这一问题或提出自己的见解或不作表态,此外有 30.4% 受访者认为应通过资金奖励的方式来调动村级田长积极性,分别有 52% 左右的受访者认为需要增加绩效或建议建立晋升评优机制,还有少数乡镇田长认为可以为村级田长提供培训进修机会和社会保障等方式来提高其工作

热情。而对于巡田员而言，就需要给予一定的物质激励，才能开展高质量巡田工作。在被访问到的乡镇田长和村级田长中，有绝大多数人对如何保护好耕地、发挥好"田长制"作用提出意见和建议，其中提及更多的就是加大基层巡田工作经费投入，适当给予巡田员资金补贴等。

5. 考核监督有待加强，各区政策落地落实落细参差不齐

在"田长制"实施过程中，上级对下级逐层逐级的监督考核机制相对来说比较完善，但实际执行上还有待加强，加之现有的制度文件并没有统一的考核要求和标准，各区、乡镇和村级在政策的落实上难免显得参差不齐。根据课题组调研结果显示，目前乡镇级田长对村级田长巡田工作的监督力度不够，考核效果不突出。课题组针对乡镇田长关于"目前通过什么方式对村级田长进行监督"问题进行统计，收集到的有效问卷中，各乡镇田长主要采取实地检查的方式进行监督，其他如"听取汇报""考核评价""社会监督"和"统计互评"的方式分别占78.6%、42.9%、39.3%和7%。尽管"实地检查"能较为直观地发现问题，监督村级田长巡查工作，但大多数乡镇级田长都是每月开展一次巡查，更有甚者一个季度才开展一次，并不能及时有效地对村级田长进行督查。同时，更高一级的田长开展实地巡查工作时间更少，多是依据书面汇报情况等对各乡镇"田长制"实际情况进行考核评价。此外，相关政策文件并没有制定明确的考核标准，对实际巡查工作的监督力不强。现有的意见和工作方案强调的是形成并落实逐级督导、考核制度，由相关部门主要负责监督考核，针对"田长制"工作中成绩突出和工作不力、问题突出的进行奖惩，但具体如何考核、如何奖惩等问题没有解答。因此，要充分发挥"田长制"对耕地和永久基本农田的保护作用，既要加大对基层巡田工作的监督力度，还要制定统一的考核标准，明确按照要求及时有效地开展考核工作。

（三）"田长制"及其政策实施发展方向

鉴于一年以来北京市"田长制"及其政策实施仍存在一些问题，未来要更好发挥"田长制"耕地保护的作用，需要以"用"促"保"，将高效利用农田纳入田长职责范围内；需要由"繁"入"简"，精简、合并现有耕地保护政策，充分发挥"田长制"主渠道作用；需要以"奖"代"补"，将耕地保护责任落实到农地所有者，增强耕地保护的实效性。

1. 以"用"促"保"，把高效利用纳入"田长制"职责范围

耕地保护的重点是要把"田"用起来，只有把耕地高效利用起来，才能保护好耕地，才能有产出、有收益，推动农业农村高质量发展。近几年，我国出台的耕地保护政策，或是涉及农业农村发展、耕地保护相关的文件，都在强调坚决遏制耕地"非农化"、防止"非粮化"，实际上就是要保护农用耕地，不让耕地被农业之外的其他生产经营活动所占用。但要真正地保护好耕地，不是简单地不被占用，不是粗放的、闲置的保护，而是要充分利用、高效利用农村耕地和永久基本农田。一方面，应将高效利用耕地纳入"田长制"职责范围，督促农民把农田耕种起来，切实防止农田撂荒、闲置。从市级文件来看，"田长制"工作应从优化农田布局、抓好农田保护、加强农田建设、强化农田利用和严格农田管理等5个方面展开，其中"强化农田利用"实际上就是在强调将田"用"起来。但是，

乡镇、村级田长在巡查过程中更多地关注在农田是否被违规占用、农田的管护等方面，暂未对耕地复垦复耕情况、农田的高效利用等问题加以重视。为此，各级田长需要重视并强调高效利用耕地问题，特别是村级田长、巡查员在工作中应担起责任，督促经营主体充分利用好耕地。另一方面，要调动农民耕地保护意识，变被动为主动。通过前篇"田长制"实施过程中存在的问题可知，现在的农民种植意愿不高，耕地保护的意识也比较弱，很大一部分原因在于农业耕种收益不高，无法调动其生产积极性。所以应从政策层面入手，加大对农村农业生产的支持力度，如资金支持、人才支持、技术支持等，提高种粮的收益和吸引力，让农民愿意回到耕种行列中。同时，加强耕地保护相关政策的宣传力度，提高农民耕地保护意识，让农民自觉地利用好农田、保护好耕地。

2. 由"繁"入"简"，发挥"田长制"耕地保护主渠道作用

耕地保护是关系到我国经济和社会可持续发展的全局性战略性问题。长久以来，我国为保护耕地做了不少尝试，出台了一系列政策文件，也制定了相关激励补贴机制，特别是耕地地力保护补贴项目对于促进粮食生产和增加农民收入、推动农业农村发展发挥了积极作用，但是现有的政策文件过于多样化，反而不利于"田长制"及其相关政策发挥作用。

我国不断探索耕地保护方式，国家层面颁布出台的关于耕地保护管理利用工作常用的、现行有效的政策就超过 50 个。其中，法律法规 10 件，中央国务院文件 10 件，部门规范性文件 11 件，制度办法 12 件，标准规程 11 件。而在此基础上，北京市还制定出台了 10 余件相关的政策文件，如《北京市耕地保护补偿资金管理暂行办法》和《北京市人民政府办公厅关于健全生态保护补偿机制的实施意见》等。同样地，政策陆续出台增加，关于耕地保护的各项补贴项目也不断变化、增多，有的范围还存在交叉和重叠，这势必会加重基层的工作量和工作的复杂性。比如，北京市级耕地保护补贴政策在辖区内就包括耕地地力保护补贴政策、推广应用有机肥、菜田补贴等，其中耕地地力保护政策补贴标准为每亩 300 元、菜田补贴标准为每亩 600 元、小麦一次性补贴标准为每亩 100 元，而且每种补贴计算时间和发放标准都不统一。鉴于此，要充分发挥"田长制"主要作用，需要对现有的耕地保护政策进行合并、精简，进一步调整耕地地力保护补贴政策，统一发放补贴。除此之外，还可以将"河长制""林长制"和"田长制"三项政策相结合，推动形成"三长联动，一巡三查"机制化，简化基层工作流程，降低工作复杂性。

3. 以"奖"代"补"，夯实农地所有者耕地保护主体责任

耕地保护补贴激励虽能调动起农业种植的积极性，但作用是有限的，各级田长和村级巡田员管与监管也只能起到辅助作用，无法保障耕地保护取得实效。而以"奖"代"补"，更大程度发挥农地所有者作用，落实主体责任，才能更好地推动开展耕地保护工作。

目前，国家和地方的耕地保护政策多是采取补贴形式激励农村耕种，就北京市而言，市级耕地保护补贴政策就不止 7 种，然而仅仅以这种形式无法真正解决问题，还可能会产生其他问题。一方面，补贴激励的目的是激发村集体、种植主体的热情和积极

性，而补贴是否能够真正发挥作用还有待商榷。通过各项耕地地力补贴，一定程度上有利于农村耕地保护工作的开展，但随着种植成本不断上升，现行补贴标准偏低，调动农民种植积极性作用有限。加之，各种补贴不断增加的背后，一些补贴对象容易滋生惰性，并非真心地保护耕地，最后的效果也难免参差不齐。另一方面，现有的耕地地力补贴对象还存在争议，各种补贴的标准、要求也不统一，覆盖的范围不全，不能很好地调动积极性。有的补贴对象只针对拥有耕地承包权的农民，但目前多数耕地已流转至村集体或经营主体，企业流转农业土地用于粮食生产无法享受补贴政策；有的补贴对象为实际生产经营者，包括流转土地种粮的农业企业、家庭农场等农业经营主体，但经营者土地使用权有年限，会不断变动，难免会有重收益而不重视保护的情况出现，不利于耕地的循环再生。

因此，应采取以奖代补的方式，建立相应的奖励机制，激励种植户不分企业个人，主动地参与到"田长制"及其耕地保护工作中，充分利用土地资源，带动种植业收入，让农业用地回归种植属性。通过下发奖励的方式，让耕地所有者落实责任，从根本上解决撂荒、闲置问题。

四、北京大都市特点的"田长制"耕地保护激励方案

（一）耕地保护激励的必要性

耕地保护一直是我国土地管理工作的重中之重，其本质是保护耕地的农产品生产能力，以满足人类生存发展的基本物质需求，要在确保耕地数量的同时，维持耕地生态系统健康，保护耕地生态与质量。要想真正实现数量、质量与生态"三位一体"的耕地保护目标，进一步落实好最严格的耕地保护制度，保障粮食安全，有必要建立健全适应北京市经济社会发展水平的耕地保护激励机制，突出"责任＋激励"的正向激励手段。市区政府根据耕地保护目标责任考核结果，每年对耕地保护工作成效突出的村集体给予资金奖励，接受并使用激励资金的村集体应自觉接受监督检查，激励资金主要用于耕地和永久基本农田的监督管理与保护利用工作。与以往约束性耕地保护制度不同，这种激励性耕地保护补偿方式更有利于充分调动基层保护耕地的积极性和主动性，促使村集体为得到激励实惠而主动执行耕地保护工作。

（二）耕地保护激励的主要依据

"田长制"属于典型的行政发包制治理模式，市区政府将耕地保护、利用、建设、管理任务发包给下面不同层级的政府，每一级政府的主要负责人都要对耕地和永久基本农田的监督管理与保护利用工作负责，形成了一个治田"责任链"。由于我国农村土地的所有权归集体，经过层层发包，最终由农村集体经济组织（简称"村集体"）负责，出于基层组织的政策执行责任和耕地保护社会责任的履行义务，承担起绝大部分的事务，因此，市区政府与村集体之间实际形成了一种"委托—代理"关系。根据委托代理学说，市区政府以实现社会整体利益最大化为目标，成为耕地保护的委托方，村集体以实现村内或自身利益最大化为目标，作为耕地保护的执行者，成为耕地保护的代理人。然而，在"委托—代

理"行政体制下，地方政府不能直接观测到村集体的行动，代理人一旦出现抵触行为，因道德风险的存在极大削弱耕地保护效力。因而，市区政府想使村集体按要求履职，可以通过观测村集体行动的一些变量来制定相应的激励机制奖励村集体，使其选择对政府最有利的行动。

在耕地保护上，市政府对自己辖区内的耕地保护负总责，但是从实际操作上来看，市政府需要把耕地保护责任层层下压，最终由村级组织具体落实。为了研究方便，假定市政府直接委托村级组织落实耕地保护工作，事实也是这样，市级政府与村级组织就形成了委托代理关系。村级组织开展耕地保护工作需要付出的努力，假定村级组织付出的努力 α 是一个一维变量，村级组织努力的成本 $c(\alpha)=b\alpha^2/2$，其中 b 为成本系数，且 $b>0$，b 越大，同样的努力 α 带来的负效用越大，成本越高。按照既有耕地保护工作安排，村级组织保护好耕地，不另外获得政府的报酬，即村级组织无论是否保护好耕地，均只拿固定工资（财政补贴）w_0。耕地保护到位受村级组织的努力直接影响，且保护到位的概率为 α，失败的概率的（$1-\alpha$）。同时，假定耕地保护是否到位的结果能够被村民获取或者被上级部门监测获取，如果耕地保护不到位，村民或者上级监管部门会举报，成本是 c；市级政府通过激励手段 β 对村级组织进行行为干预，β 可以是多种形式，如评优评奖、行政问责等等。假定村民举报或者被上级部门监测到的概率是（$1-c$），则村级组织的效用函数为：

$$U_{LG} = w_0 - \frac{b}{2}\alpha^2 - (1-c)(1-\alpha)\beta \quad (1-1)$$

村级组织需要最大化自己的效用，有：

$$\max_{\alpha} U_{LG} = \max_{\alpha}\left[w_0 - \frac{b}{2}\alpha^2 - (1-\alpha)(1-c)\beta\right] \quad (1-2)$$

解得：

$$\alpha_1 = \frac{(1-c)\beta}{b} \quad (1-3)$$

假定村级组织付出最大努力的 $\alpha=1$，则村级组织选择最优的努力水平为：

$$\alpha_1^* = \min\left[\frac{(1-c)\beta}{b},1\right] \quad (1-4)$$

公式1-4表明：村级组织在耕地保护工作中，付出的努力水平受村民举报或者被上级部门监测的力度（$1-c$）有关，对村级组织监督越强，村级组织越努力；村级组织的努力水平还与激励措施 β 有关，一是负向激励，即惩罚，惩罚程度越高，村级组织越努力；二是正向激励，即奖励，奖励水平越高，村级组织在耕地保护中越努力。由于村级组织属于村民自治组织，采取严厉惩罚措施作用微弱，如主要领导问责、行政处罚和延缓升迁等，所以采取正向激励，即奖励方式是理想选择。村级组织履行耕地保护职责有力，给予物质奖励，形成耕地保护强化的良性循环。

（三）耕地保护激励标准的测算

假定耕地保护主体对耕地保护补贴激励的受偿意愿能直接反映其付出的努力，通过问卷调查的方式，引导受访者进入假想的市场环境，直接询问其对耕地保护所付出努力的部分，愿意且能够接受的补贴价格（WTA），进而测算出耕地保护合理的激励标准。考虑到支付价值卡既能够改善抗拒样本过多的缺点，又能解决逐步竞价法的起始偏差，是一种具有较高调查和分析效率的引导技术，为此，调研中采用支付价值卡询价方法来收集各级主体对耕地保护补贴激励的受偿意愿水平信息，试图解决耕地保护激励资金"补多少""补哪块""补给谁"的问题。

本次问卷中的 WTA 估值问题为：您觉得每年每亩耕地保护奖励资金适宜的标准是？（1）500 元以下（具体填写）；（2）500—1000 元；（3）1000—1500 元；（4）1500—2000元；（5）2000—2500 元：（6）2500—3000 元；（7）3000—3500 元；（8）3500—4000 元；（9）4000—4500 元；（10）4500—5000 元；（11）5000 元以上（具体填写）。

为最大程度克服或规避调查偏差，提高调查和分析结果的可靠性和准确性，本研究采用"一对一"调研方式，引导受访者权衡保护成本和自身需求，降低信息和假想偏差。意愿补偿期望值（WTA）的计算公式如下：

$$E\left(WTA\right)=\sum_{i=1}^{n}P_iW_i \quad (1-5)$$

其中，W_i 为受访者选择的第 i 个投标值，P_i 为该受访者选择 W_i 的概率，n 为不同的投标区间。由于采用各投标区间的中值表示该区间耕地保护主体的受偿水平意愿值，如2700 元以上的受偿水平意愿值用 2850 元代替。

由表 11、表 12、表 13 可知，"补多少"这一问题，乡（镇）组织受偿意愿水平集中分布在 900—1200 元 / 亩·年和 1800—2100 元 / 亩·年区间内，计算得到 WTA 为 1300 元 /亩·年。村级组织受偿意愿水平集中分布在 1500—2000 元 / 亩·年，根据式（1–5）计算得到村级受偿水平的期望值为 1803.23 元 / 亩·年。同理可得，经营主体受偿水平的期望值为 1389.13 元 / 亩·年。

表 11　乡镇组织受偿水平频率分布

受偿水平区间（元 / 亩·年）	WTA（元）	样本数（个）	样本比例（%）
300 以下	150	1	3.33
300—600	450	9	30.0
601—900	750	2	6.67
901—1200	1050	4	13.33
1201—1500	1350	1	3.33
1501—1800	1650	3	10.0
1801—2100	1950	5	16.67
2101—2400	2250	1	3.33
2401—2700	2550	2	6.67
2700 以上	2850	2	6.67

表 12　村级组织受偿水平频率分布

受偿水平区间（元 / 亩·年）	WTA（元）	样本数（个）	样本比例（%）
500 以下	250	8	9.52
500—1000	750	15	17.86
1001—1500	1250	14	16.67
1501—2000	1750	28	33.33
2001—2500	2250	3	3.57
2501—3000	2750	2	2.38
3001—3500	3250	2	2.38
3501—4000	3750	3	3.57
4001—4500	4250	4	4.76
4501—5000	4750	3	3.57
5000 以上	5250	2	2.38

表 13　经营主体受偿水平频率分布

受偿水平区间（元 / 亩·年）	WTA（元）	样本数（个）	样本比例（%）
300 以下	150	2	1.09
300—600	450	24	13.04
601—900	750	13	7.07
901—1200	1050	37	20.11
1201—1500	1350	24	13.04
1501—1800	1650	36	19.57
1801—2100	1950	30	16.30
2101—2400	2250	9	4.89
2401—2700	2550	3	1.63
2701—3000	2850	4	2.17
3001—3300	3150	2	1.09
3300 以上	3450	0	0

表 14　不同主体耕地保护受偿水平期望值比较

计算方法	乡镇	村级	经营主体
WTA（元 / 亩·年）	1300.00	1803.23	1389.13

调研同样对接受补贴激励资金的受访者愿意采取的"您认为补贴激励资金发放标准应该与什么相关？""您认为耕地保护奖补应该给谁"两个问题进行了调查，结果如图 5 所示。在接受调查的 84 个村级样本中，47.62% 的受访者赞同将"耕地和永久基本农田保护面积"作为补贴激励资金的发放标准，42.86% 的受访者认为"耕地和永久基本农田粮食生产"是补贴激励的重要发放标准，还有 38.10% 的受访者表示"耕地和永久基本农田质量变化"可以作为补贴激励资金的发放标准。这个结果充分表明村级层面基本能够明确耕地保护的任务目标，意识到耕地保有量和防止"非粮化"的重要性，耕地保护面积、粮食生产数量和农田质量是补贴激励资金的主要发放标准。

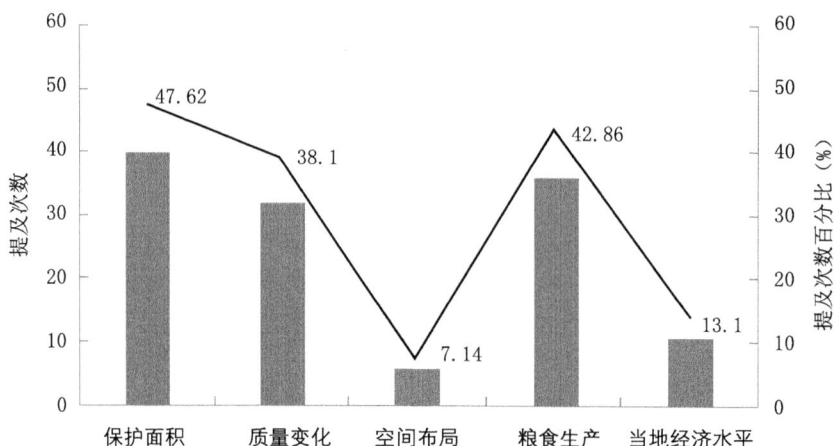

图 5　耕地保护激励发放标准统计表

综合上述分析和北京市耕地保护政策实施现状，最终认为以奖补正向激励手段促进耕地保护主体严格履职的政策效益最高。激励的主要对象为乡镇政府和村级组织，如果辖区内耕地全部在乡镇政府手中，则按照最低 1300 元 / 亩·年的标准予以乡镇激励；如果村内耕地由乡镇委托村级代其执行耕地保护职能，则以最低 1803.23 元 / 亩·年的标准对村级组织进行奖补。考核年份内乡镇和村级落实的耕地保护面积、粮食生产数量和农田质量改善水平可以作为激励发放与否与发放标准的主要依据。

（四）耕地保护激励对象选择

从实践上来看，当前耕地地力保护补贴存在两个背离：一是补贴的对象与地力保护的主体相悖；二是补贴标准与各类主体地力保护效果相悖。两个背离与农业生产发展实际相脱节，导致补贴的激励作用未能彰显。因此，合理选择耕地地力保护补贴对象成为用好耕地地力保护补贴的重要一环。

一方面，耕地地力保护补贴对象范围窄。自 2016 年 4 月 26 日，财政部和农业部发布了《关于全面推开农业"三项补贴"改革工作的通知》，将"三项补贴"（农作物良种进行补贴，对种粮农保进行直接补贴，对农资进行综合补贴）合并为耕地地力保护补贴。通知规定："用于耕地地力保护的补贴资金，其补贴对象原则上为拥有耕地承包权的种地农民；补贴依据可以是二轮承包耕地面积、计税耕地面积、确权耕地面积或粮食种植面积等，具体以哪一种类型面积或哪几种类型面积，由省级人民政府结合本地实际自定；补贴标准由地方根据补贴资金总量和确定的补贴依据综合测算确定。"从规定的补贴对象上来看，主要是拥有耕地承包权的种地农民，未把新型农业经营主体、龙头企业以及农业社会化服务组织等纳入补贴对象范围，这与北京高达 94.7% 的耕地流转率严重不匹配。中央政策规定：土地经营权流转时如补贴由承包权人领取，应引导承包权人相应减少土地流转费。根据该规定，土地经营权流转时，补贴可以选择发放给承包权人或经营权人，如发放给承包权人，则应引导其对土地流转费的相应减少。该规定实则明确了应使实际经营权人受益之倾向，只是对补贴对象的选择仍未予限定，依然认可土地承包权人的补贴资格。从实际农业生产来看，农户承包地流转出去以后，对耕地的关心会显著下降，在耕地地力保护上的投入基本为零。同时，即使小农户自己经营，囿于生产设备以及技术知识的相对滞后，其参与耕地地力保护的效果远不及种粮大户、家庭农场等规模经营主体。从问卷调研结果来看，耕地地力保护补贴对象也倾向于实际经营者。在调研的 30 个乡（镇）样本中，认为经营主体应该获得奖补的样本比例为 76.67%。因此，包含新型农业经营主体的农业经营者是更为理想的耕地地力保护补贴对象范围。

另一方面，耕地地力保护补贴标准与地力保护效果脱钩。当前耕地地力保护补贴较少关注耕地地力保护实际效果，广泛采取与二轮承包耕地面积的申报与核实相关，并不涉及耕地地力保护的实际效果，主要着眼于弃耕撂荒后对补贴资格的考量，对补贴领取者实际地力保护或提升的效果未予回应。

综合来看，补贴的发放应与其实际耕作以及参与地力保护行为相联系，从分配均等化转向实质的分配正义。补贴耕地经营者和地力保护投入者是理想选择。

五、国内外大都市耕地保护的典型做法及重要启示

（一）国内大都市保护耕地的典型做法

耕地保护是政治挂帅的大事，国内各地都在探索"长牙齿"的耕地保护措施，尤其是耕地保有量少、人地矛盾突出的都市地区，更是纷纷提高政治站位，发挥大都市优势，做好耕地保护这道必答题。归纳起来，主要有以下五个方面：

1. 提高大都市政治站位，在国土空间规划体系中确立耕地空间的特殊意义和鲜明定位

国土空间规划体系在耕地保护布局中处于引领地位。《上海城市总体规划（2017—2035）》明确指出，乡村地区是未来大都市空间和国际化大都市功能体系的重要组成部分，用相当的篇幅对"优化农业空间，划定永久基本农田保护红线"作出阐述。在此指引下，上海市持续探索"郊野单元村庄规划＋国土空间用途管制＋全域土地综合整治"三位一体、有行动的郊野地区空间治理体系，探索超大城市乡村地区空间治理和乡村振兴的新路径。

成都市则树立了"农田环城"的规划思想，在规划环城生态区时明确提出中心城区重要的生态隔离区、超大城市近郊高标准农田建设典范区、城市未来美好生活的体验空间的三大目标。

在永久基本农田保护任务中，深圳市任务约占全国总量的十二万分之一。深圳市委市政府明确提出，深圳市耕地保护利用的价值不能单从经济效益等指标来衡量，其更大的价值在于发挥深圳作为改革开放的窗口和试验场对于全国的示范效应，要创新高度城市化地区耕地和永久基本农田保护利用模式。

2. 发挥大都市财政优势，通过有效资金奖励激促进耕地保护

2019 年 11 月，上海市农委和市财政局联合下发《上海市农田建设项目和资金管理办法》，以项目为抓手对农田进行综合治理和保护，建设资金投资标准为：①粮食生产（毛地）：每亩不高于 1.4 万元；②蔬菜生产（毛地）：每亩不高于 3.5 万元；③经济作物生产（毛地）：每亩不高于 2.3 万元。

2022年11月，杭州市出台《关于优化创新耕地保护机制促进全市共同富裕的实施意见》，加大耕地保护资金补偿力度，市级补偿标准不低于省级，并在不超出资金总量的前提下，对种植水稻的永久基本农田的补偿上浮50%。

成都市每年从市、区（市）县两级财政的土地出让金、新增建设用地土地有偿使用费和耕地占用税中提取资金，对全市范围内享有土地承包经营权并承担农田保护责任的农户，按基本农田及一般农田每年6000元/hm²、4500元/hm²的标准给予养老保险或农业保险补贴，不予提取现金，但有相应的增长机制；对承担未承包到户耕地保护责任的村组集体经济组织则提供现金补贴。

3.立足大都市科技优势，为耕地保护插上"科技的翅膀"，实现信息化动态监管

深圳市通过多时相、多源、高分辨率的卫星遥感影像获取耕地现状动态数据，对耕地影像数据进行内业解译。每季度末还针对内业解译中确认变更或存疑的重点图斑，采用无人机航拍进行外业实地调查进行修正，既实现了监测空间全覆盖，又确保了监测结果的准确性。

2021年5月，四川省自然资源厅出台《关于建立健全全省耕地动态监测工作机制的实施意见》，运用高分辨率卫星遥感技术和信息技术手段，在全国率先对耕地变化情况开展双月动态监测，并计划在此基础上建立起卫星遥感"天上看"、视频监控"实时看"、田长负责"及时管"、耕地网格员"地上巡"、公众参与"随手拍"的"空、天、地"一体化全覆盖耕地动态监测新机制。

2019年1月，海南发射"文昌超算一号"首颗商业遥感卫星，率先将卫星遥感、航天超算等航天应用技术运用到"两违"新增防控领域，为高效精准保护耕地提供全方位的遥感信息支持和服务。

4.突出大都市管理优势，对耕地进行精细化分类管理

上海市按照耕地的质量水平和污染程度，将耕地划分为优先保护、安全利用和严格管控三类，实施分类管理。2021年2月上海出台了《关于本市实施国土空间用途管制加强耕地保护的若干意见》，建立数量、质量、生态、景观、文化"五位一体"的"落地化保护"体系，细分12种涉及耕地的国土空间开发利用行为，逐项明确适用范围、认定标准、管制依据和方式、管制权限和办理机构、管控规则、具体程序、审查材料和审查时限，规范各类占用耕地的空间用途行为，实现以审批、核准、备案、监测监管等为管制手段的全域、全要素、全过程用途管制。

深圳市参照第三次全国国土调查、地理国情普查的地物采集标准，在耕地动态监管体系中确定了精度更高的最小监测图斑参数：建设用地/设施农用地为100平方米、耕地/园地/林地/草地/其他农用地为150平方米、其他地类375平方米、线性地物道路3米、沟渠1米。

5.背靠大都市消费优势，打通耕地空间、生态空间和建设空间的价值链，实现耕地空间的多种功能和多元价值

深圳市将现状耕地系统与城市生态基础设施串联，打通耕地连接邻近的山林水系、城市公园、公共空间等生态要素，形成集生产、生态、观光、体验为一体的城市多功能廊

道，打造耕地"黄金项链"。

上海市在城市总体规划中明确，统筹郊野地区的农田、生态片林、水系湿地、村落等自然和人文资源，在保护保育的前提下，体现文脉和自然野趣，适度开展休憩、科普等多样化活动。

成都市在环城生态公园规划建设中，规划耕地保护空间 10.1 万亩，通过国土空间综合整治，耕地图斑数量由 30130 个优化调整到 3197 个，其中耕地面积大于 30 亩的图斑占总面积的 91%，综合打造体现现代农业、农耕文化及农商文旅体融合发展的高品质农业示范区，2022 年预计实现农作物产量 2.2 万吨。在守住耕地红线、保障粮菜供给的同时，加快建设特色农事体验区、共享农庄等农业消费、生活场景，积极开展以农民丰收节、农田艺术节、农耕体验活动、认种认养活动等为主题的特色农耕文化活动，将成都环城生态公园打造为位于特大城市中心城区且配套完善的农业综合开发项目。

（二）国外大都市耕地保护的主要做法

国外发达国家和地区在耕地保护方面值得北京关注的做法，主要是把耕地保护纳入生态环保范畴，在生态环保、可持续发展的语境下建立耕地保护的生态补偿机制。如德国通过生态账户中生态指标的管控来实现耕地的生态质量不降低。日本通过建立生态补偿市场认证体系来实现耕地生态协同保护。

从城市定位、面积人口等方面和北京更具可比性的是法国巴黎大区[①]。巴黎大区在实现高度城市化后，仍保有近 80% 的生态空间，其中约 50% 为农用地。至 2009 年，巴黎大区有 5300 个农场，平均每个农场面积 106 公顷；但是不同类型农场之间存在差异，粮食作物农场平均种植面积为 153 公顷、水果农场平均为 25 公顷、蔬菜农场平均为 9 公顷；农业生产效率很高，2007 年固定农场工人 1.01 万人，平均每个农场不到 2 名工人。畜牧业以小型的多元化牧场为主，因为规模小，畜禽粪肥用来制作堆肥，不仅不污染环境，反而实现了资源循环利用，促进生态农业发展。一望无际的广袤农田，构成了巴黎大区全景图中开阔而美丽的景观面貌。农业与城市相辅相成，使这座全球最繁华之一的国际化大都市，实现了与自然田园的和谐共生，构成了巴黎大区空间结构、环境景观、经济活动和生活方式的多样性，增强了这座全球城市的宜居性、魅力与可持续发展能力。

《巴黎大区指导纲要 2030》明确提出，农业是巴黎大区的重要优势，提出农业、林业和自然空间构成了巴黎大区强大的自然基础。《巴黎大区指导纲要 2030》不仅仅单纯从产业经济视角来规划农业，而是从建设一个更具活力、更加绿色和更可持续的大区角度来考虑农业的功能定位与发展问题，将农业空间作为增加大区景观和生物多样性，提升巴黎大区经济活力与经济多样性，提高巴黎人的生活质量，增强巴黎在未来发展中的弹性应对能力和可持续发展能力，有效应对食品安全和气候变化挑战等的重要基础，在此基础上致力于保护及增加农业用地空间。

---

① 巴黎大区，或者巴黎大都市区，是法国本土 22 个大区之一，与中国的直辖市概念相当，包含了巴黎省、近郊三省和远郊四省，又称为法兰西岛，面积 12012km²，人口 1220 万，是法国政治、经济、文化的中心地区，也是政府、立宪机构、重要行政机关和一些国际组织的所在地。

《巴黎大区指导纲要2030》规定，在农业用地上，除了规划的城市化区域，不允许安装建设与农业经营无关的任何设施；在不损害农业活动或不影响农业可持续性发展时，一些无法在城市化地区设置、没有其他任何合理的成本和技术手段的特殊基础设施和公共设施将被允许，但是这些设施必须节约利用土地，并且与周围的环境和景观融合，不可蚕食农业用地。纲要提出保持各区域间的连续性，保证各作业区之间、农田间和上下游设施之间的可达性也同等重要。应当避免农业用地破碎化，实在无法避免时，也要保证周围的过渡性。为了保障农林业活动进行，增加其功能，保证生态系统的永续发展，规划建设连接带，包括呼吸空间、生态廊道、农业和林业联系带、绿带等。

《巴黎大区指导纲要2030》提出的主要方向包括：一是农业功能的巩固与拓展，维护和保持粮食生产功能，同时保护多功能的农业空间，不断发展蔬菜生产，优化短途配送和食品供给；二是农业产业的转变，加强有机生产，发展短距离直销，实施多元化战略等；三是促进新的发展模式，尽可能减少农业生产中的资源利用、污染排放和垃圾处理对周边地区造成的影响。纲要提出，在生态转型背景下，相对以往任何时候，农业都更有创新和产业更新的潜力；必须促进农业可持续发展，满足消费者的期望，应对环境挑战，并加强生产和供应之间的联系。

（三）对北京耕地保护制度完善的重要启示

1.提升认识维度，形成首都耕地保护新语境

北京做好耕地保护工作，不仅是实现农业农村高质量发展、推进农业现代化建设的需要，也是推进超大城市生态建设、保障首都生态安全的需要。《北京城市总体规划（2016年—2035年）》在第37条、第49条分别强调，要"调整农业结构，更加注重农业生态功能""调整农业产业结构，发挥最大的生态价值"。第48条提出"加强耕地质量建设，强化耕地生态功能"。《北京市国土空间近期规划（2021年—2025年）》明确提出，"严格保护各类重要生态系统，有效发挥森林、草原、湿地、耕地等固碳作用，提升生态系统碳汇能力"，提出要提升农田土壤碳汇能力。因此，要深刻领会国土空间规划在耕地保护中的引领作用，在思想认识上把耕地同森林、草原、湿地一起列为生态空间，切实从生态文明建设角度，从贯彻"绿水青山就是金山银山"理念的高度出发，重新认识耕地空间在超大城市可持续发展、服务首都"四个中心"建设、实现"双碳"目标中的作用和地位，充分发挥首都这个特殊的超大城市的优势，为北京的耕地保护形成全新的思路、全新的语境。

2.活用中央普惠政策，探索用保融合新路径

2016年4月26日，财政部和农业部下发了《关于全面推开农业"三项补贴"改革工作的通知》（财农〔2016〕26号），将"三项补贴"（农作物良种进行补贴，对种粮农保进行直接补贴，对农资进行综合补贴）中直接发放给农民的补贴和农民耕种的土地地力保护挂钩，即耕地地力保护补贴。但是当前耕地地力保护补贴制度对补贴对象的规定较为粗疏，以农民为单一补贴对象，对新型农业经营主体、龙头企业以及农业社会化服务组织等补贴资格的空缺，使得耕地保护地力保护补贴的激励对象范围较为狭窄，不利于耕地保护。国内外典型案例都在积极探索强化耕地保护激励效果，未来北京在用好用足中央普惠政策上，要重视耕地使用主体和保护主体的统一，让普惠政策真正用在耕地保护主体的激励上，保障耕地"数量、质量和生态"向好发展。

3. 善用政府公权力，创新耕地保护新机制

耕地保护事关农业发展基础、粮食安全核心，要落实中央提出的党政同责，将耕地保护治理体制转型为"全员、全链、全域、全时、全息、全生命周期"的"六全"治理新体制。一是做好耕地保护的空间规划，分级分类确定保护对象，设计差异化的保护政策，用好特殊政策解决保护难题。二是做好耕地保护宣传，提高社会公众的耕地保护意识，加强公众对土地资源使用的监督。三是利用法律手段，严厉打击违法用地行为。四是加强各部门之间的协同能力，合理规划使用耕地，重视对耕地"数量、质量、生态"三位一体的保护。

4. 巧用北京财政优势，用好物质激励新政策

北京长期高度重视农业农村发展，在农业农村发展领域投入了大量财政资金，对促进农业农村发展起到了重要支撑作用。北京耕地总量少，但受资源分散特点和大都市非农需求强劲需求影响，耕地保护难度不小，需要用好物质激励政策。一是在国家耕地地力保护普惠政策基础上，出台地方补充激励政策，让耕地利用和保护收益至少不低于城镇最低工资水平。二是设立生态账户，登记在地方环保部门，环保部门作为生态账户监督者监控土壤使用的质量变化，生态账户可以交易，获取资金用于耕地保护用途。

六、进一步实施好"田长制"的对策建议

综合调查研究来看，"田长制"已经在各区扎根，正处在发挥"长牙齿"耕地保护作用的关键时期，需要上下统一认识，强化共识，巩固和完善"田长制"，为打造耕地保护"首都样板"保驾护航。

（一）有步骤完善"田长制"的责任清单，步入有章可循新阶段

《中共北京市委农村工作领导小组关于印发〈北京市关于全面推行"田长制"的实施意见〉的通知》（京农组发〔2021〕1号）紧紧围绕农田调整优化、保护、建设、利用和管理等关键环节，从宏观上明晰了"田长制"的工作任务，以及不同四级田长的主要职责，未来需要从微观层面有步骤晚上"田长制"的责任清单。一是按照"数量、质量、生态"三位一体保护的需求，明确各级田长，尤其是村级田长的工作内容、工作标准、技术标准和考核要求，形成田长工作手册，做到一册在手、保护不愁。二是组织签订田长责任书，责任书要明确工作职责和量化的考核指标，做到可量化、可评价、可操作，落实田长责任书的引领和推动工作的重要价值。

（二）有组织开展全市耕地健康体检，打造建档立卡新体系

耕地健康体检是耕地保护的基础动作，通过健康体检明晰我市耕地数量、质量和生态现状，上台账、进系统，明确耕地保护"主阵地"和"主战场"。建议由市农业农村局牵头，市级财政经费保障，委托第三方对全市耕地开展健康体检。健康体检采取土样户采集、村留样，健康数据镇入库、区管理、市备案的分布式管理模式，提高效率，降低

成本。通过健康体检，对全市所有地块采取建档立卡、田间标识，让耕地健康状况一目了然。

（三）有力度推进前沿科技支撑耕保，展现科技赋能新场景

不断强化"田长制"实施过程中的科技赋能。一是大尺度监测采取遥感手段，重点使用高分遥感卫星，定期解译识别全市耕地状况，在条件许可的情况下，适时发射耕地保护专业卫星，专门服务市级、区级田长开展巡田工作。二是中尺度监测采取无人机手段，利用无人机具有高清晰、大比例尺、小面积、高现势性的优点，支持乡镇级田长高频率开展巡田工作。三是小尺度监测采取便携式监测设备，方便村级田长和巡田员巡田使用，如土壤快速检测技术的集成，实现土壤养分检测一键式操作，降低专业技术门槛，让过去专业的工作在村级田长和巡田员那不再成为瓶颈。

（四）有预算保障田长履职经费需求，开启行为激励新机制

"田长制"作为一项新的制度安排，在具体实施过程中，离不开经费支持。从课题组测算结果来看，不同主体对耕地保护最低受偿水平有差异，区间在 1300—1800 元/亩·年，意味着如果对全市 150 万亩耕地全部进行保护激励，年支出额度在 19.5 亿—27 亿元之间。耕地保护激励基金纳入市级、区级财政预算，与田长考核评估结果挂钩，确保 150 万亩耕地实至名归。探索巡田员纳入村级公益岗，以及田长、林长、河长"三长"联动，提高资金使用效率。

（五）有规程开展田长履职考核评估，压实耕地保护新职责

建立年度逐级考核制度，规范化定期开展田长履职考核评估，压实耕地保护新职责。落实逐级考核评估制度，即市级"田长制"办公室对各区"田长制"执行情况、田长履职情况等进行考核评估，镇级"田长制"办公室对各村"田长制"执行情况、田长履职情况等进行考核评估，村级田长对巡田员履职情况进行考核评估。考核评估后，采取通报、点评等方式，督促工作落实落地落细。运用好"田长制"考核成果，对成绩突出区及相关单位和个人进行表彰奖励，对工作不力、责任落实不到位、问题突出的实行约谈，对严重失职渎职的依法依规追究党纪政纪责任。

（六）有方案开展田长履职能力培训，满足高效履职新期待

市级"田长制"办公室牵头制定年度田长履职能力提升专题培训方案，分级开展常态化田长培训。在培训内容上，采取模块化设计，重点包括耕地保护政策、"田长制"及田长职责、巡田技术技能等；在培训手段上，线上自学与线下教学相结合，课堂理论教学与田间实操教学相结合，引进来培训与走出去培训相结合。同时，把培训开展情况纳入到年度考核评价指标体系中，保障培训高质量开展，不断提升田长履职能力。

七、北京未来耕地保护再认识

北京耕地保护有着先天的优势，如耕地体量小，耕地总量不足一个农业大县的耕地体量；耕地保护的技术储备精良，有全国最顶尖的科研院所支撑，等等，北京耕地保护难度大，不是难在保护条件上，更不是难在保护政策上，根源还是在耕地及耕地保护认识上，

不解决认识论的问题，耕地保护在行政部门间容易"打架"，政策上容易"翻烧饼"，在管理工具选择上难以体现首善水平。

一是深化北京耕地的功能属性认知，加快形成耕地生态、生活、生产功能优先序的广泛共识。北京耕地数量少、质量低、分布散，缺乏规模种植基础，也缺乏土地成本、劳动力成本优势，生产的"大路货"农产品既无民生托底能力，也无市场盈利逻辑。但是已有数据表明，耕地的生态系统服务价值是农产品价值的十余倍，这也是大都市在发展过程中需要弥补生态空间不足的重要来源。在国家耕地"非农化""非粮化"管控大背景下，具有典型"资本农业"特征的北京农业生产，农产品的价值无法契合资本盈利的逻辑，内生性地促生了耕地非农化、非粮化，甚至不以政府的意志为转移，导致长期"一管就死、一放就乱"。在当前国内大流通、农产品丰年有余，尤其是蔬菜严重过剩的大形势下，北京仅有的100多万亩耕地首要的是保生态空间，其次是配合乡村休闲产业发展需要，体现农田"景观"和文化传承，而对于耕地的农产品产出不做硬性要求。

二是北京耕地保护应强化耕地生态功能，发挥农业最大的生态价值，实现自然生态和社会生态的良性发展。耕地的初始功能是为人类提供稳定的食物，也推动人类定居和社会发展，没有种植业就没有人类社会文明的快速发展。今天讲生态，绝不是回到原始社会的生态，是自然生态与社会生态的和谐共生，而耕地就是实现两者共生的重要载体。市民周末下乡，正是体现市区自然生态的破坏，生态空间供给不足，导致社会生态风险，如人际关系紧张、压抑等表现，所以以耕地为载体，市民通过参与体验式、眺望观光式实现人与自然的互动，寻求社会生态平衡。这意味着北京耕地保护是保生态，起到社会稳定器的作用，理应受到政府重视。

三是北京耕地保护要讲辩证法，耕地不是"贡品"，要落实保护中利用、利用中保护。保护耕地不能搞成把耕地"供起来"，锁进保险箱，耕地是划定"用"的，不是划定"看"的，耕地无论是数量下降，还是质量降低，根源还是在"用"上，解决好"用"的问题，也就解决好保护的问题。农业多功能是个系统认知，实现上也是系统实现，但是现实中割裂感强，如北京大量发展设施农业，搞大棚，强化了耕地的生产功能，但是破坏了自然景观，无法更好发挥生态和生活功能，需要从系统的角度上寻求最大均衡，比如最大化地恢复自然大田生产，通过制度设计实现减少的产品价值从生态价值和休闲观光业发展中进行补充，把保护和利用统一起来，而不是对立。

四是北京耕地回归"公共产品"，构建政府主体、社会参与、农民监督的保护主体体系。《土地管理法》除了强调政府的耕地保护责任，还规定"谁利用、谁保护"，全国各地基本上也是落实农户的耕地保护主体责任和新型农业经营主体的耕地保护义务，但是对于北京来说，区别于农业大省，耕地的首要功能不是农产品生产功能，是生态功能，而生态功能的激发，生态空间的塑造是政府的职责，不是微观个体能实现的，意味着耕地保护主体必须是以政府为核心的公共部门，完全按照生态保护的思路来，借鉴北京"百万亩造林"前期经验，实现对耕地的管护和利用。政府"定功能、定形态、定目标"，把集中起来的耕地向全社会招标，新型农业经营主体、普通农户、市民都可以参与，集中养护和分散经营相结合，破除"产品"利益，追求系统利益，让郊区真正成为北京的"后花园"。

课题分管领导：张光连、刘军萍
课题主持人：陈奕捷
课题组成员：张颖、巩前文、吴国庆、李敏、刘丹、李泽媛、冯桐、马鑫红
　　　　　　何知瑾、陈茂玲、赵华、张小果、周正发、孙梦雅
执　笔　人：张颖、巩前文、陈奕捷、刘军萍

市农业农村局农田建设管理处、"田长制"工作专班、耕地建设保护中心，以及海淀区、朝阳区、通州区、大兴区、昌平区、延庆区农业农村局、规自分局在课题调研过程中给予了大量指导和协助。

以"六化"推动北京设施蔬菜产业发展

一、建设规模化

所谓建设规模化就是适应现代种植技术的发展和机械化水平的提高，通过合理规划、科学设计，不但要扩大单体大棚的规模，还要扩大区域（园区）建设规模，促进规模化、集约化发展，降低成本，实现规模效益。

现在，本市日光温室和塑料大棚等设施单体面积大部分在 1 亩以内（其中塑料大棚占地 0.92 亩，日光温室占地 0.8 亩），设施蔬菜经营主体 88% 为农户，数量多、规模小。无论是大棚单体面积还是区域（园区）种植面积都难以满足机械化、集约化的要求，造成生产成本高、效益差。

近两年，平谷区、大兴区和房山区等区的蔬菜园区学习引进山东寿光等地的先进大棚建设技术对大棚进行改造，新建和升级的日光温室，单体跨度在 15 米、长度在 50 米以上。大兴区四季阳坤有限公司在实践中不断创新、改良，设计出第九代下沉式温室，单体跨度甚至达到 40 米。采用新标准建设的钢架结构大棚，适宜小型机械作业，提高了生产效率，降低了人工成本，实现了节能降耗。房山区泰华芦村种植专业合作社以"农户土地＋合作社＋园区"的方式，将 380 户芦村村民的 2000 亩土地集中起来，统一种植、统一管理、统一运营，设施大棚种植面积达到 1200 亩，规模效益显著。

建设规模化和本市提出的规模化、园区化、集群化发展格局本质上是一致的。实现规模化，一是要完善体制机制，加快制定乡村蔬菜产业发展规划，优化设施蔬菜产业区域布局，突出规模连片，推进土地流转，引导设施蔬菜生产进一步向优势区域集中；二是要利用北京农业科技资源优势，加强适应北京自然气候和人文环境的技术研究，科学确定单体和园区的建设规模，在保证安全可靠前提下，促进设施宜机化操作，有效提升种植的生产效率和效益；三是要通过"点状供地"等方式予以土地政策支持，保证必要的管理看护、分拣包装、物资存储、农机库房等配套辅助设施建设用地。

二、生产智能化

所谓生产智能化就是利用物联网、大数据、云计算等现代信息技术，在卷膜、卷帘、放风、增温增湿、补光、喷灌滴灌、喷雾、水肥一体化、自动打药、电动运输等生产环节实现精准、高效智能化控制，通过引进现代农业生产管理方式，实现标准化生产。

当前设施蔬菜生产企业普遍存在劳动力紧缺、劳动力成本不断上涨的问题，按亩计算总成本，雇工费能占到 30% 左右。同时，北京设施农业的机械化和智能化程度依旧不高，设施农业综合机械化率仅为 36.18%，实际生产过程中机械化利用程度还要低。带来的直接影响是生产成本高、利润低、蔬菜品质不稳定，影响生产者的积极性和蔬菜品质的稳定性。

生产智能化是破解蔬菜种植劳动力短缺、蔬菜品质参差不齐的有效手段，更是把本市蔬菜种植推向现代化的必经之路。平谷区开展蔬菜设施智能化改造试验，在沱沱工社、康安利丰等基础条件好的企业、合作社内对蔬菜种植设施进行智能化改造试验示范，直接降低 20% 人工成本、提高 20%—30% 蔬菜的产量，减少 20% 灌溉水肥用量。通过智能化手段还可以实现消费者对产品的全程监控并可追溯，从食品安全角度会极大地吸引高端消费者。

加大全市设施智能化改造力度，一是要设立专项政策支持资金，鼓励生产主体进行智能化改造；二是要进行技术攻关，提供成本低、效果好、易操作的智能技术，建立相应的生产技术模式，同时加大培训力度，提高操作人员素质，拓展智能化运用范围；三是要配套推进设施蔬菜生产全程机械化，实现机械化、智能化联动发展。

三、品质绿色有机化

所谓品质绿色有机化就是以生产绿色有机产品为导向，通过使用先进的育种技术、种植技术、管理技术等，建立一套由品种选育到产品生产的全流程标准化品质管理模式，以高品质适应首都消费市场的需求。

首都市场消费多样化、高端化，消费者更加关注蔬菜的多样性、安全性、新鲜度和营养价值，对蔬菜的色、香、味、形、营养等品质提出了更高的要求。从当前北京蔬菜种植面积、产量和土地与劳动力成本等现状出发，北京需要集中力量发挥在地鲜食的优势，打造绿色、有机化的蔬菜消费品牌，抢占中高端市场。

沱沱工社从育苗到生产按照有机标准化严格执行，不断提高产品品质，深耕有机农产品领域，形成自有的稳固消费群体和电商平台。房山区在发展设施蔬菜产业过程中，注重有机产品的认证，目前有机产品达到 40%，取得了明显的市场效益。

实现设施蔬菜生产绿色有机化，一是要严把品种选育关，从源头上保证产品的质量；二是要大力推广绿色有机生产标准化建设，通过智能化手段等促进蔬菜标准化生产，进而稳定并提高蔬菜品质；三是要加强品牌建设，以品牌引领品质，以品质保证品牌，从而不断满足北京市民更高层次的市场需求。

四、营销网络化

所谓营销网络化，是借助网络、通信和现代数字技术，丰富产品销售渠道，提高流通速度，区别不同消费群体精准营销，实现优质优价。

当前北京市设施蔬菜经营主体大多仍为一般农户，营销能力弱，多数采取原地等候小批发商收购或进市区集市零售，容易出现贱卖等问题。即便一些有一定规模的生产园区，网络营销占比也不高。要通过网络手段从电子商务、农超（企业）对接、产地市场、私人定制等各个方面入手，实现产销快速高效对接。

地处密云区的北京密农人家农业科技有限公司，通过天猫、淘宝、京东、微信等电商平台累计客户消费数据，通过大数据分析消费喜好，实现由"种什么，卖什么"到"要什么，种什么"的转变，带动当地460个农户、120余家合作社优化了生产结构。2012年至今，公司累计单次消费群体14万户、经常性消费人群1万户，年销售额近4000万元，连续9年位居淘宝平台蔬菜生鲜类销售第一名，促进了农户增收。

实现营销网络化，一是要支持和鼓励蔬菜生产企业及其他社会机构加大区域营销网络基础设施建设，提高网络营销水平，使蔬菜产品销售的交易方式更加自如快捷；二是要以网络为基础，针对不同的消费群体实现不同产品的精准营销，实现优质优价；三是要培育孵化农产品销售自媒体，通过网红带货、抖音直播等方式实现销售方式多样化。

五、运营专业化

所谓运营专业化就是建立一支与现代市场经济体系相衔接、与规模生产相匹配、与智能化生产相适应的专业化运营团队，提高现代化管理水平，实现由传统管理向现代化管理模式的转变。

当前，本市设施蔬菜生产大都停留在传统管理模式上，随着规模化、智能化、优质化、网络化水平的不断提高，必须打破传统行业管理模式，实现现代化管理的转型升级，这就需要有一支高素质的专业化运营团队。通过专业化运营还可以有效促进一二三产融合发展，同时让农民主体在这个过程中得到锻炼，有利于培养高素质农民，推动全方位乡村振兴。

大兴区四季阳坤有限公司有一支非常优秀的运营团队，他们瞄准首都高端消费市场，选择"精而优"的生产模式，把好优良品种关，通过订单农业有计划安排种植面积、品种和数量，取得了良好的经济效益和社会效益。平谷区南独乐河镇设施蔬菜园区建设不但引进大兴四季阳坤的技术，还引进其管理团队负责运营，园区建设正在积极有效地推进。密云极星农业在引进全套荷兰联栋温室蔬菜生产技术的同时，也引进了以荷兰瓦赫宁根大学毕业的高才生领衔的专业管理团队，使公司实现了高效运转。

实现运营专业化，一是要通过政策支持和资金支持鼓励生产企业以市场化手段引入高素质的专业团队，提高管理运营水平；二是要通过职称评定、规范社保、改善工作环境等手段，营造良好氛围，吸引高素质管理人才；三是要加快高素质农民教育培训体系建设，培育本土高素质农民，同时吸纳具有专业知识的大中专毕业生从事设施蔬菜生产经营。

六、投资社会化

所谓投资社会化就是通过政府引导、金融带动等实现设施蔬菜生产投资主体多元化、社会化，解决单靠财政支持和村集体、农户投入资金不足问题。

本市现存蔬菜生产设施建设年限平均在 10 年以上，最长年限在 30 年以上，普遍存在大棚空间小，墙体保温差，不能适应机械化、智能化的需要等问题，不仅生产率低下，而且存在安全隐患，亟待更新换代。要以新型钢架大棚改造为切入点，实现前面提到的"五化"联动，需要大量的资金投入，大多数中小生产经营者难以承受，必须以投资的社会化作为前提条件和基础。

大兴区庞各庄镇政府通过对四季阳坤有限公司给予 1000 余万元的支持，撬动企业投入资金 2000 余万元，实现了公司蔬菜种植设施设备的升级改造。平谷区对马昌营镇蔬菜种植设施提升改造的多个主体实行 1200 万元的以奖代补，实现总投资 2638.74 万元，加快了园区建设。

引导社会资本投入，一是要加大政策的扶持和引导，营造连续和稳定的政策环境，打消一些经营主体对于发展设施农业信心不足的顾虑，鼓励合作社、家庭农场、社会企业等新型经营主体加大投入力度；二是要创新资本投入模式，鼓励社会资本与政府、金融机构开展合作，发挥政府投资撬动作用，加快投融资模式创新，为社会资本投资设施蔬菜产业开辟更多有效路径；三是要加强对社会资本监督管理，通过制定相应的程序、规则，选择一批稳定的、优质的企业来带动发展设施蔬菜产业，避免一些社会资本打着拓展设施农业"休闲功能"的幌子重蹈"大棚房"覆辙。

以上对北京设施蔬菜产业发展的"六化"建议，是针对设施蔬菜生产纵向产业链的全流程考虑的，以期明确北京设施蔬菜产业未来的发展趋势，也是促进设施蔬菜发展的具体举措。希望能以"六化"组合拳破解当前北京蔬菜产业发展的难题，走出一条符合首都实际、适应首都市场的设施蔬菜产业发展之路，让北京的设施蔬菜成为首都"菜篮子"稳产保供的重要支撑。

执笔人：吴志强、赵术帆、季虹、赵雪婷

北京设施蔬菜普通农户种植意愿调查报告

稳产保供是北京今后一段时间蔬菜产业发展的重要目标。当前，北京设施蔬菜普通农户种植积极性不强，闲置设施有一定的比例，提高农户种菜积极性对蔬菜产业高质量发展具有重要意义。本文将研究的对象聚焦到设施蔬菜普通农户，通过梳理资料、问卷调查、座谈交流等方式，对设施蔬菜普通农户种植意愿情况进行抽样调查统计，并对种植积极性不高的原因进行分析，提出相应的政策建议。

一、普通农户种植意愿调查情况

通过对 13 个涉农区设施蔬菜普通农户开展种植意愿调查，随机抽样采集有效问卷 165 份，其中多点地区 118 份、生态涵养区 39 份、中心城区 8 份。样本数据分析结果如下：

（一）数据摸底情况

1. 普通农户基本特征

（1）本地农户设施生产以 2 人经营为主。2 人经营的有 120 户，占比 72.73%；3—4 人经营的 43 户，占比 26.06%；5—9 人的 2 户，占比 1.21%。

（2）本地农户设施生产人员年龄普遍偏大。调查共收集生产人员年龄信息 170 份，其中 46 岁及以上人员信息 149 份，占比 87.65%，其中 60 岁以上人员信息 55 份，占比 32.35%；35—45 岁人员信息 20 份，占比 11.76%；35 岁以下人员信息仅 1 份，占比 0.59%。

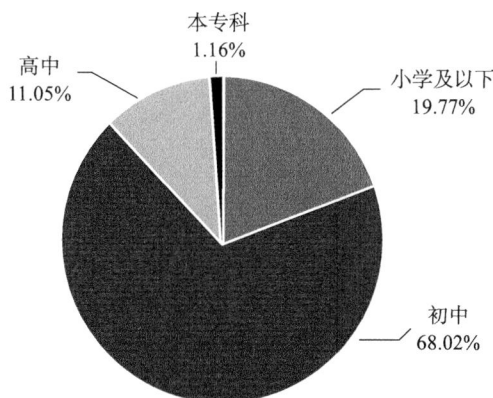

图 1 本地农户设施生产人员受教育程度构成

（3）本地农户设施生产人员文化程度偏低。调查共收集设施生产人员教育信息 172 份，其中小学及以下文化程度 34 份，占比 19.77%；初中文化程度 177 份，占比 68.02%；高中文化程度 19 份，占比 11.05%；本专科及以上文化程度 2 份，占比 1.16%。

（4）本地农户从事设施蔬菜种植多数在 5 年以上。本地农户从事设施蔬菜种植 5 年以下的有 19 户，占比 11.52%；5—10 年的 63 户，占比 38.18%；11—20 年的 54 户，占比 32.73%；20 年以上的 29 户，占比 17.58%。

2. 生产经营情况

（1）本地农户设施以日光温室为主，户均规模偏小。

165 户本地农户中 51 户仅有塑料大棚，96 户仅有日光温室，17 户既有塑料大棚又有日光温室，1 户为连栋温室，设施总栋数 705 栋，涉及土地面积 878.04 亩，户均 4.27 栋、5.32 亩。其中，中心城区的朝阳、海淀、丰台户均 24.88 栋，多点地区户均 3.76 栋，生态涵养区各区户均 1.59 栋。

表 1　分区域普通农户设施规模

区域分类	样本量	设施栋数	经营面积（亩）	户均栋数	户均面积（亩）
多点地区	118	444	570.7	3.76	4.84
生态涵养区	39	62	89.44	1.59	2.29
中心城区	8	199	217.9	24.88	27.24
合计	165	705	878.04	4.27	5.32

（2）经济效益和设施老旧是设施闲置的主要原因。本次调查的 165 户农户均在正常经营，5 户有部分设施闲置，闲置的直接原因是设施老旧、无法生产，其次是收入不可观，没有维修动力。

（3）自产自销是本地农户主要的产品销售方式。调查显示，26.34% 的表示通过批发市场销售农产品，69.35% 的表示以自产自销方式销售农产品，4.30% 的以产销一体（电子商务、直接配送、协议订单）方式销售农产品。

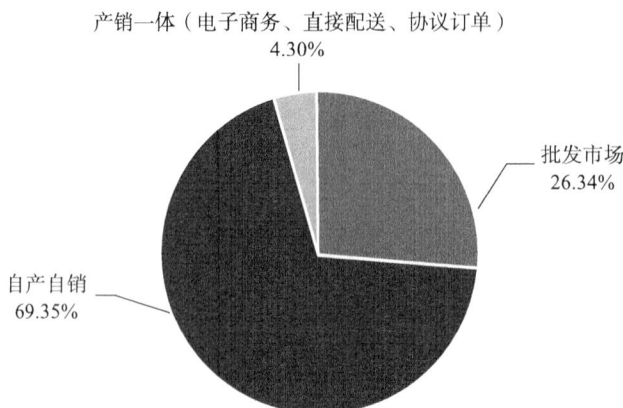

图 2　本地农户主要的农产品销售方式

（4）大部分本地农户生产的农产品无品牌、无认证。调查的 165 户本地农户中有自有品牌的仅 3 户，占比 1.82%；有绿色农产品认证的 50 户，占比 29.41%；有有机认证的 8 户，占比 4.71%；65.88% 的农户没有任何农产品认证。

3. 家庭收入情况

本地农户家庭可支配收入多数低于全市平均水平。根据调查粗略核算，本地农户年均家庭收入 8.87 万元，种植收入、工资性收入和其他收入分别为 6.75 万元、1.29 万元和 0.83 万元，占比分别为 76.13%、14.60%、9.32%。根据北京市统计年鉴，2021 年全市农村居民人均可支配收入为 3.33 万元，按本地农户平均 2.45 名劳动力参与设施生产，对应家庭规模以 3 人计算，则以全市平均水平计的家庭年收入为 9.99 万元，高于本地农户 8.87 万元的均值。

（二）影响种植意愿的主要因素

1. 年龄因素是影响农户继续从事设施种植的主要原因

调查共收集 159 份农户的种植意愿信息，其中 98 户表示未来 5 年愿意继续从事设施农业，占比 61.64%；61 户表示不想继续从事设施农业。不想继续从事设施种植的原因中年龄因素占 45.57%，设施老旧占 21.52%，市场预期不好占 18.99%，设施用地政策不稳定占 6.33%。

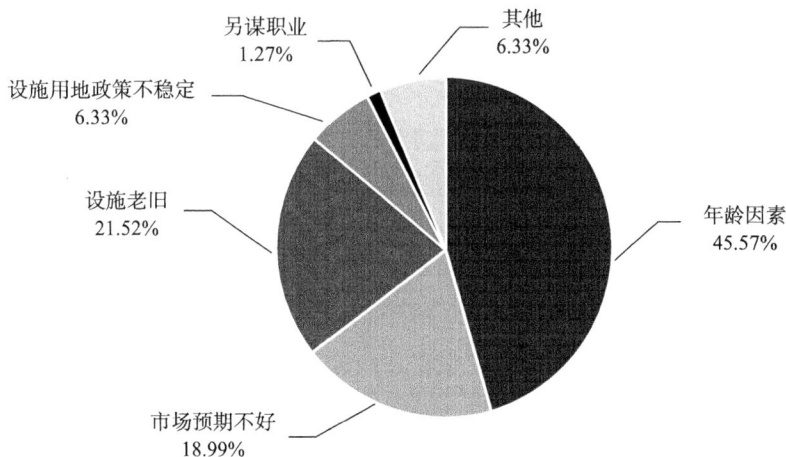

图 3　本地农户种植意愿不强的因素分析

2. 市场预期不好和资金匹配不足是影响农户投资实施以奖代补项目的主要因素

调查显示，80 户农户愿意实施以奖代补项目，85 户表示无意愿。无意愿的原因中，资金不匹配占 32.39%，市场预期不好占 38.03%，设施用地政策不稳定占 9.86%，其他原因（如从业者年纪大等）占 19.72%。从不同区域看，生态涵养区资金不匹配是主因，占 60.00%；中心城区市场预期不好是主要因素，占 50.00%。

表 2   分区域实施以奖代补项目意愿不强烈的原因构成

区域分类	资金匹配不足	市场预期不好	设施用地政策不稳定	其他
多点地区	29.82	38.60	10.53	21.05
生态涵养区	60.00	30.00	0.00	10.00
中心城区	0.00	50.00	25.00	25.00
小计	32.39	38.03	9.86	19.72

二、普通农户种植积极性不高的主要原因

菜农老龄化、对农业依赖性程度降低是普通农户种植意愿不强的主要因素。

（一）菜农老龄化、文化程度低，不适应设施蔬菜生产要求

设施蔬菜在农业所有行业中属于技术密集、劳动力密集的产业，不仅要求从业人员具备丰富的生产经验，还要不断进行生产技术、病虫害防控、大棚管理等培训。但全市设施蔬菜经营主体以农户为主，调查问卷统计年龄主要集中在 46—60 岁和 60 岁以上两个年龄段，学历集中在初中及以下，文化水平低，虽然实践经验丰富，但是学习和掌握新技术和新设备的能力不足，一定程度上影响设施蔬菜的生产能力提升。

（二）工资性收入的提高降低菜农对种植收入的依赖性

从北京统计年鉴农村居民家庭人均收支情况可以看出，自 2015 年以来，农村居民家庭可支配收入中工资性收入呈现上升趋势，工资性收入占家庭人均可支配收入的 70% 以上，同时转移净收入持续增加。一方面，随着老龄化趋势的加大，60 岁以上的菜农通过社会养老保险等保障性收入，从事第三产业获得工资性收入足以支撑家庭支出，对农业的依赖性降低；另一方面，出生于 20 世纪 80—90 年代的青年一代，由于对农业身份认同低、劳动强度大等原因，加之与从事二产三产的收入水平相当，使得农业的吸引力下降，从事一产的人员逐年降低，"谁来种地、种菜"问题严峻。

表 3 农村居民家庭人均收入情况　　　　　　　　　　　　　单位：元

项目	2015 年	2016 年	2017 年	2018 年	2019 年	2020 年
人均可支配收入	20569	22309	24240	26490	28928	30126
工资性收入	15491	16637	18223	19827	21376	21174
经营净收入	1959	2062	2140	2021	2262	1613
财产净收入	1204	1350	1570	1877	2127	3103
转移净收入	1915	2260	2307	2765	3163	4236

数据来源：北京市统计年鉴。

三、对策建议

（一）加强顶层设计，精准分类施策，引导产业向好发展

1. 统筹政策，鼓舞信心。统筹好土地、财政、人才、科技等政策，制定产业发展规划、稳定产业发展环境、鼓舞更多爱农业、懂生产、会经营、善管理的职业经理人投身到设施蔬菜产业发展中，提升经营主体的能级、培养起一支扎根农村一线的农业专业队伍。

2. 因地制宜，精准分类。围绕不同区域中心城区、多点地区、生态涵养区的区域特点、人文环境，因地制宜、精准分类，制定不同类别的产业扶持政策，引导不同主体参与到设施蔬菜产业发展中来。生态涵养区以生态保护为先，很多产业不适宜发展，而设施蔬菜产业是推动生态涵养区依托生态资源发展特色生态农业实现绿色发展的有效路径，也是实现生态产品价值实现的市场化路径。但是生态涵养区的农户普遍存在投资能力不足、组织化程度低、二产三产本区域就业机会少的基本特点，参与实施以奖代补项目的能力不足，但积极性高，要精准施策调动发挥好这部分农户的积极性。

（二）提高组织化程度，完善利益联结机制，壮大新型经营主体

经营主体的壮大与升级是提升设施蔬菜产业的重要一环，当前我市设施蔬菜经营主体中农业企业、专业合作社、村集体经济组织的主体个数占比不到 5%，土地面积占比 30%。

1. 完善利益联结机制。通过搭建平台、资源共享、利益风险共担完善利益联结，抓好农民合作社、村集体经济组织作为设施蔬菜新型经营主体的发展，通过政策引导提升主体的经营素质能力，通过试点示范、指导服务两手抓，引导普通农户加入合作社。

2. 培育设施蔬菜产业化联合体。积极培育联农带农作用突出、综合竞争力强、稳定可持续发展的设施蔬菜产业联合体，为设施蔬菜产业发展注入新动能。充分发挥其引领带动作用，联合农民合作社、农户等各类经营主体，发挥优势特色资源、优化配置资源要素，形成具有影响力的产业集群，通过区域公共品牌的建设，提升产业层级，助力实现农业现代化。

（三）强化科技支撑，加强社会化服务体系建设，提升产业化水平

随着我市菜农老龄化趋势加大，有效解决劳动力短缺的形势，要有效配置要素，通过提升科技水平、完善社会化服务体系来带动产业升级，提升产业化水平。

1. 加大科技支撑力度。利用北京农业科技资源优势，加强适应北京自然气候和人文环境的技术研究，科学确定单体和园区的建设规模，在保证安全可靠前提下，促进设施宜机化操作，有效提升种植的生产效率和效益。

2. 完善社会化服务体系。大力发展以生产托管为主的农业社会化服务，通过培育服务主体、财政支持、税收优惠政策、金融支持等方式，推动服务主体壮大、模式创新、行业规范，加快健全设施蔬菜产业的社会化服务体系。

执笔人：季虹、赵术帆

北京发展科技农业的优势、问题及建议

进入21世纪，世界科技发展进入创新集聚爆发和新兴产业加速成长时期。随着新一轮科技革命和产业变革深入发展，技术进步对提高土地产出率、劳动生产率和资源利用率的驱动作用更加明显。世界农业科技在学科分化、分工与更新，不断拓展深度和广度的同时，在新的高度走向新的综合与联合。生物、计算机、互联网、新材料、人工智能、新能源等技术不断向农业领域渗透、融合，从而形成许多新的科学交叉点和生长点，拓宽了农业科技领域，大大推动了科技农业的发展。

所谓科技农业是指以现代科学技术发展为基础，以现代农业科学技术为手段，以追求经济效益、社会效益和生态效益最大化为目标，通过农业科技产业化，不断提高科学技术在农业增长中的贡献份额，使农业科技不断向传统农业的产前、产中、产后渗透，农业产业链条不断延伸，形成新的农业科技产业。科技农业通过加强科技运用，促使农业生产过程机械化、农业管理过程现代化、农业发展内外部环境因子关系协调化，是现代农业发展的重要方向，也是实现农业现代化的重要内容。实施乡村振兴战略是党的十九大作出的重大决策部署，实现乡村全面振兴和农业农村现代化，科技是根本性决定性力量。

一、北京发展科技农业的重要意义

"十四五"时期是全面建设社会主义现代化国家的起步期，也是北京落实首都城市战略定位、建设国际一流的和谐宜居之都的关键时期。科技农业作为北京打造都市农业"高精尖"板块、加快实现农业高质量发展的重要抓手，是北京实现农业现代化的必经之路，在推动城乡融合发展走在全国前列、发挥北京首都功能定位、推进京津冀协同发展等方面发挥着重要作用。

（一）发展科技农业是北京农业现代化的必经之路

农业经历原始农业、传统农业和现代农业三个阶段，在世界范围内，发生了两次具有深远意义的农业技术革命，科学技术无疑是提高现代农业效率的最根本动力。随着世界农业新技术革命的迅猛发展，以现代科学技术为主要特征的农业3.0时代是当今世界农业发展的新趋势，科技农业是重要展现形式。当前，北京农业现代化建设已经到了加快转变发展方式的新阶段，必须更加依靠科技创新驱动发展，促进北京农业质量效益和竞争力不断提升。以科技农业引领北京都市农业发展，无疑是北京实现农业高质量发展的必经之路。

（二）发展科技农业是北京城乡融合的迫切需要

北京作为一座有着两千多万常住人口的国际大都市，具有"大城市小农业""大京郊小城区"的特点。受到城市化与功能疏解的影响，北京市的农业生产近年来进一步萎缩，第一产业增加值连续3年负增长，占城市GDP的比重小于0.5%，但都市现代农业仍然是首都鲜活安全农产品供给的基础保障，是首都生态屏障的重要组成部分，是首都和谐宜居的基础支撑，是农民的家园和市民的乐园。北京要率先基本实现社会主义现代化，走在全国前列，最突出的短板依然是农业农村的现代化。面对严峻复杂的国内外形势，特别是新冠疫情的严重冲击，北京农业发展在自然资源、市场竞争等方面的压力更加明显，有限的耕地资源与人民日益增长的美好生活需要矛盾更加凸显。科技农业作为改造传统农业的一种模式，其主要目的是为了促进科技与农业生产的有效结合，把以依靠资源为基础的传统农业逐步转化为以依靠科技为基础的现代农业，促进潜在生产力快速转化为现实生产力。面对农业发展存在生产空间不断调减、水资源与环境对农业的约束日益趋紧、生产成本不断抬升、市场竞争愈加激烈等问题，北京发展科技农业有利于深化农业供给侧结构性改革，释放农业农村投资空间和需求，强化以工补农、以城带乡，加快形成新型工农城乡关系，推动城乡融合发展走在全国前列。

（三）发展科技农业是北京首都功能的重要体现

在科技竞争日趋激烈的背景下，无论是发达国家还是发展中国家都加大了对科技资源的协调配置力度，竭力将高新技术渗透和扩散到农业生产中去，通过先导产业技术的组合发展和产业化发展，努力将传统农业转变到以高新技术武装起来的现代农业上来，发展科技农业成为当今世界农业发展的潮流。近年来，我国科技农业发展取得一定进展，但在发展速度、经营规模、产业水平等方面与发达国家还有一定差距。当前，我国正处于深入实施创新驱动发展战略和全面深化科技体制改革的关键时期，面对世界新技术革命的挑战，北京作为全国科技创新的前沿阵地，聚焦科技农业发展意义重大。当前，北京农业科技优势发挥不充分，发展质量不高，科技农业产业化空间较大。"科技创新中心"是北京首都功能定位中提到的四个中心之一，"十四五"时期，北京将加快建设全国科技创新中心，提高农业科技自主创新能力和成果转化水平，为乡村振兴拓展新空间、增添新动能。科技农业作为北京首都功能的重要体现形式，将迎来重要发展机遇。

二、北京科技农业的发展现状与基本特征

（一）北京科技农业的发展现状

北京高度重视科技农业发展。近年来，北京市政府围绕科技农业发展，集中人力、物力、财力，全面启动种子、种苗、种畜、种禽工程，生物技术和生化工程，农业生态工程，温室工程，现代农机工程，新型肥料工程，旱作农业和节水灌溉工程，绿色食品工程等农业科技创新计划和项目，获得了一批农业高新技术成果，初步形成了一批农业高新技术产业。

目前，北京市汇聚了一大批知名农业企业，培育了"三元""鹏程""天安""正大"

等一批知名农业品牌。全市规模以上企业500余家，总产值达600多亿元。根据北京科技农业依托的技术类型及产业功能进行分类，北京科技农业的类型主要包括现代种业、智慧（数字）农业、生物农业、农业电商、会展农业、农业科技咨询服务业和其他产业（如创意农业、功能农业等）。

（二）北京科技农业的基本特征

科技农业从根本上说是一种发达的科技型产业，其实质是在农业科技进步的内在推动力和市场需求作用下，通过对先进、成熟、能推动农业生产力发展、有较高经济效益的科技成果进行专业化、规模化、集约化的商品性生产和经营的活动。北京科技农业属于农业高新技术产业，具有新兴产业高投入、高产出、高效益、高风险特征，在功能定位、业态类型、企业主体等方面具有北京特色。

1. 功能定位的时代战略性

早在20世纪90年代中期，北京市政府就对农业高新技术及其产业化的发展给予了高度重视，使得农业高新技术及其产业化在北京地区发展迅速。经过多年努力，现代种业、智慧农业、数字农业、生物农业、会展农业等走在全国前列，引领我国现代农业发展。当今世界正经历百年未有之大变局，新冠疫情影响广泛深远，我国已进入新发展阶段，首都北京与国家的历史使命联系更加紧密。新一轮科技革命和产业变革深入发展，新产业新业态新模式新需求蓬勃兴起，国家支持北京建设国际科技创新中心，为首都发展带来新机遇的同时，要求北京加快培育新发展动能，解决高科技领域"卡脖子"问题。北京农业科技创新及科技农业发展是助力建设国际科技创新中心的重要内容。综上可以看出，北京科技农业发展在功能定位上具有明显的时代战略性。

2. 产业类型的丰富多样性

当前，北京农业高新技术产业类型丰富，覆盖了高新技术产业目录中生物与新医药、新能源与节能、资源与环境3个一级领域，农业生物技术、水污染控制与水资源利用技术、生态环境建设与保护技术等8个二级领域，农林植物优良新品种与优质高效安全生产技术、畜禽水产优良新品种与健康养殖技术、重大农林生物灾害与动物疫病防控技术、现代农业装备与信息化技术、农业面源和重金属污染农田综合防治与修复技术等15个三级领域。

3. 科技企业的主动创新性

北京农业高新技术企业具有很强的主动创新性，通过强化协同创新，取得了一批重大技术成果。北京市农业高新技术企业涉及农、林、牧、渔业，种养加工全产业链覆盖，充分体现了北京市各类农业创新主体业务范围广，创新创业活动丰富。在生物育种领域，玉米杂交品种"京科968"、"农华"系列、"中单"系列被农业农村部列为全国主推品种。"京研"系列大白菜、"京欣"系列西瓜、"中蔬"甘蓝等瓜菜新品种在全国占有50%以上的市场份额，"京葫36号"西葫芦等打破了国外种子的长期垄断。大北农集团自主研发的"约氏乳杆菌新饲料添加剂"获得农业农村部 I 类新饲料添加剂证书。北京中农颖泰公司与中国农业大学等联合开发的"枯草菌素抗菌肽新兽药"填补了国内兽用抗菌肽开发的空白。挑战集团植酸酶产品国内市场占有率达 10%，并已批量出口到东南亚和欧洲等国外市场。

4.产业模式的地方差异性

近年来，北京农科教、产学研相结合进行农业科技成果的研究开发速度加快，科技农业发展过程中，各区在农业高新技术产业化的模式和运行机制方面进行了探索并取得积极进展，形成了多种类型、各具特色的农业高新技术产业化发展模式。如朝阳区的农业高新技术示范基地模式、昌平的农业高效示范区模式、顺义的"三高农业试验区"模式、怀柔的农业高新技术嫁接传统农业模式、平谷的畜牧业养殖机械化模式等，这些模式内容新颖、创新性强，具有较好的示范和带动作用。

三、北京发展科技农业的主要优势

（一）北京有旺盛的产业市场需求

北京发展科技农业适应当今世界农业科技革命和我国农业高质量发展的迫切要求。一方面，北京有巨大的市场空间。目前，北京市正积极推进 14 个现代农业领域科技创新服务联盟建设，连通产业上、中、下游，打造了生物种业、奶业等 11 条品牌产业链，为北京科技农业培育了产业发展新动能。同时，国家已建成 4 个国家农业高新技术产业示范区，为北京科技农业发挥引领示范作用提供了广阔空间。另一方面，农业经营主体对科技农业存在巨大的市场需求。以智慧农业为例，由北京农业信息技术研究中心研发的绿云格平台集成了全国各类涉农数据，实现了农业大数据综合服务，目前全国 2000 个以上新型农业经营主体广泛使用；全国农业科教云平台利用大数据技术有效对接供给侧和需求侧，日在线活跃用户超过百万。由此可见，北京科技农业正在加速发展，市场空间在不断开拓。

（二）北京有深厚的科技资源基础

科技农业要以高新技术为基础，而北京农业依托首都的科技、教育优势，已经形成农业科技与知识密集区，农业科技资源全国领先。一方面，科研机构聚集度高。北京聚集了国家级、市级农业科研教育机构 44 家，拥有国家（省部）级农业领域重点实验室、工程技术研究中心、企业研发中心和工程中心 100 余家。另一方面，科技人才资源丰富。北京涉农科研院校科技人员近 2 万人，在京的农业领域两院院士 52 位，占全国农业领域院士总数的 41%。高度聚集的专业科研机构和丰富的科技人才资源为北京科技农业发展提供巨大智库，形成了创新源泉。

（三）北京有独特的区位地缘优势

北京市发展科技农业具有首都地缘优势，北京立足国际科技创新中心定位，技术、人才、信息、资金等创新要素集聚，发展过程中有利于进一步发挥集聚效应。同时，北京发展科技农业具有政策优势，北京市优越的农业政策供给，为科技农业发展提供了良好的土壤。农业农村部与北京市合作共建中国·平谷农业"中关村"，承接国家农业科技在京试验与成果转化。随着一系列激励政策的出台，将会极大加快产学研用结合，形成市场化、高品质、高附加值的农业创新发展模式，促进北京科技农业的发展，带动京津冀地区协同发展，成为具有全国引领作用乃至全球影响力的科技农业发展先行区。

（四）北京有坚实的创新支撑平台

农业农村部与北京市共同打造的中国·平谷农业"中关村"，瞄准农业科技"高精尖"，集中优势资源和要素，在战略科技力量培育、关键核心技术攻关等方面率先突破。截至目前，北京市已批准 9 家现代农业产业园开展创建工作，包括房山国家现代农业产业园、密云国家现代农业产业园和 7 个市级农业产业园。9 家产业园覆盖全市 4 个区 11 个（乡）镇，园区总面积 54 万亩，涉及功能蔬菜、蛋种鸡等 13 个主导产业，2018 年产业园年总产值达 72 亿元。产业园通过"生产 + 加工 + 科技"，聚集现代生产要素，为科技农业发展提供有效载体和平台。2010 年 8 月，科技部、农业部和北京市政府共同启动北京国家现代农业科技城建设，北京农科城围绕国家重大战略需求和首都发展战略定位，不断创新机制体制、突破关键技术、优化产业链条、促进产业融合，已成为国家农业科技协同创新体系的龙头，服务引领全国现代农业科学发展。农科城昌平园开展设施农业、精准农业和低碳农业先导技术示范；顺义园打造集花卉研发、会展、创意、销售于一体的花卉服务产业链；通州种业园建成"育繁推一体化"种业基地；延庆园探索集种植、养殖、加工、沼气发电于一体的"未来农场"模式。北京有经科技部备案的 19 家国家级"星创天地"，它们采用"众创平台支撑 + 创新创业服务 + 创客入驻创业 + 产业发展壮大"的众创模式实现差异化发展，逐步形成了以"龙头企业带动""科学技术示范""合作组织协同""休闲农庄创意"为特色的创新创业服务机构。依托"星创天地"载体，面向跨界农业企业、中小型企业、涉农创业大学生、农业科技人员及农户等开展创新创业服务，推动了科技农业蓬勃发展。

四、北京科技农业发展存在的主要问题

（一）科技成果转化不畅

科研成果转化的能力不足，导致科研成果难以应用于科技农业发展中。首先，北京现行科研申报制度、人员考核机制等造成成果应用与市场需求出现错位、脱节，目前科研体系并不以成果转化为目标，也不以解决生产实际问题和满足市场需求为导向，而主要以发表科研论文为依据，造成大部分农业技术成果市场反响差、转化能力弱，难以实现产业化。其次，科研奖励分配不公导致科研人员创新动力不足，科研人员无法安心和积极主动从事成果转化工作，成果转化收益分配制度、农业科技成果知识产权保护法律法规亟待完善。

（二）技术创新能力不强

创新活力反映了一个国家或地区在原创性科学研究和技术研发方面的产出规模、产出水平和活跃度。北京创新活力总指数在全国 31 个省（自治区、直辖市）中居首位。从科技创新活力各项指标看，北京的农业科技基础研究指数排名第一，技术研发指数排名第三，科技奖励指数排名第一，呈现出以科技论文为表征的基础研究实力雄厚，以科技奖励

为表征的重大科学研究突破数量最多，而以专利为表征的技术研发实力略显不足的特点。其中规模指数（排名第八）和影响力指数（排名第十）处于相对靠后的位置，显示出北京农业技术创新能力不强，存在基础研究向关键技术转化方面略显不足、农业企业技术创新主导地位有待强化、农业科创企业的扶持力度较弱等问题。

（三）科技农业投入不足

首先，从科技农业投入的整体水平来看，政府对农业高新技术研发的投入量少且分散。近年来北京虽然不断提高科技农业投入力度，但无论与国内科技投入强度高的地区相比，还是与其他国家的科技农业投入强度相比，均显得偏低。北京科技企业实力较强，但在农业科技上的投入依然较低。美国和法国等发达国家企业的科技创新投入都占很大比例，企业始终居于创新主体地位。目前北京市农业高新技术企业研发投入占到销售总额的6%，种业企业研发投入已经占到销售总额的11%，但仍然低于发达国家的水平。其次，农业高新技术产业的启动资金匮乏、建设资金到位不理想等，无法保障农业高新技术产业的顺利开展。由于农业科技投入大、周期长、风险大，再加上体制和机制等因素的制约，目前大多数企业科技投入很低，研发能力较弱。此外，多元化的农业高新技术风险投资体系和运行机制没有建立起来。

五、推动北京科技农业高质量发展的政策建议

（一）聚焦重点领域攻关

坚持政府引导、企业主导、产学研合作、产业链协同原则，形成多方合力创新，聚焦前沿，加快原始创新突破，围绕生物种业、智能农机装备、数字农业等领域，强化基因编辑、合成生物学、大数据、人工智能等基础前沿研究，增强战略创新能力，抢占国际竞争制高点。同时，加快推进农业生产关键技术和共性技术研究，为培育科技农业产业体系提供科技支撑。

（二）加快创新平台建设

优化北京科技农业发展布局，夯实科技创新基础，创新运行机制，加快推进中国·平谷农业"中关村"建设，有效利用产业园、农业科技园、国家现代农业科技城、国家"星创天地"，打造创新要素集聚融合的平台载体，加快引进和培育高水平团队、高科技企业和高质量基金入驻落地，鼓励建设新型研发机构，进一步培育壮大创新型农业企业，夯实科技农业创新基础。

（三）培育高新技术企业

吸引和培育一批技术水平高、成长潜力大的科技型企业，形成农业高新技术企业群。吸引遴选一批能专注于农业科技研究和产业化开发、有产业竞争力的国内外农业中小企业。同时引进大企业和孵化小企业，使主要农业园区成为农业高新科技企业集聚平台，并将众多企业培育成能承担高科技成果转化和产业化任务的农业高新技术企业，形成企业集群，构建良好产业生态。支持企业和科研机构自主承担或联合参与国家和北京市科研项目，开展特色优势产业关键共性技术研发和推广。充分发挥企业技术创新和转化应用的主

导作用，鼓励企业与农业科研院校共建研发和技术转移机构，探索建立政府推动、市场引导、企业化运作的农业科技成果转移服务新机制新模式。

（四）深化农业科技体制改革

按照"放活内部、强化支持、优化服务"的思路，加快推进北京公益性农业科研机构改革，尽快促进各项改革措施落地。一是放活内部。对于市级公益性农业科研机构的内设机构，根据农业科技发展趋势、现代农业需求、国际科技竞争等综合因素自主设计，实行备案制度。二是强化支持。重新定位北京市级各类农业科研机构的职能，落实农技人员待遇，建立保障农技推广经费投入的长效机制。鼓励农业科技人员在岗离岗创新创业，健全基层农业技术推广网络，创新公益性农技推广服务方式，支持各种社会力量广泛参与农业科技推广，促进公益性农技推广机构与经营性服务组织融合发展。三是优化服务。转变政府管理科技创新角色，按照法人治理结构参与现代农业科研院所建设；参照国外科研经费管理政策，探索科研经费全成本核算和差旅费总额包干等制度；通过建立科研成果管理数据库等方法减轻科研人员填报表、报账等行政管理类负担，集中精力和时间搞科研；减少科研活动事项审批环节等。

（五）加大科技农业投入力度

一是在符合"首都"功能的农业产业领域加大财政支持力度。在农业绿色发展技术、"菜篮子"产业技术、现代种业、休闲农业等领域，持续增加财政投入，加大公益性基础性科研支持力度。二是强化在京龙头农业企业研发投入。通过税收优惠、政策补贴等方式鼓励有条件的农业企业加大研发投入，提升农业科技含量。三是增加全社会农业科技投入。设立农业科技创新基金，创建新的农业科技投入方式，加强行业协会和金融协会的合作，吸引更多社会资本投入农业层面的科技研发、科技服务、市场推广、产业化等环节。

（六）拓宽对外交流合作

根据产业分工与产业优势，完善京津冀协作联合攻关机制，形成跨区域、跨学科、跨专业的科研联合，努力在农业共性关键技术研发、农产品安全生产、资源集约利用、生态农业技术创新等方面取得突破性成果。继续开展国际农业科技合作，结合人才请进来、送出去等培训项目，加大技术合作与技术引进力度，在引进荷兰等发达国家的工厂化生产、资源循环利用、高效节水农业综合技术的基础上，进行消化、吸收、改造，实现再创新与本土化。积极承接国际性农业展会与学术会议，加强农业国际交流合作。通过技术输出、人才培养、智力交流等方式，引进、消化、吸收优良种质、先进技术、现代装备和发展理念，丰富首都农业科技资源，提升科技农业国际竞争力。

课题负责人：吴志强

课题组组长：季虹

课题组成员：赵术帆、赵雪婷、麻吉亮、白春明、梁玉琴

关于北京市农村产业融合用地
保障机制问题的调研报告

2018 年 6 月，农业农村部发布了《关于实施农村一二三产业融合发展推进行动的通知》，明确指出农村一二三产业融合发展是农业农村经济转型升级的重要抓手和有效途径。促进农村一二三产业融合发展既是构建现代农业产业体系、完善乡村治理制度体系、拓宽农民增收渠道的重要举措，更是加快转变农业发展方式、探索中国特色农业现代化道路的必然要求。产业振兴是实现乡村全面振兴的基础和关键（林毅夫、赵秋运，2022），而乡村三产融合发展不仅能够进一步发挥产业融合乘数效应，激发农民主体创造力，为产业兴旺提供动力支撑，而且能够在更深层次对整个国民经济发展中的要素流动、产业集聚、市场形态乃至城乡格局产生积极影响。乡村三产融合的实质是农业产业链在横、纵两个方向上发生拓展与延伸，农业产业链的变化与融合则会衍生出土地功能复合和农用地、建设用地、未利用地混合利用的用地需求改变（陈美球等，2018）。因此，进一步明晰乡村一二三产业融合发展用地的内涵及实践利用问题，对于实现乡村三产融合发展具有重要意义。

2021 年 1 月 28 日，自然资源部、国家发展改革委、农业农村部联合印发《关于保障和规范农村一二三产业融合发展用地的通知》，将"乡村一二三产业融合发展用地"定义为以农业农村资源为依托，拓展农业农村功能，延伸产业链条，涵盖农产品生产、加工、流通、就地消费等环节，用于农产品加工流通、农村休闲观光旅游、电子商务等混合融合的产业用地，并且将其土地用途确定为工业用地、商业用地、物流仓储用地。从功能特征看，乡村一二三产业融合发展用地实质承担着链接多种农业资源要素，支撑孵化三产融合发展新产业、新业态、新模式，保障农业强盛、农村优美、农民富裕目标顺利实现的重要属性；从类型特征看，乡村一二三产业融合发展用地更为注重突显功能复合和混合利用，模糊了常规一二三产业用地分类边界。调研组在北京调查中发现，各区在推动农村一二三产业融合发展用地过程中虽已进行诸多具有积极意义的探索与创新，但仍存在一些关键共性问题，亟须引起高度重视。

一、当前北京市农村一二三产业融合发展用地保障面临的新形势

（一）农村三产业融合发展用地需求显著增加

目前，北京市人均 GDP 达 16.4 万元，且仍在不断增长。随着收入的增加，居民消费能力逐渐增强，人们对于休闲度假的消费需求也随之提高。由收入增加带来的消费者消费观念的改变也使得休闲农业和乡村旅游逐渐成了更多居民度假消遣的新兴模式。休闲农业为消费者提供美丽的乡村环境、优质的农副产品，令人心旷神怡的田园风光和健康绿色的农副产品与当代都市快节奏生活下的消费者需求是高度匹配的。在《北京市"十四五"时期乡村振兴战略实施规划》（京政发〔2021〕20 号）的"加快一二三产业融合发展"中提出：到 2025 年，休闲农业和乡村旅游接待经营收入从目前的 25 亿元增长至 50 亿元，休闲农业和乡村旅游年接待达到 4000 万人次，规模以上农产品加工企业总产值达到 1500 亿元，实现加工业产值 5 倍于农业总产值。《北京市"十四五"时期乡村振兴战略实施规划》实施将进一步推动乡村一二三产业的融合发展进程，衍生的农村一二三产业融合发展用地需求势必也将大大增长。

（二）耕地保护压力与三产业融合发展用地需求矛盾进一步加深

2018 年，中共中央、国务院印发的《乡村振兴战略规划（2018—2022 年）》中也明确粮食综合生产能力要保持在 6 亿吨以上。自 2013 年以来，我国粮食产量基本上稳定在 6.0 亿—6.2 亿吨之间，这也说明如在相关技术无显著突破的条件下，目前的耕地利用勉强能够满足粮食综合生产能力保持在 6 亿吨以上的约束性要求。这就使得农村一二三产业融合发展面临着很强的耕地保护约束，农村一二三产业融合发展不能以牺牲耕地为代价。

（三）三产融合发展用地需求新特征为土地精细化管理带来挑战

随着乡村振兴战略实施推进，对乡村空间、自然资源的利用会从传统的农业为主的利用方式向发掘乡村空间和自然资源新功能新价值转变，在乡村空间和自然资源利用中会有更多的利益相关者，这些利益相关会对乡村空间和自然资源利用主张和设想更加多样化。这些多样化的乡村空间和自然资源利用的主张使得传统的自上而下的规划模式变得难以适应，不同利益群体对参与国土空间规划的诉求会明显提高。此外，与传统产业用地相比较，农村一二三产业融合发展用地在时间与空间上的不确定性更强，这种不确定性使得现有的用地需求预测方法难以适应，进而使得现有的用地指标分配也难以适应乡村新产业新业态的发展需要，迫切需要在用地需求预测理论和方法上加以创新。

（四）政策创新为北京市三产融合用地保障带来新支撑

政策的不断创新为北京市三产融合用地的发展指明了方向、提供了支撑和帮助。2021 年 4 月，《北京市生态涵养区生态保护和绿色发展条例》提出有关区人民政府应当根据北京城市总体规划、分区规划，依法制定农村集体建设用地点状供地规划。大兴区在前期征求意见基础上，形成《大兴区关于利用集体建设用地支持农村一二三产业融合发展高质量发展的指导意见》，明确实施范围、指标规模及来源，详细制定规划、土地手续办理流程及监督管理办法。门头沟区编制完成《门头沟区乡村振兴集体产业用地（点状供地）实施

规划》，聚焦区域集体产业发展实际问题，推进集体产业用地使用管理制度化、精细化。此外，北京市政府近年来陆续出台了《北京市休闲农业"十百千万"畅游行动实施意见》《北京市休闲农业"十百千万"畅游行动建设成效评价办法（试行）》《北京乡村民宿管理导则》《北京市关于促进乡村民宿发展的指导意见》《北京市关于加快休闲农业和乡村旅游发展的意见》等系列文件，加快推动休闲农业和乡村旅游提档升级和健康发展，提升北京市三产融合用地发展水平。

二、北京市乡村一二三产业融合发展用地面临的主要问题

当前，北京市乡村一二三产业融合发展用地面临：农村集体建设用地指标供给不足，用地成本高昂，设施农业地适用面小、范围窄和标准上限低，建设用地指标落地难、规划滞后，土地增量开发成本高、存量利用效率低，违法违规用地问题突出以及基本农田保护受到挑战等主要问题，致使乡村一二三产业融合发展陷入"产业用地紧缺"与"集体建设用地利用低效"并存的瓶颈。

（一）农村集体建设用地指标供给不足

由于层层分解的建设用地计划指标管理模式，以及城乡建设用地客观地均产出、效率差距的存在，在缺乏配套保障政策干预新增建设用地指标分配的前提下，乡村产业发展所需用地往往得不到有效供给。长期以来，土地增值收益取之于农、主要用之于城，有力推动了工业化、城镇化快速发展，但直接用于农业农村比例偏低，对农业农村发展的支持作用发挥不够。基于村庄用地现状，各地在分配用地计划指标时往往优先保障城镇和重点项目用地获得用地指标，同时要求村庄必须落实减量指标。根据《北京城市总体规划（2016年—2035年）》《门头沟分区规划（国土空间规划）（2017年—2035年）》提出的减量任务，村庄规划必须按照要求落实减量指标。下清水村减量用地占村庄集体建设用地总量的近50%，但按要求减量后，村内完全无可供产业发展的建设用地。此外，不少地方通过整治"空心房"和宅基地，腾出了一些建设用地指标，但多用于城镇建设，而少用于农村产业。即便一些地方在乡镇空间规划中为农村一二三产业融合用地预留了少量用地指标，但由于缺少细化的村级规划，也难以发挥实效。

（二）用地成本攀升制约农村融合产业项目落地

乡村产业融合用地主体资本受限，难以承受高昂的集体经营性建设用地地价。根据农业农村部的数据，2021年农业产业融合主体整体数量重点包括：超过2000万的新型职业农民，390万家的家庭农场，220余万个农民合作社以及9万家县级以上龙头企业。同时，目前返乡回乡创业人员不断增加，返乡下乡创业创新人才的总量已经超过1000万，成为乡村产业融合类项目的主力军。农村建设用地特别是城市近郊集体建设用地供不应求现象日益凸显，农村集体建设用地价格大幅攀升，且实施融合还可能突破集体经营性建设用地的范畴涉及宅基地用地指标，使其面临的用地成本负担加重。截至2021年，33个试点县（市、区）集体经营性建设用地已入市地块1万余宗，面积9万余亩，总价款约257亿元，收取调节金28.6亿元，一亩集体经营性建设用地入市平均价格在30万元左右。北京市大

兴区出让一宗集体经营性建设用地成交价格为15.13亿元，折合楼面地价约为1.4万元/平方米，约合930万/亩。而2022年10月24日，大兴区黄村镇挂牌一宗集体经营性建设用地，以约2400万/亩的价格再次刷新集体经营性建设用地纪录。高昂的集体经营性建设用地入市价格极大地拉高了用地门槛，形成了对用地主体、主导用地用途的"价格筛"，极大地限制了乡村产业融合发展。此外，土地使用成本过高，昌平、大兴、顺义等近郊农用地的流转费用已达到2000元/亩左右，远郊的也在1000元/亩左右，土地流转成本超出一般农作物种植的效益，从而抑制了以农业为主导的农村三产融合发展主体投资意愿。

（三）农村附属设施用地规模标准"量不够"

《关于加强和规范设施农业用地管理的通知》（京规自发〔2021〕62号）规定"严格按照标准安排辅助设施的用地规模"。服务于设施农业项目的内部道路，作为辅助设施单独计算占地面积，不得超过项目总用地面积的3%，宽度（含路肩）不得超过6米；作物种植辅助设施用地规模控制在项目总面积的4%以内，且最多不超过10亩。30亩以上规模化果品种植的辅助设施用地规模控制在项目总面积的2%以内，且最多不超过10亩；畜禽养殖类辅助设施用地规模控制在项目总面积的8%以内，且不超过12亩；水产养殖类辅助设施用地控制在项目总面积的3%以内，且最多不超过4亩；管理用房用地不得超过辅助设施用地面积的20%；建筑物不得超过两层，总高度（檐高）不超过7米。在实际项目运作中，设施农用地标准往往难以满足现实需求。

（四）农村建设用地指标"落不下"

在顶层设计层面、国家业已出台了支乡村一二三产业融合发展的用地政策，但目前这些"一定比例"的用地政策还很难落地。主要原因有：（1）各项政策所要求的年度计划中"一定比例"用地指标落地往往意味地方要调整之前编制的土地利用总体规划；（2）现实中设施农用地需求中不少与基本农田相重合、这使得《关于进一步支持设施农业健康发展的通知》所规定的"一定比例"用于设施农业的用地政策难以落地。通知明确"对于平原地区从事规模化粮食生产涉及的配套设施建设，选址确实难以安排在其他地类上、无法避开基本农田的，经县级国土资源主管部门会同农业部门组织论证确需占用的，可占用基本农田。占用基本农田的，必须按数量相等、质量相当的原则和有关要求予以补划。各类畜禽养殖、水产养殖、工厂化作物栽培等设施建设禁止占用基本农田"。因此，虽然为支持设施农业发展允许有5%的附属设施用地和辅助设施用地，但苦于设施农业落在基本农田内，这个用地比例政策很多时候实际上落不了地。

（五）现有制度政策和规范标准"不匹配"产业融合发展用地新特征

目前，还没有关于农村产业融合用地的专业标准与规划。2015年起，国家各有关部门陆续提出农村产业融合发展战略，如国办发〔2015〕93号、农加发〔2016〕3号等，但是直到2017年国家才正式提出农村产业融合发展用地的相关规定，即国土资规〔2017〕12号。但国办发〔2015〕93号、农加发〔2016〕3号和国土资规〔2017〕12号文件中的内容多是政策性地倡导对农村产业融合用地的支持，对具体用地标准和实施步骤没有明确规定。同时，现有政策文件和标准只是对农村产业融合发展中的生产设施用地、附属设施用地、配套设施用地进行界定，并没有直接对农村产业融合用地范围进行界定，并且不同文件和标准对生产设施用地、附属设施用地、配套设施用地的范围界定存在差异，有的文件将设施农用地分为两类（包括生产设施用地和辅助设施用地，或者生产设施用地和附属设施用地，或者生产设施用地和配套设施用地），有的分为三类（包括生产设施用地、附属设施用地、配套设施用地），每种分类包括的具体内容不同，范围也不统一，比较混乱。此外，大部分政策文件和标准没有明确限定用地规模，即使有限定的，也只是对某一设施用地进行了限定。例如国土资规〔2017〕12号，只限定了看护类管理房用地，以及临时性农产品存储、晾晒、分拣包装等初加工设施用地面积。

（六）土地增量开发成本高、存量利用效率低

北京市乡村一二三产业融合发展用地保障陷入农村集体建设用地存在粗放利用、闲置浪费现象与三产融合发展用地难以供给的两难局面。北京农村存量用地主要涉及农村工矿废弃地、闲置厂房、校舍、农房等，这些地块分布零散，闲置率高，利用粗放。土地资源是农村集体经济组织最为核心的资源。北京大部分农村土地资源丰富，村均耕地面积810亩，林地面积528亩，村均可利用土地面积达1300多亩，远郊区、山区村庄可利用土地面积更大。但是，大部分农村集体经济组织未能实现土地资源向经济发展资本的转化，农村土地资源闲置及低效开发现象突出。据推算，2019年北京农村闲置宅基地农房数量超过4万套，以每套180平方米计，闲置农村建设用地面积达720万平方米。北京增量用地来源于村庄整治、设施农用地调整和四荒地开发所节余出来的建设用地指标，开发成本较高。根据2021年12月，参考自然资源部等3部门联合发布的《巩固拓展脱贫攻坚成果同乡村振兴有效衔接过渡期内城乡建设用地增减挂钩节余指标跨省域调剂管理办法》，节余指标调入北京价格为每亩70万元。参考该标准，北京未来通过"增减挂钩"等形式获得建设用地节余指标成本将进一步增加。

（七）违法违规用地现象突出

长期以来，村庄建设用地存在用地手续不完备、违法占地建房、超标"一户多宅"、闲置浪费等诸多问题。如北京市门头沟区下清水村除村民住宅、公共服务设施及公用设施外的村庄集体建设用地总面积共15.94公顷，约占城乡总建设用地的45%，现状几乎全部处于闲置状态。实际上，自2017年以来，北京已经拆除违法建设超2亿平方米，城乡建设用地减量110平方公里。2021年2月5日，北京市又发布了《关于"十四五"时期深化推进"疏解整治促提升"专项行动的实施意见》，2019年5月以来，北京市先后有房山区长阳镇、昌平区沙河镇、通州区梨园镇等30个街镇纳入治理类，这些街镇总面积占全市6.6%，常住人口占22.4%，2020年诉求有28.2万件，占全市17%。但在推进乡村一二三产业融合发展的进程中，设施农用地政策制度存在被滥用、成为变相增加非农建设用地的通道。《关于加强和规范设施农业用地管理的通知》（京规自发〔2021〕62号）发布以来，为便利乡村和农业发展的设施农用地政策和制度在一定程度上被滥用、成为变相增加非农建设用地的工具。

乡村一二三产业融合发展进一步显化了农村宅基地、产业用地等建设用地的资源、资

产、资本价值，由此催生了多元化的乡村空间和自然资源利用主张，诱发了诸多"一户多宅""违建扩建"现象，为耕地保护、人居环境、社会公平带来极大挑战。特别是因产业发展带动致富的农村均存在一定程度的一户多宅情况，一般都是儿女立家之后原本可以在同一个宅基地再起房屋，但是偏偏要另外申请宅基地。故此如何进行宅基地管理并保证土地使用的公平性，是摆在当前农村三产融合用地精准管理的难题。此外，由于乡镇协调、审批机制尚未建立，宅基地申请审批制度还不健全完善，具体日常工作还不明确，农户在农村宅基地建设经营性建筑，或者在宅基地之外建造房屋或者厂房、工具房等改变宅基地用途的违建行为愈发常见，进一步加剧了宅基地布局散乱、农村居民合法居住权益受损等宅基地乱象。

（八）基本农田与生态环境保护承压

相较于相对完善的城市土地管理配套机制，我国农村土地管理制度仍需要进一步优化完善，以满足乡村三产融合背景下衍生的耕地保护、生态保护、乡村产业用地节约集约利用等一系列新管理需求。一方面，除违规建设、挖泥取土、土壤污染等传统乡村耕地保护风险外，乡村三产融合的新产业、新业态、新模式催生出新型隐形耕地保护风险，为耕地保护带来新压力。例如，新型"虾稻""蟹稻""鳖稻"等各类稻田生态综合种养模式可能产生耕地质量退化风险。另一方面，一二三产业融合发展用地供给缺乏产业门类准入制度以及相关生态环境制度约束，容易诱使高耗能、高污染企业由城镇迁入农村，导致工业废水、废气、废渣直接排放，制造农业点源、面源污染风险（万宝瑞，2017）。

三、应对北京市乡村一二三产业融合发展用地问题的机制建议

（一）落实"点状供地"政策，深化农村土地制度改革

落实"点状供地"政策，盘活利用好村庄闲置的集体存量建设用地，鼓励农民采取自营、出租、入股、合作等方式利用闲置宅基地和闲置住宅，保障乡村产业合理用地需求。因地制宜地推动构建"龙头企业+集体经济组织+农民合作社+农户"的立体产业组织融合机制，使参与各方形成紧密的三产融合发展利益共同体，为试验升级产业链延伸、功能拓展、科技要素渗透等深层次融合模式提供基础平台。具体而言，一是预留指标。按照"村地区管、乡镇统筹"原则，指导各镇在开展镇域国土空间规划编制工作中预留5%城乡建设用地指标，研究产业融合点状用地布局，并积极协助各镇将规划成果上报市规划自然资源委审查。二是制定政策。在前期征求意见基础上，明确实施范围、指标规模及来源，详细制定规划、土地手续办理流程及监督管理办法。三是选取试点。组织各镇梳理完成第一轮有点状供地要求的农业园区项目，选取其中较为成熟的庞各庄镇舍农源园区，组织编制项目规划综合实施方案。以农业资源为引领，以田园生活为特色，以生态农业为依托，打造集文化交流、观光旅游、生态采摘、特色餐饮、休闲度假于一体，互为补充、交相呼应、整体联动的循环农业产业综合体。

（二）破除制度壁垒，审慎探索农村混合产业用地制度

打破常规的三产用地单一化用途分类标准，整合乡村空间内农业资源，构建支撑水平方向不同地块混合利用、垂直方向同一地块复合利用的乡村产业混合用地类型集合（张佰

林，2022），进而重塑乡村范围内各地块的微观区位，提高各类农业活动效率；以审慎稳妥、试点先行的方式探索增加混合产业用地供给，赋予同一宗地水平、垂直兼容两种以上用途，并根据建筑面积占比或功能的重要性确定主导用途，进而依据主用途确定供应方式，从而实现乡村三产融合用地同一空间内部多功能的有机混合和不同空间层级中不同功能利用方式匹配协同。

结合农业农村资源、地域资源环境承载能力、区位条件、发展潜力和地形地貌特征，探索用地新方式，保障农产品生产加工流通、农村基础设施和公共服务设施、农村休闲观光旅游和电子商务，以及农村新产业新业态等农村一二三产业融合发展用地需求。根据农村休闲观光旅游融合业态特征和类型，探索国有建设用地、集体建设用地等多种融合方式，实行分类管理，保障农村一二三产业融合发展用地需求。融合用地项目使用国有建设用地的，可按规划主导用途（计容建筑面积占项目总计容建筑面积比例最大的用途）对应的用地性质确定供地方式。鼓励集中建设、复合利用公共服务设施、基础设施，促进共享共用，提升综合服务水平。对涉及公共安全、环境保护等功能需求的用途不得复合利用。

（三）优化农村建设用地计划指标单列制度

建议整合各项政策文件中的"一定比例"政策，考虑在年度计划指标管理办法纳入农村建设用地指标单列制度；进一步完善农村建设用地指标编制办法、使得年度计划中所单列的农村建设用地指标更为科学合理；在国土空间规划相关管理制度中考虑城乡用地规划指标分列制度；提高国土空间规划（土地利用总体规划）中建设用地指标与年度计划指标之间耦合程度。具体而言，要积极支持农村一二三产业融合发展，新编县乡级国土空间规划应安排不少于10%的建设用地规划指标。制定土地利用年度计划时，县级应安排至少5%新增建设用地指标保障乡村重点产业和项目用地；用地计划指标不足的可在市域内调剂支持；城乡建设用地增减挂钩拆旧复垦产生的建设用地指标，按照不低于30%比例留给项目区农村集体经济组织，在满足集中安置区建房需求的基础上，保障农村一二三产业融合发展用地需求。

（四）积极创新三产融合用地供给机制

探索制定乡村三产融合用地指标的省级协调调度政策，增强产业融合用地指标分配的科学性、权威性、稳定性。在坚持尊重农民意愿、保障农民权益的原则下，有序开展乡村闲置集体建设用地、闲置宅基地、村庄空闲地、厂矿废弃地、道路改线废弃地、农业生产与村庄建设复合用地及"四荒地"（荒山、荒沟、荒丘、荒滩）等土地综合整治（吴昭军，2020），所获建设用地指标全部纳入集体经营性建设用地入市指标管理，并用于乡村三产融合用地建设；拓展集体经济组织内部成员资格权，设计基于资格权条件的集体经营性建设用地入市短期、中期出让规则体系，从而破解农民群体"拿不起"集体经营性建设用地指标瓶颈。构建多部门协同互认的乡村产业混合用地类型分类标准，并从立法层面保障新分类标准在行政审批中的合法性。

（五）建立健全农村土地可持续管理规则

充分发挥市场配置要素的决定性作用，更好发挥政府作用，营造良好市场环境，加快培育乡村产业融合新型市场主体，并引导、增强产业融合用地主体耕地保护、生态环境保护、文化保护意识。优化用地审批和规划许可流程，优化农用地转用审批流程，优化建设用地供应审批，构建集体经济组织与执法部门沟通机制，加快乡村产业融合用地管理制度的迭代升级节奏，扫除耕地保护监管"死角""盲点"；加强城市和农村相关国土空间规划的协同性，提高集体经济组织成员规划编制参与度，适当增加乡村规划弹性"留白"面积，特别针对旅游用地、农业科技研发用地、商服配套设施用地等用地（张勇，2020），进行土地指标总量控制与落地范围示意，不确定用地具体位置；探索制定乡村一二三产业融合发展准入、准出指导标准，将城市土地管理增违挂钩制度引入乡村土地可持续管理规则体系之中，从而有效推动形成激励相容的乡村一二三产业融合发展用地政策支撑体系。

（六）汇编乡村一二三产业融合发展用地政策文件

目前一线土地管理人员对乡村一二三产业融合发展用地政策的熟悉程度并不高，这必然影响乡村一二三产业融合发展用地政策执行与实施效果。因此，为增强对乡村一二三产业融合发展用地政策实施的"软支持"力度，需要重视政策文件的汇编、咨询工作：一方面，重视对乡村一二三产业融合发展用地政策文件的汇编工作。在过去的 10 年，出台了不少土地政策文件，乡村一二三产业融合发展用地政策则分散于不同政策文件，有必要对相关的政策文件加以系统梳理，便于土地管理一线工作人员查阅和参照执行。同时，重视对乡村一二三产业融合发展用地政策实施典型案例的收集整理工作，通过年度典型案例汇编的方式提高土地管理人员对乡村一二三产业融合发展用地政策的认知和理解程度。另一方面，重视对乡村一二三产业融合发展用地政策文件的咨询工作。重视对一线土地管理人员有关土地政策问题咨询的答复工作，建立规范政策咨询答复制度，避免"有答复、无答案"的咨询答复，提高土地政策咨询答复质量。

北京市农村经济研究中心、中国国土经济学会联合课题组

关于社会企业发展乡村旅游助力
共同富裕的内生机制调研报告

——以社会企业实践为例

第一章　相关研究与政策综述

关于社会企业，一个基本的判断，就是社会企业相关的实践活动是先于"社会企业"这一概念的使用的。在对"社会企业"这一主题进行综述时，也要对此有所区分。温铁军（2019）认为，国内研究主流大致沿袭西方在 21 世纪遭遇连续危机之后提出的"企业社会责任"到"社会企业"和"社会企业家"的演变脉络，忽视了中国在 19 世纪末期就已形成的以"实业报国"为目标的社会企业的历史经验。

一、关于社会企业的兴起背景

（一）王名、朱晓红（2010）：福利制度改革与时代环境变化

欧美国家社会企业兴起的时代背景可以概括为四个方面：

1. 新公共管理运动对市场机制的重视。面对 20 世纪出现的"政府失灵"问题，新公共管理运动强调在公共管理中引入企业家精神和市场机制，通过市场来梳理和重构政府、企业及公民社会组织在经济与社会生活中的角色，特别是在公共服务供给方面重构三者的关系。例如，购买服务成为许多国家推进公共服务社会化的重要过程。

2. 遍及欧洲各国的社会福利制度改革。在大量减少对福利事业的公共开支的大背景下，许多国家的政府通过税收优惠等政策，鼓励社会公益资金的运作，许多非营利组织尝试借鉴商业手段对公益资金进行市场化运作，在这个过程中，一部分非营利组织逐渐成长为具有市场竞争力的社会企业，得到相关国家政府的大力支持，又反过来推动并加速了社会福利制度的改革，成为解决社会福利领域诸多社会问题的有效机制。例如，英国 2006 年出台的《社会企业行动计划：登上新高度》。

3. 社会问题的复杂性大大增强。社会问题的复杂性提升了加强跨部门合作的必要性，社会企业往往成为联结政府、企业和非营利组织的一种有效的中介介质。面对某些棘手的社会问题，社会企业需求导向性很强，又能兼顾市场机制、公益意识和创新能力。

4. 许多非营利组织开始面临资金不足的生存压力。由于公共资金减少，非营利组织积极寻求从市场中汲取资源，在探索与企业合作的同时，通过引进各种市场机制探索公益创新。

（二）温铁军（2019）：对资本主义生产方式的反思与经济危机的自救探索

社会企业（Social Enterprise）这个词诞生于19世纪西方对资本主义生产方式的反思与经济危机的自救探索过程中，也由此形成了民间社会组织方式的创新，以及企业经营方式的创新。例如1800年欧文开始进行的企业试验，是社会企业的重要源头之一，也是空想社会主义的起源。但大多数此类企业存续时间比较短，尚不足为据。到20世纪末，随着全球性经济危机的日益深化，旧的以追求利润最大化为首要目标定位的资本主义经济模式，受到了诸多批判与反思。很多国家开始出台不同形式的社会企业相关法律法规，跨国公司在被广泛诟病的压力下开始更多强调企业社会责任的承担，社会组织开始以社会企业转型的方式应对更趋复杂的社会问题。

二、关于社会企业的定义

总体上看，社会企业目前还没有形成相对统一的概念、分类和统计体系。以下是一些社会企业相关的典型定义：

1. 经济合作与发展组织（OECD）1994年的报告：社会企业是指既利用市场资源又利用非市场资源以使低技术工人重返工作岗位的组织。

2. 经济合作与发展组织（OECD）1999年的报告：社会企业包括"任何为公共利益而进行的私人活动，它依据的是企业战略，但其目的不是利润最大化，而是实现一定的经济目标和社会目标，而且它具有一种为社会排挤和失业问题带来创新性解决办法的能力"。

3. 英国贸易及工业部：社会企业主要追求的是社会目的，其盈利主要用来投资于企业本身或社会，而非为了替股东或企业持有人谋求最大利益。

4. 英国《社区利益企业法》："社区利益企业"活动的宗旨是为社区成员谋福利。

5. 芬兰《社会企业法案》：社会企业是指以社会企业名义注册的企业，而这些企业必须满足专门为残疾人和长期失业者提供就业机会等条件，企业雇员中要有百分之三十以上的残疾人或长期失业者。

6. "中国社会组织网"[①]：社会企业不是纯粹的企业，亦不是一般的社会服务，社会企业透过商业手法运作，赚取利润用以贡献社会。它们所得盈余用于扶助弱势社群、促进小区发展及社会企业本身的投资。它们重视社会价值多于追求最大的企业盈利。基本特征是不是以盈利最大化为目标，但又要追求盈利。社会企业的社会目标是满足社会需要、创造就业机会、促进员工发展、建立社会资本、推动可持续发展。

---

① 王名，朱晓红.社会企业论纲[J].中国非营利评，2010，6（02）：1-31.

7. 中国慈善会（2018）：社会企业是指在中国（含港澳台地区）经合法登记注册成立一年及以上，全职受薪团队不少于三人，具有健全财务制度、实行独立核算的企业或社会组织。该机构以解决社会问题、改善社会治理、服务于弱势和特殊群体或社区利益、开展环境保护等为宗旨或首要目标，并有机制保证其社会目标稳定。同时通过市场化运作创新解决社会问题，其社会影响力与市场成果是清晰、可测量的。

8. 杜洁，张兰英，温铁军（2017）：不同形式的社会企业具有以下共同特点：（1）有社会和集体的公共目标；（2）企业化运作不以利润最大化为目的；（3）社会创新；（4）团体治理结构及社区责任。

9. 金碚（2022）：与"经济企业"相对应，社会型企业的形态特征主要表现为：其基本性质虽为企业，具有创造盈余即"经济剩余"的机制性必要，即实现企业经营的可持续和更繁荣，但其经营行为却并不像一般企业定义那样以利润最大化为目标，而是具有自觉的社会公益意愿，承担社会使命，致力于一定的社会目标，努力增进公众和社区福利。

10. 陈琳琳，魏翔，陈奕捷（2022）：在与乡村振兴政策相结合，发展乡村旅游的背景下，社会型企业是将利润最大化和当地村民福利最大化同时纳入目标函数，为此配置资源，实现资源约束下目标函数最大化的企业。该类企业会主动负担起其社会责任，具有社会长远目标，对社会发展起推动作用。

11. 丁开杰（2007）：把民间组织、合作社、社会福利企业、社区服务中心都纳入到社会企业、类社会企业或准社会企业的视野中。

三、与本课题直接相关的重要论点

（一）社会企业的参与模式与组织行为[①]

现代市场经济社会是普遍的交换系统，包括经济交换和社会交换。社会企业的理论逻辑与机制机理，特别是其创新实践和规则形成，在根本上是基于市场条件下的经济交换与社会交换及其回报方式的关系和协同。

社会企业的组织行为至少会面对三个必须通过创新思维而用实践探索来回答的问题：一是社会使命如何嵌入企业机制，成为社会企业组织行为的主要目标？二是以利他为直接目标的社会企业，如何具有持续生命力？三是企业如何与各利益攸关方进行有效协同，形成经济—社会价值的共创系统？利益攸关方包括出资人、企业人（经营者、生产者）、产出需求者（客户）、受援受益人、社会协作组织、市场竞争（合作）者、政府部门等。

（二）社会企业与生态文明、乡村振兴[②]

中国生态文明新时代要求对山、水、田、林、湖、草等空间资源做全域系统化开发。这就需要改变工业文明时代把经济资源脱嵌于自然与社会、仅作为生产力要素来推进资本化的制度体系。由此也要求把追求"利润最大化"作为唯一目标的私利性企业改革为"资

---

① 主要参考文献：金碚（2022）社会企业的机理逻辑及对认识现代市场经济的启示。
② 主要参考文献：温铁军（2019）中国生态文明转型与社会企业传承。

源节约环境友好"、以"可持续发展"为目标的社会企业。所以，生态文明所要求的社会企业与乡村经济，特别是多样性的乡村经济本身，紧密相关。维护乡村社会发展、维护自然资源的可持续性，不但是乡土经济的义务，也是其在乡村社区中持续经营的基础。可以说，"社会企业"作为一种追求社会整体效益最大化的企业组织类型，适用于推动乡村产业发展和社区建设。

（三）社会企业与社会治理[①]

中国在19世纪末期就已形成的以"实业报国"为目标的社会企业的历史经验。以我国早期杰出的社会企业家卢作孚先生及其运营的民生公司和位于重庆北碚的嘉陵江三峡乡村建设实验区为例，卢作孚先生在当时就以整体性社会视角来运营企业，同时还能同步推动城镇综合建设与可持续发展。积累的经验包括物质建设、社会组织、人的培训等多个方面。

（四）社会企业与企业家社会倾向[②]

经济学所断定自私自利的人，并非真实的人，而是抽象的"经济人"。企业家的社会企业倾向和创建社会企业的探索，实际上就成为企业家实践对经济学理论逻辑的挑战。真正面对现实的经济社会世界。

在市场和社会中所发生的交换与回报，不仅仅是经济价值，而且进行广泛的社会性交换，其关切取向是多元的，包括情感、时间、帮助、荣誉、声望、尊严、体面、身份、生态环境、生存意义、体验机会、机能发挥（研究表明：人的能力与所受挑战相平衡而达到的"机能充分发挥"的状态，被认为是人的最大主观幸福感和存在的价值意义）等，都可以成为社会交换的内容。特别需要强调的是：社会交换是无价交换，在这些因素之间是没有交换的"值不值"关系的，也没有"付出"与"回报"之间的比价关系，但具有强烈的价值伦理性质，即是否"应该"，是否"道德"，"做得好"还是"做得不好"的社会认同和期望。

心理学对帮助他人的利他行为主要有三种基本解释：一是社会交换理论；二是社会规范；三是进化心理学。社会交换理论最具基础性的解释力，其他解释理论也都含有社会交换的因素。

（五）社会企业与国企改革[③]

可以说，国有企业在本质上就是一种类社会企业，或者说是"模拟营利性经济企业"的社会企业。国有企业如何实现社会使命和经营效率的双成效，是一个永远的挑战，也是国有企业改革的长期努力目标。凡社会企业或类社会企业，均有此固有特质。

在中国研究社会企业，必然会联系到国有企业改革，实质上就是国家行为与社会企业机理的关系。国有企业与社会企业有许多共同或相似的研究议题，具有很大的互鉴性。国有企业由国家设立（拥有），具有社会使命的主责主业责任，并有营利性目标，即在社会

---

① 杜洁，张兰英，温铁军（2017）社会企业与社会治理的本土化。
② 金碚（2019）社会企业的机理逻辑及对认识现代市场经济的启示。
③ 金碚（2019）社会企业的机理逻辑及对认识现代市场经济的启示。

使命的主责主业范围内，以创造可满意的利润为组织行为目标。具有"类社会企业"的特质，即在原则上，社会目标高于经济目标，社会（国家）使命高于盈利要求。所以，从根本上说，国家所拥有的企业是利他主体，又是具有很强经济性经营目标的市场经济主体。

国家所拥有的企业，如何处理好经济理性与社会使命的关系，是一直纠缠着国有企业改革的难题。由于国有企业数量众多、规模巨大，如果无限度地承担影响企业盈利性效率的非生产性事务，就会严重妨碍企业竞争力。所以，自从改革开放以来，国有企业改革非常不易地纠正了"企业办社会"的偏向，但不可能消除其所固有的社会企业因素。例如，国务院办公厅关于中央企业分离办社会职能试点工作有关问题的通知（国办发〔2004〕22号）中就提到，分离企业办社会职能，切实减轻国有企业的社会负担，是深化国有企业改革，实现政企分开，提高国有企业竞争力，完善社会主义市场经济体制的一项重大举措……从 2004 年 1 月 1 日起，将中石油、中石化、东风汽车公司所属的全日制普通中小学（以下简称中小学）和公安、检察、法院（以下简称公检法）等职能单位，一次性全部分离并按属地原则移交地方管理。企业医院、市政机构、消防机构、社区机构、生活服务单位等分离问题，由企业和地方政府根据实际情况协商决定，鼓励企业办社会机构通过市场化改革进行分离。

（六）社会企业与老旧小区改造 ①

从社区参与与利益相关者的角度看，城市社区改造与更新的例子对未来的乡村振兴也有一定的借鉴意义。北京劲松北社区老旧小区改造的例子就非常典型，此案例已经总结为"劲松模式"写入北京市的"十四五"规划，还被住房和城乡建设部作为典型案例在全国进行复制推广。

1. 传统合作生产模型以"政府—公众"二元关系为基础，老旧小区改造应用该模型存在固有困难：一方面，合作生产的运行成本比较高，政府有心无力；另一方面，合作生产具有专业性，居民力不从心。

2. 在老旧小区改造的具体实践中，由于存在居民参与意愿不足、居民参与机制和渠道不畅、社区凝聚力不强等原因，限制了合作生产模式的运用。

而这两个突出的问题，可能都是未来乡村旅游开发中会遇到的典型问题。

与一次性开发和销售的商业逻辑不同，它具有微利性质，需要企业扎根到老旧小区，与政府、社区和居民合作推动老旧小区可持续发展。在这个过程中，企业呈现出商业和公益双重特征，它不仅以微利可持续模式实现了项目良性可循环，而且构建了有机更新的社区合作治理模式。因此，适合跳出资金平衡的狭义视角，从社会企业推动合作生产的角度对案例进行考察。

社会企业接受政府的业务外包，成为"公共服务的协同提供者"，解决了政府技术、运营和资源能力不足的问题，同时，它又发挥着"居民利益代表者"的角色，为居民参与提供专业化指导，提供居民参与的机制和渠道，从而消除了合作生产二元模型的弊端。其

---

① 邢华、张绪娥（2022）：社会企业如何推进老旧小区改造合作生产？

主要经验可总结为两个方面：

一是社会企业与政府签订长期战略协议，成为"公共服务的协同提供者"。例如：自有投资投入 3000 万元完成了劲松一区、二区示范区改造，发挥设计和运营方面专业技术优势，为项目提供从规划、设计、施工和运营的全过程和全周期服务，在资金、专业运营和管理投入方面弥补了政府单向投入的不足，为合作生产创造了条件。

二是社会企业沉浸到社区，成为"居民利益的代表者"。采用沉浸式设计方法，深刻体会居民行为，站在居民的角度去思考和解决问题，克服了居民参与合作生产能力和资源等方面的缺陷，使居民参与合作生产成为可能。设计师将自己当作社区的一员，生活在社区并与社区产生共情，确保居民的需求和意愿得到充分表达。

社会企业可以通过塑造居民信任、推动居民合作赋权、为居民合作赋能、促进社区增信等提高居民的个体价值和内在效能感，提升社区公共价值，推进老旧小区改造合作生产。

表 1　社会企业在合作生产各阶段推动居民参与的具体机制

阶段	合作规划	合作设计	合作运营	合作治理
合作生产形式	支持项目并提供需求信息	表达意见、提供建议、投票决定最终方案	提供服务体验反馈	以主人翁姿态参与社区治理
合作生产影响因素	提高居民个体价值	提高居民内在效能感	提高居民内在效能感	提升社区公共价值
社会企业作用	塑造居民信任	推动居民合作赋权	为居民合作赋能	促进社区增信
典型案例	匠心工坊	五方联动机制	乒乓球台设计	美好会客厅
	美好理发店	议事小组	物业服务	书法比赛

资料资源：作者根据调研资料整理。

（七）社会企业与农民合作社 [①]

农民合作社被公认为是一种实现农民互助的经济组织，然而现实中却出现了一些典型问题。

1. "空壳社"，注册后便不再运行、借合作社之名享受补贴和免税等优惠政策、经营不善陷入困境。

2. "大农吃小农"，他们一般选择产前的农资和产后的销售环节，或者选择将土地资源做二产化和三产化经营，最不赢利的生产环节留给普通社员，使普通社员能获得的收益仅仅相当于劳务收入。

3. "精英俘获"，村两委主要负责人、乡村政治能人，"成员地位平等，实行民主管理"的原则很难得到落实。

从社会企业的视角对农民合作社进行研究发现：相对务实的农民合作社，具有系统而

---

① 主要参考文献：何慧丽、杨光耀（2019）：农民合作社：一种典型的本土化社会企业。

非单一产业链的经济特点；相对团结的农民合作社，具有内部治理的计划性特点；相对有活力的农民合作社，具有社会企业追求的多重社会性功能特点。

由此认为，当前的农民合作社不但是一种社会企业，而且是中国亟待发展的一种典型的本土化社会企业。以社会企业为视角来认识并指导培育农民合作社，具有理论与现实的双重价值。

四、企业参与乡村旅游开发直接相关的主要政策

（一）关于促进农民农村共同富裕

习近平总书记在 2021 年第 20 期《求是》杂志上发表了《扎实推动共同富裕》，文章指出，"促进农民农村共同富裕。促进共同富裕，最艰巨最繁重的任务仍然在农村。农村共同富裕工作要抓紧，但不宜像脱贫攻坚那样提出统一的量化指标。要巩固拓展脱贫攻坚成果，对易返贫致贫人口要加强监测、及早干预，对脱贫县要扶上马送一程，确保不发生规模性返贫和新的致贫。要全面推进乡村振兴，加快农业产业化，盘活农村资产，增加农民财产性收入，使更多农村居民勤劳致富。要加强农村基础设施和公共服务体系建设，改善农村人居环境"。

结合上文，本课题认为，在新发展阶段以共同富裕为目标探讨乡村旅游的发展走向问题，也要站在深化农业农村改革的实践高度上，继续强化乡村旅游的服务角色定位。要以乡村旅游开发为例，讨论如何通过解放和发展农村生产力，尽可能放大乡村旅游的正面发展效能，为扎实推进共同富裕贡献力量。具体来说，一是要在巩固拓展脱贫攻坚成果方面提供可靠的支撑内容，让产业发展的综合成果可持续地惠及易返贫致贫人口；二是要在盘活农村资产方面提供实用的践行模式，为农民农村增加更多的财产性收入；三是要在加快农村产业化方面提供高效的联动内容，为农民创造更多勤劳致富的发展机会；四是在改善农村人居环境方面提供科学的共享样本，提升农村的基础设施与公共服务水平。

（二）关于农村产业融合

国务院印发《"十四五"推进农业农村现代化规划》（以下简称《规划》）提出，要坚持立农为农，把带动农民就业增收作为乡村产业发展的基本导向，加快农村一二三产业融合发展，把产业链主体留在县域，把就业机会和产业链增值收益留给农民。在健全乡村产业体系方面，《规划》提出，要以农业农村资源为依托，以农民为主体，培育壮大现代种养业、乡村特色产业、农产品加工流通业、乡村休闲旅游业、乡村新型服务业、乡村信息产业等，形成特色鲜明、类型丰富、协同发展的乡村产业体系。以拓展二三产业为重点，纵向延伸产业链条，横向拓展产业功能，多向提升乡村价值。

《中华人民共和国乡村振兴促进法》同样提到，各级人民政府应当发挥农村资源和生态优势，支持特色农业、休闲农业、现代农产品加工业、乡村手工业、绿色建材、红色旅游、乡村旅游、康养和乡村物流、电子商务等乡村产业的发展；引导新型经营主体通过特色化、专业化经营，合理配置生产要素，促进乡村产业深度融合。

本课题认为，因地制宜地发展乡村旅游，实行在地化的共生发展，将更多收益留在农村，是拓展共同富裕发展空间的重要抓手。

（三）关于乡村产业利益联结与角色分工

习近平总书记在 2022 年第 7 期《求是》杂志上发表了《坚持把解决好"三农"问题作为全党工作重中之重 举全党全社会之力推动乡村振兴》，文章指出，发展乡村产业要让农民有活干、有钱赚。很多地方农业产业升级过程中，往往规模越来越大、用工越来越少、农户参与程度越来越低，这是市场自发作用的结果。但是，我们要把握好度，不能忘了农民这一头，要完善利益联结机制，通过"资源变资产、资金变股金、农民变股东"，尽可能让农民参与进来。要形成企业和农户产业链上优势互补、分工合作的格局，农户能干的尽量让农户干，企业干自己擅长的事，让农民更多分享产业增值收益。要把农业现代化示范区作为推进农业现代化的重要抓手，以县为单位开展创建，形成梯次推进农业现代化的格局。

本课题认为，乡村旅游参与企业、村集体、农民在产业发展过程中的角色定位与利益联结机制设计，直接决定着农村改革与发展的效率与效果。

（四）关于保护"三农"利益

《中共中央 国务院关于实施乡村振兴战略的意见》（2018）指出，深化农村土地制度改革。系统总结农村土地征收、集体经营性建设用地入市、宅基地制度改革试点经验，逐步扩大试点，加快土地管理法修改，完善农村土地利用管理政策体系。扎实推进房地一体的农村集体建设用地和宅基地使用权确权登记颁证。完善农民闲置宅基地和闲置农房政策，探索宅基地所有权、资格权、使用权"三权分置"，落实宅基地集体所有权，保障宅基地农户资格权和农民房屋财产权，适度放活宅基地和农民房屋使用权，不得违规违法买卖宅基地，严格实行土地用途管制，严格禁止下乡利用农村宅基地建设别墅大院和私人会馆。在符合土地利用总体规划前提下，允许县级政府通过村土地利用规划，调整优化村庄用地布局，有效利用农村零星分散的存量建设用地；预留部分规划建设用地指标用于单独选址的农业设施和休闲旅游设施等建设。对利用收储农村闲置建设用地发展农村新产业新业态的，给予新增建设用地指标奖励。进一步完善设施农用地政策。

《中华人民共和国乡村振兴促进法》明确规定：发展乡村产业应当符合国土空间规划和产业政策、环境保护的要求……国家鼓励社会资本到乡村发展与农民利益联结型项目，鼓励城市居民到乡村旅游、休闲度假、养生养老等，但不得破坏乡村生态环境，不得损害农村集体经济组织及其成员的合法权益。

本课题认为，国家在法律和政策上对"三农"利益的保护原则，使得乡村旅游参与企业必须思考走亲社会企业的发展之路。

五、本课题对社会企业的认识与理解

总结：为什么关于社会企业的定义、分类没能形成统一意见？ Kim Alter（2007）绘制的一幅关系图或许可以解释。从单个组织个体追求可持续发展目标的角度看，经济目标与社会目标都不能只选其一，可能最大的区别在于该组织亲社会行为的多少。

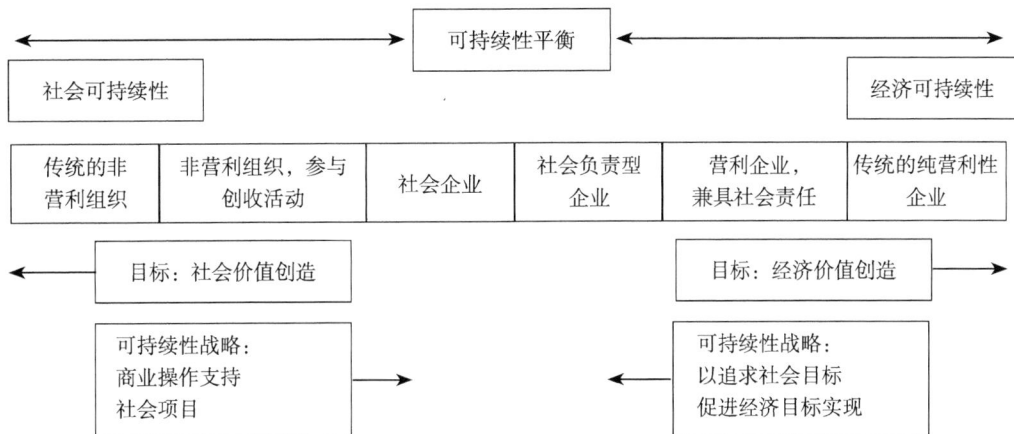

图2　金·阿特洛的可持续性发展光谱图示

判断某一组织是不是社会企业并无标准，但至少可以发现该组织对社会的贡献大小。而对社会贡献的考量，也可以有广义与狭义之分，且并无定论。

在全面推进乡村振兴和扎实推动共同富裕的大背景下，企业参与到乡村旅游开发的实践过程，很适合讨论社会企业赋能机制问题。

因此，本课题的主要任务主要聚焦以下四个方面：

1. 梳理和分析相关文献和政策，提炼有价值的观点；

2. 选取五个不同类型的有代表性案例，重点总结和分析案例企业在乡村旅游开发过程中的亲社会做法与创新举措；

3. 从利益联结机制的角度分析各利益相关者共建的发展目标体系，从政策服务目标与市场开发目标两个角度分析开发阶段中的关键问题；

4. 从政府政策的角度，分析如何促进乡村旅游相关企业作出更多的亲社会行为，如何促进相关企业向理想中的社会企业靠拢，以更好地为乡村振兴和共同富裕服务，促进乡村经济社会的良性综合发展。

第二章　典型案例分析

一、小毛驴市民农园：高校团队主导的社会企业探索实践

小毛驴市民农园是中国第一家规范运作的 CSA 农场，创建于 2008 年 4 月，占地 230 亩，位于北京市海淀区苏家坨镇后沙涧村，由中国人民大学乡村建设中心下属非营利性企业国仁城乡（北京）科技发展中心负责管理运作，小毛驴市民农园一直秉承社会企业的经

营理念，以社会综合收益最大化为发展目标。

北京小毛驴市民农园于2008年由一群致力于乡村建设与生态农业理想的青年大学生参与创办，地处北京西郊著名自然风景区凤凰岭山脚下、京密引水渠旁，是北京市海淀区农村工作委员会、中国人民大学乡村建设中心共建的产学研基地，也是中国CSA运动的开拓者、全国爱故乡计划的发起者、新农人的"黄埔军校"。

小毛驴市民农园坚持"生态、健康、公平、关爱"有机农业四大原则，致力于推动市民参与式生态农业，在生产方式上采用自然农业技术，尊重自然界的多样性，遵循种养结合的原理，重视传统农耕文化和乡土知识的传承；在经营模式上采取国际上较为成熟的社区互助农业（CSA）理念，开辟租赁农园，发展体验农业，促进产消对接；在社会关系上倡导消费者与生产者共担风险、共享收益，践行健康、自然的可持续生活方式，搭建乡村和城市合作互助的桥梁。

表2 小毛驴市民农园主要项目及内容

主要项目	内容介绍
开辟租赁农园发展体验农业	租赁农园又称为劳动份额，是小毛驴市民农园的一项基础业务，深受市民欢迎，平均每年保持在400户左右，8年来累积为北京市近1000个市民家庭提供租地种菜服务，总蔬菜产量约100万斤
开展蔬菜配送促进产销对接	蔬菜配送又称为配送份额，是小毛驴市民农园结合社区互助农业（CSA）推出的一项创新业务。打造"本地生产、本地消费"的产销共同体，让生产者和消费者直接对接。配送份额，8年来，累积为北京市2000多个市民家庭提供了200多万斤有机蔬菜
打造独具特色的市民休闲体验场所	自2011年开始，陆续开辟"田间学校"、"亲子社区"、儿童乐园、小动物乐园等，开展农业科普与家庭农业教育主题活动、各类农业节庆主题活动、围绕自然教育、都市农耕、食品安全等内容开办相应的课程
推动全国"农夫市集"发展	2009年开始，在小毛驴市民农园的组织、推动下，以社区伙伴（PCD）网络、市民农业CSA联盟、全国CSA网络为基础，以小农场、小餐厅、手工作坊、农业教育机构、环保组织等为主要参与者，多次举办了北京地区的农夫市集和全国"新农夫市集"。2011年，最终形成"北京有机农夫市集"，每周末在北京不同城区开集

近年来小毛驴市民农园的成果主要体现在经济效益、生态效益及社会效益三个方面：一是经济效益大幅提高，实现年产值近600万元（亩均产值3万）、5倍于常规农业产值。二是生态效益逐步显现。有机农业耕作的方式对于农园耕地起到了有效的改善及保护作用，农田生态系统得以逐步恢复平衡，实现了生产经营过程中的低成本生态修复。三是社会影响十分显著。农园的生态技术和发展模式已经在全国多个地区得到推广应用，据不完全统计，在小毛驴模式的带动下，全国以CSA模式运作的农场已超过500家。

小毛驴市民农园在生产方式上采用自然农业技术，尊重自然界的多样性，遵循种养殖结合的原理，其中种植以蔬菜为主，养殖以猪和鸡为主；在经营模式上采用社区互助农业（CSA）的公平贸易理念，推动"市民下乡"、倡导消费者与生产者"共担风险、共享收益"，为市民提供蔬菜配送和菜地租种服务，让市民参与到生态农业的实践与推广中来，全年服务会员过1000家。

（一）项目特色

1.满足城市市场需求，建立生产者与消费者间的信任关系在当前食品安全和环境污染问题日益严峻的社会背景下，小毛驴市民农园可谓是大城市中的"桃花源"，市场长期存在的食品安全问题使得供销双方缺乏信任，同时供销双方也缺少沟通的桥梁，而租赁农园和蔬菜配送等多种业务构建起了新型农产品的产销直供链条，满足城市消费者对于自然、健康生活方式的需求，也为乡村生产者和城市消费者搭建起了直接沟通的桥梁。在配送份额业务中，农园会在配送箱中附上《小毛驴市民农园 CSA 简报》，让消费者实时了解农园情况，有效缓解食品安全压力，劳动份额业务为消费者提供体验农业生产的机会，不仅通过亲自耕种让消费者深入了解农业生产过程，增强对于食品安全的信任度，也提供了一种在城市中回归自然、体验田园生活的方式。这种生产者和消费者直接互动的发展模式，能够在两者之间建立信任关系，利于形成和维护相对稳定的消费群体。

2. 以壮大农业为基础的产业体系拓展

小毛驴市民农园是在都市对于可持续农业发展的积极探索，将生态农业的种养模式与市民农园的经营相结合，逐步形成了完善的产品体系，具有观光休闲体验、文化交流传承、生态农产品产销、人才教育培养等多重功能，以农业生产为基点，充分发挥了农业的多功能性。在发展传统农业、提供生态农产品的基础上，大力挖掘、传承乡土文化，丰富活动开展形式（如农夫市集、农业节庆主题活动、儿童乐园等），各类互动活动起到了吸引公众参与的效果，且能够传播健康、和谐、可持续发展的理念。

3. 联合型的开发经营模式

小毛驴市民农园采用政府、高校、企业等多方合作模式，整合各类资源推动项目发展。小毛驴市民农园是海淀区政府与中国人民大学共建项目，企业的运营由国仁城乡（北京）科技发展中心负责，政府承担部分农园建设的投入，起始运营阶段园区的规划和基础设施建设全部经费来自海淀区政府"现代都市农业示范园"项目，园区土地费用也由政府承担，2012 年开始小毛驴市民农园开始自己承担土地费用。高校专家对小毛驴市民农园提供技术指导，如聘请中国人民大学温铁军教授担任顾问，对农园的发展方向、技术问题等提供专业支持。在农园的实际种植养殖工作中，主要雇佣小毛驴所在村庄的村民负责，招募的实习生除了负责农园各种活动的组织策划外，也参与配合村民参与农园的种养殖工作。

（二）发展要素配置

1. 用地

小毛驴市民农园位于北京市海淀区苏家坨镇后沙涧村，占地 230 亩。农园用地最开始是废弃的苗木地和农地，后经监测园区土壤符合有机种植条件，随后按照生态农场的要求进行了景观与设施的规划设计，将废弃的苗木地进行土地资源的再利用。在项目试运行阶段，土地费用由政府承担，基础设施建设与园区的设计费用也由海淀区政府承担，经费来自"现代都市农业示范园"项目，这一阶段中农园的实际运营成本也较低；2012 年，"政府买单"的试运营阶段结束，项目进入实际运营阶段，农园需要自己承担每年 20 万元的土地费用。除土地使用费用外，农园内许多土地是农业用地，不能私自建设房屋等基础设施，对农园后续发展中的基础设施建设及改造造成了一定的困难。

2. 资本

小毛驴市民农园隶属于国仁城乡（北京）科技发展中心，国仁城乡（北京）科技发展中心最开始的注册资本是来自温铁军、刘建芝等教授的捐赠。小毛驴市民农园的资本主要来自两个方面：政府资金支持＋社会投资。因为小毛驴市民农园是联合型的开发项目，项目在启动和试运营阶段受到政府的大力支持，农园开始的基建费用由政府承担，其土地使用费用在试运营阶段免费。后在实际运营阶段，农园每年需承担20万的土地使用费用，且其他运营成本也随之提高，整体运营成本投入增多，农园资金压力增大，为突破资金瓶颈，农园开始引入多元化投资渠道，试图通过拉赞助的方式吸引企业和个人投资，例如每年举办的CSA大会就汇聚了许多热心公益、积极参与乡村振兴事业的企业家。

3.劳动力

小毛驴市民农园的运营团队包括高校专家作为智库提供专业技术支持和咨询；国仁城乡（北京）科技发展中心进行管理；雇用本村的村民进行实际的种养殖工作；招募实习生负责农园活动的组织策划，同时也协助进行种养殖工作。农园聘请了中国人民大学温铁军教授等十几位专家学者作为智库团队，为农园发展方向及技术问题提供专业咨询和支持。农园运营过程之中的种养殖工作通过雇用所在地的村民完成，满足了农园发展的农业劳动力需求，同时带动了当地村民就业，农园已吸收当地近50名村民就业，人均月收入2500元以上。

4.技术与数据

小毛驴市民农园采用多种宣传模式，建立了独立的公众号进行运营，并创建了视频号。公众号定期发布农园相关动态及部分活动宣传内容，让市民能够随时了解农园发展动态，起到了一定的宣传作用，且公众能够直接通过微信公众号进行菜地认养、预约入园等相关操作。但就目前公众号文章的阅读量来看，宣传覆盖群体相对固定，通过微信公众号及视频号的宣传效果有限，还应开发多种新媒体宣传途径吸引参与人群。在项目发展方面，探索电商直播等新型营销方式，带动村民增收，推动乡村发展。

（三）与亲社会行为相关的创新做法与经验启示

1.保障农业主体地位，促进乡村可持续性发展

小毛驴市民农园将农业与服务业相结合，践行自然、健康的可持续发展方式，满足了城市中等收入群体对于自然、健康生活方式的追求。农园以农业发展为基点，开展有机蔬菜种菜与配送、租赁农园提供农业体验等项目，不仅保障了农业的主体地位，且通过组织形式丰富多样的活动吸引公众参与支持生态农业。

产业振兴是实现乡村振兴的物质基础，农业始终是乡村地区的基础产业，也是最重要的产业，推动乡村地区一二三产业融合发展要以农业作为依托。小毛驴市民农园将农业与服务业相结合，推动了乡村地区的产业融合，有效带动了当地村民增收，且始终以农业发展作为其基础，保障了乡村地区农业的主体地位，利于乡村可持续发展。

农园的管理运营团队由高校＋政府＋村民＋实习生组成，在这种多元主体的运营模式下，实习生参与农园的运作管理和农业劳动的同时，也能学习到农园相关的管理及运作知识，在实习结束后能够具备在其他地区继续开展相关工作的能力，使得农园的生态技术

和发展模式能够在全国各个地区广泛推动，起到了一定的人才培养作用。

2. 兼顾社会效益，保护传承乡土文化

社会型企业最典型的特征在于兼顾经济效益与社会效益，不同于传统企业追求经济利益。社会型企业进入乡村能够在企业发展的过程中将文化因素纳入考量范围，推动乡村民俗文化的发展，起到保护传承乡土文化的作用。

小毛驴市民农园进行乡村发展并不单单局限于追求经济利益，在增收的基础上更多地考虑传承保护农耕文化、乡土文化，是在都市中的一次乡土文化实践。市民农园在蔬菜配送、租赁农园的基础业务上，陆续开展了田间学校、小动物乐园、各类农耕主题节庆活动及围绕自然教育、都市农耕、食品安全等内容的相应课程，让公众能够在快节奏的城市生活中接触农耕文化、体验多种多样的民俗民艺活动。各类民俗文化表演、传统手工艺制作活动的开展以及乡愁纪念馆、爱故乡驿站等的设立，对当地许多乡土文化起到了宣传及保护的作用，同时也能够让更多的城市居民回归乡土，接触并传承乡土文化。

3. 推动乡村人才队伍建设

乡村振兴，人才先行。长期以来，乡村工作岗位缺乏，导致大量的劳动力流向城市，乡村地区社会型企业的发展能够为当地村民提供一定的工作岗位、带动当地村民就业。同时，社会型企业通过组织开展相关培训，培养本土村民，推动当地乡村人才队伍建设，赋能乡村发展。

小毛驴市民农园运营中的基础农业工作通过雇用当地村民完成，为当地村民提供了工作岗位，目前已吸收近 50 名村民就业，拥有农业科学技术的相关人才及高校实习生会参与部分种养殖工作，在此过程中能够为当地村民提供一定的技术指导和培训，使其掌握和增加农业技术知识，提高自身能力。

4. 参与国仁乡建社企联盟，打造乡村振兴综合服务平台

国仁乡建社企联盟，是由"三农"专家温铁军领衔发起，培育并整合中国当代乡村建设领域的多个社会企业，合力打造的乡村振兴综合服务平台。小毛驴市民农园也参与其中，这个社企联盟利用其丰富的农村一线工作经验、庞大的乡村建设工作网络、有信念的青年创新创业队伍、系统的国内外生态适用技术、实践与理论结合的工作手法等基础优势，为社会提供乡村振兴智库、乡土文化复兴、乡创人才培养、生态产业融合、美丽乡村建设等主题的服务工作。

二、华润希望小镇：大型国企主导的产业扶贫模式复制

2008 年，华润提出利用华润企业和员工捐款到贫困地区和革命老区的乡村建设华润希望小镇的创想。14 年来，华润共捐资超 10 亿元，精准对接革命老区、贫困地区，以"环境改造、产业帮扶、组织重构、精神重塑"为四大愿景，在全国建成了广西百色、河北西柏坡、湖南韶山、福建古田、贵州遵义、安徽金寨、江西井冈山、宁夏海原、贵州剑河、湖北红安、陕西延安 11 座华润希望小镇，四川南江、甘肃康乐、吉林通化、河北张北、内蒙古阿尔山 5 座华润希望小镇正在规划建设中。14 年来，希望小镇直接受益农民

总计3381余户，12460余人，加上广昌、海原两县的定点扶贫项目和福建清流县的对口支援项目，华润辐射带动超过30万人脱贫奔小康，辐射带动小镇周边10万余人脱贫致富奔小康，为企业参与乡村振兴贡献了华润经验。

2017年，党的十九大报告提出了乡村振兴的国家战略，明确指出要按照产业兴旺、生态宜居、乡风文明、治理有效、生活富裕的五大总要求，加快推进农业农村现代化。华润联合中国社科院企业社会责任研究中心，结合希望小镇建设经验，对乡村振兴进行了政策研究，并于2018年在延安华润希望小镇发布了《华润集团乡村振兴白皮书（2008—2018）》，研究发现华润希望小镇的四大愿景全面响应了乡村振兴的五大总要求。

华润希望小镇主要特点可概括为"1345"，即1个乡村振兴理念——取予有道，润泽中华；3大模式特点——管理协同、路径多元、成果共享；4大愿景——环境改造、产业帮扶、组织重构、精神重塑；5大受益方——当地百姓、当地政府、合作伙伴、参与员工、华润集团。

（一）项目特色

华润集团秉持"取予有道，润泽中华"的乡村振兴理念，在10年的乡村建设实践过程中，充分发挥华润集团的多元业务优势和资源整合能力，逐步探索"管理协同""路径多元""成果共享"的"生态型"乡村振兴模式，以脱贫攻坚为重点，以"华润希望小镇"为核心方式，以产业兴旺、生态宜居、乡风文明、治理有效、生活富裕为目标，使百姓、政府、企业等多方得益。

1. 从市场的视角分析项目的吸引力与亮点

经过14年建设，希望小镇已成为华润实业兴国、情系民众、履行央企社会责任的一张亮丽名片，立足乡村振兴新阶段，要明确希望小镇工作宗旨，进一步提升工作模式；要解放思想，优化工作机制；要聚焦重点工作，做好乡村产业振兴；要挖掘希望小镇综合价值，让希望小镇成为华润精神文化、品牌传承弘扬的主阵地。在华润希望小镇的建设与发展过程中，润商文化自2012年开始，以观察者、记录者、传播者的身份长期关注，并且以田野调查的方式与非虚构写作的手法创作了大量纪实作品，全景展现产业扶贫的央企样本。

希望小镇是华润勇于担当国家使命、传承红色文化基因的一个缩影。作为党在抗日战争关键时期建立的第一家开展海外经济工作的企业，华润从诞生第一天起便被赋予家国天下的精神基因。在许多重要的时代转折关头都可以看到华润奋斗的身影，在各个时期华润都听从党和国家的召唤，为国家、为人民作出重要贡献。

2. 从合作的角度分析项目的分配方案与关系

自2008年以来，希望小镇经过探索与实践，已逐渐形成以"环境改造、产业帮扶、组织重构、精神重塑"为核心的系统扶贫模式，从"农村民居以及基础设施建设、农村经济模式转变、新型农村社区组织建设、乡村文明重建"四个方面，以"居住环境的城镇化、产业经济的城镇化、社会管理与公共服务的城镇化以及人的城镇化"四个维度，使农民的物质生活与精神面貌都焕然一新。

环境改造：通过就地改建、新建民居以及建设公共配套设施、市政基础设施，从根本上改变当地农民的生活、医疗、教育及休闲娱乐的环境。在推进过程中，项目组充分尊重农民意愿，重视成本控制，最大程度保持村落的生态原貌。

产业帮扶：从规划建设阶段起，希望小镇始终遵循生态、有机、循环、可持续发展的方向，与华润业务发展相结合，引导农民成立专业合作总社。通过"统购统销、引导起步""优化品种、合作经营""土地流转试验""农超对接、基地建设"四个阶段，打造"产、供、销"一体化产业链，因地制宜形成"一镇一品"的产业特色，从根本上改变传统的农村经济模式，提高农民生活质量。

组织重构：通过环境改造、产业帮扶不断深入，希望小镇在地方政府支持下积极打造新型农村组织管理架构，通过建设农民专业合作社、社区居民委员会与社区党支部交叉任职的方式，实现农村党、政、企"三位一体"的新型管理模式，让从基层一线成长起来的致富能人走上管理岗位。这种组织创新改变了当前中国农村基层组织管理薄弱、集体经济发展滞后的困局，为希望小镇新型农村社区的可持续发展提供组织保障。

精神重塑：村民富裕起来以后，精神文明建设、乡土文化传承等困难依然很多。希望小镇以祠堂、公屋等为载体，将扶贫同扶志、扶智相结合，通过"树乡贤、立乡约、整乡风、塑乡情"活动，恢复乡村和谐淳朴、积极向上的精神风貌，让新农村再次焕发生机，人与人之间多了一份坚持，多了一份信任，心也近了。

（二）发展要素配置

华润希望小镇是由央企华润集团利用企业资源解决"三农"问题，积极参与社会主义新农村建设和城镇化建设的一次有益探索和尝试，从 2008 年至今，华润希望小镇不断探索，尝试通过"居住环境的城镇化、产业经济的城镇化、社会管理与公共服务的城镇化，以及人的城镇化"四个维度，使客观条件具备的乡村实现向小城镇社区的转型，并以现代化的小城镇社区为核心，通过其辐射带动作用，创造出产业凝聚力，实现经济产业多元化、现代化的发展，创造出人口凝聚力，实现小城镇社区的自觉规模扩张，最终将华润希望小镇发展成为一个具有一定规模的新型城镇。

华润希望小镇通过土地流转解决用地问题，以"华润＋地方政府＋村集体"联合进行投资，雇佣当地劳动力和引入第三方运营机构对小镇进行运营管理。以百色希望小镇为例，经过近一年的紧张筹备，华润百色希望小镇在 2008 年 11 月 28 日正式破土动工，它的建设，得到了各级政府以及社会各界的大力支持。为了保证希望小镇顺利落成，华润派驻工作组长期工作在一线，推动希望小镇各项工作的开展，并充分发动村民自身积极性，实践"家园共建"的建设理念。从某种意义上说，华润百色希望小镇是华润、政府、村民协力同心共同建设的美好家园。

1. 项目小组

为建设华润百色希望小镇，从 2008 年 6 月起，华润从集团属下各利润中心（华润置地、华润水泥、华润万家、五丰行、华润电力）先后抽调 10 多名青年骨干组成项目小组，长期驻守在项目建设第一线，无论是田间地头还是建设工地，都能看到他们与村民一起挥汗如雨、共同劳动建设的场景。

2. 华润慈善基金

在希望小镇的建设过程中，华润一直强调华润人要与村民共建美好家园，项目启动以后，华润积极倡议属下各利润中心及员工为希望小镇捐款。

2009 年 4 月，华润慈善基金在海南举行了"因为·爱"华润慈善之夜大型公益晚会，国资委主任李荣融也亲临晚会现场。晚会上华润水泥、华润置地、华润电力、华润医药、华润创业、华润燃气、华润投资、五丰行等 14 家利润中心共认捐了造价为 1920 万元的公建及配套项目；在慈善拍卖和现场募捐环节，200 多位华润经理人在李荣融主任、宋林董事长的带领下共为希望小镇捐款 200 余万元。2009 年 7 月 1 日，华润还组织百名党员到希望小镇建设现场参加义务劳动。2009 年 8 月 9 日，一批曾经在华润工作过的华润人来到希望小镇，捐款 50 余万元，在希望小镇设立产业发展专项基金，用以资助小镇村民改良种植、养殖品种。

3. 村民

华润在希望小镇的建设过程中，实践"家园共建"的建设理念，在统一规划、统一设计的原则下，鼓励村民合作建屋、互助建屋、以工折现，培养村民的参与感、成就感与归属感。小镇村民深为华润人的浓浓爱心所感动，积极投工投料，与华润的建设者一起共建美好家园。截至 2009 年 10 月，小镇村民共计投工 61328 人次。

4. 政府

希望小镇的建设也得到了广西各级党委、政府的大力支持，时任自治区党委书记郭声琨同志多次指示要把华润百色希望小镇建设成为新农村建设的样板工程，并在参观考察希望小镇时为希望小镇亲自题写了"现代、和谐、生态之镇"八个大字。广西壮族自治区领导多次到建设现场实地考察，百色市右江区成立多个工作协调小组，配合项目组开展工作，右江区、永乐乡主要领导几乎每天都在建设工地现场办公，基层政府的大力协同对于保障小镇的工程进度起到了重要作用。

（三）与亲社会行为相关的创新做法与经验启示

2021 年 7 月，首届"国企社会价值论坛"在广州召开，发布《粤港澳大湾区国有企业社会价值蓝皮书》，华润集团有限公司当选"助力乡村振兴篇"十佳案例。其典型做法和经验如下：

1. 以环境改造为基础，实现希望小镇生态宜居

环境改造，是华润希望小镇建设的基础。华润对希望小镇统一开展的环境改造主要聚焦在"和谐的民居改造""生态环保的市政基础建设""功能齐备的公共配套设施"三大方面。完善的教育、卫生、养老等市政及公共配套弥补了乡村基础设施严重匮乏的短板。在全为旱厕的海原希望小镇，华润发起了一场"厕所革命"，通过为一家一户引入一体化污水处理设备，彻底解决了当地原有旱厕排污难的问题，处理后的水质可达到一级 B 标准，可直接用于农户家庭的蔬菜灌溉和牲畜喂养。

华润通过环境改造，彻底改变了乡村的人居环境，使希望小镇村民享受到了城市文明

所带来的舒适、卫生与便利，在希望小镇基本实现了生态宜居，受到了村民和当地政府的普遍好评。

2018年9月，华润集团在湖北红安县七里坪镇张家湾村捐建的第十座希望小镇正式开始建设，经过近三年时间的统一规划、就地改建、新建，并配套完善公共设施，红安华润希望小镇人居环境得到了大幅提升。2020年8月，红安希望小镇顺利完工，为当地村民创造了环境与自然和谐共处的美好生活。

2. 以产业帮扶为抓手，实现希望小镇产业兴旺、生活富裕

在乡村产业振兴方面，华润主要通过建立"企业＋合作社／扶贫酒店＋农户"的基本模式，利用华润多元化经营的资源优势，帮助希望小镇农民成立润农农民专业合作社和乡村民宿酒店，并以合作社和乡村民宿酒店为龙头，充分发掘每个小镇的资源禀赋，因地制宜地发展现代特色农业和特色乡村旅游业。从华润捐建的第一座希望小镇百色希望小镇到第六座希望小镇金寨希望小镇，华润的产业帮扶工作聚焦在第一产业，帮助希望小镇发展特色种植业和养殖业，在第七个希望小镇——井冈山希望小镇首次尝试在小镇建设米兰花乡村民宿示范酒店；在第八个海原希望小镇，华润充分发掘当地剪纸、回绣等非遗产品，通过发展剪纸、刺绣等第二产业帮扶村民创业致富。

在持续开展产业帮扶的过程中，华润发现单纯发展第一产业或第二产业，投资回收周期较长，受气候、市场等客观因素影响较大，产品附加值低，带贫能力弱。在乡村振兴大背景下，从第九个希望小镇——红安希望小镇开始，华润以米兰花乡村民宿酒店和希望农庄为龙头，全面发展一二三产业，致力打造"田园综合体"的产业帮扶新模式，并通过在城市居民中招募"荣誉村民"，将希望小镇的传统农业、历史民俗、非遗文化、红色文化、自然生态有机融合，推动生产要素跨界配置，实现希望小镇一二三产业深度融合发展。在红安华润希望小镇，"田园综合体"帮扶模式已初见成效，城市居民只需认购一份32平方米共享菜园一年的使用权，即可成为红安希望小镇的"荣誉村民"。认购期内"荣誉村民"可随时来到希望农庄体验种植、采摘等农事活动，可以在小镇影戏馆欣赏红安非遗项目皮影戏和荡腔锣鼓，还可以在米兰花乡村酒店内体验民宿和红安特色农家乐餐饮服务。截至目前，红安、剑河、延安希望小镇产业发展受到社会公众的普遍认同，节假日期间每个小镇日接待游客过千人，"田园综合体"的目标基本实现。

经过12年持续的产业帮扶，华润希望小镇"一镇一品"的产业基础已基本形成，一二三产业融合发展的产业格局已现雏形，产业兴旺、生活富裕的目标已基本实现。

3. 以组织重构为依托，实现希望小镇有效治理

华润每建设一个希望小镇，都会将希望小镇原来的村委会升级为新型的农村社区居委会；在小镇润农农民专业合作社的章程中，明确规定合作社的一部分利润将用于希望小镇集体开支，乡村民宿酒店所产生的利润也都会留存在地方，为希望小镇社区居委会开展公共服务、行使管理职能提供稳定的经费来源，润农合作社和乡村民宿酒店也成为小镇特有的集体经济组织。在华润希望小镇建设过程中，华润非常注重培育当地的经济带头人和基层优秀党员，支持他们成为润农合作社和乡村民宿酒店的骨干，提升他们的综合素质，支

持他们参加村"两委"的选举，这种党（村支部）、政（村委会）、企（润农合作社或扶贫酒店）"三位一体"交叉任职的方式，成为华润提升小镇民主自治能力的有效途径。在华润的帮扶下，百色希望小镇的村民罗琳，从一个在广东务工的小镇普通村民，逐步成长为百色润农农民合作社的理事，并在华润的支持下于2017年成功当选小镇居委会主任，成为希望小镇"三位一体"组织重构的成功案例。

每个希望小镇建设伊始，华润都会从各个利润中心抽调7—8名优秀青年员工组成项目组，全面参与小镇建设。环境改造建设任务完成以后，华润还会继续派出产业帮扶小组，继续帮助村民发展特色产业。12年来，华润累计派出400余名建设项目组和产业帮扶小组成员，这些华润员工长年和小镇村民同吃同住同劳动，成了一支带不走的扶贫大军。

在当地政府的支持下，华润希望小镇建设项目组、产业帮扶小组和希望小镇的村"两委"紧密配合，民主自治的乡村治理结构日益稳固，基本实现了对小镇各项事务的有效治理。

4. 以精神重塑为目标，实现希望小镇乡风文明

扎实推进产业帮扶工作的过程中，华润还注重物质文明和精神文明一起抓。在百色希望小镇，华润支持村民制定了《居民社区公约三字经》，用村民喜闻乐见的方式宣传社会主义核心价值观。华润还十分注重保护发展农村优秀传统文化，高度重视对公屋、祠堂的保护性修缮，并以公屋、祠堂、文化站为基地，通过树乡贤、立乡约、整乡风、塑乡情，大力倡导以乡贤文化为核心的优秀农耕文化，充分发挥乡约、家训等凝聚人心、教化群众的重要作用。在金寨希望小镇，华润对已荒废多年的徐家大院进行了保护性修缮，对徐氏家训进行了发掘整理并张贴在徐家大院最显著的位置。修葺一新的徐家大院不仅将整个徐氏家族的46户宗亲凝聚到了一起，也成为小镇开展公共事务、村民活动的场所。

在华润和当地政府的积极引导下，希望小镇村民已经开始自觉摒弃赌博、迷信活动等不良生活习惯，乡风文明、积极健康的生活方式逐渐成为小镇村民精神生活的主流。

5. 以金融服务为助力，实现希望小镇高质量发展

2021年，华润金融立足希望小镇的产业发展痛点，充分利用华润金融各业务单元专业优势，以产业帮扶为切入点，以提高华润金融员工、客户参与度，与希望小镇村民共享产业帮扶成果为出发点，启动了"华润金融乡村振兴产业帮扶计划"，该项目凭借优异表现，获得2021年度华润集团社会责任奖铜奖。

华润金融资金帮扶，解决村民创业痛点。华润金融以华润信托"润心慈善信托"为公益资金的管理平台，2021年共投入75万公益帮扶资金，立足集团对希望小镇的产业发展规划，重点帮扶剑河、延安华润希望小镇村民发展民宿、农家乐等乡村旅游产业。帮扶计划针对希望小镇村民创业启动资金不足的痛点，因地制宜，结合每个希望小镇的特殊情况，对受助村民给予3万—5万元不等的帮扶资金。华润银行捐赠产业帮扶公益基金30万元，用于剑河华润希望小镇10户民宿的帮扶。2022年5月，华润金融联合华润银行在剑河华润希望小镇为已建成民宿举行了捐赠仪式。华润信托出资30万元、华润资产出资15万元，共同支持延安希望小镇的民宿发展。2022年，在华润金融乡村振兴产业帮扶计

划的支持下，延安希望小镇的民宿，从 1 户变成了 9 户。更多的村民回村创业，曾经辉煌的南泥湾再度焕发生机。

华润金融乡村振兴产业帮扶计划，作为长期支持希望小镇产业发展的公益项目，整合了华润金融各业务单元的优势资源，聚焦希望小镇产业帮扶与村民创业，实现了助力乡村振兴、赋能小镇创业村民、推进共同富裕的社会效益，也实现了华润金融提供高质量客户服务、促进内部融融协同的多方共赢，已成为华润金融积极践行社会责任、具备广泛影响力的品牌公益项目。未来，帮扶计划将紧密结合华润希望小镇的"十四五"战略，紧跟集团助力乡村振兴的步伐，不断做深做实做优，持续贡献金融的公益力量。

三、九源建筑八宝堂项目：责任规划师的乡村旅游升级探索

该项目位于北京怀柔区北部深山区的琉璃庙镇，距离市区车程 1.5 小时，地处怀柔区第二道旅游环线之上，山水奇特，风景秀丽，民俗气息浓厚。镇域内沟谷纵横、山清水秀，自然人文景观众多，林果资源、水资源丰富，形成了得天独厚的乡村旅游资源，在怀柔分区规划中，琉璃镇位于"燕山风情带"，是怀柔全域空间结构"一心、两带、多节点"的节点之一，是怀柔中部重要的旅游服务中心。项目所在的村庄是市级乡村民俗旅游村，过去该村家家户户开办农家乐，已打造出"山水琉璃"的品牌，但是由于市场形势变化，生态管理限制，村民经营日益艰难，

九源建筑团队于 2018 年尝试性地租赁八宝堂村农民 13 个院落，通过团队进行投资、设计、建设、管理、运营、IP 营造，2019 年 10 月改造后的"又见炊烟"项目成功运作，盘活琉璃庙镇的乡村旅游。随后，九源建筑团队借怀柔区面向社会招聘责任规划师的机会，成功申请琉璃庙镇任规划师一职，并于 2020 年 4 月正式签约。九源建筑团队作为琉璃庙镇的责任规划师，连接内部、外部资源，先后规划运营"棒棒糖""棉花糖""小宿家""高家大院"等项目，助力琉璃庙镇乡村旅游实现了从外部帮扶到内生驱动，是实现共同富裕的重要实践。

（一）项目特色

1.已有上一阶段乡村旅游的发展基础

项目所在的八宝堂村是市级乡村民俗旅游村，过去该村家家户户开办农家乐，已打造出"山水琉璃"的品牌，但是由于市场形势变化，生态管理限制，村民经营日益艰难。在本项目启动之前，八宝堂村的村容村貌、住宅院落已经在上一轮的建设中进行了一次改造提升，但从当前旅游需求的角度看，普遍已经达不到当前旅游消费中对民宿品质的需求。

2.社会化组织盘活乡村文旅资源，实现运营效益外溢

文旅是协调分散决策和社会化组织的先进组织形式，如定制旅游、团队旅游和研学旅行，尤其是文旅融合可以将"本地文化＋本地人力"通过"社会化组织"的形式进行销售、变现、流通。琉璃庙镇借助九源建筑团队，以"又见炊烟"民宿为龙头与原点，链接属地内民宿经营者，变局部竞争为规模合力，带动了整个白河湾民宿及旅游产业发展，实现民宿业态精品化与信息、资源的共享。2020 年，九源建筑团队统计出了整个琉璃庙镇

域范围内符合民宿品质与服务标准的特色民宿名录，绘制了民宿经营者地图，并备注其经营者联系方式，将信息面向政府、民宿经营者、村民、游客共享。

3. 政府 + 责任规划师 + 社会型企业 + 民俗经营者 + 村民，多元主体共生实现乡村振兴

九源建筑团队的双重身份在赋能琉璃庙镇乡村旅游加速该地产业结构调整的同时也为乡村赋能，实现公共服务均等化。一方面，作为政府雇佣的责任规划师激活并推动农村生产要素在城乡二元之间自由流动，资金、人才、技术、产业下乡入村，使乡村实现内生驱动；另一方面，九源建筑团队作为社会型企业，具有"企业内部利润最大化"和"外部村民福利最大化"双重目标。

九源团队与雨枫书栈创始人许春宇联手在又见炊烟打造"又见炊烟—雨枫书栈"样板旗舰店，通过民宿书店和乡村阅读的融合与尝试，提供服务乡村的免费阅读，满足山村居民和度假游客的阅读需求。2020年10月，九源团队带头人江曼策划了以乡村振兴为主题，面向民宿经营者及相关人士的"文化内容百人谈"系列活动。围绕民宿产业激发乡村振兴主题，邀请知名嘉宾、学者进行分享与讨论，向民宿经营者提供成功经验、开拓经营思路、解决发展瓶颈。该活动已经举办多期，如《返乡创业》《看看网红民宿真面目》《问诊北方民宿发展》等，部分活动还进行了网络直播。

（二）发展要素配置

1. 用地

在村集体产业用地市场化与生态红线限制的现状下，乡村旅游发展在用地方面往往受到种种约束，举步维艰。九源建筑团队利用自身产业经营经验丰富与市场运作能力强势的优点，将村集体产业用地的使用权从各资源方手中或租赁或赎回，统一规划，有序运营，实现土地的利用价值最大化与空间升级优化。

2. 资本

九源建筑团队作为社会型企业是国家信用背书的"社会资本"，在生产经营的过程中将监管内生化，建立了质量可控的物资生产和来源渠道，保证服务和产品质量。"又见炊烟"项目中，九源团队租赁村民院落，企业承担运营风险，村民获得固定租金；"棒棒糖""棉花糖"项目租赁村民院落，由九源团队进行改造设计，村民获得三年固定租金，此后九源团队与又见炊烟运营团队联合运营，风险共担；"小宿家""高家大院"项目还处在策划与设计阶段，采用村民出资，九源团队进行设计改造及村民服务水平培训村民自负盈亏模式，在此阶段共享规模效益、信息及服务设施收益。

3. 劳动力

九源建筑团队本身作为专业的设计团队，在赋能民宿主助力乡村旅游的同时，创造了就业岗位，带动周边村民就业，含民宿服务员、建筑队工人，目前就业岗位多为粗劳动力，村民能力的孵化与培育也是接下来的项目重点目标。

4. 技术与数据

（1）良好的工作团队与方法。

九源建筑团队在人员配置上形成了"责任规划师＋专业设计师＋市场运营"的成熟模式，在琉璃庙镇乡村旅游开发经营的实践中形成了特有乡村振兴方法论——"五彩幸福计划"。"五彩幸福计划"本质是为村民、村集体赋能，强化他们在乡村振兴中的价值与作用，实现生活救济式扶贫向农村双创产业扶持模式转变，将村民增收、村庄发展与社会资本健康生存紧密结合起来。

（2）多维度实践探索。

九源团队根据属地村庄需求，协同规划、建筑、景观、室内等多专业设计师参与规划把关、村庄空间更新设计、风貌控制、创新实践等工作中去，通过改善村庄基础生活条件及村容村貌，塑造村庄核心凝聚力。具体的实操路径是通过对标乡村振兴的"五个振兴"要求，在"空间更新优化""产业升级与村民培育""组织帮扶""文化复兴与绿色发展"等多维度开展工作与实践，最终实现乡村振兴的目标。

（三）与亲社会行为相关的创新做法与经验启示

1. 社会企业赋能多方主体，乡村共生"三步走"实现利益目标内生化

九源建筑团队从"又见炊烟"到"高家大院"项目，在实践中实现乡村共生三步走："示范引领"——"唤醒激活，模式迭代"——"全面覆盖"。九源团队以八宝堂村为实践原点，进行民宿与村庄共生的在地实践，从社会资本的重投资，到责师村民共担共享的点状轻资产推进；再到村民出资，责师设计的广泛参与模式；最终实现由点及面，全面开花，共同富裕的目的。

九源团队利用"又见炊烟"项目空间开办了"八宝堂振兴大学堂"。通过组织村民外出参观学习，参加星级宾馆培训，邀请专业老师入村讲座等多种形式，帮助村民提升运营意识与服务接待水平。同时，孵化更多乡村创业者，在实现旅游基础服务的多元化与质变的同时完成村民赋能、组织赋能，达成利益目标的内生化。

2. 社会企业嵌入社区，"参与式设计"实现管理手段本土化

九源团队综合考虑琉璃庙镇的社会价值、环境价值与经济价值，采取共生民宿的经营方式，提高了整体社会福利和广大农民在参与乡村振兴中的获得感和幸福感。"参与式设计"的参与人员由责任规划师团队、村民、镇领导、民宿运营团队四方组成。责任规划师团队负责活动主持及小组讨论引导，村民则是参与讨论的主体，而镇领导及民宿运营团队成员则代表利益相关方共同参与讨论。整个活动让空间的真实使用者发声，发掘判断出他们的真实需求。同时，引导居民协同设计团队，寻找提升思路甚至较为具体的改造方法、方案，真正实现"民有所呼，我有所应"，是管理手段本土化的有效实践。

3. 社会企业助力产业振兴，"民宿助力乡村振兴联盟"实现运营效益外溢化

2021年7月，琉璃庙镇政府组织，九源团队协办组织了"民宿助力乡村振兴联盟"成立大会，正式宣告琉璃庙镇民宿经营者形成了区域行业组织，九源团队带头人江曼在此次活动中当选为该联盟的首位盟主。镇领导、民宿经营者们从不同角度出发，分享成功经验、经营遇到的问题，针对白河湾地区的旅游发展掣肘提出有启发性的建议，并达成了白河湾地区民宿经营者之间是"共生共赢"关系的共识。联盟的建立是产业振兴的标志，更

是社会企业运营效益的有效外溢化，是值得推广借鉴的经验。

四、隐居乡里：网红民宿的打造与外溢效应

"隐居乡里"的前身远方网（2007—2014）一直致力于乡村旅游策划和营销，项目于2015年进入线下，建立了乡村度假运营业务平台。从第一个民宿运营项目——延庆下虎叫村的山楂小院发展到今天，主要发展运营由闲置农宅改造的农家度假小院。"隐居乡里"采用"乡村建设，企业运营，利益共享，在地共生"的合作模式，将村里老宅进行改造，发展民宿产业。"隐居乡里"协作招商为村庄引进很多业态运营商，丰富当地配套商业和产业形态，还引入强大的乡村产业运营模式，即通过对当地组织和资源进行重新挖掘与整合，以农文旅项目带动流量，促进三产融合，极大地拓展了乡村产业发展空间，有效地激发了乡村活力。

（一）项目特色

1.擅长营销的团队基础

该项目的雏形来源于"远方网"，该网站为自驾游、自助游客户提供深度旅行攻略，为政府机构、小景区进行乡村旅游的策划和营销。通过互联网的宣传，曾为村庄带来了非常强的市场导入。例如河南郝堂村这个不到100户人家的村庄，最多的时候一天涌入近8万人。但是由于村里没人有能力做相关的运营和设计，没办法满足城里人诸多的消费需求，也就没能抓住人流量激增的果实。一次大流量的涌入击穿了村庄的软肋，也凸显出运营这一环节的重要性。

项目团队发现很多村庄在经历了时间的考验后仅仅留下了漂亮的外壳，乡村的农业产业没能得到真正的发展，农民更是没有机会搭上发展的快车，享受发展的果实，更别提实现人的全面发展。而那些亮丽的环境和现代化设施很有可能因为缺乏运营遭到废弃。由此引发了创业者的反思，他们发现真正的运营不能仅让村庄外表发生变化，更应从内在激活乡村持续发展的动力，通过三产融合推动乡村产业转型升级，同时让农民参与其中，得到锻炼与发展。

2.民宿主题的植入打造

团队在建设精品民宿的基础上，探索民宿与当地自然、风物、文化的结合，通过对主题特色的提升与植入，来进一步提升民宿的吸引力。例如，香邦芳舍是一家与芳香博物馆、香草植物与植物标本共处的主题精品民宿。民宿将乡村振兴作为战略支点，遵循"绿水青山就是金山银山"的理念，寻求传统文化的创造性转化和创新性发展，不仅遵循民宿的传统发展模式，还对它进行了创新，以"芳香"作为主题与核心，将芳香知识、活动、体验、住宿融为一体，打造立体化的乡村居住体验。

3.协作招商的运作模式

该团队通过协作招商为村庄引进很多业态运营商，壮大了当地配套商业和产业形态，进一步丰富了当地乡村旅游的发展内容，既避免了项目建设与运营时单打独斗的局面，又

形成了风险共担、取长补短的发展合力。

（二）发展要素配置

用地方面，该项目团队主要是聚焦与村庄的闲置院落改造，目前在全国运营的乡村文旅项目有 24 个，其中包括山楂小院、姥姥家、麻麻花的山坡、楼房沟等知名品牌，成功改造运营 260 座闲置院落。7 年时间里，隐居乡里的项目发展解决了当地劳动就业 300 人，创造总收入超过 3 亿元。

（三）与亲社会行为相关的创新做法与经验启示

1. 在乡村建设的过程中，一定要始终坚持以农民为主体，与农民共生

如果做不到这点，发展就可能会遇到各种障碍，比如村里人不配合、社会资本入乡水土不服、政府一倡导村民就被动式"等靠要"等。因此，运营商与村集体经济合作可有效带动全体村民的参与积极性，这一"共生模式"在乡村治理现代化发展过程中越来越凸显出极大的优势。

2. 通过构建三产融合的乡创体系，推动全域旅游升级

以"隐居乡里"的第十个乡村改造项目楼房沟民宿为例，以楼房沟精品民宿为切入口，策划"爸爸去哪儿""秦岭红叶节"等旅游活动，推出"秦岭年礼"系列文创产品，搭建秦岭文创非遗活化体系，助推了一二三产业融合发展。通过培训管家、搭建平台，原乡产业集群在留坝连点成线、连线成面，促成了全域旅游大步前进的良好局面。所以说，产业运营才是乡村振兴的"芯片"。

3. 发展遇阻时需要及时引入新鲜血液、转换思路，转向组织的运营和资源的运营

乡村振兴不可能一帆风顺，乡村建设也不可能一蹴而就。有些项目由于水土不服、经营不善，可能会遭遇发展梗阻。在这种情况下，可以针对不同乡村采取因地制宜的产业运营方式，例如无中生有（即营销故事线）、移花接木（即开展资源整合）、以小博大（即打造示范项目）等。产生作用的逻辑就是以农文旅为地产项目引流，反过来再通过地产项目为农文旅赋能。

五、小溪谷森林营地项目：创业型团队的露营地项目探索

小溪谷森林营地位于北京市平谷区金海湖镇郭家屯村北侧，为金海湖田园综合体项目一期，采取村企合作形式，由郭家屯村集体经济合作社牵头，与社会资本合作投资运营，通过整合碎片化农地和废弃林地，利用现有的生态林和自然溪流，打造"无烟的休闲工厂"，在壮大村集体经济的同时，打造一个包含田园会客厅、7000 年农耕文化市集、艺术乡村街市、田园聚落营地、家庭示范农场等融合的自然乐园旅游项目，占地面积 6500 平方米，游客们可在营地内露营、烧烤、捉鱼、戏水、看演出等。

营地因一条四季流淌的自然小溪和一片原始的自然生态森林而得名，分为景观种植区、水生态体验区、稻作体验区、共享菜园、露营活动区、运动拓展区、萌宠互动区。体验项目包括自然课堂、小溪嬉戏、户外露营、森林音乐会、聚会游戏、森林夜探、生态采

摘、营地游乐、萌宠乐园、乡村好物。自6月营业至今，小溪谷森林营地共计安排村民就业16人、村民兼职就业30人，举办村民共建5次，接待游客16000余人，营业收入80余万元。目前，正在同步开发相关衍生品、伴手礼等，搜罗平谷好物，打造消费新市集。未来，以小溪谷为起步，定位打造田园综合体项目，项目包括金海湖生态园（含小溪谷）、家庭示范农场、乡村民宿及工坊、红石谷，小北海等板块。

表3　小溪谷森林营地投入

资金	面积	建设时间	运营时间	专家团队	员工	村名就业	村名兼职
…	100亩	52天	180天	15家	…	16名	30人

表4　小溪谷森林营地成果

营业收入	带动周边农户农产品销售	接待人数	举办休闲农业行业会议	举办村民共建活动	抖音账号曝光量	行业排名
80余万元	200余万元	16000人次	12次	5次	100万	北京市亲子休闲场地排行第六

（一）项目特色

1. 可操作性强的投入产出比

小溪谷有超过3000平方米的大草坪，有超过20000平方米的林下露营空间，可容纳超过1000人同时休闲露营。小溪谷分为：休闲水库、大地厨房、草坪露营、森林休闲露营、林下房车露营、沙滩露营、宠物营地、稻田艺术区、共享菜园等区域。小溪谷选择装修上精简轻投入，多利用优势自然条件，如天然小溪、水库、林地、农田等。小溪谷从3月开始打造，5月正式营业，短期内做到了轻投资快回收。

2. 高效弹性的生产要素组合与利用

小溪谷高度重视专业团队的引入与合作。例如，引入谷仓乐队、猫角爵士舞团、海马Bistro、小脾气精酿等，与其建立长期合作关系，为到访旅客提供丰富多样的可持续的演出活动。小溪谷每周六的森林露营音乐会，美食丰富，玩家汇聚，深夜畅聊，吸引了周边不少游客。"三里屯有的，这儿也有。"这是游客留下的评价。如今，这里的露营已然从传统露营旅游形态转化为平移北京时尚生活的商业业态，被广大网友评为"草地上的三里屯"。

合理利用当地人力资源，为村民提供就业岗位，同时提供兼职岗位。乡村社会型企业面临的一个难题是如何处理与村民关系，小溪谷森林营地选择从村民利益出发解决部分村民再就业问题，同时村民热情淳朴的性格以及对乡风乡俗的了解也能为游客提供高质量的服务，打造独一无二的乡村旅游特色。再者，选择附近村民不仅可以实现村庄周围闭环管理，为旅客提供一个健康安全的旅游环境，还可以利用村民兼职形式解决节假日和周末游客量突增的情况。

最大化利用周边其他资源。乡村无形的生态资源的存量巨大，尚待开发，小溪谷森林营地项目利用机会整合原有农家乐资源，整合碎片化农地和废弃林地，利用现有的生态林和自然溪流。

3.逐步拓展的产品体系

小溪谷森林营地拓展了乡村休闲、研学教育、亲子度假、艺术科普、农创文创、农耕文化、民俗文化等多样化的产品体系。打造出亲子教育、回归田园，亲近自然的品牌特色。小朋友可以在这里溪水捕鱼、稻田捕秋、蟹草坪撒欢、喂小动物、荡秋千，和父母一起度过愉快的周末，寒暑假的时间可以开展体验式教育，不灌输知识，而是利用当地资源，给孩子们设计各种各样的体验机会，让村子周边的孩子和城市里家庭的孩子可以一同学习农事，感受乡村文化。并通过抖音、微信视频号等渠道加强品牌宣传和认可度。

（二）发展要素配置

在用地方面，田妈妈亲游科技公司租用可开发利用林地等集体土地，每月每亩1500元租金。在劳动力方面，项目自运营以来，雇用本地村民16人，招聘本地村民兼职30人，发挥当地村民的主人翁作用，解决留农村人口再就业问题。同时注重吸引青年才俊返乡留乡发展能人经济，培育发挥本土人才在创业致富、推动发展方面的示范带动作用。在技术应用方面，项目团队开发了能够便捷结算的实用小程序，能够保证门票收益实时向村集体结算分红。同时，项目采用新媒体进行宣传、营销，抖音账号曝光量高达100万，包括其他合作团队也加入了宣传队伍，在微信视频号宣传小溪谷森林营地的特色活动。此外，游客因为体验到了到此游玩的乐趣进而在抖音、小红书、哔哩哔哩的微信视频号上主动宣传，也发挥了不可忽视的作用。

（三）与亲社会行为相关的创新做法与经验启示

1.充分挖掘资源与保护环境相结合

小溪谷森林营地利用土地、林业、农业种植发展观光农业和体验农业，重点依托露营项目，拯救了农村人口流出导致的良田变荒地的局面，利用独特的地理优势和自然资源优势发展溪谷露营，带动生态园和周边农户农产品销售。

乡村生态环境是实现乡村振兴的载体。小溪谷森林营地重视人工修复草皮，保护溪水质量，增加乡村绿植等绿化面积，优化美丽乡村生态空间。

小溪谷森林营地同样重视生态循环农业，在稻田里养螃蟹，螃蟹为稻子提供养分，稻谷成熟时又发展观光农业，金秋时节又开展捕蟹活动，拒绝使用化学肥料，生态养殖，保护环境。

2.推动乡村人力资本升级

承担村民就业责任，小溪谷森林营地项目提供了20多个就业岗位，解决16位村民就业问题，帮助20位村民获得兼职机会，让村民家庭有稳定收入来源，减少收入差距。

给予人文关怀，公司经常举办村民茶话会、村民晚宴与员工和家属聚会，极大丰富了村民们的精神生活，提高了员工们的积极性。

承担人才培养责任，单靠企业运作不能带动全村人民的参与感和积极性，但农民的受教育程度和认知能力有限。从乡村振兴授人以鱼不如授人以渔的角度来看，小溪谷森林营地鼓励农民积极参与服务提供和管理运营，通过定期与不定期的培训，从企业运营角度培养各村长期稳定的人才。注重乡村人才培养，转变农民的思想观念，让广大农民在参与共建中享受健康文明生活方式，从根本上增强农村精神文明自信意识。

3. 助力产业结构和经济结构创新升级

在企业无法获得土地产权的情况下，通过和村民事前谈判、透明雇佣、福利共享等方法转而实施"合作博弈"，则能得到双方共赢的"最优结果"，完善了企业管理、村民参与的新型农村集体经济。

社会企业进入乡村后，通过发展乡村旅游服务业、亲子教育业、新型生态农业、农产品加工业拉动乡村第一二三产业融合发展。小溪谷森林露营项目的发展促使乡村经济主体多元化、经济价值多元化、经济关系多元化，助推农村地区产业结构升级，打造乡村产业集群共生优势，有利于实现与乡村产业振兴方面的共生。

4. 联合政府改善基础设施条件

乡村旅游进一步推动乡村水网、电网、路网、互联网等基础设施建设，完善旅游公共厕所、停车场、旅游标识、娱乐购物等旅游服务配套设施，乡村基础设施得到改善和旅游服务水平不断提升，拓宽了乡村旅游发展空间。在乡村生态空间与乡村旅游空间一体化的情况下，乡村旅游既为游客提供了便利化、娱乐化、智能化的旅游环境，也优化了村民乡村生态空间环境，促进乡村"绿水青山"变"金山银山"，重塑了社会对美好乡村的认知。

5. 推动文化复兴

企业进入后，不仅提高了村民收入水平，增强了村民自信心，还利用独特乡土资源，打造特色化的乡村品牌，重构村民对乡土文化的认知自信。另外，企业积极引进现代化发展理念、技术及管理经验，将乡土文化与现代元素结合，加强乡村文化凝聚力，打造具有乡土风情的文化环境。因此唤醒村民对乡土文化的认同感和自豪感，为乡村全面发展提供稳定的源泉力量，有利于实现乡村文化振兴。

第三章　利益联结与关键问题分析

一、强化乡村旅游开发的正面综合影响

改革开放以来，我国的乡村旅游发展存在明显的阶段性特征，这与所处阶段的政策导向、需求特征和开发水平密切相关。但是，无论是赚取旅游外汇，还是满足人民日益增长的休闲消费需要，再到强调旅游业对旅游目的地的综合影响，围绕旅游业的相关研究都离不开对旅游业功效的讨论主题。可以说，在嵌入国民经济发展的系统结构时，对旅游业的定位始终是一种服务角色。因此，在讨论旅游业未来的改革与发展方向时，也必须明晰所处的综合发展环境以及旅游业被赋予的时代定位，更具体地说，旅游业必须服务于国家的重大战略与发展目标。

我国的乡村旅游发展一直是处在农村改革的大背景之中的，随着我国农村工作的不断向好，乡村旅游也开始由关注数量发展到强化高质量。改革开放之初，我国的经济改革率先从农村突破，一些带有乡村旅游特点的经营活动自发性的零散出现，这种以农业农村资源为基础开展起来的旅游活动新形式，丰富了"三农"问题的发展内涵，"农家乐"开始得到国家和地方的重视，其发展经验逐渐得到推广。随后，在中央对农民增收等问题愈发重视的大背景下，原国家旅游局两次提出相关的年度发展主题，分别是 1998 年的"98 华夏城乡游"和 2006 年的"中国乡村游"，极大地推动了全国的乡村旅游发展进程。2017年，在农业供给侧结构性改革的发展背景下，乡村旅游产业的提质升级问题也愈发受到重视，国家发展改革委等多部门联合印发了《促进乡村旅游发展提质升级行动方案》。党的十八大以来，脱贫攻坚工作成为实现第一个百年奋斗目标的重点任务，而旅游业在脱贫攻坚战中的贡献仍然不小。根据文化和旅游部的估算，在脱贫攻坚战中，旅游减贫占减贫总任务的 17%—20%，有学者评估出，全国有 442 个贫困县适宜开展旅游扶贫工作。

在新发展阶段以共同富裕为目标探讨乡村旅游的发展走向问题，也要站在深化农业农村改革的实践高度上，继续强化乡村旅游的服务角色定位。要以乡村旅游开发为例，讨论如何通过解放和发展农村生产力，尽可能放大乡村旅游的正面发展效能，为扎实推进共同富裕贡献力量。

提到乡村旅游的贡献与作用，就必须回到旅游影响理论的基础研究上来，这与乡村旅游资源开发的目标导向息息相关，也符合全面推进乡村振兴、扎实推动共同富裕等国家战略的本质要求。在旅游研究中，我们一般会从经济、社会文化和环境的角度分别分析，并从正面和负面两个方面展开。其中，对经济影响的研究多集中于旅游收入及漏损、就业、区域物价、关联产业、区域经济和财富分配、旅游发展与经济增长的关系等内容；对社会和文化影响的研究主要有文化交流与冲击、文化保护及其商品化、社区生活影响等内容；对环境影响的研究和生态旅游研究交织在一起，主要包括环境容量与环境承载力的测算、旅游区的环境质量评价、旅游开发污染物排放、生态足迹模型应用、旅游生态效率研究。发挥并放大乡村旅游对乡村地区经济、社会、文化、生态等方面的正面影响，避免或抑制其负面影响，是从政策层面大力发展乡村旅游的初衷，也是社会企业参与乡村旅游产业实践的根本目标。

二、形成多元发展目标上的一体化包容系统

在乡村旅游开发的过程中，协调处理好不同利益相关者之间的利益分配关系，是一个避不开的议题。乡村旅游开发工作所涉及的利益相关者包括了旅游者、村集体、当地居民、参与企业以及本地的各级政府决策机构，在某些项目中，还会涉及多个多类的旅游企业同时参与其中，协调压力会更大。

在合作模式上，经过较长时期的探索与实践，很多地方根据当地情况已经取得了比较好的经验，基本形成了多元主体参与其中的新型农村集体经济模式，其中尤以股份制最为突出。这里面既包括农村农民股份制，也包括其他各种各样的形态，比如"村集体＋公司"合作股份制、"公司＋村集体＋贫困户"扶贫股份制、"村集体＋业户"多元股份制、"公

司＋村集体＋农户（非贫困户＋贫困户）"分类股份制，等等。

从利益诉求上看，尽管需求内容会因个体的不同而有所主次，但一般认为，各利益主体会根据自身角色表现出各自主要的发展需求。例如，旅游者追求更好的休闲体验与性价比，政府可能更多的追求服务发展战略及项目政绩，参与企业则更多追求项目发展所带来的利益，村集体追求集体经济的不断壮大与可持续发展，而村民追求发展收益与生活环境的持续改善，等等。当然，落到每一个具体的乡村旅游项目中时，每一个利益相关者可能会在利益诉求上有所偏差，或者其利益诉求在行为目标上会呈现多元化的特征。换句话说，就是在分析利益相关者诉求与目标时，要尽量避免单一化和片面化，尤其是在我国乡村振兴与共同富裕政策之下的参与企业，在经济理性与社会倾向之间往往兼有。

也正是因为各有利益诉求，才有继续讨论合作模式是否能够持续的必要性，也只有在各利益诉求间实现均衡，才能保证项目健康可持续的发展。在发展目标上，形成多元行为主体的一体化包容系统，实现社会企业机理与经济企业机理在可持续发展观之下的最终统一，是社会企业高质量参与乡村旅游实践的前提。

三、把握政策服务目标与市场开发目标下的关键问题

旅游业兼有产业和事业属性，这也决定了其功效和影响具备可讨论的拓展空间，二者对应的基本上分别是市场开发目标与政策服务目标。值得强调和说明的是，将市场开发目标和政策服务目标分开来讨论，并不意味着否定诸多乡村旅游参与企业所作出的亲社会实践与贡献，而是基于经济价值与社会价值创造的角度分析二者的目标内涵，以更好地发现与分析在多元主体合作模式中价值共创任务与关键问题。

在现实工作中，对旅游资源的开发一般都会遵循"资源梳理与挖掘——内容规划与提升——实施运营与管理"的发展框架和决策逻辑。

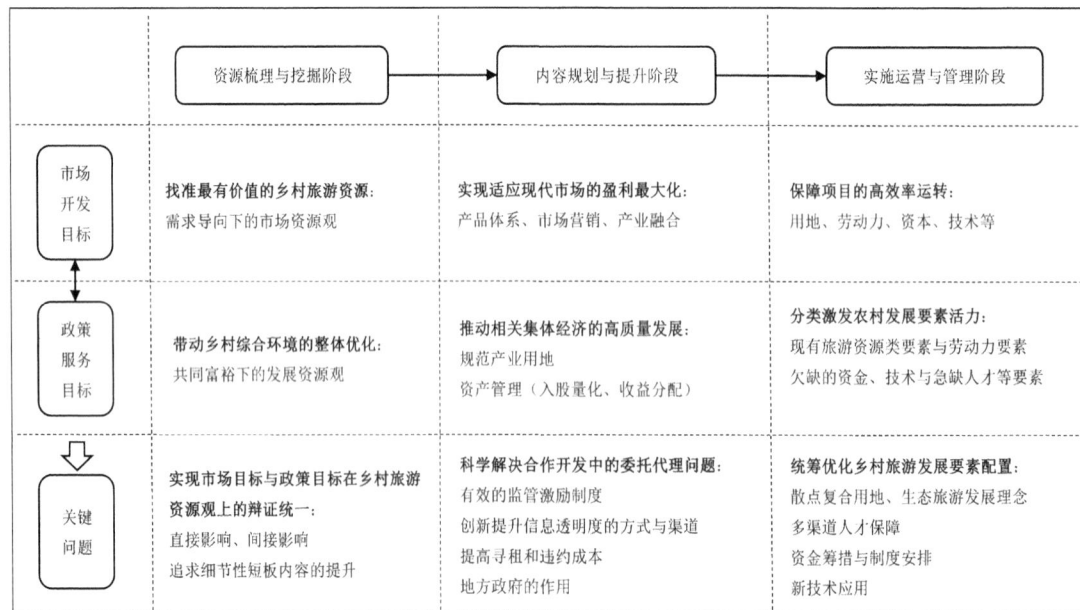

	资源梳理与挖掘阶段 →	内容规划与提升阶段 →	实施运营与管理阶段
市场开发目标	**找准最有价值的乡村旅游资源：** 需求导向下的市场资源观	**实现适应现代市场的盈利最大化：** 产品体系、市场营销、产业融合	**保障项目的高效率运转：** 用地、劳动力、资本、技术等
政策服务目标	**带动乡村综合环境的整体优化：** 共同富裕下的发展资源观	**推动相关集体经济的高质量发展：** 规范产业用地 资产管理（入股量化、收益分配）	**分类激发农村发展要素活力：** 现有旅游资源类要素与劳动力要素 欠缺的资金、技术与急缺人才等要素
关键问题	**实现市场目标与政策目标在乡村旅游资源观上的辩证统一：** 直接影响、间接影响 追求细节性短板内容的提升	**科学解决合作开发中的委托代理问题：** 有效的监管激励制度 创新提升信息透明度的方式与渠道 提高寻租和违约成本 地方政府的作用	**统筹优化乡村旅游发展要素配置：** 散点复合用地、生态旅游发展理念 多渠道人才保障 资金筹措与制度安排 新技术应用

图 2　旅游资源开发遵循的发展框架和决策逻辑

1. 在资源梳理与挖掘阶段，从市场开发目标上看，要找准最有价值的乡村旅游资源，对于大部分缺乏知名度的乡村地区来说，其最本质的旅游吸引物还是具备观光、体验与休闲等功能的整体乡野环境；从政策服务目标上看，要通过发展乡村旅游带动乡村综合环境的整体优化，而缩小这些城乡差距是共同富裕目标体系中关于农村现代化方面的重要内容。实现市场目标与政策目标在乡村旅游资源观上的辩证统一，需要积极强化乡村旅游的正向功效，谋求乡村地区细节性短板内容的改善与提升。

2. 在内容规划与提升阶段，从市场开发目标上看，要实现适应现代乡村旅游市场的盈利最大化，为此，乡村旅游的发展内容在不断试错中加快了创新脚步，未来仍需坚持产品体系创新以满足不同需求定位，坚持市场营销创新以精准对接客源市场，坚持产业融合创新以拓展乡村旅游产出效率；从政策服务目标上看，要推动相关集体经济的高质量发展，而乡村旅游产业用地问题和相关资产的管理问题直接关系到农村集体经济的份额大小及其内部的分配效果。科学解决乡村旅游合作开发中的委托代理问题，需要厘清合作各方的责权利关系，形成"优势互补、分工合作"的发展格局，并通过完善监管激励制度、提升信息透明度、提高寻租和违约成本的手段解决信息不对称问题。

3. 在实施运营与管理阶段，从市场开发目标上看，要保证乡村旅游项目的高质量实施与运营管理，这都离不开各类要素资源的有效支撑，在获取相关要素资源时往往是效率优先；从政策服务目标上看，要分类激发农村发展要素活力，农村劳动力的参与与发展问题是重中之重。统筹优化乡村旅游发展要素配置，要在集约用地方式、人才引进与培养、多元化资金筹措、技术应用赋能等方面多措并举。

第四章　政策建议

一、拓展乡村旅游融合的广度与深度，创造更大的利益分享空间

只有将乡村旅游发展的蛋糕做大做强，让发展利益空间变大，乡村旅游开发的参与者才能获得更多更好的收益。对于乡村旅游产业来说，几个重点有关产业融合质量的关键问题值得关注：

（一）以生态农业为基础的业态融合

从国家发展战略的角度看，农业作为农村的核心产业基础地位不会变。而从乡村旅游与"三农"的天然联系上看，生态农业仍是未来乡村旅游产业发展的重要内容。以生态农业资源为基础，强化发展农耕文化体验、农产品消费的业态融合，是乡村旅游一直在关注

的老话题。近些年，旅游市场对亲近自然与户外休闲类产品的偏爱趋势愈发明显，这无疑给生态农业产品内容提供了更为广阔的发展可能。在政策上，跨部门的创新合作可以为业态融合创新提供更多的发展空间与更好的发展环境。在小毛驴市民农园的案例中，以生态农业为基础，紧贴市场需要，吸引市民参与其中，实现文化体现与消费拉动的双重目的，其中的经验值得进一步总结推广。

（二）以乡村文化为基础的产品创新

乡村文化表面上看是一个很抽象的概念，但在乡村旅游市场的认知中，它又会变得很具体，例如，慢生活休闲、感受民俗文化、参与式的农耕体验、院落情结，等等。需要强调的是，对于乡村、乡村文化来说，它一直是一个动态发展的概念，在乡村旅游的发展理念上，要极力避免刻板印象。乡村旅游产品的参与开发过程，实际上也是乡村文化自身不断丰富创新的过程。近些年的民宿项目越来越成为网红产品，但随着市场消费经验的不断累积，该类产品也在加速迭代。除了追求精品民宿的建设以外，隐居乡里项目中的主题化，可能已成为保持吸引力与竞争力的重要手段。

（三）以移动互联网为基础的消费引导

移动互联网的深度应用，在悄悄改变着人们的娱乐方式选择，也强化了旅游者与旅游地的互动营销关系。直播、短视频、生活内容分享等平台产物所带来的体验与社交功能，已经成功让异地景物、他人生活、文化作品及其创作过程等内容实现了在线共享，这在市场营销上的价值已经得以体现。移动互联网所带来的流量经济发展思维直接颠覆了传统的营销策略。流量经济的商业策略备受关注，高流量等于高关注度，高关注度则有希望变现为高销量。每一类关键词都有可能成为细分的目标市场，每一种细微的偏好都有可能被精准施策。在案例分析中，几乎所有的开发经营企业都在做相关的工作，在政策上也应该加大对消费引导的力度，例如，北京观光休闲农业行业协会推出的北京休闲农业星级园金秋打卡推荐、京郊乡村金秋游路线推荐就是很好的尝试。

（四）以多元团队为基础的专业支撑

多领域、多专业的团队参与其中，才能为乡村旅游产业融合的方向与边界得到不断拓展。只有形成多元共生的专业聚集效应，才能更好地激活乡村旅游的创造力。乡村旅游产业融合需要更多更专业的规划设计、文创落地、管理服务、活动生产团队、产业链保障等多元团队的加入，才能避免乡村旅游开发企业有创意设想、无实现基础的艰难发展局面。这可以在很大程度上降低乡村旅游参与企业的经营成本，降低入行门槛是形成乡村旅游多方共建共享良性循环发展的必要条件。在金海湖小溪谷的案例中，通过对谷仓乐队的引入丰富了乡村露营体验的活动内容，在休闲吸引力上得到了很大提升。

二、支持农村集体经济做大做强，提高利益联结上的话语权

在规范化组织与运行的前提下，支持集体经济做大做强，能够强化乡村旅游开发中的农村与农民利益，可以通过话语权的增强进一步使多元主体共创的目标价值体系更具亲社会性。

（一）指导与支持村集体经济规范发展

强有力的村集体经济，能在组织机构、社会结构、管理制度、分配方式等方面为乡村旅游发展提供有力而持续的保障。在支持集体经济发展方面，国家相继出台了不少政策文件，也开始意识到对集体经济规范管理的重要性。2021年12月，财政部和农业农村部联合印发了《农村集体经济组织财务制度》，这对加强和规范农村集体经济组织财务管理和财务行为有很强的指导作用，其具体执行效果将直接关系到农村集体经济组织的发展成败和集体经济组织成员的合法权益问题。

（二）强化农民主体地位的实施保障

强化农民的主体地位是避免单一外源型发展和倒逼农村集体经济规范化发展的根本保障。在空间范畴内，乡村首先是农民的生产空间和生活空间，其次才是乡村旅游的投资空间与消费空间。当地农民的有效参与，实现项目的在地共生，是乡村振兴的战略在落地实施上的应有之意。农村集体经济是农民共建共享的，在广泛参与的基础上，合理安排结构、组织与制度，才能更好地实现农村集体经济的规范化发展。关于提升农民主体地位及其参与度的问题，九源建筑团队将责任规划师的工作方法代入到乡村旅游开发中的实践值得借鉴。

三、加强规范与监督职能，科学解决合作开发中的委托代理问题

在乡村旅游开发过程中，所有合作框架与发展内容的基底是农村"三变"改革，由此引发的责权利问题直接涉及分配效果，已有的基本合作模式本质上是涉及多方参与主体的责权利关系框架。能否厘清各方的责权利内容对合作效果有着决定性的作用。

在具体的事务责任归属上，旅游产品内容建设、旅游服务设施建设以及基础设施建设是乡村旅游项目的主要建设内容，在具体实践中，后两者的责任主体不是统一不变的，哪些内容该由谁来承担，观点不一，做法也不同，最终能否达成共识直接决定项目的质量与成败。一个必要的原则是在产业链上形成"优势互补、分工合作"的格局，"农户能干的尽量让农户干，企业干自己擅长的事，让农民更多分享产业增值收益"。

在乡村旅游发展的现实实践中，已经出现过地方政府、开发企业和当地村民之间的利益冲突问题，各方争论的焦点大多集中在旅游吸引物归属权上，但旅游吸引物的归属权问题难以量化把握，利益相关方之间的争议较大。在农村"三权分置"改革和"三变"改革的大背景下，委托代理问题已经出现在乡村旅游合作开发的各个参与方之间。

现代公司中出现的委托代理问题，可以通过解雇并替换代理人或"用脚投票"的方式解决。但在乡村旅游合作开发建设的具体项目中，尤其是农村集体资源要素变为项目资产投入使用之后，这两种做法实际操作起来都会非常困难。

尽管如此，还是要采取较为可行的手段尽可能地解决信息不对称问题，一般的做法主要包括完善行之有效的监管激励制度、创新提升信息透明度的方式与渠道、提高寻租和违约成本等。在这其中，政府所起到的作用至关重要，这需要地方政府有效提升乡村旅游建设的专项治理能力，构建畅通的信息反馈渠道和长效的综合处理机制应是未来的

工作重点。

四、探索形成相关激励机制，鼓励企业亲社会行为

可对某些乡村振兴与共同富裕相关的具体指标进行专题研究，并不一定要形成全面系统的指标体系，以可量化、可操作为原则，对部分能够体现社会企业行为的指标进行奖励。当然，可量化指标可能主要属于经济价值贡献类的，但并不妨碍有所侧重。例如，发展乡村旅游项目或多或少的会带动村民就业或临时就业，但所产生的工资收入大多属于市场行为，且水平并不具有竞争力，因此，在带动就业数量与带动就业结构上，就应该选择关注质量的后者。此外，在促进农村农民共同富裕的进程中，增加农村和农民的财产性收入是重中之重，因此严格落实"资源变资产、资金变股金、农民变股东"的利润分配方案结构，就需要重点关注。

乡村旅游所涉及的资源范围是比较泛化的，由核心旅游吸引物发展起来的乡村旅游项目，在项目体量上可大可小，在实施方式上也是多种多样的。既有偏自上而下的政企推动型案例，又有偏自下而上的社区自发型案例。但在乡村振兴战略全面推进的大背景下，政府层面对相关市场与相关项目的关注度与联系度越来越高，加上我国乡村旅游资源开发相关的规定与制度越来越规范，自上而下与自下而上的类型划分也变得愈发模糊，或许只能从介入顺序上有所区分。在遵循国土空间规划与国家政策的前提下，要对好的项目给予支持，甚至可以将是否具有清晰合理的合作模式与分配机制列为准入条件。

五、广泛总结和推广实践经验，强化典型企业的社会价值认可

如果说前面提到的大多属于经济价值贡献的话，那么此处提到经验总结就要对企业更偏社会责任的行为加重笔墨。除了重视增加农民经济收益之外，发展乡村旅游，还需要关注农村生态的可持续性、农村人居环境的改善、乡村生产与生活文化的进步、乡村治理的有效性、对农村留守老人与儿童的关照等偏乡村社会文化重建功能的关键内容。在乡村旅游开发过程中，许多企业硬性的经济价值贡献指标可以定量，但这些社会文化价值创造就更偏软性，且无法用定价来衡量。和城市社区改造类似，乡村旅游相关的企业如果抱有"微利可持续"和"共建共赢"的心态与情怀，那么它就更像社会企业。也正是社会文化价值的"无价"判断，才需要更多将这种社会责任情怀公布出来，才需要树立典型，赋予社会荣誉，强化对其行为的社会认可。同时，这种荣誉上的正向鼓励，也会大大加强企业的品牌价值，相对的，由此带来的商誉增值也是可持续的，这也可以形成一个互助互惠的"奉献——回报"闭环。

六、重视行业协会的作用，为产业要素集聚搭建平台

在行业协会本身的工作职能中，沟通、协调、监督等工作内容都具备中介桥梁性质，正适合乡村旅游发展中所遇到的多元主体合作局面。一方面，在倡导社会责任方面，行业

协会更能发挥行业倡导、规范与约束的作用，促进乡村旅游行业形成自我调节的良性发展机制；另一方面，在激活要素配置方面，行业协会能够联动乡村旅游产业链网络上的资源，帮助乡村旅游参与企业找到有价值的发展要素信息。值得一提的是，行业协会可以发挥自身的角色优势，联动政府、学界、业界、乡村的资源，匹配供需，分享发展经验，为各方带来了新思想、新理念、新方法，促进行业实践向特色化、专业化、规范化转型，为项目所在地的发展战略服务。

课题分管领导：刘军萍
课题主持人：陈奕捷、魏翔
课题组成员：丰晓旭、李敏、吴国庆、张颖、邵文利、丁雪怡、石璐、王鑫森、杨珂、乔通、赵晨
执　笔　人：丰晓旭、李敏、陈奕捷、魏翔

关于北京乡村创意设计赋能
乡村振兴问题的调研报告

《中共中央 国务院关于做好 2022 年全面推进乡村振兴重点工作的意见》提出实施文化产业赋能乡村振兴计划；2022 年 4 月，文旅部等 6 部门印发《关于推动文化产业赋能乡村振兴的意见》，把创意设计赋能作为八大内容之首。北京是全国文化中心，拥有悠久而丰厚的文化资源，众多的头部文化机构和快速增长的文化产业。据统计，2021 年北京规模以上文化企业营业收入为 17563.8 亿元，占全国比重 14.8%；其中创意设计企业 3925.3 亿元，占全国比重 20%。把创意设计产业优势转化为北京乡村发展优势，具有重要的现实意义。本研究在分析北京乡村创意设计发展现状、借鉴国内经验基础上，提出创意设计赋能北京乡村振兴的总体思路和政策措施。

一、北京乡村创意设计现状

创意设计是生产经营活动中的重要环节。从生产过程独立出来形成的创意设计服务业，几乎可以与所有产业进行耦合。乡村创意设计服务业，狭义来讲，是指为乡村建设和产业发展提供服务的创意设计服务业；广义来讲，是指与乡村相关的创意设计服务业。

（一）北京乡村创意设计需求

北京是一个大城市，也内嵌着一个"大农村"，全市共辖 181 个乡镇、3894 个行政村，81% 的土地为集体权属，46% 的建设用地属农村集体建设用地。虽然北京农村经济发展水平较高，但是城乡差距很大，乡村振兴的任务依然很重。北京乡村振兴对创意设计的需求主要体现在以下几个方面：

1. 乡村规划

按照北京市委、市政府《关于印发〈实施乡村振兴战略扎实推进美丽乡村建设专项行动计划（2018—2020 年）〉的通知》的相关要求，北京在 2020 年底前完成全市村庄规划工作。但是，乡村规划并不是一劳永逸，一是随着时间的推移，乡村规划需要不断修订和完善；二是随着乡村新兴业态的不断涌现，乡村规划也要相应的调整。

2. 乡村空间设计

乡村空间设计包括乡村景观设计和建筑设计。乡村景观设计包括农业公园、大地艺术、乡村道路、乡村园林等设计。乡村建筑设计就包括民居和社区公共设施设计，也包括农村生产设施设计。根据中共北京市委、北京市人民政府印发的《关于全面推进乡村振兴加快农业农村现代化的实施方案》，北京将建设一批特色小镇、北京特色风貌的美丽乡村，加强农村基础设施、文化、卫生等公共设施建设。同时，近年来北京乡村民宿、乡村旅游、乡村康养、休闲农业等业态发展迅猛，这对乡村空间设计产生了很大的需求。

3. 乡村产品设计

乡村产品设计包括两个方面：一是面向农业生产的产品设计，例如农机装备、农用物资设计等；二是面向消费者的产品设计，包括食品、手工艺品、生活用品，等等。由于北京农业生产规模和比重都很低，对生产性产品设计的需求并不高。同时，北京有着深厚的文化积淀，在乡村食品、乡村文创、乡村伴手礼等产品设计上有很大开发空间。

4. 视觉传达设计

主要包括农产品与食品包装、品牌、广告、会展、新媒体等设计。随着北京市居民精神消费比例的大幅度提高，对视觉传达设计的需求和要求也越来越高，这就要求乡村产品和服务提升视觉美感。

（二）北京乡村创意设计供给

《北京文化产业发展白皮书（2022）》显示，2020年全市文化产业实现增加值3770.2亿元，占全国文化产业总产值的8.4%，占地区生产总值的比重10.5%，这也是北京文化产业增加值占经济的比重首次超过10%，远远高于全国4.43%的平均水平，稳居全国第一。恒大研究院数据显示，北京培育了13家文化领域独角兽企业，占全国比重超过六成。孵化出的人工智能、区块链企业数量位居全球第一。这些资源带动全市R&D经费投入强度保持在6%左右，已超过纽约、柏林等国际知名的科技文创产业发达的城市。据中国人民大学发布的"2021中国文化产业系列指数"，北京文化产业综合指数连续六年保持全国第一。北京乡村创意设计供给主要来自以下几个方面：

1. 设计相关高等院校和研究机构

北京高等教育资源雄厚，拥有中央美术学院、清华美院、北京林业大学、北京服装学院、北京印刷学院等全国知名设计院校。据统计，2021年北京内具有艺术设计硕士招生资格的高校就有23所，远远高于排名第二的江苏省的8所。同时，北京拥有各类规划设计研究机构，例如中国艺术研究院、中国城市规划设计研究院、农业农村部规划设计研究院、生态环境部生态环境研究中心等，高等院校和研究机构是北京乡村创意设计的主要供给者。

2. 创意设计企业

从规模以上创意设计企业数量和产值来看，北京市都是全国首屈一指。北京乡村创意设计供给，不仅来自北京的创意设计企业，也来自长三角地区。这是因为有些乡村民宿、文旅项目投资人来自京外，他们更青睐于江浙乡村设计风格。

（三）创意设计赋能模式

乡村发展需要创意设计服务。同时，创意设计把新的生产要素进入乡村，对于乡村发展发挥了能动性作用。近年来，北京在休闲农业、乡村文旅、美丽乡村发展建设过程中，形成了几种突出的创意设计赋能模式。

1.传统村落发展模式

北京市共有 44 个传统村落，分布在 10 个区，28 个乡镇，涉及 1.34 万农户；共有 5 个村庄纳入中国历史文化名村。传统村落的保护与发展，需要创意设计把文化、艺术、环境、运营融合起来。以爨底下古村为例，在 20 世纪 90 年代一些学者发现其具有一定的文化价值，之后当地政府进行保护性修复，然后发展乡村旅游，带动民俗活动和乡村文创发展。在这一过程中，既要保持传统村落文化保护、传承与发展之间的平衡，又要在文化旅游业态、文创产品、民俗活动方面不断创新。

2.艺术村发展模式

村庄为艺术家提供居住、创作的空间，并由此带动村庄在人文、景观、产业、社区等方面的变化，从而形成了多种类型的艺术村。例如，通州宋庄、大兴区鲍家铺村、昌平区下苑村等。艺术村首先为艺术家或艺术创作者提供了低成本生活和工作空间，为乡村引入了新产业，既有传统的艺术交易、培训，也有文旅、文创等新兴业态。

3.综合项目开发模式

综合项目开发模式开始于顶层设计——在一定区域内围绕一个主题进行生产、生活、生态多方面的规划、建设、运营，绝大部分都把文化、旅游、休闲作为项目的重要内容，从而深度挖掘乡村资源多元价值。近年来兴起的特色产业小镇、田园综合体等项目都属于该模式。与上述两种模式相比，综合项目开发较少受到原有建筑的限制，更具有现代性和创新性。例如古北水镇，引入乌镇模式，通过仿古新建，集观光、休闲、度假、体验于一体，打造了北京独具特色的休闲度假区。但是，乡村大型综合项目开发，投资大、建设期长、运营复杂，市场风险较大。

4.创意农业模式

创意农业是在农业生产经营过程中融入文化艺术元素，从而提升农业产业价值的农业。通过创意设计，在种植景观上、农事体验上、产品包装上、市场营销上体现创意。例如"紫海香堤"多元创意组合模式、"植物迷宫"景观农业创意模式、"波龙堡酒庄"产业融合创意模式、"平谷桃产业链条开发"创意模式、"百里山水画廊"空间集群发展创意模式、"大兴农业"区域品牌开发创意模式和"公园式农业"主题创意发展模式等。

（四）存在的问题

1.文化产业优势没有转化为乡村发展优势

虽然北京文化产业位居全国之首，但是其对于乡村发展的带动作用仍显不足。2021 年浙江休闲农业农家乐接待游客 3.9 亿人次，营业收入 469.4 亿元；而北京市休闲农业和乡村旅游接待游客 2520.2 万人次，实现收入 32.6 亿元。即使按照人均比较，北京乡村文旅相关产业也远远落后于浙江。而在创意农业、乡村文创、乡村环境等方面，也与北京文化产业在全国的地位不匹配。

2.乡村创意设计水平有待提高

全国来看，基层领导干部对创意设计认识不足，设计师缺乏乡村深入了解，乡村文化意向脸谱化倾向非常普遍。北京乡村建筑、景观、产品、活动、品牌所体现出的设计水平，与北京的创意设计力量不相称，缺少具有国际国内影响力的设计作品。从第一届印迹乡村创意设计大赛总决赛评选结果来看，北京市作品没有进入一二三等奖。这并不代表北京创意设计水平不高，而是说明在北京乡村设计上没有展现应有的水平。

3. 创意设计人才储备不足

2018 年，北京文化产业就业人口占总就业人口比重不到 6%，尚未达到纽约（12%）、伦敦（14%）、东京（15%）等文化科技融合发达城市 2011 年的水平。北京规模以上创意设计企业就业人数 2018 年是 10.8 万人，2019 年、2020 年连续两年减少后，2021 年恢复到 11.1 万人。另外，基础人才持续流失。据腾讯发布的《中国城市人群迁移意向报告》，北京在最受求职者欢迎的城市中仅名列第五，北京地区高校（含科研院所）毕业生在京就业量占比持续下降。

4. 创意设计服务模式创新不强

创意设计赋能乡村振兴，不是简单的服务采购关系，需要随着数字经济、农村集体经济、艺术乡建的发展，不断进行服务模式创新，从而为乡村引入先进生产要素。近年来，北京在乡村创意设计服务模式大多学习江浙模式，自主性创新性不强，无法起到引领全国的效果。

5. 乡村创意设计支持政策欠缺

近年来，北京先后出台了《"设计之都"建设发展纲要》《促进文化科技融合发展的若干意见》《文化产业高质量发展三年行动计划（2020—2022）》《北京市推进全国文化中心建设中长期规划（2019 年—2035 年）》等一揽子政策。最近，北京市人力资源和社会保障局印发《北京市创意设计专业职称评价试行办法》。但在乡村创意设计方面，目前还没有明确的政策支持。

二、国内创意设计赋能经验

从全国来看乡村创意设计仍处于起步期。各地经过不断探索、创新、推动，已经取得了一些值得借鉴的经验。

（一）政策支持方面

政府部门直接关于乡村创意设计的政策文件不多。在住建部设计下乡、工信部设计扶贫政策的推动下，地方政府部门出台了细化政策。同时，美丽乡村、休闲农业、创意农业、数字农业等政策重点，大大增加了乡村对创意设计的需求。在政策支持方面，河南、浙江、江苏具有代表性。

河南省是目前唯一明确部署乡村设计工作的省份。2022 年 9 月，河南省办公厅印发了《设计河南建设中长期规划（2022—2035 年）》和《设计河南建设行动方案（2022—2025 年）》，明确提出"以乡村设计谱绘新时代诗意田园"。内容包括加快发展现代农业设计、提高农村产业融合发展设计水平、提升美丽乡村创意设计水平等三部分；提出实施设计创新能力提升、设计主体培育、平台载体建设、数智融合发展、设计人才引育、深化开放合作等"六大行动",由农业农村厅牵头推动。

2018年住房和城乡建设部下发了《关于开展引导和支持设计下乡工作的通知》,工信部印发了《设计扶贫三年行动计划(2018—2020年)》,浙江省住建厅、工信厅分别印发文件予以落实。2022年1月,浙江省办公厅印发《关于开展未来乡村建设的指导意见》,打造未来产业、风貌、文化、邻里、健康、低碳、交通、智慧、治理等场景,集成"美丽乡村+数字乡村+共富乡村+人文乡村+善治乡村"建设,着力构建引领数字生活体验、呈现未来元素、彰显江南韵味的乡村新社区。浙江未来乡村建设,没有在创意设计上明确政策措施,但是能够产生强烈的乡村创意设计需求。2022年5月浙江省委宣传部、浙江省乡村振兴局、浙江省文联共同印发了《关于开展"艺术乡建"助力共同富裕的指导意见》,提出实施乡村在地艺术场景营造、艺术特色村镇培育、村民艺术素养提升、基层文联强基、乡村数字文化赋能、"三农"题材文艺精品创作等计划。

江苏省委省政府2017年出台了《江苏省特色田园乡村建设行动计划》,突出强调了科学规划设计。组织编制了《江苏省苏北地区农房设计指引(2019年版)》《江苏省农房设计方案汇编》《江苏省特色田园乡村规划建设指南》《乡村营建案例手册》《特色田园乡村建设试点工作解读》等技术文件,用于指导农房改善和特色田园乡村建设,并免费向基层发放,为指导地方提升农房和村庄设计、建设水平提供了有力的支撑。2022年7月根据文旅部等六部门印发的《关于推动文化产业赋能乡村振兴的意见》,省文旅厅等六部门印发了《关于推动文化产业赋能乡村振兴的实施意见》,在创意设计赋能方面提出,全面推进"文化创意下乡"、加大创意开发引导激励、发展创意农业和特色农业、推广乡村文化创意产品等内容。

(二)机制与模式方面

在文化产业助力乡村发展方面,全国各地创造了很多典型模式和机制,为发展乡村创意设计提供了借鉴。

1. 乡村文创基地

依托村庄特色文化资源和自然资源,盘活村庄闲置空间,引进创意设计团队挖掘文化资源、打造文创IP、设计开发文创产品,带动乡村振兴。目前,全国各地乡村振兴示范村建设、传统村落保护与发展、乡村休闲旅游等项目中,一般都会把乡村文创基地作为重要内容。例如浙江丽水松阳陈家铺村,以先锋平民书局为依托,为松阳县周边开发各类文创产品300余种。同时依托优质的高山白茶资源,与民宿合作推出隅堂茶集文创空间。在创意IP引领下,把闲置民宿资源盘活改造,引入专业团队落户了度假办公空间、精品民宿、艺术家工作室等人文创意精神文化场所项目,成为展示当地历史文化、风土民俗重要平台。

2. 乡村直播基地

随着产品营销中网络直播方式的兴起,很多地方推动乡村直播基地建设。由于网络直播带货更加注重产品品牌、包装、调性,直播基地吸引了广告设计、包装设计、产品设计团队入住,形成了设计+传播的乡村产品赋能模式。2019年,福建省广电局联合中国广播电视社会组织联合会微视频短片委员会、字节跳动直播生态园(福建)、中国(厦门)

智能视听产业基地，开展乡村振兴直播产业基地建设工作，推进脱贫攻坚成果同乡村振兴有效衔接。2022年河南省广播电视局、河南省乡村振兴局发布《关于联合开展乡村振兴直播产业基地建设工作的通知》，并认定了第一批30家乡村振兴直播产业基地。

3. 文化服务产业园

2020年12月，广东省乡村振兴文化服务产业园正式在凤和村挂牌成立，从文化引领、产业带动到品牌赋能，促进了文化与农产业共荣，促进了农业高质量发展。在235个省级产业园中，"234+1"的组合，是广东省以文化激活现代农业机制创新下的精心设计。"234"是广东省省级现代农业产业园（以下简称农业产业园）的数量；"1"指的是广东省在全国首创的功能性产业园——广东省乡村振兴文化服务产业园。在广东现代农业产业园集群中，文化服务产业园相当于"园中园"，是大脑，是机制，也是组织者。以"产业园"服务"产业园"，以"1"为圆心向"234"辐射，这是广东农业从顶层自上而下的一次创新尝试。文化产业园为现代农业产业园提供了全方位的文化服务，从规划、设计、品牌、宣传到监督都做了大量服务。

4. 乡村创意设计大赛

通过组织赛事，针对乡村建设和产业发展中的实际需求，引导设计类大学生和设计师参与乡村设计。但目前乡村创意设计大赛多由艺术设计类院校和地方政府组织，内容相对单一。印迹乡村创意设计大赛是唯一全国性、综合性乡村创意设计大赛，由农业农村部农村经济研究中心和尚浓智库组织举办。在赛道设置上采取"3+X"模式，即村庄设计、乡村景观设计、公共设施设计等3个基础赛道和若干专项赛道。第二届大赛开设了数字乡村、食品与包装、乡村民宿、乡村非遗赋新等专项赛道。印迹乡村创意设计大赛在组织省级预选赛、总决赛的同时，通过昆山定制赛代替设计招标，显著提升了乡村创意设计服务水平。

5. 乡村振兴"设计券"

设计券是乡村振兴帮扶资金定向采购设计服务的一种制度设计。2022年珠海市设计中心针对珠海对口遵义乡村振兴帮扶设计了"乡村振兴设计券"，从对口帮扶资金中拿出部分资金，用"设计券"方式发放到遵义帮扶乡村，定向采购珠海设计机构的服务。支持范围包括但不限于农特产品培育、非物质文化遗产商品化开发、现代农业产业园区建设、示范村建设、乡村文旅开发等有助推进乡村振兴的相关项目。珠海市设计中心将吸纳一批设计、文创、传媒、品牌、规划等领域、符合条件的机构形成"设计服务库"，并逐年递增服务主体数量。设计作品将参加印迹乡村创意设计大赛。

三、创意设计赋能北京乡村振兴的思路与措施

（一）总体思路

贯彻落实党的二十大精神，紧紧围绕北京乡村振兴和率先实现农业农村现代化的中心任务，充分发挥北京文化产业优势，政策引导、机制创新、示范带动，加快建设乡村创意设计载体，搭建服务全国的乡村设计平台，大力提升北京乡村创意设计水平，引领全国创

意设计赋能乡村振兴新方向，打造全国乡村创意设计中心，为全国文化中心建设和文化产业赋能乡村振兴作贡献。

1. 建设乡村创意设计载体

把乡村创意设计作为一二三产业融合的重要组成部分，科学规划、深度挖潜，优化配置乡村宜居宜业空间，建设乡村创意设计产业空间，引导北京各类创意设计团队、机构进入乡村、融入乡村。一是在现有文化产业园、农业园区中择优建设乡村创意设计中心，引导、支持、集聚乡村创意设计人才、团队、资源，在服务北京乡村振兴的基础上，面向全国开展乡村创意设计服务。二是在美丽乡村示范村中，围绕村庄的自然资源、文化资源、产业资源建设相应的文创基地，大力发展基于创意设计的乡村文化产业。乡村创意设计载体建设，首先是要为乡村发展培育创意设计专业队伍；其次是为优秀创意设计人才、团队在北京创业、就业提供条件，降低生活、工作成本，从而促进北京设计之都建设，本质是为北京创意设计产业释放乡村低空间资源。

2. 提升北京乡村创意设计水平

针对北京创意设计主体对三农领域关注不足的问题，要千方百计引导、支持、奖励北京乡村创意设计出精品、上水平。一是结合乡村振兴重点项目建设，择优选取高水平设计团队，打造乡村创意设计新标杆、新样板，体现国际创意设计水准。二是组织创意设计主体，特别是北京有关高校深入挖掘北京乡村文化资源，推动能够融入城乡居民现代生活的乡村文创发展。三是举办乡村创意设计培训、指导、交流活动，显著提升设计人员对三农政策、乡村文化、乡村美学、设计方法的认知水平，提升针对三农的乡村设计能力。

3. 搭建服务全国的乡村创意设计平台

乡村创意设计作为北京乡村产业，在服务北京乡村振兴的同时，更要服务京津冀、全国乡村振兴。一是发挥北京消费市场优势，建设服务全国的乡村振兴文化产业园，创意设计、文化传播、产品体验"三位一体"构建文化产业赋能乡村振兴产业生态，形成设计赋能、传播营销、产品消费闭环。二是借助印迹乡村创意设计大赛，大赛、峰会、展览"三位一体"，打造乡村创意设计持续输出影响力的平台。三是通过东西协作、对口支援、对口协作、对口合作等多种形式，与8个省近百个县予以乡村振兴帮扶。可以采取"设计券"方式，实现北京乡村创意设计发展与受援地乡村发展双赢。

（二）措施与保障

1. 加强乡村创意设计战略研究

组织创意设计、三农政策、乡村文化、产业经济等领域的专家，开展乡村创意设计理论研究，坚持社会主义核心价值观，贯彻党和国家的大政方针，把科技创新、生态文明与乡村文化结合起来，形成乡村创意设计导则，在广泛征求意见的基础上不断修订完善，引导乡村创意设计方向。

2. 加强领导干部创意设计培训

组织基层党政领导干部，特别是农业农村领导干部专题研讨班，强化乡村创意设计意识，学习贯彻习近平总书记"把更多美术元素、艺术元素应用到城乡规划建设中"的指示精神，探讨乡村创意设计引领乡村发展的路径，用创意设计把乡村文化、现代科技、美学艺术融入宜居宜业乡村建设之中。

3. 大力发展乡村文化＋产业

一是大力推进艺术乡建，打造精品民宿，发展艺术村、文化村、专家村、古村落，高水平建设宜居宜业美丽乡村。二是大力发展京郊乡村旅游、乡村演艺、乡村研学等产业形态，城乡一体提升乡村文化消费。三是大力发展创意农业、休闲农业、数字农业，用创意设计努力打造农业新兴业态。四是积极探索村集体合作开展乡村文创项目投资建设运营机制，切实降低制度性成本。

4. 加快乡村创意设计人才培育和集聚

坚持做大增量，制定文化科技领域毕业生人群留京发展的促进政策，在生活、出行、创业等方面给予补助乃至免费的服务。树立并践行聚天下英才而用之的理念，完善国外著名高校毕业的中国留学生来京就业可直接落户的相关机制和保障措施。关照大师级乡村创意设计人才，推动乡村创意设计领域建立大师工作室，发挥文艺技艺传承、创新攻关、服务实体经济的作用，促进专业人才队伍建设。注重做优存量，出台新一轮北京职业技能提升行动计划，加大乡村创意设计领域投入力度，增强相关从业者的实践技能和职业素养。

5. 优化乡村创意设计营商环境

一是打通农业农村、市场监管、人力社保、统计、税务等部门的数据通道，建设北京乡村文化企业数据库，为科学制定政策提供基础支撑。二是把文化产业园、众创空间、高新技术企业等方面的财税政策，覆盖到乡村创意设计领域，强化乡村创意设计领域的创业孵化。三是加强知识产权和文化创意保护，精简著作权、版权等申报审批流程，建设基于区块链技术的产权确权平台。四是加强市场监管，探索乡村创意设计新应用、新场景、新消费的"沙箱监管"模式，支持创意设计与乡村更有效地可融合、可持续发展。

北京市农村经济研究中心、尚农智库（北京）经济咨询有限公司联合课题组

2022 年北京乡村休闲旅游发展报告

2022 年面对全球经济剧烈波动、国内经济发展"三重压力",以及疫情防控政策的坚定实施,北京休闲农业与乡村旅游产业面临着挑战也收获了机遇,行业规范化进程加快,随着政府扶持、行业自救的持续进行,疫情间隙迅速复工复产,并在节假日出现了小热潮,表现出强大的韧性。

一、总体发展现状

(一)产业效益稳步提升

截至 2022 年底,全市休闲农业和乡村旅游接待人次 1787.8 万人次,营业收入 32.13 亿元(详见图 1),人均消费达到 179.7 元 / 人次(详见图 2),同比增长 39%,比 2019 年增长 65.3%。

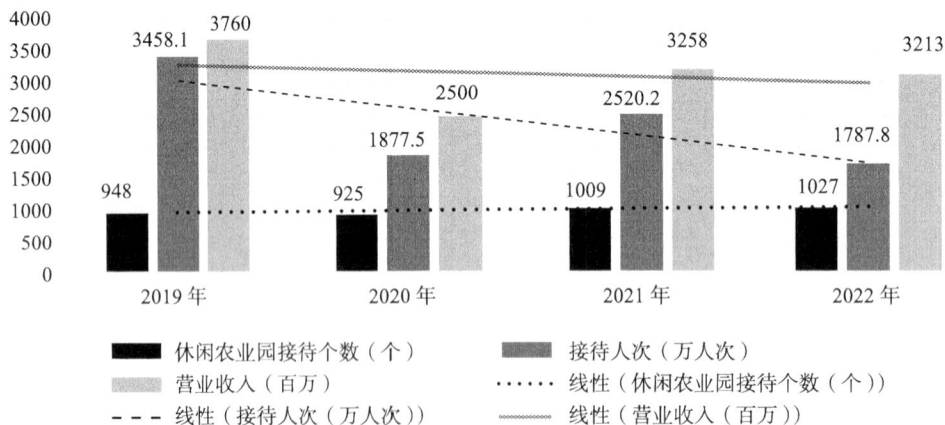

图 1　2019 年到 2022 年休闲农业与乡村旅游相关数据对比图

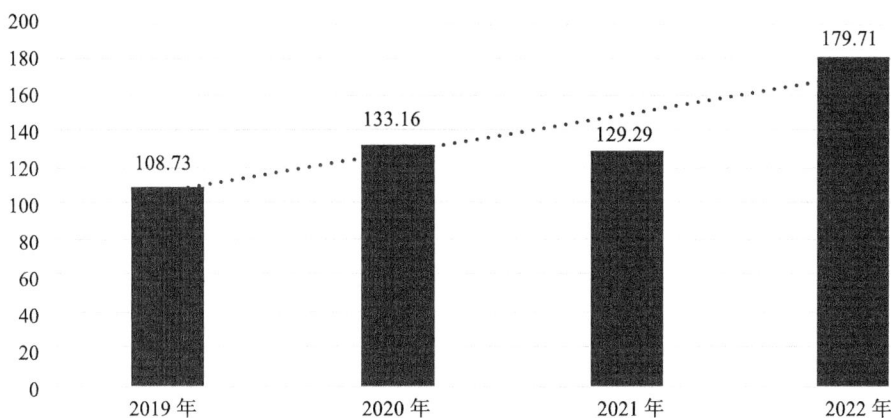

图 2 2019 年到 2022 年休闲农业与乡村旅游人均消费（元／人）对比图

（二）产业规模保持韧性

至 2022 年底，全市休闲农业园 1027 个，乡村旅游实际经营单位 7105 家，比 2021 年同期均有增长。十余条休闲农业精品线路休闲农业与乡村旅游经营主体实现收入 8.2 亿元。

（三）精品示范持续涌现

截至目前，延庆、怀柔、密云、门头沟 4 区获评全国休闲农业重点县，全市推介了 76 个市级以上美丽休闲乡村、224 个市级星级休闲农业园区、4849 家乡村民宿。

（四）兴村富民日益强劲

休闲农业将地产农产品和工艺品转变为成伴手礼品，增加农民经营性收入；延长乡村产业链，带动当地农民就近就地就业、创业，增加农民工资性收入；盘活农村土地资源，增加农民财产性收入。2022 年，全市休闲农业带动农产品销售收入 8.8 亿元，带动农户 10.09 万户，从业人员年人均工资 3.46 万元，较上年增长 5.11%。

（五）典型引领激发活力

各区休闲农业发展中，通过突出品牌引领、政策细化、引导示范，聚焦线路提升、创新融合，聚集专家资源，激活产业升级"内生力"，增强休闲农业"竞争力"。涌现出"京制暖阳""丰花晓月""桃醉平谷""顺意乐享"等休闲农业品牌，大兴区长子营镇赤鲁村、平谷区夏各庄镇贤王庄村等典型乡村，延庆区石峡关谷、房山区幽岚山谷、密云区"五谷蜂登"等精品线路，平谷区"太后的猫""匠人部落"等主题原味民宿等。同时也涌现了许多专家辅导典型，打造出延庆区栖柳园农庄、顺义区三只小猪休闲农业园区等特色内容。

二、主要做法与成效

（一）突出品牌引领，增强乡村振兴"牵引力"

2021 年北京市农业农村局开展北京休闲农业"十百千万"畅游行动工作，以"京华乡韵"品牌建设为引领，打造全市休闲农业品牌的同时，各区也结合区域功能定位和上位规划，深化"京华乡韵"区域品牌，积极营造浓厚的城乡消费氛围。朝阳区、丰台区、延庆区、平谷区、顺义区分别提出了"京制暖阳""晓月丰花""妫水农耕""桃醉平谷""顺意乐享"休闲农业品牌。"京华乡韵"品牌成为宣传展示北京市京郊休闲农业与乡村旅游的一张亮丽名片,对北京休闲农业与乡村旅游经济拉升作用明显。

（二）突出政策细化,凝聚项目实施"靶向力"

在北京市休闲农业"十百千万"畅游行动的引领下,各区进一步细化政策落实,推动休闲农业高质量发展。昌平区制定《昌平区促进农业高质量发展实施意见》(昌政发〔2022〕16 号)及《昌平区促进农业高质量发展实施细则》,明确提出休闲农业发展目标,并配套区级资金支持休闲农业产业发展。门头沟区印发《门头沟区全力推进特色产业带动村集体经济发展示范村建设实施方案》明确要提出发展 10 个休闲农业带动集体经济典型。

（三）突出示范引领,激活产业升级"内生力"

各级政府积极对接市场需求,支持原有休闲农业经营主体提高品质,同时引导生产基础好、特色鲜明的乡村和园区做精休闲农业,形成"精品＋规模"协同共进、同步扩大的新格局,大兴区长子营镇赤鲁村、平谷区夏各庄镇贤王庄村等乡村提升效果显著,海淀区13 个生产型农业园区发展休闲农业,实现全产业链发展。

（四）聚焦线路提升,提高兴村富民"带动力"

多条休闲农业精品线路逐步提升,沿线节点不断丰富,联动带农能力显著增强。如延庆区石峡关谷带动沿线里炮、帮水峪、石峡村发展各具特色的主导产业。密云区"五谷蜂登"休闲农业精品线路接待游客和营业收入同比增加 34% 和 42%。

（五）聚焦创新融合,增添乡村产业"新活力"

各区创新业态,延长产业链条、提高附加值。平谷区提升 10 个主题原味民宿,并带动本地文创产品、农副产品及农事活动等形成"乡村民宿＋"产业典型。怀柔区宝山镇以"稻"为媒,推出"稻田画＋音乐节",带动销售手工杏仁油、艾草手工制品等特色农产品增收 11 万余元。

（六）聚焦专家资源,增强休闲农业"竞争力"

全市推行北京市休闲农业"十百千万"畅游行动的同时,建立了一支休闲农业专家辅导团力量,各区充分利用辅导团智力资源,有效提高项目质量。多数区形成区级专家资源库,也涌现了一批专家辅导典型案例。如延庆区栖柳园农庄、顺义区三只小猪休闲农业园区等。

三、休闲农业发展亮点

（一）业态融合,打造休闲农业新消费场景

体验性是休闲农业的本质属性,休闲农庄作为一种售卖"体验"的消费场所,注重新消费场景的打造,才能更好地吸引顾客、留住顾客。节假日期间,各休闲农业园区推出了多元融合的新消费场景,有农业＋文化——大兴区推出泛博物院游活动,让游客徜徉在月季博物馆中,丰台区北京世界花卉大观园推出花花乐队表演和昆虫世界实景演出,门头沟区谷山村推出非遗表演,让小朋友了解农耕知识体验农耕文化;有农业＋体育——延庆区世界葡萄博览园举办北京市青少年航空航天模型锦标赛,朝阳区圣雅圣露国际酒庄推出桨板运动体验，延庆区青山园推出夏日打雪仗活动，密云区仙居谷、顺义区意大利农场将飞盘、骑行、皮划艇等轻户外运动体验项目引入园区特色节庆活动；有农业＋教育——密云区飞鸟与鸣虫农场推出"小鸡的秘密生活"科普教育活动，顺义区北京国际鲜花港推出"郁"见萤火虫活动；有农业＋市集——丰台区郭庄子农趣乐园打造农趣市集；有农业＋红色——顺义区柳庄户红色农趣园增加沉浸式地道战主题党日活动和军事亲子周末营活动。丰富多彩的新消费场景的打造，释放了京郊休闲旅游新活力。

（二）"夜"态盘活，提升休闲农业夜间经济

夜间经济是助推乡村产业振兴的一大动能。延庆区推出夜海陀、夜世园、夜长城三大夜经济主线，辅以夜宿、夜市、夜文化产品，串联全区，发展特色鲜明的夜经济发展体系。各休闲农业园区纷纷推出夜游产品，如顺义区河北村民俗园推出国潮花灯艺术展，丰台区南宫五洲植物乐园开展星空露营市集及灯光秀活动等。休闲农业园区延时开放，丰富新"夜"态，提升产业经济新增长点。

（三）精准服务，提升休闲农业体验感

在个性化旅游时代，乡村休闲旅游企业只有准确细分市场，提供靶向服务，不断升级迭代，形成亮点特点，才能形成客户黏性。如房山区天开农社以精致露营游客为主要消费群体，针对该群体关注生活品质和格调，追求精致美学的特点，推出田园美学游园会、MOSS 花植展、自然创作展等，并开办品质集市。

（四）整合资源，带动区域产业联动发展

以往的休闲农业园区与村庄的合作关系仅在雇佣和租地，给到村庄的收益也仅仅是地租和保底，整合资源，区域联动，村企有机合作才能带动整个村庄的发展。如密云区溪翁庄镇金叵罗村合作社经营的金樱谷农场联合村中民宿、飞鸟鸣虫农场一起整体打造区域休闲游项目，过山车、蹦蹦云、七彩滑道等丰富的体验项目满足了民宿游客的游玩需求，也促进了村中农家乐的预订。

（五）打造 IP，促进休闲农业个性化发展

在符号消费的时代，IP 独特与否，成为乡村休闲旅游企业在市场竞争中引流和盈利的关键。如丰台区世界花卉大观园深知其中要义，正在从传统的温室花卉观赏转变为"国潮花卉"主题 IP 打造，在第一届花潮汉服文化节大获成功之后，2022 年又开启第二届花潮节，将花神祭祀文化与园区花卉主题相结合，打造汉风市集、传统体验开笔破蒙、汉婚体验、汉舞大赛、汉服巡游等活动，并推出花神雪糕等冰品及花卉主题文创产品，受到市场欢迎，园区坚定了继续升级文创产品的信心。

四、休闲农业发展存在问题

（一）人均消费低，消费动力不足

人均消费低一直是困扰京郊休闲农业的问题之一。原因之一在于管控放开，高端消费客群多出京或出境消费，留在京郊消费大部分为中低端消费。北京高端消费流失，外地高端消费不来，供给侧结构性改革迫切。原因之二在于消费者收入降低，只能被动理性消费，减少消费支出。

（二）营销方式单一，缺乏新媒体运营

发展较好的休闲农业与乡村旅游企业都是充分利用一切新媒体进行运营，用流量扩大企业宣传，带动企业销售，京郊很多休闲农业与乡村旅游企业营销方式还是过于单一，仅靠回头客已经不能吸引"90后"甚至"00后"这些消费群体的注意，熟练运用新媒体运营一直是当下休闲农业与乡村旅游企业宣传推广和销售的关键。

（三）缺乏资金、用工，难投资新消费场景

经过三年疫情，很多休闲农业与乡村旅游企业能生存下来已属不易，缺乏资金和用工，让企业只能维持原有的消费场景，而不能投资新消费场景的打造。

五、休闲农业提升建议

（一）强服务，引项目，从旅游经济进入休闲经济

京郊游经过30余年的发展，原有假日经济的发展模式已经进入平台期。全行业应采取有效措施拓展新的市场，如对接企事业单位的党建、团建、会议、中小学生研学、老干部春秋游活动，将更多的京郊优质休闲农业与乡村旅游企业纳入政府采购定点，培育乡村休闲新业态，从旅游经济进入休闲经济，摆脱对假日消费的过度依赖。

（二）重宣传，强营销，纳入国际消费中心谋划建设

北京建设国际消费中心，不能少了乡村这一头。对于主管机关而言，一是与平台进行沟通，增加特殊节点的京郊休闲农业企业的流量倾斜，助力其增加市场活跃度，二是塑造北京乡村休闲的整体形象，加大对京外市场的宣传，把促进乡村休闲消费纳入到北京建设国际消费中心的大盘子中谋划，高质量地举办市场推介活动。

（三）引人才，建亮点，多方助力新消费场景打造

京郊休闲农业与乡村旅游企业用工难是阻碍产业发展瓶颈之一，企业高薪难觅专业人才一直是行业痛点。各级政府应加大对乡村创业创新的支持力度，出台乡村休闲产业就业优惠条件，解决企业用工难，用工差难题。

缺资金，融资难也是休闲农业产业发展的难点之一。建议休闲农业政策扶优扶强，各区重点打造一批典型，明方向，树标杆，引导行业有效投资，创新发展。

（四）优环境，建配套，实现休闲旅游度假高地

学习运用好"千万工程"经验，加强农村环境综合治理，持续改善农村人居环境，为发展都市农业、科技农业、观光农业、休闲农业提供良好的周边环境。发挥市场机制作用，以满足游客休闲生活与旅游度假需求为基础，研究提升重点文旅项目间的联动性，注重提升与周边配套的适配性，增强项目间协同发展和溢出效应，打造休闲旅游度假高地。

北京市农业农村局产业发展处、北京观光休闲农业行业协会

文化赋能乡村　打造村庄发展新引擎

——以怀柔区九渡河镇红庙村为例

红庙村位于北京市怀柔区九渡河镇域西北部山区，东距黄花城水库4公里，村域面积仅0.19平方公里，全村56户、136口人。这样一个山区里名不见经传的小山村，却蕴藏着丰富的民间手工艺及非物质文化遗产资源。作为北京昔日的灯笼第一村，在村集体创办的灯笼制作专业合作社带动下，灯笼销售最红火的时期，仅"十一"前后，就赶制各种灯笼一万多盏，红灯笼不仅高挂天安门还远销海外，是北京郊区率先实现农民在家就业，成品统一销售，年收入万余元，远近闻名的富裕村之一。但昔日的辉煌没有成为红庙村持续发展的优势和动力，近年来，红庙村不但没能借助自身非遗传统手工艺优势，搭上乡村振兴发展的红利快车，还沦为了村集体经济薄弱村，不免令人惋惜。

通过"进村入户走基层"活动，我们走访了红庙村。结合近期文化和旅游部等多部门联合印发的《关于推动文化产业赋能乡村振兴的意见》，通过对红庙村当前传统非遗手工艺发展现状及优劣势的调研分析，提出红庙村以非遗手工艺特色文化基因为抓手，推动文旅产业深度融合、高质量发展的相关思路建议。

一、红庙村发展文旅产业的主要优势

（一）良好的人文自然环境和民间手工艺特色优势

红庙村地处自然旅游资源丰富、文物古迹众多的怀柔区九渡河镇域内，距离北京著名旅游景区黄花城水库仅4公里，不仅周边自然景观丰富，村内还蕴藏着丰厚的人文历史资源，明末清初将军金声遥的墓葬、明朝道教古庙等保存较好的古建坐落于此。2018年，村内依托手工艺特色打造了红庙村乡情村史馆，馆内收藏包括北京传统手工兔儿爷、北京红灯笼、传统花灯等来自全国各地的100余个品种、1000多件手工艺藏品，藏品均出自民间手工艺大师之手，具有极高的观赏及收藏价值。人文自然环境优势和手工艺文化底蕴为红庙村提供了独特的发展基础。

（二）丰富的手工艺人才储备

现任红庙村党支部书记、村委会主任的闫万军2006年师从灯彩大师"灯笼张"张明亮学习灯笼制作技法。在闫书记的带动下，村民开始学习灯笼加工制作方法，灯笼加工产业逐渐成为主导产业，红庙灯笼被列为"区级非物质文化遗产"。在灯笼制作的基础上，村领导班子带动村民继续开拓手工艺制作品类，相继将葫芦镶嵌、毛猴、风车、吉祥鼓、吉祥燕、手工编织等多种北京传统手工艺技艺引入本村。目前，多数村民不仅能够熟练掌握多项非遗手工艺制作技艺方法，还具备授课能力。丰富的手工艺人才储备，为发展以非遗传统手工艺为主的乡村文旅产业提供了基本的人才保证。

（三）宝贵的非遗智力支撑

闫万军书记作为中国民俗协会会员、北京玩具协会副会长、区级非物质文化遗产传承人，具有丰富的非遗文化和传统手工艺资源网络。老北京手工风车技艺传承人王成举、"葫芦康"第四代传人康驹祥、毛猴大师荣慧生、老艺人许崇有等名家均曾被多次邀请到红庙村进行授课。强大的师资力量为推动手工艺特色化、品牌化发展及开展非遗中高级专业培训奠定了坚实的基础。

二、红庙村文旅产业发展的主要制约因素

（一）原有手工艺产业发展竞争力不足

红庙村原以灯笼加工为主导产业，村集体成立有北京喜庆灯笼专业合作社。近年来，随着社会倡导环保节约理念，以及传统灯笼自身易褪色、难保存的产品特性，导致市场对传统灯笼的需求空间大幅缩减。受产品款式单一，技术创新实力不足，营销管理方式和手段落后，人力和运输成本不断上涨等多重因素叠加影响，导致合作社盈利水平受限，在激烈的市场竞争中难以为继。

（二）产业发展空间不足

红庙村"两委"在推动村庄发展中具有迫切的发展意愿及一定发展思路，也正在尝试依托村内非遗手工艺特色优势打造非遗手工艺制作培训基地及手工艺互动体验中心等"沉浸式"乡村文旅产品，进一步探索文旅融合新模式，延伸产业链，实现乡村一二三产业融合发展。但从实际情况看，红庙村村域面积仅0.19平方公里，现有集体经营性建设用地25.35亩。村域发展面积小，产业发展空间不足，一定程度上制约了产业的未来发展。

（三）村集体家底薄弱

红庙村村集体主要收入来源以政府转移性收入为主，缺乏其他有效的筹融资手段和渠道。作为全镇最小的村，土地资源紧张，村集体没有土地流转及征地补偿收入来源。村集体的主要收入目前仅够维持村域内环境整治、社区治安、维修维护等日常公共服务运行维护支出，村集体收入入不敷出，集体经济积累少，家底薄弱，产业发展虽有思路但缺乏启动资金。

（四）基础设施存在短板

村内现有配套基础设施建设不完善，无法满足乡村旅游产业发展的基本需要。村内目

前无民俗旅游户及民宿，2021 年，村集体在唯一可供进一步开发利用的乡情村史馆内建设了传统手工艺传承培训工坊，但从目前来看，因场地空间的限制，接待能力受限，无法提供开展手工艺体验活动所需的制作、培训、餐饮、住宿等多重功能空间，很难吸引游客形成驻留经济。

二、以文化引领，打造文旅融合发展新乡村的思路建议

民间手工艺以及非遗项目根植于乡村，是乡土文明的重要组成部分，对于延续历史文脉，凝聚乡村的精气神，开拓产业发展具有积极的作用。在文化和旅游部等多部门联合印发的《关于推动文化产业赋能乡村振兴的意见》（以下简称《意见》）中将手工艺作为文化产业赋能乡村振兴重点领域之一，提出"实施中国传统工艺振兴计划，推动传统工艺在现代生活中广泛应用。鼓励非物质文化遗产传承人、设计师、艺术家等参与乡村手工艺创作生产，推动手工艺特色化、品牌化发展，鼓励多渠道、多形式进行品牌合作，提升经济附加值"。《意见》对乡村手工艺与乡村发展深度融合的全新认识，体现出国家对乡村手工艺传承发展的高度重视，也为红庙村这样具备传统非遗手工艺优势的村庄提供了新的思路和机遇。

（一）丰富文旅产品内核，打造乡村特色文化名片

乡村振兴既要"塑形"也要"铸魂"，文化就是乡村振兴之魂。国家提出"鼓励各地加强'中国民间文化艺术之乡'建设，形成具有区域影响力的乡村文化名片，充分开发民间文化艺术研学游、体验游等产品和线路"。红庙村丰富的非遗手工艺资源使其具备区别于周边村庄的差异特色和文化特色。有效利用特色资源，以灯笼等各类非遗手工艺制作为基础，进一步挖掘其特有的文化内涵，融入适宜的文创项目，有利于形成错位竞争、主题鲜明的研学、工坊、主题活动等文旅融合产品及消费场景，将非遗手工艺与旅游、现代生活方式与创意相结合，打造出红庙村独具特色的手工艺文创旅游品牌。

（二）构建多元投入格局，打通集体经济发展堵点

面对产业发展的资金和土地压力，村集体需要进一步拓宽思路，积极争取财政、规划、金融、对接帮扶等多种政策和资金支持，多形式多渠道筹措产业发展启动资金，建立农民、村集体及经营业主等多元主体互惠共赢的发展模式。高效利用村域内存量发展空间，在项目建设上注重政府引导、市场化运作，引入多元投资主体盘活利用村内闲置农宅、旧场院、旧学校等空间载体，对村内存量土地（农宅）进行复合式利用，打造非遗工坊、乡村民宿、民俗体验、文化创意等多种业态，通过市场化运作实现对项目的一体化管理，差异化经营。市场化的运作方式既有利于解决村内专业经营管理人才不足的问题，也能够有效带动村民通过流转租赁、要素入股、在地创业就业等多种方式加入到村集体经济的发展之中，推动建立完善农民入股、保底收益、按股分红、工资收益等多种利益链接机制，让农民分享更多产业增值收益。

（三）注重创意设计，深化游客的终端体验

体验经济时代的到来，游客对个性化产品和服务的需求日益增加。非遗传统手工艺同

样需要在保留传统技艺的基础上，对文化内涵、表现形式、制作工艺等深入挖掘，融入创意、艺术和现代化应用，形成具有与当下游客认知、消费、欣赏水平相契合的创意产品和创意活动，将艺术价值真正转化为经济价值。红庙村在文创旅游产品的设计开发中，需要从游客兴趣点出发，将传统手工艺创造过程以趣味性、知识性、艺术性的方式呈现，通过"菜单式体验课程"让游客每走进一户工坊都能体验到各具特色的活动，成为一种"用手思考"的手工艺文化转化和传播方式，实现"指尖技艺"向"指尖经济"的有效转化。鼓励非物质文化遗产传承人、设计师、艺术家带动农民结合实际开展手工艺创作生产，推动传统工艺实现创造性转化和创新性发展，设计出更多符合当代大众审美和民众生活需要的文创产品，进一步提升旅游附加值，扩大村庄品牌影响力。

（四）培育手工艺人才，增益乡村发展新动能

乡村振兴，离不开人才。《意见》提出要建设文化产业赋能乡村振兴人才库，实施文化和旅游创客行动等措施，推动人才流向乡村。这些措施为乡村传统手工艺的发展提供了新的历史机遇和广阔的天地。相关部门需加大对本地乡土手工艺人才的政策扶持力度与激励引导，为人才提供更大的施展平台，充分激发干事创业的内生动力，努力让传统手工艺在乡村人才振兴的实践中再次生根发芽。在手工艺培训基地建设的基础上，红庙村可进一步探索设立名师工作室、大师传习室，邀请非物质文化遗产传承人定期进村举办培训，对村内及社会各界希望学习传承非遗手工艺技艺的人员进行专业培训，发掘和培育非遗传承人。同时，借由文旅产业发展、乡村发展环境和基础设施的不断优化所带来的人流、物流、信息流和资金流，吸引更多外来手工艺人、年轻艺术家进村建立工作室，增加村庄非遗文化聚合力，让乡村成为更多手工艺人才返乡创业和就业的新空间。

执笔人：陈雯卿、杜力军、余君军

金叵罗"农家乐"蝶变"亲子小院"的实践和启示

"农家乐"（即民俗接待户）是北京市发展最早、数量最多、农民参与最直接的乡村休闲旅游业态，也是市民意见最大、提档升级最难、市场淘汰率最高的业态。如何有效改造提升，是一个摆在经营者、管理者面前的难题。密云区溪翁庄镇金叵罗村四个"农家乐"通过与专业运营机构的对接，采用"微改造，软提升"的形式，变身为深受市场欢迎的"亲子小院"，并且通过"8155"的分配模式，绑定农户、村集体、运营企业的利益，为全市万家民俗接待户的改造提升提供了可复制、可推广的经验。

一、四个"农家乐"的基本情况

金叵罗村是较早发展民俗旅游的村庄，目前有正常经营的民俗旅游接待户20余家，但是相对村里的精品民宿，普遍存在客源稀少、质次价低、人员老化、提档乏力的问题。2021年5月，北京市农村经济研究中心（以下简称北京市农研中心）将北京观光休闲农业行业协会（以下简称观光协会）亲子教育专业委员会、北京田妈妈亲游科技公司引入村中，开展民俗户提档升级试点。经走访对接，有五位民俗户大姐表示愿意参与尝试（也就是后来的五朵金花），最终选定了都成立于2013年的四个民俗户即春林农家院、如兰客栈、太阳花农家院、葫芦缘民俗饭庄。在改造提升之前，农家院一晚住宿100元/人，餐标50元/人（需要包桌订购），经营方式单一，主要靠口碑宣传，拓客能力极弱，2015年至2019年5年间户均年收益2.82万元，呈现上升趋势。但2019年起开始出现瓶颈，再加上2020年后受新冠疫情影响，客源市场及收入增长的边际效应衰减。

二、"农家乐"如何破茧成蝶为"亲子小院"

亲子小院的改造提升战略是"内容赋能、数字驱动"，即以民俗旅游接待户为载体，经过基础设施微改造和农户靶向培训，特别在产品研发、宣传推广上予以赋能，通过线上＋线下的运营方式，让乡村自身有了IP，发生了质的变化，使其具备了可持续运营能力和潜力，沧海变桑田，变身亲子小院。

改造时充分坚持了以农民利益为主体、不大拆大动循序渐进、打造特色和激发内生动力的四项原则，不触碰农民原有的利益或不降低其原有收益，不对农户房屋进行不切实际的大拆大建，因地制宜，就地取材，依托其自身优势与能力进行成长转变，尽可能降低农民的参与风险，使农民站在分配链的顶端，成为收入分配的主体，大幅提升农民的收入水平，通过技术赋能和理念赋能让其看到挣钱的希望，激发其自身的热情和自我驱动力。

软改造的内容包括三个方面：一是更新理念。通过理念的输入和传导，让村民意识到自身的价值，通过对院落的重命名明确经营方向与市场定位，把春林农家院改为春阿姨亲子小院，如兰客栈变为馍法时光亲子小院，葫芦缘农家院则被命名为葫芦 DIY 亲子小院。开展研学与交流访问活动，开阔视野，改造中 3 次带领 5 位大姐先后到平谷乡博博民宿、怀柔渤海镇民宿集群地游学考察，并学习借鉴日本、我国台湾农宿的发展理念与经验，对接成熟落地的技术和市场化经营方式。二是技术赋能。包括旧手艺赋值和新产品研发。充分挖掘小院主人原有的手艺与技术比如烙葫芦，捏泥巴，做花馍，传统手工艺品，将这些老手艺价值化和市场化，对接市民亲子需求，满足亲子市场的需要。积极研发新产品，如田妈妈亲游科技帮助小院推出了"金筢笋"特色家宴、开发了特色面点，利用来自中亚沙漠及青藏高原的冰川冰碛物刮来的泥土为主料研发了"泥好北京"金叵罗伴手礼。从规范接待服务标准到产品服务到位，从自家产品营销到全村特色产品代销，制作统一的对外营销推广宣传，提升经营者的意识与水平。三是智慧引流。一方面，通过市农研中心和观光协会的平台和链接，用活政策资源；另一方面，对接媒体宣传和专家资源，形成更大的流量池，积极向外推广宣传。以亲游科技公司开发的亲游田妈妈小程序作为载体，为每个小院开设了线上店铺，将每家小院经营的商品在互联网上精彩呈现，同时该平台又整合了本村其他业态资源如民宿、樱桃采摘、农场休闲、甜品展售等一并打包推介。通过数字赋能对城市消费者实现引流，经过社交裂变和分化放大，从而形成新的流量站和虹吸域，亲子小院从自身餐饮、住宿、产品的线下销售，变身为村庄的全品系展售人，丰富了关联销售内容，实现了足不出户也能售卖好价钱，取得高收益。这就是数字经济的力量。

硬改造的投入与运营成本。每个小院的改造投入平均为 4.016 万元，包括方案设计 1 万元、产品开发 0.5 万元、宣传推广 0.25 万元、农户培训费 0.2 万元和平均基础设施 2.066 万元，共计 16.06 万元。2021 年 8 月—2022 年 1 月 4 个亲子小院开始对外运营，发生的维修损耗、食材改进、人工费用、水电费及其他等运营成本分别平均每个小院是 0.5525 万元（馍法时光最高是 0.77 万元，春阿姨和葫芦 DIY 亲子小院最低是 0.42 万元、太阳花为 0.6 万元），合计 2.21 万元。

三、主要成效、经验与启示

调研发现，主要成效表现在：第一，经济效益明显。4 个"农家乐"在 2021 年 8 月开始变身为亲子小院后，户均收入由 2020 年的 4.85 万元提高到 2021 年的 7.8 万元，平均增长率达 60.8%。其中，住宿收入普遍提高了 50%（馍法时光）—100%（葫芦小院）；餐饮收入由以往主要是水库鱼、铁锅炖，人均收费在 40—60 元之间到目前"金筢笋"家宴 1280 元（包括家宴和伴手礼），提高了 60%（葫芦小院）—115%（春阿姨）；定价为 39.9 元的"泥好北京"等金叵罗伴手礼相继面世，第一批 100 份在 1 个月内就抢购一空；太阳花小院的其他收入提升更是高达 240%。第二，社会价值突出。通过挖掘民俗旅游接待户主人的捏泥人、做花馍、制作艺术品的手艺，使其自身的手艺市场化，以及经过靶向培训的农民，真正实现了从农民到经营者的转变，农民找到了自己的价值感、获得感、荣誉感和安全感。从而让农民走了出来，不再仅仅是土里刨食的农家人，成了有一技之长的农业职业人，有了底气；让农民站了出来，不再是产业发展的幕后者，成了农村产业的代言人，有了朝气；让农民把底牌亮了出来，不再是混沌过日子的乡村人，而是找到自身价值的新商人，有了锐气。第三，文化韵味凸显。每一个亲子小院的命名和内容赋能主要是依托当地的资源禀赋和在地村民手艺，因地制宜。比如利用村名开发的"金筐箩"家宴打响了金叵罗品牌，研发的"泥好北京"伴手礼受到孩子们的热捧，将本村独有的黄土母质以及由黄土母质培植的小米价值充分挖掘，改良了传统的"贡米打包饭"，为纪念金叵罗村鼎力支援抗美援朝的佳话而精心设计的"7420"红色记忆主题小米包装也成为小院的热销农产品。这些带有金叵罗气息的独特产品，留存着乡村的特殊符号，携带着乡村的特有基因，承载着金叵罗的乡愁，成为消费者解译金叵罗的密码。

总结亲子小院的成功有三条经验，也是对我们最大的启示：首先是经营理念上的变化。比如把体验做成产品销售，将农村变为消费场景。在馍法时光小院做花馍、在葫芦小院做 DIY 等都被明码标价。通过一个响亮诱人的名字，一个能打卡拍照的地点，一个能讲故事的地方，一项能动手参与的活动，一个可以看到且能够消费的货架，一件能让游客带走的特产，一些能够电商销售的产品，一个让游客慕名而来的代言人，将农村变为创造生活价值的核心场景，将乡村变为卖场，可变现的场所。其次是运营机制上的变化。一是让农民变为能够营销体验与服务的商人，学着懂经营，会运营，善钻营，乐合营。从五位大姐变为五朵金花，从包桌 + 住宿到亲子客房 + 美食 + 手作 + 田园体验一价全包，通过待客、代言和带货，将买卖变为社交，学会主动创造有链接黏性、有内涵温度、有社交群体的场景，实现城乡共生、共融和共赢。二是创新运营收益分配机制。建立的"8155"利益联结机制即 80% 的收益归农户所有，10% 的收益归运营企业所有，5% 的收益归村集体经济组织所有，5% 的收益归亲游平台所有，这样的分配机制，极大地调动了农民和企业的积极性，村、企、民的联动发展，促进了村级集体经济发展，从而实现了从农民增收到企业盈利，从集体经营薄弱到集体经济增强，由一家富裕到家家富裕。三是城乡融合上的变化。打破乡村传统观念，吸收城市先进理念，引进城市资本、人才、科技等发展要素，促进要素的聚合与裂变，真正实现文化融合和产业融合，创意创造出以满足城市需求为导向的新业态，比如亲游田妈妈小程序的开发应用就大大提高了小院的获客能力，扩大了社会影响力，形成了新的组织形态和经营模式，从而走向共同富裕。

执笔人：刘军萍、张颖

紧抓产业发展机遇，走好农民增收致富路

——延庆区旧县镇农民增收情况调查

一、基本情况

旧县镇辖域面积109.7平方公里，下辖22个行政村和1个社区，10976户2.3万人，常住人口1.76万人。2021年，旧县镇经济发展保持稳定增长，实现农村经济总收入162864.1万元，同比增长3.3%左右；实现农民人均所得32155.2元，同比增长6.6%。

作为农业大镇，旧县镇以一产为主。全镇现有耕地5.3万亩、果林0.6万亩，主要种植玉米、蔬菜、苹果等农作物，种植面积位居全区各乡镇前列。镇域内有绿富隆、丰森源等11家较大规模的农业园区，其中包括北京市农业产业化龙头企业1家，合作社国家级示范社2家、区级示范社4家。在8个经营主体园区内开展有鲜食玉米品种优化与种植示范，规模达800亩，产量约800吨，产值200多万元，辐射带动农户80余户。以北张庄村、白羊峪村、白河堡村、常家营村等为核心形成了特色苹果产业种植基地，累计种植面积达1300亩，产量约3100吨，辐射带动农民90余人。

全镇现有民宿40家80个小院（其中精品民宿17家47个小院）和200户星级民俗户。2021年全年旅游接待27.9万人次，同比增长22.51%；旅游收入2451.6万元，同比增长44.08%。有盆窑、东龙湾村2个全国乡村旅游重点村。2017年8月，旧县镇被国家体育总局确定为全国首批运动休闲特色小镇建设试点，2018年12月荣获中国体育旅游十佳精品目的地称号。

二、主要做法及成效

（一）盘活利用闲置资源，助力乡村产业发展

旧县镇积极发挥杠杆作用，立足当地资源实际，探索不同形式、各具特色的闲置资源盘活模式，以量变带动质变，带动农民就业增收。一是鼓励各村深度挖掘民俗旅游文化内涵，有效盘活村中闲置农宅。围绕生态湿地、独山黑陶、大地农耕、天文观星等特色主题，实现"一宿一品"差异化经营，形成多项高品质的特色旅游线路和产品。二是全面整合镇域内自然资源、历史文化资源以及农业景观，以香龙路沿线烧窑峪、白羊峪及白草洼

3 个美丽休闲乡村为重点，通过完善和提升休闲农业公共服务功能，加速推进网红路、网红村建设，打造特色休闲旅游新亮点。三是积极支持和推进盆窑村陶艺产业园建设，围绕独山陶艺文化打造盆窑村独山陶艺共生社区示范村，以原有窑口为基础，利用陶艺元素打造陶艺景观，同时利用传统的青砖灰瓦建构民宿，使村民通过流转土地、房屋出租、民宿管家、陶艺制作、农产品售卖等多种形式实现增收。

（二）拓展农业多种功能，促进三产融合发展

旧县镇践行"绿水青山就是金山银山"理念，以乡村休闲旅游业为重点拓展农业多种功能，做到保护与开发并重、传统与现代融合，推动乡村农文旅一体化发展。一是开展特色活动。举办马拉松、趣味跑、定向越野等体育活动，举办妫州牡丹文化节、天文科普体验周、旧县镇全域旅游推介会等宣传推广活动，举办红心苹果尝鲜节、延庆鲜食玉米节等特色农产品推介活动，将旅游与农业园区、体育赛事、研学教育相结合，推出观光采摘、运动休闲、亲子体验等特色旅游精品路线，逐渐形成以农、体、学为核心的旅游布局。二是大力发展休闲农业。推动小柏老乡村酒店、华海田园天文农庄等产业项目落地，建设天润霞葡萄酒庄、玉米工坊，开设农业体验、手工体验等实践课程，利用"休闲园区＋大田种植＋体验活动"模式，延伸产业园产业链，增加农民就业机会。三是推动乡村旅游产业品质和竞争力双提升。推动精品民宿"共生社区"建设，扶持左邻右舍、伴月山舍、老马回乡、自游自在等 17 家民宿规范提升，推进镇域民宿标准化管理、规模化运营、品牌化发展。宣传推广镇域特色农产品，建设农旅合作平台。

（三）构建合理利益联结机制，让农民共享产业增值收益

旧县镇把强化利益联结，建立稳固的利益联结机制作为当前保护农民利益、促进农民增收的重要抓手。一是利用财政资金项目加强利益联结。依托区农业农村局财政资金，引入北京九州星宿民宿有限公司参与北张庄村精品民宿投资建设及运营管理，运营后村集体每年可按照财政支持资金的 10% 获得分红收益。利用农业农村局"十百千万"资金、集体经济薄弱村扶持资金，推进盆窑村陶艺产业园、常里营玉米工坊项目，完善村集体利益联结建设。二是发挥企业优势加强联农带农。东羊坊村借助赤城康丰公司多年种植销售经验，联合成立聚元合作社发展鲜食玉米产业，带动本村及周边村庄村民共同发展。北张庄村、烧窑峪村联合北京怡敦食品科技有限公司成立了红心种植产业联合社，利用公司的技术和销售渠道，标准化、规范化管理村集体果园，带动果农增收致富。

（四）壮大集体经济，拓宽农民增收渠道

发展集体经济是实现共同富裕的重要保证。旧县镇在发展壮大农村集体经济的过程中，一是完成乡镇新型集体林场建设，促进农民就地就近就业。旧县镇集体林场固定工人45 人，工资待遇执行北京市最低工资标准的 1.2 倍和北京市劳动力就业促进政策，缴纳相应保险及住房公积金，年人均可增收 33408 元。二是加强村集体与企业对接帮扶，常里营村股份经济合作社积极对接北京绿富隆公司和首钢集团，销售农副产品实现经营收入 20万元，净利润 4 万元。三是完成农户土地流转工作，每年按照农户土地面积发放土地流转费，2021 年发放林改资金共计约 421.84 万元，涉及农户 7284 户。

三、主要问题和困难

（一）农业"大而不强""大而低效"

作为延庆区的农业大镇，旧县镇耕种面积、农业从业人口都具备较大体量，但一产产值占全镇经济总收入比例却始终偏低。主要原因在于农产品质量不高，大田作物以籽粒玉米为主，品种单一，效益低下。鲜食玉米、药材、艾草、菇类等特色农产品种植尚处于起步阶段，不具备规模效益，对农民增收的作用有限。没有形成特色鲜明的农产品品牌，销售渠道不够稳定，镇里虽借助产业园创建，形成了品牌宣传规划，但短时期内还难以形成品牌效应。

（二）冷链仓储及二产设施匮乏，影响产业链延伸

延伸农业产业链，让农民分享更多产业增值收益，是助农增收的有效途径。延庆区作为北京市生态涵养区，为首都的生态建设作出了重要贡献，但也面临农产品加工落地困难的现实问题，受生态保护红线限制，很多小而精的特色农业品种很难进行小规模特色化加工，不仅导致农产品附加值低，而且制约产业融合发展。由于无法建设加工冷链等配套设施，当地生态苹果、药材、有机杂粮等特色农产品难以实现与同类产品的错峰销售，创造更大效益。目前，镇上也在积极通过多种方式解决这一问题，比如委托密云有资质的加工厂代加工鲜榨红心苹果汁，但委托加工成本高，大大压缩了产品利润空间，产业综合竞争力、农产品附加值均难以实现有效提升，阻碍了产业发展的可持续性。

（三）部分增收项目缺乏长远考虑，后期运营难度大

由于前期定位不够准确，对地理、环境、气候、市场等因素考虑不周，导致部分增收项目缺乏持续促进增收的有效手段和思路，发展主要依靠政府财政"输血"，以简单发放工资形式，短时提高农民收入，没有从根本上实现向自身"造血"功能的转变，项目持续性差，后期发展前景堪忧。比如白河堡林下经济种植药材项目，由于种植效果不佳，质量和产量均难以提高。后期区农业农村局不再给予低收入产业资金支持，未来项目的发展难度较大，对农民增收的带动效果也将受到影响。

（四）乡村旅游产业规模和质量有待提升

旧县镇在促进镇域内休闲旅游产业发展上进行了诸多有益探索，形成了良好的发展态势，但亮点仍不够突出，其地理位置、生态环境、基础设施、历史文化优势没有充分转化为全域旅游发展的持续动力；存在民俗旅游和精品民宿产业业态和功能单一，餐饮、文化、休闲等配套设施及服务难以满足游客高品质需求，与第一产业融合带动不足等问题。

（五）集体经济发展缺乏产业支撑

2021年，全镇各村经营性收入平均为159.5万元，有7个村收入在50万元以下。从收入构成上看，集体经济收入多以土地流转租金为主，没有形成长久有效的集体产业，集体产业发展后劲不足。近几年，东龙湾、盆窑、常里营等村民宿产业虽然发展较快，但受村集体经济带头人专业化能力和村集体经济实力限制，未能和运营企业等建立合理的利益链接机制，使得集体经济在民宿产业发展中收益有限，大部分村民也没有共享到民宿产业发展红利。

四、进一步促进农民增收的对策建议

（一）突出做强做优一产，实现农业高质量发展

继续做强做优一产，围绕农业供给侧结构性改革，充分利用农业园区在政策集成、要素集聚、功能集合方面的优势，带动全镇特色高效农业发展。加强一产产前、产中和产后各个环节的有效衔接，实现精准发力。产前环节，加强政府指导，提供科学的市场预测和供需研判，避免让农民摸着石头过河；加强与科研院所、高校合作对接，借力引智，提高特色种养比重和市场份额。产中环节，提升专业化服务水平，引导经营性主体提供农资配送、农技推广、农机作业等服务，完善农业生产社会化服务体系，实现农业精、优、特；产后环节，加大品牌宣传推介力度，加强城乡产业联系。

（二）以经营生态的理念，推进一二三产深度融合

树立经营生态的理念，坚持保护与利用相结合，积极推进以生态为导向的一二三产深度融合，把生态资源转化成生态效益和经济效益，带动农民融入产业链、提升价值链、拓宽增收链。因地制宜打造一批小而精的生态加工业，利用生态涵养区特色农副产品发展一批环境友好型"农产品特色体验工坊""乡村工坊"等三产融合体验基地，打造农工旅全产业链，通过为优质农副产品创造更多附加值，使农民既可以获得工资性收入，也可以分享财产性增值收益。

（三）打造"民宿＋"产业链，激发产业发展"原动力"

依托延庆共生社区发展理念，以民宿为核心，形成产业业态的共生，辐射带动种植业、农产品加工业、旅游服务等行业协同发展。加强户外运动、农事体验、节庆活动、手工工坊项目与精品民宿的结合。建立网络销售平台，打通线上销售渠道，鼓励农户发展特色农产品、特色手工艺品等乡土特色产品，实现统一收购、统一销售，带动农民经营性收入增长。通过民宿产业与其他产业的协同发展，让越来越多的农民足不出村获得收入，享受到民宿发展红利，打造增收新引擎。

（四）以集体引领为主导，聚力农民增收

让集体经济真正"活"起来、"壮"起来，既能大幅度提高生产力和农民收入水平，又能保证农民更好应对市场大环境的挑战。面对村集体在产业发展中存在的人才、资金等方面的压力，要进一步拓宽思路，引入乡村职业经理人，提升农村集体经济的市场化运营水平；争取财政、规划、金融、对接帮扶等多种政策和资金支持，多形式多渠道筹措产业发展启动资金。在产业运行机制上，充分发挥集体引领作用，通过"农户＋村集体＋社会资本"的方式，积极寻求集体经济发展壮大、农民增收、社会资本盈利多方共赢的发展局面，让大部分村民能够以流转租赁、要素入股、在地创业就业等多种方式加入到村集体经济发展中，推动建立完善农民入股、保底收益、按股分红、工资收益等多种利益链接机制，让农民更多分享产业增值收益。

执笔人：陈雯卿、杜力军、余君军

实施"桃园三结义"促进集体经济提质增效

——平谷区镇罗营镇桃园村植物工厂项目调查报告

桃园村地处镇罗营镇域北部，居于燕山腹地，海拔480米，三面群山环抱，森林资源丰富，属生态涵养区中的深山区。村域面积5500亩，村民97户，集体经济组织成员240人，2021年人均可支配收入1.86万元。

2022年4月，为进一步巩固"脱薄"成果，村集体与北京市农林科学院、社会企业三家联手合作，促进集体经济提质增效。借助海拔较高、早晚温差大、种植水源含有国际医疗水标准的"钡"元素等有利因素，利用村内两栋闲置多年的旧办公用房（350平方米），建成植物工厂——乡里云坊项目。目前，可实现周年立体化生产，栽培架总种植面积495平方米，年收获功能蔬菜18—20茬，每茬约1000斤，设计年产零农药活体净菜（免洗）2万斤，零售价90元/斤，直接产值可达180万元。8月底试生产以来已出品蔬菜3茬，以会员制和体验式销售为主。已注册"问菊"商标，产品质量经相关部门认定。1—2年内计划发展有功能性蔬菜特殊要求和科创体验家庭800个，村集体年经营性收入达到200万元。

一、主要做法：村、院、企"三结义"

（一）三家"联"手，巧设股权，保护植物工厂的各方权益

在植物工厂项目股权设置、运营维护、利益共享等方面，村（桃园村集体）、院（北京市农林科学院）、企（北京问菊农业科技有限公司）三方达成一致意见。一是依托扶持壮大集体经济等财政专项资金投资改造形成的厂房及附属设施资产，包括预期增值，全部归村集体所有。二是项目投产后，成立专门的运营公司。通过植物工厂收益来维持公司运行，由社会资本一方来负责经营管理。三是三方商议合理设置股权，作为收益分配的基本依据。作为资产持有方的村集体经济组织，占股45%；作为技术提供方的北京市农林科学院，占股20%；作为运营方的北京问菊农业科技有限公司，占股35%。此外，保障村集体每年获得额外的10万元固定收益。

运营公司通过优化国际前沿植物工厂技术和融入智慧农业科技技术，集成创新了植物工厂、功能蔬菜种苗、农业元宇宙、科创共享菜架与博士农场融合技术和低碳节能等六大

新型实用技术，实现高端植物工厂首次乡村转化落地。企业获得经营回报，农科院实现科研成果转化，村集体盘活闲置资产和持续增收，三方实现了共赢。

（二）七大"靓"点，产研融合，展现植物工厂的多维效能

一是种苗功能化。目前市场上生菜种苗研发弱、品种少，通过打造植物工厂，研发高附加值的功能性蔬菜，拓宽植物工厂的收入渠道。二是农业数字化。种苗繁殖、幼苗生长、环境控制、过程监控、营养配比和 AR 文旅全景实现数字化、可视化，做到足不出户就能查看蔬菜生长过程。三是种植低碳化。浅液水培种植无废物、无污染，增加室温循环、农光互补。同时，利用山区温度较低特点，降低了用电量。四是"三产"融合化。推动桃园村净菜种植、预制菜初加工、居住养老和研学业态融合。五是旧厂价值化。利用村集体建于 20 世纪 70 年代的废弃闲置用房，实现 6 层立体化种植。六是创业联合化。搭建了"村支部＋博士团队＋农科企业＋侨创会"等科技孵化、融资平台。七是收益共享化。通过合作，各方都获得了收益，实现了投入资本（资产）的价值增值。

（三）六个"数"字，技术支撑，彰显植物工厂的成本效应

一是新型种植技术与设备攻关较传统种植模式节约用水量达 90%。二是通过科技攻关和现场改进，投资成本较一般市区植物工厂减少 70%。三是通过技术专利、农光互补和智能管理，运营成本较市场植物工厂降低 60%。四是桃园村植物工厂亩产投入产出效率是地面耕种的至少 100 倍以上。五是工厂每天进行光合作用吸收二氧化碳 360 斤，全年可吸收 13.14 万斤，为国家碳达峰碳中和作出了示范性贡献。六是植物工厂实现了"四化同步"的农业休闲产业，即精品化、数字化、低碳化和文旅情景化。

二、三方合力：村支书、技术员、经理人"三结义"

（一）村支书

习近平总书记指出："办好农村的事情，实现乡村振兴，关键在党。"党建引领是桃园村发展的基石。火车跑得快，全靠车头带。项目建设初期，为了节约资金、减少建设成本和缩短工期，市、区、镇三级人大代表，村支书刘淑环，带领村"两委"人员加班加点，发扬自力更生、艰苦奋斗的创业精神，整治废弃库房，开挖营养液池，加快室内设施安装，仅用 108 天就与合作方一道完成了建设任务，进入投产运营阶段。为保证项目的顺利实施，村集体派出骨干党员干部包项目，坚持盯在现场，保证水电网正常供应，帮助企业做好监测，为运营公司提供扎实有效的后勤服务和保障。

他们的做法也感动了合作方，坚定了长期合作的信心和决心，为该项目顺利落地桃园村创造了条件。合作方企业派出最优管理团队，负责该项目的工程师曾经 45 天吃住在现场，随时检测厂房设施运行情况和菜苗的生长情况，为产品试验种植成功、开启销售模式和初见效益创造了条件。

加强农村基层组织建设，打造一支政治过硬、本领过硬、作风过硬的村干部队伍，大家心往一处想，劲往一处使，团结一致，齐心协力，是带领村民共同富裕的关键。在优秀的村支书带领下形成坚强的村党支部，是落实党的政策、带领农民致富、密切干群关系、维护农村社会稳定的坚强力量。

（二）技术员

北京农林科学院党组高度重视此项工作，为该项目配备了博士团队。技术人员经常深入生产车间，检查菜苗生产情况，解决生产中出现的新情况、新问题，保障菜苗顺利成长。可见，乡村振兴不仅需要项目，更需要的是专业技术人才。要鼓励和支持科技人员沉下身子，深入田间地头，把论文写在京郊大地上。

此外，挖掘和邀请外地务工的优秀技术青年回乡创业，为家乡乡村振兴贡献自己的青春力量，培育更多高效、优质、更具首都特色的"小专精"新型农业融合项目，落实习近平总书记提出的"乡村振兴要在产业生态化和生态产业化上下功夫，继续做强做大有机农产品、乡村旅游、休闲农业等产业"奋斗目标，在京郊形成生动实践。

（三）经理人

植物工厂项目的成功运行说明，企业家精神的融入是乡村振兴新产业、新业态、新模式形成所不可或缺的因素。企业家通过构建新的生产要素和生产条件组合，可以创造一种新的生产方式。在乡村振兴实施过程中一二三产业不是孤立、单独发展的，是相互促进、相互配合、相互提升的，需融合发展、互补发展、带动发展，要找准一二三产业发展的结合点，构建和优化产业价值链，达到业业相连、环环相扣、共同发展的目的。

一是设计系统化。企业运营方在建设植物工厂之初，就明确指出生产功能蔬菜并不是运营公司的初衷（未来植物工厂创造的产值仅占运营公司年收入的20%），而是以高端数字乡里云坊植物工厂为依托，带动其他产业发展，形成"一带二、一带三、最终一带六"的融合态势。打造农创平台博士农场，开发农业元宇宙软件，增强会员和游客在种植、采摘、民宿和研学全过程虚拟现实体验，为更多吸引游客、打造"乡里云坊"、拓宽村集体和农民增收创造高科技平台条件。

二是生产精准化。植物工厂生产出来的功能蔬菜以质量高、品质好为主，适用于孕妇、婴幼儿、"三高"等不同特殊人群。有针对性的营养、功能性脱毒种苗和高价值中药育种技术，满足了高端人群和特殊群体的需求，提升了产品的附加值。工坊员工和会员通过手机可随时观察蔬菜的生长过程，做到生长全过程监控，打造"放心"蔬菜工厂。

三是营销复合化。通过科创共享菜架会员卡（全年送菜上门16次，每次两斤，会员价2816元/卡·年。若剔除赠送的项目1500元，菜价实际为41元/斤，远低于同品质90元/斤的零售价，高于其体验感和带动性）、植物梦工厂科创研学（每年家长和孩子可穿上防护服进入净化无菌车间内开展2次科创研学，每次200元，共800元）、小博士课堂（每年2次，每次200元，共400元）、送本地优质农副产品（主要为板栗、核桃和季节性水果，每年6次，每次10斤，共300元），不仅降低消费者的消费成本，通过"新"带（融）"旧"，还带动了当地村民传统农副产品销售，增加了消费者深度体验。

三、发展方向：渠道、品牌、品种"三结义"

联合创业团队计划利用3—5年时间，通过实施"三步走"方案，发挥镇联社土地资源整合与产业统筹优势，探索形成以桃园村为主体、周边村共同参与的"一品多村"、抱团式发展的新实践、新样板、新模式，推动农村集体经济转型发展，农民群众增收致富。

一是拓宽增收渠道。聚集农林旅游资源推动林果增效，进行传统"红肖梨""蜜梨"改良公关，研发新型农产品，开发"中国红肖梨农业科创主题公园"。利用村民各家闲置的100多座果窖，开设果窖餐厅，种植食用菌和郁金香，大幅提升村民收入。

二是推进"一品多村"建设。利用镇罗营镇的优质生态涵养资源和绿色佳品，以桃园村为中心，向周边乡村辐射，推进"一品多村"共享、抱团合作，培植宜食宜居宜游宜养的平谷模式——"桃花园季"。培育三款农创精品（零农药活体蔬菜、京东红肖梨、植物梦工厂科创研学）。

三是开发优质生菜种苗。利用现有的植物工厂，联合北京农林科学院生物所组建北京生菜种苗实验室，加大力度做强农业智能装备的科技孵化，开发优质品种、种苗和低门槛数字设施，打造全国生菜种业种苗优质平台，服务全国农业生产，做强做优做大农业育种项目。

四、保障措施：成果、成本、成效"三结义"

一是成果落地化。在桃园村目前三方合作研发、生产和销售的快速科技攻关、成果转化模式基础上，联手合作郁金香本土化高效繁育、育苗架新材料中试和智能采摘臂现场应用等中小型农业科技创新中、小试和应用，加快建立北京农业中关村生菜种苗研发和转化基地，夯实北京农业源头高价值，使植物工厂乡村版在国际植物工厂发展中更具竞争力，为创新企业落地和科研成果转化提供平台。

二是成本最低化。尽快协助解决桃园村植物工厂的光伏安装、物流配送和品牌推广等问题，在税收政策上给予优惠，在解决农民就业上给予补助，最大程度地降低各个环节成本，让利于民，让利于村集体，充分发挥科技生态产业振兴在乡村振兴中的关键作用和示范作用。

三是成效最大化。对乡里云坊蔬菜生产过程中消耗的二氧化碳，探索按实际消耗数量折算成货币价值，或向企业发放"碳票"，奖励其在碳达峰碳中和中所做的贡献，实现生产过程绿色化，能源消耗低碳化，经济效益最大化。

调研组组长：刘军萍
调研组成员：陈雪原、袁庆辉、崔爱国、刘瑞乾、陈艺曦、高超、李尧、王洪雨、张建伟、尤颖洁、叶美艳
执　笔　人：刘瑞乾

东四道岭村"全过程服务"
推进农业产业组织体系重构

一、基本情况

东四道岭村位于镇罗营镇南部，属于山区村，村域面积 2400 亩，其中林地约 2000 亩，林木覆盖率达 90%，户籍人口 63 户 113 人。林果业是本村传统产业，主要种植大桃、梨、苹果、核桃、栗子、红果、杏等品种，果树种植面积约 700 亩，年产量约 200 万斤，产值约 100 万元。2009 年启动新民居建设，现有新民居 40 套，剩余老宅 36 套，计划进行改造提升，发展高端民宿产业。东四道岭村先后被评为北京市新农村建设试点村、北京市最美乡村、国家森林乡村、北京市三星级民俗旅游村等。

2004 年以来，东四道岭村在村党支部带领下，一方面引入现代生物科技技术，实施大桃种植有机化改造；另一方面，充分发挥村集体经济组织"统"的作用，打破"户自为战"的小农经济模式。2007 年，成立由村集体领办的东四道岭村果品产销专业合作社，实行有机大桃全过程服务和控制，不断提高社会化服务水平，将农民有效组织起来。村党支部书记担任合作社理事长，村"两委"班子成员担任合作社领导小组、办公室成员。通过与北京三安农业科技公司合作，提高果品科技含量，促进林果产业增收。2021 年，有机大桃种植面积约 100 亩，亩产量 3000 公斤，单价 12 元 / 公斤，带动果农增收约 60%。

近年来，东四道岭村进一步扩大有机大桃种植规模，村集体统一流转果园及撂荒地，修建高标准生态有机果园 40 亩，整合闲置农宅发展民宿、康养产业等现代服务业。目前，已经与国有企业达成初步协议，结合休闲旅游产业，全村域进行整体改造提升，一个新型的生态集体农庄雏形正在显现。

二、主要做法

东四道岭村有机大桃实施从生产前端、中端与后端销售全过程管理和服务，形成"全过程服务"的经营模式（见下图），农艺技术、精品果率、销售量价明显提高。

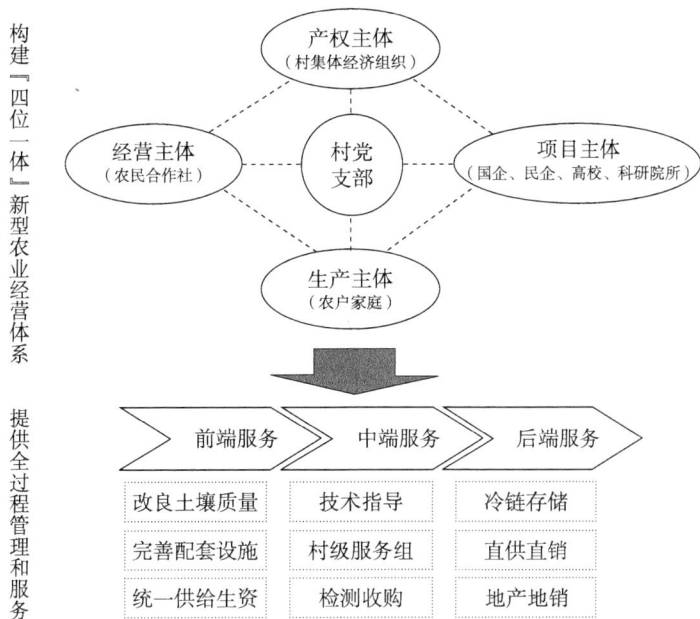

图1　东四道岭村全过程服务示意图

（一）前端服务：夯实生产基础

一是改善土壤质量及配套设施条件，提升果品品质。2004年以来，村党支部带领农户，与三安农业科技公司、北京农林科学院合作，引进科学种植技术和管理模式，推行有机食品安全生产技术，通过推广测土配方施肥、增施有机肥，完成了土壤有机改良，提升有机大桃品质。同时，硬化田间路面、架设灌溉管道等配套设施，及时解决村民果品运输、果木浇水等困难问题。2007年，建设起了镇罗营镇第一个有机大桃生产基地，完成了从传统农业种植向有机生态农业的转型。同年，东四道岭村有机大桃获得有机食品认证证书，2008年被北京奥组委指定为奥运专供果品。

二是统一供给生资。果品产销合作社向果农统一提供树种、有机肥及有机农药，保障了有机果品的产量。有机化种植转型初期，为引导和鼓励果农尽快开展有机种植，明确凡是从合作社购买农用粪和有机农药的果农，个人只承担三分之一的购买成本，其余三分之二由村集体采取"以补代奖"的形式给予相应补贴。如购买农用粪，每车给予50元的补助，极大地提升了果农投入的积极性。此外，与北京农林科学院合作，引进大桃优良品种，推进果树品种更新。

（二）中端服务：全过程技术指导及服务

一是提供生产技术指导。村生产技术人员、三安农业科技公司生产技术员组成科技骨干服务队，联合区果办技术员、北京农学院专家，为果农进行农业知识科普，提供树体结构调整、疏花授粉、果实套袋、病虫害防治、增施有机肥等生产全过程技术指导。合作社全科农技员在冬剪时，邀请区果办技术人员开展指导，对果园进行树体结构调整，在开春使用高培垄、倒拉枝、铺地膜等新技术，确保果园通风透光好、水分不易流失，生产的大桃大小均匀、颜色正宗。每年夏季，组织果农通过联防联治有效控制了各种病虫害。

二是组建村级服务工作组。3 名村支委带领专人分别负责有机大桃的收储、运输和市场对接，保证各环节有序衔接。制定实行销售跟踪责任制，按果品种类、等级统一定制包装箱，标明产地、生产者姓名等信息，由村支委担任内检员开展全过程监督。

三是检测收购高品质果品。合作社从三安农业科技公司引进果品质量检测技术，购买检测仪器，由专人负责对每户、每批次的收购果品质量进行内部检测，并将结果上报内检员。合作社只收购品质符合有机果品质量认证的有机大桃，并以有机果品名义对外销售。

（三）后端服务：质量控制与销售渠道拓展

一是建设保鲜冷库，帮助保存果品。2011 年，村集体借助旧村改造契机，筹资在村委会院内修建保鲜冷库，存储量约 100 吨，对收购的果品按照单果重、含糖量和着色度等划分不同等级，分类存储。既解决了果农采收后储存及早熟果品货架期短的后顾之忧，又利于保持有机大桃品质和独特风味，同时也有利于集中一定数量的有机大桃实现规模化销售，提高售价。

二是拓宽市场开展直供直销。由合作社与社会企业成立联合运营公司，以高于市场的价格统一收购销售大桃。2013 年在北京城区建立专销店，与超市开展农超对接。2018 年，借助合作企业的市场资源和渠道，与生鲜超市、大型企业、高校等对接，实现直供直销。随着种植规模和产量扩大，逐步发展会员制、订单制销售。2022 年，联合运营公司以每斤 6 元的价格收购并销售有机大桃，约为市场收购价格的 3 倍。

三是旧村改造引进"新村民"，助力果品地产地销。2009 年，东四道岭村启动旧村改造，采取民俗旅游接待用房与村民住宅适度分离形式，建设 40 套集居住、接待、观光于一体的二层别墅式小楼，于 2011 年建成入住。目前村内 14 套新民居对外出租，租户主要为城市居民。"新村民"除自身消费村内产品外，还带动朋友购买优质果品蔬菜，大桃等消费量约为全村产量的一半，是村内农产品销售的重要渠道。

三、经验与启示

（一）组织重构的方向是立体式复合型的新型农业经营体系

《乡村振兴促进法》提出"培育新产业、新业态、新模式和新型农业经营主体，促进小农户和现代农业发展有机衔接"，提高农民组织化程度成为一项普遍而紧迫的任务。东四道岭村党支部带领干部群众，谋划和明确发展方向、统一大家思想，由村集体设立产销专业合作社，统筹各项工作有序推进，完成了村级内部的组织重构，进而吸引各类企业经营的高端要素持续汇集，形成可持续的联合发展态势。三安科技公司的加入是一个重要的启动因素，从前端的土壤改良到中端的生物药剂技术的使用，对于大桃品质的提升发挥了关键性作用。由村果品产销合作社与社会资本共同成立的联合运营公司，作为项目主体开展市场化运营，促进了大桃生产与市场的有效衔接。进而，形成了家庭经营、集体经营、合作经营、企业经营"四位一体"的复合型新型农业产业组织模式，分别作为生产主体、产权主体、服务主体和项目主体，在精品大桃种植、土地资源整合、全过程服务、市场经营与科技创新等方面，发挥各自优势，形成优势互补。

（二）村集体在组织重构中具有不可替代的比较优势

村集体经济组织具有土地集体所有的公有性、悠久村落聚居的历史孕育形成的社区性以及收益分配在地化等一般经济组织不具备的重要特征，有利于引领集体经济组织成员形成集体行动。通过全过程服务，把农民组织起来，十多年来一直坚持下来，形成了东四道岭有机大桃品牌。基于多年的成功运营，农民组织化程度得到质的提升，村集体在村民中拥有了高度信誉，果品交给集体后均可与农户年终结算。这种村内部的组织化程度提升，进一步为对接外部各类城市经济主体，引入人才、技术等高端资源要素，推动有机种植、民宿、康养等一二三产业融合发展，打造可持续发展的"组合拳"，创造了有利条件，形成了良性发展。

（三）农户家庭将由市场经营主体演变为专业生产主体

服务力本身也是控制力。东四道岭村通过实行从生产、服务、销售的全过程管理和服务，提高了农民组织化程度，实质是农户家庭承包经营由"全能型"的市场经营主体向专业化生产主体的转型。国内不同地区也有类似案例。贵州省毕节市发挥基层党组织战斗堡垒作用，领办村集体合作社把老百姓组织起来"领头干"，"包前端"统筹生资采购，"包终端"做好产销对接，通过"两包一干"破解产业选择难、产品销售难、资金支持不足等困境。北大荒农垦集团为破解垦区外农业生产"小、散、低"困局，通过"双控一服务"推进垦地融合，控前端、控后端以及生产过程的数字农服，将垦区的技术体系、组织体系、产业体系平移到农村地区。

（四）城市经济是推广村组织户"全过程服务"模式的原动力

大都市郊区实施乡村振兴战略，实际上就是把城市资源如何引入乡村的过程。东四道岭村组织农民的每一个阶段，都没有离开城市经济的力量。三安农业科技企业与村集体开展有机基地建设合作，为村民带来先进的科学技术和管理模式，发挥了科技作为第一生产力的重要作用。村集体组织村民上楼后，剩余闲置农宅出租吸引了大量城市居民来村里消费、观光、休闲，又有力带动了农产品的地产地销。进而，带动了一二三产业融合下生态农庄建设。

调研组组长：刘军萍
调研组成员：陈雪原、袁庆辉、崔爱国、刘瑞乾、陈艺曦、高超、李尧、王洪雨、张建伟、尤颖洁、叶美艳
执　笔　人：王洪雨、陈雪原

第四篇

新型农村集体经济转型

北京市农村集体经济薄弱村
对接帮扶现状调研报告

2021 年，本市集体经济薄弱村全部建立了以国有企业、科研院所等为主体的对接帮扶机制。为进一步了解和掌握对接帮扶现状与问题，2022 年 4 月至 7 月，市农业农村局与市农研中心组成联合调查组开展专题调研。调查对象是密云、门头沟、房山 3 个区 30 个乡镇的 302 个集体经济薄弱村，通过等距随机抽样法从中选取 100 个村进行实地调研，其中密云区 64 个、房山区 19 个、门头沟区 17 个。被访村在联合调查组、区调查专项小组指导下填写 "集体经济薄弱村对接帮扶情况调查问卷""集体经济薄弱村对接帮扶意愿调查问卷"，由调查组进行数据汇总分析。

问卷调查数据显示集体经济薄弱村对接帮扶工作取得重要进展，形成了若干典型经验。如门头沟区清水镇小龙门村通过特色农产品初加工、打造精品民宿等，促进一二三产业融合，推进集体经济增收。房山区南窖乡与北京时尚控股有限责任公司建立多层级对接机制，总部与乡级对接、分公司与村级对接；密云区大城子镇北沟村与祥龙公司持续开展 "一企一村" 整体帮扶，发展屋顶分布式光伏发电项目、提高基础设施建设水平。

一、对接帮扶进展情况

（一）实地对接比例较高

截至调查时点，296 个村与帮扶单位开展了实地对接，占 98%。有 214 个薄弱村与一家帮扶单位对接，占 70.86%；与两家帮扶单位对接的有 67 个，占 22.19%；与三家帮扶单位对接的有 15 个，占 4.97%；与四家帮扶单位对接的有 6 个，占 1.99%。

（二）对接帮扶措施多样

2021 年下半年，帮扶单位主要采取了消费增收、技术支撑、走访慰问、资金支持、产业带动、项目联建、物资帮扶措施，比重分别为 21.88%、16.76%、15.63%、11.36%、9.09%、6.25%、5.68%。

（三）帮扶工作群众参与意愿较高

83.82% 的被访者表示 "非常愿意"，"比较愿意" 的占 14.71%。被访者对于对接帮扶壮大集体经济促进共同富裕的政策意义具有较高的认知度，回答 "非常了解" 的占 42.65%，

"比较了解"的占 39.22%。

（四）加强产业帮扶已经成为共识

认为"培育集体产业"是最适合本村情况帮扶方式的，占 46.57%；其次是"产业与基础设施建设"，占 22.06%。2022 年帮扶计划中，"产业带动""项目联建""拓宽农产品销售渠道"分别为 26.71%、11.04% 和 9.05%。2021 年薄弱村经营性收入主要来源中，土地流转占 21.28%，种植业占 13.85%，林果业占 12.82%，房屋租赁占 8.72%，休闲农业与乡村旅游业占 5.13%。被访者认为本地应重点发展特色产业是种植业和乡村旅游业，分别占 41.25% 和 23.75%。

二、对接帮扶工作存在的主要问题

（一）跨村统筹发展可持续的集体产业还需加强

被访者认为存在的突出问题中"村里规模小，产业难持续，应跨村联合"位居首位，占 23.88%。截至调研时点，薄弱村原有产业发展提升空间有限，抱团联合发展较少，财政资金扶持薄弱村发展的集体产业项目大多刚投入运营或仍在建设期，产业带动集体经济效果还没有完全显现。

（二）集体产业用地是制约集体经济发展的瓶颈

被访者认为存在的突出问题中"规划建设用地指标等政策制约"位居第二，占比 21.11%。在发展壮大集体经济过程中，一二三产业融合发展用地政策支撑不足，导致在产业项目落地环节面临着前置性的条件约束。调研还发现，一些薄弱村土地、山场全部发包给了村民，村集体可盘活资源匮乏。

（三）薄弱村人才与劳动力缺乏

被访者认为最适合的帮扶方式中"人才引入与培养"占 7.84%，当前帮扶突出问题中"缺乏能人对接，双方能力不对称"占 9.38%。

薄弱村实际参加劳动的本村户籍人数平均 281.7 人，其中，60 岁以上占 46.40%，进入重度老龄化阶段。60 岁以下本村户籍劳动力中外出打工的，占比 52.91%。村集体缺乏有经营能力的人才，与帮扶单位对接不顺畅，影响了帮扶效果。

（四）部分帮扶双方信息和能力不匹配

被访者认为帮扶中存在"供需双方信息不对称""帮扶单位缺乏抓手，供需双方优势不匹配"等突出问题的，分别占 16.63%、14.93%。

薄弱村资源禀赋不同，产业发展方向多样，帮扶单位专业优势和帮扶资源也不相同，帮扶双方还需加强沟通协调，激发内生动力，提高帮扶工作精准性，进一步优化帮扶长效机制和深化帮扶项目成效。

三、工作建议

（一）实施"组织帮扶"，促进联合发展，完善利益联结机制

1. 要充分发挥农村集体经济组织的功能作用

由村集体经济组织强化资产资源整合利用，加强集体资产管理，规范村集体与其成

员之间的收益分配机制，服务集体经济组织成员。

2. 促进村集体与国企、行业龙头企业、农民专业合作社等合作联营

在履行民主程序的基础上组建多种形式的经济联合体，明确集体经济组织持股比例、资产权属、收益分配关系，让集体经济组织成员共享发展成果、推动共同富裕。

3. 探索由"整村"联合向"整镇"、区域联合发展推进

加大区镇统筹力度，促进帮扶单位更好发挥自身优势，通过产业带动、项目联建等方式，提高对接帮扶质量和效率。

4. 创新帮扶方式

可探索与帮扶单位联合成立集体经济发展的联营公司，充分发挥相关部门、科研院所、高校、企事业单位资源和专业优势，更高效地推进帮扶工作。

（二）实施"产业帮扶"，丰富产业业态，推进集体产业提质增效

5. 培育符合首都功能定位的区域主导产业

重点以乡镇为单位，通过帮扶单位引入先进的技术和经营理念，结合当地资源禀赋、文化特色、产业基础，发展特色种养殖、乡村旅游、精品民宿、文化创意、康养度假、服务经济等新产业、新业态。

6. 加强全产业链设计

围绕主导产业，加快一二三产业融合，优化和延长产业链，提高集体资产收益率，拓宽集体经济发展路径，创新集体经济经营模式，促进农民就地就业。

（三）实施"政策帮扶"，完善配套政策，优化对接帮扶工作机制

7. 强化党建引领

强化村党组织领导核心地位，加强对本村集体经济组织的领导，提高村两委发展集体经济的积极性和主动性，加大村干部培训力度，分批次全面培训，增强村集体内生发展动力。

8. 搭建帮扶政策体系

建立对接帮扶长效机制，进一步巩固提升消薄成果。区级层面主责，加大对集体经济薄弱村在用地保障、金融服务、人才支持、科技推广、信息应用、智慧农业等方面的政策体系设计和落地。

9. 健全帮扶信息平台

加强和畅通帮扶单位与乡村两级集体经济组织之间的信息沟通交流，充分发挥帮扶单位和第一书记的主体作用，加快对接帮扶的工作进度。

10. 创新人才引进机制

支持能人、大学生、技术人才等下乡就业创业，参与集体经济发展，从当年村集体可分配利润增量中安排奖励给有突出贡献的下乡人才，保障集体经济可持续发展。

市农业农村局、市农研中心联合调查组
执笔人：孙梦洁、王洪雨、陈雪原

关于北京市集体经济与国有经济联动
发展体制机制创新问题的调研报告

共同富裕是社会主义的本质要求,是中国式现代化的重要特征。党的二十大报告指出"全面建设社会主义现代化国家,最艰巨最繁重的任务仍然在农村",提出"要巩固和完善农村基本经营制度,发展新型农村集体经济,发展新型农业经营主体和社会化服务,发展农业适度规模经营"。壮大农村集体经济作为引领农村农民走向共同富裕、推动新时代乡村全面振兴的重要支撑,是近年来"三农"工作的重要着力点。2012 年以来,中央持续出台政策,部署开展深化农村集体产权制度改革、农村综合改革示范试点、扶持村级集体经济发展试点、探索农村集体经济有效实现形式等系列重点工作,加快扶持集体经济发展。

2018 年 11 月,中组部、财政部和农业农村部联合印发《关于坚持和加强农村基层党组织领导扶持壮大村级集体经济的通知》,提出截至 2022 年"基本消除集体经济空壳村、薄弱村,逐步实现村村都有稳定的集体经济收入"的工作目标。集体经济薄弱村对接帮扶工作是贯彻落实中央关于发展壮大农村集体经济决策部署,促进集体经济薄弱村增收,推进实施乡村振兴战略、实现农民农村共同富裕的重要举措。2021 年,北京市在完成 93 个村扶持壮大村级集体经济试点任务后,提出"五年基本消除集体年经营性收入低于 10 万元的集体经济薄弱村"的任务目标,并以市委农办名义印发《北京市农村集体经济薄弱村增收工作实施意见》,要求"十四五"期间按照"一手抓消除薄弱,一手抓巩固提升"的工作思路,开展农村集体经济薄弱村对接帮扶专项行动,促进村级集体经济可持续发展。同年,北京市 590 个需纳入扶持的集体经济薄弱村全部建立了以党政机关、国有企业、高校、科研院所、民营企业等为主体的复合式对接帮扶机制,确保每个薄弱村至少对接一个帮扶单位。

2022 年 4 月至 7 月,课题组依托北京市农业农村局集体经济薄弱村对接帮扶专项调查,以问卷调查、实地调研、个别访谈等形式对密云、房山、门头沟对接帮扶情况开展调研。问卷调查覆盖密云、房山、门头沟 3 个区 30 个乡镇 302 个集体经济薄弱村,实地调研、个别访谈覆盖通过等距抽样法从中选取的 100 个村开展,回收"集体经济薄弱村对接帮扶情况调查问卷"302 份、"集体经济薄弱村对接帮扶意愿调查问卷"204 份(调查对象为抽样的 100 个村,其中村干部 103 份、村民代表 101 份)。课题组以问卷数据和调研座谈资料为基础,分析对接帮扶专项行动进展及成效,并进一步聚焦国有企业、高校及科研院所等国有经济主体与集体经济联动的特点、主要问题,结合典型案例解剖,探讨加强集体经济和国有经济联动发展的目标、路径及体制机制,为提高全市对接帮扶工作成效、加快消除集体经济薄弱村提供支撑,着力推进北京市率先实现共同富裕。

一、集体经济薄弱村对接帮扶基本情况

截至调查时点,对接密云、房山、门头沟三区薄弱村的帮扶单位共 291 家,其中党政机关 170 家、占 58.42%,企业(含市属国有企业、区属国有企业、民营企业,下同)100 家、占 34.36%,高校及科研院所 15 家、占 5.15%,其他事业单位及社会团体 6 家、占 2.06%。企业中,市属国有企业共 43 家,占帮扶单位总数的 14.78%。

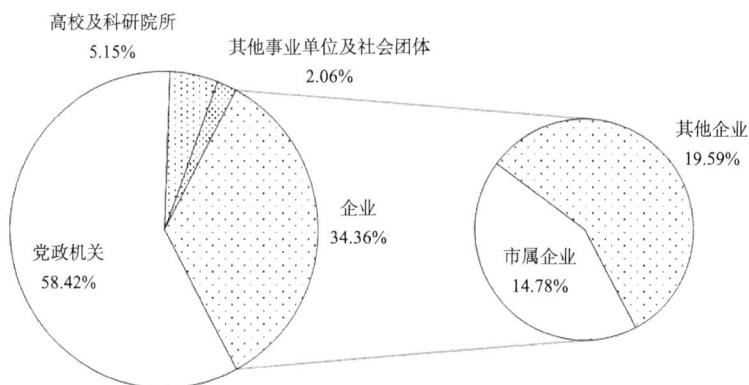

图 1 对接帮扶单位类型及构成

(一)实地对接比例较高

302 个薄弱村中,帮扶单位为一家的有 214 个、占 70.86%,帮扶单位为两家的有 67 个、占 22.19%,帮扶单位为三家的有 15 个、占 4.97%,帮扶单位为四家的有 6 个、占 1.99%。296 个村与帮扶单位开展了实地对接,占薄弱村总数的 98%,每家帮扶单位与每个帮扶村的平均实地对接次数为 2.74 次。

(二)对接帮扶措施多样

2021 年下半年,帮扶单位主要采取了消费增收、技术支持、走访慰问三类措施,比重分别为 21.88%、16.76%、15.63%。其次为资金支持、产业带动、项目联建、物资帮扶等措施,比重分别为 11.36%、9.09%、6.25%、5.68%。

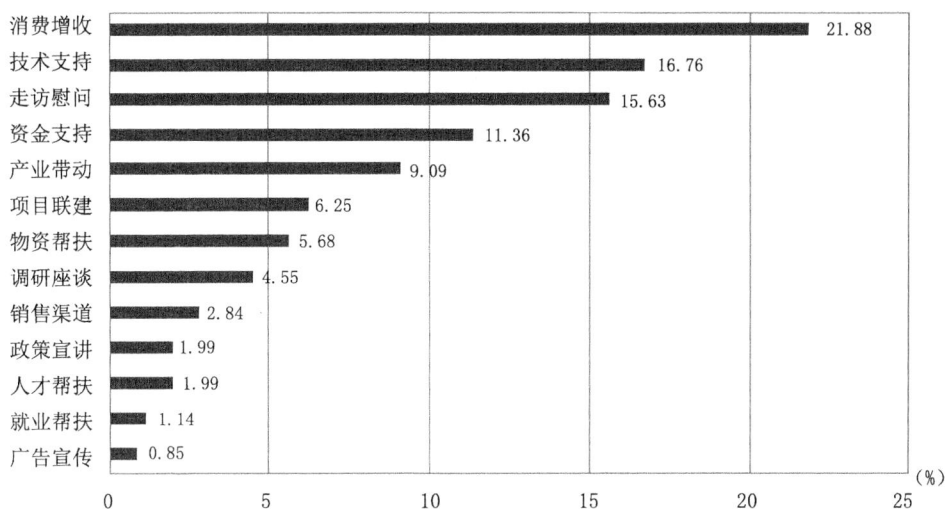

图 2　2021 年对接帮扶措施情况

（三）加强产业帮扶成为共识

产业振兴是实现村级集体经济可持续发展的重要保障。薄弱村对发展集体产业的需求强烈，帮扶双方经过 2021 年下半年的对接和摸索，2022 年帮扶重点逐步向产业帮扶倾斜。被访者认为最适合本村情况的帮扶方式首先是"培育集体产业"，占 46.57%；其次是"产业与基础设施建设"，占 22.06%。2022 年帮扶计划中，"产业带动""技术支持""项目联建""拓宽农产品销售渠道"分别占 26.71%、13.69%、11.04% 和 9.05%，都有利于推进集体产业的发展。

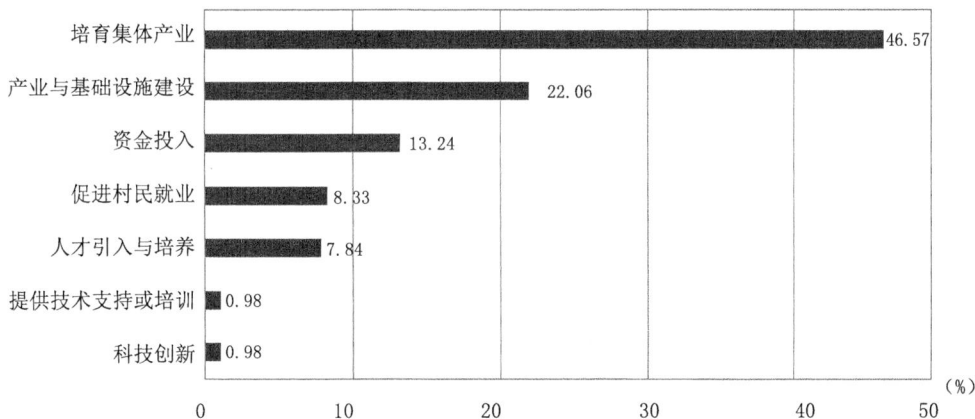

图 3　被访者认为最适合本村情况的帮扶方式

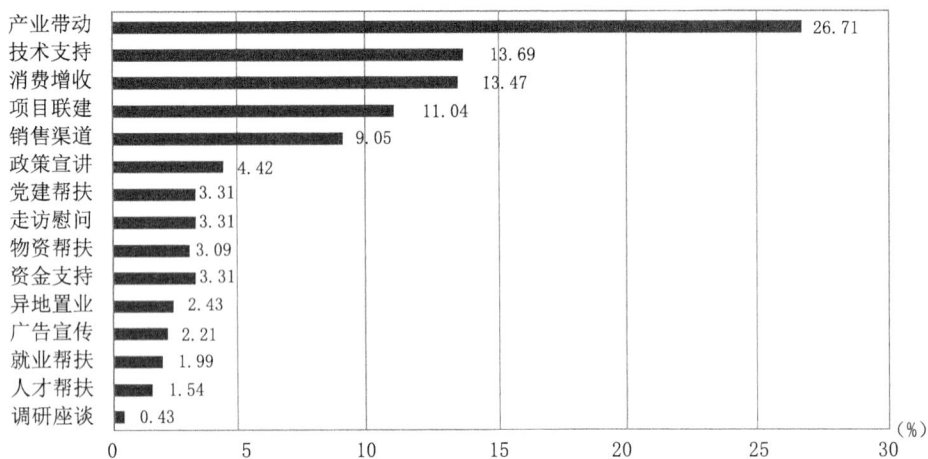

图4　2022年对接帮扶计划重点

在产业类型选择上，薄弱村倾向于立足本村资源特点发展特色种植，并借助"大城市"市场优势，盘活闲置资源，发展旅游产业。2021年，薄弱村经营性收入主要来源中，土地流转占21.28%，种植业占13.85%，林果业占12.82%，房屋租赁占8.72%，休闲农业与乡村旅游业占5.13%。被访者认为本地应重点发展特色产业是种植业和乡村旅游业，分别占41.25%和23.75%。

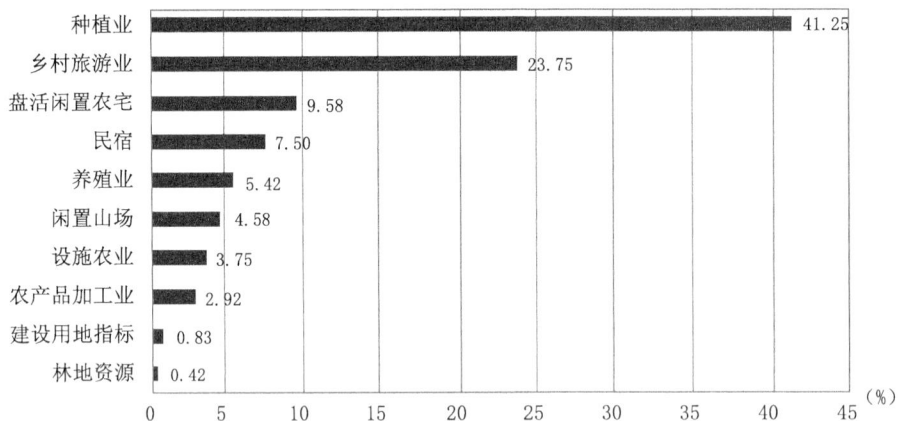

图5　被访者认为本村应重点发展的产业

（四）帮扶工作群众参与意愿较高

被访者对于对接帮扶壮大集体经济促进共同富裕的政策意义具有较高的认知度，回答"非常了解"的占42.65%，"比较了解"的占39.22%。83.82%的被访者表示"非常愿意"参与到对接帮扶项目中，"比较愿意"的占14.71%。

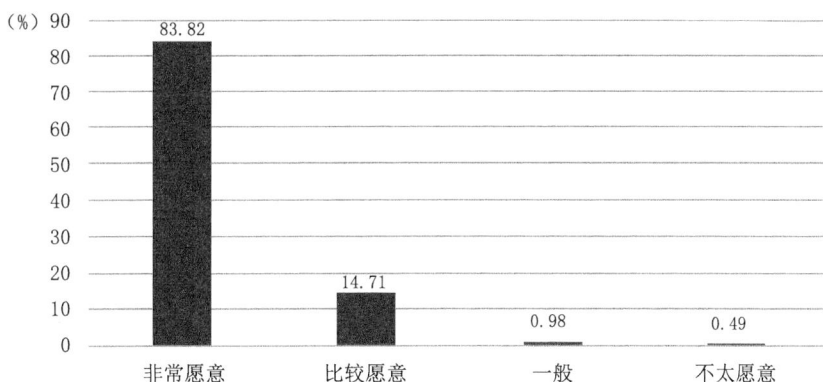

图 6　被访者参与对接帮扶项目的意愿

二、集体经济与国有经济联动发展现状及特点

国有企业、高校及科研院所作为国有经济重要组成部分，在对接帮扶中充分发挥自身的组织和资源优势，积极扶持集体经济薄弱村发展，呈现出主动性强、力度大、对接层级高等特征。

（一）帮扶主动性较强

市属国企与每个帮扶村平均实地对接次数为 4.72 次，为全部帮扶单位实地对接次数平均值的 1.7 倍。市属国企与每个帮扶村平均实地对接次数不少于 3 次（市级对于实地对接次数的要求）的占 83.33%，全部帮扶单位中符合上述要求的仅 29.1%。从房山区对接帮扶情况来看，市属国企、区属国企、高校及科研院所平均实地对接次数均高于全区对接平均值。

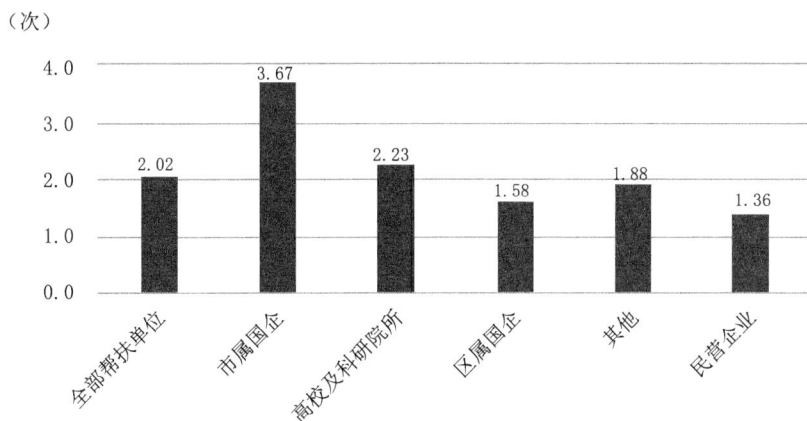

图 7　房山区各类帮扶单位平均实地对接次数对比

（二）一对多、跨区帮扶特征凸显

市属国企共帮扶 119 个薄弱村、平均帮扶村数 2.77 个，高校及科研院所共帮扶 34 个薄弱村、平均帮扶村数 2.27 个，均远高于全部帮扶单位平均帮扶 1.04 个村的平均值。

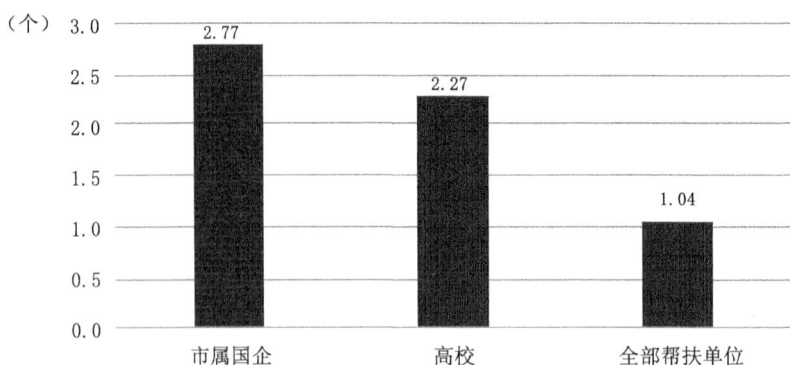

图 8　主要帮扶主体帮扶薄弱村的平均个数

同时，市属国企、高校及科研院所帮扶呈现出明显的覆盖面广、跨区帮扶特征。市属国企中，有 6 家开展了跨区帮扶，占 14%。其中，5 家跨两个区帮扶，帮扶村数为 2 个村至 4 个村，1 家帮扶村数共 6 个、跨五个区（密云、门头沟、怀柔、延庆、大兴）。高校及科研院所中，2 家开展了跨区帮扶，占 13.33%，均跨 3 个区，帮扶村数分别为 13 个村、15 个村。

（三）帮扶方式与帮扶单位性质关系密切

帮扶单位充分调动自身优势助力集体经济发展，基于各类单位性质和特点，帮扶举措各有侧重，呈现出差异性。市属国企借助自身平台、产业、市场优势，帮扶措施更多地倾向于产业帮扶、消费帮扶和技术帮扶。2021 年下半年，市属国企采取消费帮扶方式占比为 61.34%，主要是利用自身职工人数多、平台广、渠道多等特点，通过企业食堂采购、内部职工采购、帮助对接客户、拓宽农产品销售渠道等方式，带动薄弱村增收；其次是资金支持、项目联建，分别占 9.33%、6.67%。2022 年帮扶计划中，产业帮扶方式跃升到首位，占比为 43.21%；消费帮扶，占比 38.27%；技术支撑，占比 4.49%。产业帮扶中，带动发展休闲旅游业占 33.33%，种植业占 20%。

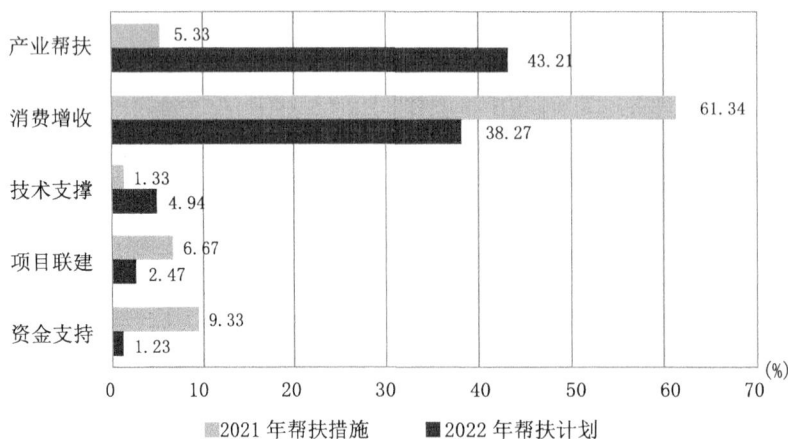

图 9　市属国企主要帮扶方式

高校及科研院所充分发挥自身科研、技术、人才优势，在技术帮扶方面发挥更积极的作用。2021年帮扶举措中，技术支撑占比最高，为57.89%，其次为物资帮扶，占比7.89%。2022年帮扶计划中，以产业帮扶为主，占29.85%，其次为技术支撑，占25.37%。

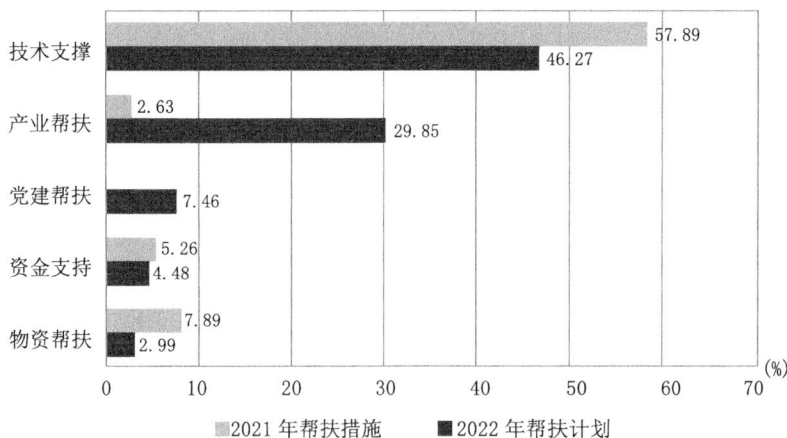

图10　高校及科研院所主要帮扶方式

（四）带动跨村联合发展、产业融合发展

国有经济主体在跨村联合发展、带动产业融合发展等方面进行了一些尝试。一是探索了乡级对接、区域带动机制。对接帮扶专项工作在完成市级层面、区级层面统一部署、对接后，以帮扶单位与村级对接、协商为主。部分帮扶单位，主要是市属国企在推进帮扶中逐步建立了乡镇层面对接机制，同时带动区域内若干个薄弱村，呈现联合发展、抱团发展趋势。如房山区南窖乡与北京时尚控股有限责任公司建立多层级对接机制，总部与乡级对接、分公司与村级对接，从上至下谋划、推进对接帮扶。房山区蒲洼乡充分发挥乡级统筹作用，由乡政府与北京农学院对接并签订合作协议，整合全乡7个薄弱村资源，抱团发展以中华蜜蜂特色养殖为主的集体产业。二是加强了资源统筹力度，加快推动一二三产业融合发展。如门头沟区清水镇小龙门村在帮扶单位北京京能清洁能源电力股份有限公司扶持下，通过发展特色农产品初加工、打造精品民宿等，促进一二三产业融合，推进集体经济增收。密云区大城子镇北沟村与祥龙公司持续开展"一企一村"整体帮扶，重点打造屋顶分布式光伏发电项目、提高基础设施建设水平。

三、集体经济与国有经济联动发展主要问题及原因分析

（一）发展规模"小"：跨村统筹发展可持续的集体产业还需加强

被访者认为对接帮扶存在的突出问题中，"村里规模小，产业难持续，应跨村联合"位居首位，占23.88%。薄弱村多位于远郊区和生态涵养区，受资源禀赋、发展定位、政策等影响，产业发展提升空间有限。单个村扶持资金规模有限，财政资金扶持发展的集体产业项目大多刚投入运营或仍在建设期，产业带动集体经济效果还没有完全显现。

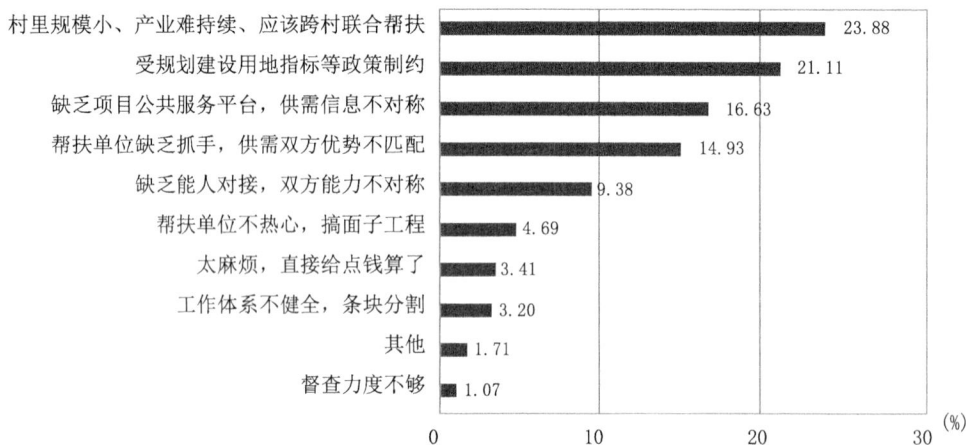

图11 被访者认为对接帮扶中存在的突出问题

（二）用地政策"缺"：集体产业用地是制约集体经济发展的瓶颈

被访者认为对接帮扶存在的突出问题中"规划建设用地指标等政策制约"位居第二，占21.11%。在发展壮大集体经济过程中，一二三产业融合发展用地政策支撑不足，导致在产业项目落地环节面临着前置性的条件约束。大部分薄弱村的土地、山场全部承包或发包给了村民，村集体可盘活资源匮乏。

（三）要素供给"弱"：人才与劳动力缺乏

被访者认为最适合的帮扶方式为"人才引入与培养"的占7.84%；当前帮扶突出问题中，选择"缺乏能人对接，双方能力不对称"的占9.38%。薄弱村实际参加劳动的本村户籍人口每村平均281.7人，其中60岁以上占46.40%，已进入重度老龄化阶段。60岁以下本村户籍劳动人口中，外出打工的占比52.91%（占实际参加劳动户籍人口数的28.36%）。村集体缺乏有经营知识和经营经验的人才，产业经营意识和能力较弱，与帮扶单位对接不顺畅，影响了帮扶效果。

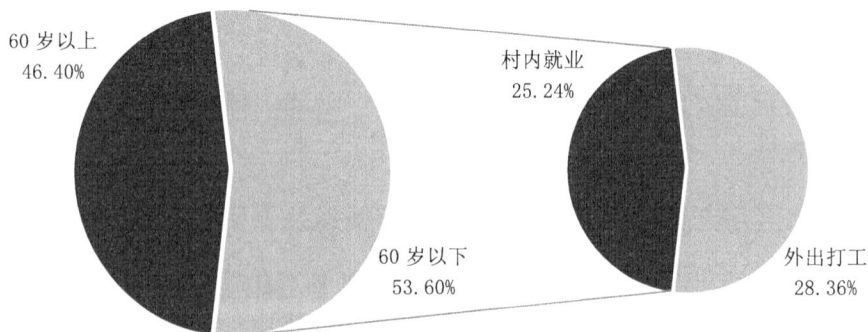

图12 薄弱村实际参加劳动的户籍人口年龄及就业情况

（四）供需"错位"：部分帮扶双方信息和能力不匹配

被访者认为帮扶中存在"供需双方信息不对称""帮扶单位缺乏抓手，供需双方优势不匹配"等突出问题的，分别占 16.63%、14.93%。薄弱村资源禀赋不同，产业发展方向多样，帮扶单位专业优势和帮扶资源也不相同。截至调研时点，部分帮扶双方受对接时间短、对双方发展基础和优势不了解等影响，还未明确帮扶重点，特别是在形成可持续发展的集体产业方面没有切入点和思路。帮扶双方还需加强沟通协调，调动内生动力，提高帮扶精准性和有效性。

（五）发展机制"散"：可持续联合发展机制尚在摸索阶段

从当前帮扶进展来看，直接购买农产品、走访慰问、物资帮扶等短期帮扶举措占较大比重，产业帮扶、项目联建等长期帮扶措施及与之配套的合作模式、利益分配、监督管理等机制都处于探索阶段。被访者认为本村发展基础较薄弱，"十四五"期末培育形成可持续增收的集体产业难度较大，若帮扶单位到期退出，仅靠村集体继续发展产业仍面临资金、人才、技术等多重困难，希望适当延长帮扶时间。被访者认为有效的帮扶年限为"4—5 年"的占 31.37%，"6—10 年"的占 29.41%，更多的希望可以长期帮扶。在帮扶举措转向产业帮扶、技术帮扶、项目联建等长期帮扶方式时，亟须进一步优化帮扶长效机制，推动帮扶双方建立长期合作关系并保障双方利益。

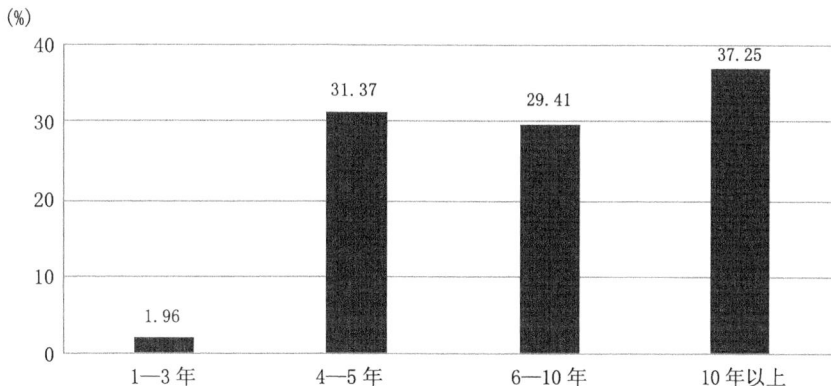

图 13　被访者认为有效的帮扶年限

四、集体经济与国有经济联动发展典型案例分析

党的十九大提出实施乡村振兴战略以来，各省市高度重视并积极推进乡村发展，针对国有企业、社会资本参与乡村振兴开展了大量的探索和实践。北京市在近一年的实践中也形成了一些典型做法。课题组结合实地调研，选择 3 个案例进行剖析，其在合作模式、产业组织方式、利益联结机制等方面不同程度进行了创新，有效带动集体经济发展。

（一）北大荒集团："双控一服务"推进农村农场化、农民职工化、农业产业化

1.联动发展参与方

包括北大荒集团总部及其下属分公司、农服中心、农场等，农村地区的集体经济组

织、合作社、家庭农场、农户。

2. 联动发展模式及机制

北大荒集团内部设立"总公司—分公司（专业公司）—农场"的三级体制，与农村地区"区县级区域农服中心—乡镇联社（下设集体农场）—村经济合作社（下设集体农场）"三级体制对接，通过"双控一服务"将垦区的技术体系、组织体系、产业体系平移到农村地区，建立健全国有经济、集体经济、合作经济、家庭经济联合发展的垦地融合发展体制机制，推进"农村农场化、农民职工化、农业产业化"。

北大荒集团主要为垦区外的农村地区提供农业社会化服务。集团内部建立与社会化服务相适应的经营管理体系。构建了"集团公司＋分公司（产业集团）＋农场（生产基地）"三个层级分工明确，高度组织化、集团化、规模化的新型农垦经营体制。集团层面负责制定发展战略、投资布局与资本运营，培育新经济增长点；分公司负责产业链组合与优化产业结构布局；农场负责直接生产经营。除了服务垦区内部生产外，还为农村地区提供"双控一服务"。一是控制生产前端，实行种子、肥料、农药等农业投入品统一保障和供应，为农民提供高品质投入品的同时降低生产成本。二是控制生产后端，开展订单农业，统一收购营销农产品，确保村集体、农户获得保底收益加分红。三是为农业生产提供全过程数字农服，建设深加工基地，扩大经营规模，借助智慧农业实现标准化生产和绿色化生产。具体形式包括土地托管、技术托管、农业生产全过程服务等。

村集体经济组织负责将合作社、家庭农场、农户组织起来，以现有土地承包经营权长期委托或入股村集体农场有限公司，委托北大荒集团开展农业社会化服务。村集体以股份比例获取相应收益，并在集体经济组织内部进行收益分配。

合作社、家庭农场、农户进行托管后，可在托管服务确定的范围内选择农业投入品，实时了解农业生产经营过程投入、产出情况。依据现有土地承包经营权长期委托协议或入股（1股/亩）股份比例获取收益。

3. 联动发展成效

北大荒农服模式实现了多方共赢。北大荒集团依托"双控一服务"，将集团现代农业大基地扩展到垦区外的广大农村地区，构建了"四位一体"产业组织体系，增强对周边区域辐射带动能力，形成规模经济，保障国家粮食安全和重要农产品有效供给的同时，提升参与国际大粮食竞争的实力，推动集团向实现"三大一航母"战略迈进。垦区外的农村地区，以"双控一服务"为根本，破解了农业生产"小、散、低"困局，推进实施农业生产统一管理服务，大幅提升农业标准化作业水平，实现农业效益最大化。村集体、合作社、家庭农场、农户，一方面按照股份比例获得收益分红，农业生产质量的提升也带来农业收入的增加；另一方面，进行生产托管后，解放了农户的劳动时间，农户向二三产业转移，增加工资性收入。

2021年，北大荒农服集团服务面积1080万亩，带动农户12万户，为农民节本增收6.4亿元，实现销售收入20亿元。

（二）北京市平谷区镇罗营镇桃园村：集体经济、国有经济、社会资本多主体联动

1. 联动发展参与方

主要包括桃园村集体经济组织，民营企业北京问菊农业科技有限公司，北京市农林科学院。

2. 联动发展模式及机制

村集体、科研院所、民营企业联合创业，以高端数字乡里云坊植物工厂为依托，带动上下游产业联动发展，形成"一带二、一带三、最终一带六"融合态势，逐步打造集净菜种植、预制菜初加工、特色种植、居住养老、研学、乡村休闲旅游于一体的一二三产业融合发展产业链。

村集体经济组织依托扶持壮大集体经济等财政专项资金，将村集体长期闲置厂房改造成为厂房及附属设施，作为项目用房。上述资产，包括预期增值，全部归村集体所有。此外，村党支部充分发挥带头作用，项目建设初期为节约资金、减少建设成本和缩短工期，市、区、镇三级人大代表、村党支部书记带领村"两委"人员发扬自力更生、艰苦奋斗的创业精神，积极参与到闲置库房整治、厂房室内设施安装、保证水电网供应等工作中，大大缩减了建设工期，保证项目顺利投产。

北京市农林科学院主要负责提供专业技术人才和专业技术指导。派出科研主力担任村"第一书记"，并为项目配备了博士团队，提供新型种植技术、种苗，随时解决种植中出现的技术问题。

北京问菊农业科技有限公司主要负责项目经营管理。派出管理团队、工程师，承担产品试验、种植全过程监管、设备运行检测、产品销售、招商引资等工作。

三方联合成立运营公司具体负责植物工厂项目运营，以协商方式确定收益分配比例，保障各方利益。桃园村集体经济组织作为资产持有方，占股45%；北京市农林科学院作为技术提供方，占股20%；北京问菊农业科技有限公司作为运营方，占股35%。此外，保障村集体每年获得额外的10万元固定收益。

3. 联动发展成效

通过联动发展，培育桃园村新产业、新业态、新模式，企业获得经营回报，科研院所实现科研成果转化，村集体盘活闲置资产和持续增收，实现三方共赢。目前，已盘活两栋村集体建于20世纪70年代、闲置多年的旧办公用房，建成植物工厂，实现6层立体化种植；搭建了"村支部＋博士团队＋农科企业＋侨创会"等科技孵化、融资平台。植物工厂直接年产值可达180万元，以会员制和体验式销售为主；注册了"问菊"商标，产品质量获得相关部门认定。一至两年内计划发展有功能性蔬菜特殊要求和科创体验家庭800个，村集体年经营性收入可达200万元。

（三）北京市房山区蒲洼乡：乡级统筹，跨村抱团发展特色种养殖

1. 联动发展参与方

主要包括蒲洼乡党委、政府，市属高校北京农学院，蒲洼乡鱼斗泉村、芦子水村、宝水村、蒲洼村、议合村、富合村和森水村7个村集体经济组织。

2. 联动发展模式及机制

蒲洼乡在乡党委、政府带领下,抓住扶持壮大集体经济和薄弱村对接帮扶的契机,以集体项目为抓手,探索强村带动、镇域联合发展模式,带动乡域内 7 个集体经济薄弱村消薄。通过构建"乡政府+教授工作站+村集体+联合社+农户"组织架构,整合中央级、市级集体经济薄弱村扶持资金,引入专业力量,发展以中华蜜蜂养殖为主导的集体产业链。

蒲洼乡党委、政府负责把方向、对接联络及组织统筹三方面工作。第一,确定发展方向。牵头发掘资源优势,依托乡内拥有华北地区仅存的野生中华蜜蜂种群和我国北方第一个中华蜜蜂自然保护区,确定全乡以中华蜜蜂养殖为支柱,特色种植、生态旅游和服务业相融合的产业发展方向。第二,对接帮扶单位。与北京农学院达成结对帮扶意向,签订了共建智慧农场战略合作协议,重点明确合作内容、建设时序和各方责任。第三,加大对村级统筹力度。包括调动各村积极性,协调各村发展重点和分工,组织村级加快推进产业发展,指导村级项目方案编制和申报,引导集体经济薄弱村扶持资金使用等。

北京农学院负责提供项目技术支持和指导。包括制定项目发展方案,核心示范蜂场选点、研发生产智能蜂箱、智慧蜂场平台开发、养殖技术培训等工作。

村集体经济组织主要负责组织农户开展中华蜂养殖等特色种养殖。包括牵头成立专业合作社、专业协会作为经营主体,流转土地到村集体发展特色种养殖,加快基础设施和产业配套建设,引导村民腾退原有蜜蜂养殖,组织统一购买养殖设备,补植蜜源植物等。

3. 联动发展成效

蒲洼乡抱团发展按时序可分为做强龙头、联村发展、乡级联动三个阶段,截至目前共申请中央级、市级集体经济薄弱村扶持资金 477.58 万元,建设集体发展项目 9 个。2020年,作为抱团发展"龙头"的森水村,将村内资源组织起来发展中华蜜蜂养殖、山野菜种植,培养养殖致富带头人 5 人、技术员 1 人,扶持和发展养殖示范户 12 户、占本村常住户数的 38.71%。森水村成为华北地区中华蜜蜂养殖量最大的地区,村集体经济收入从2019 年的零收入增加到 2020 年的 13.99 万元。2021 年,在森水村带动下,议合村、富合村先行启动抱团发展中华蜂养殖项目。森水村集体经济收入达 29.61 万元,带动富合村增收 10 万元,带领全乡中华蜜蜂养殖专业户 25 户 51 人实现增收。2022 年,签订了共建智慧农场战略合作协议,完成核心示范蜂场选点、研发生产智能蜂箱、智慧蜂场平台开发、养殖技术培训等工作。

表 1　典型案例集体经济与国有经济联动发展模式对比

案例	联动发展参与方	联动发展模式	联动发展措施
北大荒集团	主体:国有企业 其他参与方:集体经济组织、合作社、家庭农场、农户	北大荒集团通过"双控一服务",推动构建国有经济、集体经济、合作经济、家庭经济"四位一体"产业组织体系,带动垦地融合发展,提高农业生产效益	农业社会化服务

案例	联动发展参与方	联动发展模式	联动发展措施
北京市平谷区桃园村	主体：民营企业，高校及科研院所 其他参与方：桃园村集体经济组织	村集体、高校及科研院所、民营企业分别借助自身资金资产、技术和管理运营优势，联合创业，以智慧农业带动一二三产业融合发展	产业带动，项目联建
北京市房山区蒲洼乡	主体：高校及科研院所 其他参与方：乡党委、政府，乡内7个薄弱村集体经济组织	乡党委、政府牵头与高校对接并确定合作事宜，整合乡内薄弱村资金、资源，通过强村带动、镇域联合发展，抱团发展以中华蜜蜂养殖为主导的集体产业链	乡级统筹，产业带动，项目联建

五、集体经济与国有经济联动发展体制机制创新总体思路

贯彻落实全面推进乡村振兴要求，以构建集体经济长效增收机制为目标，以培育具有首都特色的集体产业为重点，完善政策支撑，引导国有经济主体充分发挥自身优势，推动现代技术体系、组织体系和产业体系向京郊农村流动，推进集体经济与国有经济关系由对接帮扶向联合发展、提质增效转型。

一是优化联动发展组织体制。充分发挥国有经济主体在资金、信息、人才和产业方面的比较优势和示范带动作用，强化集体经济组织的统筹、组织协调优势，深入挖掘京郊地区空间和资源禀赋，共同打造产业项目，建立完善利益联结机制，形成集体经济组织、国有经济主体及社会资本等主体共同推动集体经济增收、长期互利共赢的组织架构。

二是促进产业转型升级。坚持"大城市带动大京郊，大京郊服务大城市"，以国有经济为主体带动资源要素向京郊流动，扩展产业发展空间，调整优化产业结构。重点承接城市需求，围绕特色种植和乡村旅游，优化提升产业价值链，推动一二三产业融合发展。

三是优化政策保障。强化政策引领，制定规划、用地、人才、科技、金融等关键领域扶持政策，建立健全绩效评价和监督考核机制，为联动发展营造良好政策环境，引导国有经济等主体积极参与到扶持壮大集体经济工作中，激发集体经济、国有经济联合发展活力。

六、集体经济与国有经济联动发展体制机制创新的实践路径

（一）实施"组织帮扶"，促进联合发展，完善利益联结机制

1. 充分发挥农村集体经济组织的功能作用

由村集体经济组织强化资产资源整合利用，加强集体资产管理，规范村集体与其成员之间的收益分配机制，服务集体经济组织成员。

2. 促进村集体与国有企业、行业龙头企业、农民专业合作社等合作联营

在履行民主程序的基础上组建多种形式的经济联合体，明确集体经济组织持股比例、资产权属、收益分配关系，让集体经济组织成员共享发展成果、推动共同富裕。

3. 探索由"整村"联合向"整镇"、区域联合发展推进

加大区镇统筹力度，促进各类市场主体更好发挥自身优势，通过产业带动、项目联建等方式，提高联动发展质量和效率。

4. 创新联动发展方式

可探索集体经济组织与各类市场主体联合成立集体经济发展的联营公司，充分发挥国有企业、高校及科研院所、党政机关、其他企事业单位资源和专业优势，更高效地推进联动发展。

（二）实施"产业帮扶"，丰富产业业态，推进集体产业提质增效

5. 培育符合首都功能定位的区域主导产业

重点以乡镇为单位，通过国有经济等主体引入先进的技术和经营理念，结合当地资源禀赋、文化特色、产业基础，发展特色种养殖、乡村旅游、精品民宿、文化创意、康养度假、服务经济等新产业、新业态。

6. 加强全产业链设计

围绕主导产业，加快一二三产业融合，优化和延长产业链，提高集体资产收益率，拓宽集体经济发展路径，创新集体经济经营模式，促进农民就地就业。

（三）实施"政策帮扶"，完善配套政策，优化联动发展工作机制

7. 强化党建引领

强化村党组织领导核心地位，加强对本村集体经济组织的领导，提高村"两委"发展集体经济的积极性和主动性，加大村干部培训力度，分批次全面培训，增强村集体内生发展动力。

8. 搭建联动发展政策体系

建立对接联动长效机制，进一步巩固提升消薄成果。区级层面主责，加大对集体经济薄弱村在用地保障、金融服务、人才支持、科技推广、信息应用、智慧农业等方面的政策体系设计和落地。

9. 健全帮扶信息平台

加强和畅通联动发展主体与乡村两级集体经济组织之间的信息沟通交流，充分发挥各类主体和第一书记的主体作用，加快对接帮扶和联动发展工作进度。

10. 创新人才引进机制

支持能人、大学生、技术人才等下乡就业创业，参与集体经济发展，从当年村集体可分配利润增量中安排奖励有突出贡献的下乡人才，保障集体经济可持续发展。

课题负责人：张光连

课题责任人：陈雪原

课题组成员：赵邦宏、曹洁、王哲、向世华、袁庆辉、崔爱国、刘瑞乾、李尧、黄松涛、孙梦洁、王洪雨、刘婧、黄薇、尤颖洁、王晓东、王增飞、叶美艳、李杨阳、马亚琪

执　笔　人：王洪雨、孙梦洁、陈雪原、叶美艳

房山区农村集体经济薄弱村对接帮扶调查报告

一、基本情况

据房山区提供的信息，2021 年，该区确定集体经济薄弱村 56 个，其中山区村 54 个、平原村 2 个，涉及 11 个乡镇。结合实际情况，房山区开展了农村集体经济薄弱村帮扶专项行动，在市级 19 家单位对接帮扶的基础上，56 家区级单位和 41 家企业结对帮扶，力争用三年时间（2021—2023 年）全面消除 56 个集体经济薄弱村。

截至 2021 年底，有 52 个村的经营性收入超过 10 万元，完成了市委、市政府下达的"消薄"指标，农村集体经济发展形势逐步好转，剩余的 4 个年经营性收入不足 10 万元的村，力争在 2022 年全部达标。

二、对接帮扶过程中存在的主要问题

一是个别帮扶单位对对接帮扶工作不够重视，主动对接积极性不够高。

二是对接频次低，对接方式模糊，对接效果不够明显。

三是帮扶方式单一，多是提供帮扶资金、购买村民的农副产品、春节走访慰问等，为完成短期"消薄"目标而帮扶，缺乏项目帮扶和远期规划。

三、集体经济薄弱村发展存在的主要障碍

（一）土地

一是普遍缺少建设用地指标，致使有项目也无法落地。二是有的村将耕地指标、林地指标全部分给村民，村集体一无所有，导致村集体经营性收入没有来源。

（二）项目

受保护生态涵养区要求的影响，山区村庄发展产业项目的条件比较高，只能发展与农业相关的项目，限制了集体经济的发展。

（三）人才

人才短缺、年龄老化制约农村集体经济的发展。

（四）政策

有的政策限制性条款比较多。如林地补偿资金，只能通过招标方式由第三方承包，村

集体没有资格承包等。

（五）资金

受原始积累影响，多数山区村庄没有"家底"或"家底"很少，自有资金短缺，自身"造血"功能基本没有，全部靠财政"输血"解决，仅能维持日常的运转，谈不上发展。

四、对促进集体经济薄弱村发展的建议

（一）立足"五大振兴"，实现乡村全面振兴

一是组织振兴。组织振兴是乡村振兴的根本保证，是其他"四大振兴"的基础和保障。习近平总书记指出："办好农村的事情，实现乡村振兴，关键在党。"组织振兴的关键是农村基层党组织的振兴，农村党组织是党在农村全部工作的核心和基础，是党的最基层的组织，发挥着承上启下和桥梁纽带的作用。目前，农村基层党组织存在党员年龄结构老化、文化程度偏低、后续党员发展对象不足等问题，影响了农村党组织的建设。火车跑得快，全靠车头带，要建强农村党组织班子，配齐村"两委"干部队伍。要不断发展壮大农村党员队伍，将大学生青年、农村优秀青年、务工返乡青年和退役复转军人吸收到党的队伍中来，充实到农村基层党组织中来，发挥党组织的先进堡垒和党员的先锋模范带头作用，带领广大村民建设美丽农村，发展集体经济，促进农民增收，增进农民福祉。

二是产业振兴。产业振兴是乡村振兴的重要抓手。2022年4月10日至13日，习近平总书记在海南考察时指出，"乡村振兴要在产业生态化和生态产业化上下功夫，继续做强做大有机农产品、乡村旅游、休闲农业等产业，搞好非物质文化遗产传承，推动巩固拓展脱贫攻坚成果同乡村全面振兴有效衔接"，为乡村振兴、为农村集体经济发展指明了方向。要按照习近平总书记的指示，完善产业规划，搞好项目统筹，盘活闲置农宅，实施生态种植，生产有机产品，开发乡村旅游，传承农耕文化，鼓励城市人到乡村体验生活，记住农事，不忘乡愁，做好做实做强农业农村这篇大文章。

三是人才振兴。人才振兴是乡村振兴的重要保证。毛泽东主席曾指出："政治路线确定之后，干部就是决定的因素。"群雁高飞头雁领，乡村振兴关键要有一个好的"带头人"，要严格把好村"两委"人员的"入口关"，选好带领村集体经济发展的"领头雁"，真正把推动农村转型发展和带领村民增收致富所需的"能人"选出来。要做好调查研究，在选派"第一书记"时，要认真分析被选派人的研究方向、就业意向、主攻方向和所到村的需求方向，把人员选准，使派驻书记与村民同策同力、同甘共苦、共同致富，与产业发展同频共振、同向发力、相得益彰，把基层建设夯实打牢，让广大农民群众收获人才带来的发展红利，真正把实战经验丰富、后劲力量薄发、勇于吃苦耐劳、甘于奉献付出、热爱农业农村农民工作的"能人"派出来。要注重人才培养，完善人才选拔培养使用体系，在产业项目建设、发展壮大集体经济、带领村民脱贫攻坚中采用"传、帮、带"和"送出去、请进来"的方式，传授方法，教授经验，掌握技能，学习提高，利用"田间学校""树下课堂""现场观摩"培养乡村人才，真正把推动乡村振兴所需的"能人"育出来。要坚持以人为本的发展理念，对自愿扎根农村建设、热爱农业、热爱农村、热爱农民、愿意带

领农民致富的村干部，要关心他们的成长，提高他们的福利待遇和政治待遇，完善物质奖励和精神奖励相结合的机制，解决他们的实际困难，消除他们的后顾之忧，使他们真正静下心来专心致志地研究基层组织建设、乡村结构治理、农村基础设施建设、乡村产业规划发展、农村集体经济壮大、农业科技水平提升等工作，创造一片有利于村干部顺利成长的事业沃土，营造一种浓厚的良好的干事创业舞台，让他们在农村获得有利于个人长远发展的成长空间，真正把致力农村经济发展的"能人"留下来。

四是生态振兴。生态振兴是乡村振兴的重要支撑。习近平总书记在十八届中共中央政治局第六次集体学习时强调："建设生态文明，关系人民福祉，关乎民族未来。"青山就是美丽，蓝天也是幸福，发展经济是为了民生，保护生态环境同样也是为了民生。良好的生态环境是农村得天独厚的优势和宝贵财富。要坚持人与自然和谐共生，走乡村绿色发展之路，让良好生态成为乡村振兴支撑点和发力点。要牢固树立和践行绿水青山就是金山银山的理念，强化生态环境的质量和保护，完善财政生态补偿机制，建立社会资本参与生态建设机制，加快转变生产生活方式、提升村容村貌，保证青山常在、绿水长流、空气常新、天空常蓝、环境常美，对乡村生态"振兴什么""谁来振兴""如何振兴"等问题进行深入研究，拿出切实可行的对策，建设生活环境整洁优美、生态系统稳定健康、人与自然和谐共生的社会主义新农村。要充分认识生态是乡村的宝藏，生态是水库、粮库、钱库和碳库，生态价值是美丽乡村的精髓，其市场价值和潜在价值无法估量，因为农村的生态关乎城市的空气质量，关乎国家碳达峰碳中和的目标能否实现。

五是文化振兴。文化振兴是乡村振兴的有益补充。文化是新农村建设的魂，要充分挖掘乡村红色文化资源，推动"红村、绿村、生态村、文化村"建设，以"赓续乡村文化、讲好乡村故事、体验乡村农耕、发现乡村之美、提升乡村价值"为主体，加快推进山区农村红色文化资源开发建设，以文化产业引领乡村振兴，把文化资源变成产业资源，把产业资源变成货币资金，带动休闲农业和乡村旅游业的发展，以此来推动薄弱村的经济发展，促进农民增收。

（二）落实"四个联动"，促进乡村振兴发展

一是乡乡联动。对在同一地域和产业带上的乡镇，思想要统一、行动要统一、条件要统一，建立联动机制，相互合作，"抱团"发展，共同创收，做到产业项目共享、资源资产共享、就业安置共享、经济收益共享。

二是村村联动。有的村庄人口少、面积小，农副产品品种少、产量有限，很难形成规模，造成价格低、销售困难。建议周边村庄要联合起来，成立农工商总公司或农民专业合作社，注册自己的农副产品商标。村民将自家生产的农副产品交给农工商总公司，农工商总公司统一加工打包后对外销售，发挥规模效应，提升产品附加值和销售价格，从中收取一定数量的管理费，年终对结余的管理费进行分配或扩大再生产，以此来增加村集体的经营性收入。

三是乡院联动。各乡镇要加强与科研院所的联系沟通，借助科研力量和科学技术，按照一村一策、一村一案、一村一品的要求，对全乡的产业发展进行布局规划，如开发高端民宿产业、果树种植、林下产业、休闲农业、乡村旅游、蜜蜂养殖等，并形成自己的品牌，做到乡乡有产业、村村有项目，产业能发展、项目能持续，村民能就业、集体能增收。

四是村员联动。农业科技人员要深入农村，与农民进行对接，把农村作为自己的试验场，把科学技术尽快转化为生产力。要经常深入田间地头、果木树下、大棚房里，现场教授农民粮食如何科学种植、果树如何剪枝嫁接、大棚如何栽种管理等，使农民掌握一门手艺，精通一门技术，提高粮食和果蔬的数量和品质，提升产品附加值。与社会资本合作，对闲置农宅进行开发，盘活闲置资产，变废弃资产为价值资产。通过相互联动，达到成果转化、优势互补、增产创收的目的。

（三）完善"三项政策"，助力乡村振兴实施

一是财政转移支付政策。农村为保护城市生态环境和国家碳达峰碳中和目标的实现，作出了巨大贡献。各级财政部门应认真落实《财政支持做好碳达峰碳中和工作的意见》，加大财政对农村生态保护的转移支付力度，鼓励农民更加注重生态环境的保护，在保护中提升，在提升中开发，在开发中受益，为农民发放"碳票"，奖励他们在碳达峰碳中和方面所做的贡献，把生态价值转化为货币价值，提高生态资源的绿色价值。

二是产业配套政策。乡村振兴需产业带动，产业带动需政策支持，对农村引进的产业项目，经过生态环保部门评估达标的，国土资源部门要在项目建设用地上给予支持，银行要在项目贷款资金审批和发放上给予优先，农业农村部门要在农业技术推广上给予帮助，交通运输部门要在农村道路畅通上给予帮扶，电力部门要在保证项目用电上给予保障等，保证项目能落地，落地能实施，实施能见效。

三是引入社会资本政策。乡村振兴单靠国家财政投入是远远不够的，要充分依靠社会资金的引领带动作用。但是社会资本不是无偿的，是需要回报的。因此，对利用社会资本开发建设的项目，要在项目审批速度上给予加快，在税收政策上给予优惠，在招商引资环境上给以优化，达到相互合作、互惠互利，共赢发展。

（四）实施"两项改革"，助推乡村振兴见效

一是成立乡村振兴发展基金。乡村振兴是一项长期的、艰巨的、涉及广大农民切身利益的工程，需要大量的资金投入。建议成立以国家出资为主、省（自治区、直辖市）配合、民间资本广泛参与的乡村振兴发展基金，为全国乡村振兴发展提供资金支持。另外，还要发挥金融系统在乡村振兴中资金支持的作用，对乡村产业发展在适当提高贷款额度、降低利率水平、合理分担利息、优化申请和审批流程、明确经办银行、加大担保支持力度、落实贷款优惠政策上给予扶持，解决乡村振兴产业发展融资难、融资贵的问题，以产业振兴带动乡村振兴。

二是改革林地养护方式。根据房山区现状，深山区各村的林地都由独立的公司通过招投标获取养护权，养护资金由财政负担，直接拨付养护单位，村民和村集体并不能得到任何收益。建议以乡镇为单位，注册成立林场管护公司，统一管理全乡镇的林地，实施分村管理，村级管理主体为村集体，管理人员为本村村民。养护资金拨付林场管护公司，管护

公司再拨付到村，这样不仅实现了村民不出村就能就业、增加收入，村集体也实现了经营性收入的增长，减少了财政资金的外流，发挥了财政资金的杠杆带动作用。

（五）贯穿"一条主线"，确保乡村真正振兴

以乡村美、产业兴、农民富、生态优为主线，统筹各方力量，汇集各路资金，聚集各种人才，在党中央的正确领导下，在"五级书记"的带领和主抓下，乡村振兴的目标一定能够达到，农村集体经济的实力一定能够不断发展壮大，城乡居民收入的差距一定能够逐步缩小，回乡创业的年轻人一定会不断涌现，最终实现真正意义的乡村振兴。

调研组成员：陈雪原、袁庆辉、刘瑞乾、王洪雨

执　笔　人：刘瑞乾

关于平谷区 18 个集体经济薄弱村
转型发展的调查报告

　　北京市平谷区位于首都生态涵养发展区，多数地区属于非集中城镇化的传统农业区，三面环山，山区、半山区①占 4/7，平原占 3/7，以林果业、种植业为主，代表了农业农村现代化过程中除集中城镇化地区以外的另一种基本类型。近年来，随着中心城产业和功能的辐射和带动，不同区位和资源禀赋的村庄形成了显著的差异化发展路径，成为分类转化集体经济薄弱村的基本依据和着眼点。按照京郊集体经济薄弱村专题调查工作安排，北京市农业农村局与市农研中心组成联合调查组，通过随机抽样获取了 100 个样本村，其中位于平谷区的有 18 个。本报告基于平谷区 18 个样本村的问卷调查和实地座谈、走访，探讨集体经济转型发展的现实路径。现将调研情况报告如下。

一、发展现状及主要问题：亟待提升"统"的层级

　　18 个调查样本村分别为大华山镇苏子峪村，黄松峪乡白云寺村，峪口镇南营村，刘家店镇东山下村、凤落滩村，南独乐河镇峰台村、南山村，熊儿寨乡北土门村、花峪村，镇罗营镇上营村、上镇村，金海湖镇东马各庄村、耿井村、海子村、水峪村、向阳村、小东沟村和祖务村，位于山区、浅山区②、平原地区的受访村分别为 12 个、4 个和 2 个。总体看，这些村发展集体经济缺人才、缺规划、缺效率、缺动力，已经难以再通过自身独立参与市场竞争获得新的发展力量，亟待提升"统"的层级，突破"村自为界"的发展体制格局，实施"抱团发展"。调查问卷显示，72.2% 的村（13 个村）表示有必要与周边村联合发展。

（一）缺人才：人口及劳动力结构老龄化严重

　　一是村"两委"班子年龄偏大。受访村党支部书记平均年龄为 48.6 岁，50 岁以上的 11 人，占 61%，40 岁以下 4 人；本科学历 1 人，大专 9 人，高中（中专）7 人，初中 1 人。其中，17 个村实现了"一肩挑"，占 94.4%，3 个村有"第一书记"，占 16.7%，均来自所

---

① 视同为浅山区。
② 一般指海拔 100—300 米地区。

在镇党委或镇政府。

二是村庄人口老龄化严重。受访村平均人口规模为 344 户 975 人，其中，农业户籍人口村均 207 户 550 人。村均 60 岁及以上的老人 264 人，占总人口数的 27.1%，属于中度老龄化阶段[1]；村均长期在本村居住的农业户籍老人 190 人，占长期在本村居住的农业户籍人口的 40%，已进入重度老龄化阶段（见图 1）。

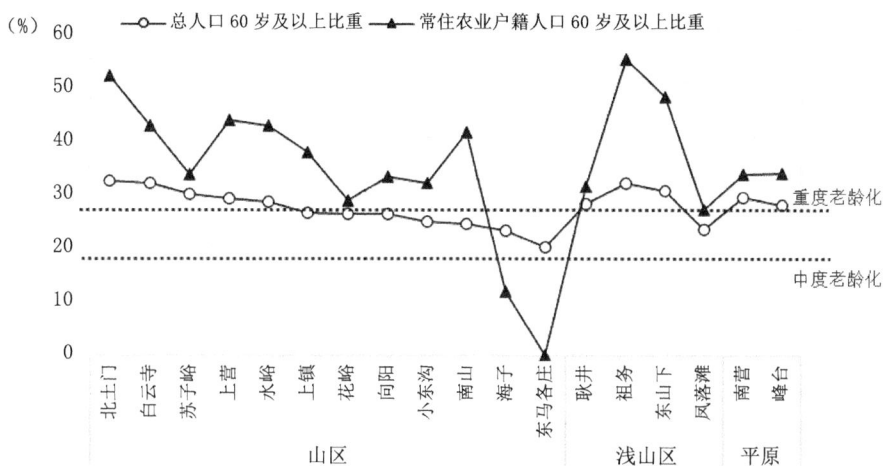

图 1　受访村总人口及常住农业户籍人口老龄化情况[2]

三是实际就业劳动力主要从事一产且老龄化严重。村均实际就业劳动力 512 人，超龄劳动者[3] 占 18.9%，且主要从事农业。一二三产就业劳动力占比分别为 50.8%、16.7%、32.5%，其中第一产业实际就业劳动力中小于 40 岁的仅占 8%、50 岁及以上的占 58.2%。

（二）缺规划：优质土地资源稀缺，农宅等资源闲置

一是区位较偏远。受访村处于北京市远郊区，与北京城区的平均距离约 85 公里，与本区城区的平均距离约 19 公里，与近郊区村庄相比区位劣势明显。

二是耕地资源稀缺，土地流转率也较低，利用效率较低。村均集体土地总面积 6496 亩，农用地、建设用地、未利用地分别占 94.6%、4.7% 和 0.7%。村均耕地 515.7 亩，占村均集体土地总面积的 7.9%，流转比例 9.0%；村均林地 3546.3 亩，占村均集体土地总面积的 54.6%，流转比例 6.4%；村均园地 1465.4 亩，占比 22.6%，流转比例 9.7%。流转土地主要用于百万亩造林等生态用途，其次为流转给村集体，再次为流转给村外个体户和社会企业。仅 1 个村发展了林下经济，占该村林地总面积的 4.5%。

三是经营性建设用地资源短缺严重。村内建设用地主要为宅基地和公共管理与公共服

---

① 参照国家统计局标准，一个国家如果 60 岁及以上人口占全部人口的比重超过 10%，则进入老龄化社会；如果 60 岁及以上人口比重为 10%—20%，则属于轻度老龄化阶段；在 20%—30% 为中度老龄化阶段；超过 30% 是重度老龄化阶段。

② 东马各庄村 1993 年全村农转非，没有农业户籍人口。

③ 指实际参加劳动的 60 岁及以上的男劳动者和 55 岁及以上的女劳动者。

务设施用地，村均现状集体经营性建设用地19.8亩，仅占村均集体土地总面积的0.3%，折合劳均25.8平方米、人均13.5平方米，远远低于一绿地区劳均或人均50平方米的集体产业用地或建设面积（假设容积率为1）的配比标准。同时仅分布在5个受访村。

四是闲置农宅利用不足。村均农宅326套，有5个村农宅发生流转，共36套。9个村显示有闲置农宅，占总村数的50%，共205套，村均22.8套；6个村存在一户多宅情况。但是，闲置农宅利用缺乏明晰的路径。

表1　受访村主要土地利用分类占村集体土地总面积比重情况　　　　单位：%

受访村	农用地	其中						建设用地	其中	
		1.耕地	2.园地	3.林地	4.草地	5.水面	6.其他农用地		1.现状集体经营性建设用地	2.宅基地
苏子峪	89.1	—	43.2	45.9	—	—	—	10.8	—	9.7
白云寺	98.8	—	20.8	78.0	—	—	—	1.2	—	1.1
东马各庄	97.1	0.8	1.1	76.6	—	—	18.6	1.6	—	1.4
耿井	89.5	21.9	67.5	—	—	—	—	10.5	—	10.1
海子	89.8	3.3	32.9	39.7	14.0	—	—	10.2	1.3	8.1
水峪	96.8	8.6	36.6	50.1	0.0	0.1	1.5	3.2	—	2.4
向阳	99.2	—	—	99.2	—	—	—	0.8	—	0.7
小东沟	94.0	0.1	30.3	44.2	19.4	—	—	6.0	—	5.3
祖务	85.9	28.6	57.3	—	—	—	—	14.1	—	11.7
东山下	88.5	—	33.2	55.3	—	—	—	11.5	—	6.3
凤落滩	96.0	1.5	18.1	75.3	—	—	—	4.0	—	3.8
峰台	79.5	64.1	—	3.7	—	4.1	7.5	20.5	5.2	10.3
南山	93.7	1.3	17.5	39.2	35.4	—	0.2	6.3	—	6.1
北土门	98.6	—	17.1	81.5	—	—	—	1.4	—	1.2
花峪	99.6	—	—	99.6	—	—	—	0.4	—	0.4
南营	79.0	36.7	2.6	8.8	—	10.6	20.2	21.0	1.1	8.0
上营	94.8	12.8	28.9	53.2	—	—	—	2.3	0.1	1.5
上镇	95.0	16.2	47.1	31.6	—	—	—	2.9	0.1	2.5

（三）缺效率：农业仍是主要产业，一二三产业融合程度较低

一是村庄产业以农业为主。2020年，受访村村均产业产值176.7万元、村均吸纳本村农民就业197.6人，劳均产值8942.3元，为同年全市社会劳动生产率（285128元）的3.1%。一二三产业产值比例为89.5∶4.4∶6.1，吸纳本村农民就业比例为96.8∶0.7∶2.5。

从产业比重看，林果业产值占比最高（79.8%），产品主要为大桃、梨、核桃、枣，分布在16个村，苏子峪村、东山下村、峰台村产值较高；其次为种植业（传统大田作物）

（6.5%），产品以玉米、小麦为主，多用于村民日常食用，仅少量用于销售；休闲农业与乡村旅游业产值占比较低（2.4%），村均产值为 4.2 万元（部分村不掌握农户经营收入情况），主要为采摘和民俗旅游（见图 2）。受访村均无农产品加工业。

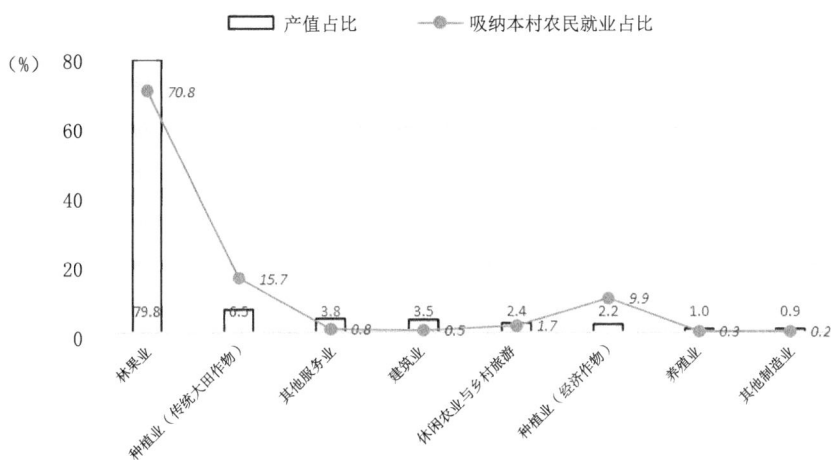

图 2　受访村 2020 年村庄产业结构及吸纳本村农民就业情况

在市场经济冲击下，区域传统特色大桃种植业受种植技术落后、管理粗放和销售渠道窄等因素影响，市场竞争力下降。以刘家店镇大桃记账户为例，2012 年至 2018 年桃种植单位生产成本增加了 7.8%，销售单价和利润却分别波动下降了 24.4% 和 43%。

二是村庄产业以个体经营为主，带动农民就业能力较弱。12 个村经营乡村观光休闲旅游业，其中以农户个体经营民俗旅游为主的村占 75%，实际经营中的民俗旅游户共 59 户，1 个村（海子村）成立了旅游合作社。村农民专业合作社共 7 家，其中村集体领办 2 家，2020 年仅 1 家合作社（村集体领办）获得利润，并以实物形式给村民分红。受访村均无集体企业，私营企业共 12 家；村均在本地社会企业或个体工商户就业的劳动力 5 人，占实际就业劳动力总数的 1%。

（四）缺动力：村集体经济无产业运营性收入，对农民增收带动性较弱

一是村集体经济组织收入主要来自财政转移性收入。2019 年至 2020 年，村均集体经济组织收入由 75.9 万元增加到 89.1 万元，上涨 17.4%；政府政策性补助是村集体经济组织收入的主要来源，其中村级公益事业专项补助经费、党组织服务群众经费两项转移支付收入占比从 67.2% 提高到 72.4%；土地发包和地、山、林、厂房等出租收入占比从 1.3% 增加到 2.5%，2020 年村均约为 8 万元。受访村均无村集体产业运营收入和投资收益。

二是收不抵支村占比超六成。2019 年、2020 年收不抵支村均为 11 个，占比 61.1%。村均集体经济组织支出由 2019 年的 79.8 万元增加到 2020 年的 93.4 万元，主要用于公共服务运行维护，其次为环境整治等支出。

三是集体经济对农民增收带动作用较小。2019 年、2020 年村均农户所得总额分别为 1414.5 万元、1443.2 万元，其中村均从集体经济获取的所得额分别为 39.7 万元、55.9 万元，占村均农户所得总额的比重分别为 2.8%、3.9%。

二、发展意愿及政策需求

（一）基础设施薄弱、缺少产业发展资源和资金制约集体产业发展

受访村认为本村集体产业发展的主要制约因素依次是基础设施薄弱（22.6%）、缺乏产业发展资源（15.1%）、缺少产业发展资金（15.1%），以及缺少规划建设用地指标（15.1%）；最突出的制约因素是缺乏产业发展资源（27.8%）、缺少产业发展资金（27.8%）和基础设施薄弱（16.7%）（见图 3）。

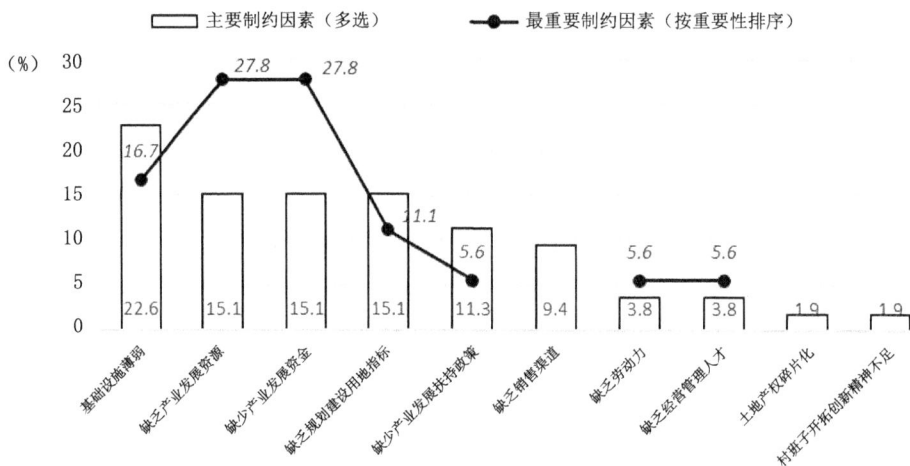

图 3　受访村集体产业发展主要制约因素

（二）发展乡村观光休闲旅游业、林果业及种植业（经济作物）意愿强烈

受访村在村庄未来发展产业的选择中，计划发展休闲农业与乡村旅游业的占 37.8%、林果业的占 26.7%、种植业（经济作物）的占 15.6%。

休闲农业与乡村旅游业具体来看主要有以下类型：第一，依托特色林果业发展采摘、民宿和旅游等，如东山下村等；第二，依托红色资源和历史文化资源发展民宿、培训教育基地等，如峰台村；第三，依托景区发展观光休闲旅游业，如海子村等。

在浅山区，林果业发展意愿与休闲农业与乡村旅游业持平，均为 40%，说明林果业仍有相当大的发展空间。

此外，种植业（经济作物）在平原区发展意愿中与休闲农业与乡村旅游业持平，均为 33.3%（见表 2）。

表 2　受访村未来计划发展的产业类型（多选）　　　　　单位：%

计划发展产业类型	受访村	其中		
		山区	浅山区	平原
休闲农业与乡村旅游业	37.8	37.9	40.0	33.3
林果业	26.7	24.1	40.0	16.7
种植业（经济作物）	15.6	13.8	10.0	33.3
农产品加工业	8.9	13.8	0	0
种植业（传统大田作物）	6.7	3.4	10.0	16.7
养殖业	2.2	3.4	0	0
其他	2.2	3.4	0	0

（三）基础设施建设、规划建设用地指标、财政资金投入等政策支持需求集中

受访村实现未来产业发展计划，需要的政策支持依次为产业基础设施（26%）、规划建设用地指标（22%）、财政投入（18%）（见图4）。最需要的政策是获得规划建设用地指标支持（44.4%），其次为产业基础设施支持（27.8%），再次为财政投入（16.7%）。从具体需求来看，以上政策支持主要为了满足村庄改善人居环境和产业发展的需要，一方面用于修建村庄道路、上下水管道、灌溉设施等生活基础设施；另一方面用于修建景观路、精品民宿、停车场、采摘园、厂房等产业发展配套设施。

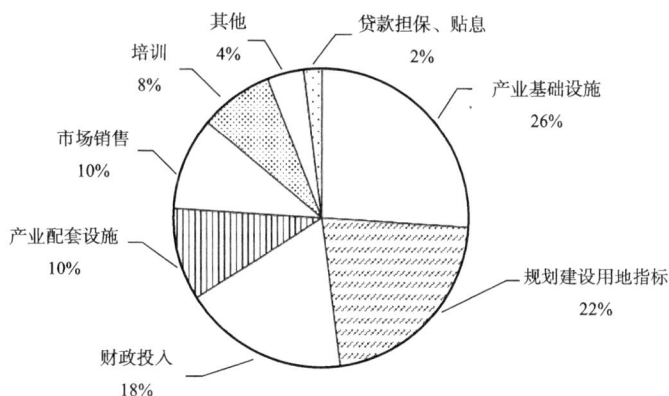

图 4　受访村需要的政策支持（多选）

三、集体经济薄弱村转型发展的实施路径

推进集体经济薄弱村转型发展，首先要从集中城镇化地区和非集中城镇化地区两类区域进行区分，进而从产业结构与社会结构演化的不同方向着手，培育和激活集体经济薄弱村发展的新动力，形成"两大类＋六小类"的转型实施路径，如表3所示。

表3 平谷区受访村集体经济转型发展路径示意

区位类型	发展动力	重点项目	扶持政策	典型案例
集中城镇化地区	1.产业园区带动	国家现代农业科技园区	1.组建镇级联营公司； 2.旧村整体改造和异地集中上楼； 3.规划建设用地指标； 4.园区配套农业基地建设	峪口镇南营村
		文旅休闲功能区	1.组建镇级联营公司； 2.闲置农宅利用； 3.规划建设用地指标	金海湖镇海子村、水峪村、向阳村、东马各庄村
	2.城镇化带动	重点镇或一般镇镇区	1.规划建设用地指标； 2.产业基础设施提升； 3.旧村改造与新村建设资金扶持	镇罗营镇上营村
	3.城市化带动	新城或边缘组团	1.投融资风险内控； 2.社会保障与公共服务并轨	怀柔区怀北镇新峰村
非集中城镇化地区	4.三产融合带动	传统种植业升级	1.规划建设用地指标； 2.招聘或股权等方式引入专业团队； 3.贷款、担保贴息（农地流转、果品品质改善、林下经济、产业配套）； 4.闲置农宅利用	刘家店镇东山下村、凤落滩村；大华山镇苏子峪村；金海湖镇耿井村、祖务村、小东沟村；熊儿寨乡花裕村；镇罗营镇上镇村
		农产品供销、加工等	1.农产品加工相关许可证照办理； 2.现代农业产业组织体系构建，促进产销对接； 3.区级专业协会引导品牌打造	南独乐河镇南山村
	5.村庄整体改造带动	新农村社区建设	1.旧宅基地按比例置换为集体产业用地； 2.财政资金扶持	黄松峪乡白云寺村
	6.特色资源盘活带动	特色产业项目	1.规划建设用地指标； 2.提升基础设施水平和村庄环境； 3.专业运营团队引入	南独乐河镇峰台村，熊儿寨乡北土门村

注：1.城市化带动类型典型案例新峰村也是此次100个集体经济薄弱村调研样本村；

2."扶持政策"主要是通过对各村调查问卷中的需求意愿概括汇总形成。

（一）集中城镇化地区

1.农业科技园区或休闲观光园区等产业园区带动

借助北京平谷国家农业科技园区、金海湖文旅休闲功能区，集中区域资源和资金，发展高精尖农业或旅游观光产业，壮大集体经济。政策扶持上侧重于加强乡级集体经济经营体制改革、合理规划建设用地指标、实施土地确权颁证以及开展抵押融资等。如位于平原区的峪口镇南营村，处于"农业中关村"京瓦农业科技创新中心规划建设范围内，区位条件相对较好、交通便利，可以通过园区带动实现产业结构、社会结构转型。

2. 城镇化带动

借助镇区产业集聚，进行旧村改造或棚户区改造，提高土地集约利用水平和配套设施水平，培育产业增长极，带动集体经济发展。一般指位于重点镇、一般镇中心区规划范围内的或边缘组团内的集体经济薄弱村。如上营村，位于镇罗营镇镇区内，重点是按照融入镇区的思路，推进旧村改造和新村建设，农民上楼后集约出的土地发展养老、精品民宿，修建完善村内道路、休闲亭等公共设施，培育产业发展集聚内核和增长点。

3. 城市化带动

一般是位于新城或边缘组团规划建设边界范围内的薄弱村，借助整村征地拆迁、农民上楼，利用征地补偿款或对不动产的稳健经营，为集体经济组织成员提供城市化过程中永久的利益依托，如怀柔区怀北镇新峰村。目前，平谷区的 18 个样本村中尚无此类型。

（二）非集中城镇化地区

1. 三产融合带动

承接中心城区功能辐射，充分挖掘资源综合潜力，通过一产传统农业产业的转型升级带动二产、三产发展，推动农业产业与农产品加工、乡村观光休闲旅游融合发展，壮大集体经济实力。这类村侧重加强一二三产融合发展用地、高端运营团队引入、农户餐饮培训等方面的政策扶持。如东山下村，当前大桃产业种植面积具有一定规模，且紧邻丫髻山景区，交通便利，可发挥集体经济组织引领作用挖掘资源综合潜力，通过传统桃种植业升级推进农旅融合发展，带动村庄综合配套水平和集体经济实力的提升。一方面，引进科学种植技术和管理模式进行大桃规模化种植，在桃园引进观光、采摘、体验等休闲项目，推进农地多元化利用；另一方面，盘活村内闲置农宅，统一改造和管理，打造精品民宿，并与周边丫髻山等景区联动，为游客配套提供"第二站"休闲游憩场所。

2. 新农村社区改造带动

主要是实施了新民居建设且有一定规模的旧农宅闲置的村，可将旧宅基地进行集约规范利用，按一定比例调整为集体产业用地并交由村集体经济组织统一经营，并引入专业化运营团队，壮大集体经济。针对这类村可开展"旧宅基地集约利用"试点，在旧宅基地资源整合再利用、集体产业用地指标等方面给予重点支持，探索农业增效、农民与集体增收和生态环境保护的多赢模式。如白云寺村，存在村集体经济壮大"无产业"、规划"无支撑"、发展"无动力"、生存"无收益"等突出问题，而新民居建设后的 135 处旧农宅及引进社会资本建设的独栋别墅、敬老院多数闲置，因缺少规划建设用地指标处于待拆状态。可通过编制村庄规划，将集约利用后的旧宅基地规划为集体产业用地，通过农村产权交易所引入专业运营团队，结合禅文化，运营高端民宿、观光采摘等项目。

3. 特色资源盘活带动

依托山水、田园风光、景区或红色文化资源等特色产业资源，聚焦红色文化体验、农耕文化体验、书法文化体验、教育培训等功能，重点发展体验式休闲旅游，带动集体经济发展。这类村对于村企对接、引入市场化经营模式和启动资金扶持的需求较突出。如峰台村，是全市唯一"中国书法之乡"、打造了京郊唯一书法文化品牌"上元雅集"，村内有区级文物保护单位三义庙，村庄产业以大桃种植为主，交通便利、生态环境优美。应发挥书法文化特色的带动作用，结合美丽乡村建设，发展以中小学生文化游学体验、大桃采摘、农业观光为主的生态农业和休闲旅游业。

北京市农村经济研究中心、北京市农业农村局联合课题组

组　长：熊文武、姚杰章

成　员：曹洁、崔爱国、任玉玲、徐建军、翟翠立、孙梦洁、杨君、丁浩

执笔人：王洪雨、陈雪原

关于丰台区北宫镇集体经济转型发展的调查报告

　　为探索丰台区北宫镇集体经济可持续发展的有效路径，应对和破解当前多数村集体经济收入来源趋于枯竭的严峻形势，2021 年 11 月至 2022 年 1 月，市农研中心课题组先后完成了镇域 6 个村的问卷调查，并赴李家峪、张郭庄、东河沿、辛庄、大灰厂 5 个村开展实地座谈交流，在北宫镇政府召开了课题研讨会。在此基础上，形成了研究报告。

一、北宫镇村级集体经济发展现状与问题分析

（一）集体经济组织经营情况

1. 基本情况

　　土地出租和利息收入占集体经济组织收入较大比重。如图 1 所示，主要收入来源是"土地出租"的被访集体经济组织占 50%；"利息收入"占 33.33%，"其他"占 16.67%（即东河沿村，为征地补偿款）。

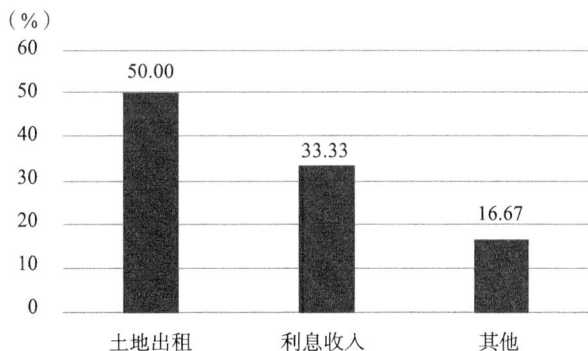

图 1　被访村级集体经济组织的主要收入来源

　　集体经济组织普遍设有下属企业，经营效益亟待提升。平均有 3.5 个下属企业，最多的有 7 个下属企业（东河沿村、大灰厂村均有 6 个二级企业、1 个三级企业）。有 3 个村集体无盈利企业。

　　集体资产经营方式为租赁或全资经营。如图 2 所示，租赁经营占 66.67%，其余为全资经营，占 33.33%。

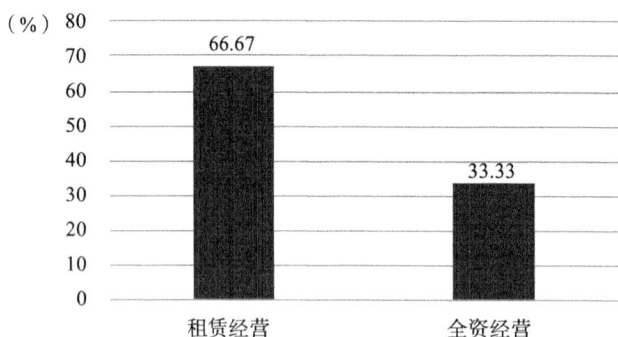

图2　被访村级集体经济组织资产经营方式

大部分村集体经济组织缺乏投资渠道。村集体经济组织或下属企业有投资的有2家，占33.33%。1家企业投资农业项目，另有1家投资集租房、园区等项目建设。

2.集体土地资源利用粗放

被访村级集体经济组织平均拥有集体土地8617.55亩，其中经营性建设用地516.76亩，宅基地229.46亩，农用地1446.14亩（耕地797.10亩），公益性建设用地170.30亩，其他用地6425.19亩。[①]如图3所示，从整体来看，其他用地占比最高，为72.48%；其次是农用地，占16.78%，其中耕地占55.12%；经营性建设用地占6.00%；宅基地占2.66%；公益设施用地占2.08%。

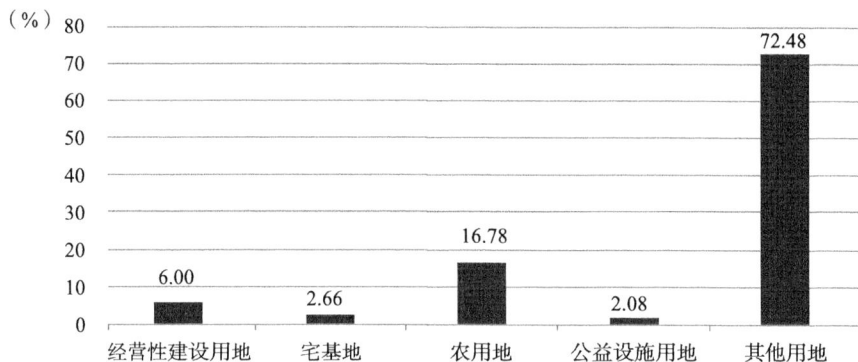

图3　被访村级集体经济组织拥有土地情况

总体上看，土地利用效率较低，耕地、基本农田、百万亩造林管护、探索林下经济等资源高效利用模式需要镇级统筹。以张郭庄村为例，棚改完成后村里剩余约30亩边角地，因地块分散、细碎难以单独利用，需要结合镇级规划，统一征地或统一用于公共绿地等。

3.村集体经济组织资产状况差异性较大

村与村之间资产收益水平相对差距持续拉大。如表1至表4所示，2020年被访村

[①] 本次调研中大灰厂村问卷中的农用地为642亩，主要为耕地，而其他用地9938.8亩，均为林地。

级集体经济组织间总资产、净资产、总利润、净利润的标准差均较 2018 年有一定程度增加。

集体经济组织总资产。如表 1 所示，2018 年，6 村均值为 40382.96 万元，其中，最大值为东河沿村，最小值为李家峪村。2019 年、2020 年，6 个村均值持续增长，两个极值所在村未发生变化。

表 1　被访村级集体经济经济组织总资产状况　　　　单位：万元

项　目	2018 年	2019 年	2020 年
均　值	40382.96	43392.96	58955.76
最大值	101338.85	107159.38	124562.79
最小值	3789.21	3564.08	3426.91
标准差	37630.96	38638.81	49900.44

集体经济组织净资产。如表 2 所示，2018 年，净资产均值为 13246.37 万元，其中，最大值为张郭庄村，最小值为东河沿村。2019 年、2020 年的均值总体呈现上升态势，但是，极值差距快速拉大，两个极值所在村未发生变化。

表 2　被访村级集体经济经济组织净资产状况　　　　单位：万元

项　目	2018 年	2019 年	2020 年
均　值	13246.37	12417.84	14104.88
最大值	68476.67	67288.33	75587.03
最小值	−12747.83	−13793.04	−17871.33
标准差	28492.92	28389.50	32292.79

集体经济组织总利润多数为负值。如表 3 所示，2018 年，6 个村集体总利润均值为 −826.82 万元，其中，最大值为李家峪村，最小值为张郭庄村。2019 年，情况类似且两个极值所在村未发生变化。2020 年，均值为 −1441.88 万元，其中，李家峪村最大，东河沿村最小。李家峪村域面积较小，人口规模小，负担相对较轻，而东河沿村股东最多，是李家峪村的 4 倍，负担沉重。

表 3　被访村级集体经济经济组织总利润状况　　　　单位：万元

项　目	2018 年	2019 年	2020 年
均　值	−826.82	−783.76	−1441.88
最大值	−43.89	27	−12.55
最小值	−2125.04	−1421.55	−4480.55
标准差	761.01	473.00	1664.44

集体经济组织净利润多数为负值。如表 4 所示，2018 年、2019 年、2020 年净利润均值分别为 −830.16 万元、−694.43 万元、−1324.72 万元，集体经济组织盈利能力总体呈下

降态势。极值情况与总利润结果类似。

表4　被访村级集体经济组织净利润状况　　　　单位：万元

项　　目	2018 年	2019 年	2020 年
均　值	−830.16	−694.43	−1324.72
最大值	−43.89	27	−12.55
最小值	−2125.04	−1421.55	−4480.55
标准差	759.52	537.52	1665.52

（二）集体经济组织治理情况

股东存在明显的老龄化及在职股东比例偏低问题。2018 年 6 个村集体股东数量均值为 1790.5 个，2019 年和 2020 年均为 1790 个。股东总数最多的是东河沿村，三年均为 2591 个，最少的是李家峪村，三年均值为 640 个，仅为东河沿村的 1/4。2020 年，东河沿村退休股东为 1253 人，占个人普通股股东总数（2590 人）的 48.4%，而在职普通股股东 144 人，仅占普通股股东总数的 5.6%。辛庄村退休普通股股东占比为 46.1%，大灰厂村为 38.3%。

管理层人员交叉任职，基本维持封闭的管理模式。被访集体经济组织董事会平均 5.3 人，监事会 3.0 人，经理层 2.3 人。董事会与经理层成员重合人数平均为 3.2 人，存在所有权与经营权不分的问题。如表 5 所示，被访村级集体经济组织管理人员大多为自身培养或上级委派，且都没有从社会招聘，当年均没有人离职。

表5　被访村级集体经济组织人员构成　　　　单位：%

人员构成	自身培养	社会招聘	上级委派
党支部	96.05	0	3.95
董事会	96.88	0	3.13
监事会	68.42	0	31.58
经理层	100	0	0

股权管理办法制定情况。被访村级集体经济组织中有 2 家已经有或正在研究制定股权管理办法，占 33.33%，其他情况的占 66.67%。

（三）集体经济组织收入和支出情况

村集体经济组织收入来源不稳定，且主要依靠拆除腾退补偿费用维持当前开支。如果不能及时开辟新的可持续增收渠道，大部分村集体经济收入将出现大幅下滑。如表 6 所示，主要收入有 4 项。

一是其他收入。2018 年和 2019 年，均为其他收入占比最高，分别为 69.04% 和 80.92%。其他收入主要是征地补偿款或拆除腾退补偿款，属于一次性收入，不具有可持续性。如东河沿村，2018 年征地补偿款 14262.44 万元，2019 年征地补偿款 25979.01 万元，

2020 年就没有征地补偿款了。

二是村集体产业运营收入。一般无产业运营收入。只有 2020 年有规模性的经营性收益，且占比最高。主要是由于太子峪村当年产业运营收入达 8380 万元，将均值拉高，其他村均为 0。

三是出租收入。2018 年和 2019 年，地、山、林厂房等出租收入占比位居第二，分别为 19.17% 和 10.49%。随着进一步"疏整促"，面临着转型升级的难题。

四是利息等投资收益。2018 年和 2019 年投资收益位居第三，分别为 9.48% 和 7.25%，2020 年投资收益位居第四，为 11.72%。

表 6 被访村级集体经济经济组织收入情况　　　　　单位：万元

收入来源	2018 年		2019 年		2020 年	
	均值	占比	均值	占比	均值	占比
土地发包	62.50	1.34	30.22	0.5	99.08	2.63
地、山、林厂房等出租	893.35	19.17	639.55	10.49	701.34	18.61
村集体产业运营	0	0	0.11	0	1405.10	37.30
村级公益事业专项补助经费	33.33	0.72	36.67	0.6	40.00	1.06
村党组织服务群众经费	11.58	0.25	14.87	0.24	32.50	0.86
投资收益	441.67	9.48	441.67	7.25	441.67	11.72
其　他	3216.41	69.04	4933.83	80.92	1048.27	27.82
合　计	4658.84	100	6096.92	100	3767.96	100

村级集体经济组织运转经费支出情况。如表 7 所示，支出结构主要有以下几方面。

一是福利支出为主。被访村级集体经济组织运转经费中村民福利支出以及养老支出始终居前三位。2018 年、2019 年和 2020 年村民福利支出占比均最高，分别为 67.93%、59.14% 和 68.83%，但均值在下降，分别为 6042.84 万元、2952.52 万元和 2461.00 万元。一般集体经济组织成员转为居民后，不再享受村集体经济福利，福利支出的逐年下降与农业户籍人口的减少存在直接关系。

以张郭庄村为例，村集体经济组织成员福利性支出 2157.3 万元。第一，各种补贴性支出 2034.5 万元，包括村民退休费 730.9 万元、退休人员订奶费 125.9 万元、劳动力补助 375 万元、粮食补助 245 万元、煤火费 136.9 万元、春节补助 136.4 万元、"十一"补助 137 万元以及重阳节老人补助、幼儿园入园退园补助、在校生补助、慰问、妇女节育慰问等；第二，各种村民保险费支出 122.8 万元。

二是养老支出较高。2018 年、2019 年和 2020 年，养老支出占比均位居第三，分别为 3.53%、5.81% 和 8.35%，且逐年升高。养老支出具有福利性质，实际上仍属于福利支出的范围。

三是运行维护费支出逐步增长。2020 年，公共服务运行维护费位居第二，占 9.66%。公共运维属于村集体经济组织承担的社会性负担，主要应由公共财政承担。

四是其他支出较高。2018 年和 2019 年位居第二，分别占 23.61% 和 24.68%。

表 7　被访村级集体经济组织运转经费支出项目　　单位：万元

支出项目	2018 年		2019 年		2020 年	
	均值	占比	均值	占比	均值	占比
村干部报酬	79.62	0.89	78.98	1.58	88.62	2.48
村级组织办公经费	168.38	1.89	161.21	3.23	139.32	3.90
公共服务运行维护费	155.11	1.74	231.81	4.64	345.25	9.66
村级负担的水电费	36.04	0.41	45.80	0.92	24.19	0.68
村民福利	6042.84	67.93	2952.52	59.14	2461.00	68.83
养老	314.26	3.53	290.24	5.81	298.33	8.35
其他	2100.81	23.61	1232.09	24.68	218.08	6.10
合计	8897.06	100	4992.65	100	3574.79	100

大部分村集体经济组织收不抵支，差额变动剧烈，缺乏稳固的收入来源是根本原因。如表 8 所示，6 个村集体经济组织 2018 年均收不抵支，收支差额合计达 −25429.28 万元。2019 年，东河沿村和张郭庄村收支差额为正，其余 4 个村为负，总体上样本村收大于支，差额合计为 6625.54 万元。2020 年，太子峪村和辛庄村收支差额为正，其余 4 个村均为负，样本村收支差额合计为 1158.93 万元。尽管 6 个村集体经济组织支出总额呈现下降趋势，但收入总额波动幅度较大，且 2020 年出现了明显下滑，收支不平衡的问题仍有进一步加剧的潜在风险。

表 8　被访村级集体经济组织收支差额情况　　单位：万元

样本村	2018 年			2019 年			2020 年		
	收入	支出	收支差	收入	支出	收支差	收入	支出	收支差
东河沿	18198.50	28314.58	−10116.08	27357.53	15600.51	11757.02	4252.25	6387.95	−2135.70
太子峪	2215.00	4908.00	−2693.00	2095.00	5356.00	−3261.00	10173.00	5876.00	4297.00
辛庄	4326.00	16034.70	−11708.70	3536.60	4500.60	−964.00	5299.20	4443.10	856.10
张郭庄	1704.58	2040.32	−335.74	2817.31	2301.76	515.55	1904.33	2324.28	−419.95
李家峪	216.47	434.73	−218.26	58.52	428.05	−369.53	196.93	449.45	−252.52
大灰厂	1292.50	1650.00	−357.50	716.50	1769.00	−1052.50	782.00	1968.00	−1186.00
合计	27953.05	53382.33	−25429.28	36581.46	29955.92	6625.54	22607.71	21448.78	1158.93

二、北宫镇集体经济可持续发展的总体思路："三统筹"

（一）"双重转型期"的阶段判断：由工业化后期向后工业社会转型，高增长向高质量发展转型

发展阶段判断是研究一个地区经济发展战略的总起点。就北京市而言，自 2011 年第二产业比重降到 20% 以内以来的 10 年间，已经处于后工业社会[①]发展阶段。2017 年 9 月，中共中央、国务院批复了《北京城市总体规划（2016 年—2035 年）》，提出了严控人口规模、建筑规模的双控指标，北京成为全国第一个明确提出并实践存量减量发展的超大城市。正如一个人从出生到成人之后身高、体重不再增加，重点转为提高自身成熟度，统筹解决工业化历史遗留问题，实现整体均衡发展，是后工业化社会的基本要求。

近年来，丰台区城市建设重点逐渐由河东地区转移到河西地区，重大项目陆续落地，配套设施逐步完善，作为二绿地区的北宫镇发展的动力日益强劲。但是，如果从前瞻性的宏观视角来审视，该地区重大项目落地的密集期也即将结束。2020 年，丰台区人均 GDP 9.18 万元，折合 1.33 万美元，跨越中等收入门槛水平，三次产业结构为 0.04∶15.23∶84.73，常住人口城镇化率为 99.3%。北宫镇农民人均可支配收入 27460 元[②]，低于全市农村居民人均可支配收入（30126 元），可以设定为丰台区的中下等水平，总体上处于工业化后期向后工业化时期的社会结构转型期与高增长向高质量发展的发展方式转型期。探索北宫镇集体经济可持续发展的有效路径，要立足于"镇域统筹，整体发展"的总要求，推进集体经济转型发展。

（二）总体思路："三统筹"

体制统筹是"三统筹"的关键，是空间统筹与产业统筹的前提条件与重要支撑。

1.体制统筹

以乡镇一级为基础，建立"区—镇—村"三级统筹体制。[③]区级负责研究和布局主导产业和城镇体系。乡镇一级建立跨村联营联建的"龙头"，健全统筹发展的体制机制。村级负责组织农户，完善集体资产的管理体制机制。其中，乡镇级统筹载体可以采取"两级产权，多层经营"的乡镇农工商公司及其下属专业公司的组织体制，作为镇域集体产业园区的立项主体。"两级"主要包括镇农工商公司与村股份经济合作社，均为可以独立进入市场的产权主体。乡集体经济组织和村集体经济组织可以下设从总公司、专业公司（板块）到市场化公司的若干个不同性质和级别的公司或合作社。

国有经济与集体经济之间的深度合作。党的十八届三中全会指出，"国有资本、集

[①] 后工业化概念由美国社会学家丹尼尔·贝尔提出，后经美国未来学家阿尔温·托夫勒、经济社会学家弗雷德·布洛克的进一步阐述，产生了广泛的影响，其基本特征为去工业化、去农业化、服务业高端化。

[②] 不排除存在统计口径上的差异。

[③] 早在 20 世纪 30 年代，毛泽东在《长冈乡调查》中就指出，"根据群众的意愿，以村为单位统筹生产，一切地方都可实行，特别是在扩大红军数多的地方。必要时还可以乡为单位，甚至以区为单位统筹，上杭才溪区就是这样做的"。

体资本、非公有资本等交叉持股、相互融合的混合所有制，是基本经济制度的重要实现形式"。一是丰台科技园西二区建设过程中，园区管委会与镇政府对接，依托乡镇统筹利用集体建设用地试点项目，形成产业园区之间的统筹协调与配套布局。二是集租房建设过程中，充分发挥周边国有部门较多、实力较强、人才公寓等居住需求旺盛的地区优势，主动对接，做到信息对称，订单式供应。

政府职能部门之间的政策集成。聚焦乡镇统筹利用集体建设用地试点项目，区级主导搭建规划与自然资源、人力社保、发改、住建、财政、园林等多个部门统筹协调平台和机制，实现政策匹配。一是以辛庄、大灰厂、赵辛店、长辛店四村联营公司或联营公司与社会资本合资成立新公司作为立项主体，开展项目申报相关工作。二是打通社保政策与试点项目，参照王四营模式"趸缴变分期，死钱变活钱"，利用辛庄村棚改项目资金，同步解决联营项目启动资金及农民整建制农转居问题。三是耕地、林地等农地资源整治，绿地还建项目规划指标缺口与乡镇统筹利用集体产业用地试点项目结合起来，破解规划指标难题，保障后续发展的可持续性。

2. 空间统筹："两类园区 + 两类社区"

北宫镇地处丰台区河西地区，要立足丰台区分区规划定位，适度承接与绿色生态发展相适应的文化旅游、健康养生等功能，形成以乡镇为单元的规划实施路径，构建"两类园区＋两类社区"的"四区联动"空间发展格局。利用当前编制镇域总体规划的契机，提前优化空间布局，征询、协调好村与村之间的诉求和利益关系。科学合理布局"现代科技园区、现代农业园区""城镇型社区、新型农村社区"。

内核 1：现代科技园区。依托丰台科技园西二区，配套发展研发机构、科技服务、商业配套服务、通信、设计等高科技类、金融或高端制造类主产业园区，生成具备产业与功能集聚能力和人口承载能力的小城镇内核，形成区域经济发展的主导力量。

配套 1：城镇化社区。推动集租房项目建设，集中建设丰台科技园西一区、西二区及周边大型国有企事业单位职工配套住房和镇域农民保障房。按照"户有所居"的思路，完成农村居住形态由一户一宅向农民集中上楼转变，培育多功能的新市镇或特色小镇。村庄整治集约出的建设用地指标，可用于支撑镇域试点项目园区建设。

内核 2：现代农业园区。在村一级发展生产、生活、生态多功能的现代农业科技、休闲园区以及周边规模化的圈状或带状分布的农业产业基地，优化组合农业全产业价值链，探索"地产地销，直供直销"模式。同时，适度配置适宜规模的地区发展非农产业项目，作为村级集体经济发展的有效支撑。

配套 2：新型农村社区。大灰厂在棚户区改造中，可选择发展路径有两个。一是建设城镇化社区，采取自身资金平衡方式，经由棚户区改造实现农民上楼，集约出的用地指标用于村内布局产业项目或集租房等项目；二是保留一定的乡村风貌，建设具有新型乡村风格的社区。通过镇域整体资金平衡进行棚改，集约出的用地指标主要用于休闲、观光等集体产业用地试点项目。依据丰台区分区规划，大灰厂村属于建筑高度控制在 18 米以下区域，结合村庄区位，建议按照低密度空间方式进行城市更新。可依托北宫森林公园的独特资源环境条件，参照石景山朗园、首钢遗址公园等模式，实施城市有机更新，在村域范围内统筹规划设计社区与园区的合理空间布局。

3. 产业统筹

按照丰台区开展国家产城融合示范区建设要求，推进产业园区从单一生产性园区经济向综合性城市经济转型，探索产业和城镇融合发展的新型城镇化道路，丰富集体产业业态，壮大集体经济。要发挥乡联社及其下属专业公司的重要作用，实施产业链整合。具体包括以下几个方面。

多维度拓展都市型现代农业的新空间。一是生产功能主导。充分盘活碎片化的耕地资源，依托乡级农业公司发展高端的现代种业园区，逐步扩大对郊区乃至全国的影响力和带动力。促进农业观光休闲园区、农业科技园区与农业基地的配套协调。二是生活功能主导。村庄内部拆旧腾退还绿后，扩充休闲活动功能场所。规划一般农用地地区推广休闲农业、科技农业、文旅农业，增加农业附加值。推动一二三产业融合发展，注重农业＋旅游、农业＋文化、农业＋体验、农业＋观光，带动集体增收。三是生态功能主导。修复采矿用地，扩大绿色空间规模，拓展新的生态增量。规划林地的推广平原造林。进一步提升园博园的生态养护功能。西北部北宫森林公园进一步扩展空间范围，提升生态涵养功能。结合碳中和、碳足迹、碳汇市场等新政策的落地，积极探索耕地、林地生态价值向经济价值转化的新路径。

园区之间的配套协调。按照《丰台分区规划（国土空间规划）（2017年—2035年）》要求，中关村丰台园西区是河西地区承载首都科技创新服务功能的重点地区，西二区结合北宫镇集体产业建设规划，探索产城融合的城乡协同发展道路。乡镇统筹利用集体产业用地试点中的园区项目，要与丰台科技园西二区中的产业集群形成联动，承接其产业外延，并建设青年公寓、文体商业、品牌连锁等为丰台科技园提供配套服务，同时满足周边新增居住人口的服务需求。

园区与社区之间的产业配套协调。按照职住平衡的基本思路，为园区配建人才公寓、青年公寓等集租房，形成集体经济稳定的收入来源。

（三）实施路径

1. 城市化集聚：棚改＋集体产业配套

张郭庄村、东河沿村、太子峪村实施棚改带动完成转型。张郭庄村和东河沿村地理位置较为优越，棚改带动可以顺利实现人口转居。集体经济产业运营项目有两类：一是集租房项目，收益较为稳定；二是配套发展高科技产业，培育居住、商业配套产业聚集区。

李家峪村通过棚改项目带动完成转型，包括集体经济组织成员上楼及集体产业培育运营。在集租房项目尚未进入正常运行期间，重点培育现有的93户小院项目和信鸽产业园项目，维持集体经济的可持续发展。

太子峪村需要在西二区建设带动下完成转型。要实现整体旧村改造，而不能是仅负责园区范围内涉及的村庄拆迁。

2.城镇化集聚：乡镇统筹利用集体建设用地＋集体土地出让＋盘活超转资金

主要涉及辛庄、大灰厂、赵辛店和长辛店4个村。[①]这4个村未来集体经济可持续发展主要依托试点产业园区，培育轨道交通研发产业及周边居住、商业配套聚集区。参照初步试点方案，保底收益1.6亿元，每个村年均分红4000万元。[②]一是明确4个村集体在联营公司的股权比例关系。可以资产或资源评估折价方式，确认各自股权占比。二是启动资金可以参照王四营模式，与社保超转资金统筹使用或者招标企业带资建设。三是探索集体土地出让的有效路径，解决拆除腾退启动资金问题。

3.美丽乡村特色的城市有机更新：村庄土地整治＋集体土地出让

大灰厂村除参与统筹利用集体建设用地项目外，还要立足自身资源优势特征，侧重地区土地集约化利用和提升人居环境，培育生态、休闲等适合地区发展功能定位的产业项目。一是通过村内土地整治的方式，解决规划建设用地指标。二是通过部分集体土地上市出让，解决村庄整治的前期资金问题。三是发展生态休闲产业聚集区，优化生产与生活空间布局。居住区可以规划在北宫森林公园以南地区，产业园区可以安排在现村庄社区南侧。

三、对策建议：推进集体经济转型发展的"四个改变"

（一）改变刚性福利分配模式

福利分配发放水平要结合集体经济收入状况，允许年度之间有一定的弹性，打破刚性支付模式，缓解集体经济产业转型期的支出压力。征地补偿款原则上在解决完农民转居和社会保障城乡并轨问题之前，只能按照一定比例发放到户。

规范和健全干部薪酬激励机制。发挥薪酬的保障、激励和增进公平功能，解决干部薪酬结构不合理、村集体经济组织之间差距偏大、与经营效益和工作完成情况脱节等问题，构建和谐的干群关系，促进集体经济发展。

（二）改变传统财务管理模式

聘请第三方会计管理机构，实施代理记账，提升集体经济财务管理水平，彻底解决村级集体经济组织财会人员短缺、年龄老化、知识结构不适应、记账科目不准确问题。

积极发挥第三方专业优势，针对代理记账重点、难点业务进行培训，加强对乡村两级集体经济组织及下级企业内控、税务的财务指导力度，完善村级财务管理相关制度建设，强化农村集体经济组织财务管理的法治化、制度化、规范化。

（三）改变封闭治理模式：所有权与经营权分离

主要是理顺"三重关系"，建立健全运行机制，实施所有权与经营权分离。

党组织与董事会的领导与被领导关系。一般集体经济组织股权结构相对匀质化，缺乏大股东的行动主动性，对经营状况的关心和参与决策动力不足。有必要加强党建引领，提

---

① 赵辛店和长辛店村行政区划调整后已经划入长辛店街道。

② 2020年，北京市居民家庭人均可支配收入69434元，其中，财产净收入11789元，占比17%。可以根据4个集体经济组织成员数量和全市人均财产净收入核算保底收益。

高股东及股东代表的基本素质，提高股东决策力。充分发挥党建引领作用，凡属重大决策均需要由党组织专题会讨论后确定。同时，理顺党务与社务的治理边界。

股东（代表）大会与董事会之间的信任托管关系。董事会受股东（代表）大会委托，代表资产所有者进行集体经济治理。有条件的村集体经济组织要进一步完善董事会组织架构，设立人才、提名、审计、薪酬、投资等专业委员会。

董事会与经理层的委托代理关系，重点是积极探索如增资扩股、期权股、岗位股等股权管理方式，建立健全职业经理人的激励机制。对于有条件的、经营资产比较多的集体经济组织重点在下属轻资产公司试点总经理负责制，向社会招聘职业经理人。经理层要压缩社会性事务负担，提升专职化程度。

监事会部门往往形同虚设，可由镇级纪委部门负责同志兼任。

关键是要实行"三权分置"，即股份经济合作社股东（代表）大会行使所有权、董事会行使占有权（法人财产权）、经理行使经营权，董事会居于法人治理结构的核心。

（四）改变耕地粗放经营模式：培育现代种业示范园区

一是落实新《土地管理法实施条例》中的耕地保护补偿制度，强化补偿激励。大灰厂、李家峪、东河沿等村位于生态培育带，应严格控制建设类型和建设强度，不适宜进行集中建设。为此，要争取市区两级规划自然资源部门、农业农村部门支持，落实《土地管理法实施条例》中的耕地保护补偿制度，按照科学适宜的标准进行足额补偿。保底标准是维持当地农村集体经济组织成员的基本生活水平。

二是借力丰台区种业大会，统筹集约利用耕地资源，开展国家农业种业示范园区建设。持续、高效地转化绿色空间的经济价值。

三是组建北宫镇农工商总公司下属农业专业公司（承继原长辛店镇联合社下属农业经济）。统筹整合农地资源，以种业为主，培育新产业、新业态。

四是研究开展土地承包经营权抵押融资。按照《北京市农村土地承包经营权抵押贷款实施办法（试行）》的融资要求，发挥乡村两级集体经济组织的统筹作用，将碎片化的耕地资源进一步流转整合，破解资金瓶颈，加大金融对乡村振兴的支持力度。

五是参照耕地进出平衡政策，通过整理林地资源培育集体经济新的增长点。自然资源部、农业农村部、国家林草局《关于严格耕地用途管制有关问题的通知》（自然资发〔2021〕166号）提出落实"进出平衡"，即把耕地转为林地、草地、园地等其他农用地及农业设施建设用地的，要把另外的林地、草地、园地等农用地及农业设施建设用地整治为耕地。由此，作为农用地的土地整理费用，如20万元/亩，创造了新的增收空间。

六是赋予乡村两级集体经济组织林地特许养护权。乡村两级集体经济组织下设绿化养护公司与公共服务经营公司，负责提供以平原造林、山区生态养护为主的生态环境服务及竞争性较弱的基础设施维护的公共服务。

四、关于北宫镇壮大新型集体经济的两个思考

（一）理顺北宫镇乡镇级集体经济的经营体制

乡镇级集体经济组织是体制统筹的"龙头"，当前要通过"五分开"，着力加强乡镇级集体经济组织的经营体制建设，进而将碎片化的土地资源、产业项目串联起来，形成集体经济转型发展的合力，形成区域协同发展的新局面。

一是政社功能分开。处理好乡镇党委、政府与乡级农工商总公司之间的关系。制定乡联社议事决策工作规范。切实做到政社分设，两本账、两个功能有效分开。乡镇级集体经济组织是集体资产的所有者，负责规划全镇集体资产布局和发展模式、方向及重点。二者均需要在乡镇党委的统一领导下开展工作。核心是要根据发展的实际情况，科学设定乡镇农工商总公司的审批额度权限。

二是乡村两级治理边界分开。乡级统筹内容与村级统筹内容要有差别，实施清单化管理。同时，要充分尊重乡级统筹的客观优势，而不能继续维持"村村点火、户户冒烟"的发展体制格局。此外，要在乡村治理架构完善的基础上，培育新型的乡村民主治理体系。

三是产权方与经营方分开。作为产权主体，乡镇农工商总公司（实质为联社或总社）要按照"社＋公司"的组织形式，通过设立专业公司及专业公司下属公司作为经营方，形成直接参与市场竞争、产权开放、有限责任的市场主体。

四是乡镇农工商总公司、专业公司与市场化公司分开，突出公司层级功能差异。乡联社发挥着全乡域经济社会发展"兜锅底"的功能和作用，按照专业化分工的原则，设立农业公司、物业公司、投资管理公司等若干个专业公司，重点任务是在内部形成有效的专业分工协作，并与市场对接，打造专业品牌。如张郭庄村回迁房投入使用后，村级集体经济组织可下设物业子公司，负责项目物业管理。由镇级与社会企业协商，集租房项目物业管理优先交由镇级、村级集体经济组织下设物业子公司负责。目标是乡村两级集体经济组织物业公司按照"准物业化管理"标准经营，既便于规范化管理，又可以取得比以户为单位出租更高的收益。各专业公司下面，利用纯粹的市场机制运作方式，成立若干个市场化运营公司，专职于市场竞争。可先在下属子公司层面开展集体经济混合所有制试点。

五是重资产与轻资产分开。重资产一般包括土地、房屋等不动产，经营风险较小，适合由乡联社（总公司）下属的物业公司直接经营。轻资产一般为投资管理类项目，技术含量较高，市场风险较大，需要采取引入职业经理人团队、股权创新管理、技术入股等方式进行运营。

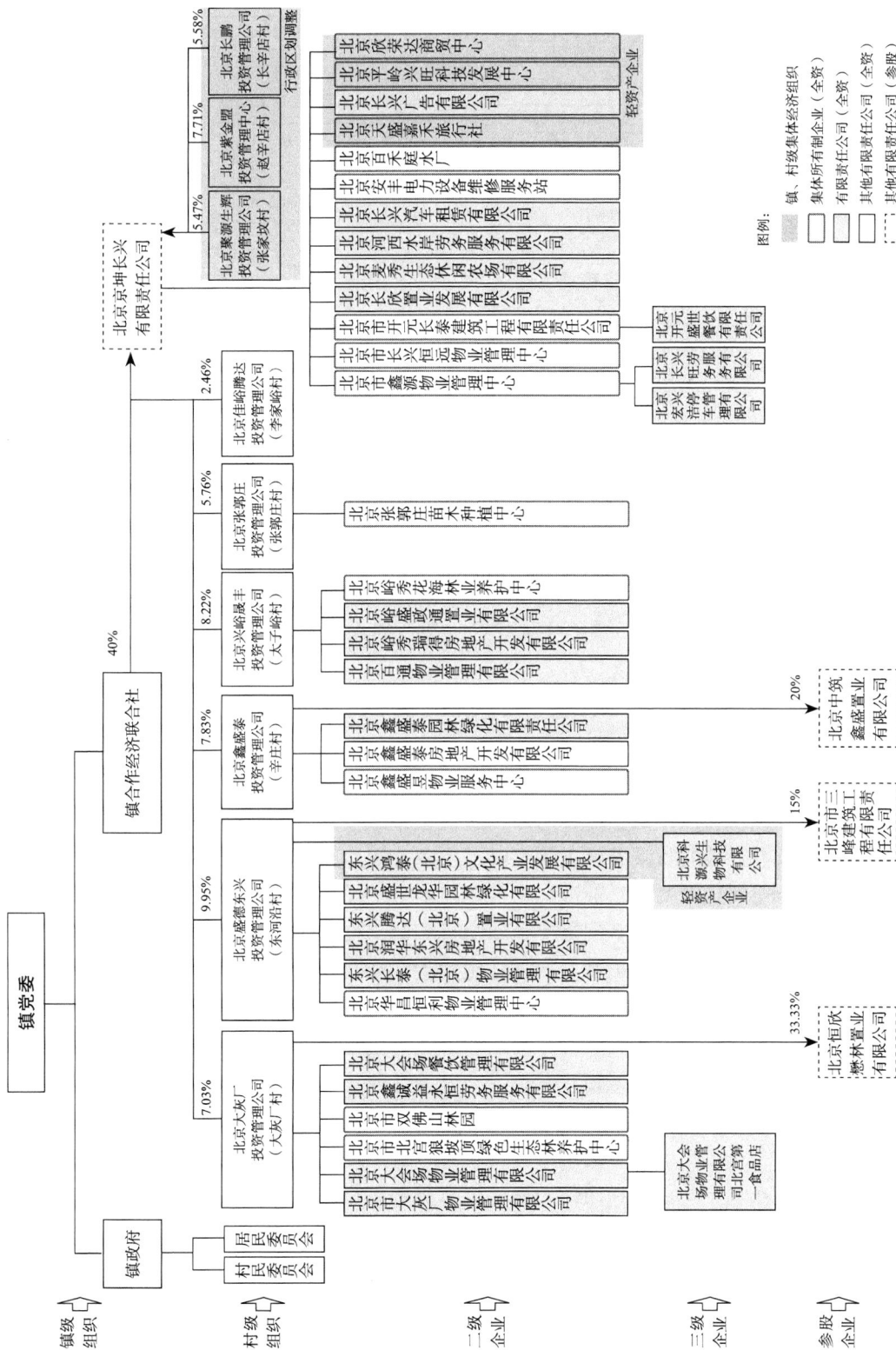

图 4　北京市北宫镇乡村两级集体经济组织体制示意（现状）

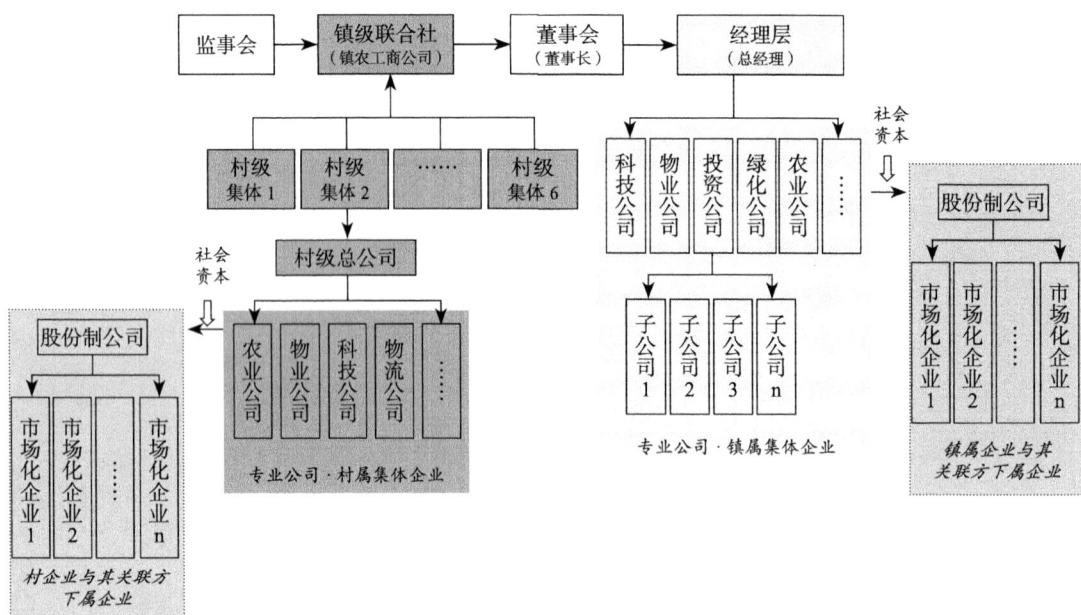

图5　北宫镇乡村两级集体经济组织体制改革示意（拟改）

（二）研究申报"三统筹"综合改革试点，争取纳入国家农业农村综合改革试点，完善集体经济发展的外部政策环境

"体制统筹、空间统筹、产业统筹"作为北宫镇集体经济转型发展下一步的基本方针和工作思路，纳入2021—2025年市级"三统筹"改革试点工作。编制试点工作方案，经区政府专题审议会后，由区政府上报市市农业农村局合作经济指导处，经国家有关部委联审通过后，纳入全国农村改革试验区，从而，实现集体经济转型发展政策的进一步突破。除体制统筹外，重点突破的政策需求主要有以下几个方面。

1. 按照国土空间规划要求，推进"北宫镇国土空间规划"编制工作

市区两级规划与自然资源部门指导镇域总规编制工作，镇域资源进行系统梳理，满足后续项目立项申报的用地规划条件。一是稳定用地功能布局。按照"多规合一"的基本要求和总体思路，立足丰台区分区规划，统筹城镇开发边界内的控制性详细规划与城镇开发边界外的实用性村庄规划，科学合理布局镇域农业、生态、城镇等功能空间，划定落实永久基本农田、生态保护红线和城镇开发边界。镇域总体规划应当包括国土空间开发保护格局和规划用地布局、结构、用途管制等内容，明确耕地保有量、建设用地规模、禁止开垦的范围等要求。二是提高土地节约集约利用水平，保障土地的可持续利用。按照丰台分区规划要求，统筹布局产业用地和居住用地，培育服务首都功能的高端服务业。三是调高还建集体产业用地指标标准。需要结合二绿地区实际，拟定可行的二绿地区人均（或劳均）产业用地标准和容积率标准，如劳均100平方米的规划建设用地指标。

2. 探索推进集体经营性建设用地入市的有效路径，推进农业科技园区、农村社区建设

一是存量入市。依法取得符合规划的存量经营性建设用地，具备开发建设基础设施基

本条件的可以直接就地入市。二是整治入市。零星、分散的居民点建设用地，可先行组织复垦为农用地后，将腾挪出的建设用地指标调整到同一项目范围内入市。三是新增入市。因项目区域生活或生产及其配套功能需要，确需少量新增建设用地，依法办理农转用手续，按农垦经营性建设用地性质入市。

3. 借鉴王四营模式，统筹使用辛庄村棚改安置补偿资金与拆腾费用

借鉴"资金变资产、趸缴变分期、死钱变活钱"的四季青模式、王四营模式，借助辛庄村超转人员资金解决统筹试点项目拆腾资金问题。试点产业项目正常运营后，按照预期试点项目保底收益 50% 的标准定期支付超转费用。考虑到产业项目的运营风险，可由区级财政予以担保。

在完成社保体制城乡并轨后，要适时放宽剩余征地补偿款的使用范围，提高集体经济组织成员的福利和分红水平。

执笔人：陈雪原、孙梦洁、王洪雨

关于促进深山区集体经济薄弱村发展的思考

——门头沟区斋堂镇法城村调研报告

2022年北京市第十三次党代会报告明确提出要"基本消除集体经济薄弱村并建立长效巩固提升机制"。自2019年北京市开展扶持壮大村级集体经济试点工作，在此基础上开展集体经济薄弱村帮扶专项行动，至2021年底北京市已完成消除283个集体经济薄弱村目标。2022年，北京市力争再消除至少100个集体经济薄弱村。为认真落实北京市委、市政府有关精神，总结集体经济薄弱村在产业发展中采取的行动举措和对当地资源开发的规划利用，有针对性地提出改进建议并进行农村金融的启蒙与引导。2022年7月4日至5日，市农研中心金融处、计财处、人事处等一行6人赴门头沟区斋堂镇法城村开展集体经济薄弱村对接帮扶情况调研，与区、镇、村干部以及第一书记进行了座谈交流，并实地参观了该村的自然风貌与民宿产业。

一、基本情况

法城村被称为"北京最小的城"，因古代在此设军营派兵驻守而得名。村落现有人口57户96人，村域面积6.98平方公里，其中耕地面积200亩。该村于2016年入选第四批美丽宜居村庄示范名单，于2019年入选第一批国家森林乡村名单。该村在地理位置、人口结构、资源禀赋、产业特色等方面呈现以下特点：

（一）地理位置特殊，与外界沟通联系少

法城村距斋堂镇政府15公里，距离门头沟区政府50公里，海拔450米，距109国道2公里，去往村庄的路多为盘山路，由于道路狭窄，时常会造成两车交会的不便，其中部分路段是由于通信设施设立在道路上造成了行驶不畅。

（二）留守人员老龄化，劳动力流失严重

法城村内户籍人口56户96人，其中农户35户63人、居民户21户33人，长期不在村居住人口36人。冬季在村居住人口约40人，夏季在村居住人口约60人。户籍劳动力40人，务农29人，外出打工11人。

（三）自然环境优渥，开发潜力巨大

法城村东有妙峰山，南有鬐髻山，西有灵山、百花山、京西十八潭、珍珠湖、后桑峪古教堂等旅游景区环绕左右；山林植被覆盖率达 99%，漫山的黄栌、松树、柏树、山杏、山柳等相互映衬，景色美不胜收；拥有四季长流的山泉，山泉富含丰富的矿物质，奔流下山形成多个自然瀑布的奇妙景观。

（四）农特产品种类丰富，土地资源亟待开发

法城村拥有建设用地面积 52.5 亩，耕地面积 200 亩，林地 7200 亩。全村农宅共 81 套，其中闲置农宅 31 套，已盘活用于民俗旅游开发的院落 31 套。村内第一产业以林果种植和蜜蜂养殖为主，盛产蜂蜜、核桃、杏仁、柴鸡蛋、红果、玉米、谷子，其中最为突出的特产为优质无污染的荆花蜂蜜。

（五）采取多种帮扶方式，促进薄弱村的发展

法城村消薄对接帮扶工作以市属国企、本区机关事业单位与薄弱村结对展开。其中市级帮扶单位为北京公共交通控股（集团）有限公司鸿运承物业管理中心，区级帮扶单位为门头沟区地震局。市级帮扶单位的帮扶方式为消费帮扶和产业帮扶。2021 年通过收购法城村蜂蜜 2500 瓶帮助村集体增收 10 万元，同时派遣第一书记进驻法城村，协助村"两委"做好消除经济薄弱村中的各项任务。2022 年第一书记在调研村情村貌的基础上，一方面协助村"两委"同镇党委沟通恢复蜜蜂生产线、增加产品销量，并获得镇政府 50 万元专项资金扶持；另一方面在打造法城特色"溪谷田园综合体"项目中帮助该村与多方投资商洽谈，拟定出租合同等。区级帮扶单位的帮扶方式为组织帮扶。2021 年区地震局与法城村签订《帮扶协议书》，以"红色门头沟"党建为引领，帮助该村加强基层党组织建设，培育适宜村庄发展的人才队伍，强化集体经济发展内生动力。2022 年区地震局利用自身职能优势，帮助该村进行开发项目的选址和地质地理环境勘测工作。

二、存在问题

（一）村集体收入结构较为单一，基本依赖消费帮扶

2021 年，法城村集体经济收入共计 13.2 万元，其中荆花蜂蜜销售收入 10 万元，村集体房屋租赁收入 3.2 万元，荆花蜂蜜收入占村集体经济收入的 76%。荆花蜂蜜是法城村集体经济重要的收入来源之一，生产养殖模式为村民集资入股组成养蜂合作社，合作社每年的蜂蜜产量约为 80—100 吨，但所生产的蜂蜜售价仅为 20 元/斤（含包装），远低于市场价格，经济附加值极低，处于"贱卖"的销售状态。据从该村调研了解，荆花蜂蜜一般零售价为 30—50 元/斤，少数品质较好的可售至 60—100 元/斤，且荆花蜂蜜尚未铺开销售渠道，基本依赖于帮扶单位的消费帮扶。

（二）帮扶方式仅结合自身职能，未能有效满足薄弱村产业发展需求

法城村的区级帮扶单位为区地震局，帮扶单位依托自身行政职能优势给予法城村相关指导，帮助其建立了地震宏观观测站，增收观测补助，开展科普下乡活动，加强基层党组织建设。该村拥有引人入胜的自然景观和种类繁多的农特产品，土地资源和闲置农宅需要盘活提升，但以上帮扶工作均从帮扶单位的自身职能优势开展，尚未从该村集体的产业发展需求出发。帮扶单位仍需进一步在实地调研的基础上充分利用村里资源，合理开发闲置

土地，给予更有针对性的帮扶，提高村集体产业的持续发展能力。

（三）村干部对金融缺乏正确的认识，高度依赖财政资金

调研组通过与法城村"两委"座谈发现，村干部对本村的发展已有规划，但对资金来源更多存在"等、靠、要"的思想，不希望承担更多的金融风险。该村在村集体经济发展中优先考虑申请财政支持，村民需要资金时宁愿互相拆借，也不愿去银行贷款，融资理念仍停留在借贷风险高、钱难还的层面。同时，村干部对农业贷款贴息和金融机构惠农产品等金融扶持政策并不熟知，在得知提供贷款贴息政策后仍认为操作复杂而排斥向金融机构融资。

三、对策建议

（一）升级产业帮扶措施，强化村集体管理能力

一方面，薄弱村的帮扶工作，产业帮扶是关键。2022年法城村享有市财政扶持壮大集体经济资金200万元，该村计划在30亩耕地中打造田园风格的亲子乐园项目，包括菜地认领、田园采摘、小动物互动、蜂产品展示等项目。帮扶单位应以此为契机，及时转变帮扶措施，根据产业发展方向，变消费帮扶为产业帮扶，会同薄弱村谋划2022年帮扶重点，持续推动增收工作。以荆花蜂蜜为例，在蜂产品销售为主的前提下，帮扶单位应以市场化运作的经验加强对当地人才和组织的培养，帮助探索建设"蜂产品体验中心"，即以蜂蜜博物馆为平台，开发蜂蜜全产业链的商业价值，上游可开发至蜜蜂的养殖体验、游学教育等，下游可开发至蜜蜂衍生品体验制作、周边游产品的开发。同时借鉴全国先进的养蜂案例，探索"互联网＋蜂场"的创新模式。另一方面，全面加强村集体的资金、资产、资源管理能力，稳步推进政经分离，实现农村基层自治组织和集体经济组织职能分开，构建以农村基层党组织为核心、村委会管理公益性事务、股份经济合作社管理集体经济事务的农村基层社会治理新格局，加强引进和培养集体经济事务管理人才。

（二）充分利用村资源优势，提高帮扶工作成效

对薄弱村的帮扶工作应打开思路。一是在依托自身行政职能优势的基础上，充分利用组织优势，提供各类资质申请和手续办理的指导，疏通集体经济发展中政府端的堵点，为薄弱村提供高效的帮扶。二是帮扶单位应依托法城村优越的自然条件，充分盘活利用村内院落、民居等农村闲置资产，带动村民就近就业，打造绿色发展、生态富民的新引擎，使其成为门头沟区域一张亮丽的文旅新名片，大力推进美丽乡村建设，全力开创区域绿色发展新格局，切实推动区域文化旅游提质转型升级。

（三）加强村集体的金融启蒙，发挥金融的血脉作用

一方面，依托于北京市对生态涵养区多元化的财政支持，薄弱村形成了通过申请财政资金搞发展的思维定式；另一方面，村"两委"干部年龄偏大，对通过金融机构融资存在较强的抵制思想。为了提高金融资本、社会资本在支农中发挥的杠杆作用，财政资金应更多地在项目开发初期用作引导，中后期鼓励金融资本、社会资本积极参与。加强对基层领导干部的金融启蒙与专业知识的培训，从根本上转变抵制思想。政府应做好金融机构和村集体中间的"桥梁",降低贷前、贷中、贷后风险,将融资成功案例进行区域性推广,一旦有发展前景的项目,让村集体敢于贷款、善于贷款、灵活贷款。政府应根据薄弱村产业不同发展阶段的诉求提供有针对性的金融帮扶。针对未形成优势产业的薄弱村,应以政策资金引导产业发展为主;针对产业处于发展期的薄弱村,应在政策资金引导的基础上加强社会资本和金融资本的输血功能。同时,农村金融服务中的支付清算功能和风险管理功能应贯穿薄弱村产业发展的始末,让薄弱村切实享受到金融服务的便利性。

调研组成员:林子果、陈艺曦、高银法、张为山、黄丽、刘冉

执　笔　人:林子果、陈艺曦、黄丽、刘冉

责任担当 国企帮扶助力"消薄"推进乡村振兴

——密云区大城子镇北沟村国企帮扶典型案例

2018 年，北京市委、市政府统筹安排"一企一村"结对帮扶工作，北京祥龙资产经营有限责任公司与密云区大城子镇北沟村形成对接帮扶关系。帮扶企业强化责任担当，充分发挥国企优势，结合北沟村资源条件，突出公益帮扶、消费帮扶、产业帮扶，因地制宜、精准施策、多措并举，富裕了农民，发展了产业，促进了乡村振兴。

一、基本情况

北沟村位于镇域最东部，北、东连兴隆县，南傍南沟村，西邻墙子路村。村域面积8.86 平方千米，户籍人口 377 户 795 人，下辖关上、泉水河、老庙沟、北沟 4 个自然村，有民俗户 3 户，"两委"干部 5 名，党员 61 名，村民代表 31 名。

2017 年，帮扶企业祥龙公司进入前，北沟村低收入户 147 户，村集体无收入。帮扶企业进入后，通过一系列实实在在的帮扶措施，截至 2021 年底，北沟村低收入农户全部脱低。2021 年村集体经济收入实现 17 万元，村民人均收入约 1.5 万元。

二、主要做法与成效

（一）公益帮扶暖人心

公司使用党组织服务群众经费、党建经费、第一书记经费，完善村级设施建设，制作党务、村务、财务公开公示栏 6 块，修缮护村护路坝 220 米，安装太阳能路灯 80 盏，确保村民出行安全。

真情开展困难群众慰问和送温暖活动。2021 年，利用春节、"七一"、"十一"等节点，共慰问困难党员、群众 41 人次，慰问物品价值 2.05 万元。2022 年，春节期间慰问困难党员、群众 16 人，慰问物品价值 0.64 万元。慰问活动让困难党员和群众感受到组织的温暖，强化了基层组织的凝聚力与向心力。

（二）消费帮扶助增收

北沟村发展林果业、林下经济、蜂产业等特色产业，红肖梨、木耳、杂粮、蜂蜜是其特色农产品，但面临销售难题。

祥龙公司通过消费帮扶形式为北沟村销售农产品。2021年，销售木耳、蜂蜜等农产品，为村集体合作社实现收入17.2535万元。2022年上半年帮助销售蜂蜜1372斤，收入4.116万元，受益群众约12人；销售木耳886斤，收入4.23万元，受益群众约30人；销售赤松茸约4800斤，收入约6万元，受益群众约25人。同时，消费帮扶助村集体实现收入约14.35万元。

（三）产业帮扶促振兴

产业是乡村振兴的核心，是实现巩固脱低成果的有力保证。2021年，集团领导赴村调研，作出集团出资为村里引进光伏发电项目的决策。2021年底，在最短时间内完成了决策、实施和项目建设工作，实现了当年投资、当年建成，为大城子镇"消薄"行动起到了示范引领作用。

据了解，该项目总投资571万元，在北沟村142户屋顶安装光伏设备，累计容量为1136kW，于2021年12月25日顺利完成并网发电。据测算，该项目每年约发电140万度绿色电力，使用寿命在20—25年，采用"自发自用为主，余量上网"模式，每户每天发电约30度，每年发电约1万度，入网电价0.68元，入网收益村集体、农户按照4∶6的比例分享。

截至2022年6月30日，"北沟村光伏发电项目"已运行6个月，预计上半年发电量约56.16万度，增加村集体收入约38.18万元，受益群众约430人，可累计减少标准煤2808吨，减少排放二氧化硫6.17吨、氮氧化物3.98吨、二氧化碳0.73万吨。2022年是"北沟村光伏发电项目"运行实施的第一年，预计将为村集体带来70万元经营性收入，减少标准煤5150吨，减少排放二氧化硫11.33吨、氮氧化物7.31吨、二氧化碳1.33吨。未来将每年为村集体带来持续性经营性收入。

三、下一步计划

（一）开展党建帮扶活动

组织村干部和党员到党建基地、先进支部参观学习，开阔视野，提高村"两委"带领群众致富的能力。

（二）因地制宜继续开展产业帮扶

支持鼓励发展养蜂产业，带动困难户实现"造血"能力，村庄现有优种蜜蜂200群，蜂蜜产量4000公斤，2022年计划增加蜜蜂40箱，计划以国有林场为依托，形成统一罐装、统一管理的包装平台。

（三）基础设施建设帮扶

村级主干路安装太阳能路灯。2022年，计划安装120盏，每50米一盏，需帮扶资金49.8万元（120盏×4150元/盏）。村庄内安装太阳能监控，2022年计划在4个自然村8个点位安装监控探头，每个点位2个监控探头，共16个监控探头。预计需帮扶资金约15万元。村内水毁排洪渠修复等，需帮扶资金26.6万元。修复护村护路坝460米，需帮扶资金24万元。

北京市第十三次党代会提出"基本消除集体经济薄弱村并建立长效巩固机制"。祥龙公司国企结对帮扶，诠释了责任和担当，促进了村民富裕、产业发展，助力了乡村振兴。

调研组成员：巩前文、曾荣、陈奕捷、张颖、李敏
执　笔　人：张阳、李敏

整合资源优势　强化乡村运营

——门头沟区斋堂镇黄岭西村集体经济发展调研报告

2022 年中央一号文件明确提出，"巩固提升农村集体产权制度改革成果，探索建立农村集体资产监督管理服务体系，探索新型农村集体经济发展路径"。中共北京市委、北京市人民政府《关于做好 2022 年全面推进乡村振兴重点工作的实施方案》要求"深化集体经济薄弱村帮扶专项行动，消除 100 个集体经济薄弱村"。结合本市集体经济薄弱村对接帮扶情况专项调查，我们深入门头沟区斋堂镇黄岭西村实地考察，并与区、镇、村干部以及第一书记座谈交流，形成报告如下。

一、基本情况

黄岭西村位于门头沟区斋堂镇爨柏景区内，村落面积 6 万平方米，村域面积 9.74 平方公里，户籍人口 199 户 359 人，现村内居住人口 44 户 111 人，常住人口平均年龄约 51 岁。该村呈现以下特点：

（一）历史悠久，红色旅游基础良好

据历史记载，黄岭西村已有 500 年建村历史，村落海拔近 600 米，建于"Y"字形沟谷内，2018 年至 2019 年，先后入选北京首批市级传统村落名录，被国家林业和草原局评为"国家森林乡村"。该村具有光荣的革命传统，抗日战争和解放战争时期，"黄岭西排"共有 18 名烈士为国捐躯。该村曾以"红歌唱响黄岭西"成为京西旅游的亮点，具备建设红色教育基地及发展民俗旅游的优势与资源，可通过合理修复原有抗战标语、石磨、水井等，宣传红色文化。

（二）资源优势突出，开发潜力大

黄岭西村位于京西斋堂西北狭谷中部，因地处黄岭之西而得名。该村为典型的山地村落，整体格局清晰。村内主干道沿天然的泄洪通道布置，将村子各部分联系起来。四面青山环绕，自然幽静，有"九龙朝一凤"的风水以及空山、燕窝石塘等地质奇观。2012 年，该村被住房城乡建设部、文化部、财政部公布为第一批中国传统村落。村内尚存众多清代及民国时期的民居院落，风貌古朴，现有院落 108 处，其中文物保护院落 13 处。村委会

旁的灵泉庵为独具特色的山村庙宇，庙内石雕体现了佛教文化与民间宅院的巧妙结合。村内还有集体建设用地，可对外招商引资发展产业。

（三）开展对接帮扶工作，提高集体收入

黄岭西村的对接帮扶单位为市属国企、本区机关事业单位。其中，市级帮扶单位为北京公共交通（控股）集团有限公司客八分公司，帮扶方式为消费帮扶，由村集体收购绿豆、红豆、小米等农产品，分公司协助黄岭西村将包装后具有"黄岭西"独特形象的农产品进行销售，分公司工会预留采购份额，负责采购"黄岭西"杂粮，2021年完成5万元的消费帮扶任务，全部为村内农产品采购；区级帮扶单位为门头沟区直机关工委，帮扶方式为组织和人才支持，帮助培育农民专业合作组织、搭建产销平台、推进电商帮扶工程、促进休闲农业和乡村旅游开发、支持农民工返乡创业等，2021年节假日进行慰问共计5次。

二、面临困境

（一）劳动力流失严重，老龄人口比例高

黄岭西村曾是斋堂镇的重点产煤村之一，煤炭开采业是村中的主导产业。2000年，为了落实国务院关闭乡镇小煤矿的政策，该村关闭了村内全部煤矿，以煤矿开采业为主导的产业链条被打破，导致全体村民的生产和生活水平下降，年轻劳动力为了谋生纷纷去城区发展，村内劳动力人口流失问题严重，逐渐导致村内人口年龄分布向老龄化倾斜，致使黄岭西村既缺乏劳动力的支持，又缺乏相应发展的新思想与新技术支撑。

（二）村集体经营项目不足，收入结构单一

2021年，村集体经营性收入为12万元，主要由三部分构成：一是古村落发展私营高端民宿，管理费收入4万元；二是爨底下景区门票分成收入3万元；三是帮扶单位助销杂粮礼包收入5万元。从村集体经营性收入构成中可以看出，该村集体的农产品销路仍以消费帮扶销售为主，尚未铺开销售渠道，一旦失去消费帮扶，村集体收入仅限于民宿管理费与景区门票分成两项，难以实现年集体经营性收入10万元的"消薄"目标。

（三）资源整合能力较差，缺乏对风险的正确认知

黄岭西村自然资源、红色历史资源丰富，并且拥有社会资本投资建立的民宿产业，具有培育发展田园综合体和整村旅游的有利条件。然而，民宿产业方面，村集体未参与现有的民宿经营，因此未能参与到运营中更多的分润环节，仅获得租金收入；红色历史资源方面，相关旅游教育产业尚未进行规划与开发。在为该村引进社会资本帮助发展集体产业时，镇政府希望获得固定收益，要求运营方实投资金，并不支持股份合作方式，但运营方重在提供智力投资，提升乡村资源价值。任何投资都有一定风险，基层干部未能充分认识到收益与风险是并存的。

三、对策建议

（一）发展红色文化产业，壮大集体经济

在当前"两高一融合"（高质量发展、高品质生活、文化与旅游融合）的发展背景下，进一步开发和创新黄岭西村的红色旅游资源。一方面，以黄岭西村的红色资源为核心，引进专业运营策划团队，联合镇政府、党史馆、旅行社等深入收集、整理、挖掘当地红色旅游资源，讲好红色故事。从 18 名烈士及"黄岭西排"出发，明确红色教育主题，选择红色教育路线，培训讲解员，观看红色电影，丰富教育内容，全力打造具有黄岭西村特色的红色教育基地，并作为帮扶单位红色教育合作定点场地，推进"三支队伍"培训工程，依次开展党支部书记业务培训、团员青年坚定理想信念专题培训、全体党员提升党性修养专题培训等活动。另一方面，以现代技术激活红色旅游产业，结合旅游景区发展的全新方向，以灯光秀、演艺秀等数字化技术做爆点，推出沉浸式红色主题旅游活动。通过红色灯光秀，实现夜游经济的激活，让游客留下来，从而带动餐饮、民宿等产业经济的发展。通过多点位帮扶，提升该村红色文化、农旅文化、民俗文化、共享经济，实现村内整体化发展，逐步壮大集体经济。

（二）提升资产运营能力，盘活集体资产

乡村产业的运营需要具备很强的市场敏锐度和专业度。专业的事应由专业的人来做，建议镇政府支持黄岭西村对接并引进懂农村，并对农村开发具有热忱的运营公司，帮助梳理更紧贴市场的需求、挖掘具备发展前景的新业态，让更多优质的农村集体资产得到有效盘活利用。进一步加强村企之间的合作，建立合理的利益联结机制，为村集体引入先进的运营理念，优化基层干部对集体产业发展和风险承担的思路与意识。帮助培养一批具有专业能力的新农人，使黄岭西村在产业和人才两方面重新焕发活力，进而给村集体带来可持续的现金流，以此带动农民增收。

（三）健全多元投入机制，解决资金难题

发展乡村产业应盘活财政资金、社会资本和金融资本多元化使用的方式方法。财政资金应侧重发挥产业培育与资本引领作用；社会资本应侧重在产业快速发展中与村集体形成合理的利益联结机制，发挥规范化的运营和管理能力；金融资本应侧重在分担风险的同时发挥杠杆作用推动产业发展，形成规模效应。2022 年黄岭西村已申报扶持壮大村集体经济市级资金项目，涉及资金 200 万元，该村计划利用集体建设用地开发精品民宿、综合文化服务中心，孵化文化服务业新业态。建议镇政府支持黄岭西村利用各类资本的优势，吸引优质的社会资本下乡，并加强对基层干部产业运营、金融市场意识的培训和指导，尝试运用社会资本的手段解决诸如运营管理、宣传渠道等一系列难题，进而充分释放村集体产业发展中的金融需求。

调研组成员：林子果、陈艺曦、高银法、张为山、黄丽、刘冉

执　笔　人：林子果、陈艺曦、黄丽、刘冉

密云区集体经济薄弱村对接帮扶调查报告

一、基本情况

本调查组研究对象为密云区 5 镇 72 个村的对接帮扶工作情况，其主要呈现以下特点。

（一）集体经济薄弱村量大集中，普遍位于水库保护区

特点之一：集体经济薄弱村扎堆出现。石城镇 15 个行政村中有 12 个集体经济薄弱村，不老屯镇 26 个行政村中有 23 个集体经济薄弱村，冯家峪镇 18 个行政村中有 17 个集体经济薄弱村，溪翁庄镇 14 个行政村中有 11 个集体经济薄弱村。薄弱村分布高度集中，成片出现，在镇域范围内成为共性问题。

特点之二：薄弱村普遍位于水库保护区。石城镇 12 个集体经济薄弱村中有 10 个处于水库一、二级区。不老屯镇 23 个集体经济薄弱村中有 15 个位于水库一、二级区。冯家峪镇、溪翁庄镇水库一、二级区内村庄几乎全部为集体经济薄弱村。而西田各庄镇 9 个集体经济薄弱村虽不位于水库保护区内，但其中 7 个为水库移民村。同受密云水库水源保护因素影响，决定了这部分集体经济薄弱村遭遇相似的现实发展困境。

（二）对接帮扶工作已悉数启动，引进"人财物"投入帮扶

情况之一：各帮扶单位已于 2021 年，最晚于 2022 年初完成初次对接，启动对接帮扶工作。受调研的 72 个村庄所对接的帮扶单位，其中区级机关占 40%、市级企业占 26%、高校占 12.3%，另有 2 家市级机关、1 个街道参与对接。在对接帮扶工作推进程度上，超过 2/3 的帮扶单位实地对接次数不足 3 次，超过半数的帮扶单位在 2021 年无实际举措。

情况之二：引进"人财物"投入帮扶。根据回收的问卷统计，共有 5 家帮扶单位已派驻第一书记到薄弱村任职，给予人才支撑；18 家帮扶单位通过消费帮扶协助农民销售农产品，直接增加农民收入，销售金额超过 120 万元；5 家帮扶单位通过组织职工捐款、设立专项资金等形式筹备慰问资金关怀薄弱村党员群众，金额超过 11 万元。此外，部分帮扶单位还通过捐赠黄瓜籽、口罩等物资改善农民生产生活，提供建设资金用于村路维修、路灯检修、水管更换等。

二、主要做法成效

（一）主动消费，包销农副产品

帮扶单位主动购买农户农副产品用于发放工会福利或赠送企业客户，购买产品包括蔬菜礼盒、林下产品、红薯杂粮等，帮扶金额在 4 万—29 万元不等。该种消费帮扶方式，从帮扶单位的角度，操作简便，可直接从原有消费扶贫升级为消费帮扶。从农民的角度，能有效解决农产品销售问题，在种植阶段就吃下"定心丸"，同时还有价格优势，在对接帮扶举措中最为普遍。

（二）出谋划策，发展集体产业

帮扶单位通过新建产业设施、盘活原有集体资产等方式，帮助薄弱村发展集体产业、有效利用经营性资产，实现集体经济组织长期稳定收益。例如：区园林绿化局帮扶石城镇黄峪口村建设集体蜂场，成立养蜂专业合作社，对社员开展养蜂技术培训，发展蜂产业；区退役军人事务局帮助石城镇河北村厘清村委会对白乙化烈士纪念馆管理用房的实际所有权，并通过租赁的方式承租给白乙化烈士纪念馆管理单位长期使用，使村集体获得稳定收入。

（三）捆绑职能，尽显"八仙过海"

帮扶单位从各自部门职能出发，结合薄弱村短板弱项，给予专业技术、基础设施建设、公共服务等方面的支持。例如：区农服中心指导不老屯镇学各庄村村民种植白木耳，定期入村提供技术帮助；区公路局帮扶溪翁庄镇东智东村修缮美丽乡村之外的乡村路面；区红十字会帮扶石城镇黄峪口村筹备组建红十字村，帮助村民享受义诊、应急救护培训等服务。

三、存在问题分析

（一）"帮扶的是农民还是村集体？有啥帮啥！"——帮扶任务不明确

调研座谈会上，溪翁庄镇走马庄村书记贾广新自问自答："帮扶的是农民还是村集体？有啥帮啥！"集体经济薄弱村对接帮扶工作，应将帮助村集体经济组织实现可经营性收入、有助于薄弱村脱薄作为主要帮扶目标。但在实际调研中，村书记及村民表示对于帮扶政策了解不多，出于"帮扶单位有比没有强，不帮也不能强求"的心理，被动接受帮扶工作。此外，由于薄弱村集体经济发展困境较多，大部分帮扶单位选择直接面对农户，通过消费帮扶或发放慰问品等形式完成任务，但可持续发展壮大集体经济、提高集体经营性收入的难题没有得到实质解决。深层次原因是：帮扶行动缺乏实施细则，无论帮扶单位还是薄弱村，对帮扶目标、帮扶对象、帮扶效果认识模糊，实际表现为帮扶单位自觉推进，有啥帮啥。

（二）"对接帮扶是锦上添花，不能作为雪中送炭"——帮扶作用有限

薄弱村实现经营性收入、最终脱薄的关键是要找到支撑集体经济发展的产业或稳定收入来源。发展产业需要薄弱村结合产业规划、政策环境、资源禀赋等方面综合设计，找准发展方向；稳定收入来源需要村集体梳理资源资产，独自开发利用或考虑联合发展、异地

置业。无论哪种方式，都需要村集体发挥主观能动性，明确发展目标，善于整合资源，推动发展举措落地。帮扶单位应作为可利用资源的一部分，而不能代替村集体动脑筋、找方法，如果薄弱村产业发展方向不明，那么帮扶单位往往无从下手，对于集体经济薄弱村脱薄目标也就事倍功半。

（三）"帮扶是好事儿，怎么帮扶是问题"——帮扶工作难落实

针对部分对接帮扶单位无计划无举措的情况，许多村书记回应：村集体无可用资源，帮扶单位是"巧妇难为无米之炊"。在实际调研中也发现，村书记认为的无资源，实为帮扶单位能够用得上的资源，薄弱村需要启动资金而帮扶单位无可支配资金，与薄弱村需要可落地项目而帮扶单位有资金无项目的情况并存，帮扶供给与需求错配。当前对接帮扶工作采用一对一沟通方式，而帮扶单位之间、薄弱村之间缺乏横向交流对比，各项帮扶工作独自推进，造成帮扶力量分散、帮扶效果单薄，难以形成重点打造的典型经验，示范案例复制推广又因帮扶单位性质各异而落地受阻。

四、政策建议

（一）健全帮扶机制，细化帮扶举措，确保工作开展有章可循

充分考虑薄弱村集体经济现状及发展诉求，在人才、项目、金融、文化等方面找准切入点、结合点和落脚点，健全完善对接帮扶机制；拓宽工作思路、拓展帮扶领域、创新帮扶方式、细化帮扶举措、形成帮扶方案、编制帮扶任务书；进一步明确帮扶单位职责任务、保障措施、考核奖惩等，确保对接帮扶工作开展有据可依、有章可循。

（二）坚持问题导向，强化精准思维，提高对接帮扶精准性和有效性

薄弱村可利用资源较少，限制条件较多，充分考虑薄弱村发展诉求和帮扶单位优势，将薄弱村资源与帮扶单位优势精准匹配，资源有效配置，实现帮扶力量有效发挥。强化村民主动发展村集体经济的主人翁意识，主动找准发展方向，提高资源整合能力，为帮扶工作对接就位提供先导基础。

（三）突出示范典型，发挥带动效应，打造对接帮扶工作品牌

着力挖掘先进典型重宣传。深层次挖掘帮扶单位带动集体经济发展的典型案例，进一步激发各帮扶单位对帮扶工作的紧迫感、积极性，为实现集体经济薄弱村脱薄提供助推动力；分类总结不同帮扶举措实践经验，总结提炼、有效推广。

调研组组长：吴志强
调研组成员：季虹、刘雯、刘先锋、段书贵、彭彤、赵术帆、胡梦源、郎董君、刘蓬勃
执　笔　人：胡梦源

第五篇

发展农村金融服务

完善农村金融服务体系
助推乡村振兴的实践与思考

——由农村金融服务顾问体系建设试点说起

城乡金融资源双向顺畅流动是首都城乡融合发展的重要支撑。为把更多金融资源引入农村经济社会发展的重点领域和薄弱环节，完善农村金融服务体系，推动农村金融机构回归服务"三农"本源和"支农支小"定位，更好满足乡村振兴多样化金融需求。2022年，在北京市农业农村局和市地方金融监督管理局的支持下，市农村经济研究中心在平谷区开展了农村金融服务顾问体系建设试点工作，并取得了积极成效。试点期间，完成了1113个涉农经营主体的融资需求数据采集分析，形成了1026份融资建议书，接受了821次涉农经营主体融资咨询，并成功打造了一支农村金融顾问团队，服务沉淀了一批涉农经营主体，搭建了一座信息对称的桥梁，农村金融顾问的综合服务满意度达到99.2%。

一、开展农村金融服务顾问体系建设试点的做法与成效

试点工作坚持问题导向，坚持精准性和时效性原则、坚持以提高基层对金融服务的满意度为目标，努力破解金融供给侧、需求侧面临的难点痛点，以及供需双方对接渠道不畅通的问题。

（一）针对金融供给侧在农村地区渗透力不足的问题，着力打造一支农村金融顾问团队

金融供给侧渗透力不足主要是指商业性金融机构对农村地区的渗透力不足，较难获得农村地区客户名单，更难以深入挖掘农村地区的金融需求。商业性金融机构出于成本把控、利润考量和风险防范，普遍缺乏加强农村地区金融服务的动力和意愿。据中国人民银行营业管理部数据统计，截至2022年末，北京市涉农贷款余额为4401亿元，增幅为19.4%。其中农村地区的农户、农业企业和各类组织涉农贷款占40%，其他为城市地区的涉农贷款。涉农贷款和优质的金融服务更多被城市中农业龙头企业所"俘获"。为帮助商业性金融机构寻找农村地区目标客户，加大服务覆盖度、提高对接效率、提升服务成功率，试点工作着力打造一支农村金融顾问团队。一是建立顾问组织体系。围绕提供综合性金融服务的宗旨，向北京市包括商业银行、保险公司、农业融资担保公司、农村产权交易

所和农业投资公司在内的各类金融机构招募农村金融顾问。以"机构支持、主动报名、内部审核、统一培训"为原则，共挑选108名一线农村金融服务人员，组建农村金融顾问团队。二是完善顾问任务分配机制。按照"主动认领、按需分配"的方式将服务名单分配给农村金融顾问。服务名单分配考虑两方面因素：①返还金融机构存量客户。若客户名单中有某家金融机构存量客户，则将该客户的服务信息返还给金融机构。②就近分配未被认领客户。为降低农村金融顾问的时间成本和服务成本，依托各自所在金融机构的网点布局优势，分区域划片分配任务。通过上述分配机制，既不会打乱金融机构的服务体系和客户体系，又兼顾挖掘潜在客户和提高金融机构服务的渗透度。在保证不给试点地区原有金融市场造成负面冲击和影响的前提下，实现了任务分配公平、客观。三是制定顾问服务标准。试点工作分别从服务内容和工作流程两个方面对农村金融顾问团进行分机构、分批次的培训。服务内容方面，通过编印《北京市农村金融服务顾问体系建设试点工作涉农金融政策及产品汇编》和宣传折页，作为农村金融顾问提供服务的指导手册和工具；通过邀请农村金融领域专家开展专题讲座，为农村金融顾问进行金融政策解读。工作流程方面，为农村金融顾问制定统一的工作流程，并设定"充分宣导农村金融政策、解决实际金融问题、提供规范财务与经营的融资建议书"三个阶段性目标。四是创新顾问奖励机制和风险保护机制。试点工作定位是公益性金融助农，为鼓励和表彰参与试点工作的金融机构与农村金融顾问，制定了明确的奖励机制。基于服务数量、涉农经营主体满意度和实际解决金融问题等方面制定奖励标准，为有突出贡献的金融机构和个人分别颁发荣誉奖杯和奖章。同时，为防范试点工作可能出现的安全风险，由北京人寿保险股份有限公司为每位农村金融顾问赠送一份人身、医疗和疫情险，基本实现对农村金融顾问的人身安全保障。

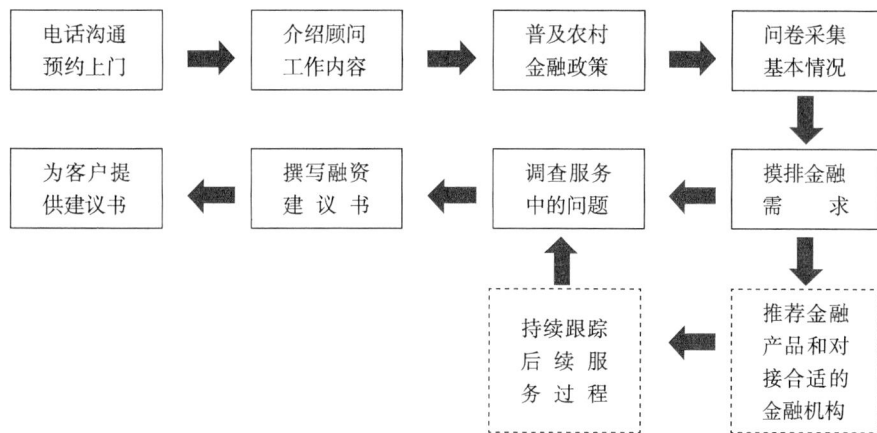

图1　农村金融顾问团队工作流程图

（二）针对金融需求侧获贷能力和金融意识缺失问题，服务沉淀一批涉农经营主体

当前，仍有部分涉农经营主体的财务和会计制度不健全，在组织建设、现代化机构治理和可持续发展方面存在诸多问题。部分涉农经营主体具有依赖财政资金搞发展的惯性思维，既不了解市场中的惠农金融产品，也未形成利用金融手段发展产业的意识。农村产业大多风险高、回报周期长，部分涉农经营主体缺乏抗风险能力，表现为只有还款意愿，但缺少还款能力。试点地区数据统计显示，对 687 个农户、家庭农场、农业大户进行偿债压力测试，最差偿债能力测试中，仅 16 户具有偿债能力，671 户无偿债能力，具有偿债能力占比仅为 2.3%；最优偿债能力测试中，311 户具有偿债能力，376 户无偿债能力，具有偿债能力的占比为 45.3%。农户、家庭农场、农业大户偿债能力与资金需求错位，金融机构贷款风险控制难度较大。为进一步提高涉农经营主体的金融意识，帮助其规范财务管理，提升获贷能力，试点工作着力服务沉淀一批涉农经营主体。一是"自下而上"层层收集涉农经营主体名单，"举手汇报"金融需求。为采集试点地区最迫切、最真实的金融需求，建立起"村收集、镇汇总、区整理、试点工作组统筹"的名单收集与管理制度，对产业发展较好的峪口镇、马坊镇、山东庄镇给予重点关注。涉农经营主体名单采取分类收集和管理的方式，一类为农户、家庭农场、农业大户；另一类为合作社、集体经济组织和农业企业。针对不同类型的涉农经营主体开展侧重点不同的服务内容。二是撰写融资建议书，帮助涉农经营主体实现"三个提升"。为从金融机构专业化的视角帮助涉农经营主体规范经营管理、提高盈利水平、提升获贷能力，将撰写融资建议书作为农村金融顾问服务的必要工作内容。融资建议书涵盖基本情况、经营情况、融资建议与改进建议四部分内容，包括实际控制人个人信息、财产线索、财务管理方式、财务数据分析、所在行业分析、上下游情况、推荐金融产品、经营改进建议、行业与金融信息获取建议、融资获取建议等 17 项细化指标。融资建议书高效、低成本地帮助涉农经营主体做到"三个提升"：提升经营规范与财务管理的改进空间，提升立足于行业视角的发展站位，提升对农村金融产品的知晓程度。三是强化农村金融教育的实效性，加强对"一老一少"群体的金融教育。为全面提升农村地区的金融素养，将农村金融教育与服务工作有效结合，将金融政策和金融知识宣导作为农村金融顾问服务的重要工作内容。为突出金融教育的实效，为不同人群集中开展有针对性的金融教育活动。对于老年人，重点教授如何正确使用银行卡、手机银行，帮助老年人跨越"数字鸿沟"，讲解养老诈骗典型案例，提醒老年人注意防范；对于年轻人，就较常见的信用卡透支使用、个人征信不良等问题，以典型案例讲解和法律分析相结合的方式，帮助年轻人树立正确消费观。同时，讲解网络赌博危害和项目投资风险，提醒年轻人警惕各类网络骗局。

（三）针对金融供需双方信息不对称的问题，搭建一座信息对称的桥梁

一方面，商业性金融机构对农村地区金融需求的个性化特点缺乏深入了解，产品创新难以精准满足涉农经营主体的实际需求，产品宣传与应用推广"两张皮"。商业性金融机构贷款审批流程复杂、周期长，农业生产中的资金需求往往对时效性要求很高，正规金融机构一旦不能及时解决资金问题，涉农经营主体则转向非正规金融机构借款，或是压缩生产投入，不仅增加了涉农经营主体的借贷风险，还降低了农业生产效率。另一方面，涉农经营主体缺乏对金融机构和金融产品的了解，害怕被拒而没有申请贷款。据试点地区数据统计，涉农经营主体中约有 1/3 表示不会选择优势金融产品，对单一金融机构依赖程度较高；此外，涉农经营主体缺乏对金融产品和融资渠道的了解。除贷款外，涉农经营主体对股权融资、供应链金融、融资租赁等多元化融资手段知之甚少，成功运用更是凤毛麟角，对金融产品灵活运用能力较弱。为充分加强金融供需双方的信息互通，提高对接效率和成功率，试点工作着力搭建金融机构与涉农经营主体之间的一座信息对称的桥梁。一是推广"一对一"服务模式，发挥商业性金融机构不可替代的作用。试点工作强调"一对一"陪伴式服务模式，不仅发挥了与"民间借贷"相同的融资功能，还促进了涉农经营主体财务和经营的规范性提升。"一对一"陪伴式服务通过"电话问询＋实地走访"的形式开展。农村金融顾问首先通过电话问询了解涉农经营主体的财务和经营基本情况，随后与其开展"面对面"座谈，解答金融问题，提供金融服务方案。2022 年 9 月，平谷区山东庄镇北京天岳种植专业合作社，急需 30 万元对蔬菜大棚进行维修，北京银行平谷支行农村金融顾问在了解情况后，为其匹配了一款助农贷款产品"创业贷"，年化利率为 2.15%，免交担保费，解决了合作社的燃眉之急。二是创新"行业专场"服务模式，发挥农村金融服务的规模效应。试点工作创新开展的"行业专场"服务模式是针对产业聚集地区，开展集中的专题服务，为不同地区的优势产业集群创新金融产品，提供产业助力。结合黄松峪乡旅游资源丰富的特点，农村金融顾问积极对接乡政府、民宿和农家院经营者，组织集中讲座，制定行业融资计划；农村金融顾问集中摸排了解到中国农业大学"博士农场"项目有明确的融资需求后，深入调研，精准定位，提出"股东信用贷款＋项目融资联动"且贷款期限最长为三年的融资方案。其中，单个股东的融资额度为 70 万元，多个股东联合贷款可按比例提高信贷规模。三是精准采集更新涉农经营主体的信息数据，统筹金融机构的基层服务网点形成合力。农村金融顾问以线上数据采集系统为依托，在提供金融服务的同时，详细收集涉农经营主体的经营情况、财务情况、资产情况、金融需求和意见建议等多维度信息，并动态更新，为进一步加强农村地区的信用体系建设提供基础数据支撑。试点工作以避免金融资源分配不均衡和资源浪费为出发点，依托各金融机构自行创建的金融服务点，提供综合化、多元化的金融服务。充分发挥平谷区政府、工商银行北京分行和北京供销合作社共建的"兴农通"农村普惠金融服务点的作用，突显其金融服务、科技兴农、扶助农产品销售、农资农具销售、工业品下乡五大功能，为优化乡村治理、推动产业兴旺、改善农村消费环境和提升农民生活品质提供了有力支持。

二、进一步推广试点经验的建议

试点工作开展至今，获得了金融机构和涉农经营主体的广泛好评和大力支持。为进一步健全首都农村金融服务体系，推广试点经验，扩大试点成果，建议在全市范围内建立农村金融服务顾问体系。

（一）完善农村金融顾问体系机制

一是完善组织领导机制。据了解，河北省"农村金融服务专员"制度试点工作由省委农村工作领导小组办公室牵头组织，构建省级联席会议制度，市、县参照设立。建议我市借鉴其经验，成立市级农村金融顾问领导小组，市财政局、市农业农村局、中国人民银行营业管理部、市地方金融监督管理局等部门作为领导小组成员单位，负责体系的组织、指导、协调、监督和考核等工作，给予经费和人才支持。区、镇（乡）参照设立。二是完善责任考核机制。明确两方责任，金融机构负责提供农村金融顾问专业人员，乡镇政府负责梳理辖区内有金融需求的涉农经营主体名单，基于工作职责制定考核机制。建议将金融机构责任落实情况纳入支持首都乡村振兴的业绩考评范围，由中国人民银行营业管理部对金融机构进行考核。

（二）加强农村金融顾问标准化管理

一是建立金融顾问对口支持涉农经营主体的制度，定时定点开展金融服务。由市地方金融监督管理局牵头，制定农村金融顾问选拔标准，向银行、保险、担保公司等具有农村金融服务职能的金融机构，选聘一批深耕"三农"领域、服务意识强的金融专业人员，组建市、区、镇（乡）三级农村金融顾问人才库，在通过农村金融顾问标准化服务培训及考核合格后，颁发农村金融顾问聘书。二是建立人才库动态调整、人员定期培训制度，增强服务能力。通过服务满意度、业务受理笔数等指标对农村金融顾问进行定期考核，制定资格等级认定标准。对考核优秀的农村金融顾问，给予适当奖励，提升其服务的积极性和服务质效。

（三）搭建农村金融顾问服务平台

一是政府统筹搭建一个可以实时对接涉农经营主体、农村金融顾问的线上名单库。制定双向选择和指导服务机制，根据金融需求按"就近结对、就近服务"的原则匹配，通过"线上＋线下"的模式，宣传金融知识、解读金融政策、定位和解决金融问题并提供陪伴式金融服务。二是坚持问题导向和面对面辅导、点对点服务，将日常辅导与重点走访相结合，金融咨询与会诊帮扶相结合，融资服务与财务辅导相结合，"一主体一策"，确保金融服务落到实处，打通金融服务"最后一公里"，同时发挥农村金融顾问"智囊团"的作用，辅助地方政府完善农村金融发展政策，推进农村金融改革创新，构建防范化解区域金融风险长效机制。

（四）加大试点示范宣传推广力度

一是聚焦试点工作内容，利用各种渠道，大力宣传试点工作的目的和意义。协调金融机构为涉农经营主体量身定制专属信贷产品，开展金融惠农政策解读与金融产品推介，同时挖掘融资成功且具有服务特色的典型案例，定期展现试点成果。二是围绕多元化的涉农经营主体，采取有针对性的宣传方式。开展农村金融知识讲座，组织农村金融顾问和涉农经营主体现场对接，切实提升试点工作知晓度，让更多的涉农经营主体认可和支持。

执笔人：林子果、刘冉

关于发挥财政金融政策在乡村振兴中联动作用的思考

　　党的十九大首次提出实施乡村振兴战略，明确了这一项重大战略的目标定位和方法路径，2020年底召开的中央农村工作会议重点提及全面推进乡村振兴，这表明全面推进乡村振兴成为新发展阶段"三农"工作的重头戏，并要逐项落地见效。习近平总书记指出要举全党全社会之力推动乡村振兴，并强调必须加强顶层设计，以更有力的举措、汇聚更强大的力量来推进。2021年底召开的中央农村工作会议提出奋力开创全面推进乡村振兴工作新局面，部署了2022年全面推进乡村振兴重点工作任务。那么，财政与金融如何在全面推进乡村振兴之中协同发挥应有作用，成为摆在我们面前的重要课题与任务。

一、政策背景与重大意义

　　近年来，为落实农业农村优先发展总方针，国家出台了一系列财政投融资政策，推动资源要素向农业农村集聚，加快补齐"三农"发展短板。尤其是"十三五"时期以来，每年的中央一号文件都在加大"三农"投入力度、强化"三农"投入保障、改进支持"三农"方式等方面用专章进行安排部署，更好地健全农业农村投入持续增长机制。

　　2016年中央一号文件提出要充分发挥财政政策导向功能和财政资金杠杆作用，鼓励和引导金融资本、工商资本更多投向农业农村；2017年中央一号文件提出要创新财政资金使用方式，推广政府和社会资本合作，实行以奖代补和贴息，支持建立担保机制，鼓励地方建立风险补偿基金，撬动金融和社会资本更多投向农业农村，在健全风险阻断机制前提下，完善财政与金融支农协作模式；2018年中央一号文件提出要充分发挥财政资金的引导作用，撬动金融和社会资本更多投向乡村振兴，切实发挥全国农业信贷担保体系作用，通过财政担保费率补助和以奖代补等，加大对新型农业经营主体支持力度，加快设立国家融资担保基金，强化担保融资增信功能，引导更多金融资源支持乡村振兴；2019年中央一号文件提出要优先保障"三农"资金投入，坚持把农业农村作为财政优先保障领域和金融优先服务领域，公共财政更大力度向"三农"倾斜，县域新增贷款主要用于支持乡村振兴；2020年中央一号文件提出要加大中央和地方财政"三农"投入力度，中央预算内投资继续向农业农村倾斜，确保财政投入与补上全面小康"三农"领域突出短板相适应；2021 年中央一号文件提出要发挥财政投入引领作用，支持以市场化方式设立乡村振兴基金，撬动金融资本、社会力量参与，重点支持乡村产业发展。

这些中央一号文件释放的政策信号表明单一的财政资金支农方式或者单一的金融资本支农方式已经无法满足"三农"高质量发展的需要，进一步改善财政金融协同支农模式，发挥财政金融支农联动作用，能够更好地巩固"三农"发展的资金保障体系，为全面推进乡村振兴注入新动能、新活力。主要具有两个方面的重大意义：一是政府资金毕竟有限，注重市场思维，发挥财政资金"四两拨千斤"的杠杆效应，撬动金融资本参与投资，可以有效缓解政府扶持"三农"的资金压力；二是金融资本天生具有逐利性，而农业具有明显的高成本、高风险、低收益特征，发挥财政资金政策的引领与导向作用，可以激发金融机构投入乡村振兴的热情，避免金融机构投资农业农村的盲目性。

二、财政金融协同支农模式

"钱从哪里来"成为当前乃至今后相当长时期内全面推进乡村振兴亟待解决的痛点难点。金融活水未能充分注入乡村存在多个方面的制约因素，如农业行业自身特殊性、农业经营主体缺乏有效抵押物、信贷双方信息不对称、农业贷款小额分散导致授信成本较高。在此境况下，应积极创新多元化支农模式，充分发挥财政资金引导和撬动金融资本的作用，逐步建立财政金融协同支农机制，推动财政资金与金融资本相结合，共同投入乡村振兴事业，促进农民共同富裕。

（一）设立产业投资基金

该模式由政府主导设立，按照市场化方式运作，采取股权投资，财政参与出资，广泛吸引金融和社会资本组建基金。如浙江省自 2015 年起设立了 200 亿元规模的政府产业基金，2021 年 7 月出台了浙江省产业基金管理办法。为支持乡村振兴产业发展，采取直接投资、定向基金、非定向基金等投资模式，联动市县政府基金、产业资本、投资机构、金融资本、社会资本共同投入，投资方向为稳定重要农产品供给，打造引领性、标杆性农业农村项目。截至目前，浙江省产业基金共投资了 20 多个乡村振兴项目，累计投资金额近50 亿元，带动股权债券投资近 100 亿元，实现了政府引导与市场化运作的有效结合。

（二）发行政府专项债券

该模式是政府为了筹集资金建设某专项具体工程而发行的债券，偿债资金来源主要为政府性基金和专项收入等，采取专款专账、闭环管理方式，主要投向具有一定收益的公益性项目，以项目建成后取得的收入作为保证。如安徽省将地方政府专项债作为扩大农业农村有效投资的重要渠道，在 2020 年发行农林水领域专项债 147.6 亿元基础上，2021 年上半年又发行 43.95 亿元，涉及乡村振兴、农村人居环境整治、高标准农田建设等重点方面，有效盘活了农业农村丰富资源。

（三）建立政府风险补偿基金

该模式由政府统筹设立一定额度的风险补偿基金，以担保金的形式放入合作银行账户，合作银行按照基金规模，放大一定比例为借款人发放无抵押无担保贷款，一旦贷款出现风险，可由风险补偿基金进行代偿，这种政府增信的方式，实现了控制银行风险和降低借款人融资成本的平衡。如江苏省级财政出资 6.5 亿元设立新型经营主体贷款风险补偿基金，引导银行等金融机构为农业经营主体提供贷款服务，2020 年累计下达资金 4.5 亿元，撬动贷款发放 317 亿元。

（四）贷款贴息

该模式是用少量财政资金来分担部分农业项目借款人的贷款利息，降低资金成本，主要用于支持农业产业化经营。如北京市 2016 年出台了加大农业领域贷款贴息等金融扶持的办法，市级为支持农业"调转节"发展、"菜篮子"外埠基地建设等，对从银行（或试点的保险机构）获得 1—3 年期经营性贷款的，对按时还本付息的符合条件的项目，给予一定比例的贷款贴息诚信奖励。对信用良好的农业经营主体，逐步提高增信水平，对信用等级高的适当提高奖励和补贴比例，奖励和补贴增加幅度不超过 10%。"十三五"时期农村金融支持资金累计 2.6 亿元，切实缓解了农业经营主体融资难、融资贵问题，促进了农村信用体系建设。

（五）以奖代补

该模式是在项目完成后，财政会根据实施情况对其进行补助，以奖励代替补贴政策能够大大减轻政府对农业投入的财政压力。如山东省 2019 年出台了特色农产品保险以奖代补政策，因地制宜实施精准奖补，按市县财政保费补贴总额的 50% 给予奖补，省财政直接管理县（市）按财政保费补贴总额的 60% 给予奖补，对年度地方特色农产品险种创新工作突出的保险机构，给予不超过 50 万元的一次性奖励，对"保险＋期货"、价格指数、收入保险等重大创新性保险产品支持纳入奖补范围，充分调动了市县政府开展特色农业保险的积极性，促使保成本向保产量、保收入转变。

（六）费用奖补

该模式主要是通过财税政策弥补金融机构发放农业信贷的业务成本，给予一定的风险补偿，来解决金融机构"不愿贷"问题，增加金融资本对农业领域的投放额度。如重庆市对金融机构符合条件的农村产权抵押融资资本金损失，经财政部门审核后可获得风险补偿资金，补偿比例为本金损失的 35%，单笔贷款风险补偿总额不超过 350 万元，引导金融机构以较低的利率或担保费率开展农村产权抵押融资，降低产权抵押成本。

充分运用好这些模式，能够实现三方共赢：一是为农业经营主体有效解决其缺乏有效抵押物的难题，最大限度地满足其资金需求、降低贷款成本；二是让金融机构吃下"定心丸"，提高金融机构对农业经营主体的授信意愿，减少由于信息不对称而导致的道德风险问题；三是发挥财政资金的杠杆撬动作用，由简单化的直接补贴转变为引导带动金融资本投向农业，实现融资补贴的普惠性，最大限度地发挥财政资金的使用效益。

三、投入支持的重点领域

在全面推进乡村振兴进程中，财政资金是引导各类要素投入乡村建设的"牛鼻子"，应突出重点、精准定向，投入方向要更加符合"三农"工作新要求、满足农民群众新期盼。同时，政府应提供强有力的保障措施，如建立财政金融支农联盟，健全产权交易机制、整合农业农村大数据平台，为财政金融投入乡村振兴打下坚实后盾，多方位地支持农业农村实现现代化。

围绕基础性、长远性、战略性的农业重大工程项目，如高标准农田、现代种业、仓储保鲜冷链物流设施、数字农业农村、动植物疫病防控等方面，加大财政金融投入力度。围绕现代农业产业体系、生产体系、经营体系构建，支持农民合作社、家庭农场等新型农业经营主体，支持农业产业化联合体、特色小镇和现代农业产业园、科技园、创业园等新主体新业态，助推农村产业集聚融合发展。围绕完善农村产权制度和要素市场化配置机制，积极探索创新财政金融协同运作模式，支持集体经济组织可产生持续稳定现金流的生产经营类资产和项目，扶持集体经济薄弱村逐步发展壮大。围绕实施乡村建设行动，扩大农业农村有效投资，支持农村突出环境问题综合治理，推动农业绿色循环发展，促进乡村旅游提质升级，服务好乡村的生态振兴。

在财政资金的示范引领下，扩大乡村振兴有效投入还要注重运用农业融资担保与农业保险保障功能。根据市政府印发的《北京市"十四五"时期乡村振兴战略实施规划》，对标农业农村发展目标和具体任务，面向新型农业经营主体扩大农业融资担保业务，形成信贷资金供给和放大效应，加大首贷、信用贷比例。同时，要进一步完善农业保险保障政策，扩大农业保险覆盖面，增加保险品种，提高风险保障水平，积极开发适应新型农业经营主体需求的保险品种，探索创新重要农产品目标价格保险、收入保险，支持发展地方特色优势农产品保险、设施农业保险。利用中国农业再保险平台，完善农业再保险、农业巨灾保险体制，为保险机构转移和分散风险。

执笔人：林子果

农险在推动北京都市型现代农业
发展中的问题和建议

农业是国民经济的基础，也是受自然灾害和市场波动影响最大的产业。当前，稳住"三农"战略后院，守住国家粮食安全这一底线具有特殊重要的意义。北京市农业尽管在全市国民经济中占比不高，但作为都市型现代农业的代表，在首都农产品有效供给与应急保障、宜居城市和生态建设等方面意义重大。农险作为一项重要的农业支持保护政策，能够有效弥补农业灾害损失、稳定农民收入、保障国家粮食安全、维护农村社会稳定。站在两个百年目标交汇对接、"三农"工作重心转向全面推进乡村振兴的历史节点，更加凸显了政策性农险在推动都市型现代农业发展方面的地位。

一、主要成绩

北京市十四年来积极探索农业风险管理路径，有序推动农险制度建设，大力加强农险科学化管理，形成了"北京模式"，取得了较大成绩。

（一）风险保障水平持续提高

2007 年是北京市开展政策性农险的第一年，提供的风险保障占农林牧渔总产值的5.6%，2020 年这一数字提高到了 46.1%，14 年间提高 8.2 倍，年均增长 17.5%。到 2020 年，本市农险深度和保险密度分别为 5.3% 和 1380 元 / 人，是 2007 年的 8.8 倍和 13.2 倍，政策性农险对首都农业产业的风险保障能力显著提升。

（二）损失补偿功能不断增强

2007—2013 年、2014—2020 年本市政策性农险平均简单赔付率分别为 70.2%、89.1%，赔付率上升趋势明显，发挥了农业生产损失补偿功能。同时，在稳定农民收入方面也发挥了积极作用，如 2020 年赔付额 4.7 亿元，对农民收入贡献为 0.6%。

（三）财政资金效能明显提升

2007—2020 年本市各级财政累计投入保费补贴 39.3 亿元，为 195.3 万户次农户购买到 1499.3 亿元的农业风险保障，保费补贴资金放大效果达到 38.2 倍。2020 年市区两级保费补贴财政资金杠杆率为 35.4 倍，其中种植业 25.3 倍，养殖业 53.7 倍，财政资金的使用效率大大提高，充分体现了农险保费补贴资金"四两拨千斤"的杠杆作用。

二、突出问题

面对全面推进乡村振兴、基本实现农业农村现代化的新任务新要求，面对满足"三农"领域日益增长的多元化风险保障需求，本市政策性农险实现高质量发展仍面临着一些亟待解决的问题。

（一）农险与产业发展的协同度有待加强

一是对重要农产品保障力度仍需加大。《北京市"十四五"时期乡村振兴战略实施规划》明确提出"抓好'米袋子''菜篮子'生产"。2020年，本市育肥猪参保率达到93.1%，但粮食作物承保面积和参保率有待提升，如小麦和玉米分别为3.9万亩、30.7%和18.3万亩、29.6%。二是对现代种业发展保障作用仍需加强。北京市提出加快建设全国种业科技创新中心，打造"种业之都"，但目前涉及种业的包括杂交小麦综合制种、杂交玉米综合制种、种猪养殖、蛋种鸡养殖、肉种鸡养殖保险五种本市政策性农险，在满足种业保险多元需求方面仍有不足。

（二）农险精细化程度有待提升

一是保险产品创新力度尚待强化。本市农险品种主要以各类作物、牲畜、果树的传统成本保险为主，近年来推出一系列价格指数和天气指数产品，但总体来看，产品创新集中在拓展保险标的，在产品模式创新方面进展较慢。目前，本市在推广高保障创新型险种方面进行了相应的尝试，比如在大兴区开展了西瓜人工成本附加险试点，在平谷区开展了桃种植保险附加产量损失保险、桃价格保险试点，在首农食品集团双河农场开展了水稻价格保险和玉米、大豆期货价格保险试点，但仍存在创新力度不够、支持力度不足，纳入统颁条款的价格保险只有生猪价格指数保险，难以满足经营主体差异化、多层次的保障需求。二是费率分区与动态调整机制尚未建立。目前本市采取"一市一费"的定价模式，费率未能实现合理分区，在实践中容易诱发投保人逆选择的现象，风险高的地区积极投保，风险低的地区缺乏投保积极性，对扩大农险覆盖面带来不利影响。如2014—2019年平谷区镇罗营镇、王辛庄镇、峪口镇冰雹灾害频发，投保率均在90%以上，而夏各庄镇灾害较少，投保率约为5%，马坊镇几乎为零投保。

（三）保障水平与风险保障需求仍有差距

参照《中央财政农险保险费补贴管理办法》，目前本市政策性农险以保障农户及农业生产组织灾后恢复生产为主要目标，保险责任以自然灾害、重大病虫害和意外事故等自然风险为主，保障水平以物化成本为主。然而随着都市型现代农业不断发展，经营主体的风险保障需求不断增长，不仅希望在物化成本上得到保障，更对稳定收益有很高的心理预期。如2020年苹果保险金额5000元/亩，而北京地区的苹果总成本为12112.4元/亩（物质与服务费用4525.6元/亩，人工成本7161.2元/亩），分别占总成本的37.4%和59.1%。即使投保人获得全额赔偿，也只能收回种子、肥料等基本投入费用，且冻灾等自然灾害认定存在一定困难，农户对提高保险保障水平和优化保险理赔机制等方面提出更高要求。

三、对策建议

新发展阶段应加快实现农险高质量发展，推动农险扩面增品提标，不断满足乡村振兴过程中旺盛、迫切的风险保障需求，为实现首都特点的农业农村现代化提供强有力的保险支撑。

（一）坚持农险发展理念

农险是农业生产保障的重要手段，应积极发展并长期坚持下去，对标《北京市"十四五"时期乡村振兴战略实施规划》提出的"推进农险扩面、增品、提标，收入保险成为农险的重要险种"的要求，在扩面上，将适度规模经营农户和小农户都纳入保障范围，给予其根据自身需求和经济实力选择险种的权利，适应部分小农户等投保主体偏好自缴保费较低的直接物化成本保险可长期保留，同时，契合新型农业经营主体的高风险保障需求。在增品上，鼓励各区和保险公司探索开展粮食蔬菜作物完全成本保险和收入保险试点，研究开展小麦制种、玉米制种、北京鸭、水产种质资源等多元化种业保险，为攻关本市种源"卡脖子"提供有效风险保障，推广农产品目标价格指数保险、气象指数保险等保险产品。在提标上，逐步试点探索从保成本向保收入过渡，保险责任从主要防范自然灾害风险向市场风险延伸，以政策险带动商业险。

（二）提高农险精细化程度

一是探索开展风险分区和费率动态调整工作，试点区域差异化费率，降低逆向选择风险。根据人民银行等六部门联合发布《关于金融支持新型农业经营主体发展的意见》中提出的"结合农业产业结构调整、生产成本变动以及农险风险区划和农业生产风险地图，加快建立农险保障水平动态调整机制与保险费率拟定和动态调整机制"要求，在本市探索开展农业生产风险评估和费率区划研究工作。参考借鉴中国精算师协会发布《稻谷、小麦、玉米成本保险行业基准纯风险损失率表（2020版）》以及中国农科院农业风险研究中心发布的《中国农业生产风险区划地图册》，以现有的农业生产数据、行业风险损失数据等为基础，研究基于风险分区的差异化费率定价机制，推动农险费率的精确化和动态调整；二是探索构建多层次农险产品体系。立足都市型现代农业发展需求和实际，构建"以政策性农险为基础，商业性保险为补充"的多层次保险体系，扩大保险覆盖面、增加保险品种、优化理赔程序，推动政策性农险从保物化成本向保完全成本、保收入转变，力争满足农业经营主体的多层次、差异化的保险需求。

（三）提升保险公司服务能力

一是加强农险从业人员队伍建设，督促保险公司加强对保险承保理赔人员的业务培训，一方面指导保险承保理赔人员及时掌握保险政策具体要求，另一方面引导保险承保理赔人员积极学习农业专业知识，主动联络投保主体，准确掌握投保主体诉求，合理解释政策内容，不断提高农险服务水平；二是开展农险绩效考核，研究建立绩效考核结果与保险公司经营关联机制，探讨建立科学的农险市场准入、退出机制，打造农险稳定有序的发展环境。

执笔人：林子果、曹晓兰

数字化在农村金融中应用初探

党的十九大以来，中央提出实施乡村振兴战略的重大历史任务。2021 年中央一号文件强调要"实施数字乡村建设发展工程"，把数字乡村摆在乡村建设的重要位置，这就需要统筹推进农村经济、政治、文化、社会、生态文明和党的建设等各领域信息化建设，助力乡村全面振兴。2021 年以来，中国人民银行、银保监会等出台乡村振兴配套政策，推进金融科技赋能乡村振兴工程，巩固脱贫攻坚取得的伟大成果，做好"十四五"时期农村金融服务工作，持续提升金融服务乡村振兴能力和水平。本文主要初步研究数字化融入农村金融，助力乡村振兴。

一、数字化在农村金融中应用的前景

伴随着 5G 技术推广、人工智能、大数据运用的红利不断释放，建设美丽乡村、改善农村民生工程，满足人民群众对美好生活的日益需求，切实提高其获得感和幸福感，要摆在突出位置。数字化建设赋能乡村振兴是顺应时代发展潮流、助力乡村振兴的重要手段。近几年来，《乡村振兴战略规划（2018—2022 年）》《数字乡村发展战略纲要》《数字农业农村发展规划（2019—2025 年）》《2020 年数字乡村发展工作要点》等先后出台，支持数字化乡村振兴，为我国农业农村数字化发展指明了方向。其中，《关于开展国家数字乡村试点工作的通知》指出了数字乡村整体规划设计、完善乡村新一代信息基础设施、探索乡村数字经济新业态、探索乡村数字治理新模式等七方面试点工作，为全面推进数字乡村建设探索提供了可借鉴经验。数字化建设赋能乡村振兴不仅改变了农业农村原有的生活方式和生产方式，同时也悄悄地改变了农民的思维方式和活动方式，但是数字化在广大农村区域运用匮乏。随着脱贫攻坚成果的不断显现，广大农村地区的特色产业日益涌现，依托农业特色经营，拓展农业产品的初步加工和价值链，通过线上的电商销售和线下实体销售等方式，取得了一定的经营成果，但农业特色产业链不强、特色产品附加值未能充分体现、对特色产业拉动不足、消费者流量不大、缺乏产业发展规划和产业优势现有数据分析与开发等方面仍存在一些问题。

此外，北京市基本实现了农村金融服务的银行网点或者金融便民服务店，但还存在着金融知识、产品、服务手段等方面宣传不到位、金融产品创新不足，不能充分满足农村的金融需求。信贷产品较少、贷款方式较单一等问题，也影响了农民对金融产品服务的满意度。因此，很多山区农村的金融需求未能得到有效满足，应用场景未能充分开发，数字化运用更是在农村金融领域存有很大的空白。

二、注重数字化应用于农村金融的引导和推进

（一）加强数字化应用农村金融的政策引导

一是各级政府应强化顶层设计，构建数字化应用场景。按照《数字农业农村发展规划（2019—2025年）》《2020年数字乡村发展工作要点》的相关要求，统筹区域发展规划布局，把数字化建设融入"数字乡村"建设，强化顶层设计，拟定数字化建设的标准体系，引导数字化乡村建设的方向和规范，建立部门间协作机制，形成数字化运用合力；出台配套政策措施，拟定农村数字化应用场景所需的财政、金融、奖励、人才、土地等方面的优惠政策，为"数字化"技术研发、产业兴旺、平台建设等项目提供政策支持，为农村金融的数字化运用奠定基础。

二是金融机构应加大金融科技投入力度，强化金融创新，提升涉农金融产品和服务方式。金融机构要因地制宜，结合自身特点和科技授权，积极推动金融科技和数字化技术在涉农领域的应用。鼓励金融机构在依法合规、风险可控的前提下，基于大数据和特定场景进行批量获客、精准画像、自动化审批，切实提高农村地区客户的服务效率。探索利用互联网、物联网、卫星遥感、远程视频等科技手段，开展线上承保理赔工作，提高农业保险的数字化、智能化经营水平。

（二）加强农村金融数字化的示范引领

数字乡村建设政策已经陆续出台，农业农村数字运用应运而生，部分金融机构农村金融的数字化应用已经开花结果。如北京农商行的乡村便利店和北京银行的富民直通车等，有针对性地解决了乡村地区交通不便、交易小、额度低等痛点，在欠发达和偏远山区需求量大，发展较快，在区域平衡发展和弥补"数字鸿沟"上发挥了积极作用。通过数字赋能为人民生活提供更多便利，便民缴费产业正构建起新的发展格局，向数字化、智能化、均等化迈进，让百姓共享数字红利。农村金融数字化运用前景广阔，空间和潜力巨大，将农村金融数字化应用的典型模式、成功案例、经验做法和创新做法予以宣传引导，以推动金融机构在涉农服务中应用金融科技发挥良好的示范引领作用。

（三）运用金融科技弥补"数字鸿沟"

"数字鸿沟"主要是指在全球数字化进程中，不同国家、地区、行业、企业之间，由于信息、网络技术的拥有程度、应用程度以及创新能力的差别而造成的信息落差以及贫富进一步两极分化。农村金融领域的"数字鸿沟"尤为明显，偏远农村地区因信息不对称、信用体系不完善，涉农企业、小微企业的金融需求无法得到有效满足。央行领导在2021年金融论坛上表示，金融科技可以纾解城乡间数字化建设鸿沟，破解群体间数字化应用鸿沟，缓解机构间数字化发展鸿沟。从具体经营案例看，当前商业银行以"链"为抓手、以创新为基础、以大数据为支撑，持续提升金融科技水平，通过金融科技赋能逐步弥合"数字鸿沟"带来的问题。

（四）农村金融数字化运用，提升金融机构风险管理水平

由于信用体系不完整、信息不对称、抵押担保不足等因素影响，金融机构出于信用风险考虑，普遍存在着不愿贷、不敢贷的现象。依托于数字化应用平台的供应链产品将所关联的各金融机构，物流、仓储等渠道快速加入信息共享当中，提升数据信息透明度、实时追溯信息流、大规模协同、机构参与机会平等，并进行实时授信决策、提供统一凭证、记录全流程，这是对传统供应链金融的重大突破，形成了完整风险控制方案。农业方面，5G技术的运用，通过空间技术，可以替代人工下乡，精准地监测农作物地理位置、种植面积、生长情况、产量预估、气象感知、病虫害预防和农机调度等，农村金融得到全视角、客观性的数据，以及全农业产业链数据分析，为后续的金融服务提供精准的数据支持和监管。畜牧业方面，只需在生物身上安装芯片，即可利用北斗卫星技术监测其位置、体温、运动等精准信息，以此进行生物资产的抵押，从而解决养殖户一直以来贷款难的问题。对此，金融机构都在积极落实关于空间技术对于乡村信贷的示范应用。

三、着力推动数字化在农村金融领域的应用与实践

（一）加强数字化金融科技基础设施建设

一方面，金融机构应加大金融科技投入和数字化人才引进的力度，为金融创新、科技赋能提供支持和保障。要积极研究农村金融领域的空白、难点与痛点，通过前瞻性、战略性布局，建设各类科技系统和平台，为支农金融产品与服务的创新提供有效的载体和利器。持续开展支付设施建设，完善农村支付受理环境。同时，以乡村旅游、乡村大集市、农贸市场等涉农特色场景建设为抓手，将移动支付融入农村生活的方方面面，提升农村移动支付服务水平，支持农村实体经济发展和实现农民增收。另一方面，要加快乡村信息化建设。要加快城乡数字互联互通，构建区、乡镇、村三级数字联动机制，推动城乡信息流、商流、物流自由流动，推动城市公共服务资源向农村延伸，实现城乡公共服务和商业服务、城乡信息基础设施均等化，多渠道满足农民群众精神文化需求。推动公共文化资源数字化。加快建设和完善公共数字文化资源库，根据乡村特色、民众需求，通过如"卫星数字发行系统等数字化平台，将电子图书、报纸、音像等文化信息资源传送至农家书屋、数字电视、手机等载体"，实现农村文化与现代文明成果的对接，培育农民的文化自信。

（二）不断完善平台场景体验，构建农村金融新生态

目前，人工智能、大数据、云计算、分布式记账、电子商务等新技术广泛应用，为支持金融创新提供更多可能性。通过数字赋能为人民生活提供更多便利，便民缴费产业正构建起新的发展格局，向数字化、智能化、均等化迈进，让百姓共享数字红利。政务、医疗、教育、出行这些出现在人们日常生活中的高频场景，在数字运用丰富健全社会服务方面，蕴含着较大的发展空间。在政务场景中，深入推进"放管服"改革、助力"跨省通办、一网通办"加速实施，将在提升政务缴费服务水平的同时切实为群众的生活带来便利。在医疗场景中，线上缴费平台凭借信息集成、联通便捷、交易成本低、网络效应强等优势，将发挥巨大的网络效应和集成效应，为群众提供更好的医疗缴费体验。在出行场景

中，人们对车辆的认知已从地面移动工具变为智能移动空间。同时，随着低碳生活和绿色出行理念深入人心，智慧停车、智慧城市、无感支付等将成为新的生活风尚。

以国家深化新一代信息技术与制造业融合发展为契机，鼓励涉农加工制造的区域内特色龙头企业加快数字化、智能化改造升级，深化和探索农村金融的新模式，通过"线上＋线下"模式服务农业产业链，运用基础结算、应收应付等供应链产品，以数字化方式将客户交易数据转换为企业信用，打造农业供应链融资新模式。

（三）创新担保模式，完善风险分担和补偿机制

通过对金融科技和数字技术的合理利用，数据化处理农户信用资产，真正打通数字信用融资渠道。政府方面可以设置政府性融资担保基金，让农户可以以此形式获得必要的担保。但具体开展过程中，担保机构需要合理应用多个渠道，让机构拥有更为多样化的资金渠道，使其在面临风险时，应对能力更强。在农村金融数字化过程中，金融机构将面临一定经济损失压力，政府应着手建立多层次的风险分担机制，担保代偿时，政府和金融机构各承担部分损失，同时针对损失设置必要的补偿基金或者补贴，共同担保损失风险。

（四）推进农村金融信用体系信息化建设工作

针对农村地区基础信用信息不足、信用体系不完整情况，地方政府应当牵头，合理运用新一代信息技术，按照市场化方式，在农村整合和组建信用评价相关资源与体系，多部门和机构合力，统一构建具有共享功能的数字化信息平台，使得各机构、部门能够自主调用相关征信信息，为农村构建全面且完善的防范体系。对于金融风险的防范，还需要充分利用政府相关部门功能，构建相关信息数据库，完整涵盖核心农业企业相关信息，对于其他信息，也应当从各渠道积极收集，完善征信体系。

执笔人：黄丽

关于金融赋能首都乡村产业振兴的几点建议

推进乡村产业振兴是实施乡村振兴战略的首要任务。2022年中央一号文件明确提出要强化对乡村产业发展的金融支持。北京市立足首都城市战略定位，出台《关于做好2022年全面推进乡村振兴重点工作的实施方案》，要求引导金融机构加大乡村振兴支持力度。截至2021年末，北京市涉农贷款余额3648.52亿元，较年初增长20%。如何支持乡村产业振兴，成为金融工作的着力点。

一、现状分析

立足首都城市战略定位，北京市扎实推进乡村振兴，积极探索"大城市带动大京郊、大京郊服务大城市"的城乡融合发展路径，乡村产业呈现稳定发展态势。2021年全市农林牧渔业总产值为269.1亿元，同比增长2.8%，实现自2014年以来首次增长。截至2021年已形成顺义、平谷等养殖主产区，创建2个国家级优势特色产业集群、4个国家现代农业产业园、88个全国"一村一品"示范村镇，累计创建市级以上星级休闲农业园区224个，乡村民宿经营主体近5000家。截至2022年5月，北京市已有35种国家地理标志农产品、大兴西瓜等117个特色农产品。通过"公司+合作社+基地+农户"、订单农业、土地托管等多种方式联农带农，形成了以基地为中心、辐射周边地区的发展模式。近年来，北京市各类金融机构加大对乡村振兴的支持，逐步建立起多层次金融组织体系、加大信贷供给力度、提供多样化的产品与服务、创新数字化的服务模式，以支持乡村产业振兴。

（一）健全多层次金融组织体系

北京市逐步形成了以银行机构为支持乡村振兴的主体力量、以担保机构和保险机构发挥增信和保障作用、以村镇银行、小额贷款公司等作为金融支持乡村振兴补充后备军的多层次组织体系。截至2021年末，全市共有124家银行业法人机构，营业网点达4484个，从业人员数量增至124668人，同比增长1.5%，为乡村产业振兴提供有力的金融支撑。

（二）加大乡村信贷供给力度

北京市信贷资源优先下沉到乡村地区，截至2021年末，14家法人银行普惠型涉农贷款余额132.1亿元，较年初增长28.2%，高于各项贷款平均增速23.7%。据调研，北京农商银行持续加大信贷供给力度，截至2021年末，累计为多家农业产业客户提供2800亿元授信支持，向新型农业经营主体、农户累计投放资金40亿元，全力支持北京市乡村产业振兴。

（三）创新乡村产业金融产品

北京市金融机构结合郊区乡村特色产业发展情况，创新推出金融产品以满足涉农经营主体的差异化贷款需求。据调研，北京农交所与农商银行合作开发"集体资产经营权质押融资产品"、北京银行开发"农旅贷"、工商银行开发"农保e贷"等涉农专属金融产品，以自身实践推动首都乡村产业发展。

（四）发现数字金融服务乡村价值

数字普惠金融能够降低获取金融服务的成本，提升农村金融服务质量，创新服务乡村产业的金融模式，有效提高金融服务乡村产业振兴的效率。据调研，"北京乡村振兴金融服务站"由小微金服公司、农担公司和银行机构等联合打造数字普惠金融平台，为乡村产业发展提供综合金融服务，以数字化服务模式更好满足产业发展需要。

二、存在问题

北京市金融支持乡村产业振兴现状较好，但随着北京市乡村产业迭代发展，金融需求呈现出大额化、长期化、多样化、数字化等新特征，与金融供给产生一定鸿沟。

（一）金融需求大额化与授信额度不匹配

随着北京市乡村产业向规模化、品牌化建设转型，乡村信贷需求主体由传统的小规模农户、小微企业逐步转为新型经营主体等。信贷需求主体的变化使得乡村产业发展的信贷资金需求由传统"散而小"向大额化信贷需求转变。尽管北京市涉及农业的相关贷款不断增加，但单笔授信额度较小，乡村产业发展仍然存在很大的资金缺口，导致涉农贷款额度未能满足产业发展需要。

（二）金融需求长期化与贷款期限不匹配

乡村产业投资回报周期多在十年以上，因此更需要长期化融资支持。金融机构为把控信贷风险，提供涉农贷款一般在三年期以内，只能够满足季节性、周转性的融资需求。涉农经营主体在金融机构掌控贷款发放的前提下无法根据自身生产情况要求贷款期限，贷款与生产周期不匹配的问题频现。为了充分满足乡村产业振兴持续性资金投入需求，应通过担保和贴息政策，鼓励金融机构发放中长期贷款。

（三）金融需求多样化与综合服务不匹配

随着乡村产业融合发展，金融服务需求呈动态化、多样化的特点。除传统信贷支持以及农业保险外，还需要农产品市场交易信息、金融知识培训等多种类服务，以满足融合发展的金融需求。乡村产业的发展需要综合依托当地特色产业、乡村旅游、农村电商等多种产业的融合发展，而北京市金融机构对这些重点领域和薄弱环节的支持力度尚存不足，服务多以贷款为主，金融综合服务不突出，创新相对滞后。

（四）金融需求方式升级与服务模式不匹配

随着农村电商发展，数字金融服务模式成为乡村产业数字化发展的重要支撑。但是，目前提供的数字化金融服务多局限于依托数字平台、电子化渠道完成线上贷款业务，缺乏提供即时化、实时化、定制化的金融服务。此外，涉农经营主体多缺乏规范抵质押物，影响到获取信用的能力，迫切需要金融服务模式创新，通过平台化、场景化方式，搭建涉农大数据应用平台，探索以乡村产业链信息流创新农村抵质押物，实现乡村产业和金融资源的无缝衔接。

三、对策建议

为更好地发挥金融对乡村产业振兴的支持作用，化解乡村产业振兴的金融需求与金融供给之间的难点卡点，提高金融资源利用效率，建议从以下四个方面加以完善：

（一）创新多渠道的抵质押融资模式

一是结合乡村产业不同生产周期，确定合理的贷款期限、金额、利率等，稳步推进产业规模化、品牌化建设和农村基础设施建设中长期信贷业务，满足信贷需求主体贷款额度较高、期限较长的资金需求。二是创新乡村信贷抵质押方式，拓宽抵质押物的范围。发挥农村产权交易平台、动产质押融资平台、信用信息平台的联动支撑作用，积极探索集体资产股权、农业生产技术和专利等抵质押融资模式，盘活土地、资金、信用等各类要素。

（二）优化供应链金融以深化产业融合

一是打造供应链金融服务，以数字技术为依托，为供应链金融提供信息基础，实现金融服务与乡村产业数字化融合。二是以辐射带动能力较强的新型农业经营主体作为重点服务对象，提供系统化综合金融服务，支持产业链集群发展，实现多环节增值。

（三）完善乡村产业融资的风险分担机制

一是整合数据信息，构建乡村大数据分析平台，运用大数据进行风险识别、降低运营成本、缓解信息不对称，以合理成本付出和风险分担扩大金融服务覆盖面。二是发挥保险业资源配置、风险保障的独特优势，完善以政策性险种为主导、商业和创新性险种为补充的农业保险体系。三是创新金融服务模式，如"政银担"模式、"贷款＋风险补偿金"模式等，分散信贷风险。

（四）提供融资和融智相结合的金融服务

一是金融机构需重视乡村产业科技创新推广普及，通过技术辅导和能力培养，提供销售信息、市场咨询、财务顾问、技术咨询等增值服务，实现金融可持续发展与乡村产业转型的效益、效率、效能互动。二是创新金融服务，支持农村电商主体发展壮大，推动全产业链提质增效。

执笔人：林子果、黄丽

北京市农村集体资产经营权质押贷款问题研究

一、引言

乡村振兴战略是我国新时代"三农"工作的总抓手，乡村振兴战略的二十字方针中，产业兴旺是乡村振兴的关键所在。农村集体经济组织是发展乡村产业的主体，农村集体资产是发展乡村产业的基础。《中华人民共和国农村集体经济组织法（草案）》中提出，国家鼓励商业性金融机构为农村集体经济组织及成员提供多样化金融服务，对于符合条件的农村集体经济发展项目给予优先支持。加强农村集体资产管理是落实国家乡村振兴战略的重要举措，集体资产保值增值是缩小城乡差距、提高农民财产性收入的重要保证，完善市场配套制度是推动涉农金融机构创新的关键因素，管好用好农村集体资产是维护农村社会安定的有效措施。北京市农村集体资产总量大，农村集体经济发展具有明显的城郊型特点，农村集体经营性资产分布极不均衡，高度集中于城乡接合部的村庄，集体经济的收入渠道较为单一，以物业经济、地租经济为主。

长期以来，农村集体资产金融权能不完善，存在缺乏有效抵质押物、抵质押物处置存在障碍、缺少化解风险的渠道和机制、价值评估机制缺失等一系列问题，导致农村集体经济组织融资难、融资贵，而金融机构"惜贷、慎贷"一直困扰着农村集体经济组织和集体企业的发展，引起政府和社会普遍关注。

根据北京市农村集体经济发展需要和农村集体资产类型的特点，在保障集体资产不流失的前提下开展集体资产经营权融资研究，全方位探索金融支持北京市集体经济的模式，能够缓解集体经济组织发展中资金不足难题。为了进一步发挥农村集体资产的融资功能，拓宽集体经济组织的融资渠道，北京农村金融机构积极探索集体资产经营权质押业务，截至 2022 年 12 月，完成集体资产经营权质押贷款业务 4 笔，累计发放贷款额 15.75 亿元，办理预流转的集体资产经营权涉及的物业面积约 27 万平方米。

农村集体资产经营权质押贷款是指在法律法规允许的情况下，银行对符合条件的集体经济组织借款人发放的，以依法取得的农村集体资产经营权作为质押物的贷款。农村集体资产经营权质押范围主要是农村集体经济组织及其所属企业所有的经营性资产的经营权。由于北京近郊集体经济组织的集体资产主要以物业（包括写字楼、商场等商业物业）形式存在，因此本文的集体资产经营权主要是指集体经济组织及其所属企业持有的物业经营权，也可以理解为物业出租权。

二、农村集体经济组织金融供需情况分析

（一）需求分析

1.农村集体资产存量较大，总体融资需求大

根据北京市农村经济研究中心金融处（以下简称"调研组"）对北京市部分集体经济组织的走访调研和统计分析，北京市农村集体经济组织及其所属企业存在一定融资需求。

北京市农业农村局的资产清查数据显示，截至 2021 年末，全市农村集体账面资产总额达 9914 亿元，其中，全市农村集体经营性资产总额达 7395 亿元。依靠发展农村集体经济促进共同富裕，已成为实现首都乡村振兴与农业现代化的重大措施和重要支撑。据调研，按北京市农村集体经营性资产总额的 10% 估算，融资需求可达 700 亿元。

2.农村集体资产分布不均，城市功能拓展区融资需求大

由于资源禀赋、地理位置、历史基础等存在较大差异，北京市农村集体资产分布极不均匀，集体经济发展整体上呈现两极分化态势。北京市农业农村局数据显示，丰台区、朝阳区、海淀区为北京市农村集体经营性资产总量最大的 3 个区，分别占全市农村集体资产总额的 26.45%、19.41%、18.8%；3 个区的经营性集体资产在全市的占比更是高达 74.74%。若按照 3 个区经营性集体资产总额的 10% 保守估算，融资需求也达 550 亿元。

3.农村集体经济发展顺应改革，集体产业转型升级需要资金支持

北京市镇村两级农村集体经济组织超过 4000 个，集体经济的发展一方面需通过集体产权制度改革、"三块地"（城镇规划区内建设用地、农村耕地和乡村建设用地）改革，培育规范的市场化经营主体，激活农村生产要素，赋能集体资产资源，释放集体经济发展的新动能；另一方面则需通过增加集体经济的开放性，吸引资本、人才、产业向农村聚集，促进城乡产业、要素深度融合，丰富产业发展模式。

以北京市集体经济发展较好的海淀区为例，据海淀区融媒体中心北京海淀官方发布的数据，"十三五"期间海淀区集体资产总额年均增长 12.6%，农村集体净资产年均增长 9.4%。全区农村集体经济组织服务 4000 余家企业，其中 57 家为上市公司。"十四五"时期海淀区继续大力推进集体产业转型升级，促进农村集体产业从传统"瓦片经济"向科技服务产业转变，在各类产业园建设、科技商务项目落地、集体租赁住房建设等集体经济项目推进过程中都需要资金支持。

（二）供给分析

1.北京市辖区内的涉农金融贷款情况

北京市辖区内金融机构涉农贷款呈稳步增长态势。北京银保监局数据显示，截至 2021 年末，辖内主要中资银行涉农贷款余额 3648.52 亿元，较年初增长 20%，14 家法人银行普惠型涉农贷款余额 132.14 亿元，较年初增长 28.23%，高于各项贷款平均增速 23.72 个百分点。数据表明，北京涉农贷款需求不断增长。

2. 现有金融产品难以满足农村集体经济组织需求

在众多商业银行的涉农金融产品中，以农户个人信贷为主，单笔金额较小（一般为 30 万—300 万元），无法满足集体经济组织的融资需求；企业客户产品则以新型农业经营主体为主，单笔金额在 1000 万元以下；对公业务还包括针对县域基础设施建设、土地整理、拆迁安置等项目建设的城镇化贷款和针对市场化主体的园区贷款。由于集体经济组织不是企业，这些产品难以满足其融资需求。

总体上看现有涉农金融机构的金融产品难以满足集体经济组织对大额（1000 万元以上）、长期（5 年以上）融资的需求。农村集体经济组织急需满足其发展要求的创新型金融产品。

3. 农村金融机构探索农村集体经济组织专属产品

近年来，农村金融机构也逐步认识到农村集体经济组织的融资需求，开始探索针对农村集体经济组织及其所属企业的专属金融产品。2022 年 5 月，中国农业银行创新推出了农村集体经济组织专属信贷产品——农村集体经济组织贷款，支持发展生产经营，盘活集体资产资源，单笔金额在 1000 万元以下。北京农商银行推出了集体资产量化贷款、集体产业贷款、旧村改造贷款、集建地入市专项贷款（大兴）、集体土地租赁住房建设贷款、乡村周转贷款等。

从调研情况看，目前北京市涉农金融机构为农村集体经济组织及其所属企业，提供的主要金融产品融资担保方式为土地经营权质押、房产抵押、保证担保、经营权质押等。

三、农村集体资产经营权质押贷款产品与案例分析

针对农村金融机构推出的金融产品难以满足农村集体经济组织融资需求的问题，2018 年北京农商银行与北京农村产权交易所（以下简称"北京农交所"）合作开发了农村集体资产经营权质押贷款产品，截至 2022 年底完成了 4 笔集体资产经营权质押贷款业务。调研组选取了其中 2 笔业务——朝阳区南磨房乡"农转非"融资项目和丰台区卢沟桥乡中都泰和融资项目，进行了典型案例研究。下面通过农村集体资产经营权质押贷款产品梳理和典型案例研究，分析农村集体资产经营权质押贷款业务的主要做法和成功经验、存在的困境和问题，提出具有针对性的政策建议。

（一）农村集体资产经营权质押贷款产品

农村集体资产经营权质押贷款产品是由北京农商银行与北京农交所合作开发的以农村集体经济组织或其所属企业持有的经营性物业（集体资产）的经营权作为质押物，通过北京农交所的产权流转服务平台对农村集体资产经营权进行预流转登记，实现权利质押功能的一种创新型中长期、大额信贷产品。

1. 债务人主体

该贷款产品的债务人主体是农村集体经济组织或农村集体经济组织所属企业。对债务人的要求是取得政府相关部门颁发的营业执照或登记证书，具体包括集体所有制的农工商公司、经济合作社等集体经济组织及其直接或间接控股的下属企业等。

2. 质押物

作为质押物的集体资产经营可以通过租赁、承包、委托等方式，依法对集体资产经营并获得合法收益，经营模式包含自营和对外出租两种。

集体资产是指经营性集体资产，特指由乡镇或村集体所有的具有盈利能力的土地及地上建筑物。办理集体资产质押要求集体资产权属明晰且合法有效，能够提供有效的权属证明，不存在权属争议、违规违建的情况，是具有盈利能力的土地及地上建筑物，已建成并投入运营的集体资产，需产生稳定的现金流；已建成但并未使用的，需具备运营条件，且能够对外出租并可获得稳定的收入。

3. 贷款流程

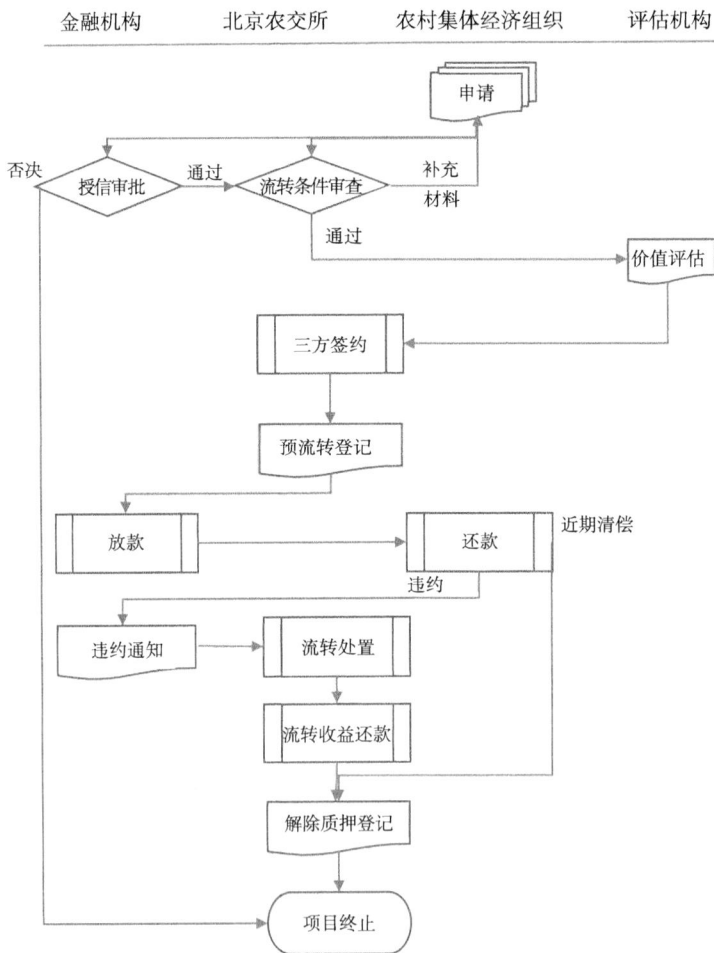

图1　贷款流程

首先，由集体经济组织提供主体资格材料、经营材料、集体资产权属证明材料及决议审批材料；其次，金融机构完成授信审批，北京农交所完成流转条件审查并出具相关通知书；再次，由北京农交所与金融机构共同认可的评估机构对质押资产的经营权进行价值评估；最后，北京农交所依据《借款合同》《质押合同》《资产评估报告》进行预流转登记，金融机构根据质押登记结果完成放款。集体经济组织按期偿清贷款后，北京农交所为其办理解除质押手续。若发生贷款违约的情况，金融机构向北京农交所提供书面通知书，北京农交所根据书面通知书启动质押权利的处置挂牌程序，将集体资产的经营权对外流转（租赁），流转产生的收益（租金收益）用于偿还银行贷款，贷款偿清后，集体资产经营权仍交由集体经济组织经营，办理流程见图1。

（二）农村集体资产经营权质押贷款案例的成功经验

根据对2个案例的研究，农村集体资产经营权质押贷款业务之所以能够成功，主要基于以下几个方面的原因。

1. 产品满足了农村集体经济组织融资需求

2个案例通过对农村集体资产经营权质押，获得了大金额（朝阳区南磨房乡农工商总公司融资4.5亿元，丰台区卢沟桥乡中都泰和融资2.6亿元）、长期限（贷款期限12年）的贷款资金，解决了市场上一般涉农贷款金额小、期限短的问题，满足了农村集体经济组织对于大型项目建设所需的长期、大额资金需求。

2. 现金流稳定可作为第一还款来源

在2个案例中，作为质押标的的集体资产为经营性物业，所处地理位置优越，入住率高、出租率高，物业经营的盈利能力较强，现金流稳定，物业租金收入作为第一还款来源容易获得银行认可。

3. 银行对乡镇资信状况认可

在2个案例中，北京农商银行作为首都支农特色银行，多年来深入植根于北京农村地区，当地支行与所在乡镇都有较稳定的业务合作关系，对当地乡镇政府及其所属集体经济组织的经济实力及发展潜力有充分了解，对乡镇实力及资信充分认可。

4. 质押仅作为补充担保方式

在朝阳区南磨房乡"农转非"融资项目中，南磨房乡农工商总公司作为贷款主体在签订的《借款合同》中约定，由农工商总公司所属华瀚投资集团提供保证担保，并由农工商总公司所属北京欢乐大道商贸公司通惠恒源提供质押担保。在北京农商银行与通惠恒源签订的《质押合同》中，约定通惠恒源以位于北京市朝阳区西大望路甲12号的国家广告产业园一期可供出租物业（面积约12万平方米）的集体资产经营权提供质押担保，表明该质押担保仅作为一种补充担保机制。

在丰台区卢沟桥乡中都泰和融资项目中，贷款项目除以中都科技大厦物业经营权质押外，中都泰和的股东中都集团为其贷款进行了担保，集体资产经营权质押仍然是一种补充担保机制。

5. 项目全过程实现了闭环管理

在集体资产经营权质押贷款业务办理中，增加了风险缓释措施，从而实现了三方面的闭环，有效保障了银行信贷资金的安全性。一是金融机构通过北京农交所履行集体经营性资产经营权预流转手续，实现了对经营权的质押，使集体资产经营权质押贷款业务实现了整体闭环，满足了银行内控审核要求。二是金融机构通过专业手段实现了对信贷资金用途及使用情况的全过程监管，保障了贷款资金使用的安全。三是金融机构通过贷前现场评估、贷后设立专管账户与借款方共同监控资金划拨及使用，实现全流程监管。

（三）农村集体资产经营权质押贷款的困境与问题分析

1. 集体资产经营权非法定权益

集体资产经营权质押贷款业务能够开展的核心是集体资产经营权是一种法律认可权益，并有法定质押程序及质押单位，可依法进行质押以对抗第三方。

在我国现行法律体系中，没有明确将集体资产经营权纳入《中华人民共和国物权法》范围，集体资产经营权并非法定权益，且缺乏质押制度、流程及对质押机构的法律规定，造成以集体资产经营权作为担保物的融资担保方式的法律效力不足，导致集体资产经营权质押贷款业务只能以单个项目具体探讨，集体经济组织或集体企业在申请贷款时，采用北京农交所履行"集体经营性资产经营权预流转手续"的方式实现经营权质押，向北京农商银行申请贷款。在这种方式下，集体资产经营权无法单独发挥担保物作用，实质上更多的是作为一种增信措施，而无法作为标准化金融产品大规模推广。

由于缺乏法理依据，农村集体资产经营权质押贷款业务无法进一步推广。这也是北京农商银行尝试4笔农村集体资产经营权质押贷款后没有再开展后续业务的原因。

2. 质押物难以及时足额处置

对于农村产权流转交易服务机构来说，要建立完备的处置机制需要高效、专业的流转市场。北京农交所虽解决了处置机构及处置流程等问题，却并不能保证每笔业务都在银行规定的期限内完成交易。此外，由于北京农交所并未纳入人民法院指定司法处置平台，也影响了其发挥质押物处置功能的效力和效率。

对银行来说，担保物能否及时、足额变现极其重要。集体资产经营权质押贷款对应的经营权一般是集体大型物业的经营权。其在处置过程中面临如下困难。一是此类物业挂牌总价高且对资金支付时限要求严格，对受让方资金实力是极大考验。二是各类物业一般在建设初始就确定了房屋的用途，即使变更经营方，房屋法定用途也不能进行改变，对交易中受让方的选择造成极大限制。此类物业大部分在初始经营时已完成专门建设及装修，经营权转让后，受让方仍需投资进行装修与改建，成本巨大且耗时长久。因此，要实现对集体资产经营权的及时足额处置存在较大不确定因素。

质押的集体资产经营权难以及时足额变现，使得银行不愿接受集体资产经营权为担保物。这已经成为集体资产经营权价值不被银行认可的症结所在，严重制约着相关贷款业务的开展。

3. 经营权质押融资业务成本较高

集体资产经营权质押融资业务开展过程中，贷款的集体经济组织和集体企业除支付贷款利息外，还需要支付其他成本，包括评估费、保险费等。例如，在中都科技大厦经营权质押贷款案例中，中都泰和支付了评估费15万元，保险费每年12万元，合计成本159万元。

当前，集体经济资源资产利用效率较低且利润少，开展集体资产经营权质押融资业务时，需要支付的评估费、保险费等额外成本，一定程度上加大了集体经济经营压力，不利于集体经济的发展，也阻碍了集体资产经营权质押融资业务的推广。

此外，产权评估是确定质押率和建立质押的前提。由于目前农村集体资产经营权开展时间较短，缺少专业评估机构，更缺乏相关评估准则、标准和评估模型，不能客观反映农村资产的市场价值，集体资产产权评估面临缺位困境，也制约了集体资产经营权质押贷款业务发展。

4. 集体土地上物业权属证明缺失

银行开展集体资产经营权质押融资业务，虽然在形式上并不抵押物业所有权本身，但是集体物业具备合法权属证明却是具体项目能够通过银行内部审核的必要前提条件。由于历史原因，农村集体建设用地不同于国有土地的管理，较多集体建设用地房屋建设未能严格按照国有土地的建设审批手续办理，造成北京市集体经济组织拥有的物业类资产普遍缺乏合法权属证明，极大影响了集体资产经营权的流转价值，也不能满足开展经营权质押融资贷款业务的前提条件。

5. 集体经济组织自身发展困境

（1）农村集体经济组织发展基础薄弱。

从集体经济的发展基础来看，集体经济组织自身尚未形成完善的公司治理结构，内控机制、财务管理等方面规范性较差，产业经营主要依赖传统的"瓦片经济"，市场主体能力和开发运营经验不足。

虽然"三块地"改革不断深入，集体土地的融资权能得到一定实现，但是价值评估、抵押登记、处置流转等配套机制尚不完善，且暂未实现与国有土地的同权同价，认可度有待市场检验。

当前，基于集体土地特性，集体产业项目以自持出租运营为主，受宏观经济形势、主体经验不足等因素影响，集体产业的收入水平和盈利能力均处于较低状态。同时，集体经济组织承担农民长期收益保障的民生责任，且缺乏有力的财税政策支持，整体呈现运营成本高、投资回收期长、自平衡和抗风险能力弱等特点，集体经济组织发展任重道远。

（2）集体经济产业结构有待提升。

随着北京市疏解非首都核心功能，北京市农村集体经济面临原有产业结构升级换代及经济质量提升的挑战。一方面，占北京市集体资产过半的朝阳、海淀、丰台、石景山4个区，区域性批发市场、物流仓储等原有低端产业逐步清退；同时，随着近郊地区城市化进程的完成，集体经济组织也难以维持过去通过扩建房屋、楼宇出租发展经济的模式。另一方面，北京市远郊地区特别是生态涵养区，其以生态建设和保护作为首要任务，重点在于完善生态屏障和生态服务功能，难以大规模承接近郊地区转移出的产业，集体经济缺乏实体产业支撑。

由于经营收益较低，银行在审核集体经济贷款时，对其第一还款来源存在疑虑，即使项目质押的集体资产经营权的评估价值较高，也会降低贷款额度甚至不予通过。

四、政策建议

农村集体资产经营权质押贷款产品具有现实意义和潜在需求，通过赋予集体资产经营权法定权益和建立集体资产经营权质押登记、评估、处置机制，完善物业权属证明、建立财政补贴机制、建设区级三资管理平台等系列解决方案，完善集体资产经营权质押贷款产品，有利于解决集体经济发展的瓶颈，丰富集体经济组织的融资路径，壮大首都集体经济，促进首都乡村振兴和率先基本实现农业农村现代化。

（一）探索赋予集体资产经营权法定权益

1. 推动试点先行

建议北京市政府相关委办局（北京市规划和自然资源委员会、北京市农业农村局、北京市地方金融监督管理局等，下同）协调中国人民银行营业管理部、中国银行保险监督管理委员会北京监管局，将集体资产经营权及其质押担保权利纳入农村产权制度改革试点以集体资产（主要是经营性物业资产）占比较大的朝阳区、海淀区、丰台区为试点地区借鉴农用地"三权分置"的成功经验，试点赋予集体物业经营权的法定地位，解决集体资产经营权质押融资业务的担保物法律效力问题，实现集体资产经营权的金融属性，为解决集体资产存量固化、结构僵化的问题进行有益实践。

2. 探索地方立法

一方面，借鉴北京市根据《农村承包土地的经营权抵押贷款试点暂行办法》（银发〔2016〕79号）开展相关工作的有益经验参考《北京市农村承包土地经营权抵押贷款实施办法（试行）》的有关规定，出台北京市开展集体资产经营权质押贷款业务的相关政策。通过有关政策，明确贷款申请条件和办理流程、质押价值认定和登记、质押权的监管和处置、风险控制与补偿机制等内容稳妥规范推进经营权质押贷款，保护借贷当事人合法权益，推动农村集体经济发展。

另一方面，建议北京市在制定集体资产经营权质押贷款的相关地方法规时，借鉴北京市农村承包土地经营权质押贷款有关经验，明确将北京农交所作为指定集体资产经营权质押登记平台，负责集体资产经营权的质权登记管理系统开发与维护、质押登记办理、质权登记证颁发、质押登记档案管理、查询服务等工作。

（二）建立集体资产经营权质押登记和评估、处置机制

《中国人民银行营业管理部等六部门关于金融支持北京市全面推进乡村振兴的实施意见》（银管发〔2022〕1号）提出：鼓励金融机构与北京农业融资担保有限公司、北京农村产权交易所等涉农机构高效合作。支持北京农村产权交易所建立合同履约登记系统、积极参与农村金融产品创新、探索涉农贷款处置清收的有效路径。该政策为依托北京农交所建立农村集体资产登记平台提供了政策保障。

针对集体资产经营权评估缺位问题，建议北京市财政局等部门协调北京市资产评估协会等具有服务农村集体资产评估意愿的专业评估机构，建立集体资产经营权的评估方法、模型，形成评估准则；北京农交所可将更多专业评估机构纳入服务体系；针对集体资产经

营权质押贷款业务开展过程中，银行对担保物处置存在疑虑而影响业务开展的问题，可通过丰富和完善集体资产经营权处置渠道和机制加以解决。

1. 完善集体资产经营权处置渠道

当集体资产经营权质押贷款项目出现还款困难时，银行能够及时、足额处置质押的集体资产经营权的机制，是集体资产经营权价值被银行认可的关键。建议参考北京市政府出台的农村土地承包经营权抵押贷款相关政策，将北京农交所纳入司法处置平台，当集体资产经营权质押贷款发生违约且银行按照《借款合同》和《质押合同》的约定需要进行质押物处置时，银行可顺利通过北京农交所组织的司法拍卖获得处置资金，从而解决银行在集体资产经营权质押贷款中的担保物处置困境。

2. 建立集体资产经营权收储机制

建议各区由区政府或区农村集体资产监督管理委员会引导本区统筹集体经济组织闲置资本，组建专门的集体资产经营权收储基金（又称风险补偿基金），采取市场化方式开展集体资产经营权收储回购相关业务，对因集体资产经营权质押贷款违约需处置的集体资产经营权（担保物）进行收储，打破金融机构办理贷款业务遇到的担保物变现困难的问题，降低银行坏账风险，激发银行开展集体资产经营权质押贷款业务的积极性，激活集体资产经营权的金融属性。

（三）规范完善集体土地上物业权属证明

规范完善的物业权属证明是集体资产经营权获得法定权益的前提条件。针对相关集体建设用地的法律法规不健全等各种原因造成集体建设用地地上物审批手续不全、有关权证缺失的问题，建议北京市各区政府以区集体资产监管联席会议为抓手，组建专门工作组，建立与市级相关主管行政部门沟通会商机制，按照区别对待、分类解决和疏堵结合的原则，共同讨论历史遗留问题的解决方案，争取北京市出台相关集体建设用地房屋的历史遗留问题界定标准；规范完善集体土地物业权属证明，推进集体资产经营权质押融资业务开展。

（四）建立集体资产经营权质押贷款补贴机制

建议根据《中共中央 国务院关于全面推进乡村振兴加快农业农村现代化的意见》《关于加快农业保险高质量发展的指导意见》《关于推动银行业和保险业高质量发展的指导意见》（银保监发〔2019〕52号）及《北京市"十四五"时期乡村振兴战略实施规划》（京政发〔2021〕20号）和《北京市财政局关于印发〈普惠金融发展专项资金管理办法〉的通知》（京财金融〔2021〕850号）等文件精神，由北京市农业农村主管部门及财政部门共同出台资金补贴等扶持政策，鼓励金融机构开展集体资产经营权质押融资业务，有效降低集体经济组织和企业融资成本，推动北京市集体资产经营权质押融资业务健康发展。

（五）建设区级三资管理平台加强项目闭环管理

建议各区以北京农交所开发的农村集体资产资源数据管理可视化平台为基础，结合本区多年形成的农村地区信息化管理手段和历史数据，统筹规划、统一标准，建设"区农村三资信息化管理平台"，将各项管理工作联动，通过大数据分析、智能分析比对等，自动发现农村集体资产资源使用、资金使用、合同执行、股份分红、投资收益等各类农村集体经济事项中存在的问题，使其成为金融机构强化集体资产经营权质押贷款项目闭环管理的有效手段。金融机构可以根据区有关部门授权，调取"区农村三资信息化管理平台"大数据，利用平台的跟踪、监督、统计功能，加强对信贷资金用途及使用全流程监督管理，确保信贷资金使用符合合同约定用途；平台电子签章、电子合同等功能，可以实现对项目运营收益及贷款企业现金流的全方位闭环管理，有效提升贷款项目的安全性，有利于提高金融机构积极性，促进集体资产经营权质押贷款业务的开展。

执笔人：林子果、刘冉、陈艺曦、黄丽

朝阳区南磨房乡集体资产经营权质押贷款调研报告

"十三五"时期以来，北京市积极探索通过质押贷款方式激活农村集体资产经营权的金融功能。截至 2022 年末，集体资产经营权质押贷款业务累计完成 4 笔，发放贷款总金额 15.75 亿元，办理预流转的集体资产经营权涉及物业面积约 27 万平方米。朝阳区南磨房乡作为成功案例之一，通过对集体资产经营权的质押，激活了集体物业资产预期租金收益的金融属性，解决了整建制转居（"农转非"项目）工作所需的资金问题，对在全市范围内探索和创新金融支持农村集体经济组织发展模式、拓宽融资渠道提供了参考价值。

一、基本情况

朝阳区南磨房乡位于首都东南四环城乡结合部。1992 年，南磨房乡打破传统的"三级所有，队为基础"管理体制，实行乡级核算和专业化管理，在乡农工商总公司下分别设立农业、工业、商业、建筑、物流等公司，统筹管理全乡所有集体企业。作为北京市绿化隔离地区试点乡，南磨房乡充分利用紧邻城市核心区的区位优势，紧紧抓住绿隔建设机遇，不断优化产业结构，确保乡集体经济平稳较快发展，顺利完成城市化转型。目前，南磨房乡农工商总公司为乡合作经济联合社所属的集体企业，下属企业包括华瀚投资集团、北京欢乐大道商贸公司和北京通惠恒源文化产业管理有限公司（以下简称"通惠恒源"）在内的 15 家乡属全资集体企业及 1 家股份制合作公司。2017 年，为筹集整建制转居（"农转非"项目）工作所需的资金，经南磨房乡合作经济联合社召开的社员代表大会表决同意，南磨房乡农工商总公司决定，将占用集体经营性建设用地上建设的"北京国家广告产业园一期的可供出租物业"作为质押标的（集体经营性建设用地的所有权人为南磨房乡农民集体，使用权人为南磨房乡农工商总公司，北京国家广告产业园一期的物业经营权归属通惠恒源），向北京农商银行成功申请并获得了金额为 4.5 亿元、期限为 12 年的贷款。

二、主要做法

（一）集体资产经营权质押担保等多种担保方式并行

在南磨房乡农工商总公司与北京农商银行签订的《借款合同》中约定，由乡农工商总公司所属的华瀚投资集团提供保证担保，并由乡农工商总公司所属的北京欢乐大道商贸公司、通惠恒源提供质押担保，由此可见，该笔融资采用"保证担保＋质押担保"的形式。

在北京农商银行与通惠恒源签订的《质押合同》中，约定通惠恒源以北京国家广告产业园一期可供出租物业（面积约12万平方米）的集体资产经营权提供质押担保，集体资产经营权成为融资业务中的有效担保物。

（二）农村产权流转交易与处置等问题得到妥善解决

2018年，通惠恒源在北京农村产权交易所和北京农商银行共同配合下，完成"北京集体资产经营权质押贷款"业务的信息登记、价值评估、履行"北京国家广告产业园区一期可出租物业经营权"预流转手续等各项前期工作。通惠恒源、北京农村产权交易所、北京农商银行三方签署质押标的预流转进场协议。北京农商银行通过北京农村产权交易所履行集体经营性资产经营权预流转手续，实现对经营权的质押，解决集体资产经营权质押贷款业务最核心的问题，满足了银行机构的内控审核要求。

（三）信贷资金的使用监管及回款闭环管理

集体资产经营权质押贷款业务在信贷资金的使用监管及回款上实现闭环管理，有效保障银行机构信贷资金的安全性。一是北京农商银行在贷款前对产业园区进行现场评估，并收集租赁合同台账和部分租赁合同，用以测算项目运营收益；二是北京农商银行通过设立专管账户，与南磨房乡农工商总公司共同对资金的划拨、使用和回款进行全流程监管，确保信贷资金使用符合合同约定用途；三是北京农商银行对资金流量是否与项目进度匹配进行有效监管，保障贷款资金使用的安全。

（四）借款合同主要条款约定灵活

2018年，在确认符合集体资产经营权质押担保业务要求，经过北京农商银行履行内部各项贷款审批手续之后，北京农商银行商务中心支行完成集体资产经营权质押贷款业务的放款。《借款合同》的主要条款约定灵活，一是贷款利率为基准利率（LPR）上浮20%，每半年根据LPR进行利率调整。贷款利率随行就市与LPR挂钩，基于LPR下行的趋势，对于企业还款有利；二是还款方式灵活，此项目还款方式为分期还款，减轻了企业到期还本付息的压力。

三、经验启示

（一）集体资产经营权作为补充担保，项目成功更多依赖于集体经济组织的经济实力

本案例的贷款方为北京农商银行，具体业务的执行方为北京农商银行商务中心区支行。北京农商银行商务中心区支行与南磨房乡农工商总公司有较长的业务合作关系，对南磨房乡的经济实力及发展潜力有充分认识。在北京国家广告产业园区经营权质押贷款中，南磨房乡整建制转居工作所需资金能够获得北京农商银行的贷款，关键因素是北京农商银行对南磨房乡农工商总公司的经济实力和资信状况的认可，并在《借款合同》之外，南磨房乡农工商总公司所属全资企业华瀚投资集团提供了保证担保、北京欢乐大道商贸公司和通惠恒源提供了质押担保。本项目中的集体资产经营权质押担保仅作为一种补充担保方式。虽然贷款已经办理成功，但在调研中，银行机构仍然对一旦违约能否如期处置担保物心存疑虑，更多的还是看重南磨房乡的政府信用和农工商总公司的经济实力。这也表明虽

然进行了经营权质押担保的探索，但是在项目成功获贷中发挥的作用有限，在全市尤其是集体经济收入不稳定的地区，推广难度较大。

（二）质押标的租金收入作为第一还款来源获得银行机构认可

北京国家广告产业园区是国家工商总局首批认证的九个国家级广告产业园区之一，是全国首个国家文化产业创新实验区重点功能性园区，于 2012 年正式挂牌。其集体资产经营权作为质押标的，有以下显著优势和特点：一是北京国家广告产业园区具有优越的地理位置，更易吸引客源。园区核心区紧邻 CBD，位于北京电视台南侧，西起庆丰公园、东至东四环、南至京秦铁路，所处位置文化产业发达；二是北京国家广告产业园区的经营已形成聚集效应，客户实力雄厚且合作关系稳定。园区一期已建成 12 万平方米并投入使用，汇聚了北京国际广告传媒集团、引力传媒、阿里巴巴、联动文化等 150 余家国内知名广告和新媒体企业，入驻率 98%，集聚效应显著。基于以上两方面因素，北京农商银行商务中心区支行对园区物业经营的盈利能力充满信心，物业租金收入作为第一还款来源获得银行机构认可。

（三）项目实现了对第一还款来源的监管

通过对项目运营收益即第一还款来源的闭环管理，能够有效控制贷款资金的收回，是分散银行机构贷款风险的一种保障。一方面，在贷前评估借款方未来现金流的稳定性并核查其流水确认真实性；另一方面，在贷中通过设立专管账户实时监督资金的划拨使用与回款情况，及时发现风险并进行处理，满足了银行机构对还款风险控制的要求。

（四）应解决集体资产权属证明缺失问题，满足融资合规要件的需求

据调研，银行机构开展集体资产经营权质押融资业务，虽然在形式上并不抵押物业所有权本身，但是集体物业具备合法权属证明是银行内部审核此类项目的合规要件。通惠恒源经营的北京国家广告产业园一期项目权证未完善，银行机构采用设立专管账户等方式规避因缺乏合规要件带来的风险，但是集体经济组织拥有的物业类资产普遍缺乏合法权属证明仍是制约集体资产经营权质押贷款业务推广的重要因素，应予以积极解决。

执笔人：林子果、刘冉

金融支持首都生猪产业发展

——北京丰森源农业发展有限公司调研报告

生猪产业是北京都市现代农业的重要组成部分，猪肉是首都人民"菜篮子"肉类食品中重要品种。近期，我们深入北京丰森源农业发展有限公司（以下简称"丰森源"）实地调研，与企业负责人进行了座谈交流。本报告梳理了企业的经营情况、财务状况与核心诉求，以金融视角为企业提供"融智"服务，支持北京市生猪稳产保供。

一、企业基本情况

为贯彻落实北京市稳定生猪生产、保障市场供应的决策部署，促进首都健康生态养殖业发展，延庆区规自委、农业农村局根据限定要素、选址要求，选定旧县镇米粮屯村的林地用于建设生猪养殖场（以下简称"猪场"）。该片土地由北京丰森源林业科技有限公司承包，丰森源为猪场建设的运营主体。

（一）股东构成

丰森源成立于 2020 年 4 月 26 日，注册资本 1.5 亿元，是一家专注于生猪养殖的畜牧业公司。企业股东是北京银发畜牧科技发展有限公司、北京丰森源林业科技有限公司、河南增繁北育农业技术有限公司，持股比例分别为 51%、36%、13%。其中第一大股东北京银发畜牧科技发展有限公司是河南银发牧业有限公司的全资子公司。河南银发牧业有限公司在河南省的种猪及饲料产业具有一定规模，具备一定的投资实力以及生猪养殖经验，因有意向投资北京生猪市场，成立了北京银发畜牧科技发展有限公司并认缴了丰森源 51%的股份。

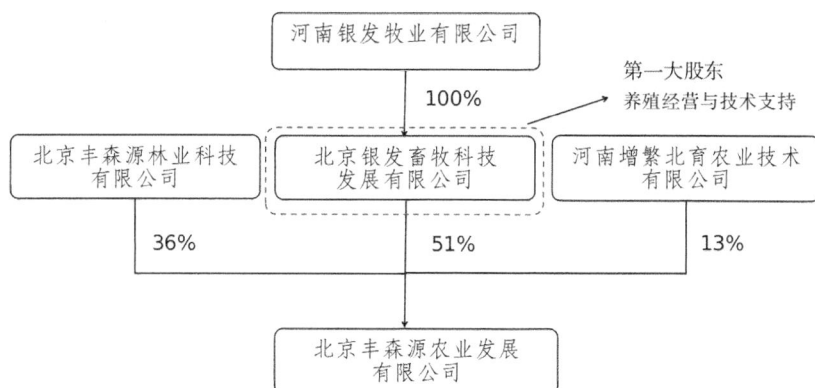

图 1　丰森源股东构成情况

（二）经营情况

丰森源的猪场于 2020 年 11 月 21 日完成生物安全验收，11 月 30 日进猪投产，2021 年 1 月 29 日完成联合竣工验收，在北京市本批次新改扩建猪场中最早完成验收。企业成立后快速布局运营，已实现出栏、销售，运营进程见表 1。

表 1　丰森源 2020—2022 年经营情况

时间	进度
2020 年 11 月 30 日	引入 6000 头后备母猪与 1800 多头育肥仔猪
2021 年 2 月 16 日	开始第一批连续配种
2021 年 3 月 3 日	开始第一批五周批次化生产配种
2021 年 5 月 23 日	销售第一批育肥猪 1818 头
2021 年 6 月 12 日	第一批连续生产仔猪出生 6500 头
2021 年 7 月 21 日	第一批五周批次化生产仔猪出生
2021 年 12 月 10 日（纳统日）	能繁母猪 3212 头，种公猪 136 头，育肥仔猪存栏 31289 头
2022 年 7 月 31 日	已完成各类猪只出栏、销售 54557 头，已完成总任务 9 万头的 60.62%

2022 年前三季度北京市出栏育肥猪 26.7 万头[①]，其中丰森源出栏育肥猪 3.09 万头，占有率为 11.57%。丰森源 2022 年前三季度营业利润为负，主要原因在于出栏育肥猪均为自繁自养，自繁仔猪成本过高。由于 2022 年上半年市场行情不好，丰森源及整个行业均在减少存栏量、减配种量。2022 年 5 月，丰森源开始增加母猪配种量，若未来达到满产状态，预计每头仔猪成本控制在 400 元，全阶段成本控制在 2200 元左右（120 公斤），全阶段每公斤成本控制在 18.33 元 / 公斤，即销售盈亏平衡点为 18.33 元 / 公斤。同行业其他企业相关情况见表 2。

---

① 数据来源：北京市统计局。

表 2　同行业龙头企业经营情况

名称	股票代码	前三季度利润（万元）
牧原股份	002714	183,000
新希望	000876	−361,000
正邦科技	002157	−838,000
温氏股份	300498	88,000
养殖业（平均）（22家养殖业 A 股上市公司）	—	−73,400

数据来源：九方智投。

二、所属行业与企业经营情况分析

（一）行业集中度低，"自繁自养"模式前期投入成本高

从国内生猪产业分布来看，我国生猪养殖规模化程度在不断提高，但整体上仍处于较为分散的状态。2020 年我国出栏 500 头以下的养殖场出栏量占比高达 43%。2021 年我国生猪养殖企业 CR10 市占率约为 12.34%[①]，行业集中度较低。

我国生猪养殖模式大致可以分为"自繁自养"、紧密型"公司＋农户"以及松散型"公司＋农户"三种，规模化养殖企业通常采用前两种模式。随着产业发展、资本进入，加之环保因素影响，农户散养模式正逐步退出市场。丰森源的生猪养殖模式属于"自繁自养"，即企业自建养殖场、采用专业化养殖技术，并雇用饲养人员，具有独立自主供应链、分工效率更高、食品安全控制较好、规模化效应强等优势，但存在重资产、高折旧、财务要求高等问题。

丰森源自 2020 年成立至今获得股东入股、财政资金补贴、金融机构贷款等方式注资，用于建设猪场、种猪购买及生猪繁育。"自繁自养"模式前期需要投入大量资金，不仅依靠股东强大的投资能力和财政资金补贴，更需要有专业的金融资本融资能力和现金流把控能力。一方面，应对成本上涨采取扩大产能，摊薄固定成本，形成规模效应，增加饲料采购量，提高对饲料供应商议价能力，选择行业内头部饲料供应商，保证饲料质量、供给和价格的多重稳定和最优；另一方面，完成二期猪场及配套设施建设后，通过使用本地优质玉米生产饲料，将降低饲料原料运输成本、饲料生产成本及饲料运输成本。

[①]CR10 指年出栏量排名前 10 位的养殖企业生猪出栏总数占全国总量的比例，数据来源：中商产业研究院数据库。

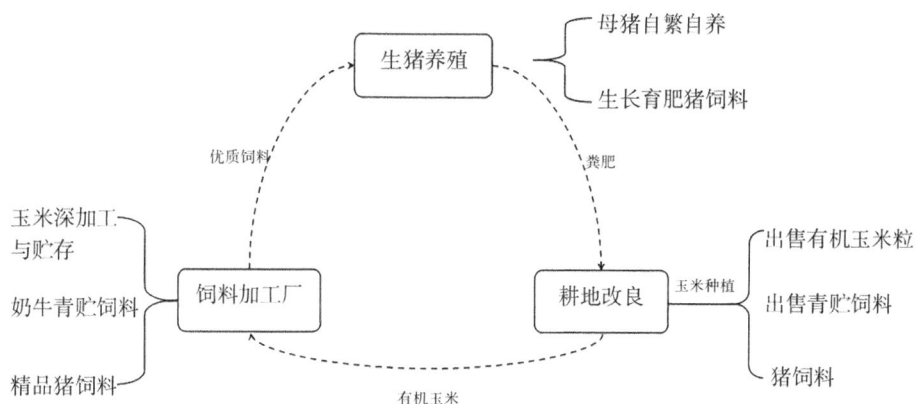

图 2　丰森源生态种养循环

（二）生猪养殖面临较大的经营风险

生猪养殖行业面临的经营风险主要表现在以下两个方面：一是猪群疾病风险，生猪养殖行业暴发的大规模疫病给猪场带来巨大防疫压力，防疫成本投入增加，导致经营成本高，同时暴发的安全事件与区域疫情使消费者产生恐慌心理，降低对生猪的需求。例如，猪瘟、蓝耳病、仔猪腹泻、伪狂犬等常见病经常困扰着生猪养殖行业，尤其是 2018 年 8 月非洲猪瘟在我国的暴发传播，给养猪业造成了巨大的损失。二是市场风险，对于我国生猪市场，由于市场的无序竞争，生猪存栏大量增加，导致饲料价格上涨、生猪价格下跌，引发"猪周期"。"猪周期"的循环轨迹一般是：肉价高—母猪存栏量大增—生猪供应增加—肉价下跌—大量淘汰母猪—生猪供应减少—肉价上涨。

针对行业风险，丰森源采取了积极的应对措施。在猪群疾病的风险防控方面，丰森源严格执行饲养场地选址和布局标准，强化了地理隔离的风险边界，建立了严格的防疫管理制度、精细化管理体系和规模养殖场生物安全隔离区。其养殖场采取全封闭式管理，严格控制外来人员及车辆进入。丰森源在各阶段执行全进全出的养殖模式，空闲期进行严格的消毒净化，有效防止疫病传播。因此，丰森源猪场防疫级别较高，且上下游客户稳定。依据《北京市农业农村局关于印发〈北京市生猪产能调控实施方案（暂行）〉的函》（京政农函〔2021〕75 号），丰森源被列为北京市生猪产能调控基地。在市场风险防控方面，丰森源按照产能随行就市销售生猪，因此猪周期的价格变化直接影响其养殖利润。2020 年猪肉价格下行严重，丰森源当年出栏的生猪均为赔钱销售，2022 年下半年全国猪肉价格上涨相应提高了丰森源的养殖利润。

（三）前期融资难度较大，依赖相关政策支持

丰森源财务数据及对比数据较少，并且生猪养殖行业较为特殊，行业波动性较大，成立后正逢猪价波谷期，企业连年亏损，营收较差。丰森源的生产经营关乎整个北京市生猪供给计划，鉴于丰森源实际资金需求和获得的政策补贴情况，后续补贴资金和经营收入较稳定。2020 年，北京农商银行为丰森源提供贷款服务。因有核定的 1 亿元财政补贴为背书，北京农商银行最终核定提供金额 1 亿元、期限 2 年的循环贷款，用于补充经营所需流

动资金,具体用途为:采购种猪、采购饲料、采购生物性耗材等,第一还款来源为财政补贴。该笔贷款为2020—2022年丰森源成立初期的正常运营提供了有力保障,截至2022年11月,丰森源已全部结清在北京农商银行的贷款。

自2022年下半年,随着猪肉价格走高,丰森源规范化运营,已实现月约100万元的盈利,可维持一期猪场的正常运营。丰森源虽已实现盈利,但营业收入和利润仍无法覆盖扩建和实现生态种养循环的资金需求,加之疫情等不确定性因素影响,未能获得银行续贷。由于资金缺位,二期育肥场建设工作停滞,处于"项目等资金"的状态。

三、财政补贴情况及核心诉求

根据北京市农业农村局、财政局联合制定的《北京市生猪产业优化提升发展项目实施意见》(京政农发〔2020〕36号)(以下简称《实施意见》),丰森源符合新建自繁自育生猪养殖场的补贴政策。《实施意见》规定,按照不超过结算评审资金的50%,且设计存栏每个补贴单元(500头母猪为一个单元)不超过1000万元进行补贴。补贴资金按照6:4比例,根据考核指标完成情况分两批拨付。第一阶段:项目建设验收合格后,拨付60%补贴资金;第二阶段:项目生产验收合格后,未发生非洲猪瘟等重大动物疫情,按照考核指标完成情况据实拨付剩余40%补贴资金。

根据企业申报建设方案和辖区工作实际,丰森源设计栏位为5000头基础母猪,补贴资金为1亿元。截至2022年11月,丰森源已获得补贴合计金额为11405万元,包括猪场建设补贴9200万元和农机补贴2205万元。减去已到账的9200万元补贴,剩余补贴资金为800万元。财政资金补贴及验收标准见表3。

表3 财政资金补贴情况表　　　　　　　　　单位:万元

补贴项目	补贴日期	验收标准	补贴金额	补贴总额
农机补贴	2021年1月28日	购买农机后凭票申请	2205万元	2205万元
猪场建设补贴	2021年1月29日	场房、土建、建设完工	5040万元	9200万元
	2022年4月19日	种猪引进达标	2160万元	
	2022年11月4日	育肥出栏达标、非瘟防控达标	2000万元	
总计				11405万元

通过对需求的概算,丰森源规划建设二期育肥场及配套设施,亟须获得1.84亿元资金支持。育肥场将采用国内最先进成熟的美式大单元、空气过滤、保育育肥一体化模式,完成建设后将拥有6栋舍×2单元×1600头,共19200头育肥猪的存栏能力,可以承接体重6公斤、21日龄的断奶仔猪,一直饲养到育肥出栏的120公斤、185日龄,年出栏批次为2次,年最大出栏量为38400头。丰森源生猪养殖项目实现生态种养循环长期规划的配套设施,包括饲料加工和粪肥处理工程等。资金具体投向见表4。

表4　资金需求概算　　　　　　单位：万元

工程项目	设备投资	土建、设施投资	总计
存栏 2 万头育肥猪场	1500	3500	5000
服务中心（洗消、烘干、转猪）	200	600	800
猪场粪肥集中处理工程	800	1200	2000
生活管理中心及综合化验室	300	600	900
饲料车间（单班制年产 6 万吨）	2700	2000	4700
流动资金补充（实现满负荷生产）	—	—	5000
合计	—	—	18400

四、融资建议

基于丰森源面临的融资困难，建议企业采用部分融资＋滚动融资的模式，将二期育肥猪场项目建设运转起来。根据 1.84 亿元的资金需求，总体上优先采用混合融资的模式解决 1 亿元资金需求，其中 6000 万元用于二期育肥猪场和基本配套设施建设，4000 万元用于补充流动资金。投入运营后，通过运营利润及补充融资逐步解决剩余 8400 万元的资金需求。具体融资建议见表5。

表5　丰森源融资分析表　　　　　　单位：万元

融资渠道	金额
银行贷款（抵押或信用）	2000
活体抵押	1000
融资租赁	3000
政府补贴款	800
股东投入、政策性基金等	3200
小计	10000
滚动投入	8400
合计	18400

通过多种融资渠道组合解决前期 1 亿元资金需求，包括银行抵押、担保或信用贷款 2000 万元，活体抵押 1000 万元，融资租赁 3000 万元，政府补贴款 800 万元，另外 3200 万元通过股东投入、政策性基金等方式解决。

一是银行贷款方面，一方面根据丰森源的出栏计划、未来预测的销售情况，2022 年销售现金流为 6800 万元，可覆盖银行 2000 万元贷款；另一方面可与其股东协调，通过股东提供担保的方式向银行申请贷款，其第一大股东河南银发牧业有限公司经营情况较为稳健，盈利情况良好。2021 年，河南银发畜牧发展有限公司本部实现利润总额 5837.97 万元（未包括转移到养猪板块的利润），有较强的担保能力。

二是活体抵押方面，截至 2022 年 11 月，北京市已成功落地两笔活畜抵押贷款，落地行分别为中国农业银行和北京农商银行。其中，中国农业银行落地了一笔奶牛活体抵押贷款，北京农商银行落地一笔生猪活体抵押贷款。两笔贷款均依托线上的智慧畜牧场景，提供活体牲畜数字化管理等功能，并对活体实施押品监测。丰森源可着重对接以上两家银行，探索采用生猪活体抵押贷款的可行性。

三是融资租赁方面，丰森源目前已向融资租赁公司申请了融资租赁借款，以猪场的生产设备作为抵押，所借款项均用于猪场建设，贷款金额共 2150 万元，未还余额共 1320.5 万元。其中，浙江浙银金融租赁股份有限公司未还余额为 812.5 万元，剩余还款期限为 1 年；亿多世（中国）融资租赁有限公司未还余额为 508 万元，剩余还款期限为 2 年，以上均采用分期还本还息，减轻了丰森源的还款压力，但是资金使用综合成本约为 12%，成本较高。

相对于银行贷款而言，融资租赁对融资人的资质要求相对宽松和灵活，由于租赁品在出租人名下，承租人一般预先支付了 30%—50% 的设备租赁保证金，租赁本金和租金按期匀速支付，则租赁公司可以有效控制风险，一旦企业出现违约和经营情况恶化，租赁公司无须通过产权变更，便有权处置租赁物。因此，租赁公司对于承租人考量的重点在于其设备的使用价值、残值以及设备能够直接产生的现金流，往往不再要求承租人提供额外抵押，仅提供必要的保证即可。从期限上看，一般相对银行贷款，融资租赁期限更长，且基本与企业经营周期能够匹配，还款节奏基本可以与企业现金流相匹配。但相对来看，融资租赁的资金综合成本较高，给企业带来了较大的利息负担。

截至 2022 年 11 月，丰森源通过设备的全面盘点，预估未做融资租赁的生产设备等固定资产价值在 4500 万元左右，因此拥有继续申请融资租赁的能力。

四是政策性基金方面，建议设立由政府主导、社会资本参与的农业基金。在稳产保供方面，基金重点投资于北京市设施农业、生猪养殖等企业，对丰森源等保证首都"菜篮子"供应的企业进行重点考察，符合基金投向则纳入备选标的，作为基金储备项目。

五是政策性保险方面，由于畜牧业面临自然风险、市场风险较高，且经营主体承受风险的能力较差，为促进生猪生产，实现产能提升，要进一步完善生猪养殖政策性保险制度，创新生猪养殖险种，提高保障水平，满足经营主体的保险需求。

执笔人：林子果、刘冉

卢沟桥乡集体资产经营权质押问题调研报告

农村集体经济是我国公有制经济的重要组成部分，大力发展农村集体经济是落实乡村振兴战略的重要抓手。北京市农村集体资产数量相当庞大，据统计，截至 2021 年末，全市农村集体资产总额 9914 亿元。其中，经营性资产总额 7395 亿元。如何高效地盘活利用集体资产，激活其金融属性，真正实现其市场价值，进而带动农民增收，促进共同富裕是当前亟待解决的重要问题。农村承包土地的经营权抵押贷款实现了所有权、承包权和经营权相分离，一定程度上释放了农村生产要素的活力。农村集体资产经营权质押贷款是继承包土地经营权抵押贷款试点之后，拓宽农村融资渠道、实现金融扶持乡村振兴的又一有益创新和探索。

一、基本情况及面临的困难

北京市丰台区卢沟桥农工商联合总公司于 2011 年底完成集体产权制度改革，改制为北京卢沟桥中都投资有限公司（以下简称"中都投资"）。卢沟桥乡下辖的 21 个村级集体经济组织占中都投资的 80% 股份，另外 20% 股份为乡级集体股，由卢沟桥乡经济联合社持有。经过多年发展，中都投资已经发展成为拥有北京东兴联房地产开发有限责任公司、北京中都盛业投资管理有限公司、北京中都泰和酒店管理有限公司等多家子公司的集团企业。2019 年，中都投资正式改名，工商名称变更为"北京卢沟桥中都投资集团有限公司"（以下简称"中都集团"）。截至 2021 年底，中都集团注册资本达 63062.38 万元，资产总规模达 188916 万元，年经营收入 60207 万元、净利润 1508 万元。中都集团于 2011年投资注册了全资子公司"中都泰和科技企业孵化器有限公司"（以下简称"中都泰和"），其负责的中都科技大厦项目，于 2017 年底竣工，占地面积约 11400 平方米、建筑总面积 54639 平方米，建设投资总额为 3.5 亿元，属于农村集体产业提档升级项目。中都泰和面临着建设中都科技大厦的资金缺口，作为集体企业，无法向金融机构提供有效的抵质押物，无法满足金融机构放贷的合规要件。这就需要金融机构根据实际需求制定一款既能降低自身经营风险，又能给予集体企业相应金融支持的产品。

二、主要做法

（一）创新产品设计，明确具体条款

2017 年，北京农商银行与北京农交所共同推出了"集体资产经营权质押贷款产品"，

该产品是以农村集体经济组织或其所属企业持有的经营性物业（集体资产）的经营权作为质押物，通过北京农交所产权流转服务平台和农村产权抵质押信息库，实现权利质押功能的一种创新型中长期、大额信贷产品。2018 年，北京农交所配合北京农商银行丰台支行，完成了项目的信息登记、价值评估，通过履行中都科技大厦经营权预流转手续，完成了中都科技大厦经营权质押的各项前期工作。北京农商银行履行内部各项贷款审批手续，北京农商银行丰台支行完成贷款合同签署和项目放款，贷款合同的主要条款为：一是贷款金额 2.6 亿元，贷款期限 12 年，贷款利率 4.9%。项目还款方式为按季度付息，每年还本金 2 次；二是贷款项目除经营权质押外，中都泰和的股东中都集团对贷款进行担保；三是贷款项目除利息外，中都泰和还支付了其他成本，如评估费 15 万元，保险费 144 万元（贷款 12 年，每年 12 万元），共计 159 万元。截至目前，此项目还本付息正常。

（二）严格征信确认，增添担保机制

北京农商银行作为首都支农特色银行，多年来深耕北京农业农村，不断进行信用建设，与地方政府及所属集体经济组织的经济实力及发展潜力有了充分的认识和了解。案例中的中都泰和与北京农商银行也是保持着多年业务合作关系的合作伙伴，北京农商银行对其实力及资信有着充分的认可。此外，中都集团作为中都泰和的控股股东也为项目提供了担保增信，暨对集体资产经营权质押的一种补充担保机制。

（三）三元闭环管理，保障信贷资金安全

集体资产经营权质押贷款在业务设计时，就通过增加风险缓释措施，使项目全过程实现了闭环管理，有效保障了银行信贷资金的安全。一是实现农村产权流转交易的闭环管理。通过北京农交所履行集体经营性资产经营权预流转手续，实现了对经营权的质押，解决了集体资产经营权质押贷款业务最核心的问题，使集体资产经营权质押贷款实现了业务整体闭环，满足了银行内控审核的要求。二是实现了贷款使用监管的闭环。北京农商银行通过专业手段实现了对信贷资金用途及使用情况的全过程管理，确保了信贷资金使用符合合同约定用途；同时对资金流量是否与项目建设进度匹配进行了有效监管，保障了贷款资金使用的安全。三是实现了对项目运营收益即第一还款来源的闭环管理。北京农商银行通过设立专管账户，与中都泰和共同对中都科技大厦资金收益的划拨及使用进行全流程监管，确保了贷款如期还本付息。

三、经验启示

中都科技大厦经营权质押贷款项目的成功实施，证明了在北京市开展集体资产经营权质押贷款业务具备一定的可行性和实施条件。该业务通过对集体资产经营权进行质押，实现了集体物业资产的金融属性。但要大规模地开展和推广还存在着根本制度和保障的不足，就现阶段而言还是具有一定局限性。

（一）充分认识中都科技大厦经营权质押贷款项目的成功实施的特殊性

作为经营权质押标的的中都科技大厦，毗邻西四环，北临京港澳高速公路，地铁融汇，具备得天独厚的区位优势、拥有产业集群及专业运营科技产业发展的空间，各种隐性

价值凸显。2017 年，中都泰和与首都医科大学合作成立"首科医谷"医学成果转化平台，积极探索建立医学成果转化集聚区，为项目提供概念验证、临床申报、早期投资、成果展示等一站式服务。自建成运营以来，中都科技大厦先后获得北京市地区政府采购会议定点单位、北京市军民融合领域培育园、北京市创业孵化示范基地、北京市小型微型企业创业创新示范基地、中关村科技孵化协同创新中心等在内的 10 余项专业资质认可。2022 年 3 月，被科技部火炬中心拟认定为国家级科技企业孵化器。截至 2022 年 6 月，中都科技大厦引入了掌引医疗、华光普泰、中关村精准医学会等近百家企业和机构入驻，打造了有影响力的医疗创投服务平台，成为北京丰科板块新标杆。目前，中都科技大厦入驻率保持在 80% 左右，2019—2021 年，其平均租金收入为 5000 万元左右，符合金融机构对集体资产的价值及收益的预期。

（二）经营权质押贷款可以成为一种创新的贷款模式，但目前阶段仍只是一种增信补充

集体资产经营权质押面临一定的困境，一是在法律层面它并没有纳入物权法范围，并非法定权益，造成以集体资产经营权作为担保物的融资担保方式的法律效力不足；二是作为抵质押物能否及时、足额变现对银行等金融机构降低和及时处置风险来说都是极其重要的。而经营权即使通过北京农交所这样的专业流转交易服务机构、专业的流转市场，依然不能够保证业务的按期处置。另外，北京农交所也并非人民法院指定的司法处置平台，严重影响其发挥抵质押物处置功能的效率和效力；三是开展抵质押融资业务成本较高。在经营权抵押贷款业务开展过程中，集体企业除支付正常的贷款利息外，还需要支付包括评估费、保险费等其他成本。

（三）需要建立一套完整的质押登记、评估、风险处置制度和相应的扶持政策

在经营权质押贷款业务开展中，作为质押标的的经营权，银行对其风险及时处置能力存在诸多疑虑，进而影响业务的开展。这些可以通过进一步丰富和完善集体资产经营权的处置渠道和机制加以解决。2022 年人行营管部等多部门联合发布了《关于金融支持北京市全面推进乡村振兴的实施意见》（银管发〔2022〕1 号），其中提出"鼓励金融机构与北京农业融资担保有限公司、北京农村产权交易所等涉农机构高效合作；支持北京农村产权交易所建立合同履约登记系统、积极参与农村金融产品创新、探索涉农贷款处置清收的有效路径"。该政策为依托北京农交所建立农村集体资产登记平台提供了制度保障。而针对集体资产经营权评估缺位和打消金融机构对风险的疑虑，引导其积极参与农村金融产品创新的问题，建议市财政局等部门协调北京市资产评估协会，组织具有服务农村集体资产评估意愿的专业评估机构，建立集体资产经营权的评估方法、模型，形成一套统一的评估准则，将更多专业评估机构纳入服务体系。同时，建议出台资金补贴、贷款贴息及风险补偿基金等扶持政策，鼓励金融机构开展集体资产经营权质押贷款业务，有效降低集体经济组织和集体企业融资成本，推动集体资产经营权质押贷款业务健康发展。

执笔人：陈艺曦、黄丽

基于"促进农户增收，推动共同富裕" 大调研的首都农村金融需求研究

　　为深入贯彻落实习近平总书记关于促进农民富裕富足、扎实推进共同富裕的重要论述和指示精神，进一步促进本市农户增收，推动共同富裕。2022 年 7—10 月，市农业农村局、市农村经济研究中心联合开展了"促进农户增收，推动共同富裕"大调研（以下简称为"大调研"）。大调研共组建 12 个调研小组，通过分类抽样选取了 11 个涉农区的 29 个乡镇的 110 个村、1125 户农户作为样本，采用"发放问卷＋实地走访"的方法开展工作。本报告以金融部分问卷数据统计为切入点，总结了大调研活动中反映的首都农村金融的问题和现状，并针对性提出了相关的改进建议。

　　目前，我国已初步建立了涵盖政策性金融、商业性金融、合作性金融和金融新业态（包括互联网金融、金融租赁公司、汽车金融公司、消费金融公司等）的新型农村金融体系。在发挥政策性金融的引导作用下，商业性金融是金融服务"三农"的主体，也是农村金融体系的重要支撑。因此，大调研中的金融部分调研以商业性金融为主，分别从村级、农户两个维度统计了相关的金融需求情况，结合产业特点分析了商业性金融在农村地区的需求情况，并归纳出相应结论。

一、调研问卷金融部分数据分析

（一）个体经营户情况分析

1.产业分布

　　从事第三产业的个体经营户数量最多。据统计，被调研的 110 个村中共有 2878 户个体经营户。其中，从事第一产业的个体经营户为 868 户，占比为 30%；从事第二产业的个体经营户为 187 户，占比为 7%；从事第三产业的个体经营户为 1823 户，占比为 63%。村均拥有个体经营户约 26 户。

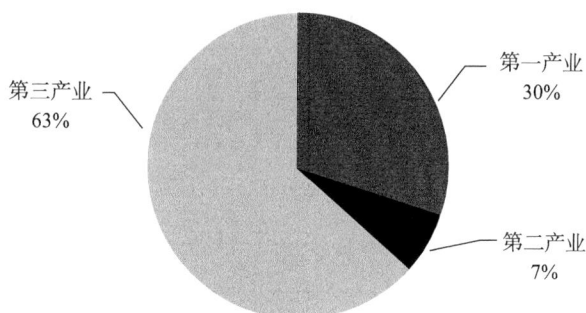

图 1　个体经营户产业分布情况

从事第三产业的个体经营户中，经营民俗旅游的数量最多。其中，经营民俗旅游的个体经营户为 749 户，占比最高，为 41%；经营采摘园的个体经营户为 343 户，占比为 19%；经营小卖部（超市）的个体经营户为 261 户，占比为 14%。具体分布见表 1。

表 1　个体经营户第三产业分类情况

第三产业分类	户数（户）	百分比（％）
民俗旅游户	749	41
采摘园户	343	19
小餐饮户	213	12
小卖部（超市）户	261	14
农家乐户	100	5
小旅店户	8	0
小网吧户	1	0
其他	148	8
合计	1823	100

2.商业贷款需求

有商业贷款需求的个体经营户较少，民间借贷活跃度高。据统计，110 个村 2878 户个体经营户中，有商业贷款需求的样本数量为 15 个村 180 户，村占比为 13.6%，个体经营户数占比为 6.3%；无商业贷款需求的样本数量为 95 个村 2698 户，村占比为 86.4%，个体经营户数占比为 93.7%。其中，无商业贷款需求的主要原因为自有资金充足，占比为 33%；其次为可向亲朋好友借、怕有风险，占比均为 16%；再次为贷款利率高，占比为 14%；其他占比最少，主要原因为暂无执照与暂无需求。无商业贷款需求的原因及分布见表 2。

表 2　无商业贷款需求的原因

无商业贷款需求原因（多选）	频次	百分比（%）
自有资金充足	53	33
可向亲朋好友借	26	16
不了解金融政策和产品	15	9
贷款利率高	23	14
贷款期限短	8	5
贷款额度低	7	4
怕有风险	25	16
其他	4	2
合计	161	100

有商业贷款需求的个体经营户中，资金需求量排名前 5 名的村产业情况及商业贷款需求情况见表 3。

表 3　产业及商业贷款需求情况

区、镇、村	个体经营户产业情况	需求户数	需求总金额（万元）	户均需求额（万元）
延庆区八达岭镇岔道村	119 户，其中 108 户从事民俗旅游	50	5000	100
平谷区南独乐河镇南独乐河村	450 户，其中 80 户从事一产，330 户从事三产，从事采摘园、小餐饮、小卖部分别为 20 户、26 户、15 户	50	1000	20
密云区石河镇王庄村	13 户，其中 12 户从事民俗旅游	13	1000	76
密云区石河镇梨树沟村	14 户，其中 7 户从事民俗旅游，4 户从事农家乐	13	650	50
延庆区刘斌堡镇小观头村	3 户，均从事民俗旅游	3	300	100

从资金的需求量来看，从事民俗旅游产业对资金的需求较高，单户资金需求量约为 50 万—100 万元，从事采摘园、小餐饮、小卖部等产业的单户资金需求量为 50 万元以下。

据统计，110 村中仅有 6 个村于 2021 年申请过贷款，其中 5 个村包含在本次统计的 15 个有贷款需求的村中。6 个村申请贷款但未通过的主要原因是缺乏抵质押物、贷款材料要求多且难以提供齐全，以及无匹配的金融产品。

（二）村级产业金融情况分析

1. 产业分布

据调研，110 个村共有主导产业 403 处。其中，非民宿产业 55 处，占比为 13.6%；民宿产业 348 处，占比为 86.4%。

非民宿产业中，29 个村拥有第一产业作为主导产业，4 个村拥有第二产业作为主导产业，22 个村拥有第三产业作为主导产业。拥有非民宿类主导产业的村在被调研村中占比为 40%。据统计，位于城市功能拓展区的 6 个村，村均拥有主导产业 2 家；位于生态涵养区的 71 个村，村均拥有主导产业 0.55 家，其中拥有的第一产业多为产销合作社，第三产业多为景区与旅游合作社。生态涵养区拥有更多的土地资源和自然资源，第一产业的种养殖业和第三产业的旅游业的开发促进成立相关合作社，推动相关非民宿产业成为村主导产业。

民宿产业中，位于生态涵养区的 71 个村共拥有 348 处民宿产业，村均拥有民宿主导产业 4.9 家；位于城市发展新区的 33 个村拥有 34 处民宿产业，村均拥有民宿主导产业 1.03 家，民宿产业在生态涵养区发展的规模更大，拥有民宿较多的区为自然资源开发较好的怀柔区、延庆区和密云区。从分布特点来看，民宿产业呈现小、散的特点，其中城市发展新区的民宿产业规模较大，昌平区平均每家民宿拥有 7.5 处院落，顺义区平均每家民宿拥有 7 处院落，其他各区的民宿多为每家民宿拥有 1—2 处院落。民宿产业的分布及规模见表 4，村级产业分布情况见表 5。

表 4　民宿产业的分布及规模

区域	民宿数量（家）	建成民宿院落（处）	平均每家民宿拥有院落数（处）	民宿数量的各区占比（%）
昌平区	2	15	7.50	0.57
大兴区	5	6	1.20	1.44
房山区	11	17	1.55	3.16
怀柔区	127	126	0.99	36.49
门头沟区	17	22	1.29	4.89
密云区	50	63	1.26	14.37
平谷区	13	15	1.15	3.74
顺义区	3	21	7.00	0.86
延庆区	120	232	1.93	34.48
合计	348	517	1.49	100.00

表 5　村级产业分布情况

区域属性	属性	调研村庄数	产业性质			村均拥有主导产业数（家）
			第一产业	第二产业	第三产业	
城市功能拓展区	非民宿产业	6	6	—	6	2
城市发展新区		33	3	1	—	0.12
生态涵养区		71	20	3	16	0.55
小计		110	29	4	22	0.5

区域属性	属性	调研村庄数	产业性质			村均拥有主导产业数（家）
			第一产业	第二产业	第三产业	
城市功能拓展区	民宿产业	6	—	—	—	—
城市发展新区		33	—	—	34	1.03
生态涵养区		71	—	—	314	4.42
小计		110	—	—	348	3.16
合计		110	29	4	370	3.66

2. 商业性金融需求

据统计，110 个村的村级产业中，有商业贷款需求的共 6 个村，占比为 5.5%。其中怀柔区 3 个村，门头沟区 1 个村，延庆区 2 个村。呈现的商业贷款需求与产业分布相关性不大，商业贷款需求情况见表 6。

表 6　村级产业的商业贷款需求情况

区、镇、村	村产业情况	需求户数	需求总金额（万元）	户均需求额（万元）
怀柔区雁栖镇莲花池村	民宿产业 24 家	2	100	50
怀柔区渤海镇庄户村	民宿产业 7 家	2	50	25
怀柔区渤海镇四渡河村	民宿产业 9 家	5	1000	200
门头沟区清水镇杜家庄村	非民宿产业 1 家	1	50	50
延庆区八达岭镇里炮村	非民宿产业 2 家，民宿产业 7 家	1	1000	1000
延庆区八达岭镇岔道村	非民宿产业 1 家，民宿产业 89 家	50	5000	100
合计		61	7200	118

与村均拥有 3.66 处产业相比，仅有 6 个村有商业贷款需求，商业贷款需求相对较少，结合实地调研情况来看，主要与各个村参与产业的方式有关。例如民宿产业，多数产业是由村集体引入民宿运营公司带资承建与经营，村集体参与方式为提供土地等要素，并按合作协议定期取得分红或固定收入。村集体在产业建设与运营方面的参与度较低，因此无商业贷款需求。2021 年仅有 2 个村申请过商业贷款，其中怀柔区雁栖镇莲花池村 2 家民宿申请贷款共计 100 万元，延庆区八达岭镇岔道村 2 家民宿申请贷款共计 20 万元，获得贷款额度小，未满足资金使用的需求，2022 年仍有商业贷款需求。

据统计，110 个村中有 23 个村有金融投资需求，占比为 20.9%。从分布上来看，33 个属于城市发展新区的村中 7 村有金融投资需求，占比为 21.2%，投资资金多来自政策补偿款；71 个属于生态涵养区的村中 15 村有金融投资需求，占比为 21.1%。金融投资需求村数量排名前三的区分别是：平谷区 7 村、怀柔区 4 村、延庆区与大兴区各 3 村。

（三）农户金融需求情况分析

1. 农业保险需求

据统计，1125 份农户调查问卷中，212 户参加了农业保险，913 户未参加农业保险，参保率为 18.8%。其中未参加农业保险的主要原因是无农业生产，占比为 50%。农业保险需求情况和无需求的原因见图 2。

农业保险需求情况

无农业保险需求的原因

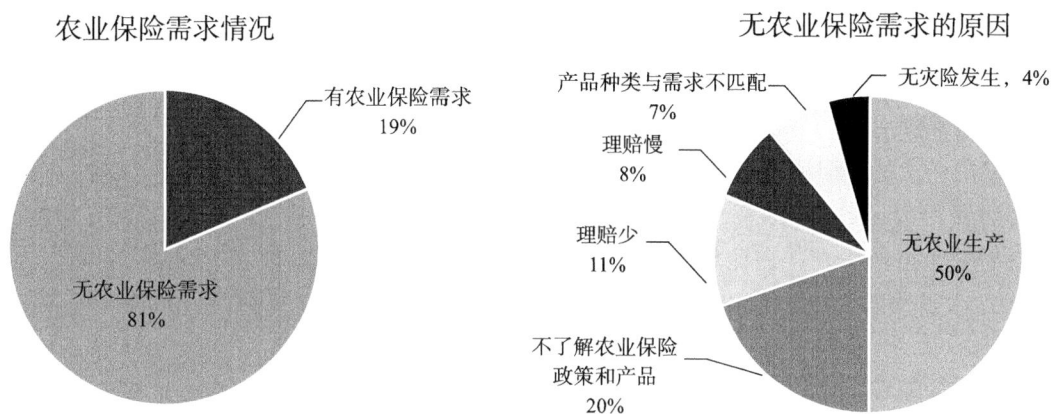

图 2　农业保险需求情况和无需求的原因

从区域属性来看，生态涵养区农业保险的参保率最高为 23%。其中，平谷区农业保险的参保率高达 62%。农业保险分布情况见表 7。

表 7　农业保险分布情况

区域属性	区	调研问卷数	参保户数	占比（%）	不同区域占比（%）
城市功能拓展区	海淀	61	10	16	16
城市发展新区	昌平	60	5	8	8
	大兴	60	11	18	
	房山	60	0	0	
	顺义	60	2	3	
	通州	60	5	8	
生态涵养区	怀柔	152	27	18	23
	门头沟	150	19	13	
	密云	162	17	10	
	平谷	150	93	62	
	延庆	150	23	15	
总计	—	1125	212		19%

农业保险的满意度方面，已参保的 212 户农户中有 206 户即占比为 97.2% 的农户愿意继续投保，163 户即占比为 76.9% 农户对目前的农业保险政策表示满意。86 户即占比为 40.6% 的农户认为对家庭生产起到的作用很大，82 户即占比为 38.7% 的农户认为作用一般，42 户即占比为 19.8% 的农户认为作用较小，4 户即占比为 2% 的农户认为无作用。农户的续保意愿与满意度调查基本一致。

农业保险的保障水平方面，74 户即占比为 34.9% 的农户认为农业保险的保额合适，114 户即占比为 53.8% 的农户认为保额偏低，24 户即占比为 11.3% 的农户认为保额很低。被调研农户普遍认为农业保险的保障水平有待进一步提高。

2. 资金需求

据统计，被调研的 1125 户农户中，365 户有资金需求，占比为 32.4%。365 户有资金需求的农户中，171 户的资金用途为改善家庭的生活条件，占比为 46.8%；83 户的资金用途为农业生产需求，占比为 22.7%；58 户的资金用途为非农业生产经营需求，占比为 15.9%；53 户有其他用途，占比为 14.5%。被调研的农户普遍对提高生活品质有更多的资金需求。

有资金需求的农户中，185 户有商业贷款需求，占比为 50.7%；179 户无商业贷款需求，主要原因是不了解金融政策和产品、可以向亲朋好友借以及贷款利率较高。农户资金需求情况和无商业贷款需求的原因见图 3。

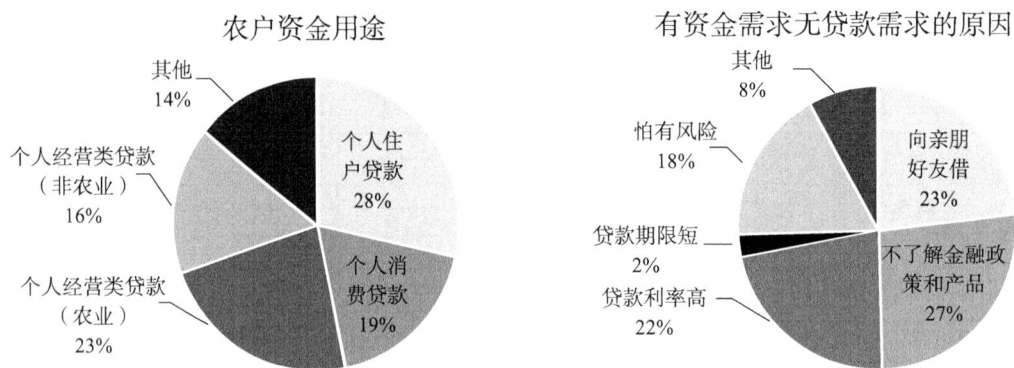

图 3 农户资金需求和无商业贷款需求的原因

据统计，被调研的 1125 户农户中，146 户曾申请过贷款，其中 98 户仍有资金需求，71 户虽有资金需求但是无贷款需求。112 户成功申请到贷款，成功率为 76.7%。申请成功的农户获得贷款的主要方式为纯信用的贷款方式，申请过程中遇到的主要困难是贷款手续烦琐和缺乏抵质押物。商业贷款方式和申请过程遇到的困难见图 4。

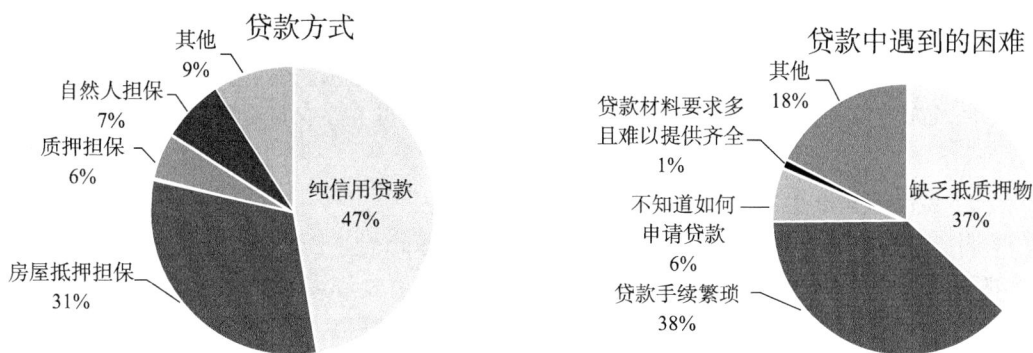

图4 商业贷款方式和申请过程遇到的困难

二、金融数据中反映的问题和现状

（一）正规金融机构的授信额度不能充分满足农村资金需求

在乡村振兴促进小农户与农业新业态有机衔接的过程中，首都的新型农业经营主体不断涌现，带来了更大规模、更长周期、更高质量的农村金融需求。据调研，村级主导产业方面，110个村的403处村级主导产业中，有6个村101处村级产业有商业贷款的需求，资金总需求为7200万元，其中最高的资金需求为1000万元，平均资金需求约72万元，资金需求差异较大，存在大额资金需求。个体经营户方面，110个村的2878户个体经营户中，有商业贷款需求的个体经营户为15个村180户。其中，有商业贷款需求的个体经营户中约1/3在2021年申请过商业贷款，但因商业贷款额度未满足其资金需求，进而选择继续申请商业贷款；16%的个体经营户采用民间借款的方式融资，高于通过商业贷款融资的需求。农户方面，365户农户有资金需求。其中，约1/2的资金用途是改善家庭生活条件和提高生活品质，对于非生产性资金需求较大。但是，农户的个人消费贷款缺乏利润增长点和稳定的还款来源，较难仅通过商业贷款的方式满足。有资金需求的农户中，约1/2愿意通过商业贷款的方式获得资金，其次是通过向亲友借款等民间借贷方式解决资金需求。综上，一方面是商业金融在农村地区的渗透度有待提高和服务质量有待加强；另一方面，农村地区特有的传统经济社会基础使农户习惯于通过"熟人社会"甚至高利贷等非正规金融机构解决资金需求，这与强调金融安全的要求相违背。

（二）农村金融投资需求对风险控制有较高的要求

北京市农村金融体系仍以商业性金融中的银行为主体，金融服务及产品多集中于信贷业务和支付结算业务，存在一定同质化现象，提供"三农"保险、基金、信托、抵押担保、资产管理方面的金融机构相对较少，无法满足农户在投融资、防风险、保值增值、咨询决策方面日益增长的需求。据调研，110个村中23个村有金融投资需求，占比为20.9%，其中18个村偏好低风险的金融投资方式。总体来看，金融投资的主要诉求是将资金管好用好，实现保值的同时带来一定增值。从分布上来看，有金融投资需求的23个村中17个村有支柱产业，6个村无支柱产业。无支柱产业的村中5个村位于城市发展新区，

1个村位于生态涵养区。位于生态涵养区的村虽无支柱产业但仍有用于金融投资的资金多为用于乡村建设的财政资金；位于城市发展新区的调研村虽无支柱产业但仍有用于金融投资的资金多为政策补偿款。资金来源的特殊性进一步说明了涉农资金对风险控制有较高的要求。

（三）金融政策和金融教育宣贯不到位

据调研，自 2016 年北京市农村工作委员会、北京市金融工作局、中国人民银行营业管理部《关于加大农业领域贷款贴息等金融扶持的办法（试行）》（京政农函〔2016〕58号）文件颁布以来，仅 1 个村 1 户个体经营户获得 1 笔财政贴息，贴息金额为 3 万元，未获得贴息的主要原因为限制条件多和不符合申请要求。村级产业没有申请商业贷款后获得财政贴息的案例，除所属行业不在财政贴息政策范围以外，主要原因是不了解财政贴息政策。金融教育方面，被调研的 110 个村中仅 36 个村举办过金融政策宣讲、培训活动，在总调研村中占比为 33%，金融教育的覆盖度不够。

三、完善农村金融服务的几点建议

（一）开发适配的金融产品，进一步满足不同农村主体的金融需求

一是加大对农村集体经济组织的金融支持力度。金融助力农村集体经济组织进一步盘活闲置资产，促进农村土地、宅基地、住房等以多样化的方式参与经济循环，支持发展特色产业，提高农村集体经济组织的确权确利收入、农户福利，依靠农村集体经济快速发展带动农户财富的增长。二是针对有信贷需求但暂未获得融资支持的涉农个体经营户开展重点金融辅导，将金融政策和金融知识进行充分宣贯，从根源上提升涉农经营主体的金融意识，加强财务规范化的指导，提升获贷能力，最终实现帮助涉农个体经营户使用金融资本助力生产经营。三是开发与农户需求适配的金融产品。重点关注解决农户对于提高生活质量、改善生活环境的配套金融支持。

（二）提高农村金融服务的多样性，完善保障体系

随着村集体资金规模和农户收入水平的提高，村集体和农户的金融投资需求也日益提升。应适时开发满足村集体和农户实际需求的理财产品，提高财产衍生收入。维护农户作为金融消费者包括财产安全权、知情权、自主选择权、公平交易权、依法求偿权、受教育权、受尊重权及信息安全权等主要权益。同时，应进一步完善农村金融的配套保障体系。一方面，提高农业保险保障水平，着力解决农户风险保障不足问题，完善农业补贴和奖补制度，健全农户利益补偿机制；另一方面，做好农村金融的延伸服务，围绕进城农户创业、就业、住房、教育、医疗、养老等方面的金融需求，研发专属产品，以在线保险、大病众筹等金融产品加强对进城农户意外伤害、疾病等风险保障，获得来自社会的转移支付实现增收。加快将进城农户纳入城镇职工保险体系，提高基础养老金和福利养老金标准，提高财政直达资金的政策实施效果。

（三）加强金融政策和金融知识宣导

提升农村地区各个主体的金融素养，要进一步加强县域金融知识普及教育和金融消费

权益保护工作。商业性金融机构应强化金融政策和金融知识宣导的责任，定期到附近乡镇开展金融教育活动，为农户宣传金融消费者权益保护的理念，普及征信保护、反假货币、防范电信网络诈骗和反洗钱等知识。根据农村地区的不同人群开展有针对性的金融教育活动。对于老年人，应重点教授如何正确使用银行卡、手机银行，帮助老年人跨越"数字鸿沟"，讲解养老诈骗典型案例，提醒老年人注意防范；对于年轻人，应就较常见的信用卡透支使用、个人征信不良等问题，以典型案例讲解和法律分析相结合的方式，帮助年轻人树立刷卡消费要适度的消费观，也要讲解网络赌博和项目投资的风险，提醒年轻人警惕各类网络骗局。

执笔人：刘冉、林子果

金融促进乡村产业发展与农民增收路径研究

一、引言

《中华人民共和国国民经济和社会发展第十四个五年规划和2035年远景目标纲要》提出了"全体人民共同富裕取得更为明显的实质性进展"的2035年远景目标，党的二十大报告也在充分肯定"人民群众获得感、幸福感、安全感更加充实、更有保障、更可持续，共同富裕取得新成效"的基础上，进一步明确了"共同富裕是中国特色社会主义的本质要求"、"中国式现代化是全体人民共同富裕的现代化，到2035年要实现中等收入群体比重明显提高"。

《国务院关于促进乡村产业振兴的指导意见》（国发〔2019〕12号）指出"产业兴旺是乡村振兴的重要基础，是解决农村一切问题的前提"。2022年中央一号文件提出"接续全面推进乡村振兴，确保农业稳产增产、农民稳步增收、农村稳定安宁"，要"聚焦产业促进乡村发展，持续推进农村一二三产业融合发展，大力发展县域富民产业"，并提出要"强化乡村振兴金融服务"。

面对全面推进乡村振兴的新任务新要求，金融如何支持乡村产业振兴和促进农民增收以实现共同富裕目标，成为金融工作的着力点。《中国银保监会关于2022年银行业保险业服务全面推进乡村振兴重点工作的通知》提出了"确保涉农金融投入稳定增长"的总目标，要求"各银行机构继续单列涉农和普惠型涉农信贷计划，努力实现同口径涉农贷款余额持续增长，完成差异化普惠型涉农贷款增速目标"。截至2021年12月末，我国涉农贷款余额43.21万亿元，较年初增长11.83%，普惠型涉农贷款余额8.88万亿元，较年初增长17.48%，超过各项贷款平均增速6.19个百分点。2021年，我国农业保险为1.78亿户次农户提供风险保障共计4.72万亿元。

推动共同富裕的重点是高质量均衡发展，关键是加快农村经济发展、推进乡村产业振兴、提高农村居民收入（陈宗胜，2021）。乡村产业发展与农民增收面临哪些现实困境？如何为其提供金融支持？这是极其重要的理论与实践问题。基于此，本文以北京市为例，通过分析北京市乡村产业发展与农民增收现状、困境，探讨金融促进乡村产业发展与农民增收的可行路径。

二、金融促进乡村产业发展与农民增收的机理分析

在我国，政策性金融、商业性金融以及合作性金融功能互补、相互协作的格局正在形成（张林 & 温涛，2021），一个多层次、广覆盖、可持续的金融组织结构对农业产业化发展有重要支撑作用（唐晓旺 & 张翼飞，2018）。金融通过扩大乡村产业规模、促进乡村产业转型升级等渠道支持乡村产业振兴，拓宽了农民收入增长渠道，助力共同富裕。而农村居民人均可支配收入主要由工资性收入、经营净收入、财产净收入与转移净收入四部分构成，其中工资性收入与经营性收入高度依赖乡村产业发展，金融在扶持乡村产业发展，进而带动农民增收和推动共同富裕方面的作用机制见图1。

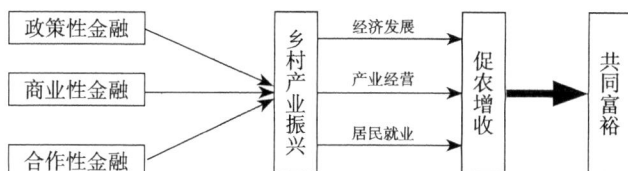

图1　金融促进乡村产业发展与农民增收的机制

（一）金融为乡村产业发展夯实资金保障

对于金融与产业发展的关系，已有研究多认同金融能够有效促进乡村产业发展。金融通过服务模式与流程的不断创新对乡村产业发展起到促进作用，为构建现代化农业产业体系提供了资金保障，是农村产业发展和基础设施建设的重要动力（郭威，2022）；并且，金融通过缓解乡村振兴资金短缺，发挥个体行为效应、产业带动效应进而为乡村振兴提供支撑（王修华，2019）。

（二）金融为乡村产业转型升级赋能

随着经济发展进入到新常态时期，产业结构升级调整对证券和保险市场的依赖性增强（孙志红 & 王亚青，2016），金融发展与产业转型升级相互促进（Patrick，1966），资本深化促进产业结构合理化与高级化（蔡宗朝，2022），农业科技研发有赖于金融资本的大量投入（郭威，2022），带来农业产业提质增效。金融作用于农业产业链，为农业企业与农民提供金融支持，有利于发挥农业规模经济效应，提升农业生产效率，进而增加农民收入（蔡宗朝，2022）。并且，数字经济背景下，数字普惠金融通过数字技术大大减缓了传统金融存在的金融排斥问题（张林，2021），提升了乡村产业发展的金融可获得性（何宏庆，2020）。数字普惠金融通过大数据风控可有效减缓信贷风险问题，有助于金融机构精准营销，从产业经营主体的需求出发，为其提供合理的金融服务，显著促进乡村产业发展（孙倩 & 徐璋勇，2021；谢地 & 苏博，2021）。

（三）金融为促进农民增收提供有力支撑

金融支持乡村产业振兴，对于促进农民农村共同富裕具有重要意义（郭威，2022）。已有研究表明，农村金融通过完善资源配置，重点支持农村地区经济发展重点领域和

薄弱环节，支持农户和涉农企业发展农业生产，促进共同富裕的实现。同时，金融通过支持乡村产业规模化发展，进而增加农民收入，也为农民等中低收入群体提供了大量就业机会，促进了非农就业和私企就业规模的扩大（方观富 & 许嘉怡，2020；张林，2021）。例如，随着农村观光农业、乡村旅游、农事体验等新产业、新业态、新模式不断涌现，吸引越来越多的社会资本和农村能人返乡创业，农村地区休闲农家乐、乡村民宿等新型农村创业主体不断发展壮大，从而拓宽农民收入增长渠道，促进农民收入持续稳定增长。金融通过包容增长、创新效应、创业效应等，有利于降低收入不平等、提升收入水平，促进收入子系统与平等子系统协调统一，进而促进共同富裕的实现（蔡宗朝，2022）。

三、北京乡村产业、农民增收与金融服务的特征

立足首都城市战略定位，北京市扎实推进乡村振兴，积极探索"大城市带动大京郊、大京郊服务大城市"的城乡融合发展路径，乡村产业呈现稳定发展态势。

（一）特色乡村产业稳步发展，科技成果转化显著

2021年全市农林牧渔业总产值为269.1亿元，同比增长2.8%，实现自2014年以来首次增长[①]。到2021年底已形成顺义、平谷等养殖主产区，创建2个国家级优势特色产业集群、4个国家现代农业产业园、88个全国"一村一品"示范村镇，累计创建市级以上星级休闲农业园区224个，乡村民宿经营主体近5000家[②]。2022年5月底，北京市已有35种国家地理标志农产品、大兴西瓜等特色农产品117个[③]。通过"公司+合作社+基地+农户"、订单农业、土地托管等多种方式联农带农，形成了以基地为中心、辐射周边地区的发展模式。为了强化农业品牌引领作用，北京市发布了"北京优农"品牌目录，推出10个区域公用品牌、75个企业品牌、45个产品品牌，实施"昌平草莓"、"平谷大桃"2个地理标志农产品保护工程和"北京鸭"全产业链标准化提升项目，推动15个农业全产业链标准化示范基地建设。

强化农业科技支撑，北京在全国率先组织实施了地方科技攻关和承接国家攻关成果的转化任务，出台了农业关键核心技术攻关和农业科技应用场景建设方案。并强化科技成果应用，创建了74家市级农业科技示范基地、建设2个部级重点实验室、3个国家农业科技示范展示基地，组织实施30个乡村振兴科技示范项目。开展智能农机装备推广应用，建设京西稻智慧农场、农机无人作业试验示范基地，打造养殖机器人应用场景。

（二）北京农村居民收入逐年稳健增长，但收入增长动力有待提升

"十三五"时期以来，北京农村居民人均可支配收入持续保持稳定增长，由2016年的

[①] 数据来源：《农民日报》2022-07-11，《十年来，北京乡村这样跑出"振兴加速度"》。
[②] 数据来源：《农民日报》2022-07-11，《十年来，北京乡村这样跑出"振兴加速度"》。
[③] 数据来源：中华人民共和国农业农村部官网。

22310 元提升至 2021 年 33303 元，年均增长 8.34%，同比增速高于城镇居民 1.03%。在收入结构方面，主要呈现以下特征：

一是工资性收入占比最大但呈下降趋势。北京农村居民的工资性收入呈现稳步增长，贡献率保持在 70% 以上，成为拉动收入增幅的首要因素。但工资性收入的年均增长率仅为 7.09%，且贡献率年均下降 1.16%，增长动力不足。二是经营净收入偏低且呈现下降趋势。自 2016 年的 2062 元下降至 2021 年的 1874 元，年均下降 1.89%，且经营净收入的贡献率自 2016 年的 9.24% 下降至 2021 年的 5.63%。三是财产净收入增速最快但潜力有限。北京农村居民财产净收入始终保持快速增长，贡献率也稳步提升，但受制于土地等资源总量有限等因素影响，缺乏增长潜力。四是转移净收入是北京农村居民收入的第二大来源，自 2016 年的 2260 元提高至 2021 年 4552 元，但转移净收入主要依赖于财政资金补贴，受政策影响较大，缺乏可持续性。

表 1　2016—2021 年北京农民收入构成及其变化趋势

		2016 年	2017 年	2018 年	2019 年	2020 年	2021 年
总收入（元）		22310	24240	26490	28928	30126	33303
工资性收入（元）		16637	18223	19827	21376	21174	23434
经营净收入（元）		2062	2140	2022	2262	1613	1874
财产净收入（元）		1350	1570	1877	2127	3103	3443
转移净收入（元）		2260	2307	2765	3163	4236	4552
收入同比增长率 %	总收入	—	8.65	9.28	9.20	4.14	10.55
	工资性	—	9.53	8.80	7.81	−0.94	10.67
	经营性	—	3.78	−5.51	11.87	−28.69	16.18
	财产性	—	16.30	19.55	13.32	45.89	10.96
	转移性	—	2.08	19.85	14.39	33.92	7.46
占总收入的比例（贡献率）%	工资性	74.57	75.18	74.85	73.89	70.28	70.37
	经营性	9.24	8.83	7.63	7.82	5.35	5.63
	财产性	6.05	6.48	7.09	7.35	10.30	10.34
	转移性	10.13	9.52	10.44	10.93	14.06	13.67

数据来源：根据北京市统计局公开数据整理。

（三）金融服务在农村地区的下沉力度增强

特别是 21 世纪初以来，北京市各类金融机构加大对乡村振兴的支持，逐步建立起多层次金融组织体系、信贷供给力度持续加大、产品与服务不断多样化、服务模式持续创新并逐渐数字化，支持乡村产业发展与农民增收。北京市逐步形成了以银行机构为支持乡村振兴的主体力量、以担保机构和保险机构发挥增信和保障作用，以村镇银行、小额贷款公司等作为金融支持乡村振兴补充后备军的多层次组织体系，为乡村产业发展与农民增收提供有力金融支撑。

2021年末，14家法人银行普惠型涉农贷款余额132.1亿元，较年初增长28.2%，高于各项贷款平均增速23.7%。北京农商银行持续加大信贷供给力度，2021年末，累计为农业产业类客户提供2800亿元授信支持，向新型农业经营主体、农户累计投放资金40亿元，支持北京市乡村产业发展与农民增收。

北京市金融机构结合郊区乡村特色产业发展与农民创收需求，创新推出多款金融产品以满足涉农经营主体的差异化贷款需求。北京农交所与农商银行合作开发了"集体资产经营权质押融资产品"、北京银行推出"农旅贷"、工商银行开发"农保e贷"等涉农专属金融产品，以自身实践推动首都乡村产业发展与农民增收。

同时，为降低获取金融服务的成本，提升农村金融服务质量，北京金融部门创新推出数字金融服务平台服务乡村产业与农民增收，有效提高了金融服务乡村振兴的效率。"北京乡村振兴金融服务站"就是由小微金服公司、农担公司和银行机构等联合打造的数字普惠金融平台，为乡村产业发展提供综合金融服务，以数字化服务模式更好满足产业发展与农民增收需要。

四、金融促进北京乡村产业发展与农民增收的困境

促进京郊农民增收依然存在现实困境，金融支持乡村产业振兴仍存在诸多挑战，例如农村金融支持力度不足、担保体系不健全、信用环境不佳、保险基础薄弱、金融产品单一等问题（胡世录，2020）。乡村产业振兴金融服务还存在较大的"供给缺口"，集中表现在于各类新型经营主体融资难问题突出（何广文 & 何婧，2019）。随着北京市乡村产业迭代发展，农民就业渠道不断拓宽，金融需求呈现出大额化、长期化、多样化、数字化等新特征，与金融供给产生一定鸿沟。

（一）授信额度不能充分满足信贷资金需求

在乡村振兴促进小农户与现代化农业有机衔接的过程中，新型农业经营主体大量涌现，带来了更大规模、更长周期、更高质量的农村金融需求（郭威，2022）。尽管农户仍是乡村经营主体，但以"公司＋农户""公司＋合作社＋农户""合作社＋农户"等各种产业联合体方式推进，农户成为农村产业链发展、农业产业联合体发展的参与者，农户逐渐具有规模化经营的外部环境和条件，金融需求特别是信贷需求额度大幅提升（何广文 & 刘甜，2018）。随着北京市乡村产业向规模化、品牌化建设转型，乡村信贷需求主体由传统的小规模农户、小微企业逐步转为新型经营主体等。信贷需求主体的变化使得乡村产业发展的信贷资金需求由传统"散而小"向大额化信贷需求转变。尽管北京金融机构涉农贷款不断增加，但单笔授信额度较小，乡村产业发展仍然存在较大的资金缺口，导致涉农贷款额度未能满足产业发展需要。据调研，房山区金鸡台村计划依托良好的自然资源及专业的运营公司打造整村旅游产业，一是打造文化艺术产业，计划联合大专院校，艺术团体进行文化的展演和相关的艺术创作；二是打造社交休闲产业，规划通过运营公司引流企业团建资源和新兴职业者前来工作和交流；三是打造康养涵养产业，计划以当地健康宜居的生

态环境吸引退休老年人养老居住。根据以上规划，金鸡台村提出了借贷资金需求，资金缺口预计为 3000 万元，其中包括对现有的一栋四层楼房中 120 个房间的改造支出及会议室装修支出，约为 1000 万元；对古宅改造民宿的修缮费用，约为 1500 万元；对 300 亩休闲观光农场的规划建设费用，约为 500 万元。但在与几家金融机构的实际对接过程中，普遍遇到村集体资产没有产权证书，没办法落实抵押担保。因此推荐引入担保公司进行增信，但是农村普惠金融的最高担保金额为 1000 万元，难以填补该村旅游产业建设的资金缺口，且存在综合资金成本过高的问题。

（二）贷款期限不能充分满足融资需求

银行业已有的产品多为 1—3 年期限的中短期贷款，无法充分满足乡村产业振兴持续投入需求（何广文 & 何婧，2018）。乡村产业投资回报周期一般较长，有些甚至在十年以上，因此更需要长期化融资支持。金融机构为把控信贷风险，提供涉农贷款一般在 3 年期以内，只能够满足季节性、周转性的融资需求，贷款与涉农经营主体生产周期不匹配的问题频现。为了充分满足乡村产业振兴持续性资金投入需求，应通过担保和贴息政策、放贷利息收入税收减免等，鼓励金融机构发放中长期贷款。据调研，北京丰森源农业发展有限公司是北京市种猪繁育、生猪育肥农业龙头企业，主营业务为养殖、销售、育肥生猪，因其日常生产经营有较大的融资需求，但是通过与多家金融机构沟通，难以申请到与其生产周期相匹配的中长期贷款，无法满足其资金周转的需求。

（三）金融服务未能充分满足多样化的需求

乡村产业融合发展的金融需求呈现多元化特征，除传统信贷支持、融资需求以及农业保险外，还需要市场资讯、金融培训、财务规范、公司治理等多种类服务，以满足产业链发展不同层次的金融服务需求。除此之外，部分乡村还具有投资理财咨询、贵金属和金融衍生品交易等金融服务需求（牛玉莲 & 宫兴国，2019）。而北京市农村金融体系仍以银行为主体，金融服务及产品多集中于信贷业务和支付结算业务，存在一定同质化现象，提供"三农"保险、基金、信托、抵押担保、资产管理方面的金融机构相对较少，无法满足农民在投融资、防风险、保值增值、咨询决策方面日益增长的需求。乡村产业的发展需要综合依托当地特色产业、乡村旅游、农村电商等多种产业的融合发展，而北京市金融机构对这些重点领域和薄弱环节的支持力度尚存不足，服务多以贷款为主，金融综合服务不突出，创新相对滞后。延庆区属国企北京绿富隆农业科技发展有限公司，主营业务正从有机蔬菜生产、加工、销售、配送等向生产服务、营销流通、科技创新、金融保障平台转化业务转型升级，但企业的历史债务包袱过重，债务主要是拖欠原县镇政府及某国有资产经营管理有限公司款项。因企业自身盈利能力有限、优质资产不足，且陆续几年偿还对私债务，资金压力较大，偿还具有一定难度，因此企业有获得"融智"方面的金融诉求，需要制定历史债务解决方案和融资方案，推动企业较快较好地完成债务剥离及偿还。

（四）金融服务模式不能充分满足金融需求的升级

随着农村电商发展，数字金融服务模式成为乡村产业数字化发展的重要支撑。但是，数字化金融服务多局限于依托数字平台、电子化渠道完成线上标准化的贷款业务，缺乏提供即时化、实时化、定制化的金融服务。此外，涉农经营主体多缺乏规范抵质押物，影响到承贷能力，迫切需要金融服务模式创新，通过平台化、场景化方式，搭建涉农大数据应用平台，探索以乡村产业链信息流创新农村抵质押物，实现乡村产业和金融资源的无缝衔接。顺义北郎中农工贸集团因受疫情影响，种猪销售、花卉产业、屠宰配送与果蔬种植等四大产业均受到严重冲击，月度运营成本负担较高，急需获得融资支持。然而，因产业经营风险较大，无法预测未来现金流的稳定性，无法获得信用贷款且无可用于质押的集体资产物业，融资存在卡点。后续的解决方案为引入担保公司进行担保，但是一方面因为有担保费增加了融资成本，另一方面信用担保最高额度仅为 1000万元，难以填补集团的资金缺口。因此，提升产业自身的融资能力，探索创新抵质押物势在必行。

（五）金融支持农民收入结构改善难度较大

农民就业主要有外出转移就业与就近就地就业两种途径，受制于综合素养与职业技能，外出就业从事的主要是服务业、住宿和餐饮业，其平均薪资较低，就近在村委会、村集体经济组织、农民专业合作社、集体企业等从事农村公共服务、基础设施建设及管护，工资也较低，工资性收入"天花板"效应明显。考虑到行业盈利能力、企业经营实力等限制，金融对农民所从事的产业支持力度不够，农民专业合作社、家庭农场等新型经营主体获得的金融支持比较少，金融对经营性收入与工资性收入的提升作用受限。金融对集体经济发展的政策支持力度也不足，为盘活提升农村集体资产、农村土地资源、农民房屋等方面的价值，引入金融要素创新步伐较慢，难以带动财产净收入。

转移净收入方面，财政补贴、农业保险是支持农业发展和农民增收的重要手段。而北京农业保险仍面临投保率较低的瓶颈，主要原因是政策宣传力度、农户保险认知、保险服务水平仍显不足，部分农民在发生险灾时只能独立承担损失，未能享受转移净收入。农民各项社会保障水平依然偏低，与城镇居民存在较大差距。据调研，绝大多数农民依靠城乡居民养老保险和福利养老金制度，2021 年城乡居民基础养老金为每月 860 元，福利养老金每月 775 元，平均领取金额为 900 元左右，仅为城镇职工的五分之一。

五、金融促进北京乡村产业发展与农民增收的路径

为更好地发挥金融对乡村产业与农民增收的支持作用，疏通金融需求与供给之间的难点、卡点，提高金融资源利用效率，通过金融手段带动乡村产业与农民增收。具体体现在通过创新多渠道的抵质押融资模式、优化供应链金融以深化产业融合、提供融资和融智相结合的金融服务和完善乡村产业融资的风险分担机制支持涉农中小微企业发展，既带动了产业的发展，扩大企业规模创造更多的就业岗位，提升农民的农业生产等方面的专业技术水平，又拉动农民工资性收入的提升。同时，为农民提供多样化资产管理与配置，完善保险及社会保障制度，提升财产净收入与转移净收入。

①创新多渠道的抵质押融资模式
②优化供应链金融以深化产业融资
③完善乡村产业融资的风险分担机制
④提供融资和融智相结合的金融服务

创造更多的就业岗位 → 工资性收入

金融 → 产业的发展

扩大产业提高盈利能力 → 经营净收入

资产配置与管理 → 财产净收入

→ 转移净收入

完善保险及社会保险制度

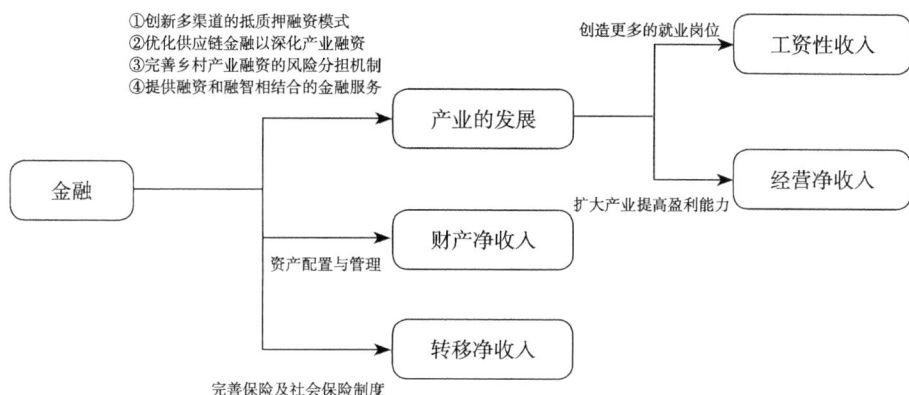

图 2　金融促进乡村产业发展与农民增收的路径

（一）多渠道创新农户融资模式

一是结合乡村产业不同生产周期，确定合理的贷款期限、金额、利率等，稳步推进产业规模化、品牌化建设和农村基础设施建设中长期信贷业务，满足信贷需求主体贷款额度较高、期限较长的资金需求。二是创新乡村信贷抵质押方式，拓宽抵质押物的范围。发挥农村产权交易平台、动产质押融资平台、信用信息平台的联动支撑作用，积极探索集体资产股权、农业生产技术和专利等抵质押融资模式，盘活土地、资金、信用等各类要素。

（二）优化供应链金融以深化产业融合

一是打造供应链金融服务，以数字技术为依托，为供应链金融提供信息基础，实现金融服务与乡村产业数字化融合。二是以辐射带动能力较强的新型农业经营主体作为重点服务对象，提供系统化综合金融服务，支持产业链集群发展，实现多环节增值。例如，探索发展基于产业链的供应链金融，积极推广"金融+龙头企业+农民专业合作社"链式服务，在供应链金融模式下加强供需双方的精准化匹配，提升"三农"信贷资金的使用效率，带动产业链各个环节的增值，进一步吸引社会资本投资，促进农业规模经营，从而拓宽就业渠道，进一步强化增收效应。

（三）完善乡村产业融资的风险分担机制

一是整合数据信息，构建乡村大数据分析平台，运用大数据进行风险识别、降低运营成本、缓解信息不对称，以合理成本付出和风险分担扩大金融服务覆盖面。二是发挥保险业资源配置、风险保障的独特优势，完善以政策性险种为主导、商业和创新性险种为补充的农业保险体系。三是创新金融服务模式，如"政银担"模式、"贷款＋风险补偿金"模式等，分散信贷风险。四是加快富余劳动力向二三产业转移，对进城农民从事的二三产业给予贴息、担保、风险补偿等融资优惠及风险分担政策，针对不同企业规模合理设置费率，降低融资成本，强调将成本压降的收益直接反哺于就业的进城农民，间接提升工资性收入。

（四）提供融资和融智相结合的金融服务

一是金融机构需重视乡村产业科技创新推广普及，通过技术辅导和能力培养，提供销售信息、市场咨询、财务顾问、技术咨询等增值服务，实现金融可持续发展与乡村产业转型的效益、效率、效能互动。二是创新金融服务，支持农村电商主体发展壮大，推动全产业链提质增效。三是针对有信贷需求但暂未获得融资支持的涉农个体经营户开展重点金融辅导，加强财务规范化的指导，提升获贷能力，最终实现帮助涉农个体经营户使用金融资本助力生产经营，提升盈利能力，进而增加经营净收入。

（五）开发适配的农民金融服务产品体系

一是加大对农村集体经济组织的金融支持力度。金融助力农村集体经济组织进一步盘活闲置资产，促进农村土地、宅基地、住房等以多样化的方式参与经济循环，支持发展特色产业，提高农村集体经济组织的确权确利收入、村民福利，依靠农村集体经济快速发展带动农民财富的增长。二是开发与农民需求适配的金融产品。随着农民收入的逐年提高，农民对理财的需求也日益提升，应适时开发满足农民实际需求的理财产品，开展金融知识和产品宣讲，提高财产衍生收入。三是围绕进城农民创业、就业、住房、教育、医疗、养老等方面金融需求，研发专属产品，以在线保险、大病众筹等金融产品加强对进城农民意外伤害、疾病等风险保障，获得来自社会的转移支付实现增收。加快将进城农民纳入城镇职工保险体系，提高基础养老金和福利养老金标准，提高财政直达资金的政策实施效果。

执笔人：林子果、刘冉、陈艺曦、黄丽

第六篇

他山之石

"北大荒模式"引领农业农村发展改革的 "第二次飞跃"

——基于北大荒集团北安、九三及佳木斯市等地的调查

2022年7月19日至8月5日，北京市农研中心与河北农业大学联合调研组先后两次赴黑龙江省北大荒农垦集团北安、九三、齐齐哈尔分公司及佳木斯区域农服公司等地开展专题考察和交流学习。"北大荒模式"的典型经验，对于京郊推进国有经济与集体经济联合发展，转化集体经济薄弱村，带动农民农村共同富裕具有重要的借鉴价值。

一、解读"北大荒模式"的基本内涵："形成农业领域的航母"

2016年以来，北大荒农垦集团深入贯彻落实习近平总书记两次对垦区"特指性"讲话精神，"建设现代农业大基地、大企业、大产业，努力形成农业领域航母""加强垦地合作，增强对周边区域的辐射带动能力"。2018年，农业农村部举办"努力打造中国农垦现代农业航母专题研讨班"，创建现代农业航母扩展为中国农垦系统的基本方略和根本遵循。

2020年底，由北大荒农垦集团全资设立北大荒农服集团，先后在农垦集团9个分（子）公司以及黑龙江省佳木斯市、安徽凤阳县、吉林、冀鲁豫、赣鄂湘等地成立23家区域农业综合服务中心。2021年，北大荒农服集团服务面积1080万亩，带动农户12万户，为农民节本增收6.4亿元，实现销售收入20亿元，化肥统供率94.7%、种子统供率91.8%、农产品统营率超过90%。2022年服务目标5200万亩，现已完成服务面积2900万亩。未来五年北大荒农服集团计划在全国主粮产区组建20个省级区域农服中心，在有农业保险补贴试点的产粮大县组建200个县级区域农服中心、1000个村镇级合作社。

解读"北大荒模式"①的基本内涵，核心是要深刻理解"农业领域航母"的基本构成要素。主要有以下几点：

①基本功能体现在"一石四鸟"：保障国家粮食安全和重要农产品有效供给的国家队；

---

① "北大荒模式"源于"北大荒农服模式"，起步于北安分公司赵光农场，也称为"北安模式"或"赵光模式"。该农场创立于1947年，是北大荒开发建设史的开路先锋，也是全国第一个国营机械化农场。

中国特色新型农业现代化示范区，带动粮食主产区乡村振兴战略实施，实现农民农村共同富裕；农业对外合作的排头兵，参与国际大粮商竞争的大国重器；安边固疆的稳定器。①

②本质特征是党的领导和公有制主导的经济制度，由此决定了社会主义大粮商的本质属性。通过探索建设混合所有制的"集体农场"②，吸纳和引导农户家庭经济、农民合作经济的加入，进而实现国有农垦经济与集体经济紧密联合，形成"四位一体"的新型农业经济体系。

③核心支撑在于规模经济，即现代农业大基地、大企业、大产业，"大"是其灵魂所系。大基地形成以基础性、服务为主的规模经济，大企业形成高度组织化和集团组织规模，大产业形成全产业链和品种规模、经营规模、品牌规模、资本规模。

④组织形态是"双重三级体制"：既有北大荒农垦集团内部的"总公司—分公司（专业公司）—农场"的三级体制，也有"区县级区域农服中心—乡镇联社（下设集体农场）—村经济合作社（下设集体农场）"的农村地区的三级体制。

⑤动力机制是转化"三个体系"的高位势能，激发改革红利：平移垦区现代化的科技体系、组织体系和产业体系，引导和优化农村地区"统"的层级与结构，构建集团化航母作战群，推进粮食生产加工产业链的高端化、专业化、标准化、一体化、信息化、园区化、企业化、市场化。

⑥运行机制是"双控一服务"，控制前端为农民提供农业投入品，控制后端开展订单农业，建设深加工基地，构建全产业链，扩大经营规模，强化数字农服全程渗透。

⑦实施路径是"三化"。借鉴场县共建③的历史经验积累，将垦区农业管理模式和种植技术平移到垦区外，提升农村地区农艺技术水平、组织化水平、规模经营水平，破解人口老龄化、村庄空心化与土地碎片化难题，实现"农村农场化、农民职工化、农业产业化"，加快垦区内外城乡融合发展。

⑧基本类型有垦区内合作、垦地合作、外省合作，未来发展将以后两类为主。典型经验有北安分公司的农业托管经营模式、九三分公司的全产业链模式、佳木斯的综合体制改革模式。

⑨文化基因是红色信仰的"北大荒精神"：人民解放军在长期战争年代锤炼出来的价值追求、管理模式和运作机制，有效塑造了农垦体系的精神文化谱系。"艰苦奋斗，勇于

①2015 年 11 月，中共中央、国务院印发《关于进一步推进农垦改革发展的意见》（中发〔2015〕33 号），明确了新时期农垦在国家战略全局中的特殊地位和重要作用。

② 已经开始进入实践操作阶段，尚未正式工商注册。目前处于整村推进阶段，以村托管为主体，不打破种植户、农机户利益。农垦负责技术服务带动，农场挣服务费，村集体挣托管费。随着农户逐渐脱离农地，在条件成熟的情况下，发展趋势是混合所有制。1997 年 9 月，党的十五大报告指出"公有制经济不仅包括国有经济和集体经济，还包括混合所有制经济中的国有成分和集体成分"，明确肯定了改革开放以来集体经济改革发展混合所有制经济的实践。党的十六届三中全会提出："要适应经济市场化不断发展的趋势，进一步增强公有制经济的活力，大力发展国有资本、非公有资本和集体资本等参股的混合所有制经济，实现产权主体多元化，使股份制成为公有制的主要实现形式。"

③ 根据 2007 年《黑龙江省农垦总局场县共建实施方案》，主要涉及农业机械化、农业科技、农业产业化、农业社会化服务、基础设施建设、城镇设施建设、农村社会事业、干部交流等方面。

开拓，顾全大局，无私牺牲"，为探索农业农村现代化的新道路提供了源源不断的精神资源。

⑩历史方位是改革开放以来形成的家庭承包经营为基础，统分结合的双层经营体制，分离所有权与经营权之后，引领新时代农业农村发展改革的再次以"统"为主导的"第二次飞跃"。

二、"北大荒模式"向农村地区平移的可行性分析

立足 75 年农业种植领域的深耕和积淀，北大荒集团不断推进技术体系化支撑的"大基地"、组织体系化支撑的"大企业"和产业体系化支撑的"大产业"，向农村地区平移和推广"北大荒模式"，将激发新的改革红利，是走垦地融合发展之路的动力之源和自信之源。

（一）推进技术体系平移，"农村变农场"，有利于建设"大基地"

在作物生产模式、农机管理标准、生产承包控制、农业智能化、科技研发等领域，垦区已经构建起了完整的现代农业生产科技支撑体系，并建成了一系列农业科技试验示范区、农业产业示范园、农业基地、农业加工业园区、一二三产业融合区，形成了现代农业种植技术的领先高地。主要表现在以下几个方面：

一是高土地产出率体现了技术效益。北大荒集团水稻单产 1231.9 斤 / 亩、玉米 1289.8 斤 / 亩、大豆 349.2 斤 / 亩，分别比黑龙江全省农村高 227.4 斤、441.8 斤、102.7 斤，比全国农村高 283.9 斤、451.8 斤、89.2 斤。自 2000 年以来，北安分公司大豆亩产高于全省历年平均水平 59.5%（见图 1）。

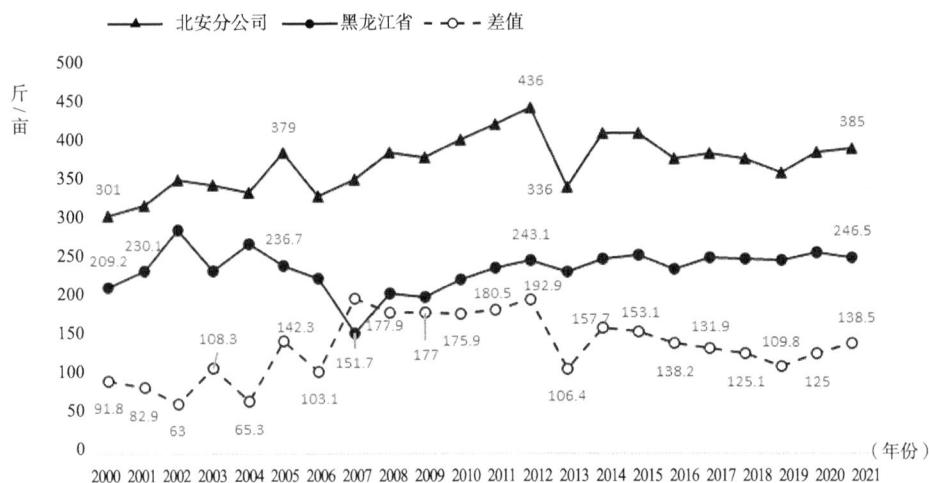

图 1 北安分公司与黑龙江省大豆亩单产对比

数据来源：北大荒集团北安分公司实地调研。

二是高土地收益率体现了经济效益。2021 年，北安分公司区域农服中心为黑河、齐齐哈尔市的 5 个市县、16 个乡镇、33 个村屯提供土地托管服务 18.27 万亩，科技服务面积 3.3 万亩。托管后农艺水平改善显著提升了土地生产率和经营效益：玉米单产比农民自

耕增加253斤，每亩增收303元左右；大豆单产增加34斤，每亩增收110元左右。2021年，北安市各乡镇共有5.1万亩耕地由农垦托管。赵光镇赵光村实现整村推进，村内2.43万亩耕地中，全程托管2.1万亩、环节托管0.11万亩、技术服务0.22万亩。

三是高稳定性和可持续性体现了社会效益。2021年，北大荒垦区4500万亩耕地，粮食总产463.1亿斤，提供商品粮440亿斤，可满足1.6亿城乡居民一年口粮需求，促进了物价指数的稳定。同时，现代机械作业改善了农艺服务水平，降低了农药、化肥使用水平，提高了农产品质量，有效保护了黑土地，保障了农业发展的可持续。

估算一下，以全国18亿亩耕地，年增产粮食175斤/亩，复种指数为2计算，复制推广"北大荒模式"，可预期增产0.63万亿斤，相当于全国粮食增产50%。平移北大荒管理和种植技术到农村地区，落实"双控一服务"，集中开展农村社区化集并和改造，发展类似规模家庭农场的集体农场，实现"农村农场化"，有利于培育粮食生产的大基地，是保障国家粮食安全的客观选择。

（二）推进组织体系平移，实现"农民变职工"，有利于培育"大企业"

一是垦区组织体系现代化转型已经完成。北大荒垦区自改革开放以来，先后经历了三个改革阶段："两到户、四自理"[1]的职工家庭承包经营为基础、大农场统筹小农场的统分结合双层经营体制；规模家庭农场；"双控一服务"的集团化"统供""统管"和"统销"三个体制改革阶段，垦区集团化、农场企业化改革主体工程全面完成，构建起"集团公司＋分公司（产业集团）＋农场（生产基地）"的三个层级[2]分工明确，高度组织化、集团化、规模化的新型农垦经营体制。其中，集团层面负责制定发展战略、投资布局与资本运营，培育新经济增长点；分公司负责产业链组合与优化产业结构布局；农场负责直接生产经营，规模家庭农场和家庭农场逐渐将生产功能集中到农场一级。

二是垦区通过大农场统筹小农场，实施"双控一服务"，实现了节本、保质与增收，激发了制度变革的红利。以北安分公司为例，2021年，集中采购化肥9.16万吨、种子2.95万吨、农药781.76吨，分别占分公司农业生产需求总量的95%、88%和74%，农药每吨平均降低5500元，化肥每吨平均降低220元，生产成本每亩平均降低6.7元，共节约生产成本2445万元。从销售端来看，规模化供给提高了农产品议价能力。依托"九三油脂"加工企业，每吨大豆增收700多元。

三是参照垦区组织模式重构农村地区组织体系，推动农村社会结构转型。"双控一服务"的落地需要发挥和挖掘乡村两级集体经济组织农地资源整合的组织比较优势，在建立区域农服中心[3]基础上，逐步建立"更宽领域、更大范围、更高层次"的现代农业"统分

---

[1] "两自理"就是生产费和生活费由家庭农场自理；"四到户"就是土地承包到户、核算到户、盈亏到户、风险到户，将工资取消计入档案，这项改革实质是计酬方式和分配制度的改革。主要目的是解决"企业出钱，职工种地，负盈不负亏"的问题。

[2] 原下辖的"管理区—规模家庭农场—家庭农场"趋于弱化。

[3] 省内区域农服中心股权结构一般为北大荒农服集团持股51%、分公司所辖农场有限公司（含佳木斯工业技术研究院）持股49%，并由分公司代为行使股东权利。省外为北大荒农服集团全资。

结合"的双层经营体制,形成"大企业"(如图2、图3所示)。进而,解放出农户的劳动时间,促进农户向二三产业转移,由此,必将导致农村地区一系列深层次的社会结构转型。

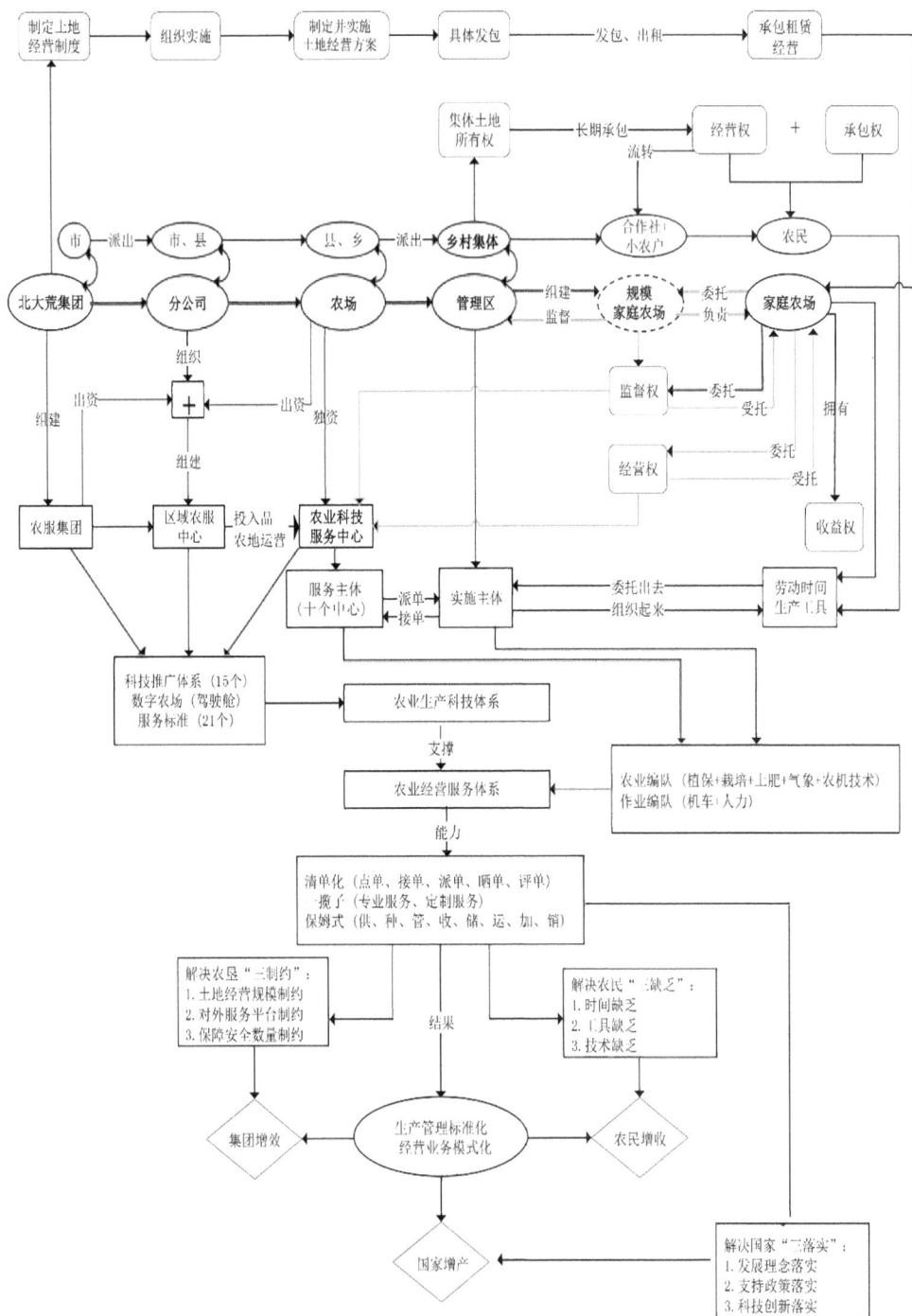

图2 北大荒模式运行图

村股份经济合作社

组织

市、镇两级政府

负责统筹所属各乡镇，全力支持"北安模式"向地方复制平移，推进土地整合，将零散耕地整合，针对零散耕地整合，农机配套改装，作业标准提升等进行补贴扶持，全面提升农业标准化水平，并逐步提升为整镇推进。

赵光农场有限公司

1. 以农业科技服务中心为载体；
2. 按照"北安模式"对其进行服务；
3. 调动农业、农机力量提供农业生产全过程服务；
4. 对农业农机具进行农机结构调整，农机组织管理等服务；
5. 对村股份经济合作社技术进行整合，配备及化升级农机械进行域补。对暂时不足部分的车型，机具组织农机械进行域补。

村集体农场有限公司

1. 村集体（产改后称"村股份经济合作社"）以股份比例获取相应收益；
2. 区域农服中心以股份比例获得相应收益；
3. 农民以现有土地承包经营权长期委托协议或入股（1股/亩）股份比例获取收益。

统筹协调

农民合作社、小大户、家庭农场

以土地承包经营权加入"集体农场"

村股份经济合作社下属的专业公司
（村集体农场有限公司）

委托出去

区域农业服务中心

就近委托

农场下属的农业科技服务中心

实施服务

村集体农场有限公司

实施核算

村集体农股权

反馈信息

村股份经济合作社

1. 村集体（产改后称"村股份经济合作社"）以上经营主体两户以上整合合同一块地连在在两户以上整合合同一块地连片后的土地，整合连片后的土地整合建混合所有制的村集体农场有限公司，区域农业服务中心与村集体分别按照51%和49%的认缴比例组建建混合所有制的村集体农场有限公司；
3. 农民或入股村集体农场有限公司，小大户、散户以现有土地承包经营权长期委托或入股村集体农场有限公司，股权比例进行相应调整。

北安区域农业服务中心

1. 接受政府、村股份经济合作社（镇联合社）委托进行土地托管和技术服务；
2. 投入品统供、粮盈统购；
3. 农技推广、教育培训、金融保险；
4. 秋整地（灭茬、联合整地、起垄入、两遍重耙、施肥、播种、土壤处理、深松放寒、苗期除草、趟地、健身防病、航化、收获等农业生产）全过程服务。

村集体农场有限公司

1. 负责实施农业生产经营；
2. 管理资产、开发资源、服务成员等方面的功能作用；
3. 接受合作社、小大户、财务经营、财务核算等业务；
4. 在区域农服中心、合作社、小大户、散户等之间进行收益分配。

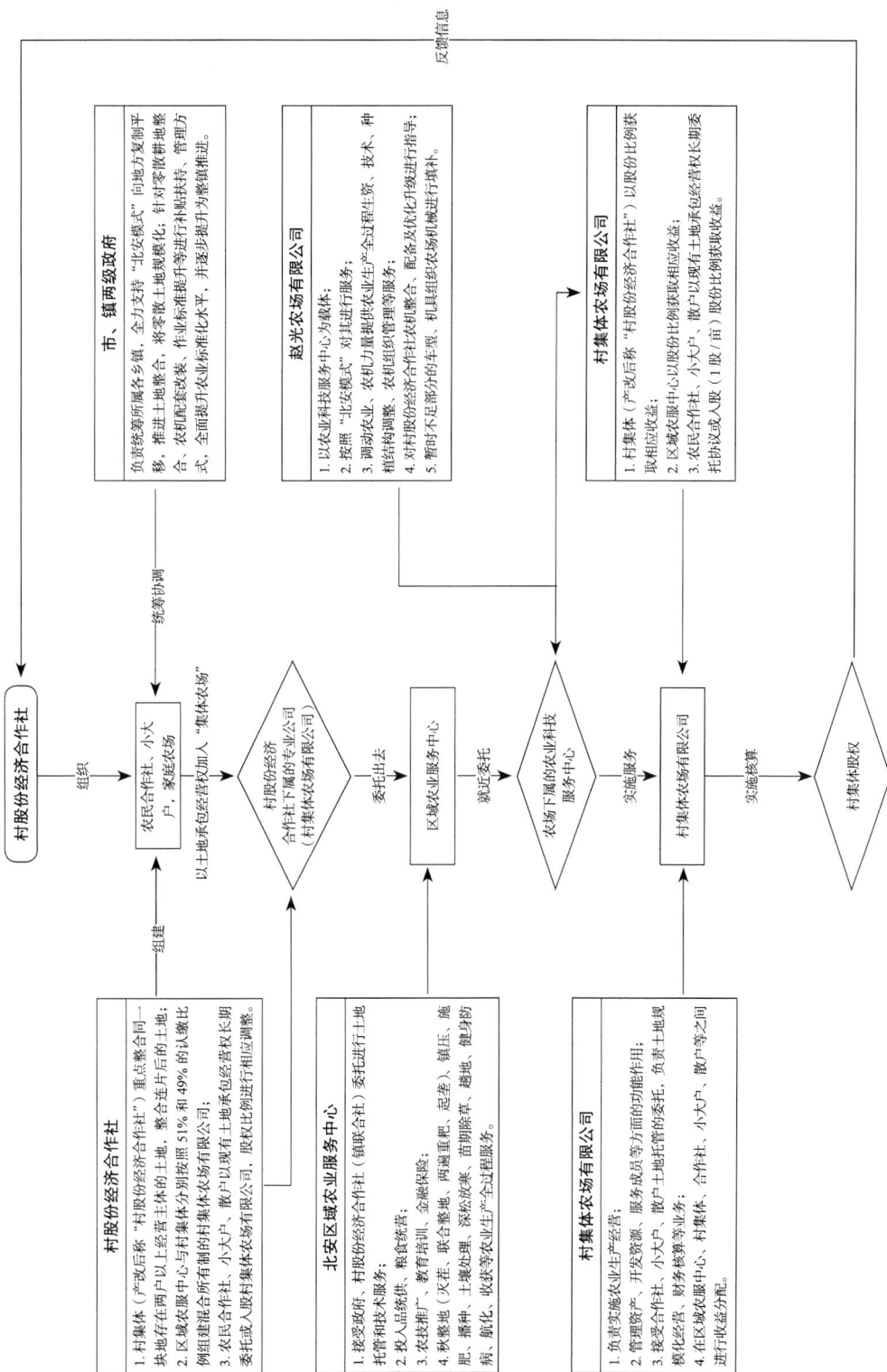

图3 北安市赵光镇与北安分公司赵光农场土地托管、技术服务整村推进流程图

（三）推进产业体系平移，实现"农业产业化"，有利于培育"大产业"

改革开放以来，黑龙江垦区（北大荒农垦集团）产业结构一直以第一产业为主，多数年份处于 50% 以上，而第二产业一般处于 20% 以下（如图 4 和图 5 所示），这与北大荒农垦集团长期作为农业企业的定位有着密切的关系，也说明在垦区内和垦区外，下一步都面临着培育"大产业"的潜在红利。

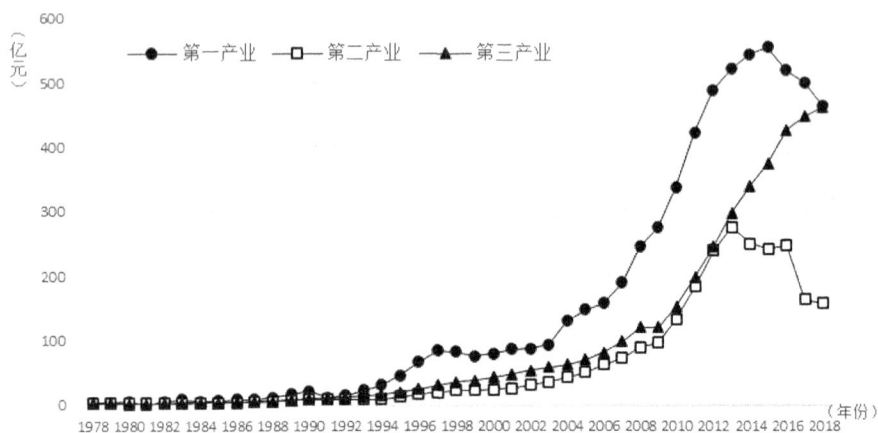

图4　1978年以来黑龙江垦区生产总值走势

数据来源：北大荒农垦集团有限公司财务管理部编，《2021黑龙江垦区统计年鉴》，中国统计出版社。

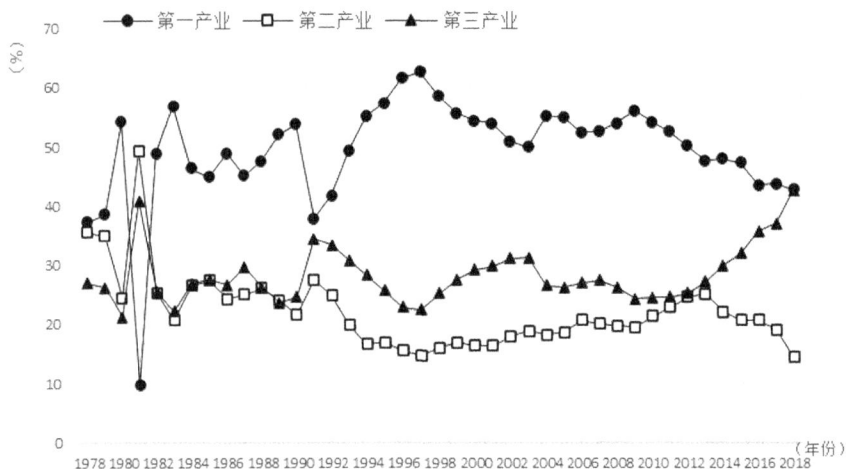

图5　1978年以来黑龙江垦区生产总值构成变化

数据来源：同上。

一是纵向延长产业链，打通产供销不同环节，占领产业链价值高端，扩大产业经营规模收益。打造若干全产业链的支柱产业，实现产业公司、农场公司与农村地区农民合作社、家庭农场的联结与互动，形成"大企业＋大产业＋大基地"的联动模式。如北大荒绿色智慧厨房产品榜单融合，以薯业集团和克山农场为主体的薯业运营模式等。

二是横向拓宽产业链，获取产品规模收益。如九三分公司生产的大豆产品，针对豆浆、豆腐等不同加工产品需求，已经形成了营养成分与功能各异的 100 多个品种，可以提供标准化、定制化、差异化产品。

三是推进品牌规模的快速扩张。北大荒品牌价值已经进入世界 500 强，携手"九三""完达山"荣登中国 500 个最具价值品牌排行榜第 50 位，为"大产业"建设奠定了坚实的品牌规模基础。

三、借鉴"北大荒模式"典型经验的几点建议

"北大荒模式"为推进新时期新时代农业农村发展与改革提供了重要的成功范例和典型经验。学习借鉴"北大荒模式"，推进京郊集体经济转型发展与体制改革，需要系统设计并高位推动，关键要建立健全国有经济与集体经济联合发展的体制机制。总体上看，需要经历"三步走"：

（一）第一步：试办混合所有制的"村集体农场"，落实"村统户"

以村或组为单元。由村集体经济组织整合土地连片后，以各户让渡出来的土地承包经营权组建村集体农场，即村土地股份经济合作社，也可以村民小组（原生产小队）为空间单元，发挥其历史上土地连片的优势，组建若干个组级集体农场。

试办混合所有制。国有企业与村级或组级土地股份合作社合资，也可以再联合专业大户、专业合作社等组建公有制经济控股的混合所有制的"村集体农场有限公司"。从而，构建国有经济、集体经济、家庭经济与合作经济"四位一体"的新型农村经济组织体制，稳定地权，提高资源利用效率。

明晰产权边界。按照"所有权与经营权分离"的原则，清晰界定村集体经济组织与村集体农场有限公司之间的产权关系及治理边界。

（二）第二步：组建乡联社及其下属的集体农场，由"整村"推进上升为"整镇"推进，落实"镇统村"

全镇域或跨村片区为空间单元。可以乡镇为基本实施单元，成立全镇域的乡联社（或联营公司），也可以若干村为团体股东成立镇域范围内若干个片区性联合社或联营公司。乡联社（联营公司）持有建设用地或农用地的使用权。

试办混合所有制。类似村集体农场有限公司，由镇联社（或联营公司）以土地使用权与国有行业龙头公司合资组建镇级集体农场（林场），搭建国有经济"龙头"带动下的，国有经济、集体经济、家庭经济、合作经济的"四位一体"的运营平台。镇联社为价值中心、利润中心；镇集体农场为利润中心、收入中心、营销中心；村集体农场作为生产基地，承担成本中心的职能，从而，形成分工明确的"镇联社—镇集体农场—村集体农场"的新三级体制。

治理结构与治理机制。乡联社（或联营公司）与乡镇政府之间主要是监督与被监督关

系，保持自身的经济独立性，如明确资金或面积的定额审批权。乡联社与镇集体农场等专业（产业）公司之间是所有权主体与经营权主体的关系。

（三）第三步：在"体制统筹、空间统筹、产业统筹"的总体框架下，以区县为单位制定新时期农村综合性改革实施方案

推进国有经济与集体经济融合发展，需要整合、调整多方面的资源要素和利益关系，是一次深层次、宽领域的体制变革，需要在加强党建引领的高位推动下，以区县为单位，系统设计新时期京郊农村综合性改革方案。

推进体制统筹，打造现代化组织体系。一是党建引领，加强地方党委政府对于国有经济与集体经济联合发展的有力支撑。可成立区县级集体资产监督管理委员会，区县委副书记负总责，各乡镇联社为团体成员，作为区县级与国有经济对接的平台。按照"国有龙头、区县对接、乡镇实施、村级组织"的总体思路，培育现代农业产业组织体系。二是上下联动。市、区县、乡镇不同行政层级之间政策执行相互贯通，提高执行力。三是部门衔接。自然资源、发展改革、财政税收等部门之间的政策要相互配套，打造相互配套、运行高效、衔接顺畅的制度基础设施。

推进空间统筹，集中优化配置农村土地发展权，打造现代化技术体系。纵向上，按照县域国土空间规划，编制镇域国土空间规划，优化城乡空间规划布局；横向上，需要按照村庄分化演变的客观规律和要求，从城市化、城镇化、新村化和空心化四个层级，分类编制实用性的村庄整治规划。以乡镇为基本实施单元，构建"两类园区（非农产业园区与农业园区）+两类社区（城镇社区与新农村社区）"的"四区联动"空间发展格局。进而，推进农用地、集体建设用地、宅基地及国家征地的"四块地"土地综合整治，如农业产业配套设施与农村基础设施建设、农村社区整体改造、生态环境修复等。从而，为各类农艺设施、农机、机防以及高端园区等技术支撑体系的落地创造空间条件。

推进产业统筹，促进产业价值链的最优化，打造现代化产业体系。一是推进产城融合，推进产业链在国有产业园区、集体产业园区与新型农村社区之间的整合。二是推进国有主导园区与集体配套园区之间的产业链整合，如中关村科技园区与周边承接产业溢出的集体二三产业园区、农业科技园区、农业基地等。三是农业向非农业领域延伸，推进一二三产业融合发展；四是研究通过"地产地销，直供直销"模式整合京郊农业产供销全产业链。

执笔人：陈雪原、向世华、黄松涛

台湾生态农庄建设经验在北京的应用研究

一、课题研究概述

（一）课题研究背景

乡村振兴战略是党和国家优先发展农业农村、推动一二三产业融合、加快城乡一体化发展的一项重大国家战略和资源安排。习近平总书记在党的二十大报告中提出"全面推进乡村振兴"，强调"建设宜居宜业和美乡村"。为贯彻落实中央工作要求，北京市立足首都城市战略定位，在把握"大城市小农业""大京郊小城区"的市情和乡村发展规律基础上，明确提出要以实现乡村产业、人才、文化、生态、组织等方面的全面振兴为目标，建设与国际一流的和谐宜居之都相匹配的美丽乡村。

作为贯彻习近平生态文明思想的重要举措，探索农业现代化的有效路径，推进农业绿色发展的有力抓手，2022年1月，农业农村部出台《推进生态农场建设的指导意见》，提出到2025年，"在全国建设1000家国家级生态农场，带动各省建设10000家地方生态农场，遴选培育一批现代高效生态农业市场主体，总结推广一批生态农业建设技术模式，探索构建一套生态农业发展扶持政策，持续增加绿色优质农产品供给，不断提高农业质量效益和竞争力，让生态农场建设成为推动农业生产'三品一标'的重要平台和有力抓手"。

为贯彻落实国务院《"十四五"推进农业农村现代化规划》战略决策和《"十四五"全国农业绿色发展规划》总体要求，按照农业农村部《推进生态农场建设的指导意见》（农科办〔2022〕4号）的统一部署，加快推进北京生态农场建设，2022年9月，北京市农业农村局颁布了《北京市推进生态农场建设实施方案》，提出"培育一批现代高效生态农业市场主体，总结推广一批生态农业建设技术模式，探索构建一套生态农业发展扶持政策，持续增加绿色优质农产品供给，不断提高农业质量效益和竞争力，让生态农场建设成为推动农业生产'三品一标'的重要平台和有力抓手"。

随着当前"三农"工作重心已历史性转向全面推进乡村振兴，推进生态休闲农业建设，特别是生态农场建设，对于北京打造绿色经济、建设宜居城市具有重大意义：

1. 推进生态农场建设，是贯彻习近平生态文明思想的重要举措。在党的二十大报告中，习近平总书记要求推动绿色发展，促进人与自然和谐共生。他指出："大自然是人类赖以生存发展的基本条件。尊重自然、顺应自然、保护自然，是全面建设社会主义现代化国家的内在要求。必须牢固树立和践行绿水青山就是金山银山的理念，站在人与自然和谐共生的高度谋划发展。"

农业是个生态产业，农村是生态系统的重要一环。加强农村生态文明建设，要保持战略定力，制定更具体、更有操作性的举措，以钉钉子的精神精准推进。生态农场作为市场主体，是农业生产经营活动的具体实施者，具有生产决策权和要素使用权。推进生态农场建设，能够精准推广生态农业技术，精准落实生态补偿政策，精准发展生态循环农业，是推进农村生态文明建设的重要举措。

2. 推进生态农场建设，是探索农业现代化的有效路径。实现农业现代化，必须走产出高效、产品安全、资源节约、环境友好的发展道路。生态农场是将生态农业技术、现代先进装备、绿色低碳理念等引入农业发展的实践主体。推进生态农场建设，既能够保障国家粮食安全和重要农产品有效供给，又能够有效减轻生态环境压力，是推进品种培优、品质提升、品牌打造和标准化生产措施落地的有效载体，是提高农业质量效益和竞争力的有效实践。

3. 推进生态农场建设，是推进农业绿色发展的有力抓手。加快农业绿色转型，必须建立绿色低碳循环的农业产业体系，构建绿色发展支撑体系和生产方式。生态农场是农业绿色发展、污染防治、减排固碳的基本单元。推进生态农场建设，能够在生产实践中有效推行投入品减量化、生产清洁化、废弃物资源化、产业模式生态化，能够有效拓展农业多种功能、提升农村多元价值，能够实现减污降碳协同增效、加快推进农业全面绿色转型升级。

4. 推进生态农场建设有利于北京市实现发展目标。根据北京城市性质和总体规划要求，京郊农村应成为首都环境保护的屏障，同时，依托京郊良好的环境条件和资源条件发展生态农场，不仅能满足城市居民短期休憩度假休闲的需求，并且将旅游业与农业发展、农村建设、振兴乡村、保护生态环境紧密结合，更能够促进城乡融合，推进北京市建设一流和谐宜居之都的步伐。

（二）课题研究意义

生态农场是依据生态学原理，遵循整体、协调、循环、再生、多样原则，通过整体设计和合理建设，获得最大可持续产量，同时实现资源匹配、环境友好、食品安全的农业生产经营主体。

按照《北京市推进生态农场建设实施方案》，到2025年北京将培育500家左右市级生态农场，培育一批现代高效生态农业市场主体。2022年12月，农业农村部农业生态与资源保护总站公布了2022年度国家级生态农场名单，北京市有6家农业园区上榜，分别是北京老宋瓜果专业合作社、北京绿惠种植专业合作社、北京绿火生态农业科技有限公司、北京市房山区窦店农牧工商总公司、北京中农富通园艺有限公司、分享收获（北京）农业发展有限公司。

北京的生态农场发展已经走出了坚实的一步。例如在房山窦店生态农场，成功开展循环农业，将种植的小麦秸秆和青储玉米全部用于肉牛饲料，产生的牛粪又可以变为有机肥改土还田，反补农作物种植。这样一来，绿色种养循环模式既消除了农业面源污染，又实现了农牧业的良性循环发展。延庆绿惠生态农场则是在田间地头设计安装了多座"昆虫酒店"，它能为瓢虫、螳螂、蟋蟀等多种昆虫提供栖息场所，促进农场生态平衡，同时也是扮靓农场的景观小品，发挥休闲及科普作用。

但是，与实现北京市制定的生态农场发展目标相比，尤其是积极发展都市型现代农业，在全市建设一批产地绿色、产品优质、产出高效的生态农场，推广生态农业技术，培育生态农业市场主体，生产绿色生态农产品，探索构建农业生态价值实现机制和保障制度，为加快农业绿色转型、乡村生态振兴和农业农村减排固碳作出更大贡献的要求相比，北京市在促进生态农场的全面发展中依然任重道远。

台湾的生态休闲农业发展比较领先，特别是"生态农庄"的建设，经过多年发展，在科学规划、合理布局，依托资源、差异发展，政府扶持、民间拉动等多方面都有独到之处，值得北京市发展生态农场的过程中加以学习借鉴。

因此，本课题主要目的是：介绍分析台湾生态农庄发展建设中的良好实践与经验，并在此基础上为北京市的生态农场发展提出政策建议。

（三）课题研究路径

本课题研究主要采取定性研究方法，利用公开数据渠道搜集相关信息和数据，进行案卷研究，了解和总结台湾在发展生态农庄方面的相关经验，并在此基础上对北京市发展生态农场提出相关政策建议。

二、台湾生态农庄建设的主要做法及发展经验[①]

20 世纪 60 年代末和 70 年代初，台湾农业受到竞争和挤压，开始步入明显的停滞和萎缩时期。针对农业困境，台湾加快农业转型，调整农业结构，在大力发展农业生产和提升农业生产水平的同时，按照综合发展思路，推动农业向第二、三产业延伸，逐步扩大农业经营范围，积极发展包括旅游休闲农业和农业运输业等为主要内容的农业服务业。

生态农庄正是在这一背景下逐渐发展起来的。20 世纪 80 年代初，台湾开始推广以观光、休闲、采摘为主要内容的观光农园；到了 80 年代后期，开始大力推行"农业＋旅游业"的休闲农业。1990 年，台湾"农委会"制订了《发展休闲农业计划》，从技术、经费、宣传等方面加大了对休闲农业支持力度。1992 年台湾"农委会"颁布了《休闲农业区设置管理办法》，此后，台湾的生态农庄开始蓬勃发展。

在台湾，依托农业发展起来的生态农庄的经营范围广泛，内容丰富，不仅有上规模的农耕田园、渔业风情、森林旅游、乡野畜牧活动内容，还有别具特色的农耕教育、生态保育、民宿体验、乡土民俗等休闲活动项目。

---

① 在本章中，为了便于阐述，如无特别说明，生态休闲农场与休闲农场两词可以互换使用。

（一）台湾生态农庄建设现状[①]

在台湾，生态农庄的最终目标是促进生态保护及当地居民（包括农户）的福祉。生态农庄已成为台湾农业的重要组成部分和新的经济增长点。现在，台湾有休闲生态农业区104个，生态农庄1244家，提供了近20多万个就业岗位[②]，吸引大量游客。即使在2021年的疫情冲击下，台湾仍有超过2226万人次参与农业旅游，创造产值达88亿新台币。

（二）台湾生态农庄建设实践案例分析

1. 台湾飞牛牧场

飞牛牧场位于台湾苗栗县通霄镇，是一个以乳牛养殖为主的观光牧场，占地50公顷，放牧面积达120公顷，位于海拔180—270米处。飞牛牧场前身是1975年成立的中部青年酪农村，在第二次石油危机期间，当地多家牧场倒闭。1986年，开始转型，到1995年元旦，飞牛牧场正式开幕，成为台湾第一个综合性生态休闲牧场。飞牛牧场两个字的涵义是"飞"代表蝴蝶，"牛"代表乳牛——在广阔草原缓坡上自由吃草、闲逛的奶牛，品种繁多的蝴蝶，成片的鸭群，营造出自然纯净的生态美景。飞牛牧场成立近30年经久不衰，游客好评不断，重游率不断攀升，目前，年客流量达30万人次。

图1　飞牛牧场

飞牛牧场的农场主题清晰明确：即通过三生（生产、生态、生活）一体与三育（培育、保育、教育）并重的发展策略，坚持可持续经营、寓教于乐，为游客们提供身、心、灵全方位的休闲体验，从观赏到住宿、购物、体验。

整个牧场区域依据缓坡地形地貌划分为DIY·烤肉·露营区、中心服务区、牧场生态区三大功能区，同时兼顾游客们的游览习惯以及生态环境保护。

---

① 来源：https://zhuanlan.zhihu.com/p/43104471
② 来源：http://www.fjtb.gov.cn/focus/hxlw/201707/t20170706_11814351.html

飞牛牧场从蔬果有机种植，到乳制品、甜点、衍生品加工，都坚持原料自产自足。同时，在园区内开设不同类型的商店，让游客在生产加工过程融入 DIY 体验活动，既实现了产销对接，又实现了产业升级。

另外，飞牛牧场对一二三产业进行巧妙融合，从生产体系、加工体系、销售体系，再到观光体系，每个环节互为铺垫，构建农业生态价值实现机制。例如，在餐饮方面，飞牛牧场以自产自销的方式，所有餐厅所需的肉类、蔬菜都由蔬果区和生态区提供，从原材料入手为游客们保证健康美食；牧场蔬果区种植有机蔬菜所使用的肥料是牧场上的牛羊粪便；实现了生产、加工、销售、观光的闭环循环，不仅形成了完善的产业链，还实现了生态资源的可持续发展，突出牧场主题特色。

飞牛牧场的成功经验：一是以乳牛养殖为基础，突出生态观光特色主题，实现差异化发展；二是农场围绕生态农业，种植养殖环境符合生态友好标准，实现农业绿色转型，科学规划，产业合理布局，功能分区清晰，循环链条顺畅，主体农产品质量符合生态产品标准；三是坚持融合发展，构建农业生态价值实现机制，实现全产业链的增值，沿产业链上下游延伸，发展成立集生产、生活、生态等多功能一体的现代农业。

2. 台湾台一生态教育休闲农场 [①]

台一生态教育休闲农场位于台湾省南投县埔里镇。前身是 1991 年创立的台一种苗场，当时是进行种苗培育和销售，后慢慢朝多元化发展。2001 年苗场转型为台一生态教育休闲农场，将休闲与生态融入花园中，扩大开发，园区面积由最初的 0.45 公顷扩大至 50 公顷，核心面积 13 公顷。2020 年 7 月，荣获台湾特色农业旅游金奖。

台一的核心业务依然是经营农场。台一有培育种苗的专业技术，在周边地区还设有多个分场，园区里虽然以花卉公园为主，却保留了温室，种植草莓、番茄、百香果等，部分温室也开放给游客体验采摘的乐趣。

农场内规划出多个主题园区，如仙人掌生态园、雨林风情区、童话森林、原住民馆，等等，生态资源与景观建筑结合打造特色游玩景点，如花神庙、银河水道，等等。园内有一座全亚洲最大的蝴蝶生态馆和甲虫生态馆、押花生活馆、亲子戏水区、浪漫花屋、可爱动物区、度假木屋、景观花园及各类生态标本区等。

农场除了餐厅内的特色美食餐品之外，还通过"蜜蜜花园"观光线路，为游客们营造沉浸式的观赏体验（蜜蜂生态介绍、现场蜂蜜汲取等），同时现场直销农产品（蜂蜜及花粉等），做到有赏、有玩、有学、有食。另外，农场还是很多学校户外教学的固定基地。农场可以提供食宿，台湾不少中小学毕业生的毕业旅行都选择这里。

台一还注重生态资源与文化民俗融合增强人文互动参与，既让游客们近距离接触当地民俗文化，又增加游客与原住民的互动参与，例如小农市集和 DIY 押花课程体验等。

台一生态教育休闲农场的成功经验：一是以种植为基础，追求高质量发展，同时突出个性化，避免同质化。台一以 6 个农业种植分场为基础，依据不同海拔的特殊生产条件以

---

① 来源：http://www.onedoing.com/article/content/view?id=1307

及农作物的时令条件，确保全年提供优良种苗和高品质果蔬，为农场的吃、住、行、游、购、娱提供基本条件；二是以生态资源为核心，全方位创意，一二三产业融合发展。在种植的基础上，以优渥自然生态资源为核心，打造特色景点、体验活动、开发特色农产品，让自然资源、景观资源、文化资源、产业资源相互融合、相互衬托，巧妙地将"绿水青山变成金山银山"；三是创新体验模式，提升满意度。在三产延伸方面，农场既考虑了周边农户生活，又为不同游客人群提供不同的服务，营造出人人有意向，处处有特色，时时景不同的休闲农场。

3. 台湾清境乡村农场

创建于 1961 年，位于台湾南投县仁爱乡，原本是台湾退辅会所经营的公营事业，1967 年更名为"清境农场"。农场临近合欢山，面积 700 公顷，海拔 1748 米，清境乡村农场利用优质的草场和山地景观资源，打造特色农场和风情民宿，吸引游客远离城市，体验独特的山地田园风光，有"雾上桃源"的美名，是台湾最优质的高山度假胜地。

原本退辅会希望清境农场可以自给自足，但没想到却连连亏损，场方为增加收入，还成立"特产果树专业区""温带牲畜发展之基地"，仍然无法改善亏损。直到 1985 年清境国民宾馆完工开始营业，国民宾馆的住宿收入远大于农业收入，清境农场逐渐从单纯的农场，发展成观光农场。1990 年农场开始收费。在前期，农场依托草场资源发展观光旅游，撬动区域价值；后期植入特色民宿、文化体验，综合服务等多元业态，以休闲度假功能、景观体验、多主题设施作为核心竞争力。现在清境农场已成为台湾热门的观光景点，变成旅游业主导的生态休闲农场。

图 2　清境农场

清境农场的整体规划遵循点、线、面相结合的原则：（1）"线"：以观山步道，畜牧步道，步步高步道，玛格丽特步道，落日步道，柳杉步道，翠湖步道和樱花步道六大步道串联起农场整体旅游观光动线。（2）"点"：根据不同风景和主题，打造游客中心，休闲中心，特色民宿等特色休闲服务建筑，吸引游客前往。其中，民宿还通过联盟经营的方式，成立了观光发展促进会，共同进行营销，规范地区发展，协商地区的资源分配和协调，在自身发展的同时也带动了周边乡村民宿的健康发展。（3）"面"：在绵羊区、牧牛区、高冷蔬果区、高山花卉区等各个片区，打造不同主题的景观和休闲娱乐活动，形成不同片区主题突出、特色鲜明的活动亮点。

农场经营注重创意，以本地摆夷族文化为主题，打造包括节庆、美食等多重参与性的文化体验，挖掘当地文化潜在价值，让游客体验不一样的文化魅力。

清境农场成功经验：一是立足山地草场畜牧资源禀赋，打造独特的都市型现代农业，建成产地绿色、产品优质、产出高效的生态农场。生态保护与农场建设协调发展，兼顾生产、生活、生态功能。二是坚持因地制宜，注重科学规划。建立完善的功能体系，依山就势，分散景点布局，通过交通设施串联景区各个节点，同时追求质量，实现精细化发展，形成"线、点、面"联动的内部格局。三是突出个性，将创意文化植入到关联活动中，成为促进大众游客消费的核心吸引力之一。四是创新盈利模式，融合发展。既有统一经营管理，核心设施自持确保竞争力和盈利，又通过组建协会带动周边村民发展民宿等商业设施，增强了社区凝聚力和可持续发展，增加了游客的体验丰富度。

（三）台湾发展生态农庄的主要做法及经验

台湾发展生态农庄的主要经验包括：

1. 通过立法、政策支持，为生态农庄的健康发展保驾护航

首先，台湾通过制定法律、法规、政策为生态休闲农业发展创造积极的环境。1980年，台北《观光茶园计划》的推行成为当局扶持休闲农业发展的开端；1983年颁布《发展观光农业示范计划》，1990年颁布《发展休闲农业计划》，1992年颁布《休闲农业区设置管理办法》，1999年的《休闲农业发展办法》，2000年《农业发展条例》修订，2001年的《民宿旅游管理办法》，2004修订的《休闲农业辅导管理办法》；2011年的《促进旅游发展的新战略》和《民宿管理办法》等，标志着对休闲农业（包括生态农庄）探索全面推行。台湾"观光局"出台检查评证许可，对休闲农业实行验证许可制度。

其次，台湾制定颁布了明确的与生态农庄有关的发展政策，从发展方向，行业支持，服务认证，教育培训，信息化建设等方面给予政策支持。这些政策法规扶持乡村旅游发展，使生态农庄的各项工作逐步走向正规化和程序化。

直接负责生态休闲农业（包括生态农庄在内）的管理、咨询的农政部门还出台了各种具体规定和管理办法，并形成了一整套申报审批制度，从省一级到市、县、区、乡镇以至小到一个农场、农户，大都有一个近、中、远期的规划，内容包括指导思想、市场定位、开发原则、项目设置、经费预算、效益分析等，有力地推动了生态农庄的健康发展。

台湾还相继出台其他扶持政策，促进生态休闲农业的发展，如早在2001年，出台了"国民旅游卡"消费政策，设立国民休闲消费特约店，鼓励和支持把政府公务活动安排到休闲观光农业点（包括生态农庄），同时把公务员的年休假制度与休闲观光农业消费结合

起来。台湾政策还规定把生态休闲农场作为中小学生农业、生态环境保护教育的基地，有计划地安排中小学生到生态农庄学习和体验生活。

这些法律、法规、政策特别强调"促永续"（即可持续性），即针对台湾农业生产资源不断减少、农村生态环境持续恶化，要将台湾农业打造成为"人民共享的健康产业、科技领先的卓越产业和安适时尚的乐活农业，推动台湾农业永续发展"①。

另外，有效的政府监管引导生态农庄的健康发展。台湾生态农庄由"农委会"主管，"观光局"和"经建会"协同管理：在"农委会"下设立休闲农业管理及辅导处，各县市也相应设立休闲农业管理及辅导机构，从上到下形成了休闲农业管理和辅导体系。行政部门主要负责制定政策法规，编制和审批规划，安排资金补助和贷款，支持公共基础设施建设，提供信息咨询服务，制定评价标准，定期检查和评估，加强与旅游部门的联系等。经"农委会"核准的休闲农场，在经营上享受优惠政策，并由"农委会"拨出专项经费，经费一般用于修建从主路到农场的支路、水电工程等基础设施建设以及教育农园、科研、展示厅、科普教育以及组织文化宣传等方面的补贴。

2. 通过科学规划、生态保护，为生态农庄的协调发展夯实基础

整个台湾地区发展乡村生态游都有完整统一的规划，包括农业生产，农村人居环境建设，生态保护等。一方面，每个点都有自己的发展规划，根据自身特色设计丰富的游客体验活动、提升产品以及园区的附加值，实现农业产业升级和生态保护的融合发展；另一方面，各点彼此照应，相互衔接，优势互补，错位发展。

台湾生态农庄大多数分布在旅游线路上，布局合理，每个农庄都能与旅游结合起来，有客源保证。同时，板块化、区域化整合也已经有了相当的成效。例如：宜兰县形成了梗坊休闲农业区、北关休闲农业区等区域化的乡村旅游目的地，并且达到一定的产业规模，具有区域特色②。台湾经验表明，生态农庄必须有一定的规模才能形成景观效应和产业集聚效应，才能由点成线、成片，为城市旅游者提供一日、两日乃至多日的旅游产品组合，从而提高经济效益。

3. 通过融合发展、产业升级，为生态农庄的产业发展增添活力

台湾生态农庄从业者从传统农场的单一生产模式，沿产业链上下游延伸，发展成集生产、生活、生态等多功能于一体的现代生态农庄。

台湾发展生态农庄的主要思路是：适应当代消费者的需求，利用农业和农村的丰富资源，发挥其教育、生态、休闲、文化等多种功能，将这些功能集合并转化为商业模式，产生现金流，实现产业增值效益。

农业的产业融合一般遵循"农业＋加工＋销售"的模式，典型的生态农庄的商业模式是"种养殖＋农业生产体验＋农产品加工＋增值产品"。除了生产具有本地特色的产品，通过面对面销售促进信息交换与共享，创造客户参与型的商品，保持农庄的吸引力和可持

① 来源：https://mp.weixin.qq.com/s/SNlmoA5xhyi2T-gbk61KvQ

② 来源：http://www.fjtb.gov.cn/focus/hxlw/201707/t20170706_11814351.html

续发展。通过挖掘、开发农场产品、增加产品的科技含量，延长产业链条，增加了农庄收入，并形成一个个小的产业聚集，充分开发和挖掘全产业链的价值。这种创新还促进了旅游产业转型升级，通过农耕教育，生态保育，民宿体验，乡土民俗等，从满足游客简单的观光需求升级到满足他们的文化和休闲需求，推动生态农庄发展。

另外，由于在园区内，完成了全产业链的活动，生态农庄可以有定价权，并获取全部的附加值，与之前的单一农业生产相比，收入大幅度增加，实现良性循环。

4.通过社会组织服务功能的发挥，为生态农庄的可持续发展搭建桥梁

台湾在发展生态农庄的过程中，协会组织发挥了不可或缺的重要作用：架起了政府与农民之间的沟通桥梁，在组织农民教育、农业推广、产品销售、行业发展等方面发挥了积极的引领，组织和推动作用。

台湾农业协会组织主要有台湾农会和台湾休闲农业协会。（1）台湾农会。以增强农民知识技能，增加生产收益，提高农民生活水平，发展农村经济为宗旨，主要有三大功能：即农村推广、农业行政、农事运行，并设有专门的农业推广、农业运销等机构。经过近百年的发展，台湾农会已遍布各地，成为台湾分布最广、实力最强、功能最齐全的农民合作经济组织。（2）台湾休闲农业协会。于2009年4月成立，服务宗旨是："将农业经营与休闲旅游相结合，发挥农业生产、推进农业生态旅游功能，从而增加游客体验农业生产和农村生活的机会，并借由游客对自然资源及乡土文化的关注和支持，最终达到增加农民收入、促进农村经济发展的目标。"自2004年台湾《休闲农业辅导管理办法》修正公布后，台湾休闲农业发展协会得到了全面的发展，提供全面的服务。

台湾农会和台湾休闲农业协会为生态农庄经营者进行统一的人员培训、宣传等，在降低企业交易费用，规范企业经营行为、农业推广、产品销售、行业发展等方面作出了积极的引领，组织和推动。协会还与"农委会"合作，推动生态休闲农业的检查和评证，并颁发认证标志等。

协会提供的主要服务包括：

（1）人力发展。建立学校与产业的产学合作，推动休闲农场经营管理者认证制度，设立休闲农业学院举办职能训练，以培育经营管理人才。

（2）品质服务。落实生态休闲农场的可持续经营，提升休闲农场服务水准，打造农场品牌。

（3）产业发展。法令研修，发展策略研究，创新研发，产业辅导，推动休闲农场服务品质认证，建构稳定且高品质的休闲农业品牌。

（4）市场行销。多元化休闲农业商品开发，开发国际旅游市场，以全球在地化的观点来建构当地，行销全球。

生态农庄检查和评审是协会服务的一个亮点。"农委会"规定，对准备发展生态休闲农业的景点，需聘请专家进行实地考察与评估，通过详细的规划设计，并由乡村社会、社会心理、民俗文化、景观生态、水土保持、森林、园艺环境工程、旅游观光、农村建设、地政等各个方面有关专家学者及单位代表组成"生态休闲农业咨询小组"，执行生态休闲

农业规划设计的决策咨询；检查评审包括核心特色、园区规划、创意运用、解说与行销、组织与人力管理、环境与景观管理、社区参与、观光资源等八项内容。对通过评审的生态休闲农业区，均由"农委会"认定挂牌经营，并提供资助经费，用于相关设施的配套建设。该认证审核标准严格，具备较高的权威性，目前，台湾生态农庄已达到1244家，但经过"农委会""观光局"准设许可的仅有507家[①]。

三、北京生态农场发展政策建议

北京市生态农场的发展已经取得了良好的开端。市农业农村局将生态农场的建设细化为四个方面，即开展产地生态环境提升、生产生态化提升、废弃物资源化利用提升、绿色生态品牌提升，并加强效果监测。在这一过程中，市农业技术推广站等单位加强技术指导，推广应用了土壤修复、有机肥替代、生物防控等40多项技术，示范应用生物降解地膜、"昆虫酒店"等新技术、新产品和新装备近20项，创建了一批具有绿色底蕴、京风京韵、窗口效应的生态农场。但是，在相关政策的制定，科学的规划和统筹布局，政府的职能落地，以及发挥社会组织作用等方面，还有较大的改善提升空间。借鉴台湾生态农庄建设经验，根据北京市提出的推进生态农场建设实施方案的总体要求和主要任务，提出推动北京生态农场发展的政策建议如下：

（一）加强部门统筹协调，为生态农场发展创造积极的政策环境

台湾经验表明，生态农场的蓬勃、有序发展离不开政府部门创造的积极发展环境。

首先，北京市各级政府主管部门要统筹能够调动的一切行政资源，通过土地政策、基础设施配套政策，以及产业政策的统筹，齐心协力，提高政府政策的统一性和延续性以及政府资金的使用效率，增强社会资本投资乡村的信心，吸引更多社会资本。同时，引导生态农场发挥自身优势，全程推广应用标准化生态农业技术，提高产地环境质量，推行绿色低碳循环生产，培育发展北京地理标志农产品、绿色有机农产品，打造绿色生态品牌，使其成为落实农业生产"三品一标"的排头兵、加快农业发展绿色转型的典型样板。

北京市现行"三农"政策在土地、农产品加工、禁养限养、能源等方面存在"一刀切"现象，一定程度上阻碍了生态农场的可持续发展，例如，在开发增值产品时，政策性限制将直接导致循环农业产业链断裂，产能不平衡，农产品附加值低，三产融合度低等问题，令生态农场难以做大做强，农民增收乏力。

建议完善相关政策法规，为生态农场发展创造积极的政策环境，提高政策的透明度和可操作性，减少市场主体的不确定性。重点是规定生态农场设立的基本条件（如实施主体、面积、经营内容等）、生态农场辅导办法、生态农场标章核发使用要点、生态农场设置管理要点等。另外，还可考虑出台相关政策法规对生态农场的用地提供保障，包括对面积、用地、各种设施等作出明确规定，如生态农场须具备的生态基础，农场种养殖环境技术标准，产业布局、功能分区等具体规定，主体农产品质量安全标准，建设用地占农场总

面积比例的上限，等等。这些政策法规的出台有利于依法依规支持鼓励发展生态农场，既保护经营者的合法权益，同时限制和避免超范围建设和经营，为保证生态农场的健康发展提供了有力的制度支撑。

其次，升级营商环境，促进市场主体的参与。政府引导、统筹发展，发挥政府在规划指导、政策支持、市场监督、技术对接等方面的引导作用，龙头企业、合作社、家庭农场等市场主体的自主发展才能为生态农场的健康蓬勃发展奠定基础。政府各部门应参考台湾的生态休闲农业的有关政策，制定颁布明确的生态农场发展政策，从发展方向，行业支撑，服务认证，教育培训，信息化建设等方面给予支持。

北京市具有全国其他地方不可比拟的资源优势，比如消费群体、资金、智力资源等。产业发展，市场是关键，为了充分发挥市场在资源配置中的作用，要引导社会资本将人才、技术、管理等现代生产要素注入生态农业发展。建议建立一套行之有效的生态产业招商引资实施程序和办法，吸引更多社会资本。而且，要强化政策支持和服务保障，显著改善农村营商环境和乡村发展空间，使各类人才留乡返乡入乡就业创业，成为带动乡村发展的主力军。

最后，完善对生态农场的监管，并增加政府支持力度。在有关部门设立生态农场管理及辅导处，各区也相应设立休闲农业管理及辅导机构，从上到下形成生态农场管理和辅导体系。行政部门主要负责制定政策法规，编制和审批规划，安排资金补助和贷款，支持公共基础设施建设，提供信息咨询服务，制定评价标准，定期检查和评估，加强与旅游部门的联系等。经有关部门核准的生态农场，在经营上享受优惠政策，并由主管部门拨出专项经费，经费一般用于修建从主路到农场的道路、水电工程等基础设施建设以及教育农园、科研、展示厅、科普教育以及组织文化宣传等方面的补贴。

（二）科学合理规划布局，实现乡村与生态农场的融合发展

对北京市的生态农场发展做完整统一的规划，包括农业生产、农村人居环境建设、生态保护、建设宜居宜业和美乡村；其目标任务应是全方位、多层次的，涉及农村生产生活生态各个方面，涵盖物质文明和精神文明各个领域，既包括"物"的现代化，也包括"人"的现代化，还包括乡村治理体系和治理能力的现代化，内涵十分丰富。在规划时，要注重生态保护，兼顾生产、生活功能，着眼长远，科学规划，将环境的保护与改善、生态功能的恢复、生态保育放在第一位，而不是将短期的经济利益放在首位。另外，还应强调因地制宜，顺其自然，挖掘当地特色资源和本土历史文化，不断创新，而不是墨守成规，复制照搬，更不是依靠人力或者机械的力量去改造自然。

在规划时还要强调发展生态农业或绿色农业，探索构建农业生态价值实现机制和保障制度，为加快农业绿色转型、乡村生态振兴和农业农村减排固碳作出更大贡献。一方面，提高山地空间资源的植被覆盖，尽可能让碳、氮固定在土壤和产品中，最大程度上发挥农业的碳汇功能；另一方面，通过农林牧副渔的有效"接口"、农工商"一体化"，实现对有机肥和饲料在植物生产和动物养殖的平衡、尽量减少对市场化、工厂化生产资料的依赖，既降低生产成本，又有效减少农业生产和消费过程碳和氮的排放，同时，可以带动更多农民实现就地就近就业增收，从而实现乡村振兴战略中"生态宜居"和"生活富裕"高度统一。

因此，需要探索构建一套生态农业发展扶持政策，使各项工作逐步走向正规化和程序化。主管部门负责对生态农场的管理和咨询，提供补助经费和贷款，及时出台各种相关法规和管理办法，并形成一整套申报审批制度。从市到区、乡镇、村，以至小到一个农场、农户，都有一个近、中、远期规划，内容包括指导思想、市场定位、开发原则、项目设置、经费预算、效益分析等。培育一批现代高效生态农场经营者，总结推广生态农场建设技术模式，持续增加绿色优质农产品供给，不断提高生态农场的质量效益和竞争力，将其建设成为推动农业生产"三品一标"的重要平台和有力抓手。

（三）建立生态农庄认证许可制度，促进生态农场的规范有序发展

建议参考台湾发展生态农庄的经验，建立和推广生态农场认证标准和认证体系。对生态农场的规划设计、乡村社会、社会心理、民俗文化、景观生态、水土保持、森林、园艺环境工程、旅游观光、农村建设、地政等多个方面制定标准。当生态农场通过相关部门尤其是第三方的考察和审核后，由主管部门认定挂牌经营，并将此作为向其提供资助经费的重要参考条件之一——资金可用于相关设施的配套建设，也可以用于能力建设。

生态农场认证标准和认证体系要特别强调生态资源的可持续性，即结合当地生态资源禀赋，围绕生态保护，推进一二三产业深度融合发展。生态农场应围绕生态保护，推行农业交叉融合发展，拓展新功能。因此，认证标准要强调因地制宜、因时制宜，可持续地开发和利用生态资源，特别是与其他资源（如传统文化等）相结合，深度挖掘，形成有竞争力的、可持续的产品。采取认证制度有利于生态农场保持差异性，从而避免无序竞争。

（四）发挥社会组织桥梁纽带作用，助力生态农场的持续性发展

建议动员、成立相关协会类组织，在政府、生态农场经营者与农民之间发挥沟通协调作用，并对生态农场经营者和农民提供各种服务，包括人员技术培训、信息服务、业务交流、宣传与品牌展示、消费索引等，从而帮助经营者降低交易成本，促进生态农场经营者自律，推动规范经营、农业推广、产品销售、行业发展，维护生态农场经营者与农民的合法权益。

另外，还可以考虑借鉴台湾经验，由协会对生态农场机进行独立的第三方认证。

课题负责人：刘军萍
课题组组长：杜力军
课题组成员：杜力军、陈雯卿、余君军
执　笔　人：杜力军、陈雯卿、余君军

台湾休闲农业标准体系建设及其启示

《北京城市总体规划（2016年—2035年）》明确提出"推动乡村观光休闲旅游向特色化、专业化、规范化转型"。标准体系建设是规范化转型的基础。休闲农业规范化包括标准体系的建设和标准的编制、修订、发布、实施等过程，其中标准体系建设处于统领地位，是确保标准制定的完备性、前瞻性和科学性，引领和统筹标准制定工作的重要基础（徐广才，2013）。台湾地区的休闲农业始于20世纪70年代，其标准体系较为成熟，对北京的休闲农业标准体系建设具有较强的借鉴意义。

一、台湾地区休闲农业法律、法规和标准体系结构

标准体系的层次结构通常包括基础标准层、通用标准层和专用标准层（徐广才，2013）。这里我们把台湾地区的休闲农业标准体系结构分为基础层面、主导层面和辅助层面加以分析研究。

（一）基础法规

1973年9月，台湾地区《农业发展条例》发布。包括总则、农地利用、农业生产结构、农产品运销与价格、农业金融与保险、农业技术研究与推广以及附则。《农业发展条例》是台湾农业的"基本法"，在之后的各个发展阶段，都根据农村及农业发展的需要进行过修订，至今依然是台湾农业施政的主要法律依据。

（二）主导法规

经过多年的不断细化与规范，台湾地区关于休闲农业发展建设的各项规定、规程最终以《休闲农业辅导管理办法》的专项法规形式固定了下来。《休闲农业辅导管理办法》依《农业发展条例》第六十三条第三项规定订定，共包括45条规定，涵盖农业休闲区的申请条件、休闲农业区规划书或规划建议书、提供服务规定、休闲农业设施规定、用地限制、设施设置规范、用地规划等基本内容。

（三）辅助规范

除上述两方面的法律法规之外，还包括一些辅助法令、规定和规范等，也就是我们狭义理解的标准体系。以下辅助规范基本涵盖了休闲农业园区的前期申请、创建、审批、审核，中期的建设以及后期的认证、辅导、推广整个流程。

1. 创建：《休闲农业区划定审查作业要点》（2007年）、《休闲农场筹设审查作业要点》

（2011年）；

2. 农业区内设施用地使用：《申请休闲农场内农业用地作休闲农业设施容许使用审查作业要点》（2011年）、《申请休闲农业区内农业用地作休闲农业设施使用审查作业要点》（2007年）；

3. 用地变更：《非都市土地作休闲农业使用兴办实业计划及变更审定审查作业要点》（2011年）；

4. 专案辅导申请：《休闲农场专案辅导实施作业要点》（2012年）；

5. 休闲农场认证：《休闲农场服务品质认证标准》（2010年）；

6. 旅游民宿管理：《民宿管理办法》（2001年）（常洁，2018）。

二、台湾特色农业旅游场域认证制度

2010年，台湾休闲农业发展协会制定并推动"休闲农场服务品质认证制度"，引领休闲农场把提升产业服务品质、强化产业管理效能作为产业标杆。2016年，又针对如何建立休闲农业文化品位进行研究与实证，加强农业生产特色并扩大适用对象，制定"特色农业旅游场域认证制度"。该场域认证制度为具备强烈引导性的行动策略，借由强化休闲农业发展中的农业本质，纳入食农教育、农村环境教育、产业六级化、健康疗育等内涵以提升休闲农业特色，进而强化台湾休闲农业品牌。

（一）实施框架

1. 决策单位

"台湾休闲农业发展协会认证委员会"为认证决策单位，由产、官、学界、非营利组织及媒体组成，任期4年，得连续聘任，负责订定本认证制度与要点、特色农业旅游场域认证结果复审备查、申覆案审查及申诉案件处理等工作。

2. 审查单位

认证委员会下设评审小组及品质小组，经认证委员会资格核定后组成，任期4年，可以连续聘任。

3. 评审小组

"评审小组"负责分区之特色农业旅游场域认证申请书面审查及现场审查。评审委员以现场访视方式进行特色农业旅游场域认证审查。主要职责为参与特色农业旅游场域认证现场审查、审查结果讨论、撰写审查报告，并提出特色农业旅游场域改善建议，提供与审查报告相关的文字、照片等资料，作为后续佐证之用。

4. 品质小组

"品质小组"负责品质管理工作。主要职责为处理客诉事件及进行不定期稽核，依据特色农业旅游认证内涵及评量基准进行诊断，撰写诊断报告并提出改善建议，提供品质诊断报告相关的文字、照片等资料，作为后续佐证之用。

5. 认证对象

认证对象为具有申请资格的农业旅游经营事实的合法经营体，共分三类。第一类为休闲农场；第二类为其他农业旅游经营体；第三类为其他农业相关组织，且经营体坐落在特色产物专区内或特色产物生产区在经营体 3 公里内，游客在步行距离可以亲近的范围，如场域间串联顺畅具备吸引力，于申请时特别说明，则不在此限。

（二）认证标准

《特色农业旅游场域认证标准》共有农业生产、整体环境与经营、资源与建物设施、服务与体验活动、经营与营销推广等题项。农业生产达基本门槛才可以参与认证，所有项目的分数总分需达 70 分以上为通过本认证。具体标准包括如下。

1. 整体环境与经营

整体环境与经营方面包括：

（1）农场环境周边具乡村地景特质（如森、川、山、海）。

（2）自然生态资源丰富，重视生态资源与永续作为。

（3）农场内整体环境营造是否呈现出乡村感，能感受到农家生活步调。

（4）农场特色产物的整体经营理念与策略[①]。

2. 特色产业资源与建筑设施

特色产业资源与建筑设施方面包括：

（1）资源：农场规划的特色产物专区（特意规划出的特色产物耕作专区，例如，××区等，形成农场景观上的特色，也方便游客观赏或体验）；设有自制生产加工场所，强化产业链特质。

（2）建物、设施：农场建有特色产物产业之"适"乡村建物；农场内的室内或户外陈列设计，以特色产物为主题之乡村感呈现；农场特色产业的相关解说设施；农场特色产业所提供的公共区域（设施）设置[②]。

3. 特色产业服务、体验活动

特色产业服务、体验活动方面包括：

（1）服务：营业服务项目与人员的特色产物具在地文化的专业素养展现；外场服务人员熟知农场提供特色产物相关的活动、服务内容，能提供游客所需的（特色产物）资讯；农场有完整、系列性的产物特色（含环境文化）主题解说服务（例如主题特色产物生长环境解说、介绍农场特有的生态景观）。

（2）体验活动：农场提供商品化的特色产物的农事体验（含农事器具）活动；农场提供商品化的特色产物的加工体验活动；农场提供商品化以特色产物为主题的农艺文化或教育学习（例如工作坊）的体验活动[③]。

4. 特色产业经营、营销

特色产业经营、营销方面包括：

（1）经营：农场内的用品（含服务人员服饰）与备品，能配合特色产物之主题；提供

---

① 资料来源：台湾休闲农业发展协会。

② 资料来源：台湾休闲农业发展协会。

③ 资料来源：台湾休闲农业发展协会。

以特色产物具在地文化为主的特色餐饮（菜肴）；农场贩售特色产物具在地文化的主题商品（例如农特商品、加工品、纪念品）；农场提供与贩卖产物特色主题的套装旅游（含营队活动），如××之旅。

（2）营销推广：农场提供的纸质宣传解说资料能清楚有效地传达以农场特色产物为主的特色主题；农场提供电子资讯资料（网站、视听、QR Code、Google Map 等），能清楚有效地传达农场特色产物为主的特色主题；农场提供互动式的平台（例如 FB、Blog、Line、Instagram、Plurk、Twitter、Google+、Youtube、微博等）①。

（三）认证程序

特色农业旅游场域认证制度的认证程序：一是申请。符合申请资格的农业旅游经营体的负责人填妥申请书及检附相关文件向评审小组提出申请。二是书面审查。由评审小组进行书面资格审查，通过审查者，由评审小组进行实地认证审查；未通过书面审查者，退件并告知原因。三是实地审查。评审小组于期限内派员进行特色农业旅游场域认证审查，并召开评审小组会议确认通过审查结果；另撰写审查报告，再提送认证委员会备查。四是公布结果。认证委员会备查后公告审查结果。通过审查者，通知及办理特色农业旅游场域认证证书（请领手续）；未通过审查者，公文告知并列入辅导对象②。

三、台湾休闲农业标准体系建设经验

（一）功能齐全

功能是指各种业态向城乡居民提供休闲服务的具体内容，是休闲农业需要进行规范的重点服务领域（徐广才，2013）。总结目前台湾休闲农业标准体系，已经包括了餐饮、住宿、通行、采摘、露营、科教、体验、商务、康养、民宿、展览等功能，基本囊括了旅游者对于休闲旅游的所有需求。

（二）业态丰富

依据经营方式和产业形态的差异，休闲农业可以分为农家乐（或称为乡村民俗旅游户）、休闲农庄、农业科技园、观光采摘园、农业观光园、民俗村（或称为乡村民俗旅游村）等 6 种业态，形态之间相互差别，但并不完全独立（徐广才，2013）。台湾的休闲农业起步较早，经过几十年的发展，以上 6 种产业形态都已存在于乡村旅游之中。

（三）标准体系规范

台湾休闲农业体系在建设、服务、安全、评价等标准方面都设置得非常规范，且每一条大的标准之下还设立了许多具体的标准，并且实用性和可操作性很强。而且其标准随着外界环境的变化还在不断地更新调整。从标准的数量和覆盖内容上都与当前休闲农业的发展情况相协调。

---

① 资料来源：台湾休闲农业发展协会。
② 资料来源：台湾休闲农业发展协会。

四、北京市休闲农业标准体系建设的现状与不足

（一）现状：旅强农弱有待改观

近十几年，北京市旅游主管部门牵头组织，针对乡村旅游出台了《乡村旅游特色业态标准及评定》（2009年）、《乡村民俗旅游村等级划分与评定》、《乡村民俗旅游户等级划分与评定》等系列标准，主要是针对乡村旅游特色业态分类标准及评定（贾新平，2022）。《乡村旅游特色业态标准及评定》系列标准，涉及乡村旅游的多种业态，为系统地建设乡村旅游标准化体系创造了条件。

但是严格来说，由旅游部门牵头的是乡村旅游标准体系，不属于农业标准体系建设范畴。对都市农业休闲功能的认识滞后，使得在标准体系建设上形成了"旅强农弱"的局面，但是"农"毕竟有"农"的规律和特点，"旅"又不能取代"农"。农业部门在休闲农业标准体系建设方面起步较晚。长期以来的标准缺失，使得休闲农业的发展走过一段弯路，在"大棚房"问题专项整治行动中损失巨大。

2020年10月，由北京市农业技术推广站、北京市农村经济研究中心编写，市农业农村局归口实施的地方标准《共享农园建设与经营规范》（DB11/T 1739—2020）正式发布实施。这是北京市农业主管部门在农业标准体系框架内发布的第一个与休闲农业相关的地方标准。

2021年3月，由北京市农村经济研究中心和北京观光休闲农业行业协会编写，市农业农村局归口实施的地方标准《休闲农业园区等级划分与评定》（DB11/T 1830—2021）正式发布实施。该标准在广泛调研的基础上，立足休闲农业产业用地、资源环境、营业管理的刚性约束现状，紧紧把握当前政策要求，聚焦"以农为本"，突出农业特色、产业带动和城乡融合。标准强化了农业基础，针对休闲农业园区的农业种养殖面积、农产品品质、利益连接机制等设置了专项指标，巩固农业产业基础。标准强调了合法合规，将休闲农业园区的营业场所、附属设施符合北京城市总体规划、分区规划及镇（乡）域规划、控制性详细规划等作为申报星级的必要条件。与此同时，标准增加了体验活动和服务要求的评价分值，引导休闲农业园区丰富休闲体验内容、提升服务水平，弱化了对食宿设施的要求，增加"园区周边3公里范围内有餐饮经营"和"周边5公里范围内有住宿经营"的赋分项，引导园区与周边业态互动联营，培育产业集聚区。标准发布实施之后，北京观光休闲农业行业协会随即开展了新一批星级休闲农业园区的评定工作，共评定79家星级休闲农业园区，其中五星级13家、四星级21家、三星级45家，树立了一批新典型，推动北京乡村休闲旅游产业规范化发展。

（二）问题：体系不全有待完善

但是对比台湾，北京市当前的休闲农业标准体系建设不规范，缺乏配套性和完整性，不成体系，标准数量和覆盖内容方面都与当前产业蓬勃发展的态势不协调，标准跟不上形势，存在很多不足，主要表现在以下几方面。

1. 功能服务缺位

按照当前有些学者提出的休闲农业标准体系要素架构，北京市当前休闲农业标准体系重点的功能服务较为不足。餐饮、住宿、采摘、体验等功能已经较为齐全，但是交通、民俗及示范功能较为欠缺。部分山区农村及略微偏僻的农村在"通行"方面的功能服务尚有待完善。"民俗"功能相比餐饮、住宿还较为欠缺，远远没有发挥出北京作为古都及首都的价值。相比江浙地区，北京休闲农业的"示范"功能仍有待提升。

2. 业态有待拓展

截至2021年，北京共有151个国家级和市级星级休闲农业园区、5832个星级民俗接待户、1052个乡村民宿品牌。乡村民俗旅游户（农家乐）、休闲农庄、农业科技园、观光采摘园、农业观光园、乡村民俗旅游村（民俗村）这6种业态中，休闲农业与科技、教育融合发展领域的标准还是空白。

3. 部门协调有待加强

休闲农业是一个建立在农业多种功能拓展上的融合性、交叉性产业，农业与旅游、文化、教育、体育、康养等的融合，势必涉及相应的行业主管部门，以及自然资源、规划、财政、税务、治安、消防等职能部门，牵涉面相当广泛。标准体系的建设还涉及质量技术监督部门。尤其是农业部门如何处理好与旅游部门的权责划分，在标准立项规划上提出立足农业资源、符合农村实际并且有别于乡村旅游标准体系的休闲农业标准体系建设规划，是首先要解决的问题。其次，规划与自然资源部门作为敏感核心资源的把控方，也需要重点沟通协调，确保标准的权威性、可行性。

五、政策建议

（一）健全休闲农业标准体系

凡事预则立。农业主管部门要尽快制定休闲农业标准体系建设规划。一是与市质量技术监督局沟通协调，在农业标准体系的框架内，组织起草休闲农业系列地方标准，突出北京休闲农业发展的特殊性和高端化、生态化趋势；二是充分发挥行业协会的作用，鼓励支持休闲农业行业协会制定团体标准；三是充分激发行业龙头企业的积极性，鼓励引导他们制定相关的企业标准；四是积极参与农业农村部组织的全国性标准（如国家标准、行业标准）的制定。

（二）加强现有标准的宣贯

对于非强制类标准来说，能否起到作用，关键看实施。目前，北京市在农业标准体系的框架中已经有了《共享农园建设与经营规范》（DB11/T 1739—2020）、《休闲农业园区等级划分与评定》（DB11/T 1830—2021）两个地方标准，这是来之不易的成果。农业农村主管部门要在推进全市休闲农业"十百千万"畅游行动的实际工作中把这两项标准真正地"用"起来，把相关的扶持政策和标准的贯彻实施情况挂钩。

（三）充分发挥行业协会的作用

政府部门在行业管理上切忌大包大揽。休闲农业政府主管机关应借鉴台湾经验，将行业协会作为标准宣贯的主体，支持行业协会在标准的实施过程中建立配套的决策、审查、评审、管控工作队伍和工作体系。

执笔人：陈奕捷、王翊嘉、乔通

台湾民间手工艺与乡村旅游融合发展
及其借鉴意义

我国台湾地区乡村旅游起步较早，且民间手工艺技术资源丰富、历史悠久，借助休闲旅游业的发展平台和广阔市场，将民间手工艺品发展成为休闲旅游业的附加产业，不但传承了珍贵的传统手工技艺，而且丰富了休闲旅游产业的文化内涵。台湾的民间手工艺与乡村旅游融合发展的成功路径值得我们借鉴。首先，北京作为首都，其乡村旅游发展路径和模式在全国具有示范作用；其次，北京作为古都和国家文化中心，非物质文化遗产及民间手工艺资源丰富，类型众多，民间手工艺的发展对于传统文化的传承具有重要意义。因此，借鉴台湾民间手工艺与乡村旅游融合发展的经验，思考对北京的借鉴意义，并结合北京自身的现实基础和独特性，走出自己的一条民间手工艺与乡村旅游融合发展之路，对于促进乡村旅游高质量发展以及深化推进中国传统工艺振兴，推动传统工艺高质量传承发展具有重要意义。

一、台湾乡村旅游与民间手工艺融合发展机制

（一）民间手工艺丰富乡村旅游的文化内涵

民间传统工艺不仅具有观赏或使用价值，更有文化内涵，如嘉义县板头村的交趾陶剪粘工艺品，将体现中国传统信俗的壁画、人物以及山水鸟兽等刻画得栩栩如生，象征着中国人民对于美好、安康、幸福、自然的精神追求。将民间手工艺文化作为乡村旅游的特色，推动了将手工艺赋能乡村振兴发展。其衍生的手工艺品作为乡村旅游的附加产业，不仅带动了农民增收，而且加强了民族优秀传统手工艺的保护和传承。

（二）乡村旅游为民间手工艺的传承提供路径支撑

民间手工艺具有工业化生产不能替代的特性，这也增加了传承和弘扬方面的难度。随着工业化的推进和城市化的发展，城市地区的快节奏、同质化使得民间手工艺逐渐走向没落，目前的民间手工艺一般存在于一些传统村落中。乡村旅游将大量城市要素如资金、游客等带入乡村，同时催生了民间手工艺品及附加产品，既提高了农民收入，也促进了民间手工艺的发展。

（三）多方力量共同参与形成黏合剂

台湾地区农业、文化等主管部门陆续出台了《农业发展条例》《文化资产保存法施行细则》《传统工艺登录认定及废止审查办法》等一系列促进乡村旅游及传统工艺发展的政策法规，从政策上给予大力支持。对于一些记入文化主管部门指定重要文化资产保存目录的民间工艺，主管机关会给予一定的资金补助，同时支持当地创立一些工艺博物展览馆等。此外，一些企业也会参与资助举办传统文化节、嘉年华等活动。传统手工艺人更是身体力行地坚守在自己的岗位，秉持匠人精神，深耕在传承传统手工艺这条道路上。政策、资本与技术黏合发力，推动乡村旅游和民间手工艺融合发展。

二、台湾乡村旅游与民间手工艺融合发展经验借鉴

（一）政策支持，系统推进

1982 年台湾当局开始以计划辅导方式发展乡村旅游，在《台湾省农林厅七十一年度之农建计划》中，列有农业观光一项；1983 年成立"发展观光农业示范计划"，积极推动观光农园的发展；1992—1997 年施行"规划及建设办理休闲农业每年五至十处"计划；农业主管部门于 1992 年发布施行《休闲农业区设置管理办法》，将休闲农场纳入管理；文化建设主管部门 1993 年出台"社区总体营造策略"，这也是台湾地区最具突破性的文化政策。农业主管部门 1996 年发布修正《休闲农业辅导办法》，并制定了《台湾省休闲农场设置管理要点》。2000 年配合《农业发展条例》的修正，将《休闲农业辅导办法》更名为《休闲农业辅导管理办法》，直至 2006 年陆续修正部分条文及内容，以此提高休闲农业的可行性，让经营者有明确的实施准则；2001 年观光主管部门发布《民宿管理办法》。

在民间手工艺的传承方面，台湾地区文化主管部门针对文化艺术类产业、文化资产类产业实施了一系列奖励、免税等策略。其中 2022 年 5 月修正公布的《文化艺术奖助及促进条例》明确要求"公共建物及重大公共工程造价的百分之一要用来办理公共艺术"，而文化主管部门也正修订相关规定，未来将设立公共艺术专户，其中至少四分之一的经费会优先用于传统工艺美术。

（二）推陈出新，对接时尚

台湾地区将具有历史性、文化性和独特性的民间手工艺融入乡村旅游中，根据不同地区的独特手工艺技术，深入挖掘民间手工艺的传统文化价值和时尚生活价值。尤其是推陈出新，不断扩展传统手工艺在现代生活中的文创价值，赋予传统手工艺服务现代时尚生活的新生命力，改变了传统手工艺老旧无用的形象，让人们在享受现代化的休闲旅游，放松身心的同时，也能够接受传统文化的熏陶和洗涤。

（三）培养人才，后继有人

从 20 世纪 50 年代开始，台湾省建设厅为振兴地方工艺产业，对当时的南投县工艺研究班予以补助，并开展各种工艺人才培育训练。为了提升台湾工艺产业的品质，台湾当局于 1973 年将"南投县工艺研习所"改制为"台湾省手工业研究所"，以培育手工业产品设

计与技术开发人才为主。2010 年进一步改制为"国立台湾工艺研究发展中心",并推出了一系列工艺推广课程。

此外,台湾地区文化主管部门自 2009 年起,陆续指定重要传统艺术及文化资产保存技术保存者/团体(即俗称"人间国宝"),以彰显台湾传统艺术技艺传承与文化价值。2011 年,由文化资产主管机构委托,陆续开办"重要传统艺术传习计划",以延续传统工艺薪火。

三、北京市乡村旅游与民间手工艺融合发展的现实基础

(一)底蕴深厚,种类繁多

北京有着 3000 多年建城史和 800 多年建都史,丰厚的历史传统积淀了大量珍贵的非物质文化遗产。京剧等 12 个项目入选联合国教科文组织"人类非物质文化遗产代表作名录",同时还有景泰蓝制作技艺等 144 个国家级非遗代表性项目、北京曲剧等 303 个市级非遗代表性项目。北京的非遗代表性项目数量位居全国前列。其中,"传统技艺"类 41 个,主要包含剪刀锻制技艺、景泰蓝制作技艺、聚元号弓箭制作技艺、家具制作技艺、雕漆技艺、剧装戏具制作技艺、风筝制作技艺、琉璃烧制技艺、地毯织造技艺等;"传统美术"类 18 个,主要包含象牙雕刻、泥塑、灯彩、画人、木雕、玉雕、绢花等。

2007 年,北京观光休闲农业行业协会与北京玩具协会共同开展了"艺人下乡传手艺,农民在家学技能"活动,取得良好的效果,形成一批怀柔九渡河红庙灯笼、密云古北口宫灯等至今未衰的成果。

(二)市场庞大,需求旺盛

随着城乡融合水平的提升,城市人到乡村休闲度假的需求越来越高,不少郊区的特色村庄成为大量城市人周末游玩的热门选择。同时,原来很多乡村的手工艺品、土特产的市场就在本乡本土范围,随着新技术革命以及商业模式的变革,农村电子商务、快递等新业态的出现,信息费用大幅降低,一些偏远地区的特色产品市场范围扩大,在一些偏僻的村庄也能发展一些非常有生机的产业。

(三)乡创大赛蔚然成风

随着乡村振兴战略的深入实施,京郊农村的基础设施、人居环境有了极大提升,并且吸引了一大批返乡入乡创业的城市人才。截至 2020 年,全市累计创建了 38 个中国美丽休闲乡村、32 个全国乡村旅游重点村。全市文创大赛、农业"双创"大赛涌现出越来越多的"乡村+非遗"好项目。2022 年第六届北京文化创意大赛昌平分赛区,创意产品类的"昌平心意礼盒"融合了北京"三大文化带"内涵,设计出居庸关长城样式的"居庸烽韵"香器、白浮泉造型的"白浮之泉"茶宠及以非遗项目漆园龙鼓为灵感的玻璃套杯。平谷乡创文旅系列赛事已举办三届,累计征集项目超过 500 个,共吸引全国各地 400 余名创客参赛,100 多个项目落地,50 多个项目获得区级奖项,3 个项目获得全国决赛大奖,成立乡创学院 9 个、乡创学堂 7 个,建成精品民宿 115 户,打造了一批"平谷好物",助力近万名农民致富,为推动平谷区乡创产业创新发展提供了优质的创意资源,贡献了独特的乡创

力量。

（四）相关政策密集出台

党的十九大提出乡村振兴战略，一系列政策陆续出台，乡村面临前所未有的发展机遇。《乡村振兴战略规划》《关于拓展农业多种功能　促进乡村产业高质量发展的指导意见》等政策强调了要拓展乡村的休闲体验、文化传承功能。《中华人民共和国非物质文化遗产法》《中国传统工艺振兴计划》等政策法规体现了国家相关部门对于中国传统文化、传统工艺的重视。振兴传统工艺，有助于传承与发展中华优秀传统文化。

四、北京市乡村旅游与民间手工艺融合发展的问题

（一）民间手工艺传承意识欠缺

工业化和城市化进程中，乡村人口外流严重，年轻人大多外出务工，乡村人"离农""离土"意愿强烈，与之伴生的是乡村传统文化的日渐衰落。一些传统文化和传统民间手工艺逐渐被社会遗忘，传承人老龄化而后继无人，或是生产模式僵化逐渐被市场淘汰。

（二）人才队伍建设不足

截至 2022 年，北京市拥有国家级非物质文化遗产代表性项目代表性传承人共 105 人。其中，"传统技艺"类仅 30 人，其中 13 人年龄在 60—70 岁之间，6 人年龄在 71—80 之间，5 人年龄在 81 岁及以上。"传统美术"类仅 16 人，其中 1 人年龄在 60—70 岁之间，8 人年龄在 71—80 岁之间，3 人年龄在 81 岁及以上。可以看出，民间手工艺人才队伍建设严重不足，传承人的老龄化非常严重，亟须年轻一代传承人的接续。

（三）创新意识不够

民间手工艺传承创新意识不够。一方面由于传承人的年龄整体偏高，其自身缺乏一定的创新意识。受传统观念的禁锢，缺乏创新是影响民间手工艺走向市场化和产业化的主要障碍。另一方面是在民间手工艺与乡村旅游的融合方面缺乏一定的开创意识。如何运用现代化手段，寻找发展融合的有效模式、有效路径，把传统技艺和现代生活需求打通，是当前乡村旅游行业和民间手工艺人需要面临的一个重要问题。

（四）农文旅融合发展的切入点不明确，缺乏顶层设计

民间手工艺和乡村旅游传统上属于不同的领域，两者的融合发展需要双方找到合适的切入点、连接点和突破口。从我市当前文旅融合的实践来看，以"京城百工坊"为代表的项目还没有走出"四九城"，如何进入广大的乡村地区，还没有系统性的破题，对乡村文创大赛的成果，"农、文、旅"也缺乏系统性的引导和培育。

五、北京市乡村旅游与民间手工艺融合发展建议

习近平总书记在党的二十大报告中明确要求，"坚持以文塑旅、以旅彰文，推进文化和旅游深度融合发展"。借鉴台湾经验，推动民间手工艺与乡村旅游融合发展迎来了新的历史机遇。为此，我们提出以下发展建议。

（一）以精品民宿作为乡村旅游与民间手工艺融合发展的突破口和连接点

乡村民宿作为链接城乡资源的重要新业态蓬勃发展，截至2022年底有将近6000家精品民宿分布在京郊大地。2019年，由市文化和旅游局等8家单位联合印发的《关于促进北京市乡村民宿发展的指导意见》明确提出，要"突出独特的文化审美和乡情乡趣，深入挖掘京郊传统文化和民俗风情，形成一批以文化、体育、娱乐、节庆活动为主题，与景区旅游、文化体验、农产品销售相结合的精品化、品牌化民宿，推进农村一二三产业融合发展，努力打造内涵丰富、特色鲜明的乡村民宿发展格局"。

当前，京郊民宿行业进入到品质提升的竞争时代，业界对内容的需求十分旺盛。以手工体验活动吸引游客（特别是亲子家庭游客），延长游客的停留时间已经成为行业发展共识。相关部门在发展策略上应首先将精品民宿作为民间手工艺和乡村旅游融合发展的突破口和连接点，尽快制定出台"农文旅"融合发展的指导意见，举办非遗和民宿行业的论坛、资源对接会，打通非遗和民宿之间的交流通道。

（二）鼓励非遗传承人到美丽乡村开设"乡村工坊"

鼓励和引导盘活利用农村地区现有的闲置房屋、老旧厂房，通过空间改造和功能置换，引入民间手工艺项目和非遗项目，建设"乡村工坊"。延庆区提出发展"民宿共生社区"，其中重要的内容就是希望引进传统手工艺的"工坊"，与现有的精品民宿形成业态互补，让游客有的吃、有的住，还有的玩。建议相关部门依托现有民宿共生社区、乡村旅游重点村等，打造一批"乡村工坊"示范点。

（三）鼓励非遗传承人积极参与现有民俗旅游户的改造提升

当前，市农业农村局正在大力实施全市休闲农业"十百千万"畅游行动，其中包括"提升改造近万户民俗旅游户"。民俗旅游户作为乡村旅游最原始的业态，普遍面临设计缺失、运营乏力、投入无愿的困境，如何改造提升是一个亟待破题的课题。民间手工艺具有"投入小、见效快"的特点，符合民俗旅游户"微改造、精提升"的普遍需求。建议鼓励和引导非遗传承人，与有条件、有意愿的民俗旅游户对接，共同提升改造。

（四）搭建文创促进乡村振兴的高端宣传展示平台

北京是国家文化中心，文化创意产业是北京市的重点产业。2018年，市委、市政府印发了《关于推进文化创意产业创新发展的意见》，推进创意设计与高端制造、商务服务、信息、旅游、农业、体育、金融、教育服务等产业融合发展，打造北京设计、北京创造品牌。创意设计与农业、乡村的融合已经有了很好的实践，但是，在一些大的主流宣传展示平台上还缺乏亮相和更好层次的交流。建议在中国北京国际文化创意产业博览会开设"乡村振兴文创专区"，在北京国际设计周设立"艺术乡村"专题展，举办相关高端论坛，落实市委、市政府的相关意见，把文化中心建设和乡村振兴战略实施结合起来，以文化创意助推具有首都特点的乡村振兴之路。

（五）加强京台乡村文创交流

建议在涉农、涉旅、涉文的对台交流活动中增加民间手工艺和非遗传承人之间的交流活动。例如，可在每年举办的京台科技论坛中，在美丽乡村分论坛设置"乡村文创运营"

的交流板块。组织我市乡村文创大赛、农村"双创"大赛的获奖项目负责人赴台研学交流，有意识地推动对台湾地区的创意理念、设计思路、运营技巧的学习借鉴。支持相关社会组织邀请台湾乡村文创机构和人员来京举办培训交流活动，促进我市民间手工艺向时尚化、生活化、体验化转变，更好地和乡村旅游业融合发展。

执笔人：陈奕捷、李婧、赵晨、王翊嘉

江苏省泗阳县推进农业设施抵押贷款
试点的做法和启示

设施农业是都市型现代农业的重要形式，是实现乡村产业振兴和农民共同富裕的强大支撑。2021 年中央一号文件以及人民银行、银保监会、证监会、财政部、农业农村部、乡村振兴局联合发布的《关于金融支持巩固拓展脱贫攻坚成果全面推进乡村振兴的意见》（银发〔2021〕171 号）（以下简称《意见》）都明确提出要大力开展大棚设施抵押贷款业务。北京市政府《关于印发〈北京市"十四五"时期乡村振兴战略实施规划〉的通知》（京政发〔2021〕20 号）（以下简称《实施规划》）指出要推动温室大棚等依法合规抵押融资。为认真贯彻落实中央以及市委、市政府有关精神，探索开展北京市农业设施产权登记工作，激活农业设施的金融功能，笔者随北京市农业农村局种植业管理处赴江苏省宿迁市泗阳县学习考察农业设施产权登记及抵押贷款试点工作，与泗阳县委、县农业农村局、人行泗阳县支行、农行泗阳县支行以及有关设施农业企业联合进行了座谈交流，并实地参观了江苏安之韵农业科技有限公司、江苏新境界农业发展有限公司。

一、基本情况

泗阳县位于江苏省北部，属于长三角经济区和淮海经济区，俗有"泗水古国、美酒之都、杨树之乡"之称，历史悠久、生态宜居。县域面积 1418 平方公里，总人口 107.6 万，辖 10 个乡镇、3 个街道、2 个场、1 个省级经济开发区。2020 年 GDP 增长 4.2%，全体居民人均可支配收入增长 5.9%。泗阳县围绕"绿色、生态、现代、高效"目标定位，以实施乡村振兴战略为引领，在抓重点、补短板、强弱项上持续用心用力，有力促进了农业增效、农民增收、农村增美。先后获评中国乡村振兴发展示范县、国家电子商务进农村综合示范县、国家数字农业试点县、全省脱贫攻坚组织创新奖等荣誉。

随着乡村振兴战略的深入实施，现代农业发展加速，农业经营主体融资难问题进一步凸显，泗阳县坚持问题导向、效果导向、民生导向，着眼农业经营主体的痛点、盼点，推出了微改革、微创新，在江苏省率先推行农业设施登记颁证、抵押融资，有效盘活农村资源资产，助力化解农业发展融资难问题，为现代农业发展提供金融支持，赋能乡村振兴。农业经营主体可将建成的钢化大棚、智控温室、加工仓储等现代农业设施进行登记确权，凭借获得的《农业设施产权登记证》向银行申请农业设施产权抵押贷款，银行对项目进行核实后，根据第三方评估机构估值确定最终农业设施产权抵押贷款额度。2020年9月24日，农业银行泗阳县支行向江苏新境界农业发展有限公司成功发放了省内首笔农业设施抵押贷款800万元。截至2021年9月底，全县已向8个经营主体进行农业设施产权登记，确权登记金额达1.12亿元，确权面积超过20万平方米，抵押贷款预授信金额3500万元，在用农业设施抵押贷款余额1300万元，在批农业设施抵押贷款2900万元，70%拥有登记颁证的农业设施产权的企业通过农业设施抵押途径已经或即将获得贷款支持。

二、主要做法

泗阳县在江苏省首创农业设施产权登记颁证管理制度，既保护了农业设施所有权人合法权益，也丰富了农业经营主体抵押增信手段，助力了乡村产业高质量发展。

（一）加强顶层设计，健全制度确定试点思路

泗阳县创新设计了农业设施确权、登记、颁证和抵押贷款等多项制度。一是出台《泗阳县农业设施产权登记颁证管理办法（试行）》。明确农业设施产权登记的条件：项目要符合国土空间规划、建设规划方案以及农业产业发展规划；标准化钢架大棚、作物栽培中有钢架结构的玻璃或PC板连栋温室总造价100万元及以上，规模化养殖畜禽舍总造价200万元及以上，农产品烘干、冷库总造价50万元及以上；农业生产设施用地的剩余经营期限5年及以上等。二是出台《泗阳县农业设施抵押贷款试点工作实施方案》。规定可作为抵押物的农业设施应同时具备的条件：建设在可流转集体土地上；依法取得县农业农村局颁发的《农业设施产权证》；可流转集体土地使用权在贷款到期后的剩余使用权限在5年（含）以上。三是在操作层面上给予金融机构灵活度，由金融机构制定农业设施抵押贷款试点办法。如《江苏泗阳农村商业银行农业设施抵押贷款管理办法（暂行）》，明确农业设施抵押贷款额度原则上不超过评估价值的40%，期限为1—5年，以"一次授信、随借随还、循环使用"的小额信贷模式为主。个人经营者可单独以农业设施所有权抵押；经济组织可采用"农业设施抵押+公司实际控制人、法人代表、主要股东个人担保""农业设施抵押+保证、抵押、质押担保"等多种方式。

（二）实现政银联动，协同部门推进试点开展

泗阳县成立农业设施抵押贷款试点工作领导小组，负责试点工作的组织领导和协调推进。县委、县政府分管农村、金融工作的领导分别任组长、副组长，县农业农村局、金融办、人民银行、自然资源与规划局等部门为成员单位，定期研究协调解决试点工作问题。领导小组下设办公室，设在县农业农村局，负责推进具体工作。县人民银行多次召集金融企业宣传农业设施颁证抵押贷款的重大意义，自然资源与规划局对符合国土空间利用规划的一般农用地核发农业用地使用证。通过整合政府部门形成工作合力，并以"机构试点+重点推荐"模式进行推进。试点工作领导小组成员单位为农业设施抵押贷款业务搭建银农对接平台，银行机构可以从成员单位获得最新颁证企业名单，拥有《农业设施产权登记证》的农业企业也可以直接向有关单位寻求融资帮助。参与试点的涉农银行机构主要是以

农业银行、邮储银行为代表的涉农国有大型银行，以泗阳农商行、民丰农商行、泗阳东吴村镇银行为代表的涉农法人银行，以江苏银行为代表的非涉农银行。

（三）全面摸清底数，确权登记奠定抵押基础

泗阳县农业农村局对全县规模以上设施钢架连栋大棚进行统计，分组现场核实，了解农业设施主体的融资需求。按照果蔬类、花卉类、水产类、畜牧类等区分经营种类，从中筛选符合要求、经营质态好的农业设施主体 128 家。规模设施大棚总面积达 120 万平方米，投资总造价超 6 亿元。规模设施大棚主体的全面摸查为泗阳县产权登记厘清了主体，有效降低了设施登记产权颁证过程中权属纠纷，为农业设施抵押贷款奠定了坚实基础。第一批颁证从自主申报的规模设施主体中筛选了质态较好的江苏新境界农业发展有限公司、江苏瑞信生态农业有限公司、泗阳县东篱花田农业发展有限公司 3 家企业进行试点。申报材料审核、基地现场核查、测绘公司精准测量，整个过程层层把关、逐项审查，确保在农业设施确权试运行工作中不出现疏漏。

（四）注重风险防控，健全机制畅通抵押贷款

因农业设施存在资产价值难以认定，市场交易配套机制难以建立，金融机构出于风险可控考虑，在支持农业设施发展的力度上表现不足，尚不能满足企业的资金需求。为统筹解决抵押变现、价值评估、风险防控等问题，泗阳县积极探索建立相应机制。一是农业设施抵押在县农业产权交易中心办理抵押登记，取得他项权证。二是因地制宜推动开展抵押物价值评估，建立引入第三方评估机构、组建评估专家库和银行机构自评估等价值评估方式。抵押物价值在 10 万元（含）以下的，可由银行机构确定抵押物价值；抵押物价值在 10 万元以上的，可由银行机构委托具有评估资质的评估机构和人员进行评估，确定抵押物评估价值。三是针对金融机构最为关心的风险问题，探索市场化抵押物处置机制，形成第三方回购、多方合作共同处置等模式。

三、经验启示

《实施规划》提出要着力打造农业"中关村"，加快建设以农业科技创新中心为引擎的平谷农业科技创新示范区。平谷区农业企业面临着发展及上市的强烈资金需求，为此，北京市计划在平谷区探索农业设施产权登记、抵押贷款试点。通过调研学习泗阳县的先进经验和做法，为本市开展此项工作提供了有益借鉴。

一是加强试点宣传培训。设施农业的高投入与高产出使广大设施农业经营主体面临着巨大的资金缺口，亟须金融机构的有力信贷支持。市级、平谷区政府部门应召集金融机构和农业企业开展培训，宣传试点工作的重大意义，为农业设施抵押贷款供需双方积极对接、搭建平台。通过开展试点，将有效激活农业生产要素，坚定企业发展现代农业的信心和决心，助推本市全面推进乡村振兴、率先基本实现农业农村现代化。

二是政府部门严格把关。市级部门对试点工作给予必要的指导与帮助，建议平谷区联合区相关部门成立试点工作领导小组，出台专项政策文件，做到"有政策、有机构、有人员"。首先对高造价、长年限、通用型的农业设施进行产权登记，并对有融资需求的农业设施经营主体进行信用程度考察，以便为农业设施的抵押贷款把好总关、打好基础。

三是金融机构解放思想。农业具有高成本、高风险、低收益的特征，金融机构囿于不良贷款考核压力和商业可持续发展原则，对农业贷款抵押物的认定、价值估算较为严格。建议人民银行做总牵头，激励金融机构敢于突破、敢于接受新的抵质押物，创新契合农业特点的融资模式。

四是培育健全配套机制。针对大棚设施抵押贷款，《意见》明确指出相关单位要继续完善确权登记颁证、价值评估、流转交易、抵押物处置等配套机制。建议平谷区依托北京农村产权交易平台，实现农业设施产权的流转交易，并积极探索价值评估与抵押物处置的多种有效模式。

执笔人：林子果